MANUALE DI DIRITTO PRIVATO

In copertina:
PAUL KLEE, *Bianco polifonicamente incorniciato* (1930).

FRANCESCO DI CIOMMO

MANUALE DI DIRITTO PRIVATO

Parte I

Terza edizione

G. Giappichelli Editore

VIA PO, 21 - TEL. 011-81.53.111 - FAX 011-81.25.100

http://www.giappichelli.it

ISBN/EAN 978-88-921-4185-8

Stampa: Rotolito S.p.A. - Pioltello (MI)

In ricordo di Ettore Giannantonio

INDICE

CAPITOLO SECONDO

FONTI E FORMANTI DEL DIRITTO PRIVATO

pag.

CAPITOLO TERZO

ALCUNI CONCETTI FONDAMENTALI DEL DIRITTO PRIVATO

SEZIONE II
IL RAPPORTO GIURIDICO

CAPITOLO QUARTO
I SOGGETTI DEL RAPPORTO GIURIDICO

CAPITOLO QUINTO

CONTENUTO ED OGGETTO DEL RAPPORTO GIURIDICO

CAPITOLO SESTO

I FATTI CHE INCIDONO SUL RAPPORTO GIURIDICO

SEZIONE III

DIRITTO DI FAMIGLIA E DELLE SUCCESSIONI A CAUSA DI MORTE

CAPITOLO SETTIMO

IL DIRITTO DI FAMIGLIA

CAPITOLO OTTAVO

LE SUCCESSIONI PER CAUSA DI MORTE

CAPITOLO NONO

I DIRITTI REALI

pag.

AVVERTENZA

A distanza di due anni dalla seconda edizione, viene pubblicata una nuova edizione aggiornata e integrata della parte prima di questo manuale. L'integrazione principale riguarda l'aggiunta del capitolo IX sui diritti reali. Le integrazioni ulteriori e egli aggiornamenti sono strettamente collegati all'evoluzione continua del diritto. Ma non è tutto.

Mentre questo volume va in stampa, viene collazionata la parte seconda del manuale che sarà in libreria a partire da ottobre 2021. Si tratta di una parte completamente nuova, che (aggiunta alla prima) completa il programma tradizionale dei corsi universitari di diritto privato (in quanto riguarda la disciplina generale delle obbligazioni, la disciplina generale del contratto, i contratti tipici, le altre fonti tipiche di obbligazioni diverse dal contratto e il fatto illecito).

Dopo anni di lunga e faticosa gestazione, dunque, finalmente si può dire compiuto il progetto, concepito per la prima volta nel 2007, teso a realizzare un manuale di diritto privato che aspira ad essere moderno e innovativo, pensato principalmente per gli studenti dei corsi di laurea di area economica, ingegneristica o politologica, e dunque particolarmente attento a valorizzare, non solo la storia degli istituti giuridici e i valori espressi nel tempo dall'ordinamento, ma anche il contesto economico e politico in continuo divenire che ha accompagnato nei secoli l'evoluzione del diritto, l'importanza dell'attuale dialettica tra i c.d. formanti e, infine, la prospettiva gius-economica, che risulta particolarmente utile a spiegare contenuti, modi e ragioni del diritto dei nostri giorni.

Con ciò può dirsi chiusa la fase di sperimentazione che ha caratterizzato l'uso di questo manuale sin qui. L'edizione del manuale che vedrà la luce il prossimo anno avrà prima e seconda parte ricomprese in un unico volume. Il grande apprezzamento chc gli studenti hanno tributato a questo manuale sin dalla sua prima edizione del 2010 e il contributo fondamentale che molti di essi hanno offerto, di anno in anno, al miglioramento dell'opera costituiscono la motivazione principale che mi ha sostenuto nell'affrontare con determinazione il grande impegno che la realizzazione di questo manuale ha richiesto. Agli studenti 'passati', dunque, il mio più sincero ringraziamento. A quelli 'a venire', l'auspicio che essi possano affrontare sempre con entusiasmo lo studio di una materia complessa e, per certi versi, ostica, quale senz'altro è il diritto privato, ma i cui contenuti si riveleranno di straordinaria importanza per il loro futuro, professionale e non.

Quest'opera è stata pensata e voluta per gli studenti. E a loro è dedicata.

F.D.C.

Roma, lì 1° settembre 2021

P.S. – *Per la preziosa collaborazione assicurata in sede di revisione di questo volume in previsione della sua pubblicazione, sentiti ringraziamenti sono dovuti alle dottoresse Elena De Angelis, Eleonora Meniero, Raffaella Grimaldi e Alessia Caldoro.*

Introduzione alla seconda edizione

Numerose novità legislative e molte importanti sentenze, pronunciate di recente dalla Corte Costituzionale, dalla Corte di Cassazione e dalla Corte di Giustizia dell'Unione europea, hanno imposto, a soli tre anni dal precedente, di mettere mano ad una riedizione aggiornata di questo manuale, la cui versione completa (e cioè comprensiva della trattazione dei diritti reali e delle obbligazioni) è (si spera) oramai davvero prossima ad essere mandata in stampa.

Del resto, la rapidità con cui il diritto, e in particolare il diritto dei privati, si evolve ai nostri giorni – anche in ragione dell'intraprendenza interpretativa che, non solo in Italia, caratterizza oggi la giurisprudenza – mentre costringe gli operatori del diritto ad aggiornarsi quotidianamente, rende inevitabile l'opera di continua riscrittura dei manuali.

Dunque, nulla di nuovo rispetto a quanto già si evidenziava nelle precedenti "avvertenze" di questo manuale, che speriamo continui ad essere utile ai suoi lettori.

F.D.C.

Roma, lì 6 settembre 2019

Introduzione

Negli ultimi venti anni, l'evoluzione dei rapporti tra consociati – dipesa dal sempre più rapido progresso tecnologico, dalla globalizzazione dei mercati e delle esperienze umane, dalla trasformazione in senso multietnico e multiculturale delle comunità in cui viviamo, dalla definitiva affermazione del fattore economico e dal coevo affievolimento di valori un tempo condivisi, nonché dalla concorrenza in essere tra i diversi Paesi in termini di efficienza e capacità di attrarre investimenti – ha inciso significativamente (né poteva essere altrimenti) sul modo di essere, sulle ragioni e sul divenire del fenomeno giuridico.

Per fermarci a considerare l'esperienza italiana (ma circostanze sostanzialmente analoghe si osservano in tutti i Paesi europei di tradizione civilistica, nonché in molti altri ordinamenti nazionali), è evidente come l'evoluzione in parola si sia tradotta, sul versante giuridico-privatistico, in primo luogo in una radicale trasformazione dei rapporti tra legislatore e giurisprudenza, visto che quest'ultima si è ormai decisamente attribuita il ruolo, e la relativa responsabilità, di interpretare ed applicare il diritto positivo in funzione evolutiva (o addirittura "*normativa*", come la stessa Cassazione ha recentemente affermato), così sopperendo al ritardo o all'inerzia delle istituzioni che, secondo la Carta costituzionale, nel nostro sistema hanno il compito di adottare le scelte di politica del diritto e tradurle in regole. Ed in secondo luogo, nella nascita di un vero e proprio nuovo sistema delle fonti del diritto, nell'ambito del quale, non solo gli atti normativi dell'Unione Europea e le consuetudini internazionali sono oggi in posizione predominante, ma anche le fonti internazionali pattizie sono ormai considerate di rango superiore rispetto alle fonti nazionali tradizionalmente definite primarie, mentre tra queste ultime la riforma dell'art. 117 Cost. del 2001 ha attribuito alla legge regionale un ruolo di assoluto rilievo che ridimensiona ulteriormente gli ambiti operativi della legge dello Stato.

L'alto livello di complessità della società, dell'ordinamento giuridico e dei rapporti tra l'una e l'altro – determinato da quanto appena accennato – ha generato un diffuso senso di smarrimento tra i giuristi in generale, e tra i privatisti in particolare, sì che nella migliore dottrina specialistica, impegnata in un serrato dialogo a distanza con i filosofi, qualcuno ha suggerito, per fondare il diritto civile della 'età della tecnica' o, in altri termini, per provare a sottrarre le regole giuridiche al 'giogo della post-modernità', di ripartire dalle '*Institutiones*' piuttosto che 'ritornare a Parmenide', mentre altri discorrono di 'nichilismo giuridico' ed altri ancora di tramonto del diritto di matrice statuale che ha operato nel corso degli ultimi due secoli.

Fuori da tali contrapposizioni, può osservarsi che, in qualsiasi modo la si voglia interpretare, l'attualità impone allo studioso del diritto privato una rimeditazione delle categorie tradizionali ed uno sforzo ricostruttivo che tenga conto non solo del nuovo assetto del sistema delle fonti, ma più in generale dei diversi elementi che contribuiscono a dar forma all'ordinamento, così come delle ragioni e delle vicende storiche, politiche ed economiche che spiegano perché i principali istituti si sono sviluppati nel tempo ed operano ai giorni nostri in un modo piuttosto che in un altro, ed infine dell'apporto che il diritto comparato e l'analisi economica del diritto stanno dando, e possono dare, alla continua ed efficiente elaborazione del dato normativo, tanto di carattere legislativo, quanto giurisprudenziale e dottrinale.

A chi muova alla scoperta di questa branca del sapere giuridico, in definitiva, oggi più di ieri, occorre fornire gli strumenti culturali e concettuali essenziali perché possa maturare una concreta, e dunque consapevole, capacità di orientamento tra le regole, i principi e le loro dinamiche, ermeneutiche ed applicative. Da un lato vi è, dunque, l'opportunità di recuperare il momento storico, istituzionale, sistematico ed assiologico della materia, dall'altro – in una logica non già di contrapposizione, bensì di irrinunciabile completamento – l'esigenza di valorizzare ed inquadrare, all'interno di una moderna teoria generale, il piano concreto e pratico in cui l'esperienza giuridica si svolge ai nostri giorni. Da qui il tentativo di pensare un nuovo manuale, che cerca, inoltre, di tener in conto che in molti corsi di laurea il diritto privato ormai costituisce spesso il primo (ed a volte l'unico) insegnamento giuridico con cui i discenti sono chiamati a confrontarsi.

F.D.C.

Roma, 10 ottobre 2010

P.S. – *Nell'opera di revisione del capitolo VIII particolarmente preziosi sono stati i consigli di Vincenzo Barba, cui va la mia gratitudine.*

SEZIONE I

NOZIONI PRELIMINARI

CAPITOLO PRIMO

IL DIRITTO PRIVATO NELLA TEORIA DELL'ORDINAMENTO GIURIDICO

Sommario

1.1. **Libertà umana e regole**

Quante possibilità ci sono che la vostra automobile determini un incidente stradale nell'anno in corso? Se al volante ci sono guidatori dotati di media abilità che utilizzano il mezzo senza eccessi, forse una probabilità su cento. L'eventuale sinistro può provocare un danno, a voi stessi o a terzi, il cui valore, a seconda della gravità, può oscillare dalle poche decine alle diverse migliaia di euro. Consapevoli o inconsapevoli di tale rischio, tutti i proprietari di veicoli a motore circolanti in Italia – e, dunque, anche voi se lo siete – stipulano apposite polizze assicurative in forza delle quali ogni compagnia solleva i propri clienti dal rischio in parola risarcendo, quando si verificano i sinistri, i danni cagionati dai veicoli al posto del proprietario o del conducente. Il prezzo di tali polizze, per l'assicurato, varia in ragione di una serie di parametri (luogo di residenza dell'assicurato e di immatricolazione del mezzo, valore di quest'ultima, categoria di pericolosità dell'assicurato, chilometraggio percorso nell'ultimo anno, e via dicendo), ma difficilmente scende sotto i 100 euro annui, e normalmente è di molto sopra tale soglia. Ciò significa che, dopo aver pagato l'assicurazione per dieci anni, si sarà spesa nel complesso una bella somma di denaro.

Stando così le cose, il guidatore prudente e assennato, ad esempio colui che nel decennio precedente non ha avuto nessun incidente ovvero ha avuto soltanto piccoli sinistri, potrebbe pensare, del tutto razionalmente, che non gli convenga stipulare per gli anni a venire la polizza assicurativa, visto che questa per lui costituisce un cospicuo costo certo, senza alcuna certezza di beneficio giacché egli potrebbe non avere sinistri nel periodo di copertura assicurativa, o comunque potrebbe trattarsi di incidenti con danni di esigua entità. Perché, allora, accade che tutti i proprietari di veicoli a motore effettivamente circolanti stipulino le polizze? Semplice: perché nell'ordinamento giuridico italiano vi sono precise regole che vietano la circolazione dei veicoli a motore sprovvisti di assicurazione, così rendendo la stipulazione della relativa polizza doverosa.

Una domanda a questo punto può sorgere spontanea: perché l'ordinamento giuridico impone a tutti i consociati un tale dovere, peraltro prescindendo dalla reale pericolosità dei singoli conducenti, e comunque obbligando ogni proprietario di un mezzo a motore – e quindi anche noi – a concludere il contratto di assicurazione ed a sostenerne il conseguente costo? In altre parole, perché le regole giuridiche limitano, ed anzi elidono totalmente, la libertà del singolo di decidere se assicurarsi o meno, posto che, di primo acchito, sembrerebbe che proprio e soltanto il proprietario del mezzo può compiere la scelta per lui più efficiente in relazione alle proprie condizioni economiche, alla propria prudenza e propensione al rischio, all'utilizzazione che lui o altri fanno del suo automezzo, ecc.? Forse che tali regole sono poste nell'interesse delle compagnie assicurative ed a pregiudizio dei proprietari? Per rispondere a queste domande, e dunque per comprendere la *ratio* del dovere giuridico in parola – e da qui, più in generale, cominciare a ricavare il senso dell'esistenza stessa dell'ordinamento giuridico – giova svolgere le considerazioni che seguono.

In un immaginario mondo privo di regole giuridiche – nel quale, tuttavia, chiunque cagiona un danno ad altri avverte il dovere, quanto meno morale, di risarcirlo (dovere che, come vedremo, costituisce all'interno di ogni ordinamento giuridico un preciso obbligo) – la scelta del guidatore prudente ed assennato di non stipulare l'assicurazione sarebbe non solo ammessa, ma anche probabilmente condivisa, in quanto ragionevole, dai conoscenti del guidatore, per cui egli non avrebbe nemmeno ostacoli etici o sociali ad adottare tale decisione. Potrebbe, tuttavia, accadere che quel guidatore, malgrado la proverbiale prudenza, un bel giorno si distragga al volante, per cui il suo automezzo provoca un sinistro con danni a terzi di notevole entità, di cui egli dovrà rispondere con il proprio patrimonio personale, con conseguente esborso di una somma di molto maggiore rispetto a quella che avrebbe corrisposto negli anni all'assicurazione a titolo di prezzo della polizza (anche detto, premio). A questo punto, il nostro guidatore, piangendo sul fatidico latte versato, probabilmente penserà che avrebbe fatto meglio a continuare ad assicurarsi, ma sarà troppo tardi. Certo, è possibile che, a fronte di un soggetto prudente a cui capita una volta di distrarsi, ce ne siano altri dieci che, invece, vuoi perché guidano poco, vuoi perché sono più fortunati, mai nella vita incorrono in distrazioni che provocano danni ingenti; su questa evidenza, del resto, si basa l'organizzazione stessa del meccanismo assicurativo e del rapporto tra compagnie, clienti e terzi. Ma il punto è: come distinguere *a priori* l'un conducente dagli altri? E soprattutto, come può il singolo conducente capire in anticipo se egli sarà o meno tra i dieci, sì da decidere in modo conveniente – *rectius* efficiente – per lui se assicurarsi o meno? Ed ancora – nel nostro immaginario mondo senza regole giuridiche, ma nel quale esiste il dovere morale di risarcire i danni causati a terzi – la scelta di non stipulare l'assicurazione, comportando il risparmio immediato e certo del costo della polizza, probabilmente sarebbe adottata anche da conducenti meno assennati e prudenti, o perché inconsapevoli della propria avventatezza, o perché sprezzanti del pericolo per sé e per gli altri, o infine perché incuranti dell'eventuale giudizio critico, o addirittura riprovevole, dei propri conoscenti nei confronti di tale scelta.

Le regole giuridiche, imponendo il dovere giuridico di stipulare una polizza per ogni mezzo a motore circolante, semplicemente tolgono ad ogni singolo proprietario la possibilità di scegliere se assicurarsi o meno, indipendentemente dalle sue convinzioni circa l'abilità e la prudenza proprie o altrui alla guida, ed indipendentemente anche dalla sua propensione al rischio, da pressioni sociali e da considerazioni etiche o morali. Ciò determina le condizioni per il funzionamento di un sistema di **assicurazione obbligatoria** sulla base del quale vengono attualmente gestiti, in Italia come in ogni altro Paese evoluto, i pregiudizi derivanti dalla circolazione stradale senza che sul singolo proprietario incomba il rischio di dover risarcire con il proprio patrimonio personale, nell'ipotesi di sinistro, danni per lui molto ingenti.

Alla luce di tali ultime considerazioni, l'ordinamento giuridico sembra svolgere un ruolo paternalistico, e cioè appare avere come scopo la tutela del potenziale danneggiante dal rischio che lo stesso scelga, per miopia, avarizia, baldanza o quant'altro, di non assicurarsi, e ciò alla lunga si traduca, o rischi di tradursi, per lui in uno svantaggio economico. Se così fosse, a questo punto risulterebbe rafforzato l'interrogativo, prima cennato, relativamente all'opportunità o meno di consentire alle regole giuridiche di comprimere la libertà del singolo fino ad imporre a quest'ultimo, asseritamente nel suo interesse, la stipula del contratto di assicurazione; laddove, peraltro, come si vedrà più avanti, la scelta di concludere o meno un contratto rappresenta per definizione una libera determinazione volitiva del soggetto. Non è questo, tuttavia, lo scopo delle regole giuridiche in parola e, più in generale, non è questo il ruolo che l'ordinamento giuridico in quanto tale è chiamato a svolgere nel contesto sociale in cui opera. Il senso della dialettica tra diritto e libertà individuale va, dunque, cercato in un'ottica diversa.

Sempre restando nell'ambito dell'esemplificazione relativa alla circolazione dei mezzi a motore, per cogliere a pieno tale senso occorre guardare il fatto storico o potenziale del sinistro stradale dalla diversa prospettiva del terzo che subisce il danno derivante da sinistro, sia questi il conducente di altro mezzo a motore, ovvero un pedone, ovvero il proprietario di beni con i quali potrebbe realizzarsi la collisione, ovvero ancora un soggetto che, ad esempio, avesse il diritto di ottenere una prestazione da chi, a causa del danno subito durante il sinistro stradale, non fosse più in grado di adempiere al proprio obbligo. In quest'ottica, se pure continuiamo a fingere che il danneggiante, in ossequio all'asserito cennato dovere morale, sia pronto a riconoscere il proprio errore e l'entità dell'altrui danno, e quindi a risarcire quest'ultimo, e se pure vogliamo credere che il fatto non si presti ad interpretazioni diverse in termini di responsabilità, sicché davvero non vi sono dubbi che l'autoveicolo del nostro uomo ha causato il danno al terzo, resta un problema non da poco che potrebbe, in concreto, impedire al danneggiato di accedere all'agognato risarcimento: il danneggiante potrebbe non avere un patrimonio personale sufficiente a pagare quanto necessario a risarcire l'intero danno. Se poi vogliamo complicare l'esempio, rendendolo peraltro più corrispondente a ciò che accade normalmente nella realtà, allora dobbiamo considerare altresì che – anche nell'ipotetico mondo in cui gli uomini si comportano in ossequio a doveri morali – raramente il conducente, pur in buona fede, sarà disposto a riconoscere la propria responsabilità senza obiettare alcunché a sua scusante, soprattutto se pensa di dover essere lui, in conseguenza di tale ammissione, a pagare quanto necessario a risarcire il danno provocato.

In considerazione di ciò, ragionando su ciò che potrebbe accadere ad ognuno di noi, guidatore o non guidatore che sia, soprattutto se ci mettiamo nei panni del terzo malcapitato che rimane coinvolto nell'incidente e subisce un danno ingente, la scelta di non stipulare l'assicurazione, che il singolo, più o meno prudente, avrebbe modo di compiere in un mondo senza regole giuridiche – scelta che sino a qualche istante fa poteva sembrarci costituire una sacrosanta manifestazione della libertà individuale – non ci appare più così razionale, condivisibile e tantomeno auspicabile nell'ottica dell'interesse collettivo e, più in particolare dell'interesse di ciascun consociato a vedersi garantito il risarcimento dei danni nel caso in cui venga coinvolto, senza colpa, in un sinistro stradale causato da altri.

Con tutta probabilità, a questo punto, buona parte dei lettori, se non tutti, avranno cambiato la propria opinione iniziale e saranno dell'idea che le regole giuridiche che impediscono al singolo questa scelta, imponendo l'assicurazione obbligatoria, siano – quantomeno per come se n'è parlato in questa sede – opportune e da condividere proprio perché contribuiscono a garantire ad ogni consociato l'integrale tutela risarcitoria nei confronti dei danni derivanti dalla circolazione stradale.

Lasciando l'esempio della circolazione stradale, e recuperando il carattere più generale della riflessione che si va proponendo in apertura del manuale, deve osservarsi che l'eventuale cambiamento di opinione del lettore, circa la opportunità o meno delle regole giuridiche sull'assicurazione obbligatoria, in definitiva si deve ad una semplicissima operazione di geometria logica. In altre parole, è bastato ampliare il raggio della riflessione, per mutarne i risultati. Se, infatti, ci si ferma a considerare il **singolo individuo** come entità a sé stante, ogni regola – sicuramente giuridica, ma finanche morale, ovvero etica, di costume, religiosa, ludica o quant'altro – che impone o vieta qualcosa, sarà immancabilmente avvertita come odiosa ed ingiusta in quanto essa verrà intesa, come minimo, quale strumento atto a limitare artificialmente la libertà di azione insita nella stessa natura umana. Per tale via si contesterà alla regola di comprimere dall'esterno l'area dell'agire e del fare dell'uomo rispetto al suo perimetro naturale costituito dall'intera gamma delle possibilità fisiche, intellettuali e spirituali, così deprimendo potenza e creatività del singolo e, al fine, dell'intera società. In questa prospettiva, la regola in sé – come detto, non solo la regola giuridica – sembra addirittura porsi come un ostacolo nel cammino dell'uomo che muove alla ricerca della felicità.

Quando, però, si passa a considerare che l'uomo non è una monade autosufficiente che può realizzare la sua felicità, e vivere la sua vita, isolatamente – bensì un animale sociale, e cioè un essere che ha necessariamente bisogno di condividere, partecipare, interagire con altri uomini che vivono nella sua stessa **comunità**, nonché con i beni e le cose che pure sono presenti nello spazio abitato da tale comunità – le regole che impediscono ad ogni singolo consociato di porre in essere comportamenti dannosi per gli altri, ovvero facilitano i rapporti intersoggettivi, consentono la valorizzazione delle risorse, anticipano o risolvono le liti, preservano la pace sociale, determinano i modi di governo della comunità, ecc., ci appaiono in una luce diversa. Più avanti vedremo che le uniche regole davvero in grado di perseguire questi obiettivi, in quanto dotate di effettiva cogenza, e cioè capacità di farsi rispettare da tutti, sono le regole giuridiche.

In questa nuova ottica, ci sembra, ed in vero è, inevitabile che la convivenza umana sia disciplinata da regole, ed in particolare da regole giuridiche.

Il concetto di libertà individuale

Non solo i giuristi, ma anche i filosofi, i sociologi, gli antropologi, i teologi, gli economisti e più in generale tutti gli studiosi di scienze sociali, si pongono da sempre il problema di definire e qualificare il concetto di libertà individuale, intesa per tale la libertà del singolo uomo. Tema, questo, altro e diverso rispetto a quello della libertà delle comunità, o società, in cui l'uomo vive (a cui è dedicato il prossimo box), che non è la risultanza della somma delle singole libertà individuali. Ovviamente le due forme di libertà sono strettamente collegate l'una all'altra, quanto meno perché se una società non è libera, anche i singoli consociati che la formano, nessuno escluso, non saranno garantiti nella propria libertà individuale.

Nell'accezione più comune e semplice, il concetto di libertà individuale indica l'essere libero, la condizione di chi non è prigioniero e non ha restrizioni, non è confinato o impedito. Intesa in senso più ampio, e forse più proprio, la libertà è la facoltà dell'uomo di agire e di pensare in piena autonomia, e cioè la condizione di chi può agire secondo le proprie scelte, in certi casi grazie ad un potere specifico riconosciutogli dalla legge.

In questo senso più ampio, all'interno di una comunità organizzata, e dunque di un sistema di regole, la libertà può essere definita in termini di non-interferenza di un potere esterno sull'agire e sul pensare umano (*libertà negativa*) ovvero, alternativamente, come libertà riconosciuta dalla società, e dunque da qualche potere esterno, di fare determinate cose (*libertà positiva*). Le due forme di libertà possono, e di fatto ciò accade normalmente, convivere all'interno della stessa società. A prescindere dalla forma di libertà che di volta in volta si viene a configurare, tra gli studiosi di scienze sociali vi è oggi sostanziale concordia nell'osservare che chi compie un'azione è libero se può scegliere di compierla o meno, e tale scelta è consapevole, spontanea e contingente, e cioè non imposta da qualcuno o qualcosa, né coatta da necessità assolute.

Più complesso è il discorso sulla libertà condotto nell'ambito filosofico. Non potendo in questa sede trattare il tema con la opportuna completezza, ci si limita a svolgere le poche note che seguono, in quanto, in definitiva, funzionali al discorso che si sta compiendo sul rapporto tra libertà umana e regole.

Nella filosofia classica, significativa è sul punto la posizione degli 'stoici', secondo i quali l'uomo non è libero, in quanto condizionato dalle leggi della natura, sicché tutto accade secondo necessità ed è già prestabilito. A questa impostazione si contrappone la teoria cartesiana a tenore della quale l'uomo è ontologicamente ed indefettibilmente libero in quanto essere pensante, e cioè in quanto essere formato sia di *res extensa* (fisicità) che di *res cogitans* (intelletto), al contrario, ad esempio, degli animali a cui non si riconosce capacità elaborativa e che, in quanto formati solo da *res extensa*, si ritiene agiscano sempre meccanicamente.

Nel diciottesimo secolo, Immanuel Kant, nella 'Dialettica trascendentale' inserita nella 'Critica della ragion pratica', elabora la libertà come problema metafisico costantemente irrisolto, ed evidenzia come non sia possibile razionalizzare la libertà, spiegarla e, soprattutto, dimostrarla, in quanto tesi ed antitesi circa l'esistenza della libertà umana sono entrambe possibili. La natura di essere fenomenico, che conosce e si relaziona con la realtà necessariamente attraverso i sensi, infatti, rende – secondo Kant – l'uomo soggetto alla legge di causa-effetto, e cioè non libero; tuttavia l'uomo può, obbedendo alla legge morale, liberarsi dal giogo delle passioni e dei sensi, così riconquistando spazi di libertà. Per Kant, dunque, la libertà è un postulato dell'essere umano, la cui mancanza metterebbe in crisi la stessa concezione di morale e l'operatività del diritto, perché se l'uomo non è libero di scegliere ed agire non gli può essere imputata alcuna responsabilità per le sue azioni o omissioni, né sul piano giuridico, né tantomeno morale.

Un altro esempio, in vero più semplice di quello proposto in precedenza in relazione all'assicurazione obbligatoria, può essere utile a cogliere la portata di questo discorso sul rapporto tra regole e libertà umana.

L'ordinamento giuridico italiano – così come la maggior parte degli ordinamenti giuridici nazionali attualmente vigenti – può impedirci, in una bella giornata di sole, di andare a passeggiare nel giardino più rigoglioso e fiorito della città, se questo è oggetto di proprietà privata e se il proprietario ha in qualche modo manifestato, ad esempio con segnaletica e cartelli inequivoci, la volontà che nessuno entri nel giardino, anche non recintato. L'impedimento operante sul piano del diritto vale anche se noi siamo animati dalle migliori intenzioni ed anche se in quel momento il proprietario del giardino non c'è, e quindi non disturberemmo nessuno, né violeremmo qualche precetto religioso, morale o etico, e finanche se della cosa il proprietario non possa accorgersi mai in quanto il nostro passaggio non lascia traccia alcuna. La nostra libertà di fare qualunque cosa per godere pienamente di una giornata di sole viene, dunque, limitata dall'esistenza di una regola giuridica a tenore della quale la **proprietà privata** non può essere violata, indipendentemente dalla presenza del legittimo titolare e dalla concretezza o meno della possibilità per il terzo di arrecare un danno ai beni. In ossequio al diritto di proprietà, i terzi devono astenersi da qualsiasi atto possa interferire con il godimento del diritto del proprietario, per godimento intendendosi anche la facoltà (*ius escludendi alios*) che ha il proprietario di impedire a tutti gli altri consociati di usufruire del proprio bene anche in sua assenza.

Una tutela così forte del diritto di proprietà – e, se vogliamo, anche così anticipata rispetto al momento della sua eventuale aggressione da parte di terzi – si spiega in quanto la proprietà privata rappresenta un vero e proprio fondamento della nostra società prima ancora che del nostro ordinamento giuridico. Ed infatti, se ognuno di noi dovesse impiegare il suo tempo ad occuparsi materialmente dei suoi beni al fine di evitare l'occupazione o l'apprensione degli stessi da parte di altri consociati, le nostre migliori risorse sarebbero rivolte alla conservazione di ciò che abbiamo, piuttosto che all'incremento dei nostri beni ed all'arricchimento personale in termini culturali, morali, economici e spirituali; il che andrebbe a sicuro detrimento delle possibilità di progresso e di sviluppo dell'intera società. Dunque, la tutela forte garantita dall'ordinamento giuridico al diritto di proprietà limita la libertà di ogni consociato di godere a pieno dei beni con cui entra in contatto, ed in qualche modo impedisce anche il più intenso sfruttamento degli stessi (basti pensare al fatto che tante case di proprietà privata non sono abitate, nel mentre persone non abbienti vivono in rifugi di fortuna), ma è giustificata nell'ottica di assicurare a tutti i consociati condizioni di sicurezza personale e patrimoniale, ed in questo senso contribuisce a garantire l'ordine sociale e a determinare i presupposti per il progresso e lo sviluppo dell'umanità.

In assenza di regole che limitano la libertà e depotenziano l'egoismo connaturato nell'essere uomo (da cui il concetto filosofico di ***homo homini lupus***), prevarrebbe nella comunità la ragione del più forte o del più sanguinario, ed in ogni caso i conflitti sociali sarebbero tali da distruggere in radice l'idea stessa di pacifica convivenza, pregiudicando altresì la possibilità per i singoli individui di vivere bene e di utilizzare e valorizzare al meglio le proprie potenzialità e le risorse disponibili.

In ragione di ciò, ogni membro della comunità accetta, più o meno consapevolmente, le limitazioni della propria libertà determinate dalle regole, a patto e condizione che lo stesso valga per gli altri consociati e che, dunque – per tornare all'esempio proposto sopra – la rinuncia ad entrare senza autorizzazione nel giardino altrui, valga la certezza che i propri beni sono tutelati allo stesso modo nei confronti di chiunque volesse occuparli o appropriarsene illecitamente. Thomas Hobbes, nel celeberrimo '*Leviatano*' (1651), a tal proposito, ha parlato di **'contratto sociale'**, evidenziando come ogni consociato, quando decide di aderire ad una data società e dunque si impegna a rispettarne le regole, rinuncia ad una parte della sua libertà ma riceve in cambio garanzia di sicurezza, e dunque in definitiva certezza di poter effettivamente esprimere, senza rischi, ed anzi all'interno di un sistema organizzato di tutele, il segmento di libertà non oggetto di rinuncia. Sul tema fondamentale, tra le altre, si rivela la riflessione di Jean Jacques Rousseau, condensata nell'opera '*Contratto sociale*', pubblicata nel 1762.

In questo senso è evidente come non vi sia, e non vi possa essere, vera **libertà** per l'uomo, né per la società in cui egli vive, senza regole che presidiano e difendono l'esercizio di tale libertà, pur fatalmente restringendone l'ambito di operatività. Nella limitazione reciproca della libertà assoluta dei consociati è, dunque, il segreto del mantenimento dell'**ordine sociale**. La libertà di ogni singolo individuo può essere illimitata solo sino a quando non interferisce con la libertà di uno o più altri consociati; viceversa, nel momento in cui tale interferenza si verifica, le libertà individuali coinvolte devono essere limitate dall'intervento regolatorio, che così facendo le rende tra loro compatibili.

Il concetto di società libera

Nel box precedente si è accennato al tema della società libera, e si è evidenziato che la libertà di una comunità, o società, umana è cosa altra e diversa dalla somma delle libertà dei singoli individui che la compongono. Si è, altresì, affermato, tuttavia, che l'una condiziona necessariamente l'altra, e qui va aggiunto a riguardo che ciò accade in quanto, in una società non libera, in quanto non ben regolata, anche chi, in un certo momento storico, sembra apparentemente godere di libertà, ed eventualmente di potere, può da un momento all'altro essere soverchiato dall'esercizio dell'altrui libertà o dell'altrui potere divenuto così dominante. Dunque, l'individuo può essere davvero libero, e cioè davvero garantito nell'esercizio delle sue libertà e tutelato dalle altrui prevaricazioni, solo in una società in cui le singole libertà sono tra loro in equilibrio e perciò reciprocamente rispettose e compatibili; una società, in altri termini, che sia capace di difendere con le proprie regole ogni sfera di libertà individuale ed ogni potere istituito dall'altrui esercizio abusivo, o comunque eccedente, della libertà o del potere altrui. Sul punto sembra particolarmente calzante la riflessione politologica di Giovanni Sartori (*Società libera*, in *Elementi di teoria politica*, Bologna, 1987, Terza edizione, 1995, 365-366), secondo il quale:

«[...] una società è tanto più libera quanto più è capace di autoregolazione. Una società libera non ha bisogno di appellarsi al despota hobbesiano perché è capace di risolvere i propri problemi e conflitti di potere mediante *feedbacks*, mediante retroazioni endogene. [...]

In termini più familiari, una società libera è capace di autoregolazione in quanto è una società strutturata su forze controbilancianti e su meccanismi riequilibranti. Dico "forse" perché non guardo alla società sotto specie di aggregato di individui singoli, ma sotto specie di insieme strutturato di gruppi ed organizzazioni. Vale anche osservare che la accezione qui proposta di "società libera" non postula che una società sia tanto libera quanto più "senza comando" o "senza Stato". No. Per la mia definizione una società libera prevede lo Stato, rapporti di forza e di potere, strutture gerarchiche e comandi, diseguaglianze e conflitti. Quel che la rende, o mantiene, libera è la struttura di potere atta a neutralizzare ogni potere soverchiante. Ad ogni momento troveremo un bilanciamento globale diverso (e cioè stati in equilibrio dinamico) prodotto da una diversa agglutinazione di forze squilibranti e riequilibranti. Ma a nessun momento nessuna forza singola (sia quella di una classe, di un partito, di un esercito, di una chiesa, di un sindacato o altri gruppi) è irresistibile se altre forze si alleano per resisterle. Il che equivale a dire che se una società esprime al proprio interno una singola forza schiacciante, o soverchiante, quella società non sarà più (in prospettiva) libera. Dunque, e in sintesi, una società libera è una società *in equilibrio* (dinamico), laddove una "società squilibrata" caratterizzata da equilibrio indifferente (a retroazioni impazzite, uscite di mano e che si dispiegano a caso) è una società incapace di gestirsi da sé.

Questa impostazione consente di rifiutare due opposti semplicismi. Non solo la tesi che ogni società ricoperta, altimetricamente, da sovrastrutture (quali che esse siano) sia per ciò stesso una società non-libera; ma anche, all'altro estremo, la tesi secondo la quale ogni società che esibisce elezioni, partiti, parlamenti, e una carta detta costituzionale sia, per ciò stesso, libera. No. Partiti, parlamenti e costituzioni diventano indicatori ingannevoli, e cioè *non* sono segno e espressione di società libera, se non riflettono una struttura pluralistica di forze controbilancianti che si auto-limitano reciprocamente, e per essa una società capace di risolvere i propri conflitti di interesse e di potere mediante retroazioni endogene, mediante controbilanciamenti spontanei».

Tornando al diritto di proprietà, a questo punto va detto che, ovviamente, la decisione di tutelarlo in modo così forte, sacrificando specularmente la libertà individuale dei consociati, dipende da fattori storici, politici ed economici contingenti; e cioè da fattori che in un altro contesto sociale o in un altro momento storico potrebbero non sussistere o potrebbero operare o essere interpretati in modo diverso da chi detiene il potere, all'interno della comunità, di porre le regole giuridiche.

Stesso identico discorso riguarda il sistema dell'assicurazione obbligatoria, cui si è fatto riferimento nella prima parte di questo paragrafo, e più in generale tutti gli istituti giuridici, in particolare quelli che comportano costrizioni rilevanti della libertà individuale. Se è vero, infatti, che relativamente alla circolazione stradale un tale sistema può apparire opportuno ed efficiente nell'ottica della migliore tutela dei terzi potenziali danneggiati, e dunque in definitiva di tutti i consociati, potrebbe legittimamente chiedersi perché questo discorso non viene fatto valere per ogni attività umana potenzialmente produttrice di danni ad altri. La domanda che ne deriva è: perché le regole giuridiche non obbligano ogni consociato ad assicurarsi per tutti i danni che egli può provocare a terzi con la propria condotta colposa o dolosa? La risposta – il cui svolgimento richiederebbe valutazioni giuridiche, sociologiche ed economiche che in questo momento introduttivo non risultano proponibili – risiede in quell'esigenza di contemperare, in capo al singolo, libertà e doveri, tipica di ogni ordinamento giuridico moderno e liberale, chiamato continuamente a ridurre ambiti di libertà di alcuni per salvaguardare ambiti di libertà di altri, così come a scegliere tra beni da sacrificare e beni da tutelare, e ciò al fine di salvaguardare, nei limiti del possibile, la libertà di tutti e di garantire la convivenza pacifica e, dal punto di vista economico, produttiva. È proprio nella continua, e mai definitivamente evasa, ricerca del miglior **bilanciamento** tra limitazione e valorizzazione delle libertà individuali, che si rinviene l'essenza stessa del diritto.

1.2. Come funzionano le regole

Ogni giorno qualunque uomo, viva egli in una tribù africana o in una metropoli occidentale, nello svolgimento delle sue relazioni umane e, più in generale, nel rapporto con il mondo che lo circonda, si trova a rispettare o, eventualmente, a trasgredire **regole** di carattere giuridico, morale, religioso, etico, di costume, ludico e quant'altro. Così è stato storicamente fin da quando si sono riunite, nelle grotte ed attorno al fuoco, le prime ancestrali comunità umane, giacché la compresenza di più uomini nello stesso spazio geografico (o virtuale, nel senso telematico) impone l'esistenza ed il rispetto diffuso di regole di comportamento che consentono alla data comunità di funzionare.

Noi tutti viviamo completamente immersi nelle regole da quando ci svegliamo al mattino a quando andiamo a dormire, e finanche durante il sonno (ad esempio, una regola di comportamento suggerisce, anche mentre si dorme, di non lasciare in giro per casa fonti di rumore per i terzi). Non vi è dubbio che si tratti di regole affatto diverse da quelle che sarà chiamato a rispettare il nostro coetaneo che vive a diecimila chilometri di distanza da noi, ma è probabile (o, quanto meno, possibile) che vi siano anche regole comuni. Tuttavia, difficilmente può dirsi che esistano regole riconosciute e operanti allo stesso modo in tutto il mondo, se solo si considera che la stessa regola generale (subito *infra* la definiremo, più correttamente, 'principio') per cui bisogna tutelare la vita umana – ritenuta fondamentale nella nostra società tanto da costituirne un caposaldo – è in realtà declinata in maniera assai diversa, ed a tratti addirittura antitetica, alle diverse latitudini del pianeta, tanto che in molti Paesi, anche evoluti, è attualmente in auge la pena di morte ed in alcune tribù africane si pratica ancora il cannibalismo.

Si è fatto cenno alla parola 'principio'. Vediamo cosa significa.

Ogni regola è riconducibile quanto meno ad un **principio**, per tale intendendosi un precetto che esprime l'esigenza della massima realizzazione di un valore senza, tuttavia, rappresentare le modalità concrete di tale realizzazione. Dei singoli principi le corrispondenti regole rappresentano, dunque, derivazione e concretizzazione.

Le regole sono composte principalmente da ordini, anche detti prescrizioni. Per capire cos'è una **prescrizione**, o un precetto, può notarsi che quando al mattino, venendo in università in motorino, incappiamo nel primo semaforo rosso, il nostro cervello percepisce il segnale conosciuto (il colore dell'apparecchio semaforico), lo interpreta attribuendo a quel segnale il messaggio prescrittivo suo proprio, e dunque ordina al corpo di arrestare il motorino. La prescrizione è l'ordine di arresto che è dato dal segnale – o messaggio prescrittivo – convenzionale costituito: nel caso di specie, dal semaforo rosso.

Lo stesso messaggio prescrittivo può essere tradotto in un'asserzione imperativa ("Arrestati!"), ovvero in una qualificazione positiva ("È obbligatorio fare qualcosa", ad esempio arrestarsi) o negativa ("È vietato fare qualcosa", ad esempio proseguire) del comportamento.

Caratteristica dei precetti è la possibilità concreta di essere disattesi, nel senso che ogni regola costituente un comando può essere violata. In tal caso, è normalmente previsto che scatti una sanzione negativa, ma ciò dipende dalla tipologia della regola e dell'ordinamento in cui la regola opera, giacché in molti casi la sanzione può essere blanda o addirittura inefficace. La questione sarà più chiara all'esito della lettura di questo paragrafo e di quello che segue.

La **sanzione** è la reazione che un ordinamento, e cioè un insieme ordinato di regole, pone in essere in relazione all'atteggiamento tenuto da un consociato nei confronti delle singole regole. Al rispetto di una regola può seguire una sanzione positiva. Per fare due esempi può osservarsi che: sul piano delle regole comportamentali, chi rispetta il galateo sarà apprezzato come persona educata; mentre sul piano delle regole giuridiche, il detenuto modello può ottenere uno sconto di pena e permessi premio. La mancata osservanza della regola ed in particolare della regola precettiva, invece, comporta la sanzione negativa. Ad esempio, passare con il semaforo rosso per i conducenti di veicoli a motore comporta, ai sensi del codice della strada vigente in Italia, come minimo, l'inflizione di una multa, e cioè di una sanzione amministrativa pecuniaria.

Oltre a **prescrivere**, una regola può anche **permettere**. L'esempio tipico è quello del cartello "è permesso fumare", con cui non si obbliga né si vieta nulla. Ovvero, può **descrivere**, come fa l'art. 832 del codice civile (d'ora innanzi c.c.) allorquando definisce il diritto di proprietà come "*il diritto di godere e disporre in modo pieno ed esclusivo delle cose*", o l'art. 1321 c.c. laddove afferma che "*il contratto è l'accordo tra due o più parti per costituire, regolare o estinguere tra loro un rapporto giuridico patrimoniale*", o ancora come fa l'art. 12 della Costituzione italiana che sancisce i colori della bandiera nazionale. Nel caso non si rispetti la regola descrittiva non scatta alcuna sanzione negativa, ma gli effetti o le conseguenze collegate al realizzarsi della situazione descritta non si verificano. E così, se sul balcone del primo cittadino del Comune di Lavello verrà issata una bandiera gialla e verde per festeggiare il successo della nazionale italiana ai campionati mondiali di calcio, non sarà stata violata alcuna regola giuridica; semplicemente, la vittoria sarà stata festeggiata con una bandiera diversa da quella ufficiale dello Stato.

Spesso le regole descrittive hanno anche funzione promozionale. Tra le regole giuridiche, ad esempio, soprattutto in tempi recenti si è sperimentata la tecnica degli incentivi economici o delle agevolazioni fiscali alle imprese meritevoli. La singola regola definisce a quali condizioni l'incentivo o l'agevolazione spetta di diritto, altre regole giuridiche fanno il resto, e cioè attribuiscono il vantaggio concreto.

Dunque, il linguaggio con cui si esprimono le regole è alternativamente prescrittivo/precettivo, permissivo o descrittivo.

Ogni regola ha un suo contenuto, e cioè un messaggio da comunicare al destinatario o ai destinatari. La tecnica di comunicazione del messaggio può anche prescindere dalle parole, com'è nel caso del semaforo, o della maggior parte dei segnali stradali. Normalmente però, e ciò soprattutto sul piano giuridico, le regole si esprimono proprio in forma verbale, e cioè tramite parole. Le parole nel loro insieme, così come scritte nel corpo della singola regola, nel campo giuridico formano tecnicamente la **disposizione**, anche detta enunciato normativo. Dalla interpretazione della disposizione si ricava la **norma**, e cioè il significato che il singolo operatore del diritto, nel caso concreto, estrapola dall'enunciato normativo proprio attraverso l'attività ermeneutica. Dunque, la norma è il prodotto dell'interpretazione della disposizione e costituisce la regola come effettivamente viene, o deve essere, applicata nel caso concreto.

L'**interpretazione**, o **attività ermeneutica**, a sua volta, è in generale un processo compiuto dall'intelletto umano che, attraverso l'elaborazione dei dati e l'applicazione di concetti, criteri, valori, conoscenze e quant'altro in possesso del singolo interprete, consente a quest'ultimo di ricavare un significato compiuto da un enunciato linguistico o da un qualsiasi altro stimolo che lo raggiunge. Tutti noi, ogni giorno, spesso senza accorgercene, interpretiamo un'infinità di stimoli ricevuti e da questi ricaviamo significati. Facile, a questo proposito, richiamare quanto detto circa il semaforo, i segnali stradali o le regole scritte; ma è attività ermeneutica anche quella del discente che, interpretando lo sguardo severo del docente in sede di esame, può capire che la sua risposta è poco corretta e viene, dunque, disapprovata. Ciò detto, ne deriva che mentre l'oggetto dell'interpretazione (ad esempio il rosso del semaforo, il segnale stradale di "stop", lo sguardo severo, la disposizione dell'art. 1 c.c.) è unico per tutti i soggetti impegnati nella data interpretazione, salvo non vi siano problemi di percezione sensoriale (ad esempio, si sbaglia nel leggere una disposizione), il risultato del procedimento ermeneutico può essere diverso a seconda della sensibilità e della cultura dell'interprete (un aborigeno abituato a vivere nel suo villaggio potrebbe non interpretare il rosso del semaforo come segnale prescrittivo di arresto immediato della marcia), ovvero anche del momento in cui il procedimento si svolge (lo stesso interprete potrebbe, a distanza di tempo, ricavare due significati tra loro diversi dalla stessa disposizione perché, ad esempio, nel frattempo ha affinato la propria cultura giuridica, oppure ha cambiato il suo modo di intendere una certa questione, oppure ancora ha una diversa percezione dell'assetto valoriale della società in cui vive, o è cambiato il modo in cui gli altri operatori del diritto interpretano tale disposizione). Per questa ragione, nel mondo del diritto, dalla stessa disposizione è normale vengano ricavate norme tra loro diverse. Ciò, ovviamente, rischia di generare una relativa incertezza negli operatori, ma costituisce anche un motivo di ricchezza dell'ordinamento giuridico che, dunque, si evolve non solo quando cambiano le disposizioni, ma anche quando, a disposizioni immutate, cambiano le norme ricavate da una o più disposizioni. Per altro, l'ordinamento giuridico ha in sé meccanismi in base ai quali è possibile risolvere conflitti (c.d. **antinomie**) tra le diverse interpretazioni degli enunciati normativi. Su tali temi si tornerà diffusamente più avanti, in particolare nel capitolo II, a proposito dell'attività giurisprudenziale, e cioè dell'attività dei giudici, le cui decisioni formano la 'giurisprudenza'.

Resta qui da segnalare come, sul finire dello scorso secolo, si sia tentato di realizzare programmi per elaboratore elettronico (c.d. software) in grado di ricavare, dai singoli enunciati normativi delle disposizioni giuridiche, norme compiute, finendo tuttavia per verificare che l'attività interpretativa – come detto – proprio in quanto caratterizzata dalla sensibilità dell'interprete e condizionata da un'infinità di fattori culturali, non può prescindere da un complesso procedimento intellettivo tipico della mente e dell'esperienza umana, ad oggi non riproducibile attraverso la tecnologia.

Tornando ad occuparci della disposizione, giova chiarire che la stessa descrive in termini generali, e quindi tipizza, una certa situazione che può essere definita **fattispecie astratta**, ed a questa ricollega conseguenze che di fatto incidono di volta in volta sulla **fattispecie concreta**, e cioè sulla situazione in cui, nella realtà, vengono storicamente a determinarsi le condizioni previste dalla regola a livello di fattispecie astratta. Ad esempio, la regola giuridica di cui all'art. 1470 c.c, descrive cos'è la compravendita e dunque rappresenta la fattispecie astratta di tale istituto; mentre l'eventuale compravendita del libro di Roberto Saviano, 'Gomorra', a 15 Euro, concordata ieri tra Mauro che vende e Luisa che acquista, costituisce la fattispecie concreta.

Le **regole** – con riguardo alla loro struttura – possono essere **individuali o generali**, a seconda che siano riferite ad uno o più singoli individui predeterminati ("Caterina deve guidare prudentemente") ovvero siano rivolte a chiunque si trova in una data situazione ("Chi deve mettersi alla guida non può bere alcolici"). Ed inoltre possono essere **concrete** o **astratte**, a seconda che il messaggio valga solo in una o più situazioni concrete ("Al prossimo appello di diritto privato non ci saranno domande sul libro II del codice civile"), ovvero valga in generale in ogni caso si verifichino le condizioni previste ("Ad ogni appello di diritto privato gli studenti devono essere preparatissimi").

Infine, le regole possono essere, in un altro senso, generali, ovvero speciali o eccezionali. Le **regole generali** sono quelle conformi al principio di cui costituiscono derivazione concreta. Le **regole speciali** sono, invece, quelle che si discostano dalla normale declinazione del principio di cui pure sono derivazione. Ad esempio, sono speciali le regole che disciplinano, nel codice della navigazione, il trasporto via mare rispetto alle regole del codice civile sul trasporto di persone o cose. Le **regole eccezionali** sono quelle che non sono riconducibili in alcun modo al principio di cui risultano derivazione, in quanto segnano, rispetto a questo, una deviazione giustificata, nella particolare fattispecie, dalla priorità di altre valutazioni compiute da chi produce la regola. In vero, la specialità o l'eccezionalità di una regola non sono qualità intrinseche, visto che è l'interprete che, di volta in volta, riconosce ed attribuisce l'una o l'altra qualifica a seconda del momento storico, del contesto di riferimento e della sua sensibilità culturale. Ad esempio, il divieto di atti emulativi, di cui all'art. 833 c.c. – a tenore del quale il proprietario non può compiere atti sui suoi beni al solo scopo di produrre ad altri nocumento o molestia – costituiva regola eccezionale nel sistema ottocentesco basato sul concetto di inviolabilità del diritto di proprietà, mentre rappresenta oggi al più una regola speciale nel vigente sistema in cui un ruolo prioritario assumono i principi costituzionali di solidarietà (art. 2 Cost.) e funzionalizzazione della proprietà privata (art. 42 Cost.).

Sempre sul versante giuridico, la più importante differenza tra regole speciali ed eccezionali è costituita dal fatto che le prime possono essere soggette all'**analogia**, e cioè a quel particolare procedimento ermeneutico ed applicativo che consente all'ordinamento giuridico di porre rimedio ad eventuali sue lacune permettendo l'operare della regola anche fuori dal perimetro di efficacia dalla stessa definito, nel caso in cui vi siano fattispecie concrete prive di disciplina e, per certi versi, simili alla fattispecie astratta prevista dalla disposizione. Viceversa, le regole eccezionali non sono passibili di analogia.

1.3. Ordinamento giuridico, regola giuridica e diritto

Nei paragrafi che precedono non si è potuto fare a meno di utilizzare alcuni termini – ordinamento, regola giuridica, diritto – di cui probabilmente il lettore, al momento, ha una cognizione soltanto relativa, e che invece, d'ora innanzi, vanno intesi in senso strettamente tecnico. È, dunque, necessario soffermarci sulla esplicazione del significato di questi termini, in quanto i concetti che ne derivano sono di fondamentale importanza per lo studio e la comprensione del diritto privato, e cioè di quelle particolari regole giuridiche che sono normalmente considerate di diritto privato.

Per cominciare può dirsi che, secondo l'elaborazione dottrinale del XX secolo, con il sintagma **ordinamento giuridico** si fa riferimento sia ad una comunità organizzata per perseguire uno scopo comune (ed in questo senso può dirsi che lo Stato è un ordinamento giuridico), sia il complesso di regole, operanti sul piano giuridico, gerarchicamente ordinate e vigenti in un certo luogo e in un determinato momento storico, che disciplinano la vita di tale comunità. La prima soluzione è preferita dai fautori della *teoria istituzionalista* dell'ordinamento giuridico, elaborata da Santi Romano; la seconda dai sostenitori della *teoria giuspositivista*, o *normativista*, enunciata da Hans Kelsen.

Nel sintagma in parola, il sostantivo '**ordinamento**' segna il carattere ordinato e tendenzialmente completo ed autosufficiente di questo complesso di regole. L'ordinamento, nella estrema complessità dei collegamenti che esso realizza tra le diverse regole, produce un sistema normativo unitario e gerarchicamente disposto, la cui organicità, coerenza e certezza costituiscono elementi essenziali per il perseguimento della sua funzione ordinatrice. La dottrina maggioritaria ritiene che, affinché si possa parlare di ordinamento giuridico, debbano necessariamente concorrere tre elementi:

– la plurisoggettività, ossia la presenza di più soggetti all'interno della comunità cui le regole del dato ordinamento si applicano;

– la capacità di autoregolazione, ossia la vigenza di uno specifico complesso di norme che disciplinano l'azione dei soggetti;

– l'organizzazione, cioè una struttura con il compito di applicare le regole di condotta esistenti e di garantirne il rispetto e l'efficacia.

Gli ordinamenti giuridici sono, e sono sempre stati, molteplici, nel senso che ogni comunità organizzata ha avuto nei secoli passati ed ha oggi il suo ordinamento giuridico. Sulla questione si tornerà più avanti allorquando, per l'appunto, si affronterà più diffusamente il tema del **polimorfismo e della pluralità degli ordinamenti giuridici**. Ragionando sull'attualità può affermarsi che ogni Stato nazionale ha il proprio ordinamento giuridico, così come hanno un proprio ordinamento l'Unione europea, la NATO, l'ONU ed ogni altro soggetto riconosciuto a livello internazionale. Un ordinamento giuridico, seppure meno istituzionalizzato e cogente (v. *infra*), esiste anche nella stessa comunità internazionale, intesa come insieme di tutti gli Stati nazionali e di ogni altro soggetto da questi riconosciuto. Tal ultimo ordinamento è formato dalle convenzioni internazionali, dalle consuetudini, dalle prassi e dagli usi vigenti nella data comunità. Gli ordinamenti cui si è appena fatto cenno sono tutti giuridici, nel senso che appresso si chiarirà, e sono tutti operanti allo stesso momento e con relazioni, interferenze e sovrapposizioni tra loro.

In questo contesto un discorso a parte merita di essere svolto con riguardo al c.d. **diritto naturale**, e cioè a quell'insieme di principi generali (più che specifiche regole) che, secondo alcuni studiosi, sarebbero vigenti nelle comunità umane indipendentemente dal fatto di essere posti da una qualche autorità riconosciuta ed istituita. Nelle diverse epoche storiche, ciclicamente, il dibattito sul diritto naturale ha riguardato la sua stessa possibile esistenza, e dunque l'ontologia, la definizione, l'operatività attuale e concreta, i limiti di efficacia, nonché l'effettiva cogenza del fenomeno. Nel corso dei primi decenni del XX secolo, l'affermazione della dottrina pura del diritto di stampo kelseniano, e dunque del positivismo giuridico, insieme con la proliferazione continua di normative, sempre più tecniche, di fonte legislativa nazionale o internazionale, sembrava aver sopito il dibattito sul diritto naturale. Sennonché, gli orrori della seconda guerra mondiale e, successivamente, le tensioni giuridiche scatenate dalla globalizzazione dei mercati hanno richiamato nuovamente l'attenzione sul tema.

Tornando alla questione della pluralità di ordinamenti giuridici, va rilevato che l'intuizione per cui l'uomo può essere, e di fatto normalmente è, assoggettato a diversi ordinamenti operanti nello stesso ambito territoriale, purché essi abbiano una natura diversa e siano governati da istituzioni diverse, è relativamente recente, in quanto si deve ad uno studioso italiano della prima metà del

Novecento cui abbiamo già fatto cenno poc'anzi. Il riferimento è a Santi Romano, che con la teoria della pluralità degli ordinamenti superò la concezione secondo la quale l'ordinamento giuridico ricomprende in sé tutte le regole giuridiche esistenti in un dato territorio, per cui non può che essere unico, e far riferimento soltanto allo Stato nazionale. Alla luce di questo insegnamento, possiamo osservare che nel territorio italiano attualmente convivono l'ordinamento dello **Stato**, l'ordinamento delle **Regioni**, l'ordinamento delle **autonomie locali**, l'ordinamento dei **privati** dato dalle regole dei consociati che esercitano la propria autonomia negoziale, per certi versi l'**ordinamento sportivo**, nonché **ordinamenti stranieri** come quello della Chiesa cattolica, e **ordinamenti sovranazionali** come quelli, già citati, europeo e internazionale.

Deve, a riguardo, aggiungersi che ogni ordinamento giuridico non statale opera all'interno dei confini geografici del singolo Stato solo se, e nella misura in cui, quest'ultimo gli consente di operare, giacché esso è l'unico ordinamento originariamente sovrano nel territorio abitato dalla comunità di cui è espressione ed alla quale trova applicazione. Infatti, nel territorio italiano è attualmente possibile la compresenza degli ordinamenti appena richiamati proprio in quanto è l'ordinamento giuridico dello Stato italiano che ad ognuno di essi consente di operare entro certi limiti ed in presenza di determinate condizioni. Emblematico appare il caso dell'ordinamento sportivo, cui è dedicato l'approfondimento di cui al box che segue.

Ordinamento giuridico statale ed ordinamento sportivo

Tradizionalmente le regole ludiche, e cioè dei giochi e degli sport, sono state considerate regole non giuridiche in quanto non dotate di quella effettiva coercitività, o cogenza, nel senso indicato nel prosieguo del presente paragrafo. Si è, dunque, ritenuto che tali regole non facessero parte dell'ordinamento giuridico.

Tuttavia, nel corso del XX secolo, con l'emersione del fenomeno sportivo in termini di spettacolo, cultura e industria, nonché a causa dell'aumento della diffusione sociale della pratica degli sport, la questione si è riproposta in modo totalmente nuovo.

Inizialmente ci si è chiesti come fosse possibile che fatti considerati illeciti sul piano giuridico, e dunque nell'ordinamento giuridico, possano essere considerati, invece, leciti nell'ambito sportivo. Posta così, la questione appare davvero curiosa perché, a prima vista, sembrerebbe che l'ordinamento giuridico chiuda un occhio nei confronti di ciò che accade nell'ambito sportivo; ragionando in questo modo, tuttavia, si dovrebbe arrivare ad ammettere che lo Stato rinuncia alla sua sovranità nei confronti del mondo sportivo. Le cose non stanno così.

L'esempio tipico è quello del pugile che, sul ring, mette al tappeto il rivale esanime dopo averlo tempestato di pugni. Per lo stesso fatto – se compiuto fuori dal ring – quel pugile subirebbe, in forza dell'applicazione delle regole giuridiche, severe sanzioni anche di carattere penale. La tesi per cui il consenso ad essere colpiti, ed eventualmente danneggiati, manifestato implicitamente dai due pugili con il fatto di salire sul ring, costituirebbe tecnicamente una scriminante sul piano del diritto penale, e cioè una condizione di non configurabilità del reato, sconta l'insuperabile obiezione per cui il consenso dell'avente diritto può scriminare solo riguardo a diritti che sono nella sua disponibilità, e cioè – ad esempio – nel caso in cui le conseguenze del fatto fossero lesioni non gravi, ma non opera nel caso di lesioni gravi o addirittura mortali, giacché, come vedremo, l'integrità fisica non costituisce un diritto disponibile.

La ragione per cui l'ordinamento giuridico non interviene nel caso del pugile in esame è dunque un'altra, e va ricercata nell'alta valenza etica che lo Stato riconosce al pugilato, così come a molti altri sport, pure considerati violenti o pericolosi. Questa valenza ha indotto il legislatore a riconoscere piena dignità a tali sport ed a ritenere non rilevanti, sul piano giuridico, i danni che derivano dalla pratica degli stessi, sempre che a cagionarli siano state condotte dell'atleta in linea con i regolamenti tecnici federali o comunque rientranti nella fisiologia della disciplina. Viceversa, quando l'atleta pone in essere una condotta non consentita ed antisportiva (è il caso del pugile Mike Tyson che, durante l'incontro valido per il titolo mondiale WBA, a Las Vegas, il 28 giugno del 1997, con un morso strappa parte dell'orecchio al rivale Evander Holyfield), l'ordinamento giuridico torna ad espandersi e quindi interviene con ogni strumento di repressione e dissuasione del comportamento non consentito, come se lo stesso fosse stato posto in essere fuori dalla pratica sportiva.

Nel rapporto tra regole sportive ed ordinamento giuridico, e nell'evoluzione stessa del c.d. diritto dello sport, in Italia una circostanza particolarmente significativa è costituita dal fatto che il CONI (Comitato Olimpico Nazionale Italiano) è un soggetto pubblico, sotto il controllo e la responsabilità del Ministero competente, e che al CONI sono affiliate tutte le maggiori federazioni sportive nazionali. Tramite il CONI, dunque, lo Stato ha istituzionalizzato le discipline sportive più amate e praticate, diventando lui stesso il principale attore dell'organizzazione del fenomeno sportivo nel nostro Paese. La vicenda, in vero, è comune a tutti i Paesi progrediti.

Negli ultimi lustri del XX secolo, la sempre crescente importanza sociale dello sport ha determinato le condizioni per cui, sia a livello internazionale che nazionale, le regole del mondo sportivo – principalmente costituite da regolamenti tecnici federali, ma oggi anche da statuti, codici di condotta, codici disciplinari, codici di giustizia sportiva – diventassero più complesse e articolate sino a costituire un vero e proprio ordinamento dotato di organicità e istituzionalizzazione.

Che le regole di tale ordinamento siano ancora da considerarsi non giuridiche, com'era secondo l'insegnamento tradizionale, in Italia non pare più così certo, e ciò in quanto attualmente non è affatto pacifica la natura autonoma dell'ordinamento sportivo rispetto all'ordinamento giuridico statale. In un caso giurisprudenziale assurto agli onori delle cronache (Soc. Cosenza c. CONI) fu il TAR del Lazio, con sentenza 1° aprile 2004 n. 2987, a sancire il principio per cui le regole dell'ordinamento giuridico statale, pur rinunciando a modificare autoritativamente le regole dell'ordinamento sportivo, non rinunciano a disciplinare e tutelare le posizioni dei soggetti di diritto che operano nel mondo dello sport ma con interessi anche esterni a questo, come del resto è normale che sia tanto per gli atleti quanto per i tecnici e le società o associazioni sportive. Ne deriva che qualora, ad esempio, un atleta, una società sportiva o una Federazione violino una norma dell'ordinamento sportivo a danno di un altro soggetto di tale ordinamento, quest'ultimo, se non trova tutela dei propri diritti asseritamente lesi nell'ambito della giustizia sportiva, può rivolgersi ai giudici dello Stato. Per questa via le regole dell'ordinamento sportivo, nel momento in cui intersecano l'ordinamento giuridico statale e di questo vengono a far parte in quanto sono applicate da un Tribunale dello Stato, acquistano piena cogenza, e dunque natura di regole giuridiche.

La sentenza sopra citata fece seguito ad un'estate turbolenta per il mondo del calcio italiano, giacché, in sede di formazione dell'elenco delle squadre iscritte a partecipare ai nuovi campionati, si consumarono cruente sfide giudiziarie tra la FIGC (Federazione Italiana Gioco Calcio) e alcune società professionistiche, cominciate davanti agli organi di giustizia sportivi federali, ed esitate nel ricorso da parte delle società più intraprendenti ed indomite ad alcuni tribunali dello Stato. A regolare la situazione intervenne il legislatore nazionale che emanò il d.l. 19 agosto 2003 n. 220, successivamente convertito con modifiche nella **legge 17 ottobre 2003 n. 280**, "*recante disposizioni urgenti in materia di giustizia sportiva*", il cui art. 1 stabilisce espressamente che: "*1. La Repubblica riconosce e favorisce l'autonomia dell'ordinamento sportivo nazionale, quale articolazione dell'ordinamento sportivo internazionale facente capo al Comitato Olimpico Internazionale. 2. I rapporti tra l'ordinamento sportivo e l'ordinamento della Repubblica sono regolati in base al principio di autonomia, salvi i casi di rilevanza per l'ordinamento giuridico della Repubblica di situazioni giuridiche soggettive connesse con l'ordinamento sportivo*". Ed all'art. 2 che: "*1. In applicazione dei principi di cui all'art. 1, è riservata all'ordinamento sportivo la disciplina delle questioni aventi ad oggetto: a) l'osservanza e l'applicazione delle norme regolamentari, organizzative e statutarie dell'ordinamento sportivo nazionale e delle sue articolazioni al fine di garantire il corretto svolgimento delle attività sportive; b) i comportamenti rilevanti sul piano disciplinare e l'irrogazione ed applicazione delle relative sanzioni disciplinari sportive. 2. Nelle materie di cui al comma 1, le società, le associazioni, gli affiliati ed i tesserati hanno l'onere di adire, secondo le previsioni degli statuti e regolamenti del Comitato olimpico nazionale italiano e delle Federazioni sportive di cui agli artt. 15 e 16 del d.lgs. 23 luglio 1999 n. 242, gli organi di giustizia dell'ordinamento sportivo*". Infine, l'art. 3, prevede che: "*Esauriti i gradi della giustizia sportiva e ferma la giurisdizione del giudice ordinario sui rapporti patrimoniali tra società, associazioni ed atleti, ogni altra controversia avente ad oggetto atti del Comitato Olimpico Nazionale Italiano o delle Federazioni sportive non riservata agli organi di giustizia dell'ordinamento sportivo ai sensi dell'art. 2, è devoluto alla giurisdizione esclusiva del giudice amministrativo [...] 2. La competenza di primo grado spetta in via esclusiva, anche per l'emanazione di misure cautelari, al tribunale amministrativo regionale del Lazio con sede in Roma. Le questioni di competenza di cui al presente comma sono rilevabili d'ufficio*".

Nel sintagma 'ordinamento giuridico', l'attributo '**giuridico**' coglie, invece, il momento qualitativo delle regole che compongono detto ordinamento, delle finalità e delle modalità con cui le stesse operano.

Non tutti gli ordinamenti coesistenti, in una data società in un certo momento storico, sono giuridici, così come non sono giuridiche tutte le regole di condotta che condizionano l'operato dell'uomo.

È, infatti, esperienza propria di ogni società umana – oltre che di ognuno di noi sin dalla nascita – la compresenza, accanto alle regole giuridiche, di regole etiche, morali, religiose, di costume, ludiche, e quant'altro. Anzi, val la pena sin d'ora notare come le regole giuridiche, sul piano storico, siano sorte successivamente rispetto alle altre, o almeno ad alcune altre. Il che appare ben comprensibile se solo si riflette sul fatto che le **regole morali**, in quanto relative all'intima coscienza di sé e degli altri propria di ogni uomo, non richiedono alcun momento istituzionale di formazione ed esternazione, sicché probabilmente esse sono nate, almeno a livello elementare, con l'uomo. Mentre le **regole etiche**, afferendo al rapporto dell'uomo con un sistema valoriale condiviso dalla comunità in cui egli vive, richiedono sì l'esistenza di una comunità, ma anch'esse non necessitano del momento istituzionale in quanto non dipendono da alcuna organizzazione della comunità stessa. Dunque, dal punto di vista storico, anche le regole etiche sono, con tutta probabilità, almeno nella loro formulazione più semplice, proprie della primissima esperienza umana. Lo stesso è a dirsi per le **regole di costume**, che suggeriscono – ma non impongono, in senso cogente, proprio perché non operano sul piano giuridico – al consociato di comportarsi in una data maniera per essere riconosciuto come appartenente ad un certo ceto o per attirare le simpatie, la stima, la benevolenza, l'ammirazione, il rispetto dei propri interlocutori. Discorso a parte meritano le **regole religiose e** quelle **ludiche**, giacché le une e le altre costituiscono precetti non operanti verso tutti i consociati, ma solo verso coloro che, rispettivamente, si riconoscono nell'organizzazione della data religione, ovvero del dato gioco; intese in questo senso, le regole in parola non richiedono necessariamente un momento istituzionale e, più che fondarsi sul momento sociale organizzativo, pure rilevante, si basano sull'adesione spontanea del singolo consociato e dunque sulla partecipazione di questo all'organizzazione della data comunità religiosa o sulla pratica del dato gioco.

Oggetto dello studio del diritto privato sono, come evidente, le regole giuridiche.

Quelle che sinora abbiamo, piuttosto genericamente, definito **regole giuridiche** sono comandi rivolti ai consociati per dare ordine alla loro convivenza, organizzare al meglio le proprie attività ed impedire, o eventualmente risolvere, le liti tra gli stessi senza ricorrere alla violenza.

Parte della dottrina filosofica del diritto ha storicamente individuato come caratteristica precipua della regola giuridica il fatto che questa è, per lo più, posta ed applicata da un'autorità istituzionalizzata, e dunque da un soggetto terzo rispetto a colui che ne subisce l'applicazione. Per questa via si è detto che il comando giuridico si distingue da ogni altro perché **eteronomo**. Al contrario, come accennato, le regole morali, ed in qualche modo anche quelle etiche, sono per lo più prodotte dalla stessa coscienza umana che le percepisce e le ricava dal contesto sociale in cui vive, ma sempre secondo la sensibilità e la cultura del singolo, sicché sembra potersi affermare che nessuno può imporre la propria regola morale ad un altro che non la avverte esistente o cogente.

Tuttavia, se la regola giuridica, in virtù della sua eteronomia, si differenzia dalle regole morali, ed in qualche modo anche da quelle etiche (ma già qui il discorso cambia perché una regola etica nasce all'interno della comunità, più che all'interno della coscienza del singolo, o quantomeno dal rapporto tra comunità e coscienza del singolo, sicché una regola etica può esistere in una società anche a prescindere dal fatto che il singolo consociato la voglia rispettare o, finanche, la riconosca), non altrettanto può dirsi riguardo alle regole religiose o ludiche. Ed infatti, anche queste ultime sono poste, mantenute in vita ed applicate da soggetti istituzionalizzati diversi dal consociato che ne subisce la cogenza. In proposito basti pensare – a titolo di esempio – al cartellino rosso con cui l'arbitro di calcio, nell'ambito di tornei ufficiali gestiti dalla F.I.G.C., comunica al calciatore indisciplinato il provvedimento sanzionatorio nei suoi riguardi e gli intima di lasciare immediatamente il campo interpretando, e quindi successivamente applicando, una regola del gioco del calcio. Tale regola ha una sua istituzionalizzazione, se pure non statuale, sia sotto il profilo della produzione normativa, in quanto è stata approvata dagli organi preposti e con le modalità previste nell'ordinamento sportivo; sia sotto il profilo della sua vigenza, in quanto non è stata rimossa da organi a ciò abilitati e con le procedure stabilite dallo stesso ordinamento; sia, infine, sotto il profilo della sua applicazione, proprio perché essa è resa cogente dagli arbitri, dai commissari di gara, dai giudici sportivi e quant'altro. Analogamente potrebbe evidenziarsi rispetto a qualunque regola religiosa.

Le considerazioni appena svolte ci spingono a dubitare che l'eteronomia costituisca realmente una prerogativa della regola giuridica.

Muovendo da tale dubbio, numerosi cultori della teoria generale del diritto hanno osservato che la caratteristica principale delle regole giuridiche, rispetto alle altre sopra citate, potrebbe essere rintracciata nella **funzione** peculiare a cui le prime sono preposte. Sotto questo aspetto si potrebbe obiettare che anche le regole morali, o etiche, o religiose, o di costume, possono, quanto meno in teoria, muovere gli uomini alla convivenza pacifica ed economicamente prospera. Sennonché, una tale obiezione, secondo l'insegnamento tradizionale, non coglie un dato particolarmente significativo, e cioè che siffatte regole, ognuna nell'ambito della funzione specifica che è chiamata a realizzare, possono anche suggerire all'uomo, tra l'altro, modalità di condotta analoghe a quelle richieste dalle regole giuridiche, e tuttavia la differenza fondamentale sta nel fatto che solo per le regole giuridiche può dirsi che esse abbiano come vera e propria funzione, peraltro unica, quella di garantire le condizioni per il mantenimento della pace sociale e lo sviluppo della società. Proprio in considerazione di questa necessaria correlazione tra società e momento giuridico, si è notato come sia vero che il diritto, e cioè l'ordinamento giuridico, ha bisogno di una società organizzata per nascere (*ubi societas, ibi ius*), ma è altresì vero che una società non può essere organizzata senza le regole giuridiche che la ordinano (*ubi ius, ibi societas*).

Altra caratteristica che la dottrina tradizionale riconosce alla regola giuridica come differenziante, rispetto alle altre tipologie di regole, è costituita dalla sua particolare **struttura**. Essa, infatti, si presenta sotto questo profilo come comando generale ed astratto che tende a regolare una serie indefinita di casi ed è applicabile ad ogni consociato. Per **generalità** si deve intendere la idoneità del precetto di essere applicabile a chiunque si venga a trovare nelle condizioni previste dallo stesso. Con **astrattezza** si fa riferimento alla capacità della regola giuridica di prescindere da circostanze concrete, nel senso che essa opera tutte le volte in cui si verificano i presupposti di applicabilità che la sua stessa formulazione linguistica prevede. Valorizzando i concetti di generalità ed astrattezza si tende normalmente ad escludere che la regola giuridica possa essere posta o applicata per favorire o sfavorire qualcuno in particolare. Inoltre, tali caratteri della regola giuridica consentono, almeno in via teorica, di assicurare all'ordinamento la prevedibilità delle decisioni, la certezza della regola operante in ogni data situazione, l'eguaglianza tra i consociati e la permanenza nel tempo del precetto.

A ben vedere, l'approccio tradizionale che prova a distinguere la regola giuridica dalle altre tipologie di regole – e, per conseguenza, l'ordinamento giuridico dagli altri ordinamenti esistenti (ad esempio, l'ordinamento religioso o quello sportivo) – sulla base della eteronomia, delle funzioni o della struttura, a dire il vero, non sembra, nel suo complesso, esaustivo ed efficace. Ed infatti, fermo quanto già detto circa l'eteronomia, è piuttosto evidente che anche altre tipologie di regole condividono la stessa struttura della regola giuridica (ad esempio, il comandamento religioso "Non rubare" è certamente generale ed astratto). Inoltre, può ritenersi che anche le regole religiose, morali o etiche abbiano come funzione il mantenimento della pace sociale e lo sviluppo della società, e che la loro unica differenza rispetto all'ordinamento giuridico stia nell'assetto valoriale che determina i contenuti dei singoli precetti ovvero nella conseguenza prevista in caso di violazione degli stessi.

Sembra, allora, opportuno muovere proprio nella direzione dell'analisi delle conseguenze previste in caso di violazione del comando per cogliere la vera, ed unica, significativa differenza tra regole giuridiche e non. In difetto, si rischia di fare confusione e, dunque, di rendere più incerti i confini dell'ordinamento giuridico rispetto agli altri ordinamenti, e cioè agli altri insiemi di regole – come detto – vigenti nella società, accanto e contemporaneamente all'ordinamento giuridico.

In definitiva, la caratteristica realmente differenziale delle regole giuridiche rispetto ad altre regole, eventualmente anche simili nei contenuti e nella struttura, sta nel fatto che solo la violazione delle regole giuridiche comporta, per il trasgressore, una sanzione negativa che l'ordinamento giuridico si fa carico di eseguire in via istituzionalizzata, persino con la forza, a prescindere da ogni considerazione relativa all'adesione volitiva del soggetto all'ordinamento stesso. Tale caratteristica della norma giuridica prende il nome di **effettiva coercitività**, o, se si preferisce, **coattività**. Dunque, mentre si può violare un precetto, ad esempio, religioso senza scontare la relativa sanzione negativa perché il trasgressore non partecipa alla vita della comunità religiosa, o perché decide di non parteciparvi più da un momento in poi, o più semplicemente perché non aderisce intimamente alla religione di cui pure appare seguace; ed allo stesso modo si può decidere di giocare a calcio senza rispettare le regole tecniche o disciplinari imposte dall'ordinamento sportivo, semplicemente non partecipando a competizioni ufficiali gestiste dalla F.I.G.C., e casomai organizzando un torneo di calcio nel giardino sotto casa con regole diverse (si potrebbe, ad esempio, prevedere che il proverbiale intervento a gamba tesa nei confronti dell'avversario non costituisce comportamento scorretto punibile dall'arbitro); non si può allo stesso modo violare un precetto giuridico senza che l'ordinamento, emerso ed accertato l'illecito (cioè il fatto contrario all'ordinamento giuridico, c.d. *non in iure*), reagisca attraverso meccanismi afflittivi o riparatori – predeterminati e puntualmente disciplinati dallo stesso ordinamento, e dunque istituzionalizzati – tendenzialmente senza fare distinzioni tra un trasgressore ed un altro, e senza alcuna possibilità per questo di disconoscere concretamente la reazione dell'ordinamento o di sfuggirvi.

In altre parole, ciò che distingue davvero la regola giuridica da ogni altra regola è la sua astratta e generale capacità di applicarsi comunque e sempre ad ogni soggetto che si trova all'interno del suo raggio d'azione, con conseguente irrogazione istituzionalizzata della relativa e prevista sanzione, senza che alcun consociato possa sfuggirvi, se non per ragioni concrete esclusivamente legate alla patologia del funzionamento dell'ordinamento.

Ovviamente, perché così sia, e cioè perché una norma giuridica sia davvero dotata di coercitività, è necessario che la stessa sia **valida** ed **efficace**, e perciò sia parte dell'ordinamento sia in senso formale che sostanziale, e dunque sia effettivamente vigente. Esistono, infatti, regole che, pur facendo ancora parte dell'ordinamento in senso formale perché contenute in fonti normative apparentemente vigenti in quanto non abrogate, non sono mai state applicate, oppure non vengono più applicate da tempo giacché desuete. Un esempio classico è costituito dai principi costituzionali italiani in materia di sindacati dei lavoratori, mai applicati perché mai nessun sindacato si è posto nelle condizioni previste dalle disposizioni di legge.

La validità delle norme giuridiche

La validità della norma giuridica (che non va confusa con la validità degli atti giuridici, sulla quale ci soffermeremo più avanti), segna una delle due condizioni di appartenenza della norma all'ordinamento giuridico. L'altra condizione è costituita dall'efficacia della norma, e cioè della sua capacità di produrre effetti in quanto osservata dai consociati ed applicata dal potere costituito. In vero potrebbe, in senso parzialmente diverso, sostenersi che, mentre la validità della norma è realmente condizione *sine qua non* della sua stessa esistenza nell'ordinamento giuridico, l'efficacia condiziona esclusivamente l'effettiva partecipazione della data norma alle dinamiche proprie di detto ordinamento.

Soffermandoci sul concetto di validità, va qui detto che la dottrina in materia, tanto in Europa quanto negli Stati Uniti, ha dibattuto soprattutto il tema della fonte della validità, e cioè si è chiesta cosa attribuisca validità alla regola giuridica, e dunque da dove quest'ultima derivi la sua legittimazione a far parte o meno dell'ordinamento. Come evidente, il tema è ricco di implicazioni concrete, giacché l'attuale vigenza di una norma all'interno dell'ordinamento deve essere sindacata da ogni operatore del diritto tutte le volte in cui si trovi ad applicare la norma stessa.

Secondo una distinzione che risale a Hans Kelsen, in un **ordinamento statico** – nel quale cioè non è disciplinata e prevista la produzione di nuove regole – è valida la norma logicamente deducibile da un'altra norma (c.d. *metanorma*) dello stesso ordinamento. Negli ordinamenti statici, dunque, tutte le norme sono legate tra loro da relazioni di deducibilità logica. Sono tali, ad esempio, gli ordinamenti islamici dove vige la Sharia, le cui metanorme, in base alle quali viene stabilità la validità delle altre norme, trovano tutte origine in una qualche forma di rivelazione divina, che per ciò stesso conforma logicamente e coerentemente tutto il sistema normativo. Negli **ordinamenti dinamici**, invece, possono essere prodotte nuove norme valide in conformità ad altre (meta)norme che disciplinano il processo di produzione, o meglio che individuano quali atti o fatti danno luogo alla creazione di nuove norme, indipendentemente dalla deducibilità logica delle nuove norme da norme già esistenti.

Nel caso degli ordinamenti statici il criterio di derivazione della validità della norma viene definito *materiale*, in quanto risponde ad un'esigenza di coerenza dei contenuti delle regole esistenti nel sistema. Con riferimento agli ordinamenti dinamici il criterio in parola viene, invece, definito *formale*, perché ciò che rileva ai fini della validità della regola è solo la sua conformità al procedimento di produzione normativa previsto e disciplinato dall'ordinamento stesso, indipendentemente dai contenuti della regola.

Riguardo al tema in esame, l'ordinamento giuridico italiano attuale, così come la maggior parte degli ordinamenti occidentali di oggi, sembra caratterizzarsi come misto, in quanto le norme vigenti, per essere valide, devono rispondere sia al criterio di validità formale, in quanto devono essere state prodotte ed emanate secondo i procedimenti previsti dall'ordinamento stesso, sia contemporaneamente al criterio di validità sostanziale, in quanto il loro contenuto non deve porsi in contrasto con i principi fondamentali dell'ordinamento raccolti nella Carta costituzionale.

Resta a questo punto da chiarire il significato del termine 'diritto'.

La parola **diritto** ha un doppio significato. La si usa **in senso oggettivo** –

spesso in alternativa al termine legge inteso in senso atecnico – per indicare, indifferentemente, l'insieme delle regole di comportamento ovvero un dato ordinamento giuridico ovvero ancora il generico ed astratto concetto di regola giuridica, o di insieme di regole giuridiche, in quanto tale. Suole, ad esempio, dirsi 'il diritto italiano riconosce e tutela la proprietà privata', con evidentemente riferimento all'ordinamento giuridico italiano. Così come, sempre a titolo di esempio, può correttamente affermarsi che 'il diritto costituisce una tecnica di prevenzione ed eventualmente gestione non violenta dei conflitti sociali', facendo in questo caso riferimento al generico ed astratto concetto di regola giuridica, o di insieme di regole giuridiche, in quanto tale. Inteso in questo senso, il diritto viene anche comunemente inteso nella sua accezione di scienza giuridica, e cioè di scienza sociale che studia il modo per consentire, attraverso la creazione e l'applicazione di regole, la migliore e più felice convivenza tra i consociati. Sotto tale profilo, è stato correttamente altresì puntualizzato che il diritto, anche inteso come scienza, è pur sempre ordine dell'agire, mentre la scienza in sé, e cioè la scienza pura, costituisce un'attività umana che si limita a perseguire ed a realizzare la conoscenza e dunque opera su un piano che non interferisce con quello del diritto, in quanto essa è ordine del sapere.

La parola diritto può essere utilizzata anche **in senso soggettivo** per indicare una situazione giuridica soggettiva riconosciuta dall'ordinamento giuridico in capo ad uno o più consociati al fine di attribuire la tutela piena nella realizzazione di uno o più interessi. Per consentire una migliore comprensione, può prendersi a titolo esemplificativo ancora una volta il diritto di proprietà al fine di evidenziare come lo stesso possa essere inteso: in senso oggettivo, allorquando si fa riferimento all'insieme delle regole che, in un certo ordinamento storicamente individuato, disciplinano il rapporto di dominio che può sussistere tra soggetti di diritto e beni in relazione agli altri consociati; ovvero, in senso soggettivo, se si vuole indicare l'insieme delle pretese che le norme di quel dato ordinamento riconoscono al singolo proprietario al fine di tutelare al meglio gli interessi sottesi alla situazione in cui egli si trova e che viene riconosciuta dal diritto e qualificata, per l'appunto, in termini di diritto soggettivo.

Resta da chiarire che, a volte, si fa riferimento alle regole giuridiche utilizzando, come fossero sinonimi, i termini norma, disposizione, legge, ovviamente senza voler attribuire a questi ultimi il rispettivo significato tecnico che in precedenza abbiamo chiarito. Tale prassi, che pure non pare propriamente da incoraggiare, è in vero assai diffusa tra gli operatori del diritto; di ciò è bene il lettore sia avvertito.

1.4. Evoluzione degli ordinamenti giuridici, contesto sociale ed attuale crisi del diritto

Come evidenziato anche nei precedenti paragrafi, il rapporto tra società e diritto è insito nella nozione stessa di regola giuridica. La norma giuridica, infatti, trova ragione della sua esistenza nel bisogno di disciplinare in un dato modo uno o più aspetti della convivenza umana, mentre essa perde valore quando il problema relazionale, per regolare il quale è sorta, è superato dall'evoluzione sociale (che può, di volta in volta, assumere forma più precisamente politica, tecnologica, religiosa, morale, finanziaria, commerciale, e quant'altro), ovvero – sempre a causa di tale evoluzione – la soluzione incorporata nella norma non è più condivisa, o non è più efficiente, e dunque occorre creare una nuova regola che disciplini in modo diverso il problema. Allo stesso tempo può dirsi (ed abbiamo detto nei precedenti paragrafi) che qualsiasi società umana per potersi dotare di organizzazione, e così assicurare al suo interno condizioni di convivenza pacifica, ed eventualmente prolifica, ha bisogno di regole giuridiche, tanto che non pare azzardato individuare la genesi del diritto nel momento in cui l'uomo comincia a vivere in comunità dotate di una, seppur minima, organizzazione.

Le prime raccolte di regole giuridiche

Per esperienza sappiamo che oggi – almeno negli ordinamenti occidentali – la maggior parte delle regole giuridiche è scritta, e cioè trova la sua formalizzazione in un enunciato linguistico stampato e, in questo modo, fissato nel tempo. Ovviamente non è sempre stato così. La scrittura costituisce una conquista tecnica dell'evoluzione della specie umana, sicché all'epifania del diritto, ed ancora per molto tempo dopo, certamente le regole giuridiche non erano scritte.

La più antica raccolta organica di leggi scritte, sinora scoperte e ad oggi conosciute, si fa risalire al **codice di Hammurabi**, stilato durante il regno del re babilonese Hammü-Rabi, che andò dal 1792 al 1750 avanti Cristo. La raccolta fu scolpita su di una stele in diorite, roccia durissima, alta circa due metri, rinvenuta alla fine dell'Ottocento nella città di Susa (nell'attuale Iraq). Il testo, che sorprende per la sua articolazione e precisione, è suddiviso in capitoli distinti a seconda delle categorie sociali e degli illeciti trattati, e si occupa di numerose problematiche tipiche dell'uomo dell'epoca, dai rapporti familiari a quelli commerciali ed economici, dall'edilizia all'amministrazione della cosa pubblica e della giustizia. Altra particolarità del codice di Hammurabi è costituita dal fatto che esso è stato stilato per rendere pubblicamente consultabili le regole in questione, in ciò rappresentando una prima concretizzazione dei principi di conoscibilità della legge e di presunzione di conoscenza della legge. Grazie all'esposizione del codice, infatti, il cittadino babilonese aveva la possibilità di adeguare la propria condotta alle leggi del sovrano, e quindi di evitare determinati comportamenti, o di scegliere di attuarli a suo rischio e pericolo. Per la prima volta nella storia del diritto, dunque, con il codice di Hammurabi i comportamenti sanzionabili e le eventuali pene vengono resi noti a tutto il popolo (o almeno a chi fosse in grado di leggere).

Il codice fa un larghissimo uso della c.d. *legge del taglione*. La pena prevista per i vari illeciti è, infatti, spesso identica al torto o al danno provocato: occhio per occhio, dente per dente. Ad esempio, la pena per l'omicidio è la morte del reo; se la vittima, però, è il figlio di un altro uomo, allora la legge prevede che all'omicida, per punizione, sia ucciso il figlio; ed ancora, se la vittima è uno schiavo, l'omicida deve pagare un'ammenda, commisurata al 'prezzo' dello schiavo ucciso.

Tra le regole giuridiche scritte dell'antichità, particolare valore hanno le c.d. **Leggi delle XII tavole** (*duodecim tabularum leges*), che costituiscono una delle prime codificazioni del diritto romano in quanto compilate nel 451-450 a.C. dai *decemviri legibus scribundis*, e che, soprattutto, costituiscono l'unica redazione scritta di leggi dell'età repubblicana giacché per avere un altro corpo di leggi scritte si dovrà attendere il 438 d.C. con il codice Teodosiano. Secondo la versione tradizionale, tramandata dagli storici antichi, la compilazione delle XII Tavole si deve ai plebei, i quali, all'inizio dell'epoca repubblicana, pretesero la creazione di un codice di leggi scritte, di diritto pubblico e diritto privato (*fons omnis publici privatique iuris*), in quanto erano in lotta con i patrizi, e volevano un'attenuazione delle leggi contro i debitori insolventi nonché leggi scritte che limitassero l'arbitrio dei patrizi nell'amministrazione della giustizia, riservata a questi ultimi.

La consapevolezza circa i rapporti tra l'evoluzione del diritto e il dato sociale di riferimento è un risultato che solo in tempi recenti la riflessione giuridica ha conseguito pienamente. Nei secoli precedenti, almeno in occidente, e malgrado qualche autorevole isolata voce dissonante, il sistema di regole giuridiche che presidiava i rapporti tra consociati fu sostanzialmente avvertito come un'entità estranea al divenire del tempo ed ai mutamenti sociali, arroccato com'era tra le teorie proclamate dai fautori del diritto naturale e, soprattutto, tra le solide certezze del diritto romano, prodigiosamente sopravvissuto alla caduta rovinosa delle istituzioni che lo avevano fondato e della civiltà di cui rappresentava uno dei massimi prodotti. Solo a partire dal XIX secolo – sotto l'influenza dell'evoluzionismo scientifico ed alla luce delle importanti novità legislative che si andavano registrando in quell'epoca – cominciò a diffondersi l'idea che il diritto fosse ontologicamente mutevole.

Oggi, la moderna sociologia giuridica – pur non negando, soprattutto nelle tesi sostenute da alcune scuole di pensiero, l'esistenza di un elemento naturale e costante del diritto che la cultura ricopre senza alterarlo – trova nell'evoluzionismo uno dei suoi principali postulati. Alla luce delle teorie evoluzionistiche, il legame attuale tra contesto sociale – al cui interno un ruolo sempre più importante negli ultimi decenni è stato assunto dalla tecnologia e dall'economia – e diritto compare in tutta la sua evidenza empirica. Del resto, non va dimenticato che le novità tecniche hanno sempre determinato importanti modificazioni sociali e hanno finito, dunque, per influenzare di riflesso l'evoluzione degli ordinamenti giuridici. Basta, in proposito, osservare che per rintracciare l'epifania del diritto, e dunque le origini storiche dello stesso, Giovanni Pugliese (*Diritto*, voce dell'*Enc. sc. soc.*, III, Roma, 1993, 34-35), muove «dal postulato che il diritto sia sorto quando si costituì una, sia pur embrionale, comunità, dotata di un minimo di organizzazione», ed individua tale comunità facendo riferimento al momento in cui l'uomo acquisisce «un dominio del fuoco sufficiente a creare focolari attorno a cui riunire gruppi parentali». In tema di influenza dell'evoluzione tecnica sugli ordinamenti giuridici, tra le molte altre voci, si può ricordare anche quella di Rodolfo Sacco (*Introduzione al diritto comparato*, in *Trattato*, diretto da R. Sacco, Torino, V ed., 1992, 197), il quale pone in correlazione lo sviluppo delle tecniche per lavorare il bronzo con l'affermarsi dei sistemi giuridici a potere accentrato.

Ma c'è altro. Nel tempo sono cambiati i soggetti detentori del potere di definire ed applicare le regole giuridiche. Originariamente – ed ancora adesso ciò accade in alcune comunità poco evolute di Paesi del terzo e del quarto mondo – esisteva un'unica autorità preposta all'elaborazione, e spesso anche all'applicazione, delle regole giuridiche, e tale autorità era costituita, quando non direttamente dal sovrano, da sacerdoti o saggi. Con il trascorrere del tempo e lo sviluppo della civiltà, l'importanza del diritto nei diversi contesti sociali è notevolmente aumentata, sicché il **potere legislativo** (cioè il potere di creare, *rectius* emanare, le regole giuridiche), almeno nei Paesi occidentali, è passato nelle mani dell'autorità politica preposta all'amministrazione della cosa pubblica. Tale autorità, in un primo momento, trovava la propria legittimazione, di volta in volta ed a seconda del periodo storico e delle condizioni ambientali, nell'uso della forza, ovvero nell'autorevolezza derivante da questioni dinastiche familiari, ovvero ancora nel potere religioso di cui essa era insignita. Più recentemente, con l'ulteriore sviluppo della civiltà, e dunque con la nascita, nel XIX secolo, dello Stato moderno, al principio di centralizzazione della funzione legislativa si è – in Italia, così come nella maggior parte dei Paesi con una economia ed una società evolute – aggiunto il principio dell'appartenenza delle funzioni legislative ad **assemblee rappresentative** del consociati, nonché il principio della suddivisione dei poteri all'interno degli Stati nazionali e dei relativi ordinamenti giuridici. In forza di tale principio, il potere istituzionalizzato di emanare le regole giuridiche – e dunque il potere legislativo – deve essere esercitato da un soggetto altro e separato rispetto al soggetto che quelle regole è chiamato ad applicarle al fine di risolvere le controversie tra consociati ovvero tra Stato, o comunque pubbliche amministrazioni, e consociati. Tale secondo potere – altrettanto istituzionalizzato – è attualmente attribuito, in tutti gli ordinamenti progrediti, alla **giurisprudenza**, che dunque esercita la funzione giurisdizionale. Sul punto si tornerà più avanti.

Oggi il rapporto tra società e diritto mostra una **complessità** maggiore rispetto al passato. Ciò è dovuto all'importanza che, nel contesto sociale, l'**economia** e la **tecnologia** hanno saputo guadagnarsi nel tempo, fino – secondo alcuni – a prevaricare il diritto.

Nel secolo appena trascorso, più che nei precedenti, tutti gli ordinamenti giuridici vigenti si sono dovuti confrontare con problematiche sempre nuove, generate – con un'abbondanza ed una rapidità forse mai conosciute in passato – essenzialmente dall'accelerazione dello sviluppo, prima della tecnica e poi della tecnologia, favorito ed accompagnato dal rafforzamento dei mercati dei beni e dei prodotti finanziari, nonché dalla presenza sullo scenario internazionale di operatori economici il cui peso finanziario, politico e strategico, è con gli anni aumentato sino a fare di tali operatori soggetti in grado di influenzare in modo determinante la produzione normativa all'interno degli ordinamenti giuridici nazionali nonché i rapporti internazionali tra gli Stati (si pensi, tanto per fare un esempio, all'importanza che nel mondo attualmente si riconosce alla **Microsoft Corporation** fondata da Bill Gates, per il potere tecnologico e finanziario che essa rappresenta).

Ciò ha reso, in molti casi, manifeste le difficoltà che, oggi più di ieri, il diritto, inteso come tecnica di anticipazione e gestione dei conflitti sociali, incontra nel regolamentare in modo efficiente i fenomeni di nuova emersione. Tali difficoltà, in buona sostanza, dipendono dal fatto che, mentre il dato reale si evolve a ritmi sempre più sostenuti e palesando un grado crescente di complessità tecnica ed economica, il diritto tenta un inseguimento nel corso del quale i legislatori nazionali dimostrano spesso ritardi e scarse competenze specifiche.

La situazione appena descritta sembra sconfessare le tesi di quanti pensano che l'ordinamento giuridico sia sempre in grado di programmare e veicolare i cambiamenti della società. A ben vedere, tuttavia, ad essere attualmente 'in crisi' non è tanto una teoria giuridica o una scuola di pensiero, bensì la stessa idea di diritto tradizionalmente accolta nei paesi occidentali. Troppo importanti sono, infatti, i cambiamenti sociali avvenuti nel corso del XX secolo e tuttora in atto, perché le vecchie categorie giuridiche possano, in mancanza degli opportuni adeguamenti, risultare sufficienti a gestire tali epocali novità.

Riassumendo vicende complesse e riducendo, per comodità, il campo di analisi agli ultimi venti anni, può dirsi che i più recenti sviluppi tecnologici (della comunicazione, dell'elaborazione dati, dei trasporti, della produzione, della distribuzione e così via), in questo breve lasso di tempo, hanno aperto scenari genetici e biomedici sino a pochi lustri fa inimmaginabili, aumentato a dismisura l'inquinamento ambientale ed i conseguenti rischi per l'ecosistema terrestre, abbattuto ogni distanza geografica, delocalizzato l'esperienza umana, incrementato i rapporti personali ed i traffici internazionali, costituito reti informative che in tempo reale trasferiscono da un capo all'altro della terra dati e segnali, tradotto in un nuovo linguaggio, quello informatico (*id est* digitale), prodotti, servizi, azioni, creato le condizioni per intensi e continui scambi e contaminazioni culturali, ed altro ancora.

Una seria riflessione in tal senso non può prescindere dalla osservazione di come il rapporto tra i singoli ordinamenti giuridici ed il proprio rispettivo territorio di riferimento si sia venuto, sostanzialmente, modificando rispetto al passato, in quanto la **dematerializzazione** e la **delocalizzazione** di alcune attività umane – ad esempio, quelle che trovano sfogo sulle reti telematiche – e la **globalizzazione** dei mercati pongono, tra l'altro, seri problemi di circoscrizione fisica e geografica dei fatti, nonché l'esigenza di applicare regole giuridiche anche a situazioni che non possono essere geograficamente delimitate. Da ciò consegue che l'autorità politica, il tradizionale legislatore, non sempre appare pienamente investita di legittimazione rispetto al fatto regolato o, più spesso, rispetto alla fattispecie a cui la regola viene applicata nel caso concreto. Inoltre, considerata la perdita d'importanza della localizzazione fisica di alcune attività umane, nonché la facilità con cui è possibile ubicare nel posto che più si preferisce attività di vario tipo ed eventualmente spostare altrove i beni da questa prodotti, accade sempre più spesso che gli operatori svolgano quello che è stato definito un vero e proprio *rule* o *forum shopping*, e cioè che trasferiscano la sede dei propri affari in luoghi o paesi dove le regole giuridiche sono considerate migliori, o semplicemente più vantaggiose per loro.

In questo momento storico l'ordinamento giuridico, per regolare in maniera efficiente i fenomeni sociali, è chiamato, non solo a conoscere, ma anche – soprattutto in alcuni campi – ad anticipare le possibili evoluzioni tecnologiche e le loro conseguenti applicazioni. Tutto ciò al fine di prevenire, anche in considerazione del tramonto che nella c.d. società aperta ha fatto registrare l'etica intesa in senso tradizionale, eventuali nefaste derive sociali e di indirizzare 'l'agire' dell'uomo, nell'impossibilità, oramai conclamata, di limitare 'il fare' tecnico e tecnologico.

A ben vedere, dunque, un doppio filo lega il diritto alla comunità cui si applica: non solo esso, al di là del citato mito del contratto sociale, nasce per regolare la convivenza pacifica ed economicamente prospera tra i membri della comunità, e in tal senso non può non essere direttamente influenzato dall'evoluzione del contesto sociale di riferimento; ma è altresì chiamato – in un mondo che ha perso la sicurezza ottocentesca – a svolgere anche un ruolo di indirizzo di tale evoluzione, in quanto strumento la cui funzione non si riduce alla gestione dei conflitti, ma coinvolge la loro prevenzione.

1.5. **Diritto e mercato**

Il diritto, inteso in senso oggettivo, si occupa dell'uomo in tutte le espressioni della sua personalità ed in tutte le manifestazioni della sua vitalità che lo portano ad interagire con altri soggetti. Come chiarito nei precedenti paragrafi, la sua funzione precipua è di anticipare, ed eventualmente risolvere, i conflitti tra consociati così da determinare le condizioni per la pacifica ed economicamente prospera convivenza tra gli uomini. Ciò spiega perché l'economia, ovvero più in generale il fattore economico, da sempre rappresenti una delle tematiche più rilevanti, se non la più rilevante, tra quelle al centro del dibattito giuridico. Al di là dell'ovvia esigenza di tutelare i valori più intimamente collegati alla personalità ed alla fisicità dell'uomo, prioritarie sono, dunque, per ogni ordinamento giuridico – indipendentemente dalle singole scelte concretamente adottate – da un lato, la definizione delle regole di comportamento a cui i consociati dovranno attenersi nella pratica del commercio e di ogni loro altra attività economica, dall'altro la salvaguardia e, possibilmente, la valorizzazione del contesto economico in cui il singolo consociato, e l'intera società, storicamente operano.

Di grande attualità nella comunità internazionale è oggi la questione del rapporto tra diritto e mercato, inteso quest'ultimo come dimensione in cui gli uomini scambiano tra loro beni e prestazioni, così soddisfacendo i propri bisogni, nel contempo attribuendo valore ad ogni cosa economicamente stimabile e, per questa via, producendo ricchezza. Il mercato, come noto, può avere diverse forme a seconda del numero dei *competitors* in campo, della tipologia dei beni o dei servizi compravenduti, ed infine del rapporto tra domanda ed offerta. Generalmente si distingue così un mercato in cui vige la concorrenza tra un numero indefinito di operatori e con nessuna barriera all'entrata di nuovi soggetti, dal mercato oligopolistico in cui i concorrenti sono pochi e tra loro possono studiarsi, imitarsi o addirittura accordarsi circa le condotte commerciali da porre in essere, ed infine dal mercato monopolistico nel quale esiste un solo operatore, il quale non ha concorrenti e può fa fronte all'intera domanda praticando, in assenza di diverse imposizioni giuridiche, le condizioni migliori per sé. La forma del mercato non è affatto irrilevante, bensì determinante, dei risultati economici prodotti dai relativi scambi, dell'utilità che ne deriva per i consumatori finali, nonché più in generale per la produzione e la distribuzione della ricchezza nell'ambito della comunità.

La recente crisi finanziaria globale – e prima ancora i tanti segnali di allarme che, su entrambe le sponde dell'oceano, l'hanno preceduta ed in qualche modo annunciata (anche in Italia si ricordano diverse vicende significative; tra le più importanti, i fallimenti Parmalat e Cirio) – hanno indotto gli osservatori più accorti a chiedersi se il mercato possa effettivamente fare a meno del diritto, e cioè se il mercato sia davvero un *locus naturalis* in cui i beni vengono scambiati, e si produce ricchezza, indipendentemente dalla presenza delle regole giuridiche. La soluzione positiva, se pure con vari distinguo, è sostenuta principalmente da filosofi ed economisti. Alcuni autori, addirittura, hanno recentemente ritenuto che il diritto, imponendo regole di condotta agli operatori, costituisca una zavorra che impedisce alle potenzialità naturali del mercato di esprimersi in tutta la loro forza produttrice di ricchezza ed opportunità di sviluppo. Sennonché, la tesi contraria, pure autorevolmente sostenuta – ed a tenore della quale il mercato non può prescindere dal momento giuridico in quanto gli istinti predatori dei singoli operatori economici, in assenza di regole di condotta, finirebbero per disintegrare il mercato stesso – pare oggi drammaticamente avallata e definitivamente corroborata dalla crisi economico-finanziaria in atto in tutto il mondo. Le principali responsabilità di tale crisi, infatti, vengono generalmente imputate al sistema finanziario angloamericano, nell'ambito del quale i principali operatori, negli ultimi lustri, hanno potuto muoversi con eccessiva disinvoltura, fuori da un quadro valoriale e regolatorio efficiente, nonché liberi da controlli effettivi, ed hanno così potuto creare e scambiare sul mercato strumenti finanziari sempre più complessi, derivati e spericolati, così, di fatto, producendo ricchezza fittizia.

L'esperienza empirica ha, dunque, dimostrato che **il mercato non è autosufficiente**. Come ogni luogo in cui si manifesta la personalità umana, anch'esso necessita di regole giuridiche, cioè di regole eterodeterminate e dotate di effettiva cogenza. Gli 'spiriti' del mercato, infatti, lasciati liberi da qualsiasi limite di carattere giuridico, finiscono per incarnare l'egoismo umano, così determinando una lotta all'ultimo sangue, senza esclusione di colpi, tra i diversi operatori, il cui epilogo è inevitabilmente costituito dalla scomparsa progressiva degli operatori più deboli e, dunque, dalla contrazione del mercato stesso, fino alla costituzione di oligopoli o, addirittura, monopoli.

Perché il mercato produca ricchezza è necessario che le condizioni in cui esso si esplica siano efficienti e che i singoli operatori rispettino gli impegni assunti nei confronti dei propri interlocutori economici, ed inoltre che, in caso di inadempimento di uno, il sistema sia capace di reagire garantendo al danneggiato una rapida e soddisfacente riparazione economica del torto subito. A ciò è chiamato il diritto, che tuttavia nello svolgimento del suo ruolo regolatorio non deve spingersi sino a soffocare l'autonomia imprenditiva dei consociati e deprimerne gli slanci naturali, pretendendo ad esempio di creare condizioni artificiali di mercato o di prendere il posto degli operatori economici nella determinazione del contenuto degli accordi tra questi raggiunti.

In questo quadro, la libertà economica dell'uomo che vuole operare nel mercato non è limitata o, peggio, impedita dallo Stato o dall'ordinamento giuridico, bensì difesa, tutelata, consentita proprio da tale intervento, quando lo stesso sia equilibrato e, piuttosto che soffocare la libera iniziativa privata, la supporti, la tuteli ed insomma crei le migliori condizioni ambientali per la sua piena estrinsecazione. Vale, insomma, per il mercato ciò che più in generale si è già detto circa i rapporti tra libertà e regole.

La classifica dei Paesi in relazione alla 'libertà economica'

Dal 1995 la **Heritage Foundation**, Istituto di ricerca statunitense fra i più influenti think tanks ("serbatoi di pensiero") americani, pubblica un rapporto sulla "*libertà economica*" nei vari Paesi del mondo e formula una graduatoria che mette in fila le nazioni per valutare quanto i singoli Stati, con le proprie politiche e la propria organizzazione, ostacolino l'agire individuale delle imprese creando inefficienza sul piano economico.

Sulla base degli attuali dodici parametri di riferimento, con un totale di 64,9 punti (contro gli 89,7 della capolista Singapore), in graduatoria l'Italia occupa nel 2021 la sessantottesima posizione. Considerato che negli anni precedenti occupava la settantaquattresima posizione nel 2020 e l'ottantesima nel 2019, il *trand* è senz'altro positivo, nel senso che l'Italia sta faticosamente scalando la classifica, e ciò vuol dire che sta migliorando la sua situazione. Tuttavia, essa resta molto dietro altre potenze del G7 ed alle spalle anche di molti Paesi poveri ovvero di Paesi passati solo di recente ad un regime democratico.

In particolare, il rapporto "***2021 Index of Economic Freedom***" evidenzia come in Italia nel 2021 si sia registrato un, se pur limitato, miglioramento dell'efficienza del sistema giudiziario. Negativo, invece, è il giudizio sulle dinamiche che riguardano la spesa pubblica, rispetto alle quali puntuali critiche si appuntano in tema di interferenze politiche, corruzione, forte debito pubblico, carenze infrastrutturali, inefficienze nel mercato del lavoro e debole sistema bancario.

Secondo gli autori del rapporto, l'Italia, con i 64,9 punti ottenuti nel 2021, è, dunque, una nazione "*moderatamente libera*", ma pericolosamente vicina al limite dei 60 punti, al di sotto del quale si entra nella categoria dei paesi "*poco liberi*".

In testa alla classifica nel 2021, come anticipato, è Singapore laddove fino all'anno precedente vi era Hong Kong che ha occupato la prima posizione per 25 anni. I maggiori Paese europei risultano tutti davanti l'Italia: il Regno Unito è al settimo posto, la Germania al ventinovesimo, la Spagna al trentanovesimo e la Francia al sessantaquattresimo. Rispetto al 2019 (quando erano al dodicesimo posto) gli Stati Uniti scendono al ventesimo posto con il punteggio di 74,8, e ciò principalmente a causa di un aumento della pressione fiscale. I principali ostacoli a una maggiore libertà economica negli USA continuano ad essere un'elevata spesa pubblica, livelli di debito insostenibili ed una regolamentazione ritenuta eccessivamente invasiva nei settori sanitario e finanziario.

Alla luce del rapporto, la correlazione tra libertà economica e ricchezza nazionale è confermata anche dai dati del 2021 in quanto i Paesi più liberi godono di una ricchezza *pro capite* maggiore di dieci volte rispetto a quella dei Paese più repressi. Il Pil (prodotto interno lordo) *pro capite* dei pesi "*liberi*" – si legge nello studio – è, infatti, pari a 66.216 dollari annui, mentre nei Paesi "*quasi del tutto liberi*" tale valore scende a 39.752, nei "*Paesi moderatamente liberi*" a 15.663, nei Paesi "*Poco liberi*" a 7.313 e nei "*Paesi repressi*" a 6.381. Per altro, tale dato riguarda, per l'appunto, il PIL *pro capite* e non la distribuzione della ricchezza nella popolazione, circostanza questa su cui pure incide sensibilmente il fatto che in una nazione vi sia maggiore o minore libertà economica.

Una volta acclarato che il diritto deve necessariamente occuparsi del mercato, non può mancarsi di rilevare che oggi, tuttavia, la situazione è ulteriormente complicata dalla necessità di chiedersi quale diritto può regolare quale mercato. Il recente processo di globalizzazione dell'economia, infatti, avendo di fatto reso pressoché irrilevanti, per il mondo della produzione e degli scambi, i confini geografici (in quanto un imprenditore in molti casi può decidere di dislocare la sua attività, fisicamente, o anche solo burocraticamente, in un Paese piuttosto che in un altro), ha sostanzialmente depotenziato i singoli ordinamenti giuridici nazionali, i quali avvertono l'attuale difficoltà di conformare il mercato se non nell'ambito di una riflessione condotta a livello internazionale congiuntamente, quantomeno tra gli Stati i cui sistemi economici risultano maggiormente sviluppati.

1.6. Cos'è il diritto privato (e come va studiato)

Sinora si è indifferentemente parlato di diritto, di regole giuridiche e di ordinamento giuridico, volutamente senza fare alcun cenno al diritto privato – anche detto, in un'accezione lata, **diritto civile** – che pure costituisce l'oggetto specifico di questo manuale, e che, forse più di ogni altro insieme di regole, giuridiche e non, tanto spazio e rilievo ha nella vita di ognuno di noi dalla nascita e fino alla morte, al punto che non è affatto esagerato affermare, come subito avanti si costaterà, che tutti siamo quotidianamente immersi nel diritto privato. Il sacrificio era necessario perché, prima che il lettore cominci il suo viaggio alla scoperta dei tesori nascosti nell'intricata foresta del diritto privato, occorreva dotarlo di bussola e cannocchiale; gli attrezzi minimi di cui ha bisogno per orientarsi e procedere senza incertezze. Ora, però, è finalmente giunto il momento di abbandonare i discorsi di teoria generale per cominciare davvero ad avventurarci nell'affascinante sistema del diritto privato.

Per iniziare, giova partire proprio dalla definizione del sintagma diritto privato. A tal fine, giova considerare che l'ordinamento giuridico, e quindi il diritto in senso oggettivo, è composto da tante singole regole che, come anticipato, dovendosi nel loro insieme occupare di ogni aspetto della vita dell'uomo – inteso sia come singolo nei rapporti con gli altri consociati, sia come membro della comunità istituzionalmente organizzata e dunque come soggetto bisognoso di istituzioni – operano negli ambiti più disparati e, soprattutto, con funzioni specifiche tra loro eterogenee.

Per un'esigenza di ordine logico, scientifico ed operativo, le regole giuridiche tradizionalmente vengono suddivise, quantomeno all'interno degli ordinamenti dei Paesi occidentali, in due insiemi, anche detti macroaree o macrosettori, rispettivamente definiti **diritto pubblico** e **diritto privato**. Il macrosettore diritto pubblico, a sua volta, comprende ulteriori settori, sostanzialmente individuati per materie, quali il diritto costituzionale, il diritto amministrativo, il diritto penale, il diritto internazionale, le procedure, ecc. Mentre il macrosettore diritto privato comprende – per dirla adottando distinzioni ispirate all'intitolazione delle materie oggetto di corsi universitari – il diritto civile (inteso come diritto dei beni e delle obbligazioni, all'interno del quale vi è anche il diritto dei contratti e della responsabilità civile), il diritto delle persone, il diritto di famiglia e delle successioni, il diritto commerciale, il diritto fallimentare, il diritto delle assicurazioni, il diritto bancario e finanziario, il diritto del lavoro, il diritto industriale e il diritto agrario.

Nel prossimo paragrafo si delineeranno i (sempre mobili) confini tra diritto pubblico e diritti privato. Sin d'ora, tuttavia, può sinteticamente dirsi che nel primo ambito sono ricomprese regole giuridiche che riguardano l'organizzazione della collettività come entità giuridica ed i rapporti tra le istituzioni in cui la comunità organizza i propri poteri ed i singoli o i gruppi di consociati portatori di interessi. In questo contesto un ruolo particolarmente importante è svolto dal **diritto penale**, e cioè dall'insieme delle regole che definiscono i fatti illeciti ritenuti più gravi dalla coscienza sociale (e che per questo prendono il nome tecnico di delitti o di reati), e nei confronti dei quali l'ordinamento decide di agire con la forza (e cioè con sanzioni particolarmente severe, quali la detenzione carceraria o domiciliare) e per lo più d'ufficio, e cioè indipendentemente dalla reazione o lagnanza dell'eventuale soggetto danneggiato, in quanto si ritiene che l'azione sanzionatoria automatica del sistema valga a scoraggiare, non solo nell'autore del fatto, ma anche negli altri consociati, la ripetizione della condotta disapprovata dall'ordinamento (ma ciò non vale per i reati di minore rilievo, che infatti sono perseguibili solo su querela della parte offesa). Con lo strumento penale, in altre parole, l'ordinamento esercita quel ruolo paternalistico e didascalico cui già si è fatto cenno nel primo paragrafo, perché si pone l'obiettivo di educare, attraverso la sanzione inflitta al reo, sia quest'ultimo che gli altri consociati. Nel **processo penale**, infatti, è l'ordinamento giuridico nazionale inteso come istituzione – in Italia, lo Stato, tramite la Procura della Repubblica – a sostenere l'accusa contro il reo, mentre l'eventuale danneggiato può solo costituirsi parte civile per partecipare attivamente al processo (ad esempio potendo portare prove a carico dell'imputato) e possibilmente ottenere la condanna del reo al risarcimento del danno nei suoi confronti. Nel **processo civile**, cioè quello in cui vengono in rilievo le norme di diritto privato, al contrario, le parti in causa sono i litiganti, e l'ordinamento non interviene se non nella figura istituzionale del giudice imparziale. Le sanzioni, in ambito civile, peraltro, come si vedrà dettagliatamente nel corso dello studio del diritto privato, sono esclusivamente di carattere economico, risolvendosi nel risarcimento del danno causato alla vittima dell'illecito, salvo rare eccezioni in cui il giudice può ordinare o inibire, spesso anche in via cautelare (e cioè nelle more della causa di merito), ma ciò non a titolo sanzionatorio bensì al fine di evitare che la situazione controversa produca pregiudizi ulteriori.

Anche prima di definire il concetto di diritto privato, già ripercorrendo l'elenco di materie sopra proposto a proposito dei sottoinsiemi in cui possono essere suddivise le regole di tale branca del diritto, si può avere una iniziale, seppur generica, idea di come le regole inserite in tale insieme, si occupino di moltissimi aspetti quotidiani della nostra vita. Ciascuno di noi, infatti, quotidianamente compra, vende o regala (*rectius*, dona) beni (un giornale, un libro, una penna, un chilo di pane, il biglietto del cinema, ecc.), e dunque – a volte anche inconsapevolmente – stipula contratti (non vi è alcun bisogno che il contratto sia scritto; come vedremo, nel nostro ordinamento vige il principio della libertà di forma, sicché la maggior parte dei contratti può essere conclusa in forma verbale o addirittura per comportamento concludente), e spesso stipulando contratti assume obbligazioni e/o crediti (il pagamento del prezzo di ciò che si è acquistato, ad esempio, costituisce un'obbligazione per il compratore ed un credito per il venditore). Ognuno di noi è inoltre normalmente inserito in contesti familiari dai quali, sempre in forza del diritto privato, derivano per lui diritti ed obblighi giuridici (il figlio, ad esempio, ha il diritto di essere mantenuto, educato ed istruito dai genitori sino a quando non raggiunge l'età adulta e diviene autonomo ed economicamente autosufficiente; allo stesso modo, questi ha l'obbligo di prestare gli alimenti al genitore indigente; i coniugi hanno diritti ed obblighi reciproci e finanche i fidanzati che si sono scambiati la promessa di matrimonio possono vantare specifici e reciproci diritti soggettivi). Ancora, capita sovente che con il proprio comportamento colposo o doloso il singolo consociato provochi danni ingiusti ad altri, con conseguenze in termini di obblighi risarcitori posti a suo carico dal diritto privato (esempi di comportamenti fonte di responsabilità civile, contrattuale e non, sono l'inadempimento di un obbligo giuridico nei confronti di un terzo, un pugno sferzato al rivale in amore, una manovra avventata al volante della nostra autovettura, un'entrata scomposta e violenta nei confronti di un avversario durante una partita di calcio con gli amici, e via dicendo).

Molte altre esemplificazioni potrebbero farsi per spiegare cos'è il diritto privato e quanto l'efficacia delle regole di diritto privato permei ogni giorno il nostro operato, spesso senza che noi neanche ce ne accorgiamo, visto che la prassi dei rapporti tra consociati si svolge secondo quelle regole anche se i singoli non ne sono espressamente informati (salire sull'autobus pubblico comporta la stipula del contratto di trasporto, anche se il trasportato non ha comperato o timbrato il biglietto, con le relative conseguenze in termini di responsabilità risarcitoria per il trasportato che non adempia al suo obbligo di comperare e timbrare il biglietto, nonché a suo favore nel caso in cui l'autobus abbia un sinistro nel quale egli riporta danni).

Come ovvio, la mancata informazione rende l'individuo meno consapevole dei suoi diritti e, dunque, meno capace di esercitarli a pieno ed ottenerne la piena tutela. È per questa ragione che il diritto privato, almeno nei suoi rudimenti essenziali, dovrebbe costituire il bagaglio minimo di conoscenze di ogni consociato maturo ed abile ai rapporti umani. A maggior ragione, chi vuole svolgere una qualsiasi attività imprenditoriale, professionale o quant'altro, non può non conoscere le regole privatistiche sul diritto di proprietà ovvero sulle obbligazioni (e dunque su contratti, responsabilità civile, disciplina dell'adempimento e dell'inadempimento, ecc.), pena la sua impossibilità di orientarsi consapevolmente nei rapporti economici e personali con gli altri, e cioè con piena cognizione delle conseguenze giuridiche di ogni propria azione.

Il presente manuale è rivolto principalmente – ma non solo – all'uso degli studenti universitari. Esso, dunque, non si propone di instillare nei propri lettori i (soli) rudimenti del diritto privato – quelli che, per intenderci, e come detto, possono bastare al *quisque de populo* – in quanto chi aspira a conseguire la laurea ed è chiamato a superare l'esame di diritto privato, deve conoscere nella sua complessità e dettagliatamente questa materia.

Fino a pochi lustri fa, l'insegnamento universitario del diritto privato poteva limitarsi – e di fatto si limitava – alle istituzioni, e cioè agli istituti per come disciplinati dalle norme, per lo più scritte. Ciò andava nel segno della tradizione che riconosceva alla fonte scritta, ed in particolare alle regole raccolte nei codici ed agli istituti giuridici da esse derivanti, il ruolo più importante, se non esclusivo, nella formazione del diritto privato. L'esperienza attuale delle dinamiche interne agli ordinamenti giuridici – quantomeno dei sistemi occidentali – dimostra, al contrario, che lo studio del diritto privato oggi non può più limitarsi ad un approccio soltanto istituzionale, nel senso suddetto, dovendo, tra l'altro ed in particolare, necessariamente coinvolgere l'analisi della giurisprudenza e degli altri formanti (cioè, atti e fatti capaci di dar forma, e dunque formare il diritto; sul punto si veda il capitolo II) che contribuiscono all'evoluzione ed alla concreta operatività delle regole destinate a disciplinare i rapporti tra privati. Per avere un segno tangibile di come negli ultimi anni sia cambiato, sotto questo aspetto, anche il modo di insegnare il diritto privato nelle università, basta sfogliare la maggior parte dei tanti manuali in circolazione nelle librerie italiane.

Un ultimo avvertimento – che in questa sede non può mancarsi di dare all'inesperto lettore – concerne le modalità con cui quest'ultimo deve studiare. Troppo spesso la comune percezione di questa branca del diritto come materia ostica perché eccessivamente estesa, tecnica e composta da un numero elevatissimo di norme da conoscere, influenza negativamente lo studente sin dal suo primo approccio con il manuale prescelto. La circostanza, in vero, è dovuta principalmente ad un errato atteggiamento nei confronti di questa disciplina, che non va studiata a memoria – come molti pensano di dover fare – bensì compresa, meditata e metabolizzata al fine di coglierne lo spirito, la forza, la struttura e gli obiettivi, e di conseguenza arrivare a possederne i contenuti con un grado di consapevolezza, che non consente di prescindere dallo sforzo mnemonico, ma lo riduce notevolmente in quanto ricordare ciò di cui si è compresa la *ratio* è più semplice, oltre che ovviamente più utile.

1.6.1. La distinzione tra diritto pubblico e diritto privato

Riprendendo la *summa divisio* degli ordinamenti giuridici, quantomeno occidentali – sopra anticipata – tra regole di diritto pubblico e regole di diritto privato, va detto che essa, benché risalente, ha assunto nel tempo connotazioni di volta in volta diverse. Ad esempio, nell'antico diritto romano – come riportano le *Istituzioni* di Gaio citando il giureconsulto Ulpiano – la differenza rispecchiava l'alterità dello Stato rispetto ai singoli consociati, in quanto lo *ius pubblicum* regolava i rapporti politici ed i fini che lo Stato si proponeva di raggiungere (*ad statum rei romanae spectat*), mentre lo *ius privatorum* regolava i rapporti tra i privati cittadini e riguardava l'interesse dei singoli (*ad singulorum utilitatem pertinet*).

Non è questa la sede per ripercorrere l'evoluzione secolare del rapporto tra diritto pubblico e diritto privato, mentre va sicuramente evidenziato che nel corso del XX secolo la tesi prevalente sosteneva che il diritto pubblico si occupasse di disciplinare l'attività dello Stato e degli enti pubblici, e perciò perseguisse interessi dell'intera collettività, mentre il diritto privato riguarda la disciplina dei rapporti intersoggettivi tra consociati e perciò attiene esclusivamente agli interessi privati dei singoli individui.

La distinzione così descritta, oggi, non è più attuale. Ciò in quanto l'attività dello Stato e degli enti pubblici è attualmente, per molti versi, caratterizzata dall'utilizzazione di strumenti privatistici, come accade, ad esempio, quando lo Stato, o un qualsiasi ente pubblico, stipula un contratto in forza del quale acquista o vende qualcosa, assegna un appalto o conferisce un posto di lavoro. In tali ipotesi l'ente pubblico opera, sotto molti profili, come fosse un privato e per l'ordinamento giuridico esso merita di essere trattato alla stregua del privato cittadino, sicché si applicano le norme di diritto privato che operano per tutti i consociati indistintamente. Sono, insomma, oramai lontani i tempi in cui, nei rapporti tra lo Stato, o gli enti pubblici, ed il singolo consociato, i primi erano posti su un piedistallo, e quindi preferiti e tutelati dall'ordinamento in quanto portatori di interessi collettivi, ed il secondo, in caso di conflitto, risultava sprovvisto di azione e pretese concrete nei confronti della pubblica amministrazione, giacché titolare esclusivamente del suo interesse privato.

Lo scenario è cambiato dagli anni Novanta dello scorso secolo, allorquando lo Stato italiano ha abbandonato, o ridotto drasticamente, la sua presenza in settori strategici dell'economia del Paese, dando vita ad una massiccia campagna di **privatizzazione**, e dunque trasferendo in capo a società a capitale misto privato e pubblico, ovvero a soggetti interamente privati, la responsabilità della gestione, ad esempio, delle principali reti di trasporto (autostrade ed aereoporti su tutti) e di comunicazione (noto il caso della telefonia), oltre che dell'intero sistema bancario, assicurativo e finanziario, o – continuando con le esemplificazioni – del sistema energetico.

All'esito di tale operazione, è evidente come oggi non si possa più efficacemente sostenere che solo il soggetto pubblico persegue, cura e realizza interessi collettivi mentre l'attività privata attiene esclusivamente a scopi egoistici e personali. È evidente che da quando l'impresa privata ha preso in mano le redini, o comunque partecipa alla gestione, di interi settori strategici nazionali, non sia più possibile sacrificarne aprioristicamente gli interessi, se non a rischio di pregiudicare la sicurezza e il benessere economico collettivo.

Ragionando sul nuovo scenario, può dirsi che la differenza attuale tra il diritto privato e il diritto pubblico prescinde dai soggetti che sono coinvolti nella singola vicenda, in quanto può ben accadere, come sopra visto, che un ente pubblico ed un privato, in determinate ipotesi, operino a condizioni di parità sicché è loro concesso di utilizzare strumenti privatistici. Viceversa, ci sono altre ipotesi in cui l'ente pubblico, per il perseguimento dell'interesse collettivo, opera attraverso l'esercizio di pubblici poteri che la legge gli attribuisce, e dunque della sua autorità che si esplica nei provvedimenti amministrativi; in tali casi l'ente non utilizzerà strumenti di diritto privato e la sua attività sarà regolata dal diritto pubblico, sicché il privato potrà contestare l'operato della pubblica amministrazione soltanto per vizi specifici dei singoli atti o del procedimento di formazione di questi, tipicamente previsti dalla legge.

A titolo di esempio, e senza voler aprire lo spinoso tema del riparto di giurisdizione tra giudice ordinario e giudice amministrativo – a cui pure si farà cenno nel terzo capitolo – può dirsi che, nell'ambito del pubblico impiego, e cioè del settore disciplinante i rapporti tra la pubblica amministrazione ed i suoi dipendenti, la giurisprudenza più recente ritiene che vadano decise dal giudice amministrativo, in quanto comprese nell'alveo del diritto pubblico, le questioni inerenti ai vizi del procedimento di selezione e conferimento del posto, mentre vadano decise dal giudice ordinario, in quanto rientranti nella c.d. privatizzazione della **pubblica amministrazione** (anche detta **P.A.**), tutte le questioni insorte dal momento del conferimento del posto in poi. E ciò proprio perché nel decidere di assumere, nel porre in essere le procedure selettive e nel conferire il posto all'unità selezionata, l'ente compie un'attività nell'interesse collettivo ed esercita, quindi, un potere autoritativo sindacabile solo per i proverbiali vizi dell'atto o del procedimento previsti dalla legge, mentre il soggetto interessato o candidato a ricoprire il posto è portatore soltanto di un interesse qualificato, ma non ha il diritto soggettivo di essere assunto; laddove, viceversa, una volta conferito il posto, il lavoratore acquista una posizione giuridica di pieno diritto soggettivo sicché l'ordinamento gli riconosce la possibilità di far valere verso l'ente pretese analoghe a quelle di chi lavora per un datore privato.

1.7. Il polimorfismo degli ordinamenti giuridici nel mondo: cenni di diritto privato comparato

Come più volte evidenziato nel corso dei precedenti paragrafi, gli ordinamenti giuridici sono stati nel corso dei secoli, e sono attualmente, moltissimi e diversi tra loro, giacché ogni comunità organizzata costituisce un ordinamento giuridico (così è secondo la teoria istituzionalista dell'ordinamento), ovvero produce e possiede un ordinamento giuridico (come ritenuto nell'ambito della teoria normativista). A differenziare gli ordinamenti tra loro, come dovrebbe ormai essere evidente anche al lettore meno attento, concorrono numerosi fattori: da quello storico a quello culturale, da quello economico a quello politico, e via dicendo.

Tra la fine del XIX e l'inizio del XX secolo, la diffusa consapevolezza in ordine all'eteronegeità degli ordinamenti esistenti ha determinato le condizioni per la nascita del **diritto comparato**, e cioè di quella branca della scienza giuridica, sviluppatasi poi pienamente, che studia gli ordinamenti giuridici, per lo più statali, comparandoli tra loro, e cioè analizzando le loro similarità e differenze.

Oggetto dell'attività comparatistica può essere tanto l'ordinamento nel suo complesso (si parla, in questi casi, di macrocomparazione), quanto più verosimilmente, ed utilmente, singoli istituti giuridici (tra i più gettonati, almeno nella nostra letteratura, la proprietà privata, il trust, la responsabilità civile, e la causa elemento essenziale del contratto) o, al più, determinati settori dell'ordinamento (si parla, in questi casi, di microcomparazione). Al suo interno, perciò, il diritto comparato si suddivide in diverse aree seguendo sostanzialmente la suddivisione delle principali materie oggetto degli studi giuridici, sicché abbiamo tra gli altri: il diritto pubblico comparato, che si occupa di studiare l'assetto costituzionale ed istituzionale dei vari Stati, confrontandoli tra loro; il diritto privato comparato, che concerne, per l'appunto, le regole di diritto privato esistenti nei diversi ordinamenti; ed infine il **diritto penale comparato** che riguarda le norme con cui nei vari Stati si enucleano e perseguono i reati.

Man mano che la tecnica e la cultura comparatistica si sono andate affinando, si è scoperto che la comparazione può rivestire una notevole importanza per la comprensione più profonda delle regole di diritto proprie di ogni ordinamento giuridico, e per la creazione, nei diversi ordinamenti, di nuove regole più efficienti. L'individuazione di una medesima norma o regola giuridica in più sistemi può, per esempio, permettere di scoprire se, e come, essi si siano vicendevolmente influenzati, come la data norma è sorta e come si è evoluta da una parte e dall'altra, ovvero ancora come essa viene applicata, più o meno efficacemente, nei diversi contesti, e quali condizioni ne facilitano la massima operatività ed efficienza. Inoltre, nel caso in cui occorra produrre o modificare in uno o più ordinamenti giuridici la disciplina operante in un certo settore o con riferimento ad una certa problematica, può essere assai utile comparare le diverse soluzione regolatorie adottate negli ordinamenti che già hanno affrontato la questione, per scegliere la migliore e trapiantarla nello o negli ordinamenti bisognosi dell'intervento disciplinare.

Nella seconda metà dello scorso secolo, peraltro, la comparazione giuridica tra i diversi ordinamenti presenti nel vecchio continente ha assunto un'importanza ancora maggiore, perché nell'ambito dell'Unione europea, l'analisi delle comunanze e delle differenze tra i diversi ordinamenti giuridici statali che la compongono risulta essere uno strumento indispensabile per promuovere una maggiore armonizzazione del diritto europeo.

Come evidente, non è materialmente possibile, e probabilmente non sarebbe nemmeno utile, svolgere attività comparatistica tra tutti gli ordinamenti giuridici del mondo. Ad impedirlo vi è l'impossibilità per uno stesso scienziato del diritto di governare con lo stesso livello di consapevolezza così tanti dati e, dunque, conoscere approfonditamente tutti gli ordinamenti da comparare. A sconsigliarlo comunque vi è il fatto che la comparazione, come ogni attività umana, ha senso se utile, laddove è evidente che confrontare cose omologhe può evidenziarne similitudini e differenze, ma confrontare rispetto a temi specifici ordinamenti giuridici statali di tradizione e organizzazione completamente diversa può anche risultare un esercizio sterile.

Soprattutto nella prima fase storica della riflessione comparatistica molto utile si rivelò l'idea di René David di raggruppare tutti gli ordinamenti giuridici esistenti, a seconda delle prerogative, della storia, dell'impostazione culturale e dell'organizzazione di ognuno, in quattro macrofamiglie, di modo che gli ordinamenti inseriti in ogni macrofamiglia risultassero tra loro omogenei. Le quattro macrofamiglie individuate da David sono:

– la famiglia di tradizione romanico-germanica, anche detta di *civil law*, basata principalmente sul formante legislativo (per la nozione di formante, si rinvia al capitolo seguente);

– la famiglia di *common law*, basata principalmente sul formante giurisprudenziale;

– la famiglia socialista, a cui venivano ricondotti i paesi di derivazione comunista caratterizzati da una forte avversione verso la proprietà;

– la famiglia degli ordinamenti giuridici a matrice religiosa, al cui interno vi sono sistemi che David considerava meno organizzati e meno omogenei tra loro rispetto a quelli raggruppati nelle prime tre famiglie.

Alla suddivisione di David si contrappone quella proposta più recentemente, e cioè in una sua prima formulazione nel 1969, dagli studiosi tedeschi **Kotz** e **Zweigert**, i quali classificano gli ordinamenti giuridici in base allo stile dei giuristi (più pratico nel sistema anglosassone, più teorico nel sistema europeo continentale), alla formazione storica degli ordinamenti, alle fonti del diritto nazionale, ai fattori ideologici (ad esempio, socialismo o liberismo) e ai singoli istituti caratterizzanti ciascun sistema. I due autori, in applicazione di tali criteri, individuano prima di tutto una famiglia a matrice dogmatica, cioè fondamentalmente e prevalentemente basata sulla religione. In questa famiglia si fanno rientrare gli ordinamenti giuridici islamici, nei quali opera la legge della Sharīa scritta nel Corano o pervenuta attraverso la Sunna (la tradizione ascritta al Profeta dell'Islam, e seguita per consuetudine dai consociati), nonché gli ordinamenti giuridici di ispirazione induista, la cui principale caratteristica è costituita dalla divisione del popolo in caste. In tali ordinamenti l'uomo è tenuto ad osservare le regole giuridiche in quanto promanazione della divinità come dovere religioso prima che civico.

Una seconda famiglia individuata dai due autori, è quella degli ordinamenti orientali, caratterizzati dal fatto di essere fondati non su credenze religiose ma su un rigido sistema tradizionale laico; tra questi vi è il sistema giapponese e, per certi versi, quello cinese.

Una terza famiglia è quella socialista, all'interno della quale vengono ancora a trovarsi l'ordinamento cinese, quello della Nord Corea e quello di Cuba, mentre gli altri Paesi *ex*-socialisti si stanno, più o meno rapidamente, evolvendo verso il modello liberista occidentale.

Infine, la quarta famiglia comprende gli ordinamenti dei paesi occidentali, *common law* e *civil law*, che in questa prospettiva sono visti assomigliarsi sotto il profilo culturale e politico, più che distinguersi sotto il profilo storico e organizzativo.

Di recente sono state sollevate critiche sia alla suddivisione per famiglie proposta da David sia a quella proposta da Zweigert e Kotz, in quanto entrambe sarebbero eccessivamente eurocentriche e non terrebbero in debita considerazione il crollo del socialismo, l'evoluzione del diritto orientale, che si è aperto maggiormente a quello occidentale, e la progressiva attenuazione delle differenze tra il diritto europeo continentale e il diritto anglosassone. Senza poter in questa sede affrontare il tema nella sua complessità, si può in sintesi affermare che, in effetti, le suddivisioni in parola hanno avuto un ruolo determinante nell'evoluzione della scienza gius-comparatistica del XX secolo e finanche nell'evoluzione del diritto a livello mondiale, ma oggi mostrano il segno del tempo in quanto molti ordinamenti giuridici statali negli ultimi decenni hanno subìto rilevanti cambiamenti, si sono avvicinati ad un modello piuttosto che ad un altro, allontanandosi al contempo dal modello o dalla famiglia di riferimento, ed in alcuni casi hanno, addirittura, cambiato pelle (è il caso dei paesi *ex*-socialisti).

Una possibile sintetica rappresentazione dei sistemi legali del mondo

In definitiva, può dirsi che il ragionamento svolto in termini di famiglie giuridiche è oggi sostanzialmente superato in quanto è ormai chiaro come esso rappresenti, al più, uno strumento tassonomico, utile ad effettuare un primo inquadramento, ma certo non in grado di accompagnare il giurista oltre tale soglia di indagine. La scienza comparatistica è venuta, dunque, nel tempo necessariamente affinandosi ed oggi propone altre ricostruzioni circa le macro-differenze ed i possibili macro-raggruppamenti tra ordinamenti giuridici nazionali. In questa sede non vale la pena approfondire oltre la riflessione in proposito.

1.7.1. *Civil law* e *common law*

Con i sintagmi *civil law* e *common law*, come visto nel precedente paragrafo, si fa comunemente riferimento a due famiglie di ordinamenti giuridici, nonché alle due principali anime della tradizione giuridica occidentale.

In particolare, nell'ambito del ***civil law*** – che, come insegna l'osservazione gius-comparatistica, è il modello dominante a livello mondiale – sono ricompresi gli ordinamenti di tradizione civilistica, cioè quelli che, sia storicamente che per il loro modo di essere, derivano, più o meno direttamente, dall'elaborazione del diritto romano classico svolta nell'esperienza codicistica francese a cavallo tra il Settecento e l'Ottocento, nonché qualche decennio più tardi nell'esperienza pandettistica germanica. L'ordinamento giuridico italiano, come meglio si vedrà più avanti, costituisce un tipico esempio di sistema di *civil law*.

Il diritto romano

Per diritto romano s'intende l'insieme delle norme che hanno costituito l'ordinamento giuridico romano per circa XIII secoli, dalla fondazione di Roma (nell'anno 753 a.C.) fino alla fine dell'Impero di Giustiniano (565 d.C.), allorquando l'Italia fu invasa dai Longobardi e l'impero d'Occidente si dissolse definitivamente.

Per la sua completezza, la sua razionalità e la sua efficacia, il diritto romano, dopo la caduta dell'Impero di cui era espressione, ha continuato a rappresentare per tutto il Medioevo il modello di riferimento applicato – sostanzialmente in maniera analoga, se pure nelle ulteriori elaborazioni delle Scuole dei Glossatori, dei Commentatori ecc. – in tutta l'Europa continentale con il nome di ***ius commune***. Nessun'altra esperienza giuridica al mondo nella storia dei popoli può essere paragonata, per importanza sociale, valore tecnico e longevità, al diritto romano. Ancora oggi la maggior parte degli ordinamenti giuridici del mondo presenta istituti giuridici nati dall'elaborazione e dalle categorie concettuali romanistiche (ad esempio, testamento, proprietà, obbligazioni, contratti).

Come noto, il diritto romano è stato tramandato principalmente tramite la raccolta di fonti e la sistemazione che dello stesso fece l'Imperatore **Giustiniano** nel ***Corpus iuris***, un'opera monumentale, realizzata in tempi relativamente brevi, tra il 529 e il 534 d.C., e formata da quattro sezioni: il **Digesto**, che comprende in 50 libri ordinati sistematicamente i responsi dei grandi giuristi di epoca classica (Ulpiano, Papiniano, Celso, Giuliano, Gaio, ecc.); il **codice**, in cui sono sistemate le costituzioni emesse dall'imperatore; le **Novelle**, con le costituzioni imperiali emesse dopo il 434 d.C.; e le **Istituzioni**, opera didattica in forma di manuale in cui vengono esposti i principi e le nozioni fondamentali dell'ordinamento giuridico romano, ispirata a precedenti volumi di istituzioni scritti da vari giuristi classici, ed in specie alle '***Institutiones***' scritte dal giurista Gaio tra il 160 e il 180 d.C. Per cogliere l'influenza che il diritto romano nei secoli ha esercitato sui successivi ordinamenti giuridici, in particolare nell'ambito privatistico, basta pensare che, alla stregua delle *Insitutiones* di Gaio, anche il codice civile francese del 1804 ed il codice civile italiano del 1865, sui quali ci si intratterrà più avanti, sono organizzati e suddivisi in tre parti dedicate, rispettivamente, a *personae, res* e *obligationes*.

Oltre al codice giustinianeo, tra le principali fonti di conoscenza del diritto romano giunte sino a noi, ricordiamo: la Legge delle XII tavole (*Duodecim Tabularum Leges*) di cui si è già parlato nel box precedente; le Istituzioni di Gaio (*Institutiones*) appena citate; i Quattro Commentari delle Istituzioni di Gaio (*Commentarii Quattuor*); il codice Teodosiano *(Imperatoris Theodosiani Codex)*; e il *Tituli ex corpore Ulpiani*, la colossale opera di Eneo Domizio Ulpiano, in 29 titoli, destinata soprattutto all'insegnamento del diritto.

L'intero diritto romano, diacronicamente inteso, per ragioni di chiarezza ed ordine si suddivide tradizionalmente come segue:

– lo ***ius Quiritium***, il cui nome deriva da 'Quirites', sinonimo di 'Romani', è un insieme di consuetudini ancestrali, non scritte, talmente remote che i Romani stessi non ne conoscevano l'origine, riguardanti la famiglia, il matrimonio, la *patria potestas* e la proprietà privata, mentre non comprende le obbligazioni, che in età arcaica non esistevano. Costituisce il nucleo più arcaico dello *ius civile*;

– lo ***ius civile*** rappresenta l'insieme delle norme che regolavano i rapporti tra i *cives romani*, considerato come orgogliosa prerogativa dei cittadini di Roma;

– lo ***ius honorarium*** (o ***ius praetorium***), che riguarda le situazioni di diritto o di fatto che, pur non trovando tutela nelle norme dello *ius civile*, erano regolamentate dall'attività giurisdizionale dei magistrati dotati di *iurisdictio*;

– lo ***ius legitimum***, il cui nome deriva da *lex*, e rappresenta il diritto prodotto in sede assembleare attraverso la votazione e l'approvazione di una legge comiziale; lo *ius legitimum* ebbe particolare rilevanza in età repubblicana e fiorì particolarmente con Augusto, per poi scomparire dopo la sua morte e la trasformazione dello Stato in Impero; infatti, con il venir meno delle assemblee a favore del duopolio Senato-Imperatore e del successivo monopolio imperiale del potere, lo *ius legitimum* si estinse confluendo nello *ius civile*; ed infine

– lo ***ius gentium***, cioè tutti gli istituti che trovavano applicazione, oltre che nell'ordinamento statuale romano, anche presso altri popoli.

In sintesi, può dirsi che i sistemi di *civil law* si sono sviluppati nell'Europa continentale a partire dal diritto romano-giustinianeo. Successivamente, dal Medioevo in poi, pur continuando a basarsi sulla tradizione e sulle categorie giuridiche romanistiche, si sono caratterizzati per il ruolo importante svolto dalle università nella formazione del giurista e nella pratica del diritto, ed inoltre per il fatto di fondarsi su codici, e cioè su corpi omogenei di regole giuridiche, emanati dal potere legislativo costituito (al codice civile italiano è dedicato il paragrafo che segue). In questi sistemi, almeno nella impostazione tradizionale, il giudice dovrebbe attenersi, per quanto possibile, alla legge per come formulata dal legislatore.

Il sistema del ***common law*** costituisce, invece, un modello di ordinamento giuridico, fondato tradizionalmente su leggi non scritte e sviluppatosi attraverso la tradizione consuetudinaria, fissata nelle decisioni giurisprudenziali. Ordinamenti di *common law* sono attualmente in vigore in Australia, Canada (esclusa la regione del Quebec), nel Regno Unito (esclusa la Scozia), e negli Stati Uniti d'America (escluso lo Stato della Louisiana). Altre nazioni, peraltro, hanno adattato il sistema del *common law* alle loro tradizioni, creando così un sistema misto. Per esempio, l'India e la Nigeria attuano il sistema del *common law* frammisto a regole giuridiche di stampo religioso.

Una delle caratteristiche fondamentali dei sistemi di *common law* è quella per cui il precedente giurisprudenziale, e cioè la sentenza che ha già deciso in passato un caso simile, vincola il giudice del nuovo caso a decidere alla stessa maniera (**principio dello *stare decisis***); e ciò in forza della **teoria della dichiaratività del precedente**, a tenore della quale il giudice di *common law*, quando pronuncia una sentenza, non crea una nuova norma, bensì si limita a dichiarare una norma di legge che già esiste a livello sociale e che egli rinviene nella consuetudine (il concetto di consuetudine sarà chiarito nel prossimo capitolo), e cioè nella vita stessa della comunità. La prassi di seguire il precedente, fissata nell'antico brocardo stare decisis et quieta non movere, è antica e risponde alla logica razionale di decidere casi simili in maniera simile ed alla necessità di certezza del diritto, ma si consolida in Gran Bretagna nel XVIII secolo grazie alla diffusione dei primi law reports affidabili, che consentono una ricerca attendibile dei precedenti applicabili, per affermarsi definitivamente con i *Judicature Acts*.

Volendo abbozzare un brevissimo tratto storico della tradizione giuridica di *common law*, così da coglierne meglio il senso e l'operatività, può dirsi che essa nasce nel territorio dell'attuale Inghilterra e la sua epifania viene, per tradizione, comunemente ricondotta all'anno 1066, nel quale Guglielmo il Conquistatore, proveniente dalla Normandia, occupò e conquistò la Britannia, portando sull'isola le tradizioni normanne, tra le quali il rapporto di vassallaggio tra il Re (proprietario di tutte le terre) e i suoi sudditi (ai quali, in cambio della loro fedeltà, erano concessi i fondi e la loro tutela e sicurezza), nonché organizzando la società ed il Regno in forma centralista con assoluto controllo del potere e dell'amministrazione da parte del Re. In questa primissima fase, in vero, in Britannia esisteva una pluralità di ordinamenti giuridici sovrapposti, ciascuno con una sua giurisdizione; ed infatti, oltre alla giurisdizione regia centrale (amministrata dalla curia regis), coesistevano la giurisdizione locale dei baroni, la giurisdizione ecclesiastica nonché frammenti delle giurisdizioni anglosassoni precedenti la conquista normanna. Tuttavia, già alla fine del XII secolo, si era affermato il principio cardine del *common law* per cui la pratica delle Corti centrali era ritenuta consuetudine, e dunque legge, del Regno.

Allo stesso periodo, e cioè sempre al XII secolo, si fa risalire la nascita della giurisdizione di ***equity***, e cioè la nascita del sistema di giustizia, gestito in origine dal Cancelliere del Re e basato su principi di equità. Tale sistema – che ha rappresentato, ed ancora oggi rappresenta, negli ordinamenti di *common law*, l'*alter ego* della consuetudine (*law*) praticata ed applicata dalle Corti ordinarie – costituiva in origine l'unica possibilità per chi chiedeva giustizia, ma non trovava soddisfazione dinnanzi alle Corti ordinarie in quanto le consuetidini non conoscevano il diritto vantato dal malcapitato. Con il passare del tempo l'*equity* crebbe di importanza tanto da diventare un vero e proprio sub-ordinamento alternativo alla *law*, e ciò sempre all'interno dello stesso sistema di *common law* britannico. Addirittura, in forza della giurisdizione di *equity*, e cioè in ragione delle decisioni dei Cancellieri, nacquero istituti destinati ad avere grande importanza nello sviluppo dell'ordinamento giuridico inglese, quali ad esempio il trust, che ancora oggi sono regolati da principi di *equity*.

La bipartizione e compresenza di tradizione consuetudinaria ed *equity*, all'interno dello stesso ordinamento di *common law* britannico, per secoli si è riflessa sulla struttura del sistema delle Corti inglesi e delle rispettive competenze. Questo sino al XIX secolo, allorquando i due sistemi sono stati unificati sotto il profilo dell'organizzazione dei tribunali, nel senso che sono stati aboliti i tribunali di *equity* sicché oggi lo stesso giudice ordinario applica sia principi di *law* che di *equity*. Malgrado l'unificazione nel XIX secolo, la distinzione tra *law* ed *equity* rimane tuttora fondamentale sia nell'ambito del diritto sostanziale che processuale. A questo proposito, occorre, infatti, evidenziare che le azioni e i relativi diritti discendenti dal sistema di *law* (ad esempio, l'azione di responsabilità per danni) sono detti '***at law***', mentre gli altri diritti e azioni, e cioè quelli considerati dall'*equity* (es. l'azione di risoluzione contrattuale), sono detti '***in equity***'. Il 7° emendamento alla Costituzione degli Stati Uniti, ad esempio, prevede che "*In suits at common law [...] the right of trial by jury shall be preserved*", e dunque fa espresso riferimento, per l'appunto, alle sole azioni *at law*. È importante per il giurista continentale tenere a mente tale circostanza, in quanto spesso in Italia l'espressione '*at law*' viene tradotta come 'secondo diritto' ed '*in equity*' come 'secondo equità'; il che però costituisce un grave errore in quanto tali espressioni, hanno il preciso significato tecnico appena accennato e, dunque, fanno riferimento alle rispettive giurisdizioni ed ai relativi corpi di norme ed istituti.

Sempre al fine di evitare fraintendimenti, un ultimo necessario cenno merita di essere svolto riguardo al fatto che con il sintagma *common law*, nei Paesi di diritto anglosassone (e quindi di *common law*), oggi si fa riferimento – oltre che al modo di essere dell'intero sistema nel suo complesso e dunque all'ordinamento giuridico inteso come *unicum* – ad una delle due categorie nelle quali si distinguono, a seconda della loro fonte, le regole giuridiche vigenti. In tale accezione, più precisamente, la *common law* designa il complesso di norme di tradizione consuetudinaria e formazione giurisprudenziale, che storicamente costituiscono il cardine fondamentale dell'ordinamento, mentre lo *statute law* – ecco l'altra categoria – indica il complesso di norme emanate dal legislatore. In tal senso, il concetto di *common law* può essere utilizzato quale sinonimo di *case law*.

Tal ultima precisazione offre lo spunto per notare che oggi, in generale nei sistemi di *common law*, ma soprattutto nell'ordinamento di *common law* economicamente e socialmente più importante, e cioè nel sistema statunitense, il 'peso' dello *statute law*, e cioè del diritto scritto, è molto aumentato rispetto al passato. Ciò si deve all'esigenza, sempre più diffusa, di regolamentazione tecnica di dettaglio in molti settori della convivenza civile, ma anche alla contaminazione reciproca che negli ultimi decenni c'è stata tra ordinamenti di *civil law* e di *common law* a causa, prima, dei frequenti contatti dei diversi sistemi tra loro, ed attualmente, del processo di globalizzazione dei mercati in atto.

1.8. La codificazione del diritto privato

Come accennato nel precedente paragrafo, l'ordinamento giuridico italiano è senza alcun dubbio un ordinamento di *civil law*. Ciò significa, secondo quanto anticipato, che l'attuale formulazione del diritto italiano si inserisce nella tradizione che, partendo dal diritto romano, e passando per il diritto comune di stampo medioevale, ha prodotto il primo codice civile moderno, e cioè il *Code Napoléon* del 1804, ed è stata poi oggetto dell'elaborazione della pandettistica tedesca che ha portato all'emanazione del codice civile tedesco del 1900.

Una, o forse la principale, caratteristica degli ordinamenti di *civil law* è quella di fondarsi principalmente su raccolte – anche dette codici (dal latino *codex*) – organizzate, omogenee e tendenzialmente complete, di regole giuridiche, suddivise per materie. In particolare, in Italia le regole di diritto privato sono raccolte nel codice civile; al quale nel XX secolo si sono affiancati, per opera del legislatore nazionale, il **codice penale**, il **codice di procedura civile** e il **codice di procedura penale**, che rispettivamente si occupano del diritto penale sostanziale (cioè delle norme che configurano gli illeciti di rilievo penale e ne sanciscono condizioni di punibilità e conseguenze sanzionatorie), nonché delle regole che disciplinano il processo civile e il processo penale.

I più importanti codici civili

Tra i più importanti codici civili conosciuti, oltre a quello italiano, vi sono i seguenti:
- Code civil des Français, anche detto Code Napoléon (Francia, 1804);
- Bürgerliches Gesetzbuch (Germania, 1900);
- Codex Maximilianeus bavaricus civilis (Baviera, 1756);
- Allgemeines Landrecht (Prussia 1792);
- Allgemeines bürgerliches Gesetzbuch (Austria, 1812);
- Civil Code of the State of Louisiana (Louisiana, 1825);
- Грађански законик (Serbia, 1844);
- Codice civile cileno (Cile, 1855);

– Civil Code of Lower Canada (Québec, 1865; rivisto e corretto dal Civil Code of Quebec nel 1994);
– Código Civil (Spagna, 1889);
– Mimpo o 民法 (Giappone, 1896, parti I-III, e 1898, parti IV e V);
– Zivilgesetzbuch (Svizzera, 1907);
– Αστικός Κώδικας (Grecia, 1946);
– Codice civile egiziano (Egitto, 1948);
– Codice civile filippino (Filippine, 1950);
– Código Civil (Portogallo,1966);
– Burgerliik Wetboek (Olanda, 1992.

Con l'espressione **codificazione** si fa riferimento all'attività legislativa di raccolta delle regole di diritto privato posta in essere dai principali legislatori nazionali nell'Ottocento. Prima dell'età della codificazione gli ordinamenti giuridici, benché – come visto – già si conoscessero esperienze di diritto scritto ed organizzato, difettavano in termini di organicità, certezza e coerenza in quanto le regole esistenti risultavano spesso in balìa degli abusi e delle prevaricazioni dei potenti o di chi amministrava la giustizia.

Il primo codice civile moderno, non solo per priorità temporale, ma anche per rilevanza, valore politico, valenza tecnica ed originalità, è il ***Code civil des français***, anche conosciuto come *Code civil* o *Code Napoléon*, promulgato in Francia il 21 marzo 1804 dall'Imperatore Napoleone Bonaparte, e cioè pochi anni dopo che lo stesso, il 7 novembre 1799, aveva dichiarato conclusa la celeberrima rivoluzione scoppiata nel 1789. Il *Code*, che entrò in vigore nel 1806, fu emanato dopo la discussione di altri tre diversi progetti, condotta tra il 1793 ed il 1799, e fu stilato da una commissione ristretta, sottoposta alla vigilanza del *Conseil d'Etat* e composta da giuristi nominati direttamente da Napoleone Bonaparte, che (almeno secondo la tradizione) di persona ne seguì spesso i lavori. A conti fatti, può ben dirsi che la commissione realizzò pienamente il compito che le era stato assegnato, consistente nel raccogliere in un unico *corpus* giuridico le regole di diritto privato proprie della complessa e stratificata tradizione giuridica francese. Attualmente il *Code* – che subito dopo la sua promulgazione fu esportato da Napoleone in tutti i territori conquistati (anche nelle province italiane che composero il Regno d'Italia di origine napoleonica) – è ancora in vigore in Francia, benché abbia subìto diversi aggiornamenti. La grandezza del risultato raggiunto dai codificatori francesi si misura, a larghe spanne, proprio con la longevità del prodotto realizzato, nonché con il fatto che quest'ultimo è stato imitato in moltissimi altri ordinamenti.

In vero, prima del codice francese, in altri paesi dell'Europa, già nella seconda metà del '700, vi erano state esperienze di codificazione del diritto privato. Tra queste si ricordano il *Codex Maximilianeus Bavaricus civilis* del 1756 per la Baviera, il *Codex Theresianus* del 1766 per l'Austria (mai approvato definitivamente), e l'*Allgemeines Landrecht für die Preussischen Staaten* del 1792 per la Prussia. Tali codici, pur rilevanti sotto il profilo storico e culturale perché rappresentarono i primi tentativi moderni di razionalizzare ed organizzare la complessa materia del diritto privato, ebbero, tuttavia, scarsa rilevanza pratica a causa del loro carattere astratto e dogmatico, mancando di quella capacità di sintesi concreta ed efficacia sistematica che una raccolta completa e pratica di norme privatistiche deve necessariamente avere. In Italia, nello stesso periodo, si contano le '*Regie Costituzioni*' di Vittorio Amedeo II di Savoia (che non sono costituzioni nel senso moderno) emanate nel 1723, con le due successive edizioni del 1729 e del 1770, nonché '*Il codice di leggi e costituzioni per gli Stati di S.A.A. Francesco III duca di Modena*', c.d. 'codice estense', del 1771, che si inseriscono a pieno nel diritto comune, ma si pongono come fonte primaria dello stesso.

Il *Code Napoléon*, rispetto a tutte le esperienze precedenti, si distinse da subito come vero capolavoro di chiarezza, organicità, coerenza, sistematicità, completezza e tecnicismo. Esso fu voluto come atto di rottura dal nuovo potere costituito in Francia dopo la Rivoluzione. In realtà, sin dal 1790 l'Assemblea costituente aveva preso l'impegno di compilare un codice generale di leggi semplici e chiare, comuni a tutto il regno, tanto che nella Costituzione del 1791 ciò venne esplicitamente dichiarato nel titolo II all'art. 3. L'*Ancien Régime* era stato, infatti, caratterizzato dalla molteplicità giurisprudenziale e di fonti, e dal frantumato particolarismo giuridico che affondava le proprie radici nell'ormai farraginoso sistema del diritto comune. In vero, alla realizzazione del *Code* contribuì anche l'illuminismo giuridico in voga in quel momento, che spinse gli illustri componenti della citata commissione formata *ad hoc* a metter mano ad una riorganizzazione generale delle regole giuridiche dei rapporti tra privati con la convinzione che l'intelletto umano avrebbe potuto sistemare la complessa materia, determinando condizioni di certezza e di eguaglianza nell'applicazione del diritto privato nei confronti di tutti i consociati.

La situazione francese dell'epoca non era molto diversa da quella di altre regioni europee continentali. Ed infatti, nel corso del Medioevo era accaduto che la suddivisione del territorio europeo in feudi avesse determinato una situazione politicamente confusa, con carenza di potere centrale, ed espansione dei potentati locali. In epoca post-feudale l'assenza di potere centrale divenne ancora più evidente per cui, accanto al diritto romano, che continuava ad essere applicato come diritto comune nell'elaborazione compiuta dalle scuole esegetiche all'epoca in auge, si erano andate consolidando consuetudini locali che in alcune regioni avevano nella pratica addirittura preso il sopravvento sul diritto romano o che, comunque, venivano applicate insieme a questo. Con il passare del tempo, la situazione divenne ancora più confusa in quanto con l'affermarsi in molte zone europee dei principati, dei comuni, delle signorie e delle corporazioni, vennero alla luce anche fonti statutarie emanate dall'autorità di volta in volta competente, che avevano normalmente maggior valore rispetto al diritto comune.

In questo contesto europeo di straordinaria multiformità delle fonti, regnava, come ovvio ed inevitabile, una grande incertezza del diritto con conseguente erosione di qualsiasi principio di vera giustizia a tutto vantaggio dei potentati costituiti. Contro questa incertezza, foriera di arbitri e sopraffazioni, reagirono – come detto – dapprima i pensatori (tra questi, Grozio, Thomasius, Wolf, Locke, Voltaire, Rousseau, Domat e Montesquieu) di cultura razionalistica, o più squisitamente illuministica, e giusnaturalistica, i quali, seppure con diverse argomentazioni e muovendo da presupposti affatto eterogenei, giungevano alle medesime conclusioni in termini di esigenza di riorganizzare il diritto e ripensare l'applicazione dello stesso; quindi, alla fine del 1700, la borghesia, che in Francia animò le sommosse rivoluzionarie che destituirono i regnanti e travolsero il sistema di potere costituito. Alla base vi era la comune esigenza di sostituire allo Stato assoluto, basato su un'idea della società organizzata secondo logiche gerarchiche rigide, lo **Stato di diritto** basato sul principio di eguaglianza (formale) dei cittadini, i quali dovevano tutti avere nella legge lo strumento di uniforme e razionale regolamentazione dei loro diritti e dei loro doveri. Da qui, la scelta di limitare il più possibile il potere dei giudici di fare, *rectius* creare, diritto assegnando alla legge – di cui il giudice doveva limitarsi ad essere 'la bocca' (in proposito, si veda l'approfondimento svolto *infra* nel paragrafo 2.2.) – il compito di disciplinare ogni aspetto della vita dell'uomo, all'interno di un sistema razionale che, proprio in quanto tale, si assumeva, e si voleva, essere tendenzialmente completo.

Ma vi è un'altra circostanza fondamentale che, in quel preciso momento storico, determinò la svolta verso la riorganizzazione degli ordinamenti giuridici. L'incertezza nell'applicazione del diritto, di cui si diceva, aveva determinato nella parte finale del Medioevo e nel periodo post-medioevale condizioni sfavorevoli per lo sviluppo dei mercati, ai quali, invece, il ceto mercantile e borghese guardava adesso con rinnovato interesse, motivato, tra l'altro, dalle innovative teorie che professavano il liberismo economico.

L'esperienza di codificazione del diritto privato in Francia, come detto, segue di pochi anni la Rivoluzione francese, e tuttavia si ritiene non abbia recepito tutti i valori (ricompresi nel noto motto: '*egalité, liberté, fraternité*') di cui questa fu portatrice in quanto il dominio napoleonico nel frattempo aveva già arginato il processo politico-sociale innescato dall'abbattimento dell'*Ancien Régime*, sicché il codice appare, a conti fatti, la risposta del nuovo potere istituito nei confronti della classe borghese, uscita rafforzata dalla Rivoluzione, che pretendeva regole certe ed eguali per tutti, e voleva così togliere potere ai giudici, ritenuti corruttibili e sensibili all'influenza ecclesiastica e nobiliare.

La struttura del *Code* si compone di un titolo preliminare e di tre libri dedicati, nell'ordine, alle persone, ai beni ed alla proprietà, ed ai modi di acquisto della proprietà. In questo, come già cennato, il *Code* si pone così dichiaratamente nel solco della tradizione romana delle '*Institutiones*' di Gaio fondate sul trinomio *personae, res, actiones*. Sotto l'aspetto dei contenuti il codice francese recepisce profondamente il diritto romano – segnatamente, nella rielaborazione e riorganizzazione sistematica che di questo aveva fatto il noto giurista Domat nella sua opera '*Les lois civiles dans leur ordre naturel*' del 1689 – ma senza tralasciare le commistioni consuetudinarie che nei secoli precedenti avevano influenzato l'evoluzione dell'ordinamento privatistico soprattutto nel nord della Francia. È, infatti, opinione comune che il *Code* abbia finito per rappresentare una felice combinazione fra il *droit écrit* di tradizione romanistica, in voga nel sud della Francia, ed il *droit coutumoier* di natura consuetudinaria, applicato nel nord del paese, così valorizzando al meglio tanto il rigore tecnico proprio del diritto romano quanto i moderni principi più funzionali al liberismo economico.

Tra le scelte contenutistiche più innovative compiute dai redattori del *Code*, e destinate a transitare nella successiva esperienza codicistica italiana di cui ancora oggi costituiscono asse portante, ricordiamo: la disciplina del sistema degli atti dello stato civile (artt. 34 e ss.); la disciplina del domicilio e dell'assenza (artt. 102 e ss.); il regime dei rapporti tra i coniugi (artt. 212 e ss.); l'inquadramento della proprietà e degli altri diritti reali (artt. 544 e ss.); la sistemazione del diritto delle obbligazioni; nell'ambito contrattuale il principio consensualistico (art. 1101), la disciplina dei vizi degli atti e quella dei contratti tipici presi in considerazione; nonché il principio di atipicità dell'illecito civile (artt. 1382 e ss.). Come è stato efficacemente notato, proprietà, contratto e responsabilità sono gli istituti fondamentali sui quali si regge la struttura del *Code civil*, benché tra questi la proprietà svolga il ruolo senza dubbio prevalente. La filosofia di fondo è costituita dalla libertà dei singoli consociati: di obbligarsi e di esercitare i poteri proprietari, il tutto nei limiti dell'ordine pubblico, del buon costume e del rispetto dei diritti altrui, salvo l'obbligo di rispondere per i danni arrecati intenzionalmente, o per colpa, a terzi.

Gli Stati italiani preunitari guardarono subito al codice francese come ad un modello da seguire, ed infatti le vicende transalpine influenzarono direttamente la redazione del codice albertino, del codice parmense, del codice estense e del codice del Regno delle due Sicilie. In altre parti della penisola si svolsero esperienze di segno diverso, ma di portata assai meno rilevante; ad esempio, dal 1816, e sino al 1859 in Lombardia, sino al 1866 in Veneto, e sino al 1918 nelle altre province austro-ungariche, rimase in vigore il codice civile austriaco (c.d. ABGB) del 1811.

Al *Code civil* si ispirò direttamente il legislatore italiano che, subito dopo l'unità politica del Paese – avvenuta nel 1861 con l'estensione del dominio di casa Savoia sugli altri Stati italiani preunitari – nell'ambito dell'intrapresa attività di unificazione legislativa tra i vari territori, nel **1865** emanò il primo **codice civile unitario** (che prende anche il nome di codice Pisanelli, dal nome del Ministro Guardasigilli di allora), stilato sulla falsa riga del modello francese, con cui condivide struttura, istituti, terminologie e finanche regole. Come il suo modello, anche il codice italiano era articolato in tre libri dedicati a persone, proprietà e modi di acquisto della proprietà.

Il codice francese, ed i suoi derivati, inizialmente non contenevano regole che disciplinassero i rapporti commerciali tra privati. Queste ultime, oltralpe, vennero raccolte sistematicamente in un *corpus* separato, che nel 1807 vede la luce con il nome di ***Code de commerce***, e che dal 1808 entra in vigore in tutti i territori occupati da Napoleone, comprese le province italiane conquistate dai francesi. Il *code de commerce*, successivamente modificato nel 1838 e 1841, è formato da quattro libri, il primo dedicato in generale agli atti di commercio, il secondo al commercio marittimo, il terzo al fallimento, il quarto alla giurisdizione in materia commerciale. Anche questo codice rappresentò un modello a cui i legislatori contemporanei si ispirarono massicciamente. Con la citata unificazione del Regno d'Italia, infatti, fu estesa a tutti i territori del Regno l'applicazione del codice sardo-piemontese del 1842 che ricalcava fedelmente il modello francese, salvo poi modificarlo lievemente ed emanarlo, nel 1865, sotto forma di **codice di commercio**. Tale codice, in vero, restò in vigore per pochi lustri, giacché nel **1882** fu emanato il nuovo codice di commercio italiano, approvato dopo ampie discussioni parlamentari sulla base di un progetto organico stilato da Pasquale Stanislao Mancini. La dottrina è sostanzialmente concorde nel riconoscere che il nuovo codice di commercio favorì in Italia i traffici e i commerci, oltre che il processo di industrializzazione oramai in corso e l'afflusso di capitali stranieri, anche perché tutelava in modo nuovo investimenti e capitali.

Il **codice civile** oggi **vigente in Italia** – che ha sostituito quello del 1865 citato, nonché il codice di commercio del 1882 – fu approvato con Regio decreto 16 marzo **1942** n. 262. Benché si inserisca senza alcun dubbio nell'ambito della tradizione civilistica, così come il suo predecessore, esso si differenzia notevolmente rispetto al modello napoleonico e, dunque, allo stesso primo codice civile italiano unitario. Ciò, in parte, si spiega con la straordinaria influenza che sulla dottrina giuridica italiana dei primi decenni del Novecento ebbe un altro importante codice civile, e cioè il *Bürgerliches Gesetzbuch* tedesco del 1900 (c.d. BGB). Il merito per l'originalità, la completezza e la modernità del codice civile italiano del 1942 è, tuttavia, da attribuire principalmente alla sensibilità dei suoi autori capaci di cogliere nel tessuto sociale le nuove esigenze e tendenze e di farvi fronte con un altissimo grado di precisione tecnica ed efficacia sistematica.

Le codificazioni del diritto privato in Austria, Germania e Svizzera

Sull'elaborazione della struttura e dei contenuti del codice civile italiano del 1942 – oltre al *Code* francese, già tradotto nel codice civile italiano del 1865 – hanno esercitato una certa influenza principalmente tre esperienze di codificazione maturate in altri Paesi europei, e segnatamente in Austria, Germania e Svizzera.

Le istanze illuministiche di sistemazione e razionale organizzazione delle regole di diritto privato, pochi anni dopo l'entrata in vigore del codice napoleonico, produssero in **Austria** un progetto di codice civile predisposto da Martini e Zeiller, due autorevoli giuristi, docenti dell'università di Vienna, che fu approvato nel **1811** (c.d. ABGB). Come il codice francese, anche quello austriaco nasce dal compromesso tra l'esigenza di superare i particolarismi giuridici dell'epoca elaborando regole unitarie, chiare, razionali e certe, e l'opposta esigenza di rispettare le consuetudini locali. L'impianto dell'AGBG è, tutto sommato, rispettoso della tradizione romanistica, in quanto, dopo una introduzione generale, le tre parti in cui si snoda la disciplina codicistica sono dedicate, rispettivamente, alle persone (I), ai beni (II) ed a regole miste relative al diritto delle persone e dei beni (III). Il diritto delle obbligazioni, e dunque anche il contratto, è disciplinato nella parte seconda. A differenza del sistema romanistico, e parzialmente anche del codice napoleonico, la disciplina della responsabilità civile viene fondata attorno ad un principio di atipicità dell'illecito produttivo di obbligazioni risarcitorie. Il codice austriaco operò per diversi decenni nei territori dell'attuale Lombardia, Veneto e Trentino Alto Adige. Ciò avvenne, in quelle che oggi definiamo *ex* province austro-ungariche, addirittura sino al 1918; tanto che tracce di tale operatività si riscontrano ancora attualmente nella disciplina del sistema tavolare di pubblicità delle vicende circolatorie dei beni immobili.

Ancora più significativa per la futura evoluzione del diritto privato italiano si rivela l'esperienza tedesca di codificazione del diritto privato.

Nel territorio dell'attuale **Germania** l'applicazione del diritto romano, fino a tutto il XIX secolo, fu più diffusa e sistematica che altrove. Ciò in quanto una serie di circostanze – tra le altre, l'assenza di un sistema di giustizia centralizzato posto sotto l'Imperatore, la frammentarietà delle consuetudini locali, la considerazione del diritto romano come proprio e cioè come diritto del Sacro Romano Impero tedesco e la riottosità dei giuristi germanici – impedì l'operatività di regole autoctone e più moderne a disciplina dei rapporti tra privati. Ciò spiega l'importanza che nell'evoluzione dell'ordinamento giuridico tedesco ha avuto la Scuola delle pandette, o **Scuola pandettistica tedesca**, i cui esponenti (tra i maggiori ricordiamo Savigny, Windscheid, Bekker, Puchta, Dernburg e Vangerow), nel corso dell'Ottocento, si dedicavano all'elaborazione dogmatica e sistematica, e quindi al commento, all'organizzazione ed all'interpretazione del diritto romano classico, ritenuto archetipo capace di risultare sempre valido ed attuale, convinti che il metodo concettuale poteva consentire alla giurisprudenza di risultare costruttiva, consentendole di generare nuovi concetti, e quindi nuove regole, da concetti precedentemente inseriti nel sistema (c.d. piramide sistematica). Alla scuola della 'giurisprudenza di concetti' si contrappose, sempre in Germania, la scuola della 'giurisprudenza degli interessi', che suggeriva di guardare più agli interessi pratici da tutelare ed allo scopo effettivo della norma giuridica, che non al concetto dogmatico di cui essa poteva essere espressione.

Gli echi della cultura giuridica tedesca, cui si è appena fatto cenno, sono ben presenti nel codice civile tedesco unitario, approvato dal Parlamento nel 1896 con il titolo di ***Bür-***

gerliches Gesetzbuch (c.d. BGB), ed entrato in vigore, all'inizio del nuovo secolo, il 1° gennaio 1900. Quest'opera – composta da 5 parti: parte generale, diritto delle obbligazioni, diritto della proprietà, diritto di famiglia, e diritto delle successioni – rappresentò, nei primi decenni dopo la sua pubblicazione, un modello studiato ed apprezzato dalla dottrina italiana che, come detto, ad esso non mancò di ispirarsi durante i lavori preparatori del codice civile del 1942. Il codice tedesco ha avuto senza dubbio notevoli influenze anche su altre esperienze di codificazione sue coeve o successive; tra queste si ricorda il codice civile giapponese del 1898 ed il codice civile greco del 1940.

Il BGB, attualmente ancora in vigore sebbene integrato e modificato da successivi interventi legislativi, è, nei suoi contenuti, più ancora che nella sua struttura, un codice tradizionale e conservatore, che – secondo molti osservatori – rispecchia pienamente la società e i valori dell'epoca bismarchiana. Esso contiene altresì spunti di modernità, quali la tutela dell'affidamento del privato, la tutela del contraente debole, la moralizzazione dei rapporti giuridici attraverso la estrinsecazione della clausola generale di buona fede, ecc. E può essere, senza dubbio, considerato un codice liberale votato al liberismo economico. La fortuna che il BGB ebbe nella civilistica italiana si deve principalmente al rigore concettuale e tecnico che lo caratterizza, oltre che all'elaborazione dogmatica, realizzata nella parte generale del codice, degli istituti giuridici considerati più importanti, tra i quali il negozio giuridico (*Rechtsgeschäft*).

Dopo la rivoluzione francese anche in **Svizzera** si cominciò a discutere di unificazione e riorganizzazione in forma codicistica del diritto civile. In precedenza, nella Svizzera tedesca il diritto privato si basava sulle consuetudini locali, mentre negli altri cantoni convivevano consuetudini e diritto comune. Le prime esperienze codicistiche svizzere si ebbero all'inizio dell'Ottocento e riguardarono, nella Svizzera tedesca, il *codice bernese* e, nel cantone di Zurigo, il *codice zurighese*. Subito dopo, sollecitata da un ampio movimento per l'unificazione del diritto privato svizzero, la Confederazione produsse il codice delle obbligazioni del 1881 e successivamente, grazie soprattutto all'elaborazione del giurista Huber, il **codice civile** del 1907, entrato in vigore nel 1912. Anche il codice svizzero influenzò le esperienze codicistiche di altri paesi, ed in particolare fu adottato, pressoché nella sua interezza, nel codice civile turco del 1926.

Nota peculiare del codice svizzero, al di là della sua chiarezza e facilità di lettura, è il potere riconosciuto espressamente ai giudici di dettare norme privatistiche non previste dal legislatore quando l'ordinamento dimostri lacune; potere, questo attribuito ai giudici, che appare in netto contrasto con il principio di legalità che caratterizza gli ordinamenti di *civil law*, nei quali il giudice, in caso di lacuna, deve decidere secondo l'analogia o i principi generali (art. 12 delle preleggi al codice civile italiano vigente), come meglio si vedrà nel prossimo capitolo. L'art. 1 del codice civile svizzero, dunque, nello stabilire che "*Nei casi non previsti dalla legge il giudice decide secondo la consuetudine, e, in difetto di questa, secondo la regola che egli adotterebbe come legislatore*", si pone in una prospettiva tipica dei paesi di *common law*.

La novità più vistosa del codice civile italiano del 1942 è costituita dal fatto che, formato da **sei libri (I. Delle persone e della famiglia; II. Delle successioni; III. Della proprietà; IV. Delle obbligazioni; V. Del lavoro; VI. Della tutela dei diritti)**, per un totale di 2.969 articoli (il codice del 1865 ne contava 2.147), oltre a raccogliere in sé i contenuti dei tre libri del precedente codice (come detto: persone, proprietà e modi di acquisto della proprietà), esso prevede e regola una serie di nuovi istituti di stampo squisitamente privatistico, ed inoltre, soprattutto, raccoglie l'intera disciplina dei rapporti commerciali, in precedenza – come visto – contenuta nel codice di commercio del 1882. L'istanza di unificazione dei due codici, civile e commerciale, in termini di uniformazione e superamento del dualismo esistente, era nata già all'indomani della prima guerra mondiale tanto che, all'esito degli studi preliminari di una commissione nel 1917 appositamente istituita, nel 1923 fu emanata una legge che delegava al Governo la modifica dei codici esistenti. Fu così che tra il 1924 e il 1937 furono predisposti i progetti preliminari dei primi tre libri del codice riguardanti la famiglia, le successioni e la proprietà. In tempi più rapidi, successivamente, nei libri IV e V si organizzò la disciplina del diritto del lavoro, dell'impresa, degli istituti tipici dei rapporti commerciali e delle società. Infine, nel libro VI venne definita la disciplina di alcuni istituti inquadrati nell'ambito della tutela dei diritti.

Nel periodo in cui il nuovo codice civile fu elaborato ed emanato, come noto, in Italia vigeva il **regime fascista**: al potere dal 1922, allorquando, dopo la c.d. marcia su Roma, il Sovrano Vittorio Emanuele III conferì a Benito Mussolini il compito di formare il nuovo Governo; trasformatosi in dittatura autoritaria nel 1925, con la conseguente abolizione delle libertà democratiche e la concentrazione di tutti i poteri nelle mani del Capo del Governo, dichiarato non più responsabile nei confronti del Parlamento ma del solo Sovrano; e caduto, nel luglio 1943, con l'arresto di Mussolini. Non può, dunque, negarsi, quanto meno dal punto di vista storico, che una qualche influenza la cultura fascista ebbe sul nuovo codice civile; prova ne sono le norme corporative ed alcuni cenni verbali al sentimento fascista ed alle differenze razziali, subito soppressi dopo la fine del regime. E tuttavia, ad un'analisi appena più approfondita, evidente appare l'autonomia di cui godettero e che esercitarono, rispetto alle concezioni fasciste, i giuristi chiamati a redigere il nuovo codice. Benché, infatti, in questo non manchino gli istituti finalizzati a consentire al potere costituito o, in alternativa, al giudice un controllo sulle attività dei privati (e questo, tanto in materia di enti del libro primo, quanto in materia di esercizio dell'autonomia negoziale dei privati, quanto infine in materia di lavoro e di esercizio in forma associativa dell'impresa), e benché, dunque, senza dubbio il codice del 1942 si distacchi dalle concezioni giuridiche ed economiche liberali classiche, non può negarsi che, più in generale, esso riconosce ai privati un'ampia libertà di esercizio dei propri diritti soggettivi, tutelando pienamente, non solo la proprietà privata e gli altri diritti reali, bensì ogni estrinsecazione del potere di godere e disporre dei diritti riconosciuti, attraverso i contratti e gli altri atti disciplinati dal codice, o anche atipici, se finalizzati alla realizzazione di un interesse ritenuto meritevole di tutela *ex* art. 1322 c.c.

Tra le novità contenutistiche più significative, che dimostrano come, malgrado il clima politico in cui sorse, il codice civile del 1942 non mirò affatto al controllo generale dello Stato sui consociati o alla negazione della autonomia privata, vi è la disciplina degli **enti del libro primo** (fondazioni, associazioni e comitati), con cui il legislatore, per la prima volta, regolò l'associazionismo privato, la quale rappresenta una radicale novità rispetto al codice del 1865, che, in questo, tradiva il sospetto ottocentesco nutrito dai neonati Stati moderni nei confronti di tale fenomeno. In più, il nuovo codice, mutuando l'analoga esperienza tedesca, dimostra spiccata sensibilità per tematiche all'epoca originali, quali la tutela del contraente debole (cfr., tra gli altri, gli artt. 1341 e 1342, l'art. 1370, nonché gli artt. 1447-1452 c.c.), e valorizza la correttezza, la buona fede e l'equità nei rapporti tra privati (cfr., tra gli altri, gli artt. 1175, 1176, 1337, 1374 e 1375 c.c.); inoltre disciplina, se pure in maniera semplice ed essenziale, alcuni diritti della personalità (cfr. gli artt. 5-10 c.c.), segnando anche in questo la sua originalità rispetto alle esperienze precedenti.

Ma la nota più saliente del codice civile del 1942 sta nell'aver messo al centro del sistema del diritto privato il **contratto**, laddove in vigenza del codice del 1865 vi era il **diritto di proprietà**.

In altre parole, il *Code Napoleon* nel 1804, al fine di spazzare via il campo dalle ambiguità e dalle incertezze del diritto di epoca antecedente, aveva correttamente valorizzato il diritto di proprietà ed approntato una serie di regole finalizzate a disciplinare ed a tutelare al meglio tale istituto in quanto, così come era stato nei secoli precedenti, anche allora, senza dubbio, i beni erano per lo più, se non esclusivamente, mobili o immobili ben inquadrabili nell'ambito del diritto di proprietà, inteso come paradigma dei rapporti tra privati in relazione alle cose. In più, nella visione liberale ottocentesca, l'uomo era inteso come individuo singolo e veniva preso in considerazione dal diritto quasi esclusivamente nelle sue relazioni conflittuali con gli altri consociati. L'emergente ceto borghese, anche in ragione delle moderne teorie fautrici del liberismo economico, aveva, dunque, interesse, in quel momento storico, innanzitutto a determinare certezza in ordine alla titolarità dei diritti sui beni, ed alla relativa tutela, e ciò non solo con intenti conservativi ma anche circolatori, e cioè anche in funzione della possibilità di vendere il bene, o comunque di trasferirlo a terzi, e di rendere, in definitiva, il bene oggetto di mercato. In questa prospettiva, coerente appare l'impostazione del codice francese – seguita, come detto, anche dal primo codice civile italiano unitario – che, come già notato, dopo un primo libro dedicato alle "*persone*", in ossequio alla tradizione romanistica, organizzava l'intero diritto privato in due ulteriori libri intitolati, rispettivamente, "*dei beni, della proprietà e delle sue modificazioni*" e "*dei modi di acquisto e trasmissione di proprietà e diritti sulle cose*". In questo modo ogni atto o vicenda tra privati veniva inquadrato come funzionale all'acquisto, al mantenimento o alla trasmissione dei diritti sui beni, ed in particolare del diritto di proprietà.

Nei primi decenni del XX secolo, viceversa, la società italiana, e più in generale europea, soprattutto dopo la Grande guerra degli anni 1914-1918, aveva evidenziato tracce di una radicale ed importante trasformazione in atto, che il legislatore del 1942 non mancò di cogliere. La ormai compiuta rivoluzione industriale, l'urbanizzazione delle città, la realizzazione delle prime reti ed infrastrutture di trasporto, lo sviluppo dei mercati intesi in senso moderno, l'aumentare dei bisogni delle famiglie e dei relativi consumi, avevano reso evidente l'emersione di nuovi beni, c.d. di consumo, e l'importanza economica e sociale dello scambio e degli assetti proprietari e gestori dell'impresa. In altre parole, una volta garantita l'esistenza tecnica e la tutela giuridica statica dei mezzi di produzione, occorreva apprestare le migliori condizioni perché le imprese fossero gestite in modo razionale ed efficiente, ed il mercato fosse in grado di assorbire stabilmente i beni prodotti. Inoltre, una volta assodato che, nell'ottica di mercato, un bene vale perché può essere oggetto di scambio, e normalmente un bene più viene scambiato più aumenta di valore, se con il diritto di proprietà e gli altri diritti reali, fin dall'Ottocento, si erano determinate condizioni per garantire la certezza del diritto per lo più in relazione alla titolarità statica dei diritti sui beni, adesso si avvertiva la necessità di garantire la stessa certezza in relazione allo scambio dei beni. Questa garanzia poteva esser assicurata, e fu assicurata, proprio disciplinando al meglio, e ponendo al centro del sistema privatistico, l'istituto del contratto e, più in generale, dell'attività umana che si traduce in rapporti obbligatori (libro IV del codice) e che, in larga parte, si sviluppa nell'ambito del lavoro e dell'impresa (libro V del codice).

Nel codice del 1942 il contratto viene valorizzato anche come strumento di autoregolazione dei rapporti tra privati intenzionati ad associarsi per scopi non lucrativi (enti del libro I, e dunque associazioni e comitati) ovvero per scopi lucrativi o mutualistici o consortili (enti del libro V, e dunque società, cooperative, consorzi). E ciò in ossequio ad una nuova concezione dell'uomo, inteso adesso anche, e soprattutto, come soggetto calato in un contesto sociale nel quale egli istaura rapporti non solo confliggenti, ma positivi, ed anzi sempre più positivi e produttivi di ricchezza, con i suoi consociati, fino al punto di costituire, insieme ad alcuni di essi, veri e propri soggetti giuridici autonomi di cui egli detiene partecipazioni (è il caso, per l'appunto degli enti). È questo, tra l'altro, il periodo – giova evidenziarlo – in cui, mentre in Italia le **società di capitali** cominciano a prendere concretamente piede nella vita economica ed imprenditoriale, i titoli di partecipazione negli enti a scopo di lucro (in particolare, società) diventano, anche in Europa (negli Stati Uniti il fenomeno si svolse prima, tanto che nel 1929 la New York Stock Exchange, e cioè la borsa di Wall Street, visse la sua prima grande crisi), oggetto di scambio nelle borse valori, e dunque sono sempre più percepiti come beni.

L'importanza del fenomeno di cui si sono appena tracciate le linee essenziali, e la percezione delle sue potenzialità, determinarono il legislatore italiano del 1942 a cambiare radicalmente la sistematica del codice civile, che, per l'appunto, abbandonando definitivamente la tradizione romanistica, inglobò i contenuti del codice di commercio e valorizzò il contratto e la società come strumenti per fare impresa e determinare valore. Per offrire un segno tangibile di quanto appena evidenziato, basta rilevare che, mentre il codice civile del 1865 dedicava al contratto di società il titolo X del libro III, per un totale di 40 articoli (dal 1697 al 1736), il codice del 1942 dedica alle società un'articolata disciplina contenuta del titolo V del libro V, per un totale (prima della riforma del 2003, sulla quale ci si soffermerà brevemente subito avanti) di 264 articoli, a cui debbono aggiungersi, quanto meno, il successivo titolo VI, dedicato alle imprese cooperative e mute assicuratrici, ed il titolo VII dedicato all'associazione in partecipazione.

1.8.1. Leggi speciali e (parziale) decodificazione del diritto privato

Il codice civile italiano del 1942, così come ogni codice civile, e più in generale ogni raccolta di disposizioni normative, è ontologicamente destinato a mutare nel tempo, quantomeno nei suoi contenuti. Ciò in quanto l'evoluzione del tessuto sociale impone – come segnalato anche nei precedenti paragrafi – adeguamenti ed ammodernamenti della regolazione dei rapporti tra consociati. Più avanti si vedrà che tale opera di continua attualizzazione del diritto è svolta quotidianamente dalla giurisprudenza (e cioè dai giudici e dagli altri operatori pratici dell'ordinamento) e dalla dottrina (cioè dagli studiosi del diritto) nel loro ruolo di interpreti delle regole poste dal legislatore. Tuttavia, in alcune circostanze, vuoi per la radicale trasformazione del contesto di riferimento e la conseguente esigenza di certezza delle regole applicabili, vuoi per l'alto dettaglio tecnico della materia o per altre ragioni, l'interpretazione non è sufficiente a garantire l'evoluzione omogenea ed organica del sistema, per cui l'intervento del legislatore, modificativo dei contenuti del codice, si rivela inevitabile.

Il nostro codice civile sino ad oggi, nei suoi quasi settant'anni di vigenza, non è stato esente da importanti operazioni di rinnovamento, realizzate dal legislatore con l'abrogazione di norme considerate superate e l'eventuale loro sostituzione, ovvero con l'introduzione *ex novo* di istituti prima non previsti. Tra le **riforme più importanti del codice civile** ricordiamo quella del **diritto di famiglia**, posta in essere con la legge 19 maggio 1975 n. 151, che, in attuazione del principio di uguaglianza morale e giuridica dei coniugi enunciato dall'art. 29 della Carta costituzionale, modificando in particolare i libri I e II del codice, abolì l'istituto della dote, estese alla moglie i diritti relativi al governo della famiglia, all'educazione dei figli e alla gestione dei beni familiari, fino a quel momento riconosciuti al solo marito, ed inoltre modificò la disciplina del regime patrimoniale della famiglia e dei rapporti di successione a causa di morte all'interno della stessa. Più di recente, un'importante e radicale riforma del libro V del codice civile, realizzata con il d.lgs. 17 gennaio 2003 n. 6, ha riguardato il **diritto delle società di capitali e delle cooperative**.

Più che intervenire con leggi modificative del codice civile, il legislatore italiano sempre più spesso, negli ultimi lustri, ha preferito – così come accade in molti altri Paesi – introdurre nuove regole dei rapporti tra privati attraverso l'emanazione di **leggi speciali,** e cioè leggi create *ad hoc* per regolare singole tematiche o materie, e destinate ad essere applicate *ratione materiae* per la propria specialità rispetto al codice civile. In ragione di ciò, fin dalla seconda metà del secolo scorso si è cominciato a parlare di età della '**decodificazione**' per evidenziare il fenomeno della crescente perdita di centralità del codice civile nell'ordinamento privatistico. Oggi non tutti i rapporti tra privati trovano la loro compiuta disciplina nel codice civile. Molte leggi speciali, infatti, integrano il tessuto normativo codicistico, e ciò accade anche relativamente a problematiche o settori particolarmente rilevanti; ad esempio, in materia di contratti agrari (legge 3 maggio 1982 n. 203), di locazioni d'immobili urbani (legge 27 luglio 1978 n. 392), di licenziamenti individuali (leggi 15 luglio 1966 n. 604 e 11 maggio 1990 n. 108), di parità dei sessi in materia di lavoro (legge 9 dicembre 1977 n. 903), di assicurazione obbligatoria per la responsabilità civile derivante dalla circolazione dei veicoli a motore e dei natanti (legge 24 dicembre 1969 n. 990), di tutela della concorrenza e del mercato (legge 10 ottobre 1990 n. 287), di fallimento (r.d. 16 marzo 1942 n. 267), di diritto d'autore (legge 22 aprile 1941 n. 633), di divorzio (legge 1° dicembre 1970 n. 898), di adozione (legge 4 maggio 1983 n. 184), di ordinamento dello stato civile (d.p.r. 3 novembre 2000 n. 396), di affiliazione commerciale anche detta *franchising* (legge 6 maggio 2004 n. 129), di contratti di subfornitura nella attività produttive (legge 18 giugno 1998 n. 192) di multiproprietà (d.lgs. 9 novembre 1998 n. 427), ecc. Ogni legge speciale, a sua volta, può essere oggetto di successive modifiche, come accade normalmente.

Alcuni interventi legislativi integrativi del codice civile si sono addirittura tradotti, soprattutto negli ultimi lustri, in veri e propri testi unici, e cioè raccolte sistematiche di regole dedicate ad una certa materia, finalizzate a disciplinare la stessa in modo ordinato e tendenzialmente completo. Tra i vari casi, è utile citare in questa sede il c.d. TUB, cioè il **Testo Unico delle leggi in materia bancaria e creditizia** (d.lgs. 1° settembre 1993 n. 385), il c.d. TUF, cioè il **Testo Unico dell'intermediazione finanziaria** (d.lgs. 24 febbraio 1998 n.

58), il **codice del consumo** (d.lgs. 6 settembre 2005 n. 206), il **codice delle assicurazioni private** (d.lgs. 7 settembre 2005 n. 209), il **codice dell'amministrazione digitale** (d.lgs. 7 marzo 2005 n. 82), il **codice dei beni culturali e del paesaggio** (d.lgs. 22 gennaio 2004 n. 42), il **Testo unico dell'edilizia** (d.p.r. 6 giugno 2001 n. 380), il **codice in materia di protezione dei dati personali** (d.lgs. 30 giugno 2003 n. 196, come modificato dal d.lgs. 10 agosto 2018 n. 101 per l'adeguamento al Regolamento (UE) 2016/679, c.d. General Data Protection Regulation, *breviter* GDPR, aggiornato alle rettifiche pubblicate sulla Gazzetta Ufficiale dell'Unione europea 23 maggio 2018 n. 127), il **codice degli appalti pubblici** (d.lgs. 18 aprile 2016 n. 50), nonché il **codice della proprietà industriale** (d.lgs. 10 febbraio 2005 n. 30) il "Testo Unico Ambientale" (o, ancor più impropriamente, "**Codice dell'ambiente**"), d.lgs. 3 aprile 2006, n. 152, modificato da ultimo dalla legge n. 37/2019, e il **Codice della Crisi di Impresa e dell'Insolvenza** ("CCI") (d.lgs. 12 gennaio 2019, n. 14, pubblicato in GU 14 febbraio 2019) contiene una riforma integrale del diritto fallimentare.

Il fenomeno, come detto, appare analogo a quello che si riscontra in molti altri Paesi e finanche nei sistemi di *common law*, alcuni dei quali, e segnatamente i più importanti ed evoluti, sebbene tradizionalmente caratterizzati dalla prevalenza del diritto di matrice giurisprudenziale su quello di matrice legislativa, negli ultimi decenni sono stati letteralmente trasformati nei propri contenuti dall'intervento continuo e tecnico del legislatore, interessato a disciplinare puntualmente materie complesse e di grande importanza socio-economica. Un esempio su tutti è rappresentato dallo *U.S. Code*, e cioè dalla raccolta di testi normativi di carattere privatistico, che negli Stati Uniti oggi costituisce fonte di primaria importanza, e che quotidianamente viene implementata, novellata ed ammodernata da nuovi interventi legislativi.

L'indiscutibile importanza che leggi speciali, e più ancora i testi unici, hanno attualmente nell'ordinamento privatistico – come detto, non solo in Italia – non toglie, in vero, centralità e rilevanza al codice civile, mentre appare, senza dubbio, il segno tangibile dell'esigenza avvertita dai legislatori, di fronte ad una società sempre più complessa, sia dal punto di vista tecnologico, sia dal punto di vista economico e valoriale, di regolare con maggior puntualità e specialità nuovi aspetti della convivenza tra consociati, peraltro in modo sempre più tecnico, chiaro e preciso.

1.8.2. I tentativi di creazione di un codice civile europeo

Nel vecchio continente, negli ultimi decenni si è attuata, prima attraverso l'adesione degli Stati nazionali a **Comunità europee** operanti in determinati settori e con specifiche finalità, ed oggi in ragione della nascita dell'**Unione europea**, una convergenza tra ordinamenti giuridici statali che ha determinato la nascita di un ordinamento giuridico di nuovo conio sul quale ci soffermeremo più avanti, in particolare nel paragrafo 2.1.1.2. Tra gli Stati partecipanti a questa epocale vicenda, dapprima, sono state create le condizioni per l'abolizione di tutti gli ostacoli alla circolazione, all'interno dei confini europei, di merci, servizi, professionalità, sino alla nascita di un vero e proprio mercato unico, e, più di recente, si è deciso di realizzare una vera e propria unione tra i popoli europei. Nell'ambito di questo processo, in origine, di avvicinamento e oggi, sempre più, di integrazione tra i diversi ordinamenti nazionali coinvolti, si è andata nel tempo sviluppando un'esigenza di **armonizzazione** delle discipline nazionali relativamente, quanto meno, agli istituti più importanti del diritto privato (in senso lato), e cioè l'esigenza di limare il più possibile le differenze regolatorie esistenti all'interno degli ordinamenti dei diversi Paesi membri. All'obiettivo dell'armonizzazione – perseguito, come vedremo, principalmente attraverso l'emanazione di numerose direttive europee, via via recepite dai singoli Stati – si è andato nel tempo affiancando un obiettivo ancor più ambizioso, e per certi versi radicale, costituito dall'idea di pervenire ad una vera e propria **uniformazione** del diritto privato operante nell'Unione, e cioè alla creazione di in sistema completo ed organizzato di regole comuni di carattere privatistico, raccolte in un unico codice, applicabile in tutti gli Stati membri nella stessa identica maniera.

L'idea di realizzare un **codice civile europeo** unificato serpeggia da almeno quattro lustri tra le c.d. istituzioni europee. Il Parlamento Europeo, infatti, ha ufficialmente chiesto la creazione di tale codice già nel 1989 (atto di indirizzo pubblicato in *Gazzetta ufficiale delle Comunità europee*, 1989, n. C 158/400), e poi ancora nel 1994 e nel 2000. Sennonché, le evidenti difficoltà insite nella realizzazione di tale progetto, viste le notevoli differenze che attualmente esistono tra i sistemi e le regole di diritto privato operanti nei diversi Paesi membri, ha suggerito di tentare dapprima un approccio pragmatico che punta a sviluppare leggi uniformi in aree o materie specifiche prima di lavorare verso una stesura completa del codice civile europeo.

L'ambito nel quale più intensa è stata l'elaborazione di tentativi di realizzazione di un codice europeo è quello che riguarda il **diritto contrattuale**. La prima esperienza in tal senso è datata 1982 e coincide con la formazione della Commissione sul diritto contrattuale europeo, più comunemente conosciuta come **Commissione Lando** dal nome del suo presidente danese. Lo scopo perseguito, fin dal primo momento, fu quello di tracciare le linee essenziali di una disciplina comune dei contratti che fosse funzionale alla zona di libero scambio inaugurata nel vecchio continente con l'esperienza delle Comunità Europee. Lo strumento utilizzato, al fine di tentare per questa via l'omologazione normativa tra i vari Stati membri, è stato quello dell'identificazione di aree di convergenza a livello di principi, da cui far scaturire una serie di disposizioni consegnate poi agli operatori nella forma di "*Principles of European Contract Law*" (PECL). Tale opera, che ha visto, dopo la prima pubblicazione nel 1995, una seconda edizione nel 1999 ed una terza più completa nel 2003, al testo normativo allega un commento e un apparato di note. Nel commento viene fornita la spiegazione della regola o delle regole contenute nel singolo articolo, con una sorta di interpretazione autentica, spesso arricchita di esempi applicativi. Le note contengono un panorama delle derivazioni dei singoli articoli dagli ordinamenti nazionali di riferimento, ovvero le regole che nella medesima materia si rinvengono negli ordinamenti nazionali, perché ciascuno possa operare confronti apprezzandone identità e differenze.

Nello stesso senso, altra iniziativa privata interessante è quella portata avanti dall'*Accademia dei giusprivatisti Europei,* fondata a Pavia nel 1992 da illustri accademici. Ad essa si deve la stesura di una bozza di Codice europeo dei contratti. I lavori sono iniziati nel 1995 ed hanno dapprima condotto all'ultimazione della parte concernente i contratti in generale (pubblicata nel 2001 – riedita nel 2002 e nel 2004) ed ora stanno proseguendo con la stesura della parte dedicata ai singoli contratti. Così come, di particolare nota, è l'iniziativa assunta dallo *Study Group on a European Civil Code,* diretto da Christian von Bar. Il Gruppo, che si può considerare il successore della Commissione Lando, sin dal 1999 è impegnato nella comparazione giuridica dei vari sistemi privatistici degli Stati membri, al fine di predisporre un sistema di principi comuni europei in materia patrimoniale, destinato ad essere impiegato, come ausilio, dalle Corti europee.

La Commissione europea, prima nel 2001 e poi il 12 febbraio 2003 (COM/2003/68 def), ha reso comunicazioni al Parlamento europeo ed al Consiglio circa l'obiettivo di realizzare il 'diritto contrattuale europeo', formulando un **piano d'azione** in proposito per realizzare una disciplina europea del contratto più coerente. Secondo questo piano dovrà essere scritto un "*Quadro comune di riferimento*" (**CFR**, '*Common Frame of Reference*') di termini, nozioni e principi. Il CFR si dovrà comporre di una parte con regole generali e di una parte costituita da clausole uniformi.

Il CFR, in base a quanto dichiarato dalla Commissione europea in una Comunicazione del 2004, intitolata "*Diritto contrattuale europeo e revisione dell'Acquis: prospettive per il futuro*", dovrebbe assumere le caratteristiche di un *toolbox* non vincolante e dovrebbe contenere, in una prima parte, i principi fondamentali comuni di diritto contrattuale, in una seconda parte le definizioni di alcuni concetti fondamentali e, in una terza parte, veri e propri modelli di regole di diritto contrattuale europeo. Per poter realizzare tale progetto, la Commissione ha assegnato al *Joint Network on European Private Law – CoPECL,* istituito nel 2005, il compito di elaborare dei *Common Principles of European Contract Law* (CoPECL) che potessero fungere da base per il futuro CFR. Una prima bozza di CoPECL (redatta dallo *Study Group* e dall'*Acquis Group*) è stata pubblicata nel dicembre 2007 (*DCFR Interim Outline Edition*), una seconda bozza nel febbraio 2009 (*DCFR Outline Edition*) ed infine il lavoro definitivo è stato reso pubblico nell'ottobre 2009 (*DCFR Full Edition*). Si è dovuto, però, attendere il mese di luglio 2010, con la pubblicazione del "*Libro Verde sulle opzioni possibili in vista di un diritto europeo dei contratti per i consumatori e le imprese*" (COM/2010/0348), perché la Commissione lanciasse nuovamente una consultazione delle parti interessate per individuare soluzioni che consentano di migliorare il diritto dei contratti dell'Unione Europea, consapevole del fatto che le diversità che caratterizzano i sistemi giuridici degli Stati membri, pur costituendo una ricchezza, inevitabilmente si pongono come ostacoli al buon funzionamento del mercato interno europeo.

Oggi i **gruppi di studio più importanti** che si occupano del diritto europeo, dell'armonizzazione e dell'unificazione di esso sono confluiti in una rete europea per realizzare il CFR che si chiama *Network of Excellence* e sono: lo *'Study Group on a European Civil Code';* il *'Research Group on the Existing EC Private Law', anche detto 'Acquis Group';* il *'Project Group on a Restatement of European Insurance Contract Law',* anche detto *'Insurance Group';* la *'Association Henri Capitant' in consorzio* con la *'Société de Législation Comparée'* e il *'Conseil Supérieur du Notariat';* il *'Common Core Group' che nasce dal 'The Trento Common Core Project', per iniziativa degli italiani Mauro Bussani e Guido Mattei;* il *'Research Group on the Economic Assessment of Contract Law Rules', anche detto 'Economic Impact Group' (TILEC - Tilburg Law and Economics Center);* il *'Database Group'; e la 'Academy of European Law' (*ERA*). Ulteriori istituzioni o gruppi di lavoro si occupano di campi di indagine diversi dal diritto contrattuale. È, ad esempio, il caso, per fermarci alla materia della responsabilità civile, dello 'European Center of Tor and Insurance Law (ECTIL)' e dello 'Institute for European Tor Law'.*

Il progetto di realizzazione del codice civile europeo, o anche solo della parte di codice dedicata al contratto, sembra tuttavia ancora molto lontano dal suo compimento. Gli ostacoli più rilevanti all'unificazione del diritto privato europeo affondano le proprie radici nell'appartenenza dei Paesi europei a tradizioni giuridiche diverse – come abbiamo visto nei precedenti paragrafi, quella di *civil law* e quella di *common law* – sebbene derivanti dalla comune matrice giuridica occidentale, nonché nel fatto che anche negli ordinamenti che condividono la tradizione giuridica di civil law si scontano differenze significative, ad esempio nell'impostazione del codice civile nazionale così come nella cultura e nella sensibilità degli operatori di diritto. Ulteriori ostacoli si rinvengono nella posizione di quanti osservano che un diritto civile europeo, unico e solo per tutti gli Stati membri, se da un lato potrebbe favorire il commercio interno, dall'altro impoverirebbe senz'altro l'Europa di quella forza dinamica che, al contrario, deriva dalla coesistenza di regole diverse da Stato a Stato, le quali contribuiscono quotidianamente, nel loro contrapporsi e cooperare dialettico, a fornire un pluralità di soluzioni cui può attingere sia il singolo operatore che i legislatori nazionali interessati a cercare soluzioni regolatorie sempre più efficienti. In ultimo, va evidenziato che anche l'alto numero di soggetti al momento impegnati nel tentativo di codificazione in parola, e la mancanza di una comune regia, potrebbero rendere l'obiettivo comune di più difficile perseguimento o, quanto meno, allungare i tempi per l'elaborazione di progetti concreti.

1.9. Le regole di diritto privato come strumenti attributivi di ricchezza e loro caratteri

Così come ogni altra regola giuridica, anche le regole di diritto privato si distinguono dalle regole non giuridiche, ed operano secondo peculiarità che abbiamo evidenziato nei paragrafi precedenti. Ci sono, tuttavia, alcuni 'caratteri' propri della norma civile, e cioè caratteri che questa non condivide con altre norme giuridiche appartenenti ad altri settori dell'ordinamento, quali ad esempio il diritto penale. Caratteri il cui rilievo è tale da incidere sulla stessa natura e, ovviamente, sull'incidenza sociale della norma stessa.

Il primo di questi caratteri è, senza dubbio, quello della **disponibilità**. La norma civile è disponibile in quanto l'attuazione del comportamento dovuto dal singolo consociato o da tutti, benché imposta dalla legge, non può essere realizzata d'imperio dallo Stato, o più in generale dall'ordinamento, in quanto dipende esclusivamente dalla volontà del soggetto titolare dell'interesse protetto dalla stessa disposizione di legge, il quale, se vuole ottenere tale attuazione, ha l'onere di assumere l'opportuna iniziativa in via stragiudiziale o giudiziale, a seconda dei casi, così da attivare le apposite procedure istituzionalizzate. In altre parole, affinché l'ordinamento giuridico si muova a confermare nel singolo caso concreto la piena coercibilità (anche) della legge civile, e cioè si adoperi con tutta la sua forza cogente per imporre l'attuazione del comportamento dovuto sul piano civilistico, ovvero per riparare alla mancata attuazione di questo, è necessario che sia il soggetto interessato a richiederlo espressamente rispettando le formule ed i riti stabiliti dall'ordinamento stesso (cfr. il paragrafo 1.10. dedicato al diritto processuale privato).

Ciò dipende da due circostanze. La prima relativa al fatto che una regola di comportamento, quando si proietta nei rapporti tra consociati, crea o individua sempre almeno un interesse protetto in capo ad uno o più soggetti e, specularmente, doveri di protezione o astensione rispetto a detto interesse in capo ad uno o più altri soggetti. La seconda inerente al fatto che negli ordinamenti giuridici moderni, in specie occidentali, non si configura un interesse dello Stato, o della collettività, all'attuazione dei comportamenti prescritti dalla norma civile, giacché questi, per definizione, sono posti nell'interesse del singolo (o dei singoli) titolare (o titolari) dell'interesse protetto, al quale l'ordinamento demanda, di volta in volta, la possibilità di far rispettare i suoi interessi o meno. Scelta che, caso per caso, il titolare dell'interesse protetto compie, o dovrebbe compiere, all'esito di una pluralità di considerazioni. Ad esempio, lo Stato non ha interesse a perseguire un debitore inadempiente se il creditore non lamenta tale inadempienza. Ciò, infatti, può in teoria dipendere da infinite circostanze, e cioè da rapporti di amicizia o parentela, ovvero da precedenti rapporti economici, o ancora dal fatto che il creditore non vuole incrinare i suoi rapporti con il debitore in quanto si aspetta un qualche vantaggio da questo nel prossimo futuro, ecc. Nell'equilibrio dei rapporti tra consociati, dunque, lo Stato non interviene se non su richiesta del singolo che lamenta la violazione di una norma posta a tutela di un suo interesse o, comunque, la configurazione di un danno ingiusto da lui subito a causa di altri. Ovvero, se non in difesa di soggetti deboli o di soggetti impossibilitati a curare i propri interessi (cfr. l'art. 48 c.c., ai sensi del quale il pubblico ministero può chiedere al tribunale la nomina di un curatore che rappresenti la persona scomparsa).

Le brevi considerazioni appena svolte circa il principio di disponibilità della norma civile evidenziano come, a ben vedere, quest'ultima non attribuisce al soggetto titolare dell'interesse protetto una tutela statica ed astratta, bensì una tutela dinamica ed elastica, della quale il privato in concreto può disporre per ottimizzarla in considerazione della complessità della sua situazione personale e patrimoniale. Ragionando in termini di ricchezza – e cioè di plusvalore che la norma civile, assicurando protezione, attribuisce agli interessi protetti, e dunque eventualmente ai beni oggetto di tali interessi – può dirsi che la **ricchezza** prodotta dal diritto privato può essere rinunziata dal titolare dell'interesse protetto, ovvero dismessa, o trasferita ad altri verso corrispettivo, o meno, e dunque, in buona sostanza, sostituita da altra ricchezza che il titolare dell'interesse considera equivalente o maggiore. In proposito, è stato efficacemente affermato che il diritto soggettivo è una costruzione concettuale che costituisce lo strumento attraverso il quale l'ordinamento giuridico collega la ricchezza ad un certo soggetto ed opera il trasferimento o la circolazione delle ricchezze.

In questa prospettiva, l'**art. 1197 c.c.**, ad esempio, stabilisce che il debitore può offrire una diversa prestazione in luogo dell'adempimento e che il creditore può accettare tale diversa prestazione così liberando il debitore dall'obbligazione originaria. Il creditore, come evidente, sarà disposto ad accettare la diversa prestazione se questa gli assicura un'utilità uguale o maggiore dell'obbligazione originaria, ovvero se, in considerazione di altre circostanze, egli ritiene comunque efficiente per lui tale soluzione, ad esempio perché comincia a temere che l'adempimento dell'obbligazione originaria è divenuto troppo difficile per il debitore e che quest'ultimo non dispone di un patrimonio adeguato a risarcire l'eventuale danno derivante dall'inadempimento. Ragionando in questi termini la regola privatistica mostra il suo essenziale carattere di meccanismo attributivo di ricchezza, e si rivela strumento nella disponibilità del privato il cui interesse il legislatore ha voluto proteggere con la singola disposizione.

L'esigenza di rendere le norme privatistiche, poste *ex ante* ed astrattamente dal legislatore, strumenti di regolazione dei rapporti tra consociati in grado di ottimizzare in concreto, volta per volta, i singoli assetti di interessi, ha determinato un ulteriore carattere di tali norme, e cioè la loro **elasticità**. In breve, sotto questo aspetto, può dirsi che la norma civile molto spesso si presenta piuttosto vaga ed indeterminata, non già nel suo contenuto precettivo astratto, e cioè nel principio di cui si fa portatrice, dal che deriverebbe incertezza del diritto, bensì nella sua portata applicativa concreta. In altre parole, la norma civile si esprime – o, quanto meno, tendenzialmente dovrebbe esprimersi – per fattispecie chiare e tecnicamente precise descritte dal legislatore; tuttavia, l'applicazione concreta della regola al caso specifico posto all'attenzione dell'operatore richiede un'attività di sussunzione, da parte di quest'ultimo, della questione concreta nella fattispecie astratta, e nell'ambito di tale attività la norma si colora di contenuti di volta in volta diversi e specificamente adatti a regolare il caso concreto.

L'esempio più tipico ed evidente di norme privatistiche dotate di grande elasticità è costituito dalle **clausole generali**. Tra queste, sempre a titolo esemplificativo, può citarsi l'**art. 2043 c.c.**, a tenore del quale "*qualunque fatto doloso o colposo, che cagiona ad altri un danno ingiusto, obbliga chi ha commesso il fatto a risarcire il danno*". Come evidente dalla lettura di tale disposizione, le clausole generali espongono chiaramente un principio, e descrivono la fattispecie in modo tecnicamente rigoroso. Sennonché, i comportamenti dovuti in ossequio del principio non sono individuabili in astratto *a priori*, se non in modo approssimativo, in quanto emergono dalla situazione concreta di volta in volta in rilievo. E così, colpire con un pugno il proprio rivale in amore può senza dubbio, in astratto, costituire un fatto produttivo di obbligazione risarcitoria ai sensi dell'art. 2043 e tuttavia così non sarà se, in concreto, si verifica, ad esempio, che il pugno è stato sferrato per autodifesa proporzionata alla minaccia attuale subita. Allo stesso modo, il professore che boccia un alunno all'esame potrebbe da quest'ultimo essere considerato passibile di responsabilità civile ai sensi dell'art. 2043 (o, in alternativa, ai sensi dell'art. 1218 c.c., secondo una diversa ricostruzione dei rapporti tra docente e discente), nel caso in cui il docente si sia comportato in modo scorretto, e tuttavia le circostanze comportamentali che determinano la correttezza o meno dell'operato del docente non possono che essere verificate in concreto, non essendo le stesse individuabili *a priori* in modo definitivo e completo.

Altro esempio tipico di clausola generale è costituita dalla regola di **buona fede**, o diligenza o correttezza oggettiva, nell'ambito dei rapporti obbligatori. La clausola è, tra l'altro, utilizzata dal legislatore all'**art. 1337 c.c.**, in forza del quale "*Le parti, nello svolgimento delle trattative e nella formazione del contratto, devono comportarsi secondo buona fede*". Il principio, nella sua formulazione essenziale, è chiaro. Le ricadute concrete della norma sono, tuttavia, se guardate *a priori* ed in astratto, meno chiare perché il legislatore ha scelto di non predeterminare, una volta per tutte, con certezza l'elenco dei comportamenti che non sono conformi a buona fede, sicché sarà il singolo operatore del diritto che si troverà ad applicare la disposizione in parola a dover sindacare, di volta in volta, la conformità, o meno, di un certo comportamento al principio di buona fede operante in ambito precontrattuale, ragionando in modo sistematico e coerente con l'intero sistema civile. Identico discorso può farsi riguardo all'**art. 1176 c.c.** che pone il fondamentale principio della "*diligenza nell'adempimento*", stabilendo che "*nell'adempiere l'obbligazione il debitore deve usare la diligenza del buon padre di famiglia*", e che peraltro opera anche oltre l'ambito del rapporto obbligatorio finendo per rappresentare, in combinato con l'art. 2043, il riferimento normativo del fondamentale principio per cui, nei rapporti civili, i consociati devono sempre, e comunque, tenere un comportamento corretto e diligente ispirato alla condotta che, nella data situazione, avrebbe tenuto l'uomo medio, e cioè il *bonus pater familias*, consapevole e prudente. Cosa, in relazione ai singoli casi concreti, voglia dire comportamento corretto e diligente lo determina, di volta in volta, il singolo operatore del diritto – avvocati, giudici, periti – attraverso l'attività, già sopra evidenziata, di considerazione di tutte le circostanze fattuali rilevanti e di interpretazione sistematica del diritto civile.

L'elasticità della norma civile, in specie quando raggiunge le sue massime espressioni, com'è nel caso delle clausole generali, consente al diritto privato, non solo di risultare sempre vicino al fatto concreto ed attuale, ma anche, nel tempo, di evolversi nei suoi contenuti, giacché applicando dette clausole la giurisprudenza ne individua, e dunque cristallizza, i contenuti che così diventano, con il succedersi delle pronunce pretorie, in qualche modo tipici e prevedibili *ex ante*. Ciò, tuttavia, senza che la gamma dei contenuti della singola clausola possa mai dirsi fissa e completa, in quanto l'evoluzione del contesto sociale, ovvero altri fattori, potrebbero sempre indurre (come, di fatto, accade) la stessa giurisprudenza ad arricchire o correggere i contenuti della clausola generale individuati in precedenza. Dunque, il carattere elastico della norma civile rappresenta anche la valvola attraverso cui il sistema privatistico si evolve senza aver bisogno del continuo intervento del legislatore.

Tornando al principio di disponibilità della norma civile, deve evidenziarsi che le più significative eccezioni che esso sconta nel nostro ordinamento, non riguardano il diritto civile in senso stretto, bensì il diritto commerciale. Infatti, in quest'ultimo settore non mancano le disposizioni di legge che, ad esempio, prevedono l'intervento d'ufficio del pubblico ministero in caso di grave violazione dei doveri degli amministratori e dei sindaci delle società (cfr. art. 2409 c.c.). Nell'ambito del diritto commerciale l'interesse pubblico a garantire la certezza dei fatti pubblicizzati al registro delle imprese e la buona gestione delle imprese dipende direttamente dalla considerazione che l'economia nazionale non può prescindere dal corretto esercizio dell'attività di impresa. Quest'ultima, dunque, non viene considerata esclusivamente nella sua dimensione privatistica, e cioè come attività di privati, ma anche nella sua dimensione pubblicistica.

Il carattere disponibile della norma privatistica, come già rilevato nel paragrafo 1.6., viene particolarmente in rilievo dal confronto con la **norma penale**. Infatti, la commissione di un fatto previsto dalla legge penale come reato determina l'attivazione dell'ordinamento giuridico indipendentemente dalla denuncia del soggetto danneggiato (salvo alcune eccezioni). In altre parole, una volta raccolta, in qualsiasi modo, la notizia *criminis*, e cioè la notizia relativa alla commissione di un fatto costituente reato, le forze di polizia e la Procura della Repubblica territorialmente competente sono tenute (visto che l'azione penale è obbligatoria) a porre in essere tutte le operazioni ed attività utili a perseguire il reo.

Le considerazioni sin qui svolte non escludono l'esistenza nel diritto privato di **norme cogenti** (c.d. **norme imperative**), contrapposte alle norme **non cogenti** (c.d. **norme dispositive**). È vero, infatti, che la norma cogente – a differenza della norma dispositiva – è inderogabile dalla volontà dei privati, e che molte norme cogenti esistono nel nostro ordinamento privatistico così come in altri ordinamenti nazionali. Ma ciò non significa affatto che la violazione di una norma cogente può essere contestata dallo Stato attraverso procedure di accertamento o sanzionatorie promosse d'ufficio dai giudici o da altri uffici pubblici; bensì, esclusivamente, che tale violazione comporterà degli effetti negativi la cui attuazione dipende sempre dalla concreta iniziativa, ritualmente promossa, da parte del soggetto interessato. Giova chiarirci con un esempio. L'**art. 5 c.c.**, come meglio si vedrà più avanti, stabilisce che "*Gli atti di disposizione del proprio corpo sono vietati quando cagionino una diminuzione permanente della integrità fisica, o quando siano altrimenti contrari alla legge, all'ordine pubblico o al buon costume*". Tale disposizione è senza dubbio cogente, e cioè non può essere superata dalla volontà di due privati che, in ipotesi, pattuiscano che l'uno è obbligato nei confronti dell'altro a porre in essere un comportamento lesivo della sua integrità fisica. Il divieto opera nel senso che l'eventuale patto contrario è sanzionato, dal combinato disposto degli artt. 1343 e 1418 c.c., con la previsione di nullità, e cioè di inefficacia *ab origine* dello stesso. Tale nullità per operare concretamente deve, tuttavia, essere dichiarata da un giudice e tale dichiarazione non si avrà mai se nessuna delle due parti, ovvero un terzo titolare di un interesse qualificato, agisce in giudizio secondo quanto previsto dal rito processuale civile. Dunque, al di là dei profili penali che rilevano nel caso di specie, le parti potrebbero adempiere o non adempiere il patto contrario alla norma cogente, senza che l'ordinamento nulla faccia e possa fare, sul piano civile, in assenza di iniziativa del titolare dell'interesse, per impedire alcunché o per imporre alcunché.

A conferma di ciò viene il dibattito giurisprudenziale e dottrinale sulla possibilità per il giudice di dichiarare d'ufficio la nullità dei contratti sottoposti alla sua attenzione nell'ambito di un giudizio in cui le parti non eccepiscono tale nullità. In proposito, il codice civile stabilisce, all'**art. 1421**, che "*la nullità [...] può essere rilevata d'ufficio dal giudice*". Tale disposizione, a prima vista, appare confliggere con il carattere di disponibilità della norma civile, in quanto il giudice sembrerebbe poter agire autonomamente per sindacare la nullità dell'atto negoziale posto in essere dai privati, con conseguente dichiarazione di inefficacia *ab origine* dell'atto stesso. Sennonché, la giurisprudenza tradizionale, suffragata dalla dottrina quasi unanime, valorizzando altresì il principio processualistico della corrispondenza tra chiesto e pronunciato (artt. 99 e 100 c.p.c.) – in ragione del quale il giudice non può esprimersi oltre quanto chiesto in giudizio dalle parti – ha circoscritto la possibilità di dichiarare d'ufficio la nullità del contratto, limitandola ai soli casi in cui vi sia un giudizio in corso, nell'ambito del quale una parte abbia chiesto l'applicazione o l'esecuzione del tale atto, giacché, in siffatta ipotesi, la validità di quest'ultimo è considerata elemento costitutivo della domanda; al contrario, «se la domanda è diretta a far dichiarare l'invalidità del contratto, la pronuncia del giudice deve essere circoscritta alle ragioni di legittimità dedotte dalla parte, perché, in tali ipotesi, la nullità non si pone come elemento costitutivo della domanda» (tra le altre, in questo senso, Cass. 9 gennaio 2000 n. 123; Cass. 20 marzo 2003 n. 4079; Cass. 10 settembre 2004 n. 18210). Vero è che, negli ultimi anni, la Corte di Cassazione sembra aver modificato il proprio orientamento, tanto da sostenere, nella più recente sentenza (Cass. 22 marzo 2005 n. 6170), che «A norma dell'art. 1421 c.c. il giudice deve rilevare d'ufficio le nullità negoziali, non solo se sia stata proposta azione di esatto adempimento, ma anche se sia stata proposta azione di risoluzione o di annullamento o di rescissione del contratto». Tale nuovo corso giurisprudenziale, tuttavia, viene spiegato dalla stessa Cassazione attraverso un ragionamento coerente con l'impostazione tradizionale; in definitiva, infatti, non si arriva a sostenere che il giudice può sindacare d'ufficio la nullità in quanto tale, bensì si afferma che la questione relativa alla validità o nullità del contratto è «pregiudiziale in senso logico-giuridico» rispetto, non solo alla domanda di adempimento, e quindi di esecuzione, del contratto, ma anche alle altre domande che hanno ad oggetto il contratto in quanto tale questione, sempre e comunque, «concerne il fatto costitutivo che si fa valere in giudizio». In definitiva, dunque, anche alla luce dell'orientamento pretorio più recente, rimane fermo il principio per cui, in assenza dell'apposita rituale iniziativa di parte, nessun giudice, nell'ordinamento civile italiano, può sindacare la validità di un contratto, così come – più in generale – la violazione di una qualsiasi norma cogente, salvo che l'accertamento relativo a tale violazione non costituisca una questione pregiudiziale in senso logico-giuridico rispetto alla domanda formulata dalla parte in giudizio.

Il **principio di disponibilità della norma** civile fa il paio con il **principio di disponibilità dell'azione** civile nel processo (cfr. il paragrafo che segue). Chi si afferma titolare di una posizione giuridicamente rilevante è libero, in tale ambito, di chiederne o meno la tutela giurisdizionale, così come, una volta chiesta tale tutela, è libero di rinunciarvi in qualunque momento. Avvalersi o non avvalersi della tutela giurisdizionale costituisce, in definitiva, uno dei tanti modi possibili per esercitare il diritto o per disporne.

Come sopra cennato, ragionando in termini di teoria generale all'esatto opposto rispetto alle norme cogenti (che, pure, sono *disponibili* nel senso chiarito) vi sono le **norme dispositive**.

Le norme operanti nel diritto privato italiano, in assoluta prevalenza, hanno carattere dispositivo e cioè possono essere derogate da altre regole poste dall'**autonomia privata**, e quindi dall'espressa volontà dei privati che preferiscono far operare nel singolo caso concreto una regola diversa da quella disposta dal legislatore (l'art. 41 Cost. e l'art. 1322 c.c. costituiscono, tradizionalmente, i più importanti riferimenti normativi generali dell'autonomia privata).

Un particolare tipo di norme dispositive sono le norme **suppletive**, le quali si applicano solo in caso di carenza di manifestazione di volontà privata su un determinato aspetto che, invece, è necessario regolare nell'ambito del rapporto che i privati hanno tra loro voluto porre in essere; tali norme operano in funzione integrativa del singolo regolamento del rapporto pattuito dai privati.

La natura dispositiva di molte norme del diritto civile si spiega con il fatto che il legislatore, quando regola i rapporti tra privati, lo fa al fine di stabilire un equilibrio ottimale, secondo valori e logiche contingenti, tra gli interessi coinvolti. Tale equilibrio ottimale è, per definizione, astratto, generale (abbiamo già evidenziato come il 'discorso' normativo, salvo eccezioni, sia generale ed astratto), e dunque ipotetico. In altre parole, il legislatore quando emana una norma civile e disciplina un certo comportamento o una certa situazione, decide una volta per tutte, *ex ante*, in generale e per tutti, che assetto dare ai vari interessi coinvolti, assumendo che quello sia il migliore, cioè il più efficiente, assetto possibile. Può, tuttavia, accadere – e di fatto ciò accade normalmente – che l'assetto previsto in astratto ed *ex ante* dal legislatore non sia il più efficiente nel caso concreto. Di ciò i privati coinvolti nel caso concreto possono accorgersi – come di fatto si accorgono normalmente – sicché possono preferire un assetto diverso degli interessi in gioco. In altre parole, derogando alla norma dispositiva posta dal legislatore, i consociati, nell'esercizio della propria autonomia privata, possono ottimizzare i loro rapporti e trarre, ognuno per suo conto, dagli stessi la massima utilità.

Come sempre, giova svolgere un esempio. L'**art. 1228 c.c.** stabilisce che: "*salva diversa volontà delle parti, il debitore che nell'adempimento dell'obbligazione si vale dell'opera di terzi, risponde anche dei fatti dolosi o colposi di costoro*". La norma espressamente riconosce il suo carattere dispositivo laddove prevede che le parti – cioè creditore e debitore – possono accordarsi in senso contrario ("*salva diversa volontà delle parti*") rispetto al principio da essa posto, cioè rispetto all'assetto di interessi come da essa congegnato. Ad una lettura superficiale la previsione potrebbe apparire inutile, visto che di primo acchito sembra difficile immaginare un caso in cui il creditore possa aver interesse a sollevare il debitore dalla responsabilità in parola. Sennonché, può accadere che il creditore abbia un sopraggiunto interesse ad accelerare l'esecuzione dell'opera commissionata al debitore, sicché potrebbe essere ben disposto a rinunciare al diritto che l'art. 1228 gli riconosce (e consistente nella possibilità di agire contro il debitore nel caso di danno provocato da un terzo ausiliario), a patto che il debitore si faccia aiutare da qualcuno a svolgere rapidamente il lavoro. L'esempio aiuta a comprendere come il precetto, posto in astratto e genericamente dall'art. 1228 a tutela del creditore, possa in concreto operare a suo danno. Se, infatti, la norma non fosse dispositiva, e dunque se le parti non potessero decidere di escluderne l'applicazione al loro rapporto, il debitore sarebbe ben legittimato a rifiutarsi, e probabilmente si rifiuterebbe, di far lavorare con lui terzo, per timore di incorrere in responsabilità per il fatto illecito di questo. Da ciò il creditore, nell'esempio fatto, trarrebbe un danno perché non potrebbe ottenere l'esecuzione dell'opera prima di quanto originariamente previsto.

A questo punto il **lettore distratto** potrebbe domandarsi che senso abbia la stessa esistenza nell'ordinamento privatistico delle norme dispositive, se è vero che nel caso concreto i privati sono in grado di regolare in modo più efficiente i rapporti tra loro. Il riferimento al lettore distratto non è casuale. Ed infatti, quello più attento, facendo tesoro di quanto sin qui acquisito dalla lettura di queste note preliminari, avrà, senza dubbio già colto che l'esistenza della norma di diritto privato, a prescindere dalla sua natura cogente o dispositiva, opera ncl senso di garantire certezza della disciplina dei rapporti tra consociati e di evitare che le situazioni controverse siano risolte con l'uso della forza. Inoltre, rispetto ad una singola questione concreta, se mancasse la disciplina privatistica, seppure di natura dispositiva, i privati coinvolti nella vicenda non saprebbero come regolarsi, in quanto non avrebbero alcun criterio in base al quale valutare la propria posizione in termini di dovere, obbligo, diritto, interesse giuridicamente rilevante e quant'altro. In altri termini, potremmo dire che mancando la norma privatistica, mancherebbe anche la regola attributiva di poteri e responsabilità (sull'efficacia attributiva delle regole privatistiche si tornerà più avanti, ed in particolare al paragrafo 1.12.), sicché tra i privati coinvolti nella vicenda concreta opererebbe la confusione e prevarrebbe sempre e solo il più forte, ed alla lunga il disordine generale. Viceversa, quando la norma di legge disegna, seppure in astratto ed *ex ante*, un determinato assetto degli interessi in gioco, questo assetto – come abbiamo detto – può essere modificato in forza dell'autonomia privata, ma ciò, tendenzialmente, solo se i soggetti coinvolti sono tra loro d'accordo sul diverso, e migliore, assetto da far operare tra loro; in caso contrario, non vi sarà alcun accordo capace di derogare la norma dispositiva e questa, dunque, resterà pienamente efficace ed applicabile al rapporto.

Il discorso sin qui condotto in questo paragrafo è di grande rilievo. Ed infatti, l'operare della norma giuridica privatistica non può essere compreso se non in relazione con l'esercizio dell'autonomia privata in funzione regolatrice, previsto e consentito, entro determinati limiti (le norme cogenti), dallo stesso diritto privato posto dal legislatore (cfr., l'art. 1372 c.c.). Da un lato, dunque, o forse a monte, vi è il reticolato normativo predisposto *ex ante* dal legislatore con efficacia *erga omnes*; dall'altro, o forse a valle, il diverso reticolato di regole che, di volta in volta, caso per caso, i privati si ritagliano e modellano, secondo i propri bisogni, al fine di ottimizzare la disciplina giuridica privatistica dei propri rapporti. Lo studio della complessa articolazione di questa relazione tra regole di diversa genesi ed efficacia, ma destinate necessariamente ad operare insieme, costituisce l'oggetto stesso della materia di cui tratta il presente manuale.

Tra le trame di questo rapporto di scambio continuo, osmotico e reciproco, il diritto privato si evolve, si arricchisce e si completa fino a presentarsi per ciò che esso è realmente, e cioè un sistema unitario, razionale e composito, di regole di derivazione legislativa o, in alternativa, pattizia, destinato a disciplinare i rapporti tra consociati. Con la differenza che le **regole di derivazione legislativa** sono applicabili a tutti i soggetti di diritto, mentre le **regole pattizie** si applicano tendenzialmente solo nei confronti di chi abbia contribuito a crearle e solo nei limiti in cui questi ultimi le abbiano volute rendere effettivamente operative.

1.10. Il diritto processuale privato

Il diritto processuale privato, per lo più definito **diritto processuale civile**, è il complesso delle norme che, in un determinato ordinamento giuridico, regolano lo svolgimento del processo civile, cioè del procedimento amministrato da pubblici ufficiali (i Giudici; in questo paragrafo la parola reca iniziale maiuscola perché qui trattiamo della funzione istituzionale svolta da chi esercita l'attività giudiziaria) che lo Stato mette a disposizione dei consociati per la risoluzione istituzionalizzata delle controversie di natura privata tra loro insorte. Tale procedimento costituisce il rito a cui si faceva riferimento nel paragrafo precedente allorquando si evidenziava che ogni soggetto di diritto, per poter effettivamente disporre della tutela che l'ordinamento privatistico appresta nei confronti dei suoi interessi giuridicamente rilevanti, e perciò protetti, ha l'onere di attivarsi nei modi e nei tempi previsti dall'ordinamento stesso. Nell'ambito del processo, i Giudici applicheranno, tendenzialmente, le norme del diritto privato processuale per amministrare lo svolgimento del procedimento e le norme del diritto privato sostanziale per decidere nel merito la controversia.

L'esistenza del processo civile, e più in generale delle regole processuali generalmente intese, si spiega in ragione del fatto che lo Stato non può tollerare che i soggetti provvedano autonomamente alla risoluzione dei conflitti che normalmente insorgono nell'ambito della convivenza. Tanto ciò è vero che, nel nostro ordinamento, il ricorso alla 'giustizia privata' è vietato addirittura dall'ordinamento penale che, all'**art. 392 c.p.**, vieta l'**esercizio arbitrario delle proprie ragioni** e punisce chi "*potendo ricorrere al giudice, si fa arbitrariamente ragione da sé medesimo*". La peculiarità del diritto processuale privato rispetto al diritto processuale penale (e cioè al sistema di regole che disciplina il processo penale) è quella di vedere in giudizio sempre contrapposte esclusivamente parti poste sullo stesso piano (salvo rare eccezioni in cui al Pubblico Ministero sono attribuite determinate funzioni, ovvero in cui la parte si rivolge al Giudice per ottenere un provvedimento senza avere una controparte, e cioè un soggetto in posizione passiva nei confronti dell'azione). In altre parole, mentre nel procedimento penale – come anticipato – l'accusa in giudizio è promossa in Tribunale dallo Stato per mezzo della Procura della Repubblica competente, nel processo civile l'azione che dà impulso e vita al procedimento è di uno o più privati che, normalmente, agiscono contro uno o più altri privati. E persino quando a stare in giudizio è una pubblica amministrazione ad esempio nel caso di giudizi aventi ad oggetto questioni relative al pubblico impiego, all'esecuzione di contratti da parte o a vantaggio della P.A., alla responsabilità civile in determinate materie, ecc. – la vicenda processuale si svolge come se questa fosse un soggetto privato.

Dunque, nel processo civile, salvo le eccezioni cui si è fatto cenno, c'è sempre almeno una parte che attiva il giudizio (e che viene definita '**attore**') ed almeno una parte che subisce il procedimento e di norma resiste alla domanda attorea (e che viene definita '**convenuto**'). Il Giudice opera come terzo imparziale, tanto che i criteri in base ai quali si determina la competenza di un Tribunale piuttosto che di un altro sono oggettivi e predeterminati per legge, sicché non consentono all'attore di scegliere discrezionalmente l'autorità giudiziaria che preferisce. La causa viene decisa dal Giudice dopo che questi l'ha istruita, e cioè dopo che sono stati raccolti in giudizio, secondo le norme di rito, gli elementi di fatto sulla base dei quali egli sceglie quali disposizioni di legge sostanziale applicare.

La **Costituzione** italiana sancisce all'**art. 24** il diritto che tutti i soggetti hanno di "*agire in giudizio per la tutela dei propri diritti ed interessi legittimi*"; e precisa inoltre che "*La difesa è diritto inviolabile in ogni stato e grado del processo*". Tuttavia, il diritto alla tutela giurisdizionale è condizionato dall'interesse attuale e concreto ad agire da parte di colui che prende l'iniziativa processuale. Tale interesse, nel sistema del diritto processuale civile, costituisce presupposto fondamentale dell'azione (art. 100 c.p.c.) e solo in parte coincide con la titolarità dell'interesse tutelato dalla norma di cui si chiede in giudizio l'applicazione, in quanto la astratta ed asserita titolarità di quest'ultimo rappresenta solo una precondizione, a cui deve seguire la valutazione, in concreto, dell'esistenza, della concretezza e dell'attualità dell'interesse ad azionare il giudizio civile per ottenere tutela dell'interesse protetto.

La Costituzione stabilisce, altresì, all'**art. 111**, che "*La giurisdizione si attua mediante il giusto processo. Ogni processo si svolge nel contraddittorio tra le parti, in condizioni di parità, davanti al giudice terzo e imparziale. La legge ne assicura la ragionevole durata*". All'**art. 101** che "*La giustizia è amministrata in nome del popolo. I giudici sono soggetti soltanto alla legge*". Ed all'**art. 25** che "*Nessuno può essere distolto dal giudice naturale precostituito per legge*". In ciò palesando l'attenzione del legislatore costituente, e dell'ordinamento giuridico in generale, nei confronti del processo come momento di realizzazione della tutela effettiva, efficiente e giusta degli interessi protetti, e, in questa prospettiva, nei confronti delle garanzie di imparzialità del Giudice e parità di trattamento delle parti, come principi strumentali alla realizzazione della funzione stessa del processo.

Nel nostro ordinamento statale, le norme relative al processo civile sono state raggruppate principalmente nel **codice di procedura civile**. Va segnalato, tuttavia, che norme processuali, ovvero strettamente attinenti al processo, sono presenti anche in altri codici e leggi. Ad esempio, il libro VI del codice civile contiene numerose disposizioni di carattere processuale, quali, ad esempio, quelle in materia di mezzi di prova.

La complessa materia della procedura civile, nel nostro ordinamento, si suddivide, tra l'altro, per funzione della procedura attivata, ed inoltre per fasi (o stati) e gradi della procedura stessa, nonché per procedure speciali. Senza alcuna pretesa di trattare esaurientemente, seppure in termini definitori, la materia, solo al fine di offrire qualche cenno chiarificatore può qui osservarsi che, innanzitutto, il processo civile, sotto l'aspetto della funzione della procedura attivata, può essere di tre tipi: dichiarativo/costitutivo, esecutivo e cautelare. Il **processo dichiarativo/costitutivo**, espressione della medesima tutela, ha lo scopo di accertare l'esistenza e/o il modo di essere e/o l'attribuzione di un diritto soggettivo. Il **processo esecutivo**, invece, mira a realizzare concretamente un diritto di credito nascente da un rapporto obbligatorio, qualunque sia la sua fonte, e cioè a consentire al creditore, in possesso di un titolo esecutivo *ex* art. 479 c.p.c., di soddisfare, anche coattivamente, il proprio interesse. Infine, la tutela cui è funzionale il **processo cautelare** – che può essere conservativa o anticipatoria – si ha nei casi in cui si vuole preservare il diritto soggettivo, oggetto di un procedimento dichiarativo, dall'eventuale pregiudizio che il passare del tempo può arrecare per fatto naturale o fatto umano.

Al rito ordinario del processo civile si affiancano riti speciali, alternativi a quello, previsti per particolari materie (ad esempio, il diritto del lavoro), ovvero previsti per ragioni di celerità ed urgenza collegate al bisogno concreto di pervenire ad una decisione giudiziale in tempi molto rapidi a causa di un pericolo grave ed irreparabile che incombe sul soggetto che si fa promotore della relativa azione giudiziaria.

Il processo civile si svolge, tendenzialmente, in **tre gradi di giudizio**. Ciò significa che, normalmente, concluso un processo civile con una sentenza, la parte che sia risultata, in tutto o in parte, soccombente, può impugnare la sentenza in un secondo grado di giudizio. La sentenza emessa all'esito di questo procedimento di secondo grado può essere, a sua volta, impugnata dalla parte, in tutto o in parte, soccombente, ma ciò solo se presenta vizi di legittimità, e dunque non per profili collegati al merito, e cioè ai meri fatti di causa (cfr. art. 360 c.p.c). Sono impugnabili, o comunque possono essere oggetto di contestazione, non solo le sentenze, ma anche alcuni provvedimenti interinali del processo (ordinanze e decreti). Il primo grado di giudizio è di competenza, a seconda del valore della causa o della materia trattata, dei **Tribunali** o dei **Giudici di pace**; il procedimento di secondo grado è normalmente svolto dinnanzi alla **Corte d'appello**, salvo che la sentenza di primo grado sia del Giudice di pace, nel qual caso giudice d'appello è il Tribunale; le sentenze di secondo grado, ed in alcuni casi anche provvedimenti emessi dal Giudice di primo grado, sono impugnabili in terzo grado dinnanzi alla **Corte di Cassazione**, ma – come detto – solo per determinati motivi di legittimità indicati nell'art. 360 c.p.c.

Dal punto di vista strettamente organizzativo può osservarsi che sul territorio della Repubblica italiana gli Uffici dei Giudici di pace – che, per lo più, si occupano di questioni di minor valore economico – sono diffusi in modo piuttosto capillare; mentre i Tribunali sono divisi per circoscrizione, nel senso che in ogni circoscrizione ci sarà un solo Tribunale, e le Corti d'appello in distretti. Nell'ambito di ogni distretto di Corte d'appello vi sono più Tribunali, e nell'ambito della circoscrizione del singolo Tribunale vi sono normalmente più Uffici del Giudice di Pace. La Corte di Cassazione, che è divisa in sezioni civili e penali, è unica ed ha sede a Roma, nello storico palazzo di Piazza Cavour, affacciato sul Tevere. L'organo giudicante, che sin qui si è definito genericamente giudice, può in realtà essere composto da una sola persona fisica giudicante, e si parla in questo caso di 'tribunale monocratico', ovvero da un collegio formato da tre o più giudici, a seconda della materia, del rito e del grado del procedimento.

1.11. Diritto internazionale privato e diritto privato internazionale

Le situazioni soggettive ed i rapporti tra individui non sempre si esauriscono all'interno di un singolo ordinamento nazionale, ed anzi può tranquillamente evidenziarsi come sempre più spesso accada che una vicenda di rilievo privatistico coinvolge, almeno teoricamente, due o più ordinamenti giuridici nazionali. La maggior frequenza con cui tale situazione si verifica, negli ultimi lustri rispetto al passato, dipende dalla globalizzazione dei mercati, dai sempre più intensi scambi culturali, sociali ed economici tra i diversi paesi, nonché, più in generale, dalla facilità con cui attualmente persone e beni si muovono da una parte all'altra del pianeta, ovvero, anche senza muoversi fisicamente, entrano in contatto ed interagiscono sfruttando le possibilità recentemente schiuse dalle nuove frontiere della tecnologia della comunicazione a distanza (si pensi ad Internet, ma non solo).

Il teorico coinvolgimento, in una stessa vicenda, di ordinamenti giuridici nazionali ulteriori, rispetto a quello che appare in prima battuta investito dagli effetti della questione concreta, può dipendere da profili relativi alla nazionalità, alla residenza o al domicilio delle persone coinvolte, ovvero alla localizzazione dei beni, ovvero ancora alla commissione del fatto o dell'atto fonte del rapporto obbligatorio, ovvero persino alla scelta dei soggetti che, nell'esercizio dell'autonomia loro riconosciuta in tal senso, decidono di sottoporre la disciplina di una certa loro vicenda ad una legge nazionale diversa rispetto a quella dell'ordinamento di cui essi fanno parte o all'interno del quale nel singolo caso si trovano ad operare.

Quando una tale situazione si verifica, l'operatore del diritto si trova nell'incertezza di applicare una disciplina nazionale piuttosto che un'altra, e dunque nella difficoltà di dover scegliere, di volta in volta, per risolvere la questione concreta, una legge nazionale (materiale) applicabile, scartando le altre pure teoricamente coinvolte. Ulteriore dubbio che sorge in questi casi concerne il giudice nazionale che ha il potere, ed il connesso dovere, di occuparsi della questione, con conseguente esclusione di ogni altro giudice di qualsiasi altro ordinamento giuridico nazionale, pure in teoria astrattamente coinvolto. Inoltre, in vicende privatistiche connotate da internazionalità, profili rilevanti concernono l'efficacia in uno o più Paesi delle sentenze emesse da un giudice, o degli atti redatti da un pubblico ufficiale, di un diverso ordinamento giuridico nazionale.

In breve, riassumendo, può osservarsi che quando sorge una questione tra privati che presenta profili di internazionalità, le problematiche classiche, che devono essere affrontate e risolte pregiudizialmente rispetto alla soluzione del caso concreto, riguardano: 1) la scelta del diritto materiale applicabile per risolvere il caso (**conflitto tra leggi nazionali**); 2) l'individuazione del giudice nazionale dotato di giurisdizione (**conflitto di giurisdizioni nazionali**), il quale applicherà le leggi materiali nazionali correttamente individuate; nonché 3) la determinazione dell'**efficacia e dell'esecutività delle sentenze e degli atti pubblici stranieri**. Per risolvere siffatte problematiche, in soccorso dell'operatore viene il diritto internazionale privato.

Il **diritto internazionale privato** – l'espressione venne coniata, per la prima volta, dal giurista americano Joseph Story nell'opera '*Commentaries on the conflict of laws*', edita nel 1834 – è, per l'appunto, una branca autonoma dell'ordinamento giuridico statale che concerne, nella sua accezione più ristretta, l'insieme delle regole (c.d. norme di conflitto o di collegamento) in virtù delle quali si individua il **diritto materiale nazionale** (e cioè le norme di diritto, proprie del singolo Stato, che non sono di diritto internazionale privato) applicabile alle fattispecie ogni qual volta, prima dell'applicazione delle norme di conflitto, siano astrattamente applicabili al caso concreto norme di diversi ordinamenti giuridici nazionali tra loro in ipotetico contrasto. Un esempio potrebbe essere quello di due coniugi di diversa nazionalità che si sposano in un terzo Paese e che decidono di vivere in un altro Paese ancora; in tal caso, per risolvere una qualsiasi questione concreta dovesse insorgere in quel contesto familiare, si pone il dubbio di decidere quale legge nazionale regola i rapporti personali e patrimoniali tra i coniugi, e dunque va applicata, visto e considerato che, astrattamente, si potrebbe applicare la disciplina nazionale di uno dei Paesi di provenienza degli stessi, ovvero anche la disciplina nazionale del Paese in cui il matrimonio è stato celebrato ovvero di quello in cui i coniugi vivono. Nell'esempio, il conflitto, dunque, è addirittura tra quattro ordinamenti giuridici nazionali teoricamente applicabili; esso verrà deciso, a seconda del Paese nel quale opera il giudice a cui il singolo coniuge si è rivolto per la soluzione della questione, attraverso l'applicazione delle norme di diritto internazionale privato di tale ordinamento giuridico nazionale; queste norme indicheranno quale diritto materiale nazionale applicare per disciplinare il rapporto tra i due coniugi o il singolo aspetto dello stesso che viene in rilievo nel caso concreto.

In **un'accezione più estesa**, il diritto internazionale privato disciplina anche questioni di diritto processuale civile internazionale, cui si è fatto un breve cenno poco sopra, quali la delimitazione della giurisdizione del giudice statale, ed i presupposti dell'efficacia e dell'esecuzione forzata delle sentenze straniere e degli atti pubblici resi all'estero da autorità straniere.

A differenza del diritto internazionale pubblico, che concerne i rapporti tra gli Stati, le norme di diritto internazionale privato, sia nella loro accezione ristretta che nell'accezione estesa, fanno generalmente parte dell'ordinamento giuridico interno di ogni singolo Stato nazionale, in quanto sono emanate dai rispettivi organi legislativi e destinate ad essere vincolanti esclusivamente all'interno del singolo ordinamento nazionale di cui sono espressione. A questo proposito deve sottolinearsi che tendenzialmente ogni ordinamento giuridico statale ha le proprie regole di diritto internazionale privato, e dunque che ogni ordinamento disciplina in modo autonomo, e spesso diverso dagli altri, i possibili conflitti tra norme proprie e norme di ulteriori ordinamenti nazionali. Ci sono, tuttavia, casi in cui le norme di diritto internazionale privato sono contenute in **convenzioni internazionali** alle quali l'ordinamento interno si adegua tramite il procedimento di adesione e di esecuzione, oppure casi di disposizioni normative coniate da organismi sovranazionali a cui un determinato ordinamento giuridico statale appartiene. In queste due ipotesi, la disciplina di conflitto sarà uniforme tra tutti gli Stati aderenti ad una determinata convenzione di diritto internazionale privato o comunque tenuti all'applicazione di una fonte normativa di origine sovranazionale.

La funzione del diritto internazionale privato, per quanto appena sinteticamente visto, è principalmente operativa e pratica. Tuttavia, nell'assolvimento di tale funzione le regole di diritto internazionale privato perseguono anche obiettivi di salvaguardia delle libere determinazioni che, trovandosi o ponendosi volontariamente fuori dalla sfera propria dell'ordinamento di riferimento, i singoli individui assumono nell'esercizio della propria autonomia individuale, nonché obiettivi di garanzia dei diritti fondamentali che, nell'ambito dei rapporti privatistici, il singolo ordinamento nazionale riconosce comunque, e dunque a prescindere dagli elementi di internazionalità presenti nella fattispecie concreta. Ad esempio, per il solo fatto di aver scelto di sposare un cittadino di un Paese con cultura, tradizioni e regole giuridiche molto diverse da quelle italiane, ed eventualmente aver scelto di vivere in tale Paese, una cittadina italiana non può essere privata del diritto a chiedere la separazione personale e lo scioglimento del matrimonio. Infatti, a tal proposito, l'art. 31, comma 2, della legge n. 218/1995 (sulla quale, v. *infra*) stabilisce che "*la separazione personale o lo scioglimento del matrimonio, qualora non siano previsti dalla legge straniera applicabile, sono regolati dalle legge italiana*"; ed il seguente art. 32, a sua volta, prevede che "*In materia di [...] separazione personale e scioglimento del matrimonio, la giurisdizione italiana sussiste, oltre che nei casi previsti dall'art. 3, anche quando uno dei coniugi è cittadino italiano o il matrimonio è stato celebrato in Italia*".

Sotto il profilo squisitamente operativo non va sottovalutato un altro aspetto importante relativo al diritto internazionale privato, consistente nel fatto che quest'ultimo, districando i conflitti applicativi tra ordinamenti giuridici nazionali, consente in concreto agli stessi di operare quotidianamente in armonia mantenendo ognuno le proprie prerogative contenutistiche (cioè, secondo la terminologia propria del settore, il proprio diritto materiale), e dunque nel pieno rispetto delle peculiarità e delle differenze culturali e valoriali esistenti tradizionalmente tra i singoli ordinamenti.

Nell'ordinamento giuridico italiano la principale fonte normativa in materia andava ricercata, fino al 1995, negli artt. 17-31 delle disposizioni sulla legge in generale – anche dette **preleggi** – che precedono il codice civile vigente. Altre norme erano rinvenibili in alcune disposizioni del codice civile, del codice di procedura civile e del codice della navigazione. Nel 1995, tuttavia, è stata approvata la **legge 31 maggio 1995 n. 218** di "*riforma del sistema italiano di diritto internazionale privato*", che contiene una disciplina organica della materia. Con la legge in parola, che ha abrogato le predette disposizioni, ed è oggi in vigore, il legislatore italiano sembra aver accolto l'accezione più ampia del concetto di diritto internazionale privato, in quanto ha trattato sia le problematiche relative alla ricerca del diritto materiale applicabile, sia le classiche problematiche di diritto processuale civile internazionale concernenti la delimitazione della giurisdizione nazionale ed il trattamento dei provvedimenti giurisdizionali e degli atti pubblici stranieri. Sul punto, chiaro appare il disposto dell'art. 1, il quale prevede espressamente che "*La presente legge determina l'ambito della giurisdizione italiana, pone i criteri per l'individuazione del diritto applicabile e disciplina l'efficacia delle sentenze e degli atti stranieri*"; mentre l'art. 2 puntualizza che "*le disposizioni della presente legge non pregiudicano l'applicazione delle convenzioni internazionali in vigore per l'Italia*".

Più nel dettaglio può dirsi che, dopo il titolo I dedicato alle due disposizioni generali appena richiamate, la legge n. 218 si snoda in cinque titoli, dedicati, rispettivamente, alla giurisdizione italiana (II), al diritto applicabile (III), all'efficacia di sentenze ed atti stranieri (IV) ed alle disposizioni transitorie e finali (V). A sua volta, il titolo III – concernente, nello specifico, i criteri di collegamento per l'individuazione del diritto materiale applicabile – è suddiviso in undici capi, il primo intitolato "*Disposizioni generali*", e gli altri ognuno dedicato ad una materia specifica: capacità e diritti delle persone fisiche (capo II), persone giuridiche (capo III), rapporti di famiglia (capo IV), adozione (capo V), protezione degli incapaci e obblighi alimentari (capo VI), successioni (capo VII), diritti reali (capo VIII), donazioni (capo IX), obbligazioni contrattuali (capo X) e obbligazioni non contrattuali (capo XI).

Le legge n. 218, oltre a sistemare in maniera organica la materia nel senso sopra cennato, ha introdotto nell'ordinamento italiano, in ossequio alle tendenze internazionali che si andavano delineando nel periodo della sua emanazione, significative novità di impianto culturale, laddove, ad esempio, ha previsto che la disciplina materiale sia, in determinati casi, con prevalenza individuata in quella nazionale comune ai soggetti coinvolti nella vicenda, ovvero in quella generalmente vigente nel contesto sociale nel quale l'attività di tali soggetti è prevalentemente localizzata, o ancora – in altri casi – in quella scelta dalle parti o dall'interessato. Allo stesso modo innovativo è il meccanismo attraverso il quale opera, laddove prevista, la pluralità di criteri di collegamento riferibili alla medesima fattispecie (ad esempio, si veda l'art. 31, commi 1 e 2, della legge n. 218). Le novità culturali in parola operano nel senso di assicurare, attraverso una ragionata rinuncia dello Stato all'applicazione della propria legge nazionale, quando ciò sia funzionale al perseguimento di interessi superiori, la uniformità nel trattamento degli individui relativamente alle questioni fondamentali ed allo stesso tempo il rispetto per le culture e le tradizioni giuridiche diverse dalla nostra.

Di particolare importanza nel diritto internazionale privato in generale, ed in specie nella legge n. 218, è la funzione svolta dall'**ordine pubblico**. Ai sensi dell'**art. 16** di tale normativa, "*la legge straniera non è applicata se i suoi effetti sono contrari all'ordine pubblico. In tal caso si applica la legge richiamata mediante altri criteri di collegamento eventualmente previsti per la medesima ipotesi normativa. In mancanza si applica la legge italiana*". È questa una disposizione certamente di chiusura, nel senso che essa evidenzia la reazione del sistema – piuttosto che dell'ordinamento nazionale – rispetto a soluzioni giuridiche contrarie ai principi fondamentali di libertà, parità di trattamento e solidarietà che sono riconosciuti a livello internazionale dalla comunità degli Stati e che la nostra Costituzione espressamente considera nell'art. 10, comma 1. Inteso in questo senso, è evidente che l'ordine pubblico di cui all'art. 16 non è l'ordine pubblico nazionale, bensì l'ordine pubblico della comunità internazionale come inteso dall'ordinamento nazionale. In questo, la legge n. 218 segna un altro profilo di grande innovazione rispetto al passato, giacché, prima della sua entrata in vigore, l'art. 31 delle preleggi al codice civile, veniva comunemente interpretato come riferito all'ordine pubblico interno. E segna, altresì, un'ulteriore testimonianza della svolta adottata dal legislatore italiano del 1995 nella prospettiva dell'uniformazione del diritto internazionale privato e della realizzazione sovranazionale di uno statuto dei diritti fondamentali e delle prerogative essenziali dell'individuo, in sé considerato, a prescindere dalla sua nazionalità, cittadinanza e quant'altro.

Come già evidenziato il diritto internazionale privato trova normalmente sistemazione anche in **convenzioni internazionali**, stipulate da due o più Stati, e recepite da questi con apposite procedure nazionali. L'adozione ed esecuzione di tali convenzioni, da parte dei singoli legislatori nazionali, risponde a logiche di uniformazione, tra i diversi Paesi firmatari della convenzione, dei criteri in base ai quali risolvere i tipici conflitti di diritto internazionale privato.

Il fenomeno è preso in considerazione dall'**art. 2** della legge n. 218, la quale richiama tali convenzioni anche in altre parti del suo articolato. Ad esempio, l'art. 3, comma 2, della legge fa riferimento alla Convenzione di Bruxelles del 1968, concernente la competenza giurisdizionale e l'esecuzione delle decisioni in materia civile e commerciale. Ancora, con riguardo alle obbligazioni contrattuali, l'art. 57 della legge espressamente stabilisce che queste "*sono in ogni caso regolate dalla Convenzione di Roma del 19 giugno 1980, resa esecutiva con la legge 18 dicembre 1984 n. 975*", alla quale si fa integrale rinvio, "*senza pregiudizio delle altre convenzioni internazionali in quanto applicabili*". Con riguardo alle "*obbligazioni alimentari nella famiglia*", l'art. 45 della legge formula un generale rinvio alla Convenzione de L'Aja del 2 ottobre 1973. Con riguardo alla protezione dei minori, l'art. 42 richiama la Convenzione de L'Aja del 5 ottobre 1961. Relativamente ai titoli di credito, l'art. 58 fa riferimento alle Convenzioni di Ginevra del 7 giugno 1930 e del 19 marzo 1931.

La piena operatività in molti ordinamenti giuridici nazionali delle medesime convenzioni di diritto internazionale privato persegue, come detto, obiettivi di uniformità del diritto, di certezza delle regole in casi di conflitto tra discipline privatistiche di diversi paesi e di parità di trattamento tra gli individui rispetto a diritti e principi considerati di primaria importanza. In considerazione di ciò, è stato notato come può, a buona ragione, affermarsi che oggi l'individuo, quale che sia la sua cittadinanza, è titolare di uno *status personae* che ha precisi caratteri, in assoluto intangibili ed immodificabili. In vero, tale affermazione si giustifica soprattutto in relazione alla **Dichiarazione universale dei diritti dell'uomo**, proclamata dall'Assemblea generale dell'Organizzazione Nazioni Unite, O.N.U., il 10 dicembre 1948, ed alla **Convenzione per la salvaguardia dei diritti dell'uomo e delle libertà fondamentali**, elaborata dal Consiglio d'Europa e firmata a Roma il 4 novembre 1950 (sulla quale ci soffermeremo nel prossimo capitolo, in particolare nel paragrafo 2.1.1.3.), nonché al **Patto internazionale sui diritti civili e politici**, approvato il 16 dicembre 1966 dall'Assemblea generale dell'O.N.U.

Tali ultime convenzioni, peraltro, appaiono, nel nostro ordinamento, in perfetta sintonia con l'art. 2 Cost., a tenore del quale la Repubblica italiana riconosce "*i diritti inviolabili dell'uomo, sia come singolo sia nella formazioni sociali, ove si svolge la sua personalità*". Viceversa, con tal ultimo principio fondamentale non sembra pienamente compatibile l'art. 16 delle preleggi al codice civile vigente, secondo cui "*lo straniero è ammesso a godere dei diritti civili attribuiti al cittadino a condizione di reciprocità e salve le disposizioni contenute in leggi speciali*".

Le convenzioni internazionali operanti nel diritto privato non sono soltanto convenzioni tipicamente di diritto internazionale privato, e cioè convenzioni che dispongono regole di conflitto, e dunque criteri di collegamento tra i diversi ordinamenti giuridici nazionali. Molte convenzioni, anche tra quelle sopra citate, sono infatti **convenzioni di diritto uniforme** e cioè fonti pattizie internazionali, stipulate da più Stati nazionali, che regolano direttamente una certa materia o un singolo istituto come fossero legge materiale nazionale. Attraverso l'adozione di tali convenzioni i singoli Stati non introducono, dunque, nel proprio ordinamento nuovi criteri di soluzione dei conflitti di diritto internazionale privato, bensì direttamente nuove normative che regolano la materia. Viene così superato il problema dell'individuazione della disciplina materiale nazionale applicabile se il conflitto potenziale, nel caso concreto, concerne due o più ordinamenti giuridici nazionali che hanno adottato la medesima convenzione.

Molte convenzioni internazionali, inoltre, mostrano una doppia anima, e cioè sono, per certi versi, convenzioni di diritto internazionale privato in quanto contengono regole di soluzione dei conflitti e cioè criteri di collegamento tra diversi ordinamenti nazionali, e per altri versi, contemporaneamente, convenzioni di diritto uniforme perché esprimono anche principi e regole volte a determinare, quanto meno per linee essenziali, la disciplina della singola materia o del singolo istituto nei Paesi che adotteranno la convenzione stessa. Un esempio, in questo senso, è rappresentato dalla Convenzione de L'Aja del 1° luglio 1985 dedicata al ***trust*** ed al suo riconoscimento, ratificata dall'Italia con la legge 16 ottobre 1989 n. 364, ed entrata in vigore il 1° gennaio 1992. Tale normativa – oltre a contenere criteri di individuazione della legge nazionale applicabili nel caso di trust per i quali sia mancata o sia erronea l'indicazione di questa da parte del disponente – definisce cosa si debba intendere per trust secondo la convenzione stessa nonché gli effetti essenziali, i limiti operativi e le modalità operative minime dell'istituto, così creando un terreno comune per la condivisione dell'istituto tra ordinamenti di *civil law*, tradizionalmente ostili al trust, e di *common law*. La *ratio* della convenzione era proprio quella di consentire la piena fruibilità dell'istituto agli interessati, ovunque essi si trovino ad operare.

Oltre alle convenzioni internazionali, il diritto internazionale privato – come accennato – trova fonte anche in altri testi normativi di carattere internazionale. Nel vecchio continente, infatti, negli ultimi anni, sono state emanate normative finalizzate ad armonizzare, ed in molti casi addirittura ad uniformare, il diritto internazionale privato operante nei paesi membri dell'Unione europea. Le principali fonti di diritto internazionale privato emanate dal legislatore europeo, ed attualmente vigenti anche in Italia, sono: il **regolamento CE n. 44/2001**, entrato in vigore il 1° marzo 2002, applicabile per i rapporti sorti dopo il 1° marzo 2002 a tutti i soggetti che hanno domicilio in Paesi membri dell'Unione europea (tranne la Danimarca), il quale recepisce la convenzione internazionale di Bruxelles, e dunque concerne i criteri comuni di competenza giurisdizionale, di riconoscimento e di esecuzione delle decisioni in materia civile e commerciale, escluse le materie relative al fallimento, ai rapporti di famiglia, alla sicurezza sociale, all'arbitrato, ai testamenti e alle successioni; il **regolamento CE n. 2201/2003**, che ha abrogato il vecchio regolamento n. 1347/2000 ed è entrato in vigore il 1° agosto 2004, e che concerne, invece, propriamente le questioni di giurisdizione relative ai procedimenti civili riguardanti il divorzio, la separazione personale dei coniugi, l'annullamento del matrimonio e le domande connesse e conseguenti relative alla patria potestà; ed infine, il **regolamento CE n. 1346/2000**, riguardante i criteri per la soluzione di problemi di giurisdizione in caso di fallimento, entrato in vigore dal 31 maggio 2002. Tornando al regolamento n. 44/2001 occorre evidenziare che questo è stato sostituito dal regolamento (UE) n. 1215/2012, il quale si applica alle azioni proposte, agli atti pubblici formalmente redatti o registrati e alle transazioni giudiziarie approvate o concluse dal 10 gennaio 2015 in poi (art. 66). Viceversa, se l'azione è stata proposta prima del 10 gennaio 2015 continuerà ad applicarsi il regolamento n. 44/2001, che dunque è ancora in vigore. Non resta da precisare che, salve alcune particolari ipotesi, le norme sulla competenza giurisdizionale si applicano solo qualora il convenuto sia domiciliato in uno Stato membro. Al contrario, le norme sull'esecuzione delle decisioni si applicano a prescindere dal domicilio del convenuto (ad esempio, se il giudice francese pronuncia una sentenza nei confronti di un soggetto domiciliato negli USA, tale decisione potrà essere eseguita in Italia secondo il regolamento 44/2001 o, se già applicabile, secondo il regolamento n. 1215/2012).

Cosa altra e completamente diversa dal diritto internazionale privato è il **diritto privato internazionale**, e cioè quella branca dell'ordinamento giuridico internazionale che riguarda il trattamento privatistico delle questioni relative al personale diplomatico e, più in generale, ai soggetti riconosciuti dall'ordinamento internazionale.

1.12. L'analisi economica del diritto privato

Non esiste una sola definizione di analisi economica del diritto, allo stesso modo in cui è impossibile trovare una definizione di economia universalmente accettata. In via preliminare, si può ragionevolmente affermare che l'oggetto dell'analisi economica del diritto (nota anche come ***Law & Economics***, **L&E**) è lo studio, attraverso griglie interpretative mutuate dalla teoria economica, degli effetti delle norme giuridiche e della loro capacità di realizzare determinati fini. La formula, sin troppo asettica, svela le sue implicazioni non appena si pensi al fatto che disciplinare un comportamento val quanto fissargli un prezzo implicito: col risultato che quella condotta risulterà incentivata o scoraggiata, nel che sta l'*ubi consistam* dell'attività legislativa. L'analisi economica promette, appunto, di verificare la funzionalità della disciplina, nella sua dimensione applicativa, alle finalità che per il suo tramite s'intende perseguire.

Il primo aspetto su cui vien fatto di porre l'accento è, dunque, la **multidisciplinarietà** dell'approccio. Il rilievo è scontato, all'apparenza, ma porta con sé un complesso di conseguenze assai meno ovvie. Una per tutte: il fenomeno giuridico non viene più considerato come sistema a sé stante, che risolve al suo interno i problemi di coerenza e praticabilità, ma si apre ad una **prospettiva** risolutamente **funzionalistica**, per la quale la norma appare come strumento rispetto al fine, sì che è dato valutarne la qualità, ovvero l'idoneità concreta a propiziare il risultato voluto. Di qui, tra l'altro, una spinta vigorosa che porta il diritto fuori dall'ambito esclusivo delle facoltà di giurisprudenza e lo raccorda più compiutamente alle altre scienze sociali.

A questo punto, peraltro, è bene fare un passo indietro e chiedersi da dove viene l'analisi economica del diritto. Perché, se è vero che i primi ad appropriarsi dell'etichetta di '***Law and Economics scholars***' sono stati, senza ombra di dubbio, i c.d. ***Chicagoans*** degli anni Cinquanta del secolo scorso (v. quanto diremo tra breve), occorre guardarsi dalla tentazione di circoscrivere il pensiero giuseconomico a quell'epoca e a quel gruppo ristretto di brillanti pensatori. Anzi, e proprio per porre il movimento di pensiero nella giusta prospettiva, è senz'altro più corretto considerare gli apporti, eterogenei e talora inattesi, che nel corso di un paio di secoli hanno preparato il terreno alla L&E.

La *Law and Economics* ha matrici risalenti, ma dove rintracciarle non è ovvio. La (interessata) ricerca di nobili natali ha indotto ad iscrivere, nel novero dei suoi antenati, illustri pensatori, quali **Hume**, Smith, Beccaria e Bellamy, nonché Bentham. Il primo guadagna un posto nella storia del pensiero giuseconomico con il suo '***Treatise of Human Nature***' (1740), in cui presenta il diritto come un insieme di convenzioni cui l'uomo si adegua per rendere possibile la cooperazione in un mondo caratterizzato dalla scarsità di risorse e dall'incompleta informazione. Il pensiero di Smith, a differenza della sua mano, è piuttosto visibile nelle opere di diversi giureconomisti contemporanei. Beccaria e Bellamy (1764), ed allo stesso modo Bentham (1798), vengono ricordati per la prospettiva critica, tipicamente *ex ante*, con cui analizzano gli effetti delle sanzioni della condotta criminale.

Il periodo che va dal tardo diciannovesimo secolo ai primi decenni di quello appena tramontato è testimone di una fase importante, quanto indistinta perché ancora carente di autoconsapevolezza. Gli economisti della **scuola di stampo istituzionalista**, ad esempio, si sono chiesti, in una prospettiva storico-funzionale, come i diritti (e i diritti di proprietà in particolare) venissero assegnati in società diverse; mentre gli economisti della c.d. ***Progressive Era*** si sono interrogati sul fondamento di regole basilari dell'economia, revocando in dubbio gran parte dell'approccio neoclassico. È controverso se si possa parlare di un vero e proprio movimento; sicuramente era comune a molti il bisogno di analizzare le istituzioni (nello specifico, il diritto come istituzione) per capire il loro ruolo nel processo economico. In ultimo, e non certo per importanza, è doveroso menzionare la **scuola storica tedesca**, a cui lo sviluppo del pensiero giuseconomico deve molto; si ricorda, infatti, che in molte università tedesche (in particolare quella di Göttingen) le due discipline erano insegnate congiuntamente nel *curriculum* dello *Staatwissenschaft*. Questa scuola vanta, poi, un'influenza su rispettabili intellettuali di diverse nazionalità, che vanno, per citare solo i più noti, sul versante economico, da John R. Commons a Carl Menger, e su quello giuridico da Rudolph von Jhering a Henry Maine, per non tralasciare, in ambito municipale, Achille Loria e Augusto Graziani.

Nei meandri dello sviluppo del pensiero più prettamente giuridico spuntano altre ragioni che, in quel periodo, hanno portato al sodalizio tra diritto ed economia. Il realismo giuridico nord-americano ha, infatti, seguito le orme dell'istituzionalismo dal momento in cui si è considerato che la scarsa fortuna dello storicismo tedesco, da un lato, e dell'istituzionalismo a stelle e strisce, dall'altro, poteva attribuirsi in parte alla poca maturità dei tempi, e ancora di più, forse, alla mancanza di un approccio teorico unitario.

E poi vennero i '***Chicago boys***'.

I '*Chicago boys*'

Per i giuseconomisti l'Università di Chicago è un luogo meta-geografico dove in pochi anni si sono succeduti grandi nomi.

Considerato il precursore della moderna tradizione neoclassica, **Frank Knight** insegna al dipartimento di economia di Chicago dal 1927; seguono con interesse le sue lezioni, tra gli altri, **Milton Friedman**, Aaron Director e Gary Becker. Su pressione dello stesso Knight, la *law school* di Chicago assume nel 1939, per la prima volta, un economista: Henry Simon. Nel 1946 gli succede **Aaron Director**, che si dedica con passione alla promozione della L&E; oltre ad istituituire il primo programma con tale orientamento negli Stati Uniti, fonda, nel 1958, il *Journal of Law and Economics.* Director avrà, poi, un ruolo decisivo per l'assunzione di **Friedrich von Hayek**, che avviene nel 1950. Si ricorda, inoltre, Henry Manne che, laureato a Chicago e discepolo di Director, dal 1970 organizza un programma intensivo di due settimane in *Law and Economics* per i giudici federali. A Chicago lavorano anche Armen A. Alchian e Harold Demsetz, che con la loro acuta analisi dei *property rights* gettano le basi per lo sviluppo della *New Institutional Economics*. Sino ai più citati, **Ronal Coase**, **Gary Becker**, **George Stigler** e **Richard Posner**, i *Chicagoans* per antonomasia (l'etichetta, che fa pensare ad una squadra di rugby piuttosto che a un gruppo di accademici, sembra comunque particolarmente calzante).

Opportuno, a questo riguardo, distinguere, tra ***'old'*** e ***'new'*** L&E: quella più risalente è associata all'analisi economica del diritto della concorrenza e del diritto societario, e fiorisce a Chicago negli anni Quaranta e Cinquanta; con la new L&E, nata negli anni Sessanta, si è, invece, esteso il raggio d'osservazione a settori tradizionalmente estranei allo studio economico, quali ad esempio il diritto privato e il diritto penale. Gary Becker vince il premio Nobel per l'economia nel **1992** proprio per aver esteso l'ambito di applicazione dell'analisi microeconomica ad una larga serie di comportamenti ed interazioni umane, ben al di là della condotta degli operatori economici individuali circoscritta ad una realtà di libero mercato.

Nobel per l'economia nel **1991**, Ronald H. Coase ha scritto alcune tra le pagine più significative del pensiero giuseconomico. L'articolo più noto, oltre che il più citato nelle riviste giuridiche d'oltreoceano, è ***'The Problem of Social Cost'***, pubblicato nel 1960.

1.12.1. Il Teorema di Coase

Tra i più illustri '*Chicago boys*' va senz'altro annoverato **Ronald H. Coase**, la cui riflessione sul 'problema del costo sociale' (come visto nel box, per la prima volta pubblicata nel **1960**) – vero motore immobile dell'intera L&E – è universalmente nota come '**teorema di Coase**', alla stregua della fortunata etichetta coniata da Stigler. Ma di formalizzazione matematica nello scritto non v'è traccia, posto che l'attenzione si concentra, sulla base di un'attenta ricognizione di casi giurisprudenziali inglesi risalenti, attorno all'uso incompatibile di proprietà vicine, ossia alle circostanze in cui il dispiegarsi del diritto di un soggetto determina pregiudizio per chi si trovi a subirne le conseguenze. Si è in presenza, allora, di quella che gli economisti sogliono chiamare diseconomia esterna, o **esternalità**: gli effetti di un'attività non si materializzano nella sola sfera giuridico-patrimoniale di chi la pone in essere, ma incidono anche sulla situazione di altri operatori, con la conseguenza di offuscare la percezione dei costi sociali – più in chiaro, dei reali costi complessivi – connessi al compimento dell'attività stessa. Coase osserva come l'esternalità sia un fenomeno di natura reciproca, dove la distinzione tra danneggiante e danneggiato, che condiziona irreversibilmente il ragionamento giuridico, non ha significato economico in quanto entrambi, in linea di principio, generano l'esternalità e possono operare al fine di eliminarla (e, d'altro canto, il vantaggio conseguito dall'uno va ineludibilmente a detrimento dell'altro). Sulla scorta di quest'osservazione, Coase propone la sua ricetta per rimuovere la difficoltà e assicurare l'internalizzazione dei costi sociali, non più mercé la regolamentazione o la tassazione pigouviana, ma attraverso la contrattazione privata tra le parti coinvolte sulla base di ben definiti diritti di proprietà. Nello specifico il teorema nella sua **versione forte** afferma che: se i diritti di proprietà sono ben definiti ed i costi transattivi prossimi allo zero, l'allocazione iniziale dei diritti è indifferente, perché la contrattazione tra agenti economici conduce, comunque, ad un efficiente uso delle risorse. La **versione debole**, invece, sostiene che: in presenza di costi transattivi, può darsi che l'attribuzione dei diritti impedisca il conseguimento dell'assetto efficiente.

Per penetrare appieno il significato del teorema occorrono alcune precisazioni. Per **costi di transazione** s'intende la tipologia di costi relativa ad attività di scambio fra soggetti economici. Questi costi, suddivisibili in costi di ricerca, di negoziazione e di monitoraggio dell'esecuzione degli impegni assunti in forza di contratto, nascono a causa di tre problemi: **razionalità limitata** (non è possibile prevedere tutti i casi che si possono presentare, né tanto meno il loro esito); **asimmetrie informative** (i contraenti non posseggono le stesse informazioni); **opportunismo o azzardo morale** (i contraenti sono inclini a perseguire il proprio interesse sopra ogni cosa, anche a danno della controparte). Per diritto di proprietà – e qui anticipiamo a spanne una nozione su cui sarà necessario tornare con ben altra attenzione nel capitolo sui diritti reali – s'intende l'attribuzione ad un agente del potere di utilizzare liberamente (entro i limiti consentiti dalla legge) un certo bene. Il soggetto che ne gode è protetto contro l'interferenza altrui nell'uso dei propri beni. In generale, i diritti di proprietà sono suddivisibili e trasferibili sul mercato, a condizione che siano ben definiti, perché, in caso contrario, si approda inevitabilmente ad un 'fallimento del mercato'.

Dati questi presupposti, la dimostrazione dell'irrilevanza dell'assegnazione iniziale del diritto all'una o all'altra parte, rispetto all'emersione della soluzione efficiente – quella che massimizza l'utilizzazione delle risorse e assicura la 'torta più grande' –, assume, nell'assenza di attriti transattivi, i contorni di un 'truismo': non si può, secondo logica, che approdare a quel risultato, salvo poi verificare, a livello di distribuzione della ricchezza, chi vince e chi perde. Il messaggio davvero importante transita nel corollario del teorema, a tenore del quale: quando i costi transattivi sono sufficientemente alti da impedire la negoziazione, l'uso efficiente delle risorse dipende dall'allocazione iniziale dei diritti operata dall'ordinamento giuridico. Ne discende una prima direttiva: al diritto va assegnato il compito di ridurre i costi transattivi, per facilitare le negoziazioni tra privati. Ma l'indicazione davvero pregnante è quella successiva (mai formulata, nei termini che si diranno, da Coase). Laddove non sia comunque dato contare sull'effetto correttivo di negoziazioni tra gli interessati, prende corpo quello che taluno ha definito il **Teorema normativo di Hobbes**, a tenore del quale: la regola migliore è quella che assegna il diritto a chi lo avrebbe acquistato in assenza di costi transattivi.

Il Teorema di Coase spiegato attraverso un esempio

Un esempio può servire a meglio inquadrare il discorso. Consideriamo uno scenario caratterizzato da una ferrovia costruita vicino a dei campi coltivati, i quali vengono danneggiati dalle scintille generate dai treni in corsa. Supponiamo ci siano cinque agricoltori, ognuno dei quali subisce un danno pari a 20x. Il danno totale è, quindi, pari a 100x. Assumiamo, infine, che siano disponibili due sole soluzioni:

1) gli agricoltori possono arretrare le proprie coltivazioni, ma per far ciò ciascuno di essi deve sostenere un costo pari a 10x. Il costo totale sarebbe, quindi, pari a 50x;

2) la società ferroviaria può utilizzare un dispositivo di contenimento delle scintille, con un costo pari a 10x. Il costo totale sarebbe, quindi, di 10x.

È facile concludere come, tra le due, la prima soluzione risulta essere inefficiente.

Ed il ragionamento che ha condotto alla conclusione può essere riprodotto nello schemino che segue.

Ferrovia *vs* campi coltivati

Danno ad ogni agricoltore: 20x | Numero agricoltori: 5

Danno totale: 100x

Agricoltori	Società ferroviaria
↓	↓
Costo arretramento campi per ogni agricoltore: 10x	Costo dispositivi contenimento: 10x
↓	↓
Costo totale: 50x	Costo totale: 10x
↓	↓
Soluzione inefficiente	**Soluzione efficiente**

Vediamo ora come **in assenza di costi transattivi** le parti, cooperando, raggiungeranno sempre la soluzione efficiente, a prescindere dall'allocazione iniziale dei diritti:

i) nel caso in cui agli agricoltori venga attribuito il diritto a non subire la minaccia di incendi prodotti dalle scintille emesse dalle locomotive in corsa, la società ferroviaria è chiamata a risarcire il danno di 100x. La società potrebbe, in alternativa, indurre gli agricoltori a distanziare le loro coltivazioni dalla strada ferrata, ad un costo di 50x; tuttavia, posto che l'informazione è disponibile senza difficoltà di sorta (in quanto stiamo assumendo non vi siano costi transattivi), la società è consapevole della possibilità di azzerare i danni adottando sistemi di contenimento delle scintille ad un costo di 10x. La decisione sarà quindi quella efficiente;

ii) nel caso opposto in cui alla società ferroviaria venga attribuito il diritto di svolgere senza limitazione alcuna la propria attività, gli agricoltori possono rassegnarsi a sopportare il danno, ciascuno nella misura di 20x (per un totale di 100x). Ognuno di loro può, in alternativa, arretrare la propria coltivazione a distanza di sicurezza, con un pregiudizio individuale di 10x e collettivo di 50x; tuttavia, essi sanno (sempre perché stiamo ragionando di una situazione in cui assumiamo non esserci costi transattivi) che esistono i dispositivi di contenimento al costo di 10x in grado di eliminare il pericolo di incendi. Anche gli agricoltori, quindi, sceglieranno la soluzione efficiente accordandosi per indurre la società ferroviaria ad adottare il dispositivo, accollandosene loro il costo.

In **presenza di costi transattivi** (ostacoli alla cooperazione) il meccanismo sopra citato non funziona più. Si può ipotizzare, per esempio, che nel primo caso la società ferroviaria ignori l'esistenza del dispositivo e l'acquisizione di tale informazione comporti un onere di 50x e che, nel secondo caso, il tempo perso dagli agricoltori per incontrarsi ed addivenire ad un accordo comporti un costo complessivo di 50x. Nell'un caso e nell'altro, la presenza di costi transattivi potrebbe rendere impossibile il conseguimento dell'assetto allocativamente efficiente. In altre parole, in presenza di costi transattivi elevati, tanto che agli agricoltori venga attribuito il diritto a non subire il danno, quanto che alla società ferroviaria sia concesso di svolgere senza limitazioni la propria attività, non si addiverrà alla soluzione efficiente con costo complessivo che, nel nostro esempio, come visto, è pari a 10x.

Riassumendo. Dall'articolo di Coase emergono due proposizioni, l'una c.d. di **efficienza** e l'altra di **invarianza**. Secondo la prima, indipendentemente dall'iniziale allocazione dei diritti ed in assenza di costi di transazione, le parti raggiungono un'allocazione finale delle risorse efficiente.

La tesi avanzata con la seconda proposizione, quella più controversa, è che l'allocazione finale delle risorse non solo è efficiente, ma anche unica. L'originalità dell'idea va ricercata nel fatto che Coase, rivisitando in chiave critica **Pigou**, ha ribaltato la prospettiva con cui in economia veniva comunemente analizzato il problema dell'esternalità; i costi, prima ancora di essere distinti in sociali e privati, devono essere considerati nella loro dimensione di reciprocità. Forse proprio grazie a questo spostamento d'attenzione sulla natura reciproca del danno, l'opera di Coase ha trovato grande riscontro, in primo luogo tra i giuristi. Non può escludersi che la fortuna di questo contributo derivi anche dal fatto che la conclusione del teorema sembra caricarsi di valenze ideologiche, là dove pone l'accento sui benefici del sistema di mercato, nello specifico un mercato dei diritti in cui le parti, contrattando liberamente, raggiungono un'allocazione finale delle risorse efficiente. In realtà, l'articolo non esalta indiscriminatamente i benefici del mercato, in quanto sin dalle prime pagine è presa in considerazione l'esistenza dei costi di transazione.

La terza indicazione – che, val la pena di ribadirlo, non è punto esplicitata nel lavoro di Coase, ma è frutto dell'elaborazione che altri, a partire dall'autore di cui si dirà tra un momento, ha condotto sulla sua traccia – offre l'opportunità di valutare la congruenza della norma (quindi, l'assegnazione del diritto) rispetto al fine del conseguimento dell'efficienza allocativa.

1.12.2. Il contributo di Richard Posner

Oltre a Coase, la scuola di Chicago evoca, sopra tutti, un altro nome: quello di **Richard Posner**, scrittore poliedrico, prolifico, chiarissimo anche nella scelta di campo.

Nell'analisi posneriana – che nell'era formativa ha avuto il pregio di mostrare come l'approccio economico non avesse rilievo limitato a talune materie, ma potesse tornare utile nell'esplorare qualsiasi branca dell'universo giuridico – l'efficienza (più precisamente, la massimizzazione del benessere collettivo) diventa un vero e proprio centro di gravità. Per meglio intendersi, il criterio di efficienza impiegato è il c.d. **criterio di compensazione potenziale** (o Kaldor-Hicks), in ragione del quale si ha un miglioramento di benessere quando, a seguito di un cambiamento dello *status quo*, i '***gainers***', cioè coloro che ne traggono giovamento, *potrebbero* compensare i '***losers***', cioè quanti ne derivano pregiudizio (in altre parole, quando i guadagni dei vincitori sono maggiori delle perdite dei soccombenti), a prescindere dalla circostanza che essi vi provvedano davvero (anche perché una tale operazione, con conseguenze soltanto ridistributive, produrrebbe, dal punto di vista sociale, uno spreco di risorse).

L'analisi posneriana è stata criticata con ferocia pari alla sua fortuna; e l'accusa più ricorrente è quella di essere strutturalmente conservativa, in quanto la massimizzazione del benessere, così concepita, favorirebbe gli assetti dello *status quo*. Insomma, la presunta coincidenza tra **giustizia** ed **efficienza** avrebbe tutta l'aria di essere soltanto presupposta, soprattutto quando si ignorano, come si rimprovera a Posner, le diseguaglianze distributive presenti nello *status quo*. Tra aspre critiche (e diffusi consensi), Posner, con il suo celebre manuale '***Economic Analysis of Law***', resta autore particolarmente influente nella storia del pensiero giuseconomico.

1.12.3. Il contributo di Guido Calabresi e Douglas Melamed

Tuttavia, la L&E non è (o almeno non è soltanto) la *posnerian L&E*, né la sua branca *Chicagoan*. Conviene allora cercare gli altri pezzi del mosaico, per avere un'immagine più chiara e complessiva. Spostandoci a **New Haven**, e cioè nella mitica università di '*Yale*', si incontra un'altra figura di spicco: **Guido Calabresi**, che, a partire dai primi anni Sessanta del secolo scorso, ha ricercato il fondamento teorico dei sistemi di responsabilità civile. Due, in particolare, gli scritti di Calabresi considerati pietre miliari della sapienza giuseconomica.

Il primo è un libro – intitolato '***The Cost of Accident: A Legal and Economic Analysis***' e pubblicato nel 1970 – con cui Calabresi affronta il problema della minimizzazione dei costi degli incidenti, da lui distinti in primari (numero e severità degli incidenti), secondari (costi sociali derivanti dagli incidenti) e terziari (costi amministrativi del sistema regolativo degli incidenti).

Il secondo è un articolo scritto a quattro mani con Douglas Melamed – ed intitolato '***Property Rules, Liability Rules and Inalienability: One View of the Cathedral***' – nel quale gli autori riprendono ed approfondiscono l'analisi dei diritti di proprietà e delle regole proposte per tutelarli spiegando come la scelta di *policy* non riguardi soltanto l'allocazione del diritto in presenza di un uso incompatibile di proprietà vicine, ma concerna anche il modo in cui si provvede alla tutela del diritto. Se Coase aveva dimostrato che la condizione necessaria per una contrattazione efficiente è una opportuna definizione dei diritti di proprietà, Calabresi e Melamed suggeriscono di pensare al problema in due tempi: prima di tutto occorre scegliere gli *entitlements,* noi diremmo i diritti, da proteggere (ad esempio il diritto di fare rumore contro quello di godersi il silenzio o quello di inquinare contro quello di respirare aria pulita o, ancora, per tornare all'esempio della ferrovia, quella a esercitare i campi contro quello a esercitare liberamente l'attività di trasporto su strada ferrata). Gli agenti, in conflitto per l'uso incompatibile di una risorsa scarsa, devono poter confidare su un *entitlement.* Se non c'è incertezza su quale delle due parti, in una situazione conflittuale di utilizzo di una risorsa, massimizzi il prodotto finale, o, che è lo stesso, internalizzi l'esternalità provocata sull'altra parte al minimo costo, allora il problema allocativo è risolto dall'iniziale assegnazione dell'*entitlement.* Se, invece, non è definibile *ex ante* chi sia il *cheapest cost avoider*, cioè il soggetto in grado di assorbire il costo nel modo più conveniente (nel caso della ferrovia era, come abbiamo visto, la società ferroviaria), allora sorge il problema del tipo di tutela da accordare agli *entitlements* previamente definiti, tutela che definisce il rapporto tra 'perdenti' e 'vincitori' nell'uso di un diritto. Nel decidere *ex ante* a chi conferire il diritto (**decisione di primo grado**) devono essere considerati tre elementi: l'efficienza economica; le preferenze in materia distributiva; e i criteri di giustizia, che agiscono in maniera residuale alla combinazione dei primi due paradigmi. La **decisione di secondo grado** pone il problema di stabilire se si preferisca accordare una tutela forte per mezzo di una *property* *rule* o una tutela debole per mezzo di una *liability rule* (salvo prendere atto anche di un terzo regime, quello di inalienabilità, per il quale, nel segno di un marcato paternalismo, viene proibito il trasferimento dell'*entitlement* a prescindere dal consenso del proprietario o dalla volontà di interferire del non proprietario).

La **tutela forte** comporta che il proprietario abbia il potere di impedire ad ogni altro individuo d'interferire nell'esercizio del diritto, insieme alla facoltà di alienare al prezzo deciso e fissato dallo stesso *dominus*; tutti i trasferimenti dell'*entitlement*, che avvengano senza il consenso del titolare, sono vietati ed al proprietario viene generalmente concessa l'inibitoria ovvero la reintegrazione in forma specifica del diritto.

La **tutela debole** implica, invece, che i terzi possano assicurarsi l'*entitlement* a prescindere dal consenso del proprietario pagando un prezzo, solitamente stabilito dall'autorità; al proprietario, quindi, è solo riconosciuto un ristoro in caso di privazione forzata dell'*entitlement*. La scelta della regola da applicare deve essere operata rispetto agli obiettivi da perseguire e all'entità dei costi di transazione.

Se gli obiettivi sono prevalentemente quelli dell'efficienza economica e i costi di transazione sono sufficientemente trascurabili, allora, anche quando si fosse nell'incertezza di quale sia il *cheapest cost avoider*, il rimedio più efficiente consiste in un'inibitoria (*property rule*) perché, secondo quanto già dimostrato da Coase, le parti sono lasciate libere di contrattare e di giungere così a un'efficiente allocazione delle risorse. Invece, in presenza di elevati costi di transazione, a parità di incertezza relativamente al *cheapest cost avoider*, il rimedio più efficiente consiste nel risarcimento del danno (*liability rule*). Infine, il legislatore può ricorrere a un vincolo di inalienabilità per un *entitlement*, ad esempio, quando una transazione comporta esternalità considerevoli per parti non direttamente coinvolte il cui peso è legato a considerazioni non monetizzabili (ad esempio, nel caso in cui A decidesse di vendersi in schiavitù a B: pur essendo il contratto rispettoso del principio paretiano, è altresì lesivo delle più profonde convinzioni della collettività a cui i due soggetti appartengono).

Il teorema di Calabresi & Melamed spiegato con qualche esercizio

Con un po' di ginnastica anche il teorema di Calabresi e Malamed risulterà più in chiaro.

In buona sostanza, secondo i due autori, come visto, il giudice non deve più solo decidere se il conflitto va risolto in favore dell'individuo A o B, ma anche il meccanismo con il quale tutelare il diritto, una volta che si sia provveduto alla sua assegnazione. Si approda, così, all'articolazione di quattro regole.

S'immagini un costruttore (A) che si trovi ad edificare sul terreno altrui (caso che sarà considerato più analiticamente in seguito). Il giudice potrebbe decidere di tutelare il diritto del proprietario del terreno (B), imponendo al costruttore la restituzione (**regola I**). In alternativa, il giudice potrebbe, per qualche ragione, riconoscere al costruttore il diritto ad edificare in quel luogo, con la conseguenza di svuotare la pretesa del proprietario (**regola III**). Ancora, il giudice, potrebbe decidere che, pur avendo violato il diritto del proprietario, il costruttore non è tenuto alla restituzione del terreno, ma solo ad un congruo risarcimento (**regola II**).

Le soluzioni accennate sono quelle tipicamente note ai giuristi. Il 'colpo di teatro' dell'articolo di Calabresi & Melamed è l'affermazione dell'esistenza di una **regola IV,** che rovescia la responsabilità in favore del costruttore: al costruttore viene concessa l'occupazione del terreno, ma il proprietario si vede conferito il potere di espellere il costruttore, previo pagamento di un indennizzo. Ecco emergere, dunque, la famosa matrice:

	Proprietario 'B'	Costruttore 'A'
Property Rules	*Regola I*	*Regola III*
Liability Rules	*Regola II*	*Regola IV*

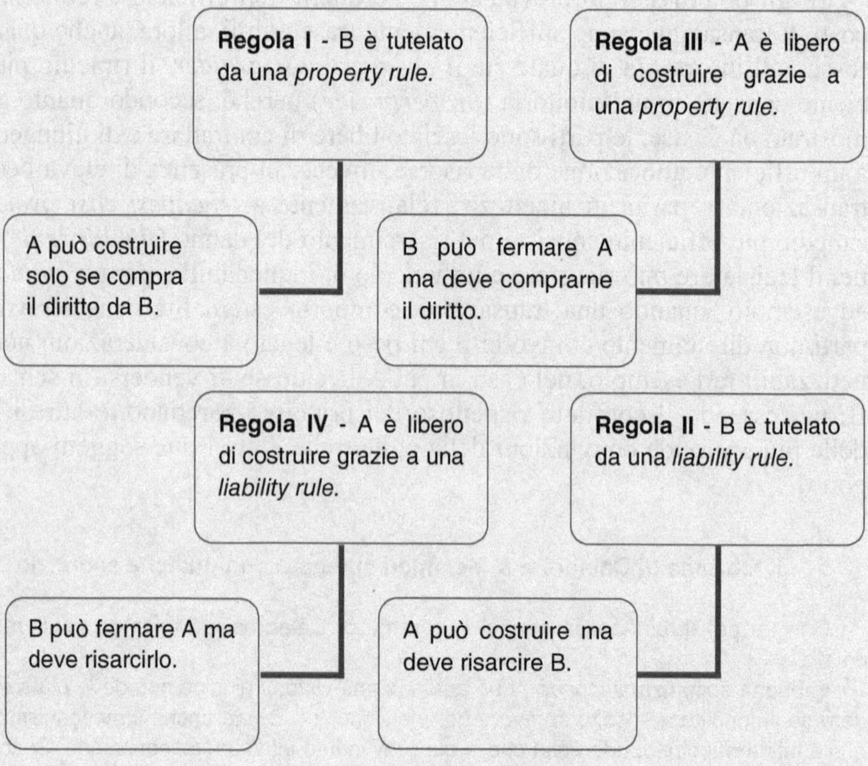

L'esempio può essere sviluppato nel dettaglio per capire meglio le **quattro regole**.

Assumiamo che il giudice si trovi a dover decidere l'allocazione di un terreno tra un proprietario ed un costruttore. Il costruttore ha generato un'esternalità, costruendo erroneamente sul terreno del proprietario. La contrattazione tra le parti è preclusa dagli alti costi transattivi o da altri motivi che impediscono alle parti di negoziare. **Il giudice conosce solo la distribuzione di probabilità della valutazione del terreno per l'una e l'altra parte**. Ipotizziamo che l'appezzamento interessato sia un terreno agricolo molto pregiato, che per il proprietario ha un valore oscillante tra 40.000 e 60.000 (consideriamo, per semplicità, una distribuzione uniforme). Più speculativa, invece, la valutazione del costruttore, dovuta all'incertezza del suo investimento. Ipotizziamo che la si possa descrivere con una distribuzione uniforme tra 0 e 100.000. Ciò significa che la valutazione del costruttore ha una varianza maggiore di quella del proprietario; ma la valutazione media è la medesima. Un giudice che persegua fini efficientistici nella soluzione di questa disputa è interessato al perseguimento del più alto benessere sociale, individuato nel nostro caso dal ***payoff* aggregato** delle due parti. Il punto cruciale è che tale *payoff* aggregato cambia al variare della regola applicata:

– se il giudice applica la **regola I**, otteniamo un benessere sociale del valore atteso di 50.000: quanto, in media, il proprietario valuta il terreno;

– se viene applicata la **regola III**, si ottiene il medesimo benessere sociale atteso, con giovamento, però, per il costruttore;

– che cosa succede se viene in gioco la **regola II**? Innanzitutto, il giudice dovrebbe fissare i danni a 50.000, somma pari alla media della valutazione del proprietario. Nel 50% dei casi (e cioè quando valuta il terreno tra 50.000 e 100.000) il costruttore, avendo una valutazione superiore (in media pari a 75.000), acquisterà il diritto dal proprietario, generando in tal modo un surplus in media di 25.000 (la sua valutazione meno l'ammontare dei danni da risarcire: 75.000 – 50.000). Nell'altro 50% dei casi (cioè quando la sua valutazione è inferiore a 50.000), l'*entitlement* rimane in capo al proprietario, che lo valuta in media 50.000. Il costruttore, quindi, avrà un profitto pari a 25.000 oppure pari a 0: le sue aspettative sono pari, perciò, in media a 12.500. Il proprietario, a sua volta, avrà un profitto atteso pari sempre a 50.000. Il sociale atteso ammonta, quindi, a 62.500 (12.500 + 50.000);

– infine, con la **regola IV**, visto che il giudice fissa i danni a 50.000, somma pari alla media della valutazione che del terreno fa il costruttore, il proprietario alloca a se stesso l'*entitlement* nella metà dei casi, ossia quando la sua valutazione è superiore a tale somma e quindi in media pari a 55.000. Di questi 55.000, 50.000 vengono trasferiti al costruttore. Il proprietario, quindi, avrà un profitto pari a 5.000 oppure pari a 0: le sue aspettative sono pari, perciò, in media a 2.500. Il sociale atteso è quindi pari a 52.500 (2.500 + 50.000).

Cambiando punto di vista, le regole in parola possono essere distinte in relazione a **tre variabili**: 1) chi comanda la disposizione dell'*entitlement*; 2) a quale prezzo lo si scambia; e 3) come viene sanzionata l'appropriazione impropria.

Il teorema di Calabresi & Melamed nella cornice della teoria delle opzioni finanziarie

Una postilla.

Verso la metà degli anni Novanta dello scorso secolo alcuni studiosi americani riversano le intuizioni di Calabresi & Melamed nella cornice della teoria delle opzioni finanziarie e delle opzioni reali.

L'articolo di **Madeline Morris** (1993) propone di interpretare le *liability rules* alla stregua di ***call options***, cioè di opzioni d'acquisto dell'*entitlement*. Così facendo la regola II può anche essere 'letta' nel modo che segue: il costruttore ha il diritto di appropriarsi, al prezzo di un congruo risarcimento, del terreno del proprietario senza che questi si possa opporre. E, allo stesso modo, la regola IV stabilisce che il proprietario può forzare il costruttore a cedergli il suo diritto di occupare il terreno pagando i danni stabiliti dal giudice e senza che il costruttore possa opporsi. Riguardo alle *property rules* si può immaginare che esse fissino il prezzo di esercizio dell'opzione a infinito, sì che l'opzione stessa non può essere esercitata sia nel caso della regola I, sia della regola III.

In seguito, altri studiosi hanno affiancato a queste *call options* due ***put options*** – una *put* è un'opzione di vendita che conferisce al detentore il diritto di farsi comperare l'*entitlement* da chi è obbligato – e modellato **due nuove regole**. La **regola V** conferisce al costruttore la possibilità di continuare l'occupazione del terreno, ma allo stesso tempo il diritto di chiedere un risarcimento dal proprietario qualora il costruttore stesso decidesse di cessare l'occupazione; la **regola VI** riserva al proprietario la possibilità di ottenere un'ingiunzione a che cessi l'occupazione da parte del costruttore e, allo stesso tempo, la facoltà di forzare il costruttore ad acquistare questo suo diritto (può, in altre parole, decidere se ottenere il rimedio in forma specifica, facendo cessare l'occupazione, oppure per equivalente, facendosi pagare i danni).

La situazione può sintetizzarsi nelle tabelle che seguono.

La prima.

	Proprietario	**Costruttore**
Property Rules	*Regola I*	*Regola III*
Liability Rules/ Call Options Rules	*Regola II*	*Regola IV*
Put Options rules	*Regola VI*	*Regola V*

La seconda.

	Proprietario	**Costruttore**
Regola I	*Entitlement*	0
Regola II	*Entitlement - Call*	*Call*
Regola III	0	*Entitlement*
Regola IV	*Call*	*Entitlement – Call*
Regola V	– Put	Entitlement + Put
Regola VI	Entitlement + Put	– Put

Con (legenda):

'Entitlement – Call' che sta per 'diritto sottoposto alla altrui Call'; 'Entitlement + Put' che sta per 'diritto più opzione di vendita del diritto a colui che è soggetto a tale Put'; e '– Put' che sta per 'soggezione alla altrui Put'.

Ritornando all'esempio precedente, ed avviandoci alla conclusione, può osservarsi che:

a) con la **regola V**, si ottiene lo stesso benessere sociale atteso eveniente dall'applicazione della regola II, ma con una diversa distribuzione. Infatti, nel 50% dei casi il costruttore, avendo una valutazione del terreno in media pari a 75.000, terrà per sé il terreno. Nell'altra metà dei casi, essendo la sua valutazione inferiore, forzerà il proprietario a riacquistarlo per 50.000. Il costruttore avrà, dunque, un profitto pari a 75.000 (nei casi in cui decide di non esercitare la Put perché la sua valutazione del terreno è compresa tra 50.000 e 100.000) e pari a 50.000 (nei casi in cui esercita la Put e, dunque, incassa tale prezzo). Il benessere sociale atteso è appunto, per la stessa ragione indicata nella regola II, pari a 62.500, ma i profitti attesi sono tutti concentrati nelle mani del costruttore; e

b) con la **regola VI**, invece, il proprietario cede il terreno nella metà dei casi, ottenendo dal costruttore il prezzo di 50.000 e traendone un profitto medio pari a 5.000. Il benessere sociale atteso è quindi ancora pari a 52.500, ma questa volta il vantaggio è tutto concentrato nelle mani del proprietario.

L'esempio mostra come le quattro *optional rules*, alle condizioni cennate, generino livelli di benessere sociale atteso superiori a quelli derivanti dalle due *property rules*. Inoltre, non tutte le *liability rules* sono ugualmente efficienti. Come dimostrerebbe una sofisticata appendice matematica, delegando, con l'impiego delle regole II e V, il potere di scelta dell'allocazione finale a chi ha la valutazione più speculativa (il costruttore), si ottiene un benessere sociale superiore rispetto alla delega al proprietario attraverso l'applicazione delle regole IV e VI.

Morale: come orientare la scelta giudiziale al fine di ottenere un maggiore benessere sociale? Il **potere di scelta** va attribuito assegnando una opzione al soggetto che dispone della **valutazione più speculativa**.

1.12.4. La L&E in Italia

Svolte le considerazioni che precedono, e sviluppati gli approfondimenti contenuti nei box, resta da dire, a questo livello introduttivo, che – di là dall'evidente centralità che l'approccio economico ha assunto nel *legal discourse* d'oltre Atlantico e del ruolo in ogni caso pivotale da ascrivere alla c.d. Scuola di Chicago – la *Law and Economics* non è mai stata, e non è certamente oggi, appannaggio esclusivo della cultura a stelle e strisce.

Per un verso, la galleria dei padri fondatori non è completa se non si considera il ruolo di **Pietro Trimarchi**, che, nello stesso torno di tempo in cui maturavano i lavori di Coase e Calabresi, ed anzi in vero circa un decennio prima rispetto alla pubblicazione del citato saggio di Calabresi del 1970, veniva elaborando in Italia, in piena autonomia, una riflessione consegnata a contributi municipali di fondamentale importanza in materia di danno (primo fra tutti, il volume '***Rischio e responsabilità oggettiva***' del 1961), la quale partiva dall'osservazione per cui nessun legislatore, una volta che il fatto dannoso è compiuto, può rimediarvi in modo tale da cancellarlo, né è compito del sistema di responsabilità civile punire il colpevole; il legislatore può, dunque, esclusivamente: 1) introdurre meccanismi di prevenzione per minimizzare il rischio che si verifichino incidenti dannosi; e 2) distribuire il peso economico dei danni che comunque si verificano su coloro che, secondo le esigenze di giustizia ed economia, possono meglio accollarselo. Per poi dipanarsi nella elaborazione di criteri e logiche che dovrebbero presidiare l'applicazione, in tal senso efficiente, delle regole di responsabilità civile.

Per altro verso, occorre dare atto che l'analisi economica del diritto ha registrato, dopo inizi alquanto stentati, vivaci progressi in Europa e anche in Italia: non a caso, figura in questo manuale come una delle linee attorno alle quali, come si vedrà nella trattazione dei profili tecnici – e dunque, in particolare, nei capitoli dedicati ai diritti reali ed alle obbligazioni – organizzare l'approccio al diritto privato.

Del resto, non va dimenticato che già nella seconda metà del XIX secolo, alcuni autori italiani (si veda in particolare G. Venezian, *Danno e risarcimento fuori dei contratti,* prima pubblicazione 1884-1886, in *Opere giuridiche*, I, Roma, 1919; N. De Crescenzo-C. Ferrini, *Obbligazione*, voce dell'*Enc. giur. italiana*, già sotto la direzione di P.S. Mancini, vol. XII, parte I, Milano, 1900, 757-758; e V.E. Orlando, *Saggio di una nuova teoria sul fondamento giuridico della responsabilità civile*, in *Arch. dir. pubbl.*, 1893, 354) dimostravano – ragionando sulle disposizioni del vecchio codice che (alla stregua di quanto fanno oggi gli artt. 2047-2054 c.c.) ponevano l'obbligo risarcitorio in capo ad un soggetto diverso dall'autore materiale del fatto illecito – di avere notevole percezione di come sia importante, nell'ottica della creazione di un sistema di responsabilità civile giusto in quanto equo, determinare le condizioni tecnico-giuridiche perché le regole operanti in materia perseguano obiettivi di efficienza economica e funzionino anche nell'ottica di incentivare comportamenti idonei a prevenire la realizzazione del danno.

Né, a tal riguardo, può tralasciarsi che la stessa nostra **Costituzione** individua come valore cardine dell'ordinamento giuridico l'utilità sociale, tanto da affermare, all'**art. 41**, che l'iniziativa economica privata "*non può svolgersi in contrasto* [per l'appunto] *con l'**utilità sociale***", ed all'**art. 42** che la proprietà viene riconosciuta e garantita ai privati dalla legge, "*che ne determina i modi di acquisto, di godimento e i limiti allo scopo di assicurarne la **funzione sociale** e di renderla accessibile a tutti*". Certo va chiarito cosa si debba intendere con le espressioni "*utilità sociale*" e "*funzione sociale*", ma altrettanto certamente non può negarsi che nella vasta categoria di interessi e situazioni delimitata dalle locuzioni in parola un ruolo di assoluto primo piano svolge la piena tutela della persona anche sotto il profilo patrimoniale (art. 2 Cost.), la tutela del lavoro e dei lavoratori (art. 35 Cost.) e, dunque, la tutela della competitività del sistema produttivo e dell'intera economia nazionale. Inoltre, e più in generale, alla luce del contesto assiologico tracciato dalla nostra Carta Costituzionale, viepiù se interpretato in considerazione delle caratteristiche dell'economia di mercato e del mondo globalizzato del XXI secolo, nei concetti di "*utilità sociale*" e "*funzione sociale*" – intesi come 'beni' che il legislatore deve tutelare ovvero obiettivi di politica del diritto che lo stesso deve perseguire e che, dunque, in ogni caso l'operatore del diritto è chiamato a rispettare – senza dubbio rientrano l'**efficiente allocazione delle risorse disponibili** ed il **diffuso benessere sociale**, non concepiti necessariamente questi ultimi come valori in sé, bensì come obiettivi strumentali alla realizzazione effettiva dei valori primari costituzionalmente tutelati, ed in particolare del principio di solidarietà tra consociati e di tutela della persona.

A conti fatti, anche in Italia l'idea di soppesare, scegliere, studiare ed applicare le regole giuridiche in ragione di valutazioni di carattere economico circa gli effetti delle stesse, appare nuova solo a chi si ostina a respingerla, giudicandola **irrilevante** – 'il diritto è altra cosa!' sostiene ancora più di qualcuno – o, peggio, **perniciosa**, per via della compromissione ideologica che lo caratterizzerebbe, reificato dalla scelta dell'efficienza allocativa come paradigma di riferimento. Ai puristi, che rivendicano il controllo esclusivo del diritto e nulla intendono concedere alla contaminazione con altre sfere del sociale, non vale neppure la pena di rispondere: il diritto è, appunto, altra cosa da un accumulo di precetti da ridurre a sistema per il tramite di un esercizio dogmatico. Peraltro, basta sfogliare le riviste di diritto per verificare come la complessità sociale abbia imposto ormai da tempo alla giurisprudenza di sviluppare anche nel nostro ordinamento una certa sensibilità nei confronti delle ragioni e delle istanze giuseconomiche. A chi, viceversa, denuncia il **pregiudizio ideologico** vale la pena di ricordare che l'efficienza allocativa, come appena evidenziato, è di per sé un valore (nel nostro ordinamento con tutta probabilità di rango costituzionale, salvo discutere il suo 'peso' rispetto agli altri valori che condizionano le scelte individuali e collettive) e che, non diversamente dalla scienza economica, la L&E ha molte anime, non tutte riconducibili alla Scuola di Chicago.

C'è da chiedersi, piuttosto, se l'approccio economico abbia esaurito lo slancio della prim'ora – quando le sintesi potenti e riduttive permettevano una rivisitazione non convenzionale dei *loci classici* del diritto, alla scoperta di prospettive inusitate e penetranti – per avere, nella sostanza, completato la 'mappatura' dell'universo giuridico. Ma anche in questo caso la risposta appare ovvia: come la ricerca geografica non si è arrestata una volta scoperte le sorgenti del Nilo, così l'impiego di strumenti economici per comprendere il fenomeno giuridico non diventa vano per il solo fatto di accedere ad un maggior livello di sofisticazione; da cui è lecito attendersi contributi sempre più significativi e illuminanti.

CAPITOLO SECONDO

FONTI E FORMANTI DEL DIRITTO PRIVATO

Sommario

2.1. **Fonti e formanti**

Fonti del diritto sono tutti gli atti o i fatti considerati dall'ordinamento idonei a creare, modificare o estinguere regole giuridiche. In realtà, nel gergo giuridico, con l'espressione 'fonti del diritto' si fa tradizionalmente riferimento tanto, per l'appunto, ai fatti ed agli atti che producono, modificano o estinguono regole giuridiche, quanto alle regole giuridiche stesse, intese nella loro estrinsecazione materiale, come strumento di conoscibilità legale del diritto. Nel primo caso, secondo l'approccio al tema che pare maggiormente condivisibile, si parla di fonti di produzione, e cioè di fonti che producono diritto, e nel secondo caso di **fonti di cognizione**, e cioè di fonti che permettono ai consociati di conoscere il diritto. Tipiche fonti di cognizione nel nostro ordinamento sono gli atti normativi che trovano espressione materiale e formale in leggi, decreti legge, decreti legislativi, direttive, regolamenti e quant'altro, come pubblicati nelle sedi ufficiali ed istituzionalmente stabilite, quali la *Gazzetta Ufficiale della Repubblica Italiana* (c.d. G.U.R.I.), i *Bollettini Ufficiali Regionali* (c.d. B.U.R.) pubblicati regione per regione, nonché i *Bollettini delle Regioni e delle Province Autonome*, la *Gazzetta Ufficiale delle Comunità* *europee* (G.U.C.E.), i *Bollettini ministeriali*, e quant'altro sia eventualmente previsto. A seconda dei casi, e della fonte interessata, la pubblicazione tramite uno di questi strumenti produce la **pubblicità legale**, e quindi la presunzione *iuris et de iure*, e cioè insuperabile, di conoscenza, o quanto meno conoscibilità, da parte dei consociati.

In un'ulteriore accezione, con l'espressione fonti del diritto si fa riferimento anche alle **fonti sulla produzione**, e cioè alle regole che disciplinano il procedimento di formazione, modificazione ed estinzione delle disposizioni di legge ed attribuiscono i relativi poteri. Sono proprio le fonti sulla produzione che, tra l'altro, individuano attraverso quale strumento di conoscibilità legale una data normativa deve essere resa pubblica.

Con l'espressione **sistema delle fonti** si indicano sia, nelle loro connessioni reciproche, le regole destinate ad organizzare le fonti del diritto, ossia le così dette norme sulla produzione, le quali non hanno valore autonomo, ma strumentale rispetto alle norme di produzione, sia l'intero assetto delle fonti come organizzato dalle norme sulla produzione. Ogni singolo ordinamento giuridico è il prodotto dell'operare congiunto di norme di produzione, di norme di cognizione e di norme sulla produzione del diritto, aventi queste ultime la funzione di identificare le fonti dell'ordinamento, determinarne i criteri di vigenza e indicarne i criteri di interpretazione.

Nell'ambito della c.d. teoria delle fonti, relativamente alle fonti di produzione, la differenza tra atti e fatti idonei ad incidere sui contenuti dell'ordinamento giuridico si traduce nella enucleazione dei concetti di **fonte-atto** e di **fonte-fatto**. Il primo di tali concetti viene normalmente inteso come coincidente con il diritto scritto, in quanto gli atti si esprimerebbero sempre per iscritto, mentre il secondo si ritiene afferire al diritto non scritto giacché i fatti, se rimangono tali, non si esprimono in testi scritti. In realtà, tra fonti-atto e diritto scritto non esiste un'identità assoluta in quanto, vero è che per *fonte-atto* si intendono atti giuridici volontari imputabili a soggetti determinati ed implicanti l'esercizio di un potere ad essi attribuito (atti normativi), ma non è detto che tali atti siano sempre e soltanto scritti (in un ordinamento poco complesso la statuizione di un saggio o di un giudice può avere valore normativo anche non essendo scritta), benché senza dubbio così sia negli ordinamenti organizzati come quello italiano. Anche le fonti-fatto, in vero, sono riconducibili ad azioni volontarie, ma queste non si traducono in atti, bensì, come cennato, rimangono meri fatti giuridici malgrado siano accettati dall'ordinamento nella loro oggettività di fatto normativo.

Considerate le difficoltà ricostruttive appena cennate, più corretta e più piena, oltre che più aderente al sistema italiano, sembra la distinzione – che si seguirà in questo manuale – degli atti e dei fatti giuridici, produttivi o modificativi o estintivi di diritto, nelle due categorie, rispettivamente, delle **fonti di**

carattere legislativo (fonti-atto) e delle **fonti di carattere non legislativo** (fonti-fatto).

La pluralità di fonti che è caratteristica di ogni ordinamento complesso, e comunque l'inesauribilità della fonte singolarmente considerata comporta la necessità che i rapporti tra le fonti siano regolati da principi e regole. I principi di teoria generale fondamentali che regolano tali rapporti sono due: l'abrogabilità e l'irretroattività.

Il **principio dell'abrogabilità** delle fonti consente agli ordinamenti di evolversi e di evitare pericolosi conflitti tra norme prodotte in momenti diversi. Esso comporta che una norma prodotta da una data fonte non può essere dichiarata sottratta all'abrogazione, e cioè al processo estintivo dei suoi effetti ad opera delle future manifestazioni normative della stessa o di altre fonti abilitate. Per esemplificare: se ad una norma di legge ne succede un'altra che dichiara la prima abrogata, quest'ultima perde i suoi effetti, sempre che la norma abrogatrice sia considerata idonea dall'ordinamento. Al principio di abrogabilità fanno eccezione le norme poste da poteri normativi conclusi e non rinnovabili: ad esempio, per il nostro ordinamento, la forma repubblicana, derivante dal referendum istituzionale del 2 giugno 1946, non è più passibile di abrogazione perché il relativo potere del popolo si è estinto con l'esercizio dello stesso; allo stesso modo si ritiene non possa essere abrogata la Costituzione nel suo complesso, in quanto essa è il risultato dell'esercizio del potere costituente, che si è esaurito una volta per tutte con la sua approvazione e lo scioglimento dell'Assemblea costituente, di talché la Costituzione può essere modificata in alcune sue parti, ovvero può essere rimossa completamente, così facendo crollare l'intero ordinamento giuridico che sulla stessa si poggia, ma non può essere tecnicamente abrogata.

L'abrogazione di una norma, o fonte che dir si voglia, può essere, come disposto dall'**art. 15** delle **preleggi**: ***espressa***, e cioè dichiarata espressamente dalla fonte sopravvenuta; ovvero ***tacita*** quando l'abrogazione deriva dall'incompatibilità, c.d. **antinomia**, delle due norme, ma la seconda nulla dispone circa l'abrogazione della prima; ovvero ancora ***implicita***, e cioè conseguente ad una complessa modifica dell'intero settore che, anche in assenza di puntuali contrasti con la norma precedente, rende quest'ultima superata. L'effetto dell'abrogazione consiste nel circoscrivere nel tempo l'efficacia regolativa della norma abrogata dal momento dell'entrata in vigore della norma abrogatrice. In altre parole, una volta entrata in vigore la norma abrogatrice, la precedente non viene espunta dall'ordinamento ed anzi rimane efficace per i fatti antecedenti, a cui essa potrebbe risultare ancora applicabile, ma non si applica più ai fatti nuovi, e dunque non è più efficace per il futuro.

Antinomie tra norme e lacune dell'ordinamento

Due vicende tipiche degli ordinamenti giuridici sono quelle evocate dai termini antinomia e lacuna. Le due vicende sono tra loro, in qualche modo, opposte, nel senso che l'**antinomia** riguarda la situazione che si verifica quando due o più norme sono incompatibili in tutto o in parte, mentre la **lacuna**, concerne il caso che rispetto ad una certa problematica l'ordinamento non presenti alcuna norma.

In dottrina si parla anche di **false antinomie** e di **false lacune**, e cioè, rispettivamente: di contrasti tra norme che è possibile risolvere a livello ermeneutico interpretando una o entrambe le norme in modo tale che le stesse siano tra loro compatibili; e di apparenti vuoti normativi dell'ordinamento che, sempre in via interpretativa, è possibile colmare ad esempio attraverso l'interpretazione estensiva di una certa disposizione, ovvero attraverso il rinvio ad un ordinamento straniero.

Le vicende in parola sono fisiologiche in quanto, nell'ambito dell'evoluzione degli ordinamenti giuridici, è ben possibile, ed anzi normale, che si creino situazioni di antinomia, in quanto il legislatore non riesce sempre – e, per il vero, riesce nel tempo sempre meno a causa della crescente complessità del sistema – ad abrogare espressamente una data norma quando ne emana una con essa incompatibile, ed inoltre perché, in alcuni casi, il conflitto tra norme riguarda fonti dotate di una diversa forza nella relativa scala gerarchica, ovvero fonti di diversa natura. Così come, benché l'ordinamento tenda e debba tendere per definizione alla completezza, per sua stessa natura esso non può che essere ontologicamente incompleto, anche per il sol fatto che la società si evolve ed il diritto, nella più parte dei casi, rincorre i fenomeni sociali e li regola con qualche ritardo.

Le **antinomie** tra nome, nel diritto italiano, si risolvono in base all'applicazione di quattro criteri tra loro alternativi: il **criterio gerarchico**, il **criterio di competenza**, il **criterio di specialità**, ed il **criterio cronologico**. In breve, se una norma risulta, nella scala gerarchica delle fonti del diritto (sulla quale ci soffermeremo nel prossimo paragrafo), di grado superiore all'altra con cui si trova in ipotesi di insanabile contrasto, quest'ultima soccombe, nel senso che viene abrogata o disapplicata, a seconda dei casi, come si spiegherà meglio nel prosieguo del capitolo (criterio gerarchico). Se, invece, le due norme sono di pari grado, ma emanate da soggetti diversi, ognuno dei quali ha, rispetto all'altro, poteri di produzione normativa definiti per competenza (come accade, ad esempio, oggi, *ex* art. 117 Cost., tra Stato e Regioni), la norma prodotta dal soggetto non competente nella data materia sarà illegittima, e l'altra, dunque, prevarrà (criterio di competenza). Tra fonti di pari grado gerarchico e prodotte dallo stesso soggetto o da soggetti rispetto ai quali non funziona il criterio della competenza, il conflitto sarà risolto sulla base del criterio di specialità e del criterio cronologico, considerati nel loro complesso. Ed infatti, se tra le due norme in conflitto esiste un rapporto di specialità, prevarrà in sede applicativa, la norma di natura speciale rispetto a quella di natura generale, che tuttavia, non verrà per questo abrogata, continuando a trovare applicazione nei casi non coperti dalla norma speciale (criterio di specialità). La norma generale, tuttavia, può prevalere su quella speciale se le è sopravvenuta cronologicamente e se l'interprete evince dal contesto che la norma più recente ha inteso abrogare tacitamente la norma speciale precedente; così come, se non esiste un rapporto gerarchico, né di competenza, né di specialità, tra le due norme, prevale quella che è stata emanata per ultima, in quanto essa costituisce la volontà più attuale espressa dal legislatore (criterio cronologico).

Le **lacune** nell'ordinamento italiano sono prese in considerazione dall'**art. 12, comma 2**, delle **preleggi**, a tenore del quale: "*Se una controversia non può essere decisa con una precisa disposizione, si ha riguardo alle disposizioni che regolano casi simili o materie analoghe; se il caso rimane ancora dubbio, si decide secondo i principi generali dell'ordinamento giuridico dello Stato*". A colmare la lacuna deve essere, dunque, l'interprete che cercherà ed individuerà nell'ordinamento una disposizione che regola casi simili o materie analoghe e da questa ricaverà in via ermeneutica la norma applicabile al caso sottoposto alla sua attenzione (*analogia legis*), ovvero, nel caso la sua ricerca non sia stata produttiva, deciderà secondo i principi generali dell'ordinamento statale (*analogia iuris*).

Il **principio di irretroattività** opera nel senso che la norma non dispone che per l'avvenire (**art. 11 delle *Preleggi***). L'irretroattività, pur non essendo costituzionalizzata, e quindi pur essendo derogabile da parte del legislatore ordinario, costituisce comunque, ad avviso della Corte costituzionale, un principio generale dell'ordinamento, le cui deroghe sono quindi sottoposte ad un sindacato di ragionevolezza.

Come ovvio, non può esistere un ordinamento giuridico senza fonti, ed anzi ogni ordinamento giuridico nasce, si evolve ed opera proprio grazie all'operatività delle sue fonti. L'unitarietà dell'ordinamento, peraltro, non esclude affatto la pluralità e l'eterogeneità delle fonti, ed anzi la ricchezza e la complessità degli attuali ordinamenti giuridici fa necessariamente il paio con la implementazione, nei moderni sistemi nazionali, dei fatti e degli atti produttivi di diritto.

Le fonti del diritto, ed in particolare le fonti di carattere legislativo, considerate le qualità del potere o della funzione ritenuti idonei ad esprimere l'atto normativo, sono state altresì definite ed intese quali processi ascendenti di integrazione politica nella sfera dell'ordinamento giuridico, e ciò in quanto è proprio attraverso l'attività volontaria di produzione, modifica ed estinzione delle regole giuridiche che si determina la configurazione dell'ordinamento secondo l'ideologia, i valori, l'organizzazione e gli obiettivi politici espressi dalla società di cui il dato ordinamento è espressione.

In altri termini, la **complessità sociale e politica** di una comunità si riflette normalmente nel sistema delle sue fonti, sicché, ad esempio, in un ordinamento in cui c'è un sovrano con potere assoluto sui sudditi e che non sia soggetto nemmeno ad una carta costituzionale, e cioè ad un complesso di norme di valore e rango più alto, molto probabilmente il potere di emanare le regole giuridiche di quella comunità sarà nelle mani proprio del sovrano, il quale sarà il solo legittimato ad esercitarlo e che lo eserciterà senza particolari formalismi, posto che egli può in qualunque momento modificare le regole che eventualmente impongono tali formalismi. Viceversa, in un ordinamento giuridico democratico, basato su delicati equilibri tra i poteri in esso operanti – qual è, ad esempio, l'ordinamento nazionale italiano per come descritto dalla Costituzione vigente – alla formazione delle regole dell'ordinamento partecipano alternativamente tra loro, con procedure eterogenee, ovvero in altri casi integrando la propria azione, diversi soggetti a seconda del tipo e della funzione della regola giuridica, di volta in volta, da produrre, modificare o estinguere. Nell'ordinamento italiano, infatti, le singole fonti del diritto operanti sono: alcune, espressione di democrazia rappresentativa (così, senza dubbio, la legge del Parlamento); altre, di democrazia diretta (il referendum, in quanto deciso direttamente dal popolo); e altre ancora, di democrazia sociale (la contrattazione collettiva). Allo stesso tempo, alcune fonti sono espressione di potere politico rappresentativo sovranazionale (trattato, direttiva, regolamento e raccomandazione dell'Unione europea), altre nazionale (ancora, legge del Parlamento, decreto legge, decreto legislativo, regolamenti parlamentari e ministeriali), altre regionali (legge regionale) ed altre ancora di potere politico rappresentativo locale (regolamenti comunali o provinciali).

Quanto appena evidenziato, circa lo stretto collegamento tra fattore politico ed organizzativo della comunità e sistema delle fonti, spiega anche perché i diversi ordinamenti giuridici nazionali, soprattutto se appartenenti a tradizioni giuridiche eterogenee, presentano, tra loro, importanti divergenze sul piano del sistema delle fonti. Ad esempio, come già evidenziato nel precedente capitolo, mentre nei sistemi di ***civil law*** la fonte più importante è per definizione quella legislativa, e cioè quella che trova corpo negli atti scritti prodotti secondo le procedure legislative tipiche e istituzionalizzate, nei sistemi di ***common law***, almeno tradizionalmente, la fonte per eccellenza, e cioè la fonte con maggior capacità incisiva del diritto, è quella costituita dalle pronunce giurisprudenziali che, almeno in teoria, recepiscono, dichiarano ed applicano principi di diritto già esistenti e rinvenuti dai giudici nel tessuto sociale (c.d. principio dichiarativo). A ben vedere, dunque, nei sistemi di *common law* il giudice, piuttosto che 'produrre' diritto, lo rinviene e lo dichiara, per poi applicarlo; sicché si è soliti affermare che la matrice caratterizzante tali sistemi è quella consuetudinaria, e cioè la fonte-fatto costituita dal comportamento comune tenuto dai consociati, la quale produce il principio di diritto che il giudice poi dichiara quale fonte di cognizione. In vero, come pure si è già accennato, negli ordinamenti di *common law*, soprattutto in quelli maggiormente evoluti e concorrenziali, negli ultimi decenni si è sviluppato il diritto di matrice legislativa come reazione del sistema rispetto, soprattutto in alcuni settori, al bisogno di normativa tecnica, certa e di dettaglio, avvertito sia a livello interno che nei rapporti con gli altri ordinamenti; così come, di contro, negli ordinamenti di *civil law* è cresciuta l'importanza del diritto giurisprudenziale, e cioè delle sentenze dei giudici. Da questo punto di vista le due tradizioni giuridiche in parola mostrano attualmente, come già osservato, notevoli convergenze.

Le convergenze tra i sistemi delle fonti di ordinamenti nazionali appartenenti a diverse tradizioni giuridiche dipendono da, ed a loro volta determinano, il progressivo aumento della complessità degli ordinamenti. Nell'ambito dei quali, oltre alle fonti del diritto cui si è fin qui fatto cenno, operano ulteriori fenomeni che incidono sulla formazione e sulla comparazione dell'ordinamento. Nel tentativo di non intaccare, quanto meno dal punto di vista lessicale e formale, il sistema delle fonti come elaborato nel XX secolo dagli studiosi di teoria generale del diritto di stampo civilistico, per definire tali fenomeni, in Italia, si preferisce usare il termine '**formanti**'. Dunque, giurisprudenza e dottrina non vengono qualificate tecnicamente come 'fonti' del diritto perché né ai giudici né agli studiosi, nei paesi di *civil law*, si riconosce formalmente il potere di partecipare all'attività di produzione (intesa anche nel senso di modifica ed estinzione) del diritto, riservata storicamente al legislatore in quanto soggetto legittimato politicamente. Tuttavia, non potendo oggi disconoscere il ruolo che in concreto sia giurisprudenza che dottrina quotidianamente svolgono (ma per comprendere l'importanza che tali 'formanti' hanno avuto anche nei secoli passati, v. il box del paragrafo 1.7.1. dedicato al diritto romano, in particolare relativamente al 'Digesto' ed alle 'Istituzioni' del *Corpus iuris*), si ammette che esse sono fenomeni che contribuiscono a formare il diritto, e cioè che cooperano coerentemente con le fonti tradizionali a determinare la conformazione attuale dell'ordinamento giuridico. Sull'argomento si tornerà più avanti nel corso di questo capitolo.

2.1.1. Le fonti di carattere legislativo del diritto privato italiano

Come rispetto all'ordinamento giuridico inteso nel suo complesso, così anche nell'ambito del diritto privato, in Italia il sistema delle fonti di carattere legislativo – che presenta attualmente peculiarità tipiche dei paesi di *civil law*, ma altresì condivide prerogative proprie degli ordinamenti nazionali che fanno parte dell'Unione europea – appare oggi particolarmente composito in quanto, da un lato, alle fonti tradizionali si sono negli ultimi decenni aggiunte, per l'appunto, le fonti di derivazione europea (comunitaria prima ed unitaria poi), dall'altro, sono aumentati l'importanza e l'ambito di operatività di alcune fonti sino a qualche lustro fa meno rilevanti, quali ad esempio la legge regionale.

Per quanto rileva ai nostri fini, giova – non solo sotto il profilo storico – rilevare che il codice civile del 1942, nelle **preleggi**, e segnatamente all'**art. 1**, elenca quattro fonti del diritto, e cioè: "*1) Le leggi; 2) I regolamenti; 3) Le norme corporative; 4) Gli usi*".

Come accennato nello scorso capitolo, tutte le disposizioni di legge che richiamano le norme corporative – introdotte dal regime fascista durante il Ventennio in cui fu al potere – devono ritenersi abrogate in seguito alla soppressione dell'ordinamento corporativo disposta con il r.d.l. 9 agosto 1943 n. 721. Tale soppressione, tuttavia, non ha eliminato la vigenza delle norme corporative già emanate, ponendo rispetto a queste solo la riserva di "*successive modifiche*" (d.lg.lgt. 23 novembre 1944 n. 369), tanto che è intervenuta la Corte costituzionale per stabilire entro quali limiti tale vigenza debba essere intesa, specialmente in materia di contratti collettivi di lavoro (cfr. la sentenza della Corte cost. 10 giugno 1969 n. 98).

Al di là di questo aspetto, e dunque della soppressione dell'ordinamento corporativo, l'art. 1 delle preleggi è ancora attualmente in vigore, ma la sua rilevanza sistematica e la sua stessa completezza risultano oggi inficiate dallo stravolgimento che il sistema delle fonti ha avuto dal 1942 ad oggi. Tale stravolgimento è stato determinato da alcuni importanti avvenimenti a cui si farà cenno nei paragrafi che seguono. Può, tuttavia, sin d'ora evidenziarsi che la nuova organizzazione del sistema delle fonti del nostro ordinamento giuridico, quanto meno per quanto concerne le fonti primarie ed i loro rapporti con le fonti di rango superiore, può ricavarsi testualmente dall'**art. 117 Cost.**, il quale, nella formulazione risultante dall'art. 3 della legge costituzionale 18 ottobre 2001 n. 3, promulgata a seguito dell'esito favorevole del referendum indetto in data 3 agosto 2001, stabilisce che "*La potestà legislativa è esercitata dallo Stato e dalle Regioni nel rispetto della Costituzione, nonché dei vincoli derivanti dall'ordinamento comunitario e dagli obblighi internazionali*".

Tra le fonti previste nell'ordinamento giuridico italiano, come testimonia anche l'art. 117 Cost. appena citato, vige attualmente un ordine gerarchico in forza del quale la fonte di rango inferiore non può porsi in contrasto con una fonte di rango superiore. Il **principio gerarchico** costituisce una novità per l'ordinamento italiano introdotta dalla Costituzione Repubblicana (cfr. il paragrafo 2.1.1.). Prima del 1948, infatti, l'ordinamento monarchico prevedeva accanto alla legge ordinaria lo Statuto Albertino, ma questo non era sovraordinato gerarchicamente alla legge e dunque non vincolava il legislatore che poteva emanare leggi ordinarie anche in contrasto con lo Statuto. Il principio gerarchico è di fondamentale importanza per l'ordinamento italiano, in quanto tramite esso si attua il principio del c.d. Stato di diritto, giacché il legislatore, e cioè il potere politico costituito, alla luce della Costituzione vigente, non è libero di esercitare senza vincoli e limiti la sua funzione, essendo sottoposto ad un controllo di merito circa la correttezza di quanto da lui statuito, parametrata rispetto ai contenuti della fonte di rango superiore (per l'appunto la Costituzione).

A questo punto, volendo sinteticamente elencare le fonti del diritto di matrice legislativa attualmente operanti nell'ordinamento privatistico italiano, rispettandone l'ordine gerarchico, e con riserva di approfondire portata ed operatività delle singole fonti nei prossimi paragrafi, per semplicità di rappresentazione possiamo immaginare l'ordinamento come disposto su una scala, ovvero costruito in forma piramidale, in ossequio alla fortunata teoria elaborata da Hans Kelsen nella sua celeberrima '*Reine Rechtslehre*', e cioè 'dottrina pura del diritto', già dalla prima edizione del 1934. Al vertice di tale piramide vi sono i **principi fondamentali** ricavabili dalla **Costituzione** (intesa in senso formale; cfr. il prossimo paragrafo) e dalle **leggi costituzionali** e di **revisione costituzionale**, in quanto fonti di carattere legislativo di rango superiore ad ogni altra; sul gradino subito inferiore vi sono gli **atti normativi dell'Unione europea** e le **fonti internazionali consuetudinarie** (e dunque non pattizie), le une e le altre dotate di particolare copertura costituzionale secondo gli artt. 10 ed 11 Cost.; appena più in basso si trovano le restanti disposizioni, cioè quelle non fondamentali, della Costituzione e delle leggi costituzionali e di revisione costituzionale; nel gradino ulteriormente più basso ci sono le c.d. **fonti interposte**, e cioè, secondo il recente orientamento della Corte costituzionale (sentenze nn. 348 e 349/2007, su cui *infra*), le norme del diritto internazionale scritto che creano "*obblighi internazionali*" per l'ordinamento italiano ai sensi dell'art. 117 Cost. (ad esempio, la Convenzione europea dei Diritti dell'Uomo, sulla quale torneremo tra breve); più in basso si trovano le c.d. **fonti primarie** (così dette in quanto erano al vertice del sistema prima dell'entrata in vigore della Costituzione Repubblicana e dell'avvento del fenomeno europeo), e cioè le leggi dello Stato e delle Regioni e gli atti aventi forza di legge, quali i decreti legge ed i decreti legislativi; quindi, nel gradino ancora inferiore si trovano le c.d. **fonti secondarie** costituite dai regolamenti amministrativi; ed infine, nel gradino più basso della piramide, operano le c.d. **fonti terziarie** e cioè le consuetudini e, secondo taluni, i regolamenti privati e gli statuti di condominio, d'impresa, di associazioni, ecc.

Nell'impostazione giuspositivistica, come già accennato nel precedente capitolo (cfr. paragrafo 1.3., ed in particolare il box dedicato alla validità delle regole giuridiche), ogni fonte di rango superiore legittima la norma di rango inferiore. In questa prospettiva la Costituzione, posta al vertice dell'ordinamento, legittima ogni altra fonte, ed a sua volta è legittimata dall'esistenza e dall'operatività di una c.d. **norma fondamentale**, non scritta e non espressa, costituita dalla fiducia che la comunità dei consociati nutre nei confronti della Costituzione, e dunque dell'assetto istituzionale e valoriale che questa imprime all'ordinamento stesso. La norma fondamentale potrebbe essere spazzata via solo da un atto rivoluzionario che evidenziasse la rottura del rapporto di fiducia tra la comunità ed il proprio ordinamento; ed in questo senso può dirsi che la rivoluzione è un atto/fatto giuridico a tutti gli effetti. In tal caso, rimossa la norma fondamentale, l'intero ordinamento crollerebbe perché la Costituzione non avrebbe più legittimità alcuna, e di conseguenza tutto il sistema delle fonti perderebbe la propria efficacia.

Come meglio si vedrà nei paragrafi che seguono, le fonti dell'ordinamento giuridico sono identificate secondo criteri formali e, solo in mancanza, secondo criteri sostanziali. Sono criteri formali la denominazione ufficiale dell'atto e il procedimento seguito per la sua approvazione.

L'ordine gerarchico nell'attuale assetto delle fonti dell'ordinamento italiano

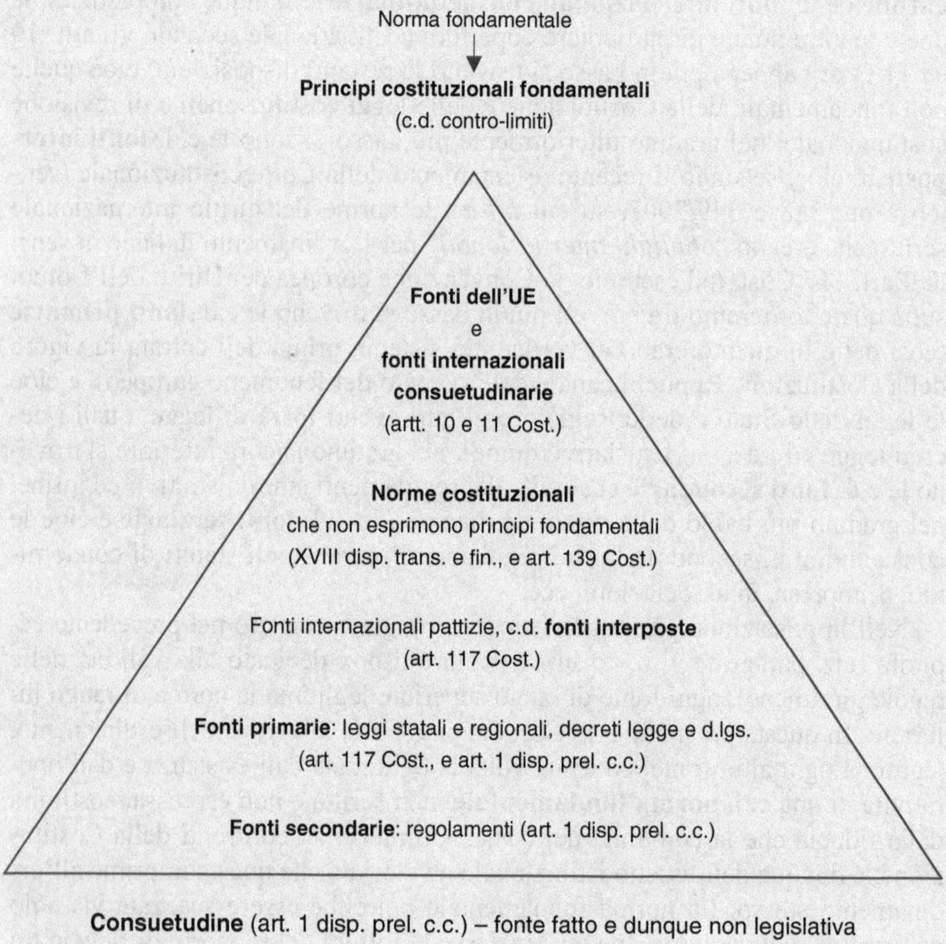

2.1.1.1. *La Costituzione e le leggi costituzionali o di revisione costituzionale*

Pochi anni dopo l'entrata in vigore del codice civile del 1942, in Italia nel **1948** è entrata in vigore la **Costituzione Repubblicana**, che – come accennato nel precedente paragrafo – costituisce oggi fonte di rango più alto nel sistema delle fonti gerarchicamente ordinato. Si tratta di un *corpus* organico, elaborato ed approvato dall'Assemblea costituente pochi anni dopo la caduta dell'ordinamento fascista e subito dopo la svolta democratica repubblicana determinata dall'esito del referendum del 2 giugno 1946 che segnò la fine della monarchia nel nostro paese. Il testo, costituito da centotrentanove articoli e da diciotto disposizioni transitorie e finali, esprime i principi ed i valori fondamentali dell'ordinamento giuridico a cui le fonti di rango inferiore devono uniformarsi. Le norme costituzionali non sono tutte ad efficacia diretta, ossia immediatamente vincolanti per i soggetti dell'ordinamento; la Carta presenta, infatti, anche norme ad efficacia indiretta, che possono suddividersi in: norme ad efficacia differita, norme di principio e norme meramente programmatiche.

Sotto il profilo della fonte di produzione va sottolineato che la Costituzione può essere modificata, e cioè le sue disposizioni possono essere integrate, sostituite o abrogate, dal Parlamento, ma sulla base di un procedimento più complesso (c.d. **procedimento aggravato**) rispetto a quello necessario per una legge ordinaria. Infatti, quest'ultima viene approvata sulla base del voto conforme della Camera dei Deputati e della Camera dei Senatori preso a maggioranza dei presenti in aula al momento del voto. Viceversa, per l'approvazione di una **legge di revisione costituzionale** (che, cioè, modifichi il testo della Costituzione) o di altra **legge costituzionale** (che, cioè, abbia valore costituzionale pur non modificando la Costituzione; ad esempio le leggi di approvazione degli Statuti delle Regioni Speciali), l'art. 138 Cost. stabilisce che sono necessarie due successive deliberazioni conformi di entrambe le Camere prese con le maggioranze qualificate specificate dalla norma. L'unica norma costituzionale che non può essere oggetto di revisione – come evidenziato dall'art. 139 Cost. – è quella contenuta nell'art. 1, a tenore della quale l'ordinamento giuridico italiano ha "*forma repubblicana*".

Una importante puntualizzazione operata in dottrina, ma riconosciuta valida anche in giurisprudenza, riguarda l'esistenza di una c.d. *Costituzione materiale*, accanto alla c.d. *Costituzione formale*. Per cogliere la distinzione in parola deve osservarsi che tra le caratteristiche peculiari della norma giuridica vi è – come osservato nello scorso capitolo – la sua eteronomia, e cioè il fatto di essere posta da un'autorità precostituita. La legittimazione di tale autorità si rinviene in una norma sulla produzione. Anche tali norme, tuttavia, devono essere emanate da una qualche autorità, sicché, pena un *regressum ad infinitum*, si deve ammettere che l'autorità che pone la fonte di rango più alto non può fondare la sua legittimazione su di una norma sulla produzione emanata da un'autorità costituita di rango più elevato, dovendosi perciò riconoscere che l'eteronomia dell'ordinamento, nella sua massima espressione, deriva dall'autonomia dello stesso e, più ancora, dall'autonomia della comunità di cui l'ordinamento è espressione.

La prima, e cioè più alta in grado, autorità ovvero la prima fonte sulla produzione, da cui discende la legittimità delle altre di rango inferiore secondo il meccanismo di legittimazione operante su scala gerarchica viene indicata con il sintagma **Costituzione materiale**. Questa consiste in un insieme di precetti e valori esistenti indipendentemente da qualunque atto volontario di esercizio di un potere costituito, e si fonda sull'insieme dei rapporti giuridici e sociali generati nella comunità dalle relazioni di forza tra consociati, siano esse materiali o spirituali. In sintesi, la Costituzione materiale può essere intesa come l'insieme dei valori e dei precetti, non necessariamente scritti ma condivisi in un dato momento storico e ritenuti fondamentali in una certa comunità, tanto da costituire il fondamento dell'ordinamento giuridico. Viceversa, la **Costituzione formale**, è un atto normativo posto volontariamente, da un'autorità il cui potere deriva dalla costituzione materiale. Per esemplificare, quando in Italia l'Assemblea costituente elaborò ed emanò la Costituzione Repubblicana, il suo potere, la sua legittimazione, derivava dalla Costituzione materiale in quel momento esistente nel Paese.

La Costituzione materiale, proprio in quanto non posta da alcuna autorità, al contrario di ogni altra fonte dell'ordinamento, non può spiegarsi in termini di validità, legalità o legittimazione, bensì esclusivamente in termini di *esistenza* e, cioè, di *effettività*. In altre parole, la Costituzione materiale esiste fino a quando esiste la comunità che si riconosce attorno a quei determinati valori e precetti fondamentali. Essa può addirittura sopravvivere ad un atto rivoluzionario che, in ipotesi, rimuova la norma fondamentale cui si è fatto cenno alla fine del paragrafo precedente, coincidente con il rapporto di fiducia tra la comunità dei consociati e l'ordinamento giuridico in quel momento esistente. Ciò in quanto, l'atto rivoluzionario può far crollare l'ordinamento giuridico storicamente determinato senza, allo stesso tempo, intaccare il nucleo fondante dei valori in cui la comunità si riconosce. In questo senso può dirsi che l'atto rivoluzionario può travolgere la Costituzione in senso formale, ma non anche – o, almeno, non è detto che ciò accada – la Costituzione materiale.

Da quanto precede può ricavarsi che la Costituzione repubblicana del 1948 è certamente una Costituzione formale, in quanto posta dall'Assemblea costituente. Sennonché, non vi è dubbio riguardo al fatto che essa esprima anche, tra gli altri, alcuni valori fondamentali attualmente definibili in termini di Costituzione materiale. Dunque, all'interno della stessa Carta costituzionale vigente si possono distinguere disposizioni che fanno parte esclusivamente della Costituzione formale e disposizioni che sono invece parte della costituzione materiale attualmente esistente nella comunità nazionale italiana.

Passando all'analisi dei suoi contenuti, va sinteticamente evidenziato che la

Carta costituzionale, intesa nella sua espressione formale come insieme di Costituzione formale e materiale, presenta una **parte introduttiva** dedicata ai "*principi fondamentali*", tra i quali ce ne sono alcuni rilevanti per il diritto privato; tra gli altri – in particolare – il principio del riconoscimento e della garanzia dei "*diritti inviolabili dell'uomo sia come singolo sia nelle formazioni sociali, ove si svolge la sua personalità*" (art. 2), il principio della solidarietà tra consociati (ancora art. 2), nonché il principio di eguaglianza (art. 3).

A questa introduzione fa seguito una **prima parte** dedicata, innanzitutto, ai "*diritti e doveri dei cittadini*", un cui sono contemplati i rapporti tra cittadini e Stato (titolo I: "*Rapporti civili*"), attraverso il riconoscimento di alcune libertà anche di grande rilievo privatistico (ad esempio, libertà di associazione, di professione della fede religiosa, di manifestazione del pensiero), ed attraverso l'affermazione di principi fondamentali in materia di tutela giudiziaria dei diritti, operanti anche nell'ambito del diritto privato.

Tale prima parte è, altresì, dedicata ai rapporti intersoggettivi che costituiscono materia tipica del diritto privato (titolo II: "*Rapporti etico-sociali*"; e titolo III: "*Rapporti economici*"), quali quelli relativi ai rapporti familiari (art. 29), al diritto alla salute (art. 32), ai rapporti di lavoro (artt. 35 e ss.), al diritto di proprietà (artt. 42 e 44), all'iniziativa economica privata (art. 41) e quindi all'autonomia negoziale che si estende anche alla materia testamentaria, alla cogestione delle aziende (art. 46), alla cooperazione a carattere mutualistico (art. 45), nonché al risparmio ed all'esercizio del credito (art. 47).

La **seconda parte** della Costituzione delinea l'ordinamento della Repubblica e rappresenta i contenuti tipici delle carte costituzionali ottocentesche, precedenti a quella della Repubblica di Weimar che, storicamente, è individuata come la prima Costituzione moderna.

Riprendendo il discorso accennato sul finire del precedente paragrafo, circa il principio gerarchico che opera nel sistema delle fonti dell'ordinamento italiano, va osservato che la **XVIII disposizione** (transitoria e) finale rappresenta lo snodo fondamentale per determinare il valore superiore della Costituzione rispetto alle altre fonti del diritto; essa, infatti, stabilisce che "*la Costituzione dovrà essere fedelmente osservata come legge fondamentale della Repubblica da tutti i cittadini e dagli organi dello Stato*". Dunque, nel nostro ordinamento tutti i cittadini, nonché gli organi dello Stato, e quindi anche il legislatore, devono rispettare la Costituzione. Ciò significa che i principi, tutti i principi, espressi dall'articolato normativo costituzionale devono essere rispettati dal legislatore che emana le leggi ordinarie così come da tutte le ulteriori fonti del diritto. Ma significa, altresì, che la vincolatività delle norme costituzionali riguarda qualsiasi soggetto dell'ordinamento, tanto che anche l'operatore giuridico, chiamato ad interpretare le norme poste da fonti di rango inferiore alla Costituzione, dovrà sempre orientare la sua attività ermeneutica in modo tale da interpretare la norma nel senso in cui questa può attuare in concreto i principi delineati a livello costituzionale.

Sino ad alcuni anni fa, dottrina e giurisprudenza distinguevano norme costituzionali c.d. *programmatiche* e norme costituzionali c.d. *precettive*, e di conseguenza veniva riconosciuta efficacia immediatamente vincolante per gli operatori del diritto solo alle norme precettive, in quanto si riteneva che le norme costituzionali programmatiche fossero rivolte esclusivamente ad orientare l'attività legislativa. Ciò aveva importanti ricadute sulla conformazione concreta del diritto privato, giacché le norme c.d. programmatiche – e, tra queste, anche quelle di particolare importanza, di cui agli artt. 2, 3 e 4 Cost. – non venivano avvertite come immediatamente condizionanti l'interpretazione delle fonti di rango primario. Viceversa, negli ultimi lustri – grazie all'opera ricostruttiva di una parte della dottrina ed all'evoluzione della giurisprudenza costituzionale – la distinzione in parola si è scolorita, tanto che i giudici (anche la Cassazione) ritengono ormai di dover interpretare le norme di diritto privato alla luce di tutti i principi costituzionali.

L'**interpretazione del diritto privato nell'ottica costituzionale** ha così svelato contenuti delle regole privatistiche sino a poco tempo fa parte dell'ordinamento privatistico solo in potenza, e tuttavia non ancora conosciuti, emersi o comunque applicati. Altro, infatti, è leggere il codice civile, nonché le leggi speciali di carattere privatistico, nella prospettiva produttivistica adottata dal legislatore del 1942, ed evidenziata nel precedente capitolo (cfr., in particolare, il paragrafo 1.8.); altro è leggerlo nell'ottica solidaristica costituzionale, che subordina il valore della produttività e dell'efficienza economica al rispetto dei diritti fondamentali della persona, così elevando il valore dell'efficienza dell'ordinamento da un piano meramente economico ad un piano che potremmo definire, nel suo complesso, umanistico, perché, per l'appunto, tiene conto dell'importanza della produzione economica ed al contempo dell'esigenza di tutelare a pieno gli altri aspetti fondamentali dell'esistenza umana. Emblematico, a tal riguardo, risulta, tra gli altri, il disposto dell'**art. 41 Cost.,** a tenore del quale "*L'iniziativa economica privata è libera. Non può svolgersi in contrasto con l'utilità sociale o in modo da recare danno alla sicurezza, alla libertà, alla dignità umana. La legge determina i programmi e i controlli opportuni perché l'attività economica pubblica e privata possa essere indirizzata e coordinata a fini sociali*". Lo stesso può dirsi dell'**art. 42 Cost.**, il quale, in particolare al comma 2, stabilisce che "*La proprietà privata è riconosciuta e garantita dalla legge, che ne determina i modi di acquisto, di godimento e i limiti allo scopo di assicurarne la funzione sociale e di renderla accessibile a tutti*".

Un esempio emblematico del nuovo corso giurisprudenziale, circa l'interpretazione del diritto privato nell'ottica costituzionale, ha recentemente riguardato l'**art. 2059 c.c.**, sul quale ci si soffermerà peculiarmente quando si tratterà il tema della responsabilità civile di natura extracontrattuale. Dopo alcuni decenni di interpretazione restrittiva dell'art. 2059 c.c. solo nel 2003 la Corte di Cassazione, applicando l'art. 2 Cost., ha fornito una nuova evolutiva interpretazione della disposizione in parola stabilendo che: «Nel vigente assetto dell'ordinamento, nel quale assume posizione preminente la Costituzione – che all'art. 2 riconosce e garantisce i diritti inviolabili dell'uomo – il danno non patrimoniale deve essere inteso come categoria ampia, comprensiva di ogni ipotesi in cui sia leso un valore inerente alla persona, non esaurendosi esso nel danno morale soggettivo» (sentenze gemelle della Corte di Cassazione, 31 maggio 2003 nn. 8827 e 8828, nonché le più recenti sentenze ancora della Cassazione, ma a Sezioni Unite, 11 novembre 2008 nn. 26972-26975, c.d. **sentenze di San Martino** in ragione della data del loro deposito). In vero, principi di diritto sanciti in tali sentenze, dopo una prima piuttosto vasta applicazione pretoria, negli ultimi sono stati (almeno) in parte disattesi sia dalla giurisprudenza sia dal legislatore. Ed infatti quest'ultimo, con la legge n. 124/2017, modificando l'art. 138 del Codice delle Assicurazioni, ha espressamente ricompreso nella nozione di danno non patrimoniale il c.d. danno dinamico-relazionale, così – almeno secondo una certa interpretazione – restituendo alla categoria del c.d. danno esistenziale una certa autonomia, che le sentenze di San Marino avevano, invece, inteso negare. Inoltre, più recentemente, la Terza Sezione Civile della Suprema Corte, con le dieci sentenze (cc.dd. **sentenze-decalogo**) depositate l'11 novembre 2019, in materia di *malpractice* medica ha sancito la scindibilità del danno non patrimoniale in singole voci di danno.

Il controllo sull'effettivo rispetto della Costituzione è demandato ad un organo, la **Corte costituzionale**, che, ai sensi dell'art. 134 Cost., si occupa, tra l'altro (le ulteriori sue funzioni riguardano la soluzione dei conflitti di attribuzione tra poteri dello Stato, tra lo Stato e le Regioni, e tra le Regioni, nonché il giudizio sulle accuse promosse contro il Presidente della Repubblica), di decidere le controversie sulla legittimità costituzionale delle leggi e degli altri atti aventi forza di legge dello Stato e delle Regioni, e che opera seguendo regole procedurali peculiari e notevolmente diverse da quelle relative ad altre giurisdizioni. La composizione di tale Corte, che ha sede a Roma ed ha cominciato ad operare nel 1956, rispecchia l'equilibrio di potere disegnato dall'Assemblea costituente; infatti, i membri della Corte sono quindici: un terzo nominati dal Presidente della Repubblica, un terzo dal Parlamento in seduta comune e un terzo dalle supreme magistrature ordinaria ed amministrativa (art. 135 Cost.).

La questione di legittimità costituzionale può essere sollevata dinnanzi alla Corte, attraverso un **procedimento** particolare c.d. **di rimessione**, non da qualunque cittadino, bensì esclusivamente da un giudice (c.d. giudice *a quo*) che, trovandosi a decidere su una problematica concreta sottoposta alla sua attenzione nell'ambito di un giudizio ordinario (penale o civile) ovvero amministrativo, ovvero speciale (ad esempio una questione rientrante nella competenza del Tribunale delle Acque Pubbliche), ritenga – anche in accoglimento di un'eccezione di parte – vi sia un fondato sospetto di incostituzionalità della norma di legge applicabile al caso e, dunque, in termini più tecnici, che la questione di legittimità costituzionale di tale norma «non sia manifestamente infondata». Il principio per cui solo i giudici possono rimettere questioni di costituzionalità alla Corte si spiega con l'esigenza di evitare che quest'ultima sia sommersa di richieste d'intervento da parte di privati cittadini, con il rischio che queste siano altresì in gran parte totalmente destituite di fondamento. La funzione del giudice remittente è, dunque, di primo filtro tecnico rispetto ad eventuali possibili dubbi di incostituzionalità che, tuttavia, non superino la soglia della manifesta infondatezza. Ciò spiega perché il giudice *a quo*, nella sua ordinanza di rimessione alla Corte, oltre a sospendere il processo che si sta svolgendo dinnanzi a lui in attesa, per l'appunto, che la Corte si pronunci, deve motivare il suo giudizio di non manifesta infondatezza e deve inoltre indicare i parametri normativi costituzionali rispetto ai quali chiede sia valutata la legittimità della fonte di rango ordinario fatta oggetto della questione. In altre parole, il giudice *a quo* deve indicare quali sono, a suo avviso, la norma o le norme costituzionali con cui la norma di rango ordinario viene in conflitto. L'onere a carico del giudice *a quo*, qui richiamato, ha la funzione di determinare l'ambito esatto entro cui deve pronunciarsi la Corte.

La dichiarazione di incostituzionalità eventualmente pronunciata dalla Corte, in accoglimento (in caso contrario, si ha sentenza di rigetto) della questione rimessa dal giudice *a quo*, all'esito del relativo procedimento che si svolge dinnanzi ad essa, comporta l'automatica perdita di efficacia della norma ritenuta incostituzionale dal giorno successivo alla pubblicazione della decisione (art. 136 Cost.). Tale perdita di efficacia è definitiva, in quanto non è possibile impugnare la decisione della Corte, ed opera nei confronti di tutti i consociati, e dunque non solo tra le parti del giudizio dal quale la questione di costituzionalità è originata. Il fenomeno di caducazione degli effetti della norma provocato dalla pronuncia di incostituzionalità è, per molti versi, analogo a quello che si verifica in caso di abrogazione della stessa per effetto di un intervento del legislatore.

In numerosi casi la Corte costituzionale, all'esito del suo giudizio, piuttosto che affermare l'illegittimità della norma, e cioè di una certa interpretazione di una data disposizione di legge, dichiara, con **sentenza c.d. interpretativa di rigetto** (in quanto rigetta la questione di costituzionalità), quale debba essere l'interpretazione corretta da dare alla disposizione oggetto del giudizio di costituzionalità per garantirne la sua compatibilità con le norme costituzionali, così finendo per ricavare dalla stessa disposizione una norma diversa. In termini più tecnici, da quel momento in poi, la disposizione esaminata dalla Corte costituzionale andrà applicata nel senso chiarito dalla Corte stessa.

Un particolare tipo di sentenza interpretativa di rigetto sono le **sentenze c.d. additive**, cioè le pronunce con le quali la Corte dichiara l'incostituzionalità di una disposizione di legge nella parte in cui non prevede una data disciplina. Un esempio di sentenza additiva è costituito dalla pronuncia del 27 luglio 1989 n. 454 con cui la Corte ha sancito l'incostituzionalità dell'art. 155, comma 4, c.c. nella parte in cui non prevedeva, per garantirne l'opponibilità ai terzi, la trascrivibilità del provvedimento giudiziale di assegnazione della casa coniugale ad uno dei due coniugi in sede di separazione personale, laddove, al contrario, l'art. 6 della legge n. 898/1970 (sulla quale torneremo diffusamente nel capitolo VII) la prevede per il caso di divorzio. Tali pronunce mostrano una capacità della Corte di incidere in modo particolarmente significativo sulla stessa ontologia delle regole giuridiche, giacché in forza di esse una disposizione viene ad assumere significati realmente nuovi, e prima non previsti dal legislatore. Tale circostanza ha indotto parte della dottrina a sollevare sospetti circa la legittimità di questa tipologia di pronunce della Corte.

La riforma costituzionale del 2016

Il 15 aprile 2016 veniva pubblicata in Gazzetta Ufficiale (G.U. serie Generale n. 88) la riforma costituzionale c.d. 'Renzi-Boschi' (dai nomi, rispettivamente del Presidente del Consiglio e del Ministro per le riforme, che la promuovevano), recante "*disposizioni per il superamento del bicameralismo paritario, la riduzione del numero dei parlamentare, il contenimento dei costi di funzionamento delle istituzioni, la soppressione del CNEL e la revisione del titolo V della parte II della Costituzione*".

Detta legge costituiva solo una proposta di riforma in quanto il relativo testo di legge costituzionale, approvato in seconda votazione a maggioranza assoluta, non aveva raggiunto il *quorum* previsto dall'art. 138 Cost., il quale dispone che, se una legge costituzionale non viene approvata con una maggioranza di due terzi dei componenti di ciascuna delle Camere, è necessario istituire un **referendum confermativo** con cui gli elettori sono chiamati a decidere se approvare o meno la riforma della Costituzione.

La consultazione popolare del 4 dicembre 2016 (il **terzo referendum costituzionale** nella storia della Repubblica Italiana), caratterizzata da un'alta affluenza alle urne (65,47% degli elettori), si è conclusa con una netta affermazione dei voti contrari (59,12% dei voti validi).

Pertanto, la riforma 'Renzi-Boschi' non è entrata in vigore.

Il disegno di legge proponeva di **superare il bicameralismo** perfetto dell'attuale assetto istituzionale italiano, introducendo un **bicameralismo 'differenziato'**, in cui il Parlamento continuasse ad articolarsi in Camera dei Deputati e Senato della Repubblica, ma tali organi avrebbero avuto composizione e funzioni in gran parte diverse.

Nelle intenzioni, la **Camera dei deputati** sarebbe diventata '*la protagonista del procedimento legislativo*', l'unica ad esercitare la funzione di indirizzo politico e di controllo dell'Esecutivo, e quindi l'unica titolare del rapporto di fiducia con il Governo. Inoltre, i Deputati (e cioè i membri della Camera) sarebbero rimasti i soli '**rappresentanti della Nazione**' in quanto eletti a suffragio universale diretto.

Il **Senato**, invece, sarebbe diventato la camera rappresentante delle istituzioni territoriali, chiamato ad esercitare funzioni di raccordo tra lo Stato e gli altri enti costitutivi della Repubblica, e tra questi e l'Unione Europea, partecipando quindi alla formazione e all'attuazione delle politiche comunitarie e al loro impatto sui territori.

La riforma 'Renzi-Boschi' prevedeva, altresì, una riduzione del numero dei Senatori eletti, che sarebbe passato da 315 a 95, e soprattutto una diversa modalità di elezione dei Senatori, che sarebbero stati scelti dai Consigli regionali tra i consiglieri regionali e i sindaci del territorio.

Altri importanti novità della riforma costituzionale riguardavano, tra l'atro, la modalità di elezione del **Presidente della Repubblica**, la soppressione del **CNEL** (organo ausiliario con funzione consultiva per quanto riguarda le leggi sull'economia e il lavoro), la modifica dell'art. 117 Cost. al fine di affidare alcune materie oggetto di legislazione regionale alla **competenza legislativa esclusiva dello Stato**, e la modifica dell'art. 75 Cost. in materia di **referendum abrogativo**.

2.1.1.2. *Le fonti dell'ordinamento dell'Unione europea*

La globalizzazione dei mercati e, più in generale, delle tradizionali dimensioni umane determinata, tra l'altro dalla rivoluzione tecnologica in particolare nel campo delle telecomunicazioni e dei trasporti, ha portato ad una radicale trasformazione dello spazio e della sua percezione sociale. Questa trasformazione si manifesta sul piano giuridico nella lenta, e per certi versi inesorabile, erosione della sovranità degli stati nazionali, cominciata nella seconda metà del XX secolo. L'erosione in parola è avvenuta seguendo due percorsi, l'uno conseguenza dell'altro, ed entrambi strettamente collegati con i processi economici. Da una parte, il potere finanziario, imprenditoriale, sociale e politico dei singoli Stati nazionali è stato affiancato, se non superato, dall'analogo potere di soggetti privati. In questo senso, si pensi al già citato fenomeno delle imprese multinazionali (sul quale si tornerà *infra* nella parte dedicata alle fonti non legislative) che, grazie alla loro organizzazione e alla loro disponibilità di capitali, si sono imposte come centri di potere che, dal punto di vista dei reali rapporti di forza, in alcuni casi riescono a sovrastare gli Stati. Il secondo percorso di erosione della sovranità si configura come reazione al primo. Non essendo in grado di governare i flussi economici internazionali che attraversano i loro territori, ed in ogni caso di competere con i potentati privati cui si è appena fatto cenno, gli Stati nazionali hanno cercato di rimodularsi in scala allargata, attraverso accordi o vere e proprie organizzazioni permanenti tra Stati. In questo modo, gli Stati che partecipano al fenomeno appena descritto hanno accettato di limitare quote progressivamente sempre maggiori di propria sovranità a vantaggio di entità di carattere sovranazionale, alcune delle quali sorte storicamente con altre finalità, ma oggi valorizzate principalmente nel senso appena evidenziato. L'esempio più evidente di tale autolimitazione di sovranità statale è quella che si verifica tra gli Stati membri dell'Unione europea (**U.E.**).

Con l'espressione '**sistema (o ordinamento) giuridico dell'Unione europea**' si fa riferimento al complesso di norme che attualmente disciplina i rapporti tra gli Stati membri dell'Unione europea, le istituzioni europee ed i singoli individui.

Il diritto dell'Unione europea, che oggi – come accennato e come subito appresso si preciserà – costituisce fonte rilevante del diritto privato italiano, secondo una vecchia formulazione viene anche chiamato convenzionalmente 'comunitario', in ossequio alle Comunità europee che operavano già prima dell'Unione e sino al 2009. Esso si è sviluppato nel tempo attraverso un lungo processo di evoluzione che ha conosciuto momenti di maggiore avanzamento alternati a momenti di crisi o di stasi. Il primo passo fu compiuto sull'onda dell'emozione scatenata dalla fine della seconda guerra mondiale, e precisamente nel **1951**, con il trattato istitutivo della Comunità economica del carbone e dell'acciaio (**C.E.C.A.**), firmato a Parigi, e, successivamente, nel **1957** con i trattati istitutivi della **Comunità economica europea** (**C.E.E.**) e della Comunità europea dell'energia atomica (**Euratom**), firmati a Roma. I sei Stati sovrani che siglarono tra loro tali primi trattati, e che dunque sono i Paesi fondatori dell'esperienza e dell'ordinamento europeo (Italia, Francia, Gran Bretagna, Germania, Olanda e Lussemburgo), vollero così porre le basi per evitare che nel cuore dell'Europa si verificassero, in futuro, le condizioni per lo scoppio di una nuova guerra ed inoltre vollero riunire gli sforzi per determinare i presupposti del comune progresso economico.

Tra i momenti più significativi di questo processo si devono ricordare: l'Atto unico europeo del 1986, che ha costituito la base per la realizzazione del mercato unico europeo; il **Trattato di Maastricht** del 7 febbraio **1992**, entrato in vigore il 1° gennaio 1993, che ha istituito l'**Unione europea** ed ha fatto nascere l'Unione economica e monetaria; il successivo **Trattato di Amsterdam**, adottato il 2 ottobre 1997, che ha esteso l'ambito delle politiche comunitarie ed ha modificato alcuni processi decisionali; la **Carta dei diritti fondamentali dell'Unione europea** proclamata a Nizza il 7 dicembre 2000 (c.d. Carta di Nizza), che è stata recentemente valorizzata dal Trattato di Lisbona, su cui *infra*; il **Trattato di Nizza**, adottato il 26 febbraio 2001, che ha prodotto modifiche soprattutto di carattere tecnico e procedimentale; il Trattato, siglato a Roma il 29 ottobre 2004, con il quale è stata adottata la c.d. **Costituzione europea**, che tuttavia non è mai entrata in vigore a causa della mancata ratifica da parte di alcuni Paesi (in Francia e nei Paesi Bassi la ratifica è stata addirittura negata per *referendum* dai cittadini); nonché il c.d. **Trattato di Lisbona** (noto anche come **Trattato di riforma**), firmato il 13 dicembre 2007 ed entrato definitivamente in vigore il 1° dicembre 2009, il quale ha apportato ampie modifiche al Trattato di Maastricht, ribattezzato Trattato sull'Unione (c.d. TUE), ed al Trattato di Roma del 1957 istitutivo delle Comunità europee, ribattezzato Trattato sul funzionamento dell'Unione (c.d. TFUE), tra l'altro abolendo, rispetto al Trattato di Amsterdam, i c.d. 'pilastri', nonché provvedendo a disciplinare il riparto di competenze tra Unione e Stati membri, e rafforzando il principio democratico e la tutela dei diritti fondamentali, anche attraverso la 'costituzionalizzazione' della Carta di Nizza. Nell'ultimo decennio il quadro si è ulteriormente arricchito, in particolare, in forza dell'approvazione del **Trattato sul MES**, Istituzione del meccanismo europeo di stabilità, in vigore dal 27 settembre 2012, del **Trattato sull'unione di bilancio** nell'Eurozona, in vigore dal 1° gennaio 2013, del **Trattato di adesione** del 2011 con il quale l'Unione ha accolto tra i suoi membri la Croazia, in vigore dal 1° luglio 2013, e dell'**Accordo di recesso del Regno Unito**, che regola l'uscita del Regno Unito dall'Unione (c.d. *brexit*), in vigore dal 1° febbraio 2020.

Dal 1957 ad oggi, l'importanza del fenomeno di integrazione tra gli Stati europei in sé considerato, così come la sua incidenza nei singoli ordinamenti nazionali dei Paesi membri, è molto cresciuta. Attualmente, l'Unione europea si basa su due trattati fondativi appena sopra citati: il Trattato sull'Unione (TUE) e il Trattato sul funzionamento dell'Unione (TFUE). A questi devono aggiungersi, in quanto pienamente in vigore, il Trattato Euratom e la Carta **dei diritti fondamentali dell'Unione europea**, il cui valore vincolante è stato deciso dal Trattato di Lisbona. L'Unione europea, all'esito attuale del processo di integrazione tra Stati appena sintetizzato, non è una semplice organizzazione intergovernativa (come le Nazioni Unite che formano l'ONU) né una federazione di Stati (come gli Stati Uniti d'America), ma un organismo sui generis, alle cui istituzioni gli Stati membri delegano parte della propria sovranità nazionale. Le sue competenze spaziano dagli affari esteri alla difesa, alle politiche economiche, all'agricoltura, al commercio e alla protezione ambientale. In alcuni di questi campi le funzioni dell'Unione europea la rendono simile a una federazione di Stati (per esempio, per quanto riguarda gli affari monetari o le politiche ambientali); in altri settori, invece, l'Unione è più vicina ad una confederazione (per esempio, per quanto riguarda gli affari interni) o a un'organizzazione internazionale (come per la politica estera). Gli obiettivi generali perseguiti dall'Unione europea sono oggi ben indicati nell'art. 3 del Trattato sull'Unione il quale all'art. 3 chiarisce che "*L'unione si prefigge di promuovere la pace, i suoi valori ed il benessere dei suoi popoli*", ed inoltre che essa: a) "*offre ai suoi cittadini uno spazio di libertà, sicurezza e giustizia senza frontiere interne, in cui sia assicurata la libera circolazione delle persone insieme a misure appropriate per quanto concerne i controlli alle frontiere esterne, l'asilo, l'immigrazione, la prevenzione della criminalità e lotta contro quest'ul-*

tima"; b) "*instaura un mercato interno. Si adopera per lo sviluppo sostenibile dell'Europa basato su una crescita economica equilibrata e sulla stabilità dei prezzi* [...]. *Essa promuove il progresso scientifico e tecnologico*; c) "*combatte l'esclusione sociale e le discriminazioni e promuove la giustizia e la protezione sociale, la parità tra donne e uomini, la solidarietà tra le generazioni e la tutela dei diritti del minore. Essa promuove la coesione economica, sociale e territoriale, e la solidarietà tra gli Stati membri*"; d) "*istituisce un'unione economica e monetaria la cui moneta è l'euro*".

Le istituzioni della U.E.

L'Unione europea si articola attualmente intorno alle istituzioni inizialmente previste nell'ambito delle Comunità europee ed ai loro organi specifici, secondo però la riorganizzazione attuata dal Trattato di Lisbona. Le istituzioni sono attualmente sette:

– la Commissione **europea**, che rappresenta gli interessi generali dell'U.E., formata da un Commissario per Stato membro, con sede a Bruxelles. Dura in carica cinque anni; i componenti sono nominati dal Consiglio europeo ma devono avere l'approvazione del Parlamento europeo;

– il Parlamento europeo, composto dai rappresentanti dei popoli degli stati membri eletti a suffragio universale diretto da tutti i cittadini dell'Unione ogni cinque anni; ai sensi del Trattato ha sede a Strasburgo, città della Francia, ma svolge i suoi lavori anche a Bruxelles (dove si trova un altro emiciclo) e a Lussemburgo (sede del segretariato). Ogni singolo Stato stabilisce in autonomia le modalità di svolgimento delle elezioni e il metodo di ripartizione dei seggi;

– il Consiglio dell'Unione europea (o Consiglio dei Ministri), formato da un rappresentante di ciascuno Stato membro a livello ministeriale che si occupa della stessa materia a livello statale (ad esempio, al Consiglio dei ministri convocato per un'urgenza economica parteciperanno tutti i ministri dell'economia dei singoli Stati membri), con sede a Bruxelles. La presidenza è assegnata a uno Stato membro e ruota ogni 6 mesi;

– il Consiglio europeo comprende un rappresentante per ogni Stato: il Capo di Stato (se si tratta di repubbliche semipresidenziali o presidenziali) o quello di Governo (se si tratta di monarchie o repubbliche parlamentari). I capi di Stato e di governo sono assistiti dai ministri degli esteri e da un membro della Commissione, con sede a Bruxelles. Il Presidente, nominato dal Consiglio europeo, dura in carica due anni e mezzo;

– la Corte **di giustizia dell'Unione europea** (c.d. **C.G.U.E.**), che vigila sull'applicazione del diritto comunitario, con sede a Lussemburgo;

– la Corte **dei conti europea**, che verifica il finanziamento delle attività dell'U.E., con sede a Lussemburgo;

– la Banca **centrale europea**, che è responsabile per la politica monetaria europea, con sede a Francoforte sul Meno.

Nell'organizzazione della U.E., ed in particolare in relazione al sistema delle fonti, un ruolo cruciale è svolto dalla citata **Corte di giustizia**, la quale, tra l'altro, ha il compito di curare, insieme al Tribunale di primo grado, ognuno nell'ambito delle rispettive competenze, la corretta interpretazione dei trattati (**artt. 251-281** del TUE), ed alla quale si possono rivolgere anche i giudici nazionali dei Paesi membri quando vogliano risolvere un dubbio interpretativo di una fonte comunitaria (invalsa ormai la prassi tra i giudici ordinari ed amministrativi italiani, nel 2008 anche la nostra Corte costituzionale ha, per la prima volta, adito in via pregiudiziale la Corte di giustizia per avere certezza in ordine all'interpretazione del diritto comunitario; il ricorso in parola è stato deciso con la **sentenza 15 aprile 2008 n. 102** della **Corte costituzionale** ed effettuato con l'**ordinanza n. 103/2008**).

Nel nostro ordinamento, la ratifica dei trattati istitutivi – sempre effettuata con legge ordinaria, così come necessariamente deve farsi relativamente agli atti internazionali – e la conseguente **limitazione alla sovranità nazionale** sul territorio e sui cittadini italiani, è stata possibile in forza dell'**art. 11 Cost.**, a tenore del quale "*L'Italia ripudia la guerra come strumento di offesa alla libertà degli altri popoli e come mezzo di risoluzione delle controversie internazionali; consente, in condizioni di parità con gli altri Stati, alle limitazioni di sovranità necessarie ad un ordinamento che assicuri la pace e la giustizia fra le Nazioni; promuove e favorisce le organizzazioni internazionali rivolte a tale scopo*".

Tale previsione costituisce la copertura costituzionale dei rapporti tra ordinamento dell'U.E. e di ordinamento nazionale italiano. In altre parole, una volta che l'Italia ha ratificato con legge ordinaria i trattati internazionali istitutivi delle Comunità europee, prima, e dell'Unione europea, poi, ed in tal modo ha riconosciuto all'ordinamento europeo i requisiti previsti dall'art. 11 Cost., quest'ultimo deve essere considerato parte dell'ordinamento italiano, in quanto lo è a tutti gli effetti. Nell'ambito del sistema delle fonti esso, dunque, in virtù della copertura costituzionale in parola, si colloca gerarchicamente allo stesso livello della Costituzione formale, subito sotto la Costituzione materiale e, secondo alcuni studiosi, altresì sotto determinati principi che, pur non essendo con tutta probabilità (ma vi sono buone ragioni per ritenere la questione dubbia) parte dell'attuale Costituzione materiale della nazione italiana, sono particolarmente significativi e sono sanciti dalla nostra Costituzione formale (c.d. **controlimiti** alla limitazione di sovranità dello Stato italiano). Salvo il caso della Costituzione materiale e degli eventuali controlimiti che possono essere ricavati dall'interpretazione della Costituzione formale, dunque, le fonti dell'ordinamento comunitario sono, nel nostro sistema, di rango superiore ad ogni altra fonte, che dunque deve ad esse uniformarsi, pena la sua invalidità.

L'ampiezza e la rilevanza delle materie su cui si concentrano le politiche dell'Unione europea sono state, negli anni, fonte di tensione tra Stati membri e organi istituzionali europei. Per stemperare tali tensioni nell'ordinamento dell'Unione è stato introdotto già da diversi anni il **principio di sussidiarietà**, in forza del quale: l'ordinamento europeo agisce nei limiti delle competenze che gli sono conferite e degli obiettivi che gli sono assegnati dai trattati; nei settori che non sono di sua esclusiva competenza esso interviene, secondo il principio della sussidiarietà, soltanto se e nella misura in cui gli obiettivi dell'azione prevista non possono essere sufficientemente realizzati dagli Stati membri sicché, a motivo delle dimensioni o degli effetti dell'azione in questione, devono essere perseguiti a livello di Unione, e comunque mai oltre quanto necessario per il raggiungimento degli obiettivi fissati dalle politiche europee.

Le fonti del diritto dell'Unione europea sono individuate al comma 1 dell'**art. 288 del TUE**, ai sensi del quale "*Per esercitare le competenze dell'Unione le istituzioni adottano regolamenti e direttive, decisioni, raccomandazioni e pareri*". Lo stesso articolo, nei commi successivi, definisce tali fonti prevedendo che: "*Il **regolamento** ha portata generale. Esso è obbligatorio in tutti i suoi elementi e direttamente applicabile in ciascuno degli Stati membri. La **direttiva** vincola lo Stato membro cui è rivolta per quanto riguarda il risultato da raggiungere, salvo restando la competenza degli organi nazionali in merito alla forma ed ai mezzi. La **decisione** è obbligatoria in tutti i suoi elementi per i destinatari da essa designati. Le **raccomandazioni** e i **pareri** non sono vincolanti*".

Ovviamente, alle fonti del diritto comunitario di cui al citato art. 288, vanno aggiunti i **trattati**, nei quali, come detto, sono fissati i principi fondamentali, le regole istituzionali e gli obiettivi delle Comunità e dell'Unione europea. Anche i trattati hanno efficacia negli ordinamenti interni degli Stati membri, non solo in via *indiretta*, e cioè in forza delle fonti del diritto previste dall'art. 288, bensì anche in via *diretta*, o perché influenzano l'interpretazione del diritto interno o perché influenzano l'operato del legislatore nazionale. Ad operare in questo senso sono, in particolare, i **principi generali** del diritto europeo, che permeano l'intero diritto dell'Unione e, di conseguenza, anche gli ordinamenti degli Stati membri. Tali principi, che oggi sono desumibili in larga parte dal TUE, afferiscono ai diritti fondamentali dell'uomo, al diritto di proprietà, ai diritti della difesa, alla libertà economica comprendente la libertà di concorrenza, di circolazione delle merci e dei capitali, nonché di stabilimento, di prestazione di servizi, di libera circolazione dei lavoratori, di libertà di associazione professionale, ecc. Nel diritto privato italiano non mancano i casi di interventi del legislatore nazionale posti in essere non per recepire direttive bensì per attuare principi fondamentali posti dai trattati.

Un esempio significativo in questo senso è rappresentato dalla **legge 10 ottobre 1990 n. 287**, recante "*Norme per la tutela della concorrenza e del mercato*", la quale già all'art. 1 chiarisce di porsi "*in attuazione dell'art. 41 Cost. a tutela e garanzia del diritto di iniziativa economica*", ma subito dopo precisa di applicarsi "*alle **intese**, agli **abusi di posizione dominante** e alle **concentrazioni** tra imprese che non ricadono nell'ambito di applicazione degli artt. 65 e/o 66 del Trattato istitutivo della Comunità europea [...]*", così evidenziando che è stato proprio il diritto comunitario ad intervenire per primo in materia di tutela della concorrenza tra le imprese, vietando abusi di posizione dominante nonché intese e concentrazioni restrittive della concorrenza, e che l'intervento regolatorio nazionale nasce dall'esigenza di adeguare il diritto interno.

Tra le fonti individuate dall'art. 288 del Trattato sull'Unione, maggiormente rilevanti per il diritto privato sono i **regolamenti** (un esempio di regolamento CE rilevante per il diritto privato è il n. 1346/2000 del 29 maggio 2000, relativo alle procedure di insolvenza) e le **direttive** (nel box che segue se ne elencheranno numerose). Mentre i primi, una volta emanati, sono immediatamente efficaci nei confronti di ciascuno dei Paesi membri destinatari ed operano anche nei rapporti tra individui, senza bisogno di alcun atto di ricezione da parte degli Stati; le direttive, per divenire efficaci all'interno degli ordinamenti nazionali, devono essere recepite dai legislatori dei Paesi membri. La differenza si spiega con il fatto che il regolamento costituisce una fonte puntuale e spesso di contenuto tecnico, destinata ad operare in modo uniforme nei Paesi membri cui è rivolto (spesso i regolamenti sono rivolti solo ad alcuni e non a tutti i Paesi membri); laddove, al contrario, la direttiva costituisce un intervento normativo, con cui il legislatore europeo pone i principi e gli obiettivi da raggiungere, demandando la loro attuazione concreta, nei singoli ordinamenti, ai legislatori nazionali, ai quali fissa all'uopo un termine. L'operatività delle direttive come strumento di armonizzazione si giustifica anche in ragione del fatto che all'interno dell'Unione europea convivono, sin dal principio, ordinamenti di tradizione giuridica diversa, sicché emanare una normativa generale che possa operare in modo uniforme in tutti gli Stati membri, senza bisogno di essere adeguata ai singoli contesti, non è affatto agevole e comunque non sempre appare la soluzione preferibile (basti pensare che il concetto di proprietà in diritto civile ed *in common law* sconta notevoli differenze, sicché la parola *property*, sul piano giuridico, non può essere utilizzata come sinonimo di *proprietà* o di *proprieté*).

Dunque, sintetizzando: il regolamento è finalizzato a creare **uniformazione** normativa della materia da esso trattata tra i Paesi a cui è rivolto, in quanto pone una disciplina destinata ad operare nello stesso identico testo nei diversi ordinamenti nazionali. Viceversa, la direttiva crea **armonizzazione** normativa, giacché si limita a porre i principi fondamentali comuni di una data materia, che ogni legislatore nazionale introdurrà nel proprio ordinamento giuridico adeguando quest'ultimo alla direttiva secondo le peculiarità proprie della tradizione giuridica nazionale e del sistema giuridico interno.

Se il singolo Stato non recepisce la direttiva, o la recepisce in ritardo rispetto ai termini previsti dalla stessa, è responsabile del danno che l'inerzia ha, eventualmente, provocato ad uno o più cittadini, che possono, dunque, vedersi riconosciuto il risarcimento del danno patito.

In vero, dagli anni Ottanta, si è andata enucleando, nella giurisprudenza della Corte di giustizia, una tipologia di direttive con efficacia diretta nei singoli ordinamenti nazionali, senza bisogno di recepimento. Più precisamente, si ammette ormai generalmente che, se una direttiva è incondizionata e sufficientemente precisa nei suoi contenuti, finanche se non sia scaduto il termine concesso allo Stato per il suo recepimento, essa opera nei rapporti tra cittadini e autorità statale (c.d. **efficacia verticale**), sebbene non possa operare nei rapporti tra privati (c.d. **efficacia orizzontale**). Tali direttive, per la loro capacità di essere efficaci negli ordinamenti interni dei Paesi membri indipendentemente dal loro recepimento, sono definite ***self-executing***. In proposito, si veda, tra le altre, la sentenza della Corte di giustizia del 14 luglio 1994, emessa nella causa C-91/92 (*Faccini Dori*), con la quale sono stati ribaditi i principi in parola in una questione concernente la diretta applicabilità verticale della direttiva comunitaria 85/577/CE del 20 dicembre 1985 (sulla tutela dei consumatori in caso di contratti negoziati fuori dai locali commerciali) nell'ordinamento italiano, in cui questa fu recepita con il d.lgs. n. 50/1992 ben sette anni dopo la sua entrata in vigore ed oltre i termini stabiliti.

Riprendendo il discorso sull'efficacia delle fonti comunitarie nell'ordinamento italiano, va evidenziato che quest'ultimo è stato significativamente inciso dalla vigenza e dall'efficacia del diritto comunitario soprattutto dagli anni Novanta in poi, ed in particolare nell'ambito dei rapporti tra le imprese e della tutela dei consumatori.

Le direttive europee più rilevanti nel diritto privato italiano

Negli ultimi decenni, soprattutto in alcuni settori, quali la tutela dei consumatori nei rapporti con le imprese, le maggiori evoluzioni del diritto privato italiano sono state determinate dall'obbligo, per il legislatore interno, di adeguare l'ordinamento nazionale al diritto comunitario. Tra le fonti interne con cui sono state recepite direttive comunitarie particolarmente significative per il diritto privato, si ricordano: il d.lgs. 23 agosto 1982 n. 903, recante attuazione della direttiva 79/581/CEE, relativa all'indicazione dei prezzi dei prodotti alimentari ai fini della protezione dei consumatori; il d.p.r. 24 maggio 1988 n. 224, recante attuazione della direttiva 85/374/CEE, in materia di responsabilità per danno da prodotti difettosi; il d.lgs. 25 gennaio 1992 n. 76, recante attuazione della direttiva 88/315/CEE, concernente l'indicazione dei prodotti alimentari ai fini della protezione dei consumatori; il citato d.lgs. 15 gennaio 1992 n. 50 recante attuazione della direttiva 85/577/CEE, in materia di contratti negoziati fuori dai locali commerciali; il d.lgs. 25 gennaio 1992 n. 74, recante attuazione della direttiva 84/450/CEE, in materia di pubblicità ingannevole e comparativa; il d.lgs. 17 marzo 1995 n. 111, recante attuazione della direttiva 90/314/CEE, concernenti i viaggi, le vacanze ed i circuiti "*tutto compreso*"; il d.lgs. 9 novembre 1998 n. 427, recante attuazione della direttiva 94/47/CE, concernente la tutela dell'acquirente per taluni aspetti de contratti relativi all'acquisizione di un diritto di godimento a tempo parziale di beni immobili (c.d. multiproprietà); il d.lgs. 22 maggio 1999 n. 185, recante attuazione della direttiva 97/7/CE, relativa alla protezione dei consumatori in materia di contratti a distanza; il d.lgs. 25 febbraio 2000 n. 63, recante attuazione della direttiva 98/7/CE, che modifica la direttiva 87/102/CE in materia di credito al consumo; il d.lgs. 23 aprile 2001 n. 224, recante attuazione della direttiva 98/27/CE, relativa ai provvedimenti inibitori a tutela degli interessi dei consumatori; il d.lgs. 21 maggio 2004 n. 172, recante attuazione della direttiva 2001/95/CE, relativa alla sicurezza generale dei prodotti.

Tali normative sono state tutte formalmente abrogate dal **d.lgs. 6 settembre 2005 n. 206**, recante il «**codice del consumo**» – già citato nel primo capitolo al paragrafo 1.8. in tema di decodificazione del diritto privato – che, tuttavia, ha abrogato la fonte ma ne ha fatta propria la disciplina. Tale codice ha, infatti, sistematizzato l'intera materia del diritto dei consumatori raccogliendo il complesso e disorganico quadro normativo in un *corpus* tendenzialmente ordinato. In attuazione della direttiva 2011/83/UE, il d.lgs. 21 febbraio 2014 n. 21 ha introdotto maggiori informazioni precontrattuali per i consumatori, in particolare, nei contratti a distanza e negoziati al di fuori dai locali commerciali. In attuazione della direttiva 2013/11/UE il codice del consumo è stato ulteriormente aggiornato con il d.lgs. 6 agosto 2015 n. 130 che ha introdotto il titolo II *bis* concernente la nuova disciplina della risoluzione extra giudiziale delle controversie in materia di consumo (dall'art. 141 all'art. 141 *decies*).

Non sono state ricomprese nel codice del consumo ulteriori normative oggetto di decreti di recepimento di direttive sempre dedicate alla tutela dei consumatori, quale, ad esempio, il d.lgs. 19 agosto 2005 n. 190, recante "*Attuazione della direttiva 2002/65/CE relativa alla commercializzazione a distanza di servizi finanziari ai consumatori*".

Molte altre direttive, pure rilevanti per il diritto privato italiano, non riguardano, invece, il diritto dei consumatori. Tra queste: la direttiva 2001/97/CE "*in materia di prevenzione dell'uso del sistema finanziario a scopo di riciclaggio dei proventi da attività illecite*", recepita con il d.lgs. 20 febbraio 2004 n. 56, seguita da tre direttive, l'ultima delle quali, la direttiva UE 2018/843 (c.d. quinta direttiva antiriciclaggio), modifica la precedente direttiva UE 2015/849, recepita dall'Italia con il d.lgs. 25 maggio 2017 n. 90; la direttiva 98/26/CE "*sulla definitività degli ordini immessi in un sistema di pagamento o di regolamento di titoli*", recepita con il d.lgs. 12 aprile 2001 n. 210; la direttiva 2002/47/CE, "*in materia di contratti di garanzia finanziaria*", recepita con il d.lgs. 21 maggio 2004 n. 170; la direttiva 2000/35/CE "*relativa alla lotta contro i ritardi di pagamento nelle transazioni commerciali*", recepita con il d.lgs. 9 ottobre 2002 n. 231; la direttiva 2014/65/EU, c.d. MiFID ('Markets in financial instruments directive') II in materia di mercati degli strumenti finanziari, entrata in vigore il 3 gennaio 2018 e recepita dal d.lgs. 3 agosto 2017 n. 129 con conseguenti modifiche del Testo Unico della Finanza (TUF) e del Testo Unico Bancario (TUB); la direttiva europea 2015/2366, c.d. PSD2, recepita in Italia con il d.lgs. 15 dicembre 2017 n. 218, che riguarda i pagamenti elettronici disposti anche attraverso dispositivi mobili e che integra la normativa c.d. PSD1 sui sistemi di pagamento nel mercato interno; e la Direttiva (UE) 2019/1937 del Parlamento europeo e del Consiglio del 23 ottobre 2019 riguardante la protezione delle persone che segnalano violazioni del diritto dell'Unione.

Per adempiere in modo più organizzato e sistematico agli obblighi comunitari di recepimento delle direttive ed adeguamento dell'ordinamento interno, il legislatore italiano ha, in un primo momento, emanato la legge 9 marzo 1989

n. 86, per poi sostituirla con normative più organiche e complete. Da ultimo opera in questo senso la **legge 24 dicembre 2012 n. 234**, recante 'Norme generali sulla partecipazione dell'Italia alla formazione e all'attuazione della normativa e delle politiche dell'Unione europea'.

Sotto il profilo dei rapporti tra le fonti, ad integrazione di quanto sopra evidenziato circa la prevalenza del diritto europeo sulle fonti interne diverse dai principi fondamentali della Costituzione, va, a questo punto, precisato che anche i regolamenti europei e le direttive prevalgono sulle fonti interne di rango ordinario o inferiore. Il che vuol dire che il giudice nazionale deve **disapplicare** l'eventuale fonte italiana in contrasto con la fonte comunitaria, ed applicare quest'ultima, anche se di data precedente, senza dovere chiedere o attendere la previa rimozione in via legislativa o mediante qualsiasi altro procedimento. Ciò è quanto la **Corte di giustizia** delle Comunità europee (come sopra accennato, nel box dedicato alle 'Istituzioni della U.E.', oggi 'Corte di Giustizia dell'Unione europea') ha ripetutamente sostenuto a partire dalla causa 26/62 (*Van Gend & Loos*, in *Raccolta*, 1963, p. 1), passando per le celeberrime sentenze pronunciate nella causa 106/77 (*Simmenthal*, in *Raccolta*, 1978, p. 629), nella causa C-213/89 (*Factortame*, in *Raccolta*, 1990, p. I-2466) e nelle cause riunite C-6 e 9/90 (*Francovich e Bonifaci*, in *Raccolta*, 1991, p. I-5403), fino ad arrivare alle sentenze più recenti e tra queste, a quella pronunciata nella causa C-22/97 (*IN.CO.GE. '90 S.r.l.*, in *Raccolta*, 1998, p. I-6307).

La **Corte costituzionale** italiana ha, per la prima volta, abbracciato la tesi della Corte di giustizia con la sentenza **8 giugno 1984 n. 170** (c.d. **caso Granital**), nella quale – in vero confermando la configurazione dell'ordinamento statale e di quello comunitario come due sistemi «autonomi e distinti, ancorché coordinati», avversata dalla Corte della U.E. – ha stabilito che i giudici nazionali, di fronte ad una normativa interna che contrasti con una normativa europea direttamente applicabile, devono risolvere il giudizio utilizzando direttamente quest'ultima e non tenendo conto della prima (la quale, più precisamente, viene ad essere «non applicata» nel caso concreto). In questo modo i giudici non sono più tenuti, secondo quanto era stato stabilito dalla stessa Corte costituzionale nella precedente sentenza 30 ottobre 1975 n. 232 (c.d. **caso ICIC**), a sollevare innanzi ad essa la questione di costituzionalità del diritto interno incompatibile con il diritto europeo, per (indiretta) violazione dell'art. 11 Cost. Il nuovo orientamento, tuttora in auge, instaura una forma di sindacato diffuso (sia pure limitatamente alle ipotesi in cui l'incompatibilità emerga con riferimento alla normativa comunitaria di immediata applicazione) che si concreta in una significativa valorizzazione del ruolo dei giudici nello specifico ambito concernente i rapporti tra ordinamento interno e ordinamento comunitario. Il logico corollario che ne deriva è che i singoli giudici nazionali, in forza del sindacato loro spettante, acquisiscono anche la possibilità (sottolineata nella stessa sentenza n. 170/1984, al punto 6 del *Considerato in diritto*) di servirsi dell'ausilio del rinvio pregiudiziale alla Corte di giustizia qualora il diritto europeo che rileva nel giudizio in corso dinnanzi a loro risulti di dubbia interpretazione.

Fermo quanto appena detto, se nell'applicare un regolamento o una direttiva un giudice interno ritiene fondato il sospetto che la fonte europea violi i principi fondamentali del nostro ordinamento espressi nella Costituzione, egli deve rimettere la questione alla Corte costituzionale italiana. Secondo alcuni autori, la Corte a questo punto, se ritiene corretto il dubbio del giudice *a quo*, può dichiarare l'incostituzionalità della singola fonte comunitaria, posto che l'art. 134 Cost., quando parla espressamente di "*legge dello Stato*", attribuisce alla Corte il potere di sindacare la legittimità costituzionale di ogni disposizione avente forza di legge nel territorio statale. Secondo altri autori, invece, considerato che la Corte costituzionale italiana non potrebbe sindacare la legittimità costituzionale di una fonte di un altro ordinamento, e ritenuto l'ordinamento comunitario come ordinamento esterno operante in virtù del rinvio espresso risultante dal combinato disposto dell'artt. 11 Cost. e delle leggi di ratifica dei trattati comunitari, deve concludersi che la Corte, in caso di verifica della incostituzionalità di una fonte comunitaria, deve dichiarare l'illegittimità delle leggi ordinarie di ratifica dei trattati, in quanto tali leggi sono senza dubbio fonti interne. Le conseguenze di una pronuncia siffatta, tuttavia, sarebbero, con tutta probabilità, esiziali per il mantenimento in capo allo Stato italiano dello *status* di Paese membro dell'Unione europea. Le due contrapposte posizioni dottrinali appena sintetizzate risentono del dibattito ancora in corso tra quanti sostengono l'autonomia e l'alterità dell'ordinamento statale e dell'ordinamento europeo e quanti invece tendono a ricondurre ad unità il sistema.

Breve storia, per tappe giurisprudenziali significative, dell'evoluzione dei rapporti tra ordinamento europeo ed ordinamento dello Stato italiano

Ordinamento europeo e singoli ordinamenti degli Stati membri sono separati e reciprocamente autonomi benché, ormai, per certi versi, interdipendenti. Questa è la posizione attuale della Corte costituzionale italiana, condivisa da altre Corti costituzionali di Paesi membri. Tale tesi appare, in definitiva, più convincente rispetto a quella, sostenuta dalla Corte di giustizia europea, secondo la quale, ormai, all'interno dell'Unione vi sarebbe un unico sistema giuridico in cui convivono le due anime del diritto europeo e dei diritti interni. La soluzione attuale, descritta nel testo, dei rapporti tra ordinamento dell'U.E. ed ordinamento italiano, è il risultato di un faticoso processo di elaborazione giurisprudenziale di cui qui di seguito si delineeranno sinteticamente le tappe fondamentali.

Le frizioni iniziali tra i due ordinamenti risalgono ai primi anni Sessanta del secolo scorso, allorquando viene sottoposta al giudizio della Corte costituzionale italiana la legge ordinaria n. 1643/1962, di nazionalizzazione delle società di energia elettrica, tra l'altro per violazione dell'art. 11 Cost. In breve, il sospetto di incostituzionalità derivava dal presunto contrasto di detta legge con una serie di articoli del Trattato CEE in materia di concorrenza e di aiuti statali alle imprese. La Corte costituzionale, con la sentenza 7 marzo 1964 n. 14 (c.d. **caso Costa-Enel**), respingeva la questione di costituzionalità sollevata evidenziando che il Trattato CEE è stato recepito certo in applicazione dell'art. 11 Cost., ma con una legge ordinaria (la n. 1203/1957), e dunque non è, per questo motivo, gerarchicamente sovraordinato alla legge interna impugnata. Nella sentenza in parola la Corte costituzionale, dunque, affermava la tesi per cui, in caso di conflitto tra norma interna e norma comunitaria, avendo entrambe forza di legge ordinaria, si attua il principio della successione delle leggi nel tempo. La stessa controversia veniva portata anche in sede comunitaria con un ricorso pregiudiziale alla Corte di giustizia *ex* art. 177 del Trattato CEE. Il Governo italiano, costituitosi in giudizio, contestava l'uso, da parte del giudice *a quo*, del ricorso alla Corte di giustizia evidenziando che, a suo avviso, egli avrebbe dovuto applicare alla controversia solo la norma interna, che non subisce condizionamenti dal diritto comunitario. La Corte di giustizia (sentenza 15 luglio 1964, causa 6/64), in un primo tempo, negò la propria competenza a statuire sulla compatibilità di una norma interna col Trattato; subito dopo, tuttavia, tornò sui suoi passi per affermare, in polemica con quanto deciso dai giudici costituzionali italiani, che sussiste la limitazione della sovranità degli Stati membri in campi circoscritti, nei quali vige un complesso di norme di origine comunitaria di carattere vincolante tanto per i cittadini che per gli Stati stessi, dal che si ricava, in detti campi, un principio di preminenza del diritto comunitario su quello nazionale nei casi di conflitto.

Negli anni seguenti, in forza di alcune pronunce della Corte di giustizia, il contrasto tra giurisdizione comunitaria e Corte costituzionale italiana, sul punto, si fa più duro, tanto che è la stessa Corte costituzionale a tentare una composizione del conflitto. Nel c.d. **caso ICIC** (sentenza 30 ottobre 1975 n. 232) il problema dedotto era simile a quello del caso Costa-Enel, in quanto oggetto del giudizio erano fonti comunitarie (in specie, regolamenti) a cui erano seguite leggi nazionali contrastanti. Per risolvere il conflitto la Corte costituzionale abbandona il criterio, che essa stessa aveva formulato nel caso Costa-Enel, e cioè il criterio cronologico, e propone un'argomentazione che, partendo dalla constatazione che probabilmente i regolamenti comunitari hanno sul piano gerarchico una forza superiore alle leggi ordinarie, affermava che in ogni caso il giudice italiano non ha il potere di disapplicare le leggi contrastanti con le fonti comunitarie, mentre egli, ogni qual volta sospetti l'esistenza di un contrasto tra una fonte comunitaria ed una legge nazionale sopravvenuta, deve sollevare dinnanzi alla Corte costituzionale questione di legittimità costituzionale relativamente a quest'ultima in base all'art. 11 Cost. (violato in via mediata). Come evidente, si trattava di una prima significativa concessione da parte delle istituzioni nazionali italiane nei confronti di quelle europee, con la conseguente modificazione del sistema delle fonti del diritto italiano, nella cui scala gerarchica i Trattati ed i regolamenti comunitari si andavano così a collocare in posizione intermedia tra le leggi costituzionali e le leggi ordinarie.

La parziale vittoria ottenuta nel caso ICIC non accontenta la Corte di giustizia. Due anni dopo, infatti, si presenta alla stessa una nuova occasione di sancire la preminenza del diritto comunitario sul diritto interno. La Simmenthal S.p.a. importa in Italia dalla Francia una partita di carni bovine. L'importazione viene sottoposta al pagamento di diritti di controllo sanitario, pagamento che costituisce un ostacolo alla libera circolazione delle merci (più specificamente si tratta di una misura di effetto equivalente alle restrizioni quantitative previste dall'art. 30 del Trattato), sicché la società lamenta la violazione del Trattato ad opera dell'Amministrazione delle finanze dello Stato italiano e richiede la ripetizione di quanto versato indebitamente. A questo punto il pretore italiano adito dalla Simmenthal S.p.a. avrebbe dovuto, secondo la citata sentenza ICIC della Corte costituzionale, sollevare la questione di legittimità costituzionale della legge italiana che prescriveva il pagamento del controllo sanitario delle carni; il che, tuttavia, non avvenne, in quanto il pretore optò per un ricorso alla Corte di giustizia con il quale chiese a quest'ultima di definire quale sia per i giudici nazionali il modo più adatto per tutelare i diritti riconosciuti dal diritto comunitario. La Corte di giustizia colse, allora, l'occasione per delineare una vera e propria "*supremacy clause*" di carattere giurisprudenziale relativamente al diritto comunitario. Nelle motivazioni della sentenza del c.d. **caso Simmenthal** (causa 107/1977, sentenza 9 marzo 1978), la Corte di giustizia affermò risolutamente, senza manifestare dubbi di sorta, che le norme di diritto comunitario sono fonte immediata di diritti e di obblighi per Stati membri, singoli cittadini e giudici, e che, in forza del principio di preminenza del diritto comunitario, gli atti delle istituzioni comunitarie hanno l'effetto, nei loro rapporti col diritto interno degli Stati membri, non solo di rendere *ipso jure* inapplicabile qualsiasi disposizione contrastante della legislazione nazionale preesistente, persino di rango costituzionale, ma anche di impedire successivamente la formazione di atti legislativi nazionali incompatibili con norme comunitarie; da ciò la Corte di giustizia fa conseguire che qualsiasi giudice nazionale ha l'obbligo di applicare integralmente il diritto comunitario e di tutelare i diritti che questo attribuisce ai singoli, disapplicando le disposizioni eventualmente contrastanti della legge interna, sia anteriore sia successiva alla norma comunitaria, mentre l'eventuale ricorso ad un altro giudice chiamato a risolvere il conflitto (nel nostro caso, secondo la sentenza del caso ICIC, come detto, la Corte costituzionale) inficerebbe l'efficacia del diritto comunitario.

Il recepimento da parte della Corte costituzionale italiana della netta posizione assunta, nel caso Simmenthal, dalla Corte di giustizia delle Comunità europee si ebbe con la sentenza 8 giugno 1984 n. 170 (c.d. **caso Granital**), nella quale il Giudice italiano delle Leggi, ribadita la prevalenza del diritto comunitario sul diritto interno statale, evidenziò che i giudici nazionali hanno l'obbligo di cercare «fra le possibili interpretazioni del testo normativo prodotto dagli organi nazionali [...] quella conforme alle prescrizioni della Comunità», e che, in ipotesi di «una irriducibile incompatibilità fra la norma interna e quella comunitaria, è quest'ultima, in ogni caso, a prevalere», con conseguente obbligo per il giudice nazionale di disapplicare la norma interna indipendentemente dal fatto che questa sia stata emanata dopo la norma comunitaria, e senza necessità di ricorrere alla stessa Corte costituzionale. Si tratta di un notevole cambiamento di prospettiva – riconosciuto del resto, senza ipocrisie, dalla stessa Corte costituzionale – rispetto a quanto stabilito quasi 10 anni prima nel caso ICIC.

Sennonché, proprio in chiusura della sentenza n. 170/1984 la Corte costituzionale non rinuncia ad affermare una propria competenza residuale, consistente nel potere di sindacare la legittimità costituzionale della legge ordinaria italiana con cui i Trattati comunitari sono stati recepiti ed eseguiti in Italia «in riferimento ai principi fondamentali del nostro ordinamento costituzionale e ai diritti inalienabili della persona umana». In questo modo, la Corte costituzionale ha affermato la preminenza sul diritto europeo di principi irrinunciabili del diritto interno, che non ammettono cessioni di quote di sovranità (sono i c.d. **controlimiti**, cui si è fatto cenno nel testo). Finora, il problema del conflitto tra principi fondamentali comunitari e interni è stato sempre ridotto ad eventualità teorica, data la supposta affinità delle matrici ideologiche del Trattato CEE e della nostra Costituzione; per il futuro si vedrà.

Da ultimo si ricorda che la modifica del **Titolo V** della Costituzione italiana, operata dalla **legge cost. n. 3 del 2001**, ha parzialmente inciso anche sulla questione dei rapporti tra ordinamento dell'UE e l'Ordinamento italiano. In estrema sintesi, a seguito di tale riforma: i) il comma 1 dell'art. 117 Cost. stabilisce che la potestà legislativa è esercitata dallo Stato e dalle Regioni nel rispetto della Costituzione e dei vincoli derivanti dall'ordinamento comunitario; ii) rientra nella potestà legislativa esclusiva dello Stato la competenza in merito ai rapporti con l'Unione europea (art. 117, comma 2); iii) viene inserita nell'ambito della competenza legislativa concorrente la materia relativa ai rapporti delle Regioni con l'Unione europea (art. 117, comma 3); iv) le Regioni e le Province autonome, nelle materie di loro competenza, sono chiamate sia a partecipare alle decisioni per la formazione degli atti europei sia all'attuazione dei medesimi, nel rispetto delle norme procedurali stabilite da leggi statali, che disciplinano altresì il potere sostitutivo (art. 117, comma 5); v) l'articolo 117, comma 6, circoscrive il potere regolamentare statale alle sole materie di competenza esclusiva; e vi) l'articolo 120, comma 2, attribuisce al Governo poteri sostitutivi da esercitare, tra l'altro, in caso di mancato rispetto della normativa derivante dall'UE.

Da tale quadro discendono conseguenze rilevanti in relazione ai rapporti tra ordinamento nazionale ed europeo. Il dato più rilevante è quello per cui la riforma ha espressamente stabilito, all'interno della Costituzione, che la legislazione nazionale e regionale devono svolgersi nel rispetto degli obblighi derivanti dal diritto europeo, così implicitamente riconoscendo la supremazia di quest'ultimo, cui, in vero, si era già pervenuti per via interpretativa, come già evidenziato. Al fine di dare seguito alle novità così introdotte sul versante dei rapporti tra Stato italiano ed Unione Europea, si è sentita l'esigenza di approvare la **legge n. 11 del 4 febbraio 2005**, recante "*Norme generali sulla partecipazione dell'Italia al processo normativo dell'Unione europea e sulle procedure di esecuzione degli obblighi comunitari*".

2.1.1.3. *Le fonti internazionali*

A livello internazionale i rapporti tra gli Stati sovrani, e più in generale tra i soggetti che fanno parte della comunità internazionale, sono regolati da **convenzioni** o da **trattati**, bi- o pluri-laterali, stipulati per iscritto tra Stati sovrani, nonché da **consuetudini** o **prassi** non scritte, che si formano tacitamente in forza dei comportamenti tenuti nel tempo dai soggetti della comunità degli Stati.

Dunque, nella comunità internazionale, le regole con cui si disciplinano i rapporti tra gli Stati non sono propriamente eteronome, giacché – come appena visto – esse nascono da consuetudini, prassi o fonti pattizie, e cioè accordi tra due o più Stati, che prendono di volta in volta la forma di convenzioni o di trattati. Ciò dipende principalmente dal fatto che non esistono, almeno in teoria, nella comunità in parola soggetti dotati di poteri in forza dei quali creare regole riconosciute dagli altri soggetti, né esiste un'autorità costituita che sia legittimata da tutti gli Stati ad imporre qualcosa ad uno Stato sovrano se non, per l'appunto, limitando o negando la sovranità di questo.

Il sistema delle fonti dell'ordinamento internazionale è organizzato sulla base di rapporti di forza molto più evidenti di quanto accada all'interno degli ordinamenti nazionali. Inoltre, il sistema delle fonti dell'ordinamento internazionale, già ad una visione superficiale, appare più variabile e meno rigoroso rispetto al sistema delle fonti dell'ordinamento nazionale italiano, e più in generale ai sistemi delle fonti degli ordinamenti nazionali evoluti. In buona sostanza, le circostanze appena accennate riposano tutte sul fatto che solo ragionando in senso lato si può ritenere che la comunità degli Stati abbia un vero e proprio ordinamento giuridico che disciplina e regola al suo interno i rapporti. In ragione di ciò, può dirsi che tra le fonti internazionali del diritto privato tecnicamente non possono distinguersi fonti di carattere legislativo e non; tuttavia, in un'accezione più ampia, si può ritenere che abbiano carattere legislativo le fonti pattizie, che – come detto – sono scritte e nascono da accordi tra Stati sovrani.

Alcune fonti del diritto internazionale hanno ricadute dirette nel diritto privato degli Stati nazionali. Perché ciò avvenga, e più in generale perché le norme del diritto internazionale possano avere efficacia negli ordinamenti interni, è necessario che dette norme siano in qualche modo acquisite dal singolo ordinamento interno attraverso appositi procedimenti di ricezione o di rinvio, anche detti 'di adattamento'.

Il processo di acquisizione di fonti del diritto internazionale, nel nostro ordinamento, è regolato in modo diverso, a seconda che si tratti di fonte non scritta o di fonte scritta.

Relativamente alle fonti non scritte, l'art. 10 Cost. pone un meccanismo di **adattamento automatico e generale** dell'ordinamento interno alla fonte internazionale, laddove dispone che "*l'ordinamento giuridico italiano si conforma alle norme del diritto internazionale generalmente riconosciute*". Ciò riguarda le consuetudini internazionali, che dunque trovano nella disposizione citata vera e propria copertura costituzionale, ma non riguarda le fonti scritte di diritto internazionale e, dunque, le fonti pattizie. In vero, in tema di applicabilità dell'art. 10 Cost., sino a poco tempo fa vi era grande incertezza, in quanto una parte della dottrina sosteneva che tra le norme consuetudinarie del diritto internazionale vi è certamente quella per cui "*pacta sunt servanda*" e che, dunque, l'art. 10 in parola debba coprire anche le fonti pattizie del diritto internazionale. Tale tesi è stata, tuttavia, manifestamente avversata dalla Corte costituzionale con le sentenze nn. 348 e 349 del 2007, sulle quali ci soffermeremo nel prossimo box.

Relativamente alle fonti scritte, invece, nel nostro ordinamento possono operare due tipi di adattamento. Il primo, che opera in relazione a fonti internazionali (trattati o convenzioni) *self-executing*, è definito **adattamento speciale**, e può consistere nella semplice esistenza, in una fonte interna, di un 'ordine di esecuzione' che funziona come criterio di collegamento tra l'ordinamento nazionale e la normativa internazionale, il cui contenuto dunque non viene mai trasposto in un atto normativo interno. Il secondo, che opera in relazione a fonti internazionali non contenenti norme *self-executing*, è definito **adattamento speciale ordinario**, in quanto consiste nella formalizzazione da parte del legislatore nazionale di una fonte interna che ratifica la fonte internazionale recependone il contenuto e riproducendolo interamente nel proprio articolato normativo. La maggior parte delle convenzioni e dei trattati internazionali di cui l'Italia è stata parte in sede di stipula, ha efficacia nel nostro ordinamento in virtù dell'espresso provvedimento legislativo di ratifica emanato dal legislatore. Ciò è a dire che, se una convenzione o un trattato non *self-executing* viene firmato, ma non ratificato, dallo Stato italiano, non diventa efficace nel nostro ordinamento.

Sino a poco tempo fa si sosteneva che, nel sistema delle fonti dell'ordinamento nazionale, le norme internazionali pattizie prendono il valore dell'atto di ratifica utilizzato per recepirle, e dunque prendono il valore di legge ordinaria quando è la legge ordinaria a contenere l'ordine di esecuzione o la ratifica, sicché possono essere modificate, o anche abrogate, da successive leggi ordinarie, così come possono essere sottoposte a giudizio di legittimità costituzionale in quanto, dopo il c.d. adattamento, diventano a tutti gli effetti 'leggi dello Stato'. Sennonché, la riforma del 2001, che ha riguardato il titolo V Cost., ha inserito – come anticipato e come appresso si vedrà meglio – nel **nuovo testo dell'art. 117 Cost.** il principio per cui Stato e Regioni esercitano la potestà legislativa "*nel rispetto della Costituzione nonché dei vincoli derivanti dall'ordinamento comunitario e dagli obblighi internazionali*". Tale nuovo principio, secondo parte della dottrina, finisce per attribuire al diritto internazionale pattizio una supremazia rispetto alla normativa statale e regionale di rango primario, pur senza equipararlo al diritto europeo. Ciò è stato recentemente riconosciuto in modo esplicito dalla stessa Corte costituzionale nelle **sentenze 24 ottobre 2007 nn. 348 e 349**, laddove il Giudice delle Leggi, esprimendosi in materia di indennità di esproprio, ha riconosciuto alla **Convenzione europea dei Diritti dell'Uomo**, così come ad ogni altra fonte del diritto internazionale, il cui rispetto costituisca "*obbligo internazionale*" per l'Italia, nell'ambito del sistema delle fonti dell'ordinamento giuridico italiano, valore di **norma interposta** secondo quanto si chiarirà nel box seguente.

La Convenzione europea dei diritti dell'uomo e la sua incidenza sul diritto privato italiano

Con l'espressione Convenzione europea dei Diritti dell'Uomo (c.d. CEDU) si fa riferimento alla "*Convenzione per la salvaguardia dei diritti dell'uomo e delle libertà fondamen-*

tali", elaborata dal Consiglio d'Europa, composta da quarantasette Paesi membri, e firmata a Roma il 4 novembre 1950, ratificata e resa esecutiva in Italia con la legge 4 agosto 1955 n. 848.

Tale convenzione internazionale opera, dunque, nel nostro ordinamento in forza della legge nazionale di ratifica, ma – come riferito nel testo – ad essa deve oggi riconoscersi valore di «**norma interposta**», come recentemente statuito dalla **Corte costituzionale** nelle **sentenze 24 ottobre 2007, nn. 348 e 349**, cioè di norma di rango inferiore alle norme costituzionali ed alle norme dell'ordinamento europeo, così come alle norme non scritte del diritto internazionale, ma di rango superiore alle leggi ordinarie dello Stato e delle Regioni, in forza di quanto disposto dall'**art. 117 Cost.** A tale affermazione di principio, già di per sé di grande rilevanza pratica nel diritto privato, le sentenze citate hanno aggiunto la puntualizzazione per cui, relativamente alla Convenzione in parola, al contrario di quanto deve dirsi per l'ordinamento dell'U.E., lo Stato italiano non ha accettato nessuna limitazione di sovranità. Da ciò, la Corte ricava il corollario per cui: i giudici italiani devono tentare di interpretare il diritto interno in modo tale che esso risulti conforme alle norme della Convenzione, ma in caso di irrisolvibile contrasto non possono disapplicare la norma interna a vantaggio di quella convenzionale, bensì devono sollevare la questione di costituzionalità della norma interna rispetto all'art. 117 Cost., cosicché, nel caso in cui la Corte dichiari effettivamente esistente il contrasto, e sempre che ritenga la norma della Convenzione conforme alla Costituzione, essa dichiarerà la incostituzionalità delle legge italiana. La portata delle sentenze in commento è di grande rilievo, giacché recentemente la stessa Corte di Cassazione aveva, invece, ritenuto che, nel caso di conflitto tra una norma interna ed una norma della Convenzione in parola, la prima dovesse essere disapplicata (sent. 25 gennaio 2007 n. 2800).

Una volta chiarito il rango che nel sistema delle fonti dell'ordinamento italiano attualmente si riconosce alla CEDU, e fermo restando che in materia sono ben possibili a breve nuovi sviluppi pretori, giova far cenno ai principali contenuti della Convenzione.

L'art. 1 della CEDU stabilisce che "*Le Alte Parti Contraenti riconoscono ad ogni persona soggetta alla loro giurisdizione i diritti e le libertà definiti al titolo primo della presente convenzione*". A tal proposito va ricordato che tutti i Paesi membri della U.E. sono anche membri del Consiglio d'Europa e hanno sottoscritto la Convenzione. L'art. 6 del Trattato di Maastricht, inoltre, impone a tutte le istituzioni U.E. di rispettare la CEDU. Peraltro, in seguito alla entrata in vigore del citato Trattato di Lisbona, la U.E. è formalmente impegnata a sottoscrivere la Convenzione. Nel **titolo I** della CEDU si fa espresso riferimento, tra gli altri, al "*diritto alla vita*", al "*divieto di tortura*", al "*divieto di schiavitù e del lavoro forzato*", al "*diritto alla libertà e alla sicurezza*", al "*diritto ad un processo equo*", al divieto di retroattività della legge penale, al "*diritto al rispetto della vita privata e familiare*", alla "*libertà di pensiero, di coscienza, di religione [...] di espressione [...] di riunione e di associazione*", al "*diritto al matrimonio*", al "*divieto di discriminazione*", nonché al "*divieto dell'abuso del diritto*". Il **titolo II**, invece, disciplina la Corte europea dei Diritti dell'uomo, che ha sede a Strasburgo e deve assicurare, come recita l'art. 19, il rispetto degli impegni derivanti alle parti contraenti della convenzione, pronunciandosi su ricorsi degli Stati, delle persone fisiche, delle organizzazioni non governative o dei gruppi di privati che ritengano di essere vittime di una violazione della Convenzione, ovvero rilasciando pareri consultivi al Comitato dei Ministri. Ai sensi dell'art. 46, gli Stati contraenti sono obbligati a conformarsi alle decisioni della Corte di cui essi siano stati parti.

I casi di applicazione della CEDU nel diritto privato italiano non sono stati, in passato, numerosi. Tuttavia, negli ultimi anni la giurisprudenza italiana ha dimostrato di attribuire grande importanza, anche ermeneutica, nonché forza espansiva ai principi stabiliti dalla Convenzione. Dinamica questa che sembra destinata ad essere rafforzata dalle recenti sentenze della Corte costituzionale di cui sopra. Del resto, proprio per contrarietà alla Convenzione in parola la Corte costituzionale nelle due sentenze del 2007, come detto, ha dichiarato incostituzionali le disposizioni di legge italiane da cui derivava lo scarso valore economico delle indennità di esproprio, ritenendo più giusto, e cioè più rispettoso del diritto di proprietà, in conformità con la CEDU, riconoscere al privato espropriato un indennizzo pari al prezzo di mercato del bene. Novità quest'ultima di grande impatto nel diritto privato e nell'operato delle Pubbliche Amministrazioni che, di conseguenza, dovrebbero esercitare il potere di esproprio con maggiore attenzione, vista la spesa che tale esercizio comporta.

Sempre in relazione alla materia degli espropri, peraltro, la giurisprudenza italiana, nonché la nostra Corte costituzionale, ha dibattuto a distanza con la Corte di Strasburgo il tema dell'occupazione acquisitiva, sul quale si tornerà a tempo debito (e cioè nel capitolo sui diritti reali). Giova qui soltanto segnalare che anche in tale materia l'incidenza della Convenzione e delle pronunce della Corte di Strasburgo è stata di grande impatto sul diritto privato italiano.

Anche negli altri Paesi che hanno ratificato la Convenzione i casi di applicazione dei principi della stessa nel diritto privato non sono molti, e tuttavia appaiono significativi. Un giudice di pace belga, e segnatamente di Tubize, ad esempio, in applicazione diretta della Convenzione ha negato esecutività ad un decreto di rilascio della casa di abitazione di una madre con figli a carico, che versava in difficili condizioni economiche e non avrebbe potuto avere d'inverno un ricovero adeguato (Juge de paix de Tubize, 27 ottobre 1981, in *J.J.P*, 1982, 171). O ancora, la Corte d'appello di Bruxelles ha negato la sospensione della fornitura di energia elettrica al debitore in quanto misura contraria alla dignità umana (App. Bruxelles, 25 febbraio 1988, in J.T., 1988, 641); mentre la Corte di Strasburgo offre esempi di applicazione diretta della Convenzione soprattutto in materia di diritti della personalità.

Sulla differenza tra **convenzioni di diritto internazionale privato** e **convenzioni di diritto uniforme**, così come sulla rilevanza per il diritto privato interno delle convenzioni di diritto internazionale privato, ci si è già intrattenuti nello scorso capitolo al paragrafo 1.11., al quale si rinvia. È appena il caso, in questa sede, di evidenziare che l'**art. 2** della **legge n. 218/1995**, trattata nel paragrafo appena richiamato, e cioè della principale fonte che attualmente disciplina il diritto privato internazionale italiano, stabilisce un principio di **favore** per la formazione e per l'applicazione del **diritto privato uniforme** tra gli Stati, laddove prevede che le disposizioni contenute in detta legge non possono pregiudicare l'applicazione delle convenzioni internazionali anche non espressamente richiamate dalla legge stessa.

Tra le convenzioni internazionali più significative operanti nel diritto privato italiano, ricordiamo: la Convenzione di Ginevra del 1930 che, in vero, raccoglie un gruppo di convenzioni in materia di cambiali ed assegno, ratificata dall'Italia con la c.d. legge cambiaria del 1933; la Convenzione di Vienna dell'11 aprile 1980, sulla vendita internazionale dei beni mobili, ratificata con legge 11 dicembre 1985 n. 765; la Convenzione di Roma del 19 giugno 1980, sulla legge applicabile alle obbligazioni contrattuali, ratificata con legge 18 dicembre 1984 n. 975; e la Convenzione de L'Aja del 1° luglio 1985, relativa alla legge applicabile ai *trusts* ed al loro riconoscimento, ratificata con legge 16 ottobre 1989 n. 364, che era stata già citata nel precedente capitolo sempre al paragrafo 1.11.

Il problema dell'ambito di operatività delle convenzioni internazionali di diritto privato

Il principio tradizionale per cui le convenzioni internazionali aventi ad oggetto discipline privatistiche opererebbero solo quando il rapporto tra i privati presenta caratteri di internazionalità, coinvolgendo circostanze, luoghi, beni e fatti principalmente afferenti ad ordinamenti nazionali tra loro diversi, per il resto lasciando operare esclusivamente il diritto nazionale applicabile, è stato smentito in modo piuttosto netto dall'**art. 3** della citata **Convenzione di Roma del 19 giugno 1980**, rubricato "*Libertà di scelta*", il cui comma 1 stabilisce che: "*Il contratto è regolato dalla legge scelta dalle parti. La scelta dev'essere espressa, o risultare in modo ragionevolmente certo dalle disposizioni del contratto o dalle circostanze. Le parti possono designare la legge applicabile a tutto il contratto ovvero ad una parte soltanto di esso*"; il comma 2 afferma che: "*Le parti possono convenire, in qualsiasi momento, di sottoporre il contratto ad una legge diversa da quella che lo regolava in precedenza [...]*"; ed il comma 3 prevede che: "*La scelta di una legge straniera ad opera delle parti, accompagnata o non dalla scelta di un tribunale straniero, qualora nel momento della scelta tutti gli altri dati di fatto si riferiscano a un unico paese, non può creare pregiudizio alle norme alle quali la legge di tale paese non consente di derogare per contratto, qui di seguito denominate disposizioni imperative*".

L'art. 3, in esame, oltre a riconoscere alle parti un'ampia libertà di scelta delle legge nazionale regolatrice del contratto – affermando addirittura che i contraenti possono decidere di comune intesa di sottoporre alcune parti del contratto ad una legge ed altre parti ad un'altra legge, così come di modificare la legge applicabile durante la vigenza del contratto – sembra consentire a due o più soggetti afferenti al medesimo ordinamento nazionale di scegliere, previo accordo tra di loro, una o più leggi regolatrici del contratto estranee al proprio ordinamento di riferimento. L'interpretazione qui proposta dell'art. 3 appare supportata anche dalla lettura dell'art. 1 della Convenzione, rubricato "*campo di applicazione*", a tenore del quale: "*Le disposizioni della presente convenzione si applicano alle obbligazioni contrattuali nelle situazioni che implicano un conflitto di leggi*". L'art. 1, dunque, conferma che presupposto ***applicativo*** della convenzione non è il carattere transfrontaliero dell'operazione negoziale posta in essere dalle parti, bensì la sola circostanza che vi possa essere un conflitto tra leggi applicabili alle obbligazioni nascenti dal contratto, così come accadrebbe – in assenza della convenzione – qualora, ad esempio, due cittadini italiani stipulassero un contratto in Italia, avente ad oggetto beni che si trovano in Italia, e dunque un contratto senza collegamenti con altri ordinamenti, e tuttavia scegliessero una legge straniera come disciplina da applicare a quel contratto. Vigente la Costituzione, il conflitto dell'esempio appena proposto, da essere astrattamente verificabile diventa in concreto inesistente, giacché la legge nazionale scelta dai due contraenti si applicherà in quanto prevalente rispetto ad ogni altra.

Il principio è innovativo perché, come accennato, riconosce ai privati, nell'esercizio della propria autonomia negoziale, il potere di scegliere di volta in volta la normativa nazionale che risulta per loro più efficiente, o che comunque viene, di comune intesa, preferita, così consentendo di derogare alla disciplina legale che dovrebbe applicarsi secondo i normali criteri di diritto internazionale privato, e finanche di derogare all'unica disciplina nazionale che sarebbe applicabile in assenza di loro scelta, con il solo limite delle «disposizioni imperative» del Paese a cui si riferiscono tutti gli altri dati di fatto, legge applicabile esclusa, coinvolti nella vicenda. In definitiva, in forza del principio in rassegna, i privati possono svolgere il c.d. ***rule shopping***, e cioè possono scegliere, in giro per il mondo, la normativa nazionale che sembra loro più adatta a regolare il proprio rapporto contrattuale.

Il principio innovativo in parola sembra essere stato ribadito nella citata **Convenzione de L'Aja sul *trust***, la quale consente al disponente di scegliere la normativa nazionale regolatrice che preferisce, senza limitazioni, e cioè senza prevedere che tale potere opera solo in caso di *trus*t internazionale. Secondo alcuni autori, che la convenzione si riferisca solo ai trust internazionali si evincerebbe dall'**art. 13** della stessa, ai sensi del quale: "*Nessuno Stato è tenuto a riconoscere un trust i cui elementi importanti, ad eccezione della scelta della legge da applicare, del luogo di amministrazione, e della residenza abituale del trustee, sono più strettamente connessi a Stati che non prevedono l'istituto del trust o la categoria del trust in questione*". In vero, questa norma non distingue affatto il *trust* internazionale dal *trust* solo interno ad un unico ordinamento giuridico nazionale. Piuttosto, essa distingue *trust* con elementi principalmente connessi ad uno o più ordinamenti giuridici tradizionalmente ostili all'istituto in parola (c.d. ordinamenti *no trust*), da *trust* che, al contrario, mostrano connessione con ordinamenti che prevedono l'istituto o la categoria del trust in questione. E tale distinzione, peraltro, non sembra consentire agli operatori del diritto, e tra questi ai giudici, di escludere l'operatività dei *trust* principalmente connessi con ordinamenti ostili, ma, piuttosto, di consentire solo agli Stati di escludere, in sede di ratifica della convenzione, questa operatività; possibilità, peraltro, non utilizzata dal nostro legislatore, che – come detto – ha ratificato la convenzione sul *trust*, con la citata legge n. 364/1989, senza formulare alcuna riserva a riguardo.

Un discorso relativamente diverso merita di esser fatto riguardo alle convenzioni internazionali che hanno ad oggetto i diritti della persona, ed in particolare riguardo alla già citata **Convenzione per la salvaguardia dei diritti dell'uomo e delle libertà fondamentali** (a cui si è dedicato un box di approfondimento). Il discorso è diverso da quello che precede perché in questo caso, al fine di determinare l'operatività o meno della convenzione, senza dubbio non rileva che la questione sottoposta al giudice abbia o no carattere di internazionalità, in quanto, ai sensi dell'art. 1, le parti contraenti "*riconoscono ad ogni persona soggetta alla loro giurisdizione i diritti e le libertà definiti al titolo primo della presente Convenzione*".

In ragione della somiglianza della procedura di adattamento prevista ai fini del riconoscimento della loro efficacia nell'ambito dell'ordinamento giuridico italiano, possono essere ricomprese nella categoria delle fonti internazionali anche le fonti previste dagli **artt. 7 e 8 Cost.**, ossia i Patti lateranensi e le intese che disciplinano i rapporti tra lo Stato e, rispettivamente, la Chiesa cattolica e le altre confessioni religiose. A questo riguardo, si deve sottolineare la particolare efficacia dei Patti lateranensi, i quali possono derogare, salvo il limite dei principi supremi dell'ordinamento, le norme costituzionali. Tali Patti furono siglati, in forma di Trattato internazionale tra lo Stato italiano e la Chiesa cattolica di Roma, l'11 febbraio 1929, e furono ratificati dallo Stato con la legge 27 maggio 1929 n. 810, insieme ai quattro allegati annessi ed al Concordato. Il 18 febbraio 1984 la Repubblica italiana e la Santa Sede raggiunsero un accordo per la modifica del Concordato Lateranense, e tale accordo fu ratificato dall'Italia con la legge 25 marzo 1985 n. 121. Sui contenuti dei Patti lateranensi torneremo in particolare nel capitolo VII, in tema di matrimonio concordatario.

2.1.1.4. *Leggi dello Stato, leggi regionali ed altri atti aventi forza di legge*

Nel sistema delle fonti del diritto privato italiano un ruolo senza dubbio essenziale è quello svolto dalla legge, intesa nel suo significato formale di atto normativo emanato secondo il processo di produzione, stabilito nella **Costituzione dall'art. 70 all'art. 82**, e nei regolamenti parlamentari, e consistente nell'approvazione dello stesso testo da parte dei due rami del Parlamento, Senato e Camera, e dalla successiva promulgazione da parte del Presidente della Repubblica. È appena il caso di evidenziare che, a tenore dell'art. 70 Cost., in Italia "*la funzione legislativa è esercitata collettivamente dalle due camere*", e dunque è esercitata, di regola, dal Parlamento.

Deve, tuttavia, a tal proposito, rammentarsi che, come già rilevato in apertura di capitolo, l'**art. 117 Cost.**, nella sua attuale formulazione, stabilisce espressamente che "*La potestà legislativa è esercitata dallo Stato e dalle Regioni nel rispetto della Costituzione, nonché dei vincoli derivanti dall'ordinamento comunitario e dagli obblighi internazionali*".

La legge, così come prevista e disciplinata dalla Costituzione, rappresenta l'atto normale o ordinario in cui si esprime il processo di integrazione politica nell'ordinamento giuridico italiano. Inoltre, anche in Italia, così come avviene in tutti gli ordinamenti evoluti, si assiste oramai da tempo ad una moltiplicazione delle funzioni esplicate dalla legge. Perciò, fermo quanto si è detto nello scorso capitolo sul piano della teoria generale del diritto in relazione ai caratteri della norma giuridica, va qui osservato che nell'evoluzione concreta del fenomeno giuridico in Italia si assiste frequentemente all'emersione, accanto a leggi consistenti in norme generali e astratte, di **leggi-provvedimento**, **leggi-contratto**, **leg-**

gi-incentivo, **leggi di programmazione**, **leggi procedimentali**, e **leggi di finanza**, le quali hanno spesso caratteri di mal celate individualità e concretezza.

Come già visto, sino al 1948, e cioè al momento dell'entrata in vigore della Costituzione Repubblicana, fonte rigida e sovraordinata ad ogni altra, la legge era fonte primaria dell'ordinamento (e così, infatti, è ancora definita per tradizione). All'epoca, dunque, il codice civile del 1942, che è legge ordinaria, non aveva fonti ad esso gerarchicamente superiori e ciò spiega il tenore dell'art. 1 delle preleggi su cui ci siamo soffermati nel paragrafo 2.1.1.

Dal 1942 ad oggi la situazione, come evidenziato, è molto cambiata, tanto che leggi e gli altri atti aventi forza di legge, tutti definiti fonte primaria, per essere riconosciuti validi, e quindi efficaci, devono essere conformi non solo alla Costituzione, ma anche all'ordinamento europeo ed alle fonti internazionali sia consuetudinarie che pattizie.

Tra le più importanti novità degli ultimi lustri, come evidenziato dalla nuova versione dell'art. 117 Cost., si registra l'importanza acquisita dalle **leggi regionali** in forza, dapprima, della effettiva entrata a regime delle Regioni (che, pur previste sin dal 1948, divennero operative solo nel 1970) e, quindi, della successiva evoluzione del nostro ordinamento in senso regionalista. Tali leggi hanno, nel sistema delle fonti, eguale valore della legge ordinaria dello Stato dal punto di vista formale e gerarchico.

Sino al 2001 l'art. 117 Cost. stabiliva che le Regioni avevano potestà legislativa soltanto in alcune materie loro riservate ed elencate, e che tale potestà poteva essere esercitata soltanto nei limiti delle c.d. 'leggi quadro' emanate dal legislatore statale. Le norme regionali in contrasto con l'ordinamento statale erano dichiarate incostituzionali dalla Corte costituzionale. L'attuale formulazione dell'art. 117 Cost., al contrario, evidenzia come oggi tra Stato e Regioni viga un **nuovo riparto di competenza legislativa** che, in sintesi, può ritenersi fondato sui seguenti principi: 1) lo Stato ha legislazione esclusiva in alcune materie, tra le quali, per quel che rileva ai nostri fini in quanto tradizionalmente rientranti nel diritto privato, "*moneta, tutela del risparmio e mercati finanziari; tutela della concorrenza; sistema valutario [...] cittadinanza, stato civile e anagrafi [...] giurisdizione e norme processuali; ordinamento civile e penale; giustizia amministrativa; [...] determinazione dei livelli essenziali delle prestazioni concernenti i diritti civili e sociali [...] previdenza sociale [...] pesi, misure e determinazione del tempo [...] tutela dell'ambiente, dell'ecosistema e dei beni culturali*" (comma 2); 2) su alcune materie vi è legislazione concorrente tra Stato e Regioni, il che vuol dire che la potestà legislativa in tali materie spetta alle Regioni che, tuttavia, dovranno esercitarla in ossequio ai principi fondamentali determinati dal legislatore nazionale (comma 3); e 3) le Regioni hanno legislazione esclusiva "*in riferimento ad ogni materia non espressamente riservata alla legislazione dello Stato*" (comma 4). In particolare, la previsione del **comma 4 dell'art. 117 Cost.** evidenzia, almeno in teoria, un vero e proprio **ribaltamento dei ruoli**, rispetto al recente passato, tra legislazione statale e nazionale, con quest'ultima ridotta ad operare solo negli ambiti espressamente riservati, e la prima invece, fuori da tali ambiti, libera di esprimersi discrezionalmente.

Nel diritto privato la reale incidenza della legislazione regionale non è ancora realmente prevedibile, in quanto essa dipenderà da come verrà interpretata la riserva di potere legislativo esclusivo a favore dello Stato in materia di "***ordinamento civile***" (***lett. l)*** **del comma 2 dell'art. 117 Cost.**). Se, infatti, si riterrà – così come appare oggi – che tale riserva copra per intero il diritto civile, allora il potere legislativo delle Regioni in materia sarà ridotto; viceversa, se si riterrà che con l'espressione "*ordinamento civile*" si fa riferimento solo ad alcuni aspetti del diritto civile, il potere legislativo regionale in materia sarà assai ampio, alla luce del citato comma 4 dell'art. 117. Il dubbio interpretativo è avvalorato dall'ambigua e generica espressione "*ordinamento civile*", nonché dalla presenza, nel comma 3 della disposizione costituzionale in esame, di alcune materie che, quanto meno, hanno sicure interferenze con l'ordinamento civile e, tuttavia, sono attribuite alla c.d. legislazione concorrente; tra queste, "*tutela e sicurezza del lavoro [...] la tutela della salute [...] ordinamento sportivo [...] ordinamento della comunicazione [...] distribuzione nazionale dell'energia [...] valorizzazione dei beni culturali e ambientali [...] casse di risparmio, casse rurali, aziende di credito a carattere regionale; enti di credito fondiario e agrario a carattere regionale*".

L'ultima parola sulla questione spetta, ovviamente, alla Corte costituzionale chiamata ad esprimersi sulla legittimità, sotto il profilo in parola, di leggi regionali in materie o tematiche considerate di diritto privato. Sin qui, per il vero, la Corte ha ripetutamente ribadito che la legislazione regionale non può riguardare materie di diritto privato in quanto l'ordinamento civile è riservato alla legislazione dello Stato per esigenze di salvaguardia dell'unità nazionale e dell'eguaglianza tra individui (cfr., tra le altre, le sentenze nn. 106/2005, 271/2005, 405/2005, 173/2006 e 253/2006). Tuttavia, tale posizione è criticata da una parte della dottrina che sottolinea come consentire, in alcune materie, ed entro certi limiti, l'emanazione di regole regionali di diritto privato, piuttosto che determinare condizioni di diseguaglianza tra i cittadini, poste le differenze sociali in essere tra le varie regioni italiane, potrebbe, al contrario, produrre condizioni per una maggiore eguaglianza sostanziale tra gli stessi. A tal proposito, si sottolinea efficacemente che il comma 7 dell'art. 117 Cost. attribuisce, ad esempio, alla legislazione regionale il compito di rimuovere "*ogni ostacolo che impedisce la piena parità degli uomini e delle donne nella vita sociale, culturale ed economica*".

Con l'espressione "*altri atti aventi forza di legge*" si fa riferimento ad ulteriori fonti, previste e disciplinate dalla Costituzione, che hanno, nell'ordinamento giuridico lo stesso valore gerarchico delle leggi ordinarie. Si tratta dei decreti legislativi e dei decreti legge.

Il **decreto legislativo** è adottato dal Governo su delega ricevuta per volontà del Parlamento che la conferisce, di volta in volta, con specifica legge ordinaria, e cioè approvata dalle due Camere secondo il procedimento sopra cennato. La legge delega non può essere generica, a pena di illegittimità costituzionale, in quanto è necessario che nel conferire al Governo un potere paralegislativo il Parlamento vincoli e limiti lo stesso circoscrivendo la materia oggetto di intervento normativo, i principi fondamentali, gli obiettivi concreti ed i criteri direttivi che il Governo deve seguire per regolamentarla, nonché il tempo consentito per esercitare la delega (art. 76 Cost.). Dunque, con la legge delega il Parlamento si spoglia parzialmente del potere legislativo, e ciò accade quando la normativa da adottare sia caratterizzata da un elevato livello di tecnicismo per cui appare funzionale alla più rapida e corretta produzione normativa delegare il Governo che può operare tramite il Ministero o i Ministeri competenti. Il decreto legislativo deve essere scrupolosamente rispettoso della delega; in caso contrario, può esserne sancita la sua incostituzionalità. Come visto nel paragrafo 2.1.1.2., le direttive comunitarie sono state, per lo più, trasposte nel nostro ordinamento con decreti legislativi.

Il **decreto legge** è un ulteriore atto normativo che può essere adottato dal Governo, il quale, dunque, esercita, anche con tale strumento, in teoria eccezionalmente, il potere legislativo. Il decreto legge può essere emanato solo in "*casi straordinari di necessità e di urgenza*" (art. 77 Cost.), che devono essere espletate nel decreto stesso dal Governo, e cioè in circostanze che, per ragioni di tempo, non consentono o non suggeriscono il ricorso alla legislazione ordinaria, visto che il doppio passaggio in Camera e Senato richiede spesso tempi lunghi di elaborazione, discussione ed approvazione di una proposta di legge. Per emanare un decreto legge il Governo non ha bisogno di legge delega, e tuttavia il decreto, una volta adottato dal Consiglio dei Ministri, deve essere presentato alle Camere il giorno stesso per la sua conversione in legge ordinaria, che deve avvenire entro e non oltre sessanta giorni dalla sua pubblicazione, a pena di decadenza del decreto, che così perde efficacia "*fin dall'inizio*", e cioè fin dalla sua emanazione. Il decreto legge, dunque, è un atto normativo con efficacia limitata nel tempo e con provvisoria forza di legge.

Nella prassi legislativa il decreto legge è stato, negli scorsi decenni, oggetto di frequenti **abusi**. Sino a pochi anni fa, e cioè prima che intervenisse sul punto la Corte costituzionale, i decreti, se non convertiti nel termine previsto, venivano nuovamente approvati (c.d. reiterazione) dal Governo così da prolungarne la vigenza. Ancora oggi, peraltro, i decreti legge sono spesso utilizzati senza che vi siano effettive ragioni di urgenza che legittimino l'appropriazione del potere legislativo, seppure con efficacia temporanea limitata, da parte del Governo e la corrispondente spoliazione del Parlamento. Addirittura, nell'esperienza più recente, con i decreti legge sono stati emanati provvedimenti di notevole complessità, destinati ad operare su diverse materie, ed aventi funzione anche di legge finanziaria (c.d. **decreti *omnibus***), sulla legittimità costituzionale dei quali, sotto il profilo della necessità ed urgenza, è possibile avanzare forti dubbi (si veda, ad esempio, il d.l. 25 giugno 2008 n. 112, convertito con legge 6 agosto 2008 n. 133).

I decreti legislativi ed i decreti legge, dopo l'adozione del Governo, sono "*emanati*" dal Presidente della Repubblica, ai sensi dell'art. 87, comma 4, Cost. Secondo la prassi attualmente vigente nell'ordinamento italiano, Presidente può rifiutare l'adozione nel caso di manifesta incostituzionalità del decreto.

2.1.1.5. *I regolamenti*

Le leggi ordinarie statali e gli atti ad esse equiparati sono sovente seguite da discipline di dettaglio, demandate alla regolazione tecnica del Governo, che le redige attraverso i Ministeri competenti, e le adotta in forma di regolamenti.

Come anticipato nel paragrafo 2.1.1, i regolamenti sono fonti-atto di rango secondario, che, oltre alla Costituzione ed alle norme del diritto comunitario o derivanti da fonti internazionali dotate di copertura costituzionale, devono essere conformi anche alla legge ed agli atti aventi forza di legge, a pena di invalidità per violazione del principio gerarchico (in questo caso, anche detto di legalità). I regolamenti non sono assoggettabili al controllo di costituzionalità ma al più diffuso controllo del giudice ordinario, che può disapplicarli se illegittimi, e di quello amministrativo, che può annullarli se impugnati nei termini di decadenza previsti dalla procedura amministrativa.

Negli anni i regolamenti hanno dimostrato concretamente un polimorfismo tale da indurre il legislatore a disciplinare la materia con la **legge 23 agosto 1988 n. 400**, che costituisce la principale fonte sulla produzione dei regolamenti. Tale normativa, sostanzialmente, consente di individuare sei tipi di regolamenti: 1) *di esecuzione*, i quali vengono adottati per dare più agevole applicazione alle leggi, agli atti aventi valore di legge ed ai regolamenti comunitari; 2) *di attuazione e integrazione*, emanati nei casi in cui norme di rango primario pongono una disciplina di principio che, per produrre i suoi effetti, abbisogna di una disciplina di dettaglio; 3) *indipendenti*, regolanti, appunto, settori non disciplinati dalla legge e su cui non grava una riserva di legge assoluta (ma, sulla legittimità costituzionale di tale tipologia, autorevole dottrina ha avanzato seri dubbi); 4) *regolamenti organizzativi*, che normalmente riguardano il funzionamento delle pubbliche amministrazioni; 5) *regolamenti delegati o di delegificazione*, che cioè sono previsti espressamente da leggi con le quali il Parlamento delega il relativo potere al Governo; e 6) *regolamenti ministeriali e interministeriali*, quali i decreti ministeriali, che sono atti emanati autonomamente dai Ministri per regolare questioni concrete rientranti nella propria competenza.

A confermare la difficoltà ricostruttiva della categoria, viene l'osservazione per cui alcuni regolamenti sono emanati, ai sensi del comma 4 dell'art. 77 Cost., con decreto del Presidente della Repubblica. Tra gli esempi recenti in questo senso, di rilievo per il diritto privato, può citarsi il d.p.r. 18 luglio 2006 n. 254, intitolato "*Regolamento recante disciplina del risarcimenti diretto dei danni derivanti dalla circolazione stradale, a norma dell'art. 150 del d.lgs. 7 settembre 2005 n. 209 – codice delle assicurazioni private*"; così come può citarsi il d.p.r. 11 febbraio 2005 n. 68, intitolato "*Regolamento recante disposizioni per l'utilizzo della posta elettronica certificata, a norma dell'art. 27 della legge 16 gennaio 2003 n. 3*". Viceversa, altri regolamenti sono emanati, come detto, con semplici provvedimenti a firma del Ministro competente; tra questi, sempre per portare un esempio rilevante per la materia privatistica, il d.m. 18 maggio 2004 n. 150 (del Ministero dell'Economia e delle Finanze), intitolato "*Regolamento ai sensi dell'art. 11, comma 14, della legge 28 dicembre 2001 n. 448, in materia di disciplina delle fondazioni bancarie*". Ed altri regolamenti ancora sono emanati dalle c.d. **autorithies**, e cioè autorità indipendenti create dallo Stato per vigilare e regolamentare particolari settori ritenuti di grande rilievo e di alta complessità tecnica. Tra questi si annoverano i regolamenti della Consob, della Banca d'Italia, dell'Autorità Garante per la concorrenza e il mercato e delle ulteriori autorithies indicate nel paragrafo 2.1.3.

Ulteriori regolamenti rilevanti nel settore del diritto privato, ma adottati da autorità diverse dal Governo e dai singoli Ministeri, sono i regolamenti edilizi comunali, cui anche la legge fa riferimento, ad esempio agli artt. 871 e ss. c.c. In proposito, si segnala in particolare l'art. 873 c.c., che stabilisce una distanza minima tra edifici (di tre metri) che può essere aumentata dai regolamenti locali, ai quali, dunque, si riconosce, in forza di questo rinvio, un valore di legge.

2.1.2. Le fonti di carattere non legislativo

Fin qui ci siamo occupati di fonti poste dall'alto, e cioè prodotte nel nostro ordinamento giuridico da un'autorità riconosciuta come legittimata – in questo momento dal legislatore, nazionale, europeo o regionale che sia – e previste dal nostro sistema delle fonti, sicché efficaci anche nel diritto privato italiano. Tali fonti, proprio in quanto poste, si esprimono attraverso atti scritti, in ossequio alla tradizione civilistica (cfr. i paragrafi 1.7., 1.7.1. e 1.8.).

Sono riconosciute ed operano, tuttavia, nell'ordinamento giuridico italiano, così come in quasi tutti gli ordinamenti giudici del mondo, anche fonti che non sono poste dall'alto. Tali fonti possono essere **eteronome**, e cioè nascere da un processo di produzione a cui è estraneo colui che deve rispettarle, ovvero **autonome**, e cioè autoprodotte da chi deve rispettarle; così come possono essere **scritte** o **non scritte**.

Sotto questi aspetti, possiamo da subito distinguere, nell'ambito delle fonti non legislative riconosciute nel nostro ordinamento: il **referendum**, e cioè il procedimento di democrazia diretta in forza del quale il popolo può direttamente pronunciarsi sull'abrogazione di una norma di legge (art. 75 Cost.) così sostituendo la propria volontà a quella del legislatore, ovvero partecipare all'emanazione di una legge costituzionale (art. 138, comma 2, Cost.); le **consuetudini**, o **usi**, nazionali ovvero internazionali, che, per quello che si dirà nei prossimi paragrafi, sono fonti eteronome e spontanee, non prodotte per iscritto (sebbene possano essere raccolte in registri); **l'equità**, che può essere considerata fonte eteronoma, nei limiti di seguito precisati, e che trova espressione scritta, al più, per principi generali; nonché l'**autonomia privata**, che produce senza dubbio norme autonome di regolamentazione dei rapporti tra privati, e cioè regole di diritto privato, che possono essere scritte o non scritte, le quali prendono il nome di atti di autonomia privata, e che sono rivolte a disciplinare solo i rapporti dei soggetti che le hanno prodotte, sicché, per definizione, sono prive dei caratteri di generalità ed astrattezza, tipici (sebbene, come detto, si contino varie eccezioni) delle norme giuridiche.

2.1.2.1. *Il referendum*

Con il vocabolo latino *referendum* (gerundivo neutro del verbo *refero*) si indica negli ordinamenti giuridici, e dunque sul piano della teoria generale del diritto, lo strumento di democrazia diretta, attraverso cui il corpo elettorale di una data comunità organizzata viene consultato direttamente, e dunque si pronuncia senza intermediari, su temi specifici così esercitando la sua sovranità (cfr. art. 1 Cost.). L'esito referendario, espressione di questa sovranità, è, nell'ordinamento giuridico italiano una fonte del diritto primaria – di cui sovente nei manuali di diritto privato si sottovaluta l'importanza – che vincola il legislatore al rispetto della volontà del popolo.

Sempre ragionando in termini di teoria generale, può dirsi che i referendum si possono distinguere in base alla tipologia tra **propositivi, consultivi, abrogativi** o **confermativi**, a seconda che lo scopo del referendum sia, nell'ordine, di proporre una nuova legge, di sentire il parere popolare (non vincolante) circa una determinata questione politica, di abrogare una legge già esistente o di richiedere il consenso popolare perché essa possa entrare in vigore. Ad esempio il referendum propositivo (che vincola il legislatore ad emanare una legge coerente con l'espressione popolare) è previsto dall'ordinamento giuridico sammarinese, mentre quello consultivo (mera richiesta di parere non vincolante) è previsto nell'ordinamento italiano. Da alcuni anni, tuttavia, tanto la Regione Autonoma Valle d'Aosta, quanto la Provincia Autonoma di Bolzano hanno introdotto nei loro Statuti il referendum propositivo. L'unico caso di referendum propositivo effettivamente votato in Italia è stato il 18 novembre 2007 in Valle d'Aosta, ma non ha raggiunto il *quorum*.

La Costituzione italiana prevede numerosi tipi di referendum: quello abrogativo di leggi e atti aventi forza di legge (art. 75), quello sulle leggi costituzionali e di revisione costituzionale (art. 138), quello riguardante la fusione di Regioni esistenti o la creazione di nuove Regioni (art. 132, comma 1), quello riguardante il passaggio da una Regione ad un'altra di Province o Comuni (art. 132, comma 2). Inoltre prevede, all'art. 123, comma 1, che gli statuti regionali regolino l'esercizio del referendum su leggi e provvedimenti amministrativi della Regione. Altri referendum, a livello comunale e provinciale, sono poi previsti da fonti sub-costituzionali, ed infatti, ai sensi dell'art. 8 del Testo Unico Enti Locali, d.lgs. 18 agosto 2000 n. 267, sono stati introdotti i referendum abrogativi o consultivi, sulle Delibere degli Enti locali: sia delle Province che dei Comuni. I referendum provinciali e comunali sono sottoposti però alle normative, più o meno restrittive, stabilite dalle singole Amministrazioni, negli statuti e nei regolamenti attuativi.

Non tutte le leggi possono essere oggetto di abrogazione tramite referendum in quanto alcune materie sono sottratte dal comma 2 dell'art. 75 Cost. La disposizione costituzionale cita espressamente "*le leggi tributarie e di bilancio, di amnistia e di indulto, di autorizzazione a ratificare trattati internazionali*". In più, non è possibile abrogare mediante referendum disposizioni costituzionali, gerarchicamente sovraordinate alla legge ordinaria e quindi abrogabili solo mediante il procedimento aggravato previsto dall'art. 138 Cost. La Corte costituzionale, che deve pronunciarsi sulla legittimità costituzionale del referendum, ha esteso l'elenco ritenendo inammissibili referendum che non abbiano oggetto unitario o il cui esito positivo paralizzerebbe l'attività di un organo costituzionale, determinando un vuoto legislativo. Inoltre, nel nostro ordinamento, la ratifica di Trattati internazionali e, in particolare, l'adesione a organizzazioni inter-nazionali e sovra-nazionali sono compiti del Parlamento, non sottoponibili a consultazione referendaria. Nella maggioranza dei Paesi europei, invece, essi devono essere sottoposti a consultazione popolare, poiché l'adesione comporta una cessione e limitazione della sovranità.

Secondo la giurisprudenza costituzionale italiana, il referendum abrogativo non è ammissibile in caso di norme collegate ad impegni comunitari, quali regolamenti UE di immediata attuazione o leggi italiane che recepiscono una direttiva.

La normativa regolatrice della procedura referendaria è un esempio di concorso di più fonti: la disciplina costituzionale dell'art. 75, la normativa ordinaria contenuta nella legge 25 maggio 1970 n. 352 e l'insieme delle decisioni della Corte costituzionale.

Come già accennato in apertura di paragrafo, gli effetti del referendum abrogativo fanno sì che esso, o per meglio dire, la normativa di risulta (in pratica il decreto presidenziale che dichiara l'avvenuta abrogazione totale o parziale della legge sottoposta a consultazione popolare) venga qualificata tra gli **atti aventi forza di legge e dunque di rango primario.**

Il Parlamento è vincolato dall'esito abrogativo del referendum. Ciò vuol dire che esso è impossibilitato a disciplinare in maniera identica la materia così come abrogata dalla consultazione popolare. Rimangono ancora aperti alcuni interrogativi circa la durata del vincolo giuridico a carico del Parlamento, ma è invece certo che nel caso in cui il Parlamento legiferi in maniera contraria all'esito referendario, la relativa legge deve essere dichiarata illegittima dalla Corte costituzionale. Viceversa, per coerenza con il sistema gerarchico delle fonti, si ritiene non ammissibile la declaratoria di incostituzionalità di eventuali leggi nazionali contrarie ad esiti referendari quando esse siano volte a recepire fonti europee. L'art. 38 della suddetta legge n. 352/1970 prevede, inoltre, che, se l'esito del referendum è stato contrario all'abrogazione di una legge o di parte di essa, questa non possa essere oggetto di una nuova consultazione referendaria prima di 5 anni.

Il primo referendum in Italia si ebbe nel 1974 e riguardò l'abrogazione della legge Fortuna-Baslini n. 898/1970, con la quale era stato introdotto nel nostro ordinamento il divorzio. L'esito del referendum, che fece registrare un'altissima affluenza, negò l'abrogazione della legge che, infatti, è ancora in vigore.

2.1.2.2. *La consuetudine e gli usi*

La consuetudine, anche detta uso, è l'unica fonte di regole giuridiche, ontologicamente non scritta, conosciuta espressamente dal nostro ordinamento. Anche l'autonomia privata, infatti, come anticipato, e come meglio si vedrà più avanti, può esplicarsi attraverso comportamenti commissivi o omissivi e, dunque, non in forma scritta, ma ciò costituisce, nel caso dell'autonomia privata, una possibilità, laddove per la consuetudine è la regola.

La **consuetudine** – come visto, menzionata attraverso il riferimento agli "*usi*" anche nell'art. 1 delle preleggi – è una fonte che opera quando un comportamento dei consociati, o comunque della maggioranza di essi, generalizzato e quindi pubblico, viene reiterato nel tempo, nella convinzione di questi che tale comportamento sia doveroso in ragione della esistenza di una norma giuridica vincolante (convinzione, ovviamente, errata, in quanto può sorgere una consuetudine solo laddove il comportamento in questione non sia prescritto da alcuna norma giuridica già esistente). La definizione appena proposta evidenzia che, per esserci consuetudine, è necessario che vi siano contemporaneamente tanto il **presupposto oggettivo** del comportamento generalizzato, pubblico e reiterato nel tempo (c.d. *diuturnitas*), quanto il **presupposto soggettivo** della c.d. *opinio iuris ac necessitatis*. In presenza di detti presupposti, e dunque in presenza di consuetudine, il dato comportamento generalizzato, pubblico e reiterato, diventa obbligatorio sul piano giuridico, in quanto la consuetudine crea la norma, prima inesistente, che impone di mantenere quel comportamento.

Le caratteristiche appena accennate valgono a distinguere nettamente la consuetudine dalla **prassi**, nella quale si ritrova il comportamento generalizzato e reiterato dei consociati, ma non anche la consapevolezza della doverosità del comportamento perché previsto da una norma giuridica. Per tale ragione, le prassi, anche quelle della Pubblica Amministrazione, sebbene in alcuni casi tradotte in circolari ministeriali, non possono avere alcun valore sul piano delle fonti del diritto italiano.

La consuetudine può essere considerata una fonte non statale, in quanto non è posta da un'autorità dello Stato, viceversa non può affermarsi che essa opera indipendentemente da quanto voluto dal legislatore nazionale. Ed infatti, nell'ordinamento giuridico italiano la consuetudine può operare, così come ogni altra fonte del diritto, proprio in quanto prevista e riconosciuta. In proposito, l'art. 8 delle preleggi chiarisce che "*Nelle materie regolate dalle leggi gli usi hanno efficacia solo in quanto sono da esse richiamati*", godendo in tale eventualità della stessa efficacia delle fonti primarie. Si tratta, in questo caso, dei c.d. **usi *secundum legem***. Da ciò, ragionando *a contrario*, può desumersi che la consuetudine non può in alcun modo contrastare una legge; dal che deriva il divieto dei c.d. **usi *contra legem***. Ed altresì che, nelle materie o sulle questioni non regolate dalle leggi, la consuetudine può operare senza limiti, e si parla in questo caso di **usi *praeter legem***.

Gli usi fonte del diritto nel diritto privato italiano sono soltanto quelli c.d. **normativi**, e cioè gli usi che, in costanza dei due presupposti di cui sopra, producono norme tendenzialmente generali ed astratte, e cioè in grado di operare *erga omnes*. Questi usi si distinguono nettamente dagli usi negoziali (o clausole d'uso) previsti in materia contrattuale, tra i quali rientrano anche gli usi interpretativi. Tra i primi, a mò di esempio, è possibile citare gli usi di borsa. Più incerta la natura degli usi bancari, fino a circa dieci anni fa pacificamente ritenuti usi normativi, ma successivamente dichiarati dalla Corte di Cassazione, a più riprese, ed all'esito di una complessa vicenda pretoria, usi negoziali.

Il codice civile regola l'operatività degli usi normativi all'**art. 1374 c.c.**, rubricato "*Integrazione del contratto*", nel quale si stabilisce espressamente che "*Il contratto obbliga le parti non solo a quanto è nel medesimo espresso, ma anche a tutte le conseguenze che ne derivano secondo la legge o, in mancanza,* *secondo gli usi e l'equità*". La disposizione in esame crea, dunque, un meccanismo di integrazione automatica del contratto nel quale opera prima la legge, quindi, in assenza di questa, gli usi normativi e poi, eventualmente, l'equità.

La problematica, sopra accennata e relativa al corretto inquadramento degli usi bancari, dimostra le difficoltà che nel nostro ordinamento giuridico possono incontrarsi nel qualificare un certo uso come normativo, e dunque produttivo di diritto, o meno. In definitiva, il potere di accertare l'esistenza e la natura di un uso normativo spetta solo al giudice nell'ambito di un procedimento giudiziario, la cui sentenza però, come di regola, fa stato solo tra le parti del giudizio ed ha, nei confronti dei terzi, valore meramente indicativo, salvo il caso che l'esistenza e la natura dell'uso sia acclarata in modo conforme e consolidato da numerose sentenze, nel qual caso il singolo giudice che non volesse confermare l'esistenza o la natura dell'uso dovrebbe ben motivare il suo diverso giudizio.

L'**art. 9 delle preleggi**, rubricato "*Raccolte d'usi*", proprio al fine di garantire una qualche certezza del diritto in materia di vigenza delle consuetudini, così da facilitarne eventualmente l'utilizzazione in giudizio, stabilisce una presunzione *iuris tantum*, cioè soggetta a prova contraria, a tenore della quale "*Gli usi pubblicati nelle raccolte ufficiali degli enti e degli organi a ciò autorizzati si presumono esistenti fino a prova contraria*". Ciò significa che la parte interessata a far valere una consuetudine in giudizio dovrà soltanto limitarsi ad allegare la pubblicazione della stessa in una raccolta ufficiale. La prova dell'inesistenza delle consuetudini, così come quella della loro esistenza nel caso in cui l'uso non sia pubblicato in nessuna raccolta, può essere fornita con qualunque mezzo.

Gli **usi negoziali**, o anche detti usi contrattuali, sono prassi comportamentali che nell'ambito dei rapporti negoziali possono enuclearsi tra soggetti determinati, ovvero in determinati settori del mondo economico e commerciale, senza che i soggetti che perpetrano il comportamento oggetto della prassi siano convinti della doverosità giuridica dello stesso. Dunque, negli usi negoziali manca l'elemento, o presupposto, soggettivo tipico della consuetudine; ed inoltre, sotto il profilo oggettivo, la reiterazione del comportamento non riguarda la generalità dei consociati, ma le parti del rapporto negoziale. Il codice civile fa espresso riferimento agli usi negoziali all'**art. 1340 c.c.**, laddove stabilisce che "*Le clausole d'uso si intendono inserite nel contratto, se non risulta che non sono state volute dalle parti*". Un esempio concreto di operatività della norma in parola è rinvenibile nel settore dei rapporti di lavoro. Ed infatti la Corte di Cassazione, in argomento, proprio applicando l'art. 1340 c.c., ha affermato a più riprese che: «I comportamenti tenuti in fatto dal datore di lavoro con apprezzabile continuità o reiterazione nei confronti dell'intero personale, o di settori più o meno ampi dello stesso, sortiscono l'effetto di modificare stabilmente la regolamentazione dei rapporti di lavoro della generalità degli appartenenti alla categoria favorita dall'uso aziendale, compresi coloro che ne entrano a far parte in un tempo successivo» (così, tra le tante, Cass., Sez. Un., sentenza 30 marzo 1994 n. 3134).

Una importante **differenza operativa tra usi normativi ed usi negoziali** sta nel fatto che i primi, come detto, non possono operare se non *secundum legem* ovvero *praeter legem*, mentre i secondi, ferma la loro soccombenza rispetto alle norme di legge inderogabili, possono senza dubbio operare anche in senso derogativo delle disposizioni di legge di natura dispositiva, e prevalgono su quelle di natura suppletiva non potendosi ravvisare una lacuna quando un tale uso operi in una materia non fatta oggetto di esplicita pattuizione.

Gli **usi interpretativi** sono le pratiche generalmente seguite nel luogo in cui il contratto è concluso ed in relazione al tipo di contratto o al settore economico e commerciale interessato, in base alle quali pratiche l'operatore del diritto può interpretare una o più clausole contrattuali che risultino ambigue in quanto dalla loro lettura non risulta chiara la volontà delle parti. Essi operano nel diritto privato italiano ai sensi dell'**art. 1368 c.c.**, secondo cui "*Le clausole ambigue s'interpretano secondo ciò che si pratica generalmente nel luogo in cui il contratto è stato concluso*".

Nella pratica del diritto privato italiano i riferimenti espliciti agli usi o alle consuetudini sono piuttosto rari. Per verificare tale circostanza basta scorrere un qualsiasi repertorio giurisprudenziale. Il che spiega perché, tradizionalmente, i manuali di diritto privato pubblicati in Italia dedichino poco spazio alla consuetudine. Tuttavia, a ben vedere, l'operatività degli usi nelle aule di giustizia e, più in generale, nel diritto privato come quotidianamente vissuto dagli operatori del diritto, è meno infrequente di quanto possa apparire. Basta, in questa prospettiva, notare come sempre più spesso accada che i privati stipulino contratti non previsti, e dunque non disciplinati, dal legislatore. Tali contratti sono detti innominati, o atipici, come si vedrà a tempo debito. La giurisprudenza, nel trattare questi contratti, li sottopone a regole che riflettono normalmente le attese delle parti, le quali si modellano proprio sulle prassi e sull'opinione dell'operatore del diritto medio. Dunque, in questi casi, la giurisprudenza osserva la prassi, la fa propria e si comporta di conseguenza. Lo stesso accade quando l'utilizzazione pratica generalizzata di un certo istituto tipico si pone in contrasto con la legge; in tal caso la giurisprudenza, spesso, interviene per rilevare l'esistenza di un nuovo contratto atipico, così evitando di trattare il tema della violazione della norma di legge. Una vicenda emblematica di tale dinamica è quella del c.d. 'ordine di borsa', contratto atipico enucleato ed elaborato dalla giurisprudenza per non applicare le norme sul mandato che non erano gradite agli operatori del settore finanziario.

Nel diritto privato italiano operano anche i c.d. **usi civici**. Con tale espressione si fa riferimento a determinati e particolari diritti reali *sui generis* (nati da consuetudini antiche di uso, invalse in una data comunità), imprescrittibili, inalienabili e perpetui, spettanti a determinate collettività sui beni del Comune territorialmente competente con scopi precisi: ad esempio, il diritto di legnatico (raccogliere legna) o di fungatico (raccogliere funghi) o di erbatico (raccoglier erba).

Fuori dal diritto privato, nell'ordinamento italiano, le **consuetudini** hanno una certa importanza nell'ambito dei rapporti tra organi **costituzionali** e del funzionamento di alcuni di questi; la circostanza viene giustificata in termini di principio di effettività della regola spontanea e fattuale, la quale, in quest'ultimo contesto, può prevalere anche sul diritto scritto.

Una parte della dottrina fa riferimento alle consuetudini in termini di **diritto muto**, osservando che le società a potere centralizzato conoscono il diritto autoritativo, formulato e creato mediante lo strumento della parola, mentre tutte le società, indipendentemente dalla loro organizzazione, dalla loro cultura e dal potere che le governa, conoscono il diritto spontaneo, non creato mediante la parola e non necessariamente formulato mediante la parola. Volendo seguire questa impostazione, può osservarsi che la consuetudine, nell'ordinamento italiano, si produce indipendentemente dalle parole, ma trova, comunque, la sua formulazione tramite le parole dell'operatore del diritto che per primo la enuncia.

2.1.2.3. *La consuetudine nei rapporti privatistici internazionali (c.d.* soft law *e c.d.* lex mercatoria*)*

Fra le fonti del diritto privato devono essere annoverati anche gli usi – o consuetudini (v. *supra*) – del commercio internazionale, e cioè l'insieme di usi commerciali, clausole contrattuali standard, contratti tipo e regole di interpretazione, praticati e ripetuti nel tempo da parte dei soggetti della comunità degli affari internazionali o, anche, da parte di alcuni soltanto di tali soggetti appartenenti a determinati settori commerciali (ad esempio il settore del credito, dei trasporti di merci o persone, delle assicurazioni, ecc., e più recentemente nelle transazioni informatiche).

Le convenzioni di diritto internazionale privato – ad esempio, quella de L'Aia del 1955 – individuano come competente a regolare i conflitti di diritto internazionale privato (cfr. il paragrafo 1.11.) esclusivamente gli ordinamenti statali, sicché, al più, sarà il singolo ordinamento a definire in che termini debba essere attribuita rilevanza agli usi del commercio internazionale. Per quanto riguarda, invece, le convenzioni di diritto materiale uniforme, l'art. 9 della **Convenzione di Vienna del 1980** stabilisce che "*Le parti sono vincolate dagli usi ai quali hanno acconsentito e dalle pratiche che si sono instaurate tra di* *loro*". Tal ultima Convenzione attribuisce agli usi ruolo e rilevanza convenzionale, a condizione che vengano rispettati tre requisiti: 1) che l'uso sia conosciuto o conoscibile dalle parti; 2) che l'uso sia ampiamente conosciuto nel commercio internazionale da soggetti operanti nel medesimo settore; 3) che l'uso venga regolarmente osservato.

Nell'ambito del commercio internazionale, accanto agli usi in parola, operano ulteriori fonti, sprovviste di efficacia diretta e stretta vincolatività. Tali fonti vengono definite, nel loro insieme, '***soft law***', per contrapporle, proprio in ragione della loro efficacia, come detto non diretta, alle fonti di c.d. '*hard law*', e cioè di applicazione ed efficacia diretta e cogente. Nell'ambito di questa categoria rientrano i principi riconosciuti con una certa ripetitività dalle Corti arbitrali internazionali nei lodi che decidono le controversie, nonché le raccolte di norme di elaborazione privata, realizzate da istituti internazionali privati ovvero da organizzazioni nazionali o internazionali, governative o non governative, o ancora le prassi che non presentano caratteristiche di vera e propria consuetudine (ad esempio perché difettano dell'elemento soggettivo dell'*opinio iuris*). Rientrano, inoltre, nella categoria in parola i codici di autoregolamentazione adottati da singole imprese o altre organizzazioni, i codici deontologici o simili adottati da associazioni professionali o di categoria, taluni atti di diritto internazionale, nonché raccolte di principi e regole, di origine spontanea.

Queste fonti di carattere non legislativo, e prive di efficacia diretta, possono operare e divenire efficaci quando determinati privati, nel contratto che regola il loro rapporto o nella clausola compromissoria con la quale hanno scelto e disciplinato il procedimento per risolvere l'eventuale lite dovesse insorgere tra loro, hanno fatto riferimento espresso a tali fonti, così operando un rinvio normativo in forza della propria autonomia privata. In mancanza di un'efficacia vincolante diretta, la garanzia dell'osservanza delle norme di *soft law* riposa sul fatto che chi le ha emanate coincide con il destinatario delle stesse (*autoregolamentazione*), oppure sull'autorevolezza del soggetto che le ha prodotte e, quindi, sulla loro forza persuasiva. Tali norme non danno luogo a situazioni giuridiche soggettive direttamente tutelabili in sede giurisdizionale, ma ciò non toglie che il giudice ne possa tenere conto.

L'insieme di fonti costituente la *soft law*, in ambito commerciale, viene anche definito – almeno da quella parte della dottrina che riconosce l'esistenza, o quanto meno l'utilità ricostruttiva, della categoria – in termini di ***lex mercatoria***. La *lex mercatoria* costituisce un diritto spontaneo di antichissima origine nato tra i soggetti operanti in specifici settori economici ed avente per scopo la fissazione di regole certe al fine di evitare controversie legali, o, comunque, favorirne la risoluzione una volta che queste siano insorte, in ambiti caratterizzati da un alto tasso di internazionalità (per esempio i trasporti aerei, o marittimi internazionali). Secondo la ricostruzione più accreditata, la *lex mer-*

catoria trae origine dallo sviluppo delle relazioni commerciali internazionali europee che caratterizza il basso medioevo: le mutate condizioni sociali e la fine dell'economia curtense favorirono, in quel periodo storico, uno sviluppo dei commerci interstatuali in relazione ai quali risultava necessario trovare uno strumento giuridico più agile dello *ius civile* di derivazione romanistica, ormai incapace di far fronte alle nuove esigenze mercantili nel mutato assetto istituzionale che vide la nascita degli Stati nazionali.

Esempi attuali di normative consuetudinarie operanti in particolari settori del commercio internazionale, e dunque ritenute oggetto della *lex mercatoria*, sono: le codificazioni fissate da organizzazioni di settore (ad esempio, la **IATA** per il trasporto aereo) in materia di merci e bagagli; ovvero, gli **Incoterms**, che sono un prontuario di settore delle pratiche standards dei contratti di vendita internazionali; o le raccolte di regole ed usi rispettati uniformemente dagli operatori di settore, effettuate e sottoposte ad aggiornamento periodico dalla ***Camera di Commercio Internazionale*** (ICC); o ancora, alcuni tipi di clausole contrattuali come le ***FOB*** (relative al trasporto merci, sul rischio di perimento delle stesse durante il trasporto) e le ***CIF*** (per l'assicurazione del trasporto a carico del venditore).

Un esempio di normativa elaborata da privati per sistematizzare i principi del contratto internazionale ritenuti più efficienti, estrapolati dai diversi ordinamenti nazionali e dalle prassi internazionali, sono, i c.d. **Principi UNIDROIT**, dal nome dell'istituto internazionale che li ha prodotti e periodicamente li aggiorna. Tali principi operano concretamente nei rapporti contrattuali in cui sono espressamente richiamati, nonché, ma questo più di rado, in assenza di tale rinvio pattizio, in ragione della loro applicazione da parte di Collegi arbitrali chiamati a decidere controversie insorte nei rapporti internazionali tra privati. Maggiori approfondimenti sul punto possono ritrovarsi nell'apposito box di approfondimento.

Anche a livello di **Unione europea** esistono esempi di fonti di *soft law* che costantemente influenzano la vita degli Stati membri. Basti pensare, in proposito, alle **raccomandazioni**, le quali, sebbene costituiscano atti ufficiali dell'**U.E.**, non hanno carattere vincolante, rappresentando provvedimenti (la cui inosservanza non comporta alcuna sanzione) i quali mirano ad ottenere unicamente che il destinatario (sia esso una Istituzione comunitaria, uno Stato od un soggetto di diritto interno), tenga un certo comportamento, in maniera tale da raggiungere determinati risultati desiderabili. Di fatto, però, le raccomandazioni influenzano il comportamento dei soggetti ai quali sono destinate, producendo effetti giuridici nei loro confronti, sia pur dotati di minor grado di intensità ed efficacia rispetto ad altri atti a carattere vincolante, quali ad esempio i regolamenti e le direttive.

I principi UNIDROIT

I Principi UNIDROIT, pubblicati per la prima volta nel 1994 (l'ultima versione è del 2004), ed elaborati in seno all'International Institute for the Unification of Private Law – organizzazione internazionale indipendente, il cui primo progetto di 'Progressiva Codificazione del Diritto del Commercio Internazionale' risale al 1968 – possono essere considerati una sorta di esperimento di codificazione di un emergente regime giuridico sovranazionale delle transazioni internazionali. L'obiettivo iniziale era quello di individuare i principi comuni alla maggior parte dei sistemi giuridici esistenti e di elaborare una normativa applicabile ai contratti internazionali che potesse semplificare i rapporti giuridici che coinvolgono, per loro natura, più ordinamenti spesso molto diversi fra loro.

I punti di riferimento più importanti per l'elaborazione dei Principi sono stati – oltre i singoli sistemi nazionali – la Convenzione delle Nazioni Unite sui Contratti per la Vendita Internazionale dei Beni (Convenzione di Vienna del 1980, CISG), i documenti elaborati dalla Camera di Commercio Internazionale e quelli c.d. UNCITRAL, nonché la Commissione delle Nazioni Unite per il commercio internazionale.

I Principi UNIDROIT si prestano per la loro natura a diversi usi. In primo luogo possono essere considerati un modello di riferimento per il legislatore nazionale nella elaborazione della normativa che regola i contratti in generale o taluni tipi di transazioni. Diversi Stati hanno, infatti, già attinto ispirazione dai Principi per riformare la legislazione interna. Ad esempio il nuovo codice civile della Federazione russa e progetti analoghi di Israele, Estonia, Lituania, Cina e Indonesia fanno riferimento ad essi. Altrettanto hanno fatto le commissioni che si sono occupate di stilare le proposte di riforma nel settore in Germania, Scozia e Nuova Zelanda.

I Principi in parola possono, inoltre, essere utilizzati come guida alla stesura dei contratti commerciali internazionali. Infatti spesso le parti di questi contratti trovano difficoltà di comunicazione dovute al fatto che ciascuna di esse fa riferimento ad una terminologia giuridica che non trova corrispondenza nell'altrui sistema giuridico di appartenenza. L'uso dei termini adottati dai Principi, invece, consente alle parti di dialogare in una lingua neutrale con definizioni uniformi.

Il Preambolo dei Principi, in particolare, sancisce che essi si applicano quando le parti stabiliscono espressamente che il loro contratto debba essere regolato dagli stessi. Dunque la clausola con cui le parti – nell'esercizio della propria autonomia – scelgono la legge applicabile al contratto può contenere il riferimento ai Principi UNIDROIT, piuttosto che a qualunque altra legge nazionale o convenzione internazionale.

Naturalmente il vantaggio derivante dall'uso dei Principi nella stesura dei contratti va verificato nell'efficacia loro riconosciuta da parte dei giudici delle eventuali controversie. La loro applicazione nella pratica come *lex contractus* può, infatti, risultare problematica, specialmente quando sono coinvolti tribunali statali. Questi devono in generale fare riferimento alle proprie norme di conflitto che sono legge dello Stato. Pertanto i Principi UNIDROIT possono trovare applicazione solo se non contrastano con le norme inderogabili della legge applicabile individuata in base alle norme di conflitto. Maggiore facilità, e dunque maggiori certezze, si hanno con riguardo all'applicazione dei Principi UNIDROIT nei procedimenti arbitrali. E ciò in quanto le corti arbitrali hanno poteri più ampi rispetto ai tribunali nazionali nella scelta della legge applicabile per risolvere la controversia.

Quanto al loro riconoscimento, in concreto va segnalato ancora che i Principi sono a volte stati utilizzati a supporto delle argomentazioni proposte dalle parti in causa. Il che dimostra una progressiva diffusione del loro uso nella prassi, sebbene maggiormente davanti a tribunali arbitrali e meno in sede di procedimenti davanti a giudici statali. Anche alcune decisioni fanno riferimento ai Principi per dimostrare che la soluzione del caso offerta da una specifica legge nazionale corrisponde a standard internazionalmente accettati. In alcuni lodi resi dalla Corte arbitrale della Camera di Commercio Internazionale, ad esempio, i Principi UNIDROIT sono definiti «una utile fonte per stabilire regole generali per i contratti commerciali internazionali».

2.1.2.4. *L'equità*

La norma giuridica di stampo privatistico, normalmente generale ed astratta, non sempre riesce ad adattarsi facilmente al singolo caso concreto. La sussunzione del fatto storico, portato all'attenzione dell'operatore del diritto, all'interno di una fattispecie cristallizzata da una specifica norma può, infatti, risultare rigida e non efficiente nell'ottica dell'equo, e cioè giusto, contemperamento degli interessi in conflitto nella singola vicenda. Tale problema è da sempre avvertito negli ordinamenti giuridici evoluti come un limite intrinseco del sistema derivante dalla natura e dai caratteri della norma di diritto privato. Tanto ciò è vero che in epoca romana l'***aequitas*** era fonte del diritto e consentiva al giudice del caso concreto di disapplicare la regola disposta dall'ordinamento, ed astrattamente operativa nel caso sottoposto al suo vaglio, disciplinando così la questione concreta secondo un criterio equitativo e non più legale. Una vicenda analoga può essere segnalata nell'esperienza di *common law*, laddove – come si è già evidenziato nel primo capitolo (cfr. il paragrafo 1.7.1.) – accanto alla giurisdizione di *common law*, applicativa del diritto anglosassone, dal XIII secolo si fece largo la giurisdizione alternativa c.d. di ***equity*** nella quale, esercitando il potere imperiale di decidere secondo equità, il Cancelliere disapplicava il diritto di *common law* e decideva le questioni perseguendo la più giusta soluzione del caso concreto.

Intesa in questo senso, l'equità è strumento di giustizia del caso singolo e svolge un ruolo suppletivo del diritto posto dal legislatore, o consuetudinario, ed occasionale. Tramite l'equità si può anche evitare che gli effetti derivanti dall'applicazione delle regole giuridiche siano eccessivamente rigorosi e, in definitiva, inadeguati al caso concreto. In un'accezione culturalmente più condizionata, riempiendo l'equità di contenuti etici condivisi dai consociati, si può altresì affermare che il giudizio equitativo opera in funzione moralizzante dei comportamenti dei privati; così come, riempiendo l'equità di contenuti corrispondenti ai principi fondamentali dell'ordinamento, si può sostenere che la clausola in parola funziona come elemento unificante di chiusura del sistema. In qualche modo, dunque, attraverso il giudizio di equità il giudice può far transitare nell'ordinamento giuridico in modo particolarmente penetrante, se pure per la sola soluzione del caso concreto, e dunque in via occasionale, i propri valori, la propria sensibilità, la propria cultura. Come evidente da queste brevi battute, la portata effettiva dell'equità, e le sue ricadute concrete nell'ordinamento giuridico vigente in un determinato contesto storico, dipendono da cosa si intende per equità e da come si consente all'equità di operare concretamente.

Nel diritto italiano vigente l'equità non può essere utilizzata dal giudice per disapplicare la legge in quanto si ritiene che proprio la legge, per la sua tendenziale generalità ed astrattezza, sia maggiormente garantista di giustizia ed imparzialità rispetto al singolo giudice. Ciò, del resto, consente altresì di assicurare la conoscibilità e la certezza del diritto, circostanze considerate indispensabili in un ordinamento giuridico moderno e garantista. Laddove, al contrario, se il giudice potesse discrezionalmente pronunciarsi in via equitativa, piuttosto che secondo diritto, la decisione del caso concreto sarebbe di volta in volta imprevedibile, con tutte le conseguenze che da ciò derivano in termini di disordine sociale ed inefficienza economica della soluzione finale.

Ci sono, tuttavia, casi in cui l'ordinamento giuridico italiano riconosce ambiti di operatività all'equità, e cioè casi in cui al giudice viene riconosciuta la possibilità di decidere secondo equità, piuttosto che secondo diritto, o perché egli è stato autorizzato dalle parti e la legge consente tale opzione, o perché la legge prevede direttamente, tramite esplicito rinvio, che il giudice, indipendentemente dalla volontà delle parti, si pronunci secondo equità.

Un esempio di norma di legge che consente alle parti di chiedere, espressamente e concordemente, al giudice di pronunciarsi secondo equità, piuttosto che secondo diritto, si rinviene nell'**art. 114 c.p.c.** Il giudice investito del potere di decidere secondo equità non deve, per questo, disapplicare la norma di legge, in quanto tale norma potrebbe anche costituire la soluzione più equa del caso concreto; egli, invece, potrà distaccarsi dalla soluzione legale nella misura in cui riterrà sia opportuno per decidere equitativamente. L'art. 114 pone un principio eccezionale del sistema, in quanto le parti, conferendo il potere al giudice di decidere secondo equità, sostanzialmente rinunciano alla tutela di legge. Ciò spiega perché l'art. 114 sia applicabile solo nel caso in cui oggetto del giudizio siano diritti disponibili, e cioè diritti di cui le parti possono disporre liberamente, non potendosi annoverare tra questi i diritti afferenti alla sfera più intima della persona, nonché la maggior parte di quelli derivanti da rapporti familiari.

Una norma di legge che, invece, autorizza direttamente il giudice a pronunciarsi secondo equità, indipendentemente dal fatto che le parti lo richiedano, è contenuta nell'**art. 113 c.p.c.**, a tenore del quale "*Nel pronunciare sulla causa il giudice deve seguire le norme del diritto, salvo che la legge gli attribuisca il potere di decidere secondo equità*" (comma 1), nonché "*Il giudice di pace de-*

cide secondo equità le cause il cui valore non eccede millecento euro, salvo quelle derivanti da rapporti giuridici relativi a contratti conclusi secondo le modalità di cui all'art. 1342 del codice civile" (comma 2). La previsione normativa in parola – che, come evidente, in realtà opera su due diversi piani, tra comma 1 e 2 – ha suscitato un vivace dibattito dottrinale e giurisprudenziale su come debba intendersi l'equità presa in considerazione del legislatore in questa disposizione. Tra le diverse soluzioni proposte, si distinguevano due tesi prevalenti: secondo la prima, nel concetto di equità rientrano tutti i principi più importanti dell'ordinamento italiano, ivi compresi i principi del diritto dell'U.E., nonché i principi regolatori della materia, sicché l'equità opera nel senso di stemperare le eventuali asprezze presentate, rispetto al caso concreto, da una singola norma di legge, attraverso il ricorso al più efficiente equilibrio generale del sistema; secondo una diversa impostazione, nel concetto di equità rientrano valori anche estranei all'ordinamento giuridico per come posto dal legislatore attraverso le fonti scritte, purché tali valori siano compatibili con i principi fondamentali espressi dalla Costituzione e dall'ordinamento europeo, tanto che l'equità può essere intesa come un sistema alternativo al diritto scritto. La diatriba sembra oggi risolta, a favore della prima soluzione, dalla sentenza 6 luglio 2004 n. 206 della Corte costituzionale, come confermato dalla successiva sentenza 11 gennaio 2005 n. 382 della Corte di Cassazione.

Nell'ordinamento privatistico italiano ci sono altre ipotesi in cui la legge riconosce al giudice il potere di decidere secondo equità, ma relativamente a questioni di dettaglio. Ad esempio, gli **artt. 1226 e 2056 c.c.** consentono e chiedono al giudice, nel caso in cui il danno non possa essere provato nel suo preciso ammontare, di quantificarlo secondo equità. Lo stesso principio opera per il caso della quantificazione dell'indennità o indennizzo (artt. 1751, 2045, 2047 e 2120 c.c.), ovvero di una provvigione (artt. 1733, 1749 e 1755 c.c.), di un compenso (art. 1736) o di una retribuzione (art. 36 Cost.). Altro esempio può essere fatto in materia di fissazione di termine (artt. 2019-2011 e 2118 c.c.).

Nel codice civile, una rilevanza particolarmente significativa ha l'**equità nel diritto dei contratti**. In tale ambito, all'equità si riconoscono funzione *integrativa* del contenuto del contratto (art. 1374 c.c.), *interpretativa* (art. 1371 c.c.), *determinativa* della prestazione contrattuale rimessa ad un terzo (art. 1349 c.c.), *valutativa* dell'offerta di modificazione delle condizioni contrattuali (artt. 1450 e 1467 c.c.), o, ancora, *riduttiva* della prestazione o *modificativa* della modalità di esecuzione (art. 1468 c.c.).

Un'ultima osservazione riguarda il fatto che, in tutti i casi in cui la legge richiama l'equità, lo fa sempre in via sussidiaria, e cioè autorizzando il giudice a ricorrere all'equità solo in mancanza dell'accordo tra le parti e nell'impossibilità di utilizzare criteri legislativi.

2.1.2.5. *L'atto di autonomia privata*

Nel primo capitolo, e segnatamente al paragrafo 1.9., si è chiarito come il diritto privato sia, per definizione, segnato dalla dialettica tra autonomia privata e regola giuridica. A tal proposito si è, in quella sede, evidenziato, a proposito del principio di disponibilità della norma civile, come, a ben vedere, quest'ultima non attribuisca al soggetto titolare dell'interesse protetto una tutela statica ed astratta, bensì una tutela dinamica ed elastica, della quale il privato in concreto può disporre al fine di ottimizzarla in considerazione della complessità della sua situazione personale e patrimoniale. Tale atto di disposizione viene realizzato, per l'appunto, attraverso l'esercizio dell'autonomia privata di cui ogni singolo individuo dispone. Da ciò, sulla scorta di ulteriori considerazioni, si è ricavato il corollario che l'operare della norma giuridica privatistica non può essere compreso se non in relazione con l'esercizio dell'autonomia privata in funzione regolatrice, previsto e consentito, entro determinati limiti (le norme cogenti, cioè inderogabili), dallo stesso diritto privato posto dal legislatore (cfr., l'art. 1372 c.c.). E si è, in conclusione, osservato che l'ordinamento privatistico è, a ben vedere, composto, da un lato, o forse a monte, dal reticolato normativo predisposto *ex ante* dal legislatore con efficacia *erga omnes*, e dall'altro, o forse a valle, dal diverso reticolato di regole che, di volta in volta, caso per caso, i privati si ritagliano e modellano, secondo i propri bisogni, al fine di ottimizzare la disciplina giuridica privatistica dei propri rapporti.

È arrivato ora il momento di cominciare ad approfondire il discorso sull'autonomia privata, evidenziandone, in questo paragrafo, le peculiarità di fonte del diritto.

Come accennato nel paragrafo 2.1.2., l'autonomia privata è una fonte particolare di **regole** di diritto privato, **scritte** (ad esempio, formalizzate a parole nei contratti scritti) o **non scritte** (ad esempio, sorte nell'ambito di rapporti contrattuali non scritti), caratterizzate dal fatto di essere destinate ad operare nei soli confronti di chi le ha poste. In questo senso, essa è, senza alcun dubbio, una **fonte autonoma**. Come sopra riferito, può accadere che, nell'esercizio della propria autonomia privata, i singoli seguano schemi contrattuali o accettino clausole pattizie già utilizzate da altri in precedenza, così partecipando di un fenomeno di perpetuazione e consolidamento di comportamenti negoziali che, a lungo andare, se generalizzati, possono prendere la forma di **usi negoziali** e, finanche, se ad essi sopravviene l'opinione dei consociati di adeguarsi ad una norma di legge già esistente (*opinio iuris ac necessitatis*), di **usi interpretativi** e **normativi**.

Tralasciando, per il momento, il discorso sull'eventuale perpetuazione, più o meno generalizzata, dei comportamenti negoziali, va precisato che l'autonomia privata, e cioè il potere del singolo di autoregolamentare i propri interessi, essendo espressamente riconosciuta dall'ordinamento, ed anzi operando proprio in virtù di tale riconoscimento ed entro i limiti indicati dal sistema consente ai singoli consociati di crearsi da sé regole applicabili ai propri rapporti. Il **potere** di cui l'autonomia privata è espressione, dunque, non è originario, bensì **derivato**. O meglio, non c'è alcun dubbio che il privato può regolare i propri rapporti in quanto dotato naturalisticamente del potere di conformare gli stessi, e dunque anche a prescindere dal riconoscimento che di tale autonomia fa, o meno, l'ordinamento giuridico; e tuttavia, perché l'esercizio di tale potere produca effetti sul piano giuridico, è necessario che l'ordinamento riconosca al singolo individuo il potere e ne perimetri l'operatività. Tanto ciò è vero che, a seconda dell'impostazione filosofica, culturale e politica che permea il singolo ordinamento giuridico, questo sarà più o meno disposto a concedere spazi di operatività all'autonomia privata e di conseguenza questa opererà, in concreto, di più o di meno (negli ordinamenti giuridici di matrice socialista, per esempio, l'autonomia privata si esprime in termini assai più elementari e meno incidenti di quanto accade negli ordinamenti di matrice liberale).

Quanto appena evidenziato consente di negare valenza alla tesi per cui è la stessa volontà dei privati, naturalisticamente intesa, a dar vita agli effetti giuridici, e non già l'ordinamento giuridico su impulso della volontà privata. Secondo tale tesi non potrebbe mai porsi alcun contrasto tra volontà privata e legge in quanto l'ordinamento giuridico svolge il solo ruolo di porre limiti esterni all'esercizio dell'autonomia privata, costituiti da **norme imperative** (di cui si è già detto), **ordine pubblico** (la cui nozione, dal punto di vista storico, si ritrova per la prima volta nel codice civile di Napoleone, ma la cui definizione non è data dal legislatore, bensì si ricava dalla giurisprudenza, che in tale espressione rinviene l'insieme dei principi e dei valori fondanti dell'ordinamento statale ed insieme costituenti l'assetto programmatico dello stesso, e che, perciò, ha sancito la nullità di atti di autonomia privata perché contrari all'ordine pubblico, ad esempio, nel caso fossero volti a produrre obblighi giuridici di sposarsi, prendere i voti sacri, riconoscere un figlio naturale, votare un certo partito, iscriversi ad un certo partito, partecipare o meno ad un'asta pubblica, ecc.) e, in alcuni casi, **buon costume** (la cui origine, al contrario dell'ordine pubblico, affonda nella notte dei tempi e che, infatti, nel diritto romano era espresso in termini di *boni mores*, costituendo esso, secondo la tesi più accreditata, un criterio di valutazione degli atti umani nell'ottica dei costumi morali espressi dalla comunità anche se non espressamente previsti da norme di legge).

In vero, se l'autonomia privata viene esercitata in modo contrario ai limiti appena richiamati, essa concretamente, e naturalisticamente, opera alla stessa maniera di quanto avviene nel caso in cui detti limiti sono rispettati. La differenza è che, nella prima ipotesi, l'ordinamento giuridico reagisce all'impulso privato negando le conseguenze giuridiche – non ovviamente quelle fattuali – che, invece, i privati volevano perseguire. È il caso, ad esempio, dell'atto di disposizione del proprio corpo contrario ai limiti di cui all'**art. 5 c.c.**, il quale può configurarsi nell'ipotesi classica del contratto di meretricio, ovvero nell'ipotesi di promessa di cessione a terzi di propri organi da vivo (fuori dai casi espressamente consentiti da leggi speciali), o ancora in caso di impegno a porre in essere una condotta seriamente pericolosa per la propria incolumità fisica. Il diritto privato non può impedire, di fatto, a nessuno di concludere prestazioni sessuali a pagamento, ovvero di tagliarsi le vene come pegno d'amore, o ancora di correre a 280 Km all'ora in automobile; né può impedire che i singoli consociati si impegnino a tanto, bensì può non riconoscere effetti giuridici a tali atti o a tali impegni, e ciò è quanto accade. Tanto che, nel caso di mancato rispetto dell'impegno – preso, ma contrario, per restare all'esempio proposto, all'art. 5 c.c. – il singolo interessato alla prestazione non può agire in giudizio per pretendere l'altrui adempimento o il risarcimento del danno in capo a lui derivante dall'inadempimento (sicché la prostituta non potrà convenire in giudizio il cliente).

Altro esempio classico in tema di limiti all'autonomia privata, tra i tanti possibili, è costituito dalla nullità delle clausole di esonero della responsabilità prescritta dall'**art. 1229, comma 2, c.c.**, nel caso in cui il fatto del debitore, da cui scaturirebbe la responsabilità, costituisca violazione di obblighi derivanti da norme di ordine pubblico. Tale disposizione consente di osservare come, in vero, nell'ordinamento giuridico italiano così come in tutti gli ordinamenti occidentali moderni, con il rafforzamento degli interessi laici dello Stato di diritto, il concetto di ordine pubblico abbia occupato spazi che, invece, il concetto di buon costume pian piano ha abbandonato.

Gli esempi appena svolti, consentono adesso di chiarire ulteriormente che l'autonomia privata è il potere riconosciuto dall'ordinamento ai privati, a certe condizioni, di **tradurre la propria volontà in norme** che producono sul piano giuridico l'effetto di regolare, nei limiti consentiti, i rapporti che lo stesso autore dell'atto di volontà ha con gli altri consociati o con i beni. Tra le condizioni per l'esercizio di tale autonomia vi è la piena capacità di intendere e volere dell'autore dell'atto; sebbene l'assenza di questa non produca la radicale nullità dell'atto, e dunque l'inefficacia *ex tunc* dello stesso, bensì, *ex* art. 1425 c.c., solo l'annullabilità.

Per cogliere ancora meglio il senso del discorso, giova precisare che gli atti volontari dei privati, non finalizzati alla realizzazione di precisi effetti giuridici perseguiti dall'autore, non sono atti di autonomia privata, e dunque – secondo un'espressione di cui più avanti si spiegherà la genesi – **atti negoziali**, bensì **semplici atti**.

L'autonomia privata gode, nel nostro ordinamento, di un'importante **copertura costituzionale**. Essa, infatti, è presa in considerazione in varie disposizioni, ed in particolare dagli **artt. 41 e 42, comma 2, Cost**. Le due disposizioni in parola non citano espressamente l'autonomia privata. Tuttavia, prendendo in considerazione, da un lato, l'iniziativa economica privata, dall'altro, modi di acquisto e di godimento della proprietà, esse riconoscono l'autonomia del privato di agire per fare impresa e godere o disporre dei propri beni, addirittura chiarendo che tale autonomia è tutelata dalla Costituzione se rispettosa di alcuni principi superiori, espressamente individuati in termini di "*sicurezza [...] libertà [...] dignità umana*", nonché di "*funzione sociale*" e di "*accessibilità*" del diritto di proprietà. Ciò non vuol dire che gli atti di autonomia privata producano norme di rango costituzionale, in quanto la stessa Costituzione, agli articoli appena richiamati, come visto, delega alla legge ordinaria la fissazione dei limiti entro i quali l'autonomia privata può produrre gli effetti giuridici voluti da chi compie l'atto.

A livello legislativo, l'autonomia privata costituisce presupposto implicito sostanzialmente di tutto il diritto privato. Ed infatti, essa, tra l'altro, si esprime nell'ambito dei **rapporti familiari** (ad esempio, una persona può decidere di sposarsi e, successivamente, di separarsi o addirittura divorziare; ovvero può decidere il regime patrimoniale da condividere con il proprio coniuge, nonché gli indirizzi da dare alla vita familiare ed all'educazione dei figli), nell'ambito del **godimento e** della **disponibilità dei diritti disponibili** (ad esempio, l'art. 832 c.c. stabilisce che il proprietario ha il diritto di godere e disporre dei propri beni nei limiti riconosciuti dalla legge, e tale diritto si esercita con atti di autonomia privata che possono essere anche atipici, e cioè non previsti e disciplinati dal legislatore, come chiarito all'art. 1322 c.c.), oltre che, come detto già nel primo capitolo, nella scelta del singolo di chiedere o meno la **tutela giudiziaria** di un proprio interesse giuridicamente tutelato.

L'**ambito** nel quale il diritto civile italiano riconosce maggiore autonomia ai privati è quello **contrattuale**. Ciò si spiega in ragione della natura stessa del contratto quale strumento di autoregolamentazione degli interessi dei singoli consociati, ma anche dell'esigenza di rendere lo strumento pattizio più efficiente e cioè più permeabile, e dunque funzionale, agli interessi dei privati coinvolti nella preparazione, negoziazione e stipulazione del contratto, nonché in ragione del fatto che tra le parti del contratto vi può essere un controllo incrociato dell'esercizio della rispettiva autonomia in considerazione del reciproco interesse a che l'atto funzioni sul piano giuridico (e dunque l'impulso privato venga eseguito dall'ordinamento in quanto non contrario a norme imperative, ordine pubblico e buon costume). Le norme più significative a riguardo sono: l'**art. 1321 c.c.**, il quale definisce il contratto; l'**art. 1372 c.c.**, il quale precisa che "*Il contratto ha forza di legge tra le parti [e che lo stesso]* *non produce effetto rispetto ai terzi che nei casi previsti dalla legge*"; nonché il già citato **art. 1322 c.c.**, ai sensi del quale "*Le parti possono liberamente determinare il contenuto del contratto nei limiti imposti dalla legge. Le parti possono anche concludere contratti che non appartengono ai tipi aventi una disciplina particolare, purché siano diretti a realizzare interessi meritevoli di tutela secondo l'ordinamento giuridico*".

Nel contesto contrattuale l'operatività dell'autonomia privata del singolo viene bilanciata dall'operatività della medesima autonomia di cui gode la controparte; ciò, almeno in teoria, dovrebbe scongiurare il rischio di esercizio abusivo (e dunque, in termini generali, non efficiente) dell'autonomia di una parte sull'altra, e facilitare la realizzazione del migliore assetto possibile degli interessi in gioco. In concreto, però, può accadere che una parte sia contrattualmente o economicamente più forte dell'altra, ed infatti non mancano, ed anzi sono sempre più rilevanti, come più avanti si vedrà, norme privatistiche inderogabili, di matrice legislativa, finalizzate ad evitare che la parte più forte approfitti della condizione di inferiorità altrui ed abusi della sua posizione di vantaggio a danno dell'altra imponendo, ad esempio, clausole vessatorie (cfr. gli artt. 1341 e 1342 c.c.) o, comunque, determinando con il contratto un assetto degli interessi del tutto sproporzionato tra le parti (cfr., tra gli altri, gli artt. 1447-1450 c.c.; ed inoltre l'art. 9 della legge 18 giugno 1998 n. 192).

I **limiti del potere giudiziario** di sindacare concretamente l'equilibrio contrattuale pattuito dalle parti è attualmente oggetto di un vivace e rilevante **dibattito** nella dottrina civilistica italiana, allarmata dal rischio che un certo paternalismo pretorio possa finire per soffocare la stessa autonomia privata.

Si è sin qui parlato, nelle ultime battute, di contratto, ma in vero l'autonomia privata, che pure nel contratto trova la sua massima espressione, può anche manifestarsi in **atti giuridici unilaterali** o, comunque, non contrattuali. A tal proposito, basta pensare agli effetti del **testamento**, che è un tipico atto unilaterale con il quale il privato può regolare la propria successione *mortis causa*, e cioè la destinazione dei suoi beni dopo la sua morte.

Nell'ambito del discorso sulle fonti va, senz'altro, ricordato che una particolare forma di autonomia privata è quella che viene definita **autonomia privata collettiva** per distinguerla dall'autonomia privata individuale della quale si è, sin qui, parlato. La differenza in esame è venuta in rilievo soprattutto nell'ambito del diritto del lavoro. Ciò in quanto sia il codice civile che la legislazione speciale regolano il contratto individuale di lavoro, e cioè quello stipulato al termine di una trattativa tra datore e lavoratore; sennonché tale tipo contrattuale, in concreto, opera piuttosto raramente in quanto normalmente il contratto di lavoro sottoscritto dal datore e dal lavoratore non è negoziato tra le parti, le quali si limitano a recepire un contratto collettivo concordato tra le rispettive organizzazioni rappresentative di categoria.

In base alla previsione dell'**art. 39 Cost.**, i **contratti collettivi di lavoro** avrebbero dovuto costituire una fonte del diritto ibrida, presentando nei contenuti l'oggetto dell'accordo raggiunto tra i sottoscrittori, ma avendo valore equiparato alla legge per la loro efficacia *erga omnes*. L'art. 39 Cost., tuttavia, non è mai stato attuato, sicché la figura dei contratti collettivi efficaci *erga omnes* nel nostro ordinamento semplicemente non esiste. Ai contratti collettivi viene, perciò, riconosciuta, in via generale un'efficacia *inter partes*, derogata soltanto laddove, in via transitoria, siano stati recepiti in decreti del Presidente della Repubblica, oppure vengano utilizzati dal giudice per determinare un minimo normativo *ex* art. 36 Cost. Per efficacia *inter partes* deve intendersi efficacia vincolante. Ciò significa che il datore di lavoro, iscritto al sindacato di categoria che ha firmato, per parte datoriale, il contratto, è obbligato ad applicare tale contratto ai dipendenti che sono iscritti o (secondo la giurisprudenza) intendono iscriversi al sindacato che ha firmato il contratto in rappresentanza dei lavoratori, o comunque pretendono l'applicazione del dato contratto, in ragione del proprio diritto alla parità di trattamento. Tale contratto collettivo può essere derogato dal comune accordo tra datore e singolo lavoratore, ma solo con clausole di maggior vantaggio per il lavoratore. Viceversa, il contratto collettivo non sarà vincolante se il datore non è iscritto al sindacato di categoria, ovvero se questi è iscritto, ma il lavoratore non è iscritto al suo sindacato e non richiede l'applicazione integrale del contratto collettivo.

Nel settore del pubblico impiego l'art. 2, comma 2 *bis*, del d.lgs. 3 febbraio 1993 n. 29, oggi abrogato e sostituito dall'art. 2, comma 2, del d.lgs. 30 marzo 2001 n. 165, ha riconosciuto ai contratti collettivi il potere di derogare a norme di legge stabilite esclusivamente per i dipendenti pubblici, salvo che la legge disponga espressamente in senso contrario.

2.1.3. Le c.d. fonti *extra ordinem*

Con l'espressione fonti *extra ordinem* si fa comunemente riferimento a fonti la cui idoneità a produrre norme non è stabilita da norme superiori. Tra gli esempi possibili ricorre quello dei contratti collettivi, che abbiamo appena citato nel paragrafo precedente in materia di autonomia privata, nonché le condizioni generali di contratto (art. 1341 c.c.), ovvero gli accordi di collaborazione tra imprese. Questi atti sarebbero in grado di produrre vere e proprie regole giuridiche generali ed astratte non in forza di una norma formalmente operante nell'ordinamento giuridico, ma in forza della propria **effettività**, e cioè in forza della loro capacità di imporsi di fatto all'uso degli operatori. Ad esempio, non si può concludere un contratto di allaccio alla rete elettrica se non accettando le condizioni generali predisposte dal gestore della rete; sicché tali condizioni hanno una forza materiale diffusa e prorompente che le rende efficaci nei confronti di una massa indistinta di soggetti terzi. Da ciò si ricava anche l'altra caratteristica degli atti in parola, consistente nel fatto che i comandi in essi contenuti non sono vincolanti solo per coloro che li hanno stipulati, come normalmente accade per i contratti, bensì anche per terzi appartenenti a determinate categorie, ad esempio tutti i dipendenti della data impresa, o tutti i datori di lavoro operanti in uno stesso settore.

Tra le fonti *extra ordinem* si ricomprendono generalmente anche gli accordi tra il Governo dello Stato ed i sindacati dei lavoratori, con o senza le rappresentanze degli imprenditori. In vero, tuttavia, tali accordi si collocano all'interno di procedimenti dialettici di integrazione politica, e possono impegnare il Governo ad emanare adeguate norme giuridiche, ma non sono fonti del diritto.

Alcuni autori nella categoria spuria delle fonti *extra ordinem* inseriscono anche gli atti emanati dalle autorità indipendenti, c.d. ***authorities***, che sono nate in Italia – sulla scia di quanto era avvenuto negli ordinamenti anglosassoni – nel corso degli anni Novanta dello scorso secolo. In alcuni settori particolarmente complessi dal punto di vista tecnico a dette autorità indipendenti sono state attribuite dall'ordinamento giuridico compiti e funzioni di controllo, garanzia, studio e regolamentazione tecnica. Il fenomeno in parola ha riguardato, in particolare, il mercato dei valori mobiliari (su cui vigila la **Consob**), il mercato in generale sotto il profilo della concorrenza tra le imprese (su cui vigilano, ognuna nella propria sfera di competenza, l'**Autorità garante per la concorrenza e il mercato** italiana e quella europea, c.d. AGCM), il settore dei mezzi di comunicazione di massa (in cui opera l'**Autorità per le garanzie nella comunicazione**, c.d. AGCOM), il settore bancario e finanziario (su cui vigila la **Banca d'Italia**); la materia della riservatezza dei dati personali (al cui presidio è posta l'**Autorità Garante per la protezione dei dati personali**), il mercato nell'energia e del gas (su cui vigila l'**Autorità dell'energia e del gas**), il settore dei lavori pubblici (in cui opera l'**Autorità dei lavori pubblici**). A ben vedere, le autorità appena richiamate ricavano il loro potere regolamentare, di controllo e sanzionatorio dall'ordinamento giuridico, sicché non si può certo dire che esse operano come fonti spontanee, ovvero autonome, ovvero dotate di forza materiale propria. È vero, tuttavia, che l'operato di tali *authorities* negli ultimi lustri ha talmente permeato i singoli settori di riferimento da essere oggi il principale riferimento per gli operatori, tanto che – al di là degli atti strettamente cogenti spesso contenuti in regolamenti (come accennato al paragrafo 2.1.1.5.) – anche le raccomandazioni e gli studi prodotti dagli enti in parola, pur non dotati di forza vincolante, mostrano una grande efficacia persuasiva nei confronti degli interessati, tanto da essere considerati validissimi esempi di ***soft law***.

2.1.4. I formanti

Come anticipato in apertura di capitolo, con l'espressione **formanti**, nella recente letteratura giuridica italiana, si fa riferimento a fattori, o fenomeni, a cui tradizionalmente nel nostro ordinamento giuridico, almeno negli ultimi due secoli, e cioè dopo la codificazione napoleonica, non è stata riconosciuta alcuna funzione di produzione del diritto, ma che oggi mostrano una (più o meno) significativa capacità di incidere concretamente sull'evoluzione dell'ordinamento.

Tali fattori, a cui dunque, in ossequio alla tradizione, non si riconosce qualifica di fonte formale del diritto, in vero – come già a più riprese evidenziato, ad esempio attraverso il riferimento storico al *Corpus iuris* di Giustiniano – non sono nuovi, bensì di secolare operatività. Nuovo, piuttosto, è il loro rapporto con il sistema; così come nuova appare la sensibilità culturale che attorno a questi fattori si è determinata nel corso degli ultimi lustri.

I fattori in parola sono principalmente tre: e cioè, la giurisprudenza, la dottrina e l'attività professionale degli altri operatori del diritto. Ad ognuno, giova, seppure sinteticamente, dedicare una breve riflessione nei paragrafi che seguono.

2.1.4.1. *La giurisprudenza*

In ossequio all'impostazione propria degli ordinamenti di *civil law*, nell'ordinamento giuridico italiano il giudice non ha il potere formale di creare regole di diritto. Al contrario – come si è già fin qui osservato a più riprese, ed in particolare al paragrafo 1.7.1. – nei paesi di *common law* il giudice, se pure teoricamente si limita a dichiarare il principio di diritto che rinviene a livello consuetudinario nella comunità dei consociati, in concreto ha il potere di pronunciare nuovi principi di diritto per decidere il caso sottoposto al suo vaglio. Negli ultimi lustri, tuttavia, in molti Paesi di *civil law*, e tra questi certamente anche l'Italia, la situazione è cambiata perché le decisioni dei giudici hanno acquisito un valore ed un'importanza sempre crescente in funzione della evoluzione e della stessa conformazione del diritto, ed in particolare del diritto privato. Di contro, in molti Paesi di *common law*, ferma restando l'importanza della giurisprudenza, è cresciuto il peso delle fonti scritte di carattere legislativo. Sul punto si rinvia a quanto già evidenziato nel richiamato paragrafo 1.7.1.

In Italia la funzione giurisdizionale è istituzionalmente affidata alla **Magistratura**, la quale, secondo quanto statuisce la Costituzione (artt. 101-113 Cost.), è uno dei tre poteri dello Stato. In quanto tale, essa è autonoma rispetto ad ogni altro potere dello Stato, nonché **indipendente**. Tanto ciò è vero che la

Magistratura si autogoverna attraverso il Consiglio Superiore della Magistratura (c.d. C.S.M.), cioè un organo previsto e disciplinato dalla Costituzione. La libertà del potere giurisdizionale, nel nostro assetto costituzionale, è tale che, non solo la Magistratura nel suo complesso, ma anche il singolo giudice, non può essere subordinato o soggetto a null'altro che non sia la legge (**art. 101, comma 2, Cost.**). Dalla qual cosa si ricava che, in punto di stretto diritto – al contrario di quanto accade in *common law* dove vige il principio del precedente vincolante – qualunque giudice può interpretare ed applicare la legge senza tener in considerazione, o comunque disattendendo, precedenti pronunce di altri giudici, anche di rango superiore al suo; e così accade che la Corte d'appello ed il Tribunale di primo grado, e finanche il Giudice di pace, possano applicare una norma di legge in contrasto con quanto statuito dalla Corte di Cassazione. Per questa ragione sono molto frequenti i casi di **contrasto giurisprudenziale** nell'ordinamento italiano, e cioè i casi in cui una stessa questione viene decisa in modi diversi da giudici diversi. Addirittura, nello stesso Tribunale, e persino tra le diverse Sezioni della Corte di Cassazione (ed in qualche caso anche tra i pronunciamenti della stessa Sezione), è possibile, e frequente, che si evidenzino contrasti giurisprudenziali, in quanto basta che le persone fisiche costituenti i collegi giudicanti cambino, perché possa cambiare l'interpretazione delle disposizioni astrattamente applicabili o le considerazioni dei fatti emersi nel giudizio.

Negli ultimi anni, peraltro, con l'applicazione sempre più larga del diritto privato anche nei confronti della Pubblica Amministrazione ed in ragione del nuovo riparto di giurisdizione – decretato nel 1998 ed oggi regolato dalla legge 21 luglio 2000 n. 205 e successive modifiche – in forza del quale le liti tra privati e Pubblica Amministrazione ricadono nella giurisdizione del giudice ordinario in relazione ad alcune materie e nella giurisdizione del giudice amministrativo in relazione ad altre materie, non mancano contrasti giurisprudenziali, nell'interpretazione e nell'applicazione di norme di diritto privato, tra la stessa Corte di Cassazione ed il **Consiglio di Stato**, e comunque tra tribunali ordinari e tribunali amministrativi. Anche la **giustizia amministrativa**, infatti, partecipa ormai a pieno titolo nell'elaborazione pretoria del diritto privato.

Rispetto ai conflitti di cui sopra, va osservato che la Corte di Cassazione, oltre a quanto si è già detto anche nel precedente capitolo (paragrafo 1.10.), svolge istituzionalmente, soprattutto quando composta a Sezioni Unite, una funzione definita di **nomofilachia del diritto**, e cioè di composizione e superamento dei contrasti giurisprudenziali più cruenti attraverso la migliore interpretazione della legge. Una questione controversa in corso di causa può essere rimessa alle Sezioni Unite, per decisione del Primo Presidente della Corte di Cassazione, quando tra le stesse Sezioni semplici della Cassazione emerga un serio contrasto giurisprudenziale, ovvero quando il contrasto riguardi il Consiglio di Stato e la Cassazione.

Anche la sentenza della **Corte di Cassazione a Sezioni Unite**, malgrado rappresenti, per quanto detto, un precedente particolarmente autorevole, non è, tuttavia, strettamente vincolante per nessun giudice. Il che non significa che essa non sia, di fatto, normalmente seguita dalla maggioranza dei giudici. Ed infatti, ogni giudice, nell'ambito della sua quotidiana ricerca del corretto procedimento ermeneutico finalizzato all'individuazione ed all'applicazione delle norme di legge che risolvono il caso concreto sottoposto alla sua attenzione, farà tesoro dei precedenti giurisprudenziali che egli considera di pregio ed ovviamente, soprattutto di quelli emanati da autorità giudiziaria particolarmente autorevoli. In caso contrario, peraltro, aumenterebbe di molto il rischio che la sua sentenza venga travolta dal giudizio di grado superiore che sia eventualmente attivato dalla parte soccombente.

A ciò deve aggiungersi che, attualmente, nel diritto privato italiano producono effetti, direttamente ovvero indirettamente, non soltanto le pronunce di giudici interni, bensì anche le pronunce di tribunali internazionali o sovranazionali, quali, in particolare, per quanto si è già detto, la **Corte di giustizia dell'U.E.**, nonché, sebbene in misura numericamente meno rilevante, la **Corte europea dei Diritti dell'Uomo**.

Circa l'organizzazione dell'amministrazione della giustizia in Italia si rinvia al paragrafo 1.10. Qui giova, invece, ribadire che, rispetto ad alcuni decenni fa, le pronunce dei giudici (che possono assumere forma di sentenza, ordinanza o decreto, a seconda dei casi) hanno acquisito grande rilevanza nel nostro ordinamento privatistico, tra l'altro, in quanto, a causa della rapida evoluzione della società, dei costumi e del contesto tecnologico e culturale, sempre più spesso accade che il legislatore non riesce ad intervenire rapidamente su nuove problematiche bisognose di regolamentazione, ovvero interviene male perché in maniera alluvionale, ovvero, ancora, interviene in modo tale da determinare contrasti tra norme e questioni interpretative.

In altre parole, la **crescente complessità dell'ordinamento giuridico**, in uno con l'articolazione sempre più variegata e liquida degli equilibri in essere nella comunità dei consociati, fa sì che l'applicazione della regola giuridica per risolvere i casi concreti portati all'attenzione del giudice non corrisponda quasi mai ad un'attività piana, priva di insidie, e dunque quasi automatica. Sicché, la pronuncia giudiziale – soprattutto se formulata da una Magistratura superiore (Corte di Cassazione o Consiglio di Stato) – piuttosto che essere pedissequa e semplice applicazione della regola di diritto, è molto spesso il risultato di un processo di: elaborazione dei fatti sottoposti all'attenzione dell'organo giudicante, ricostruzione sistematica delle norme di riferimento, interpretazione delle stesse, ed infine di sussunzione dei fatti concreti nella fattispecie astratta ritenuta applicabile, con conseguente applicazione della norma di legge individuata.

La portata di una pronuncia giurisprudenziale di tal fatta rende quest'ultima, non solo particolarmente interessante dal punto di vista culturale, e dunque oggetto di attenzione da parte degli studiosi, bensì anche modello di riferimento e metro di valutazione concreto per i giudici che, successivamente, dovessero trovarsi a decidere su un problema analogo. Di qui l'importanza della c.d. ***case law*** nell'attuale diritto privato italiano.

Com'è fatta e come si legge una sentenza

Nell'ordinamento italiano le sentenze si distinguono, a seconda dell'ambito giurisdizionale (ad esempio, ordinario o amministrativo) in cui sono emesse, nonché a seconda del grado (primo, secondo o terzo) dell'autorità che le emette. Rinviando a quanto già detto al paragrafo 1.10. per ogni approfondimento sul punto, si intende qui brevemente spiegare da quali elementi è costituita una sentenza e come la stessa vada letta.

Giova, a tal proposito, innanzitutto evidenziare che le sentenze, una volta pronunciate, sono pubbliche e cioè devono essere rese accessibili ad ogni interessato; ciò in quanto la giustizia è amministrata in nome del Popolo Italiano (art. 101 Cost.) e la pubblicità, da cui deriva la conoscibilità dell'atto, funziona come strumento di controllo diffuso. La pubblicità in parola si traduce in concreta **accessibilità alla sentenza**. Questa è garantita dalla possibilità per chiunque di chiederne copia tramite la cancelleria dell'autorità che l'ha emessa. In vero, canali molto più efficienti che consentono a tutti di accedere alle sentenze, anche alle più recenti, sono costituiti dalle raccolte giurisprudenziali prodotte, vendute e periodicamente aggiornate da diverse case editrici, un tempo esclusivamente su supporto cartaceo, ed oggi anche, e per lo più, su comodissimi supporti digitali i quali consentono una ricerca rapidissima dei documenti che possono risultare di interesse. Le raccolte, o repertori, in parola non contengono tutte le sentenze emesse dai giudici italiani, bensì le sentenze più significative di merito (cioè di primo e secondo grado) e quasi tutte le sentenze della Corte di Cassazione e del Consiglio di Stato. Oltre che nelle raccolte giurisprudenziali, le sentenze più rilevanti vengono anche pubblicate dalla c.d. **riviste giuridiche** periodiche, diffuse nelle biblioteche specializzate e vendute agli operatori del diritto, le quali normalmente contengono commenti dottrinali alle sentenze più interessanti, nonché saggi e, in alcuni casi, testi normativi. Tra le riviste giuridiche italiane più autorevoli e di antica tradizione, in quanto pubblicate e diffuse già nella seconda metà del XIX Secolo, si ricordano ***Il Foro Italiano***, la ***Giurisprudenza Italiana*** e la ***Giustizia civile***. Nelle versioni pubblicate sulle riviste, le sentenze possono anche essere riportate solo nelle loro parti più interessanti o più utili a focalizzare il tema che il commentatore intende trattare.

Nella versione originale, ogni sentenza civile o amministrativa è composta sostanzialmente da: un'**epigrafe**, in cui è indicata l'autorità che l'ha emanata, nonché il nome del o dei giudici che hanno deciso in concreto la questione, il numero del c.d. Ruolo Generale della causa (e cioè il numero di iscrizione della stessa presso l'ufficio giudiziario competente), il numero della sentenza ed il nome delle parti in causa e dei loro avvocati; una **parte motivata**, in cui vengono, dapprima, riepilogate le domande delle parti (c.d. *petitum*) ed i fatti di causa, e successivamente trattate le questioni da decidere in punto di diritto; ed infine un **dispositivo**, in cui viene esposta in termini sintetici, ma completi, la decisione, seguito dalla data di stesura e di deposito in cancelleria della sentenza.

Per favorire la repertoriazione delle sentenze per materie e tematiche trattate, nonché per consentire ai lettori di estrapolare rapidamente e senza dover leggere l'intera sentenza, i principi di diritto in essa affermati per decidere la causa, le riviste giuridiche sono solite pubblicare, tra epigrafe e parte motiva, una parte di c.d. **neretti** ed una parte c.d. **massima**. Quest'ultima è particolarmente importante perché costituisce il principio di diritto applicato al caso concreto e, dunque, rappresenta il contenuto più importante della sentenza, che può essere utile agli operatori del diritto per richiamare la sentenza, in casi successivi, come precedente.

Segue una esemplificazione relativa alla forma in cui una sentenza può essere pubblicata su una rivista giuridica. L'esemplificazione è svolta sulla falsariga de *Il Foro italiano*. Ovviamente, ogni rivista segue i suoi standard editoriali, sicché può preferire una diversa forma di pubblicazione della sentenza.

Corte di Cassazione; Sezioni Unite Civili, sent. del 29 luglio 2021 n. 21761, Pres. Curzio, Est. Valitutti, Cassa App. Ancona 18 aprile 2017.

Famiglia – Separazione consensuale e divorzio congiunto – Accordo dei coniugi comprensivo del trasferimento di diritti immobiliari – Ammissibilità – Condizioni.

Le clausole dell'accordo di divorzio a domanda congiunta, o di separazione consensuale, che riconoscano ad uno o ad entrambi i coniugi la proprietà esclusiva di beni mobili o immobili, o di altri diritti reali, ovvero ne operino il trasferimento a favore di uno di essi, o dei figli, al fine di assicurarne il mantenimento, sono valide in quanto il predetto accordo, inserito nel verbale di udienza redatto da un ausiliario del giudice e destinato a far fede di ciò che in esso è stato attestato, assume forma di atto pubblico ex art. 2699 c.c. e, ove implichi il trasferimento di diritti reali immobiliari, costituisce, dopo la sentenza di divorzio (che, rispetto alle pattuizioni relative alla prole e ai rapporti economici, ha valore di pronuncia dichiarativa) ovvero dopo l'omologazione, valido titolo per la trascrizione ex art. 2657 c.c., presupponendo la validità dei trasferimenti l'attestazione del cancelliere che le parti abbiano prodotto gli atti e rese le dichiarazioni di cui all'art. 29, comma 1-bis, della l. n. 52 del 1985, mentre non produce la nullità del trasferimento il mancato compimento, da parte dell'ausiliario, dell'ulteriore verifica soggettiva circa l'intestatario catastale dei beni e la sua conformità con le risultanze dei registri immobiliari.

Ogni sentenza può avere una o più massime a seconda di quanti sono i principi di diritto affermati per decidere la causa. I principi di diritto enunciati dalla sentenza solo in via argomentativa e non, strettamente, necessari alla risoluzione della controversia, vengono definiti ***obiter dictum*** (o, al plurale, *obiter dicta*) e non costituiscono oggetto di massimazione. L'importanza della massimazione, e cioè dell'attività di estrapolazione dalle sentenze dei principi di diritto da queste affermate, è cresciuta talmente nel nostro sistema che presso la Corte di Cassazione esiste ormai un ufficio che si dedica istituzionalmente a ciò, il c.d. Massimario della Cassazione. Sotto questo profilo devono, dunque, distinguersi le massime in ufficiali, e cioè provenienti dall'ufficio del Massimario appena citato, ovvero ufficiose, e cioè quelle redatte dalle riviste giuridiche. E va, inoltre, avvertito che è sempre incombente il rischio di **false massime** e cioè di errata massimazione della sentenza. Sicché, l'operatore scrupoloso che, come è normale, svolga sui repertori giurisprudenziali, la propria ricerca per massima, sarà comunque tenuto a leggere di volta in volta la relativa sentenza per verificare che la massimazione sia stata svolta in maniera corretta; viceversa, si rischierà di citare una sentenza che non afferma il principio di diritto che l'operatore prospetta.

Da quanto precede si ricava che l'opera ermeneutica ed applicativa dei giudici costituisce una vera e propria colonna dell'ordinamento giuridico italiano. E omologhe considerazioni potrebbero svolgersi per la maggior parte degli ordinamenti giuridici nazionali. Tanto da potersi affermare che conoscere un sistema giuridico richiede attualmente se ne conoscano, non solo le leggi, ma anche la giurisprudenza, come risulterà ulteriormente evidente proseguendo nella lettura del manuale.

2.1.4.2. *La dottrina*

Nei sistemi di *civil law* la dottrina privatistica ha da sempre rivendicato per sé un ruolo di grande preminenza. Essa è stata storicamente chiamata al compito cruciale di presiedere alla formazione delle basi dell'ordinamento, come dimostra l'elaborazione del codice civile, e si è altresì incaricata di garantire la tenuta dogmatica del sistema, che di quell'ordinamento avrebbe dovuto rappresentare l'essenza. Era la dottrina a metabolizzare le novità, a collocarle all'interno delle coordinate di riferimento e a spianare la via alla loro ordinata recezione; e sempre la dottrina indicava la via da battere per propiziare la migliore risposta del legislatore (e della giurisprudenza pratica) alla domanda di giustizia che si leva dal tessuto sociale. E ciò in ossequio ad una tradizione antica che è possibile rinvenire, tra l'altro, anche nel diritto romano classico.

Non che questo ruolo fosse necessitato: il modello di riferimento della dottrina italiana è stato, per lungo tempo, quello tedesco, con accademici di riconosciuto prestigio mondiale e grande capacità di elaborazione dogmatica; il che, ad esempio, segnava un distacco profondo dallo 'stile' della dottrina francese, assai meno propensa alle costruzioni concettuali e animata da un salutare pragmatismo che l'ha resa da sempre sensibilissima al modo di orientarsi della giurisprudenza. Lontanissima, poi, l'esperienza di *common law,* e segnatamente nord-americana, dove la *leadership* riconosciuta della giurisprudenza lasciava alla dottrina il più modesto compito di razionalizzare il progresso incessante della *case law.*

Buona parte dei rilievi cennati riflette, peraltro, gli stilemi di una tradizione che ha ormai scarso contatto con la realtà. Il discorso, com'è ovvio, diventa iniziatico e può essere qui soltanto abbozzato. Ma, per quanto si stenti a riconoscerlo, dovrebbe essere chiaro che, col tramonto del metodo dogmatico – che non significa rinunzia a valersi dello strumentario elaborato nel tempo da generazioni di giuristi, ma solo consapevole demistificazione del suo valore assolutizzante: quanto dire che il sistema c'è, ma non vale di per se solo a risolvere in modo endogeno i problemi interpretativi che discendono dall'inevitabile incompletezza della disciplina a fronte di una realtà straordinariamente complessa e interrelata – il ruolo della dottrina non solo nel nostro ordinamento giuridico, è a sua volta venuto declinando rispetto all'affermarsi di una giurisprudenza (normativa?) che rivendica una sempre maggiore consapevolezza degli effetti del proprio operare. Il sistema, ormai esplorato nelle sue articolazioni e messo a disposizione di tutti, non è più retaggio esclusivo dei depositari del sommo sapere giuridico. E la dottrina, sempre più tentata dalla suggestione di muoversi sul piano dell'esperienza professionale, sembra propensa a dismettere ambizioni di grande respiro ed a raccogliere la sfida della metabolizzazione dell'incedere giurisprudenziale. In altre e più brucianti parole: la dottrina ha visto svaporare il ruolo che le ha assicurato, nel tempo, rimarchevole rispetto e non ha saputo, almeno sin qui, crearne uno nuovo, adatto alla temperie attuale. La sfida è lanciata!

2.1.4.3. *L'attività di avvocati, notai, commercialisti ed altri operatori del diritto*

Tutti noi, come anticipato nel corso del primo capitolo, ogni giorno siamo chiamati ad interpretare il diritto, ad esempio quando guidiamo la nostra automobile e dobbiamo capire il senso dei segnali stradali che troviamo lungo il percorso che stiamo compiendo. In questo momento non ci interessa capire cosa davvero è tecnicamente l'interpretazione e come funziona il processo ermeneutico del diritto. Queste ultime questioni saranno oggetto del paragrafo che segue. Quello che qui ci interessa è, invece, evidenziare che mentre i cittadini comuni ogni giorno interpretano regole giuridiche per adeguare il proprio comportamento e cercare di renderlo uniforme alle regole di condotta con le quali di volta in volta vengono in contatto, altri consociati (avvocati, notai, commercialisti, cancellieri, funzionari pubblici, ecc.) praticano il diritto, per esigenze lavorative, in modo professionale. Attività interpretativa del diritto compiono quotidianamente gli uni, e cioè i cittadini comuni, ed attività interpretativa del diritto compiono quotidianamente gli altri. Cambia, tuttavia, la qualità dell'interpretazione svolta perché, come ovvio, quella compiuta dagli appartenenti alla seconda categoria enunciata di consociati è un'interpretazione tecnicamente più consapevole, più organizzata, più colta e, in definitiva, più corretta.

Altra caratteristica fondamentale che distingue l'interpretazione di questi soggetti da quella dei normali cittadini è rappresentata dal fatto che essa trova normalmente sfogo in **atti** destinati a divenire pubblici, o comunque più o meno conoscibili per i terzi, ed in ogni caso tendenzialmente **destinati a circolare** nel mercato e nella società. Ciò determina la ontologica capacità di tale interpretazione di dialogare con il formante pretorio a distanza più o meno significativa (gli avvocati operano a stretto contatto con i giudici).

Per fare un esempio tanto semplice quanto, si spera, efficace può citarsi il caso, per l'appunto, degli **avvocati**: molto spesso sono proprio le memorie difensive delle parti in causa che suggeriscono al giudice la corretta via ermeneutica da seguire per decidere la causa, sicché sovente succede che il giudice in sentenza accoglie pedissequamente una tesi prospettata da una parte, spesso con le stesse identiche parole o quanto meno sulla base dello stesso processo logico argomentativo. Ciò significa che buona parte della forza propulsiva dell'ordinamento giuridico, che in precedenza abbiamo riconosciuto alla giurisprudenza, si deve proprio all'operato degli avvocati. E del resto, le possibilità che una certa tesi sostenuta in giudizio sia accolta dipendono anche dalla capacità che ha l'avvocato di proporla, argomentarla, propugnarla e difenderla.

Altro esempio significativo è costituito dall'operato dei **notai**, i quali sono professionisti come gli avvocati, ma, a differenza di questi ultimi, ammessi nel relativo ruolo all'esito di un concorso nazionale selettivo in quanto svolgono pubbliche funzioni molto delicate per l'ordinamento giuridico e, in particolare, per la certezza e la legalità degli atti di esercizio dell'autonomia privata. I notai sono, per certi versi, i controllori dell'esercizio dell'autonomia privata. Nello svolgimento di tale loro delicato compito essi partecipano fattivamente all'evoluzione del diritto vivente in quanto quotidianamente raccolgono le volontà di privati e redigono gli atti in cui tali volontà trovano espressione, da un lato salvaguardando la tradizione, dall'altro, e contemporaneamente, sfruttando l'elasticità delle regole giuridiche di carattere privatistico per sperimentare soluzioni di volta in volta nuove al fine di rendere gli istituti giuridici utilizzati aderenti all'effettiva volontà ed ai concreti interessi delle parti.

Altra categoria di professionisti particolarmente coinvolti nell'evoluzione del diritto privato sono i **dottori commercialisti** e, più in generale, i **consulenti di impresa**, i quali non solo contribuiscono a disegnare gli assetti strategici societari ed aziendali dell'impresa stessa, ma soprattutto, normalmente, assistono questa nell'affrontare i problemi giuridici tipici della quotidianità delle imprese commerciali. Così accade che spesso i commercialisti, soprattutto nelle realtà medio-piccole, predispongano gli statuti societari, i verbali degli organi sociali, i contratti da concludere con i fornitori o i clienti e via dicendo. Il tutto, inoltre, senza le rigidità tipiche del ministero notarile, visto che i commercialisti non sono pubblici ufficiali. Da qui, l'incidenza che la categoria professionale in parola ha avuto negli scorsi decenni relativamente al fenomeno della creazione dei contratti atipici. Non va, in ultimo, trascurato che, peraltro, i consulenti di impresa dialogano con i notai e con gli avvocati quando l'impresa debba servirsi dell'attività professionale di questi.

Infine, partecipano alla conformazione dell'ordinamento giuridico ed alla formazione di vere e proprie regole, non solo del caso concreto, i **funzionari** ed i **dipendenti della Pubblica Amministrazione** preposti a determinati uffici, come ad esempio i cancellieri ed il restante personale amministrativo dei tribunali. Ed infatti, tanto per fare un esempio, nel funzionamento della macchina giudiziaria le prassi dei singoli uffici, nel silenzio delle norme giuridiche, spesso sono determinate proprio da tali soggetti, eventualmente d'intesa con gli organi responsabili.

Per chiudere, sintetizzando, può dirsi che alla formazione, e dunque anche alla interpretazione, delle regole giuridiche non si applicano nel nostro ordinamento solo giudici, professori o studiosi, bensì anche operatori quotidiani del diritto vivente, cioè del diritto come concretamente operante tra la gente nella vita di tutti i giorni, così come nel mondo degli affari.

2.2. L'interpretazione delle fonti di carattere legislativo

Già nel paragrafo 1.2. si è fatto cenno al concetto di interpretazione come processo intellettivo che consente all'uomo di attribuire significato ad uno stimolo che egli riceve. Con il termine interpretazione, nell'ambito giuridico, si indica l'attività necessaria a conoscere il significato di un enunciato normativo. In altri termini, l'interpretazione è la complessa attività svolta dall'operatore del diritto, il quale, per rendere operativa una certa regola giuridica, la deve prima comprendere nel suo significato proprio. In un'accezione diversa, e più ampia, con il termine interpretazione si fa anche riferimento alla più complessa attività, eminentemente pratica, svolta sempre dall'operatore del diritto, e consistente nel cercare e trovare all'interno dell'ordinamento la regola adeguata al fatto da regolare, così da trasformare l'**enunciato normativo** (ordinamento in potenza) in **norma** (ordinamento in atto). Senza interpretazione, l'enunciato normativo, sia esso espresso in forma verbale (nel qual caso si parlerà di 'disposizione') o con un simbolo (come accade, ad esempio, nella maggior parte dei segnali stradali) o altro, rimane privo di significato e dunque impossibilitato ad operare praticamente.

In vero, quest'ultima affermazione costituisce il portato di una elaborazione piuttosto recente. Ed infatti, nei secoli XVII e XVIII, le cause nei tribunali venivano decise seguendo la regola rappresentata nell'antico brocardo ***in claris non fit interpretatio***, in forza del quale, se sulla questione controversa esisteva una disposizione espressa e chiara dell'autorità costituita, o anche della consuetudine o del diritto comune, essa doveva venire applicata senz'altro e non era ammessa, né tanto meno necessaria, alcuna attività di interpretazione. Quando, invece, il caso non poteva essere deciso in virtù dell'applicazione della legge, allora si apriva la strada all'interpretazione dottrinale e pretoria, fondata sulla forza persuasiva delle argomentazioni. In alcuni casi, la sfiducia ed il sospetto nei confronti dei giudici, portò a chiusure ancora maggiori. Emblematico il caso del Regno di Napoli, all'interno del quale un dispaccio di Ferdinando IV, nell'anno 1774, impose ai Tribunali di richiedere al Sovrano l'interpretazione corretta da seguire con valore di legge generale, in ogni caso nuovo o dubbio.

Nella Francia ancora scossa dalle vicende rivoluzionarie, con decreto del 16 agosto 1790 si impose ai giudici di rivolgersi al Corpo legislativo ogni volta che fosse necessario interpretare o integrare una legge, attraverso un procedimento definito ***référé législatif***. In tal modo si voleva distinguere nettamente il potere di produrre diritto dal potere di applicarlo. In proposito, Montesquieu scriveva che le sentenze non dovrebbero essere altro che: «l'esatta formulazione della legge. Se esse esprimessero soltanto una particolare opinione del giudice, si vivrebbe nella società senza conoscere bene i propri doveri. [...] I giudici sono la bocca, che dice la parola della legge. I giudici sono esseri inanimati che non possono attenuare la forza e il rigore della legge». Lo stesso concetto è espresso da Robespierre, il quale osservava che: «Questa espressione "giurisprudenza dei tribunali" deve essere cancellata dalla nostra lingua. In uno Stato che ha una costituzione e una legislazione, la giurisprudenza si identifica con la legge». Il *référé législatif*, come era prevedibile, non funzionò, sicché venne abolito e nel 1804 il *Code civil* impose ai giudici di decidere anche quando il senso della disposizione di legge fosse dubbio o quando il caso non fosse previsto dalla legge, ma vietando (all'art. 5) ai giudici di emettere decisioni con carattere di generalità.

Il *Code* non conteneva norme sull'interpretazione, al contrario di altri codici contemporanei. Il codice Albertino del 1837, ad esempio, enunciava il divieto di attribuire alla legge altro senso che quello risultante dal significato proprio delle parole, secondo la connessione di esse, e dall'intenzione del legislatore; quanto poi ai casi non decisi dalla legge, il giudice avrebbe dovuto procedere per analogia applicando disposizioni che regolavano casi simili o, in mancanza, decidere secondo principi generali del diritto. Nel mentre in Europa si dibatteva del giusto metodo ermeneutico tra le varie scuole di pensiero (scuola dell'esegesi, pandettistica, giurisprudenza degli interessi, ecc.), le regole in parola vennero riprodotte nell'art. 3 delle disposizioni preliminari al codice civile italiano del 1865, dal quale è derivato il vigente **art. 12** delle **preleggi** al codice civile del 1942.

Tale articolo sembra, a prima vista, vincolare l'interprete in una logica, per l'appunto ottocentesca, così impedendo qualsiasi attività realmente interpretativa nel senso proprio della parola, tanto che, nel caso di mancanza di una "*precisa disposizione*", il comma 2 dell'art. 12 prevede che il giudice ricorra all'applicazione analogica di un'altra disposizione di significato chiaro o, in mancanza, decida secondo i principi generali dell'ordinamento dello Stato. La prima impressione è, tuttavia, destinata a cedere il passo a considerazioni di diverso tenore, laddove solo si osserva che già per decidere quale sia il significato proprio delle parole occorre svolgere un'attività ermeneutica, così come per ricavare l'intenzione del legislatore. Può, dunque, dirsi che l'art. 12, se nel contesto culturale ottocentesco poteva essere letto in una determinata maniera, non così oggi, in uno Stato di diritto che riconosce alla Magistratura il ruolo ad essa attribuito dalla Costituzione repubblicana entrata in vigore del 1948 e che, per le ragioni anzi dette, non può fare a meno, vista l'attuale complessità del fenomeno giudico, di valorizzare l'importanza del momento interpretativo in funzione della più efficiente applicazione delle regole giuridiche, anche in considerazione del fatto che, del resto, l'interpretazione delle regole giuridiche non è affatto attività riservata ai giudici.

L'argomento principe che impone una lettura moderna dell'art. 12 delle preleggi è costituito dall'entrata in vigore, sei anni dopo il codice civile, della **Costituzione**. Questa ha introdotto nell'ordinamento giuridico italiano valori nuovi ed ha disegnato un assetto di interessi, anche di rilievo privatistico, destinato a produrre – come si è visto ed ancor meglio si vedrà nel prosieguo – importanti conseguenze sull'applicazione pratica del diritto privato. In altre parole, una volta entrata in vigore la Costituzione non c'è alcun dubbio che le disposizioni del codice civile e delle leggi speciali debbano essere interpretate in modo costituzionalmente orientato, da qui l'esigenza di consentire una più ariosa attività interpretativa da parte degli operatori del diritto, rispetto a quanto risulterebbe dalla fredda ed antiquata formulazione letterale dell'art. 12 delle preleggi.

In sintesi, le principali tecniche seguite per interpretare le disposizioni normative nel nostro sistema sono: I) l'**interpretazione letterale**, che tende a valorizzare il significato oggettivo delle parole usate dal legislatore; II) l'**interpretazione secondo l'intenzione del legislatore** (la così detta *ratio*, che può essere soggettiva, ossia l'intenzione del legislatore storico, ovvero oggettiva, ossia l'intenzione del legislatore storicizzato); III) **l'interpretazione analogica**, che può adottarsi qualora un interprete non trovi nel sistema una norma adatta al caso pratico, e quindi dovrà trovarne una mediante un processo analogico, o tra norme che regolano casi simili, o che regolano materie analoghe; e sin qui siamo sostanzialmente nell'ambito di quanto previsto dall'art. 12; dopo di che abbiamo altresì IV) l'**interpretazione sistematica**, che si ricava dalla lettura della norma singola come frammento inserito in un sistema normativo unitario, nel quale il significato della stessa può arricchirsi (e si avrà un'interpretazione estensiva) oppure restringersi (e si avrà un'interpretazione restrittiva); V) **l'interpretazione logica**, che attribuisce alla disposizione il significato derivante dalla valorizzazione delle connessioni tra questa e il contesto di riferimento nel quale è chiamata a funzionare; VI) l'**interpretazione assiologia**, o anche costituzionalmente orientata, che attribuisce alla singola disposizione normativa il significato derivante dalla funzionalizzazione della stessa alla più efficiente realizzazione dei valori fondamentali dell'ordinamento. La sensibilità del singolo operatore chiamato a svolgere praticamente l'attività ermeneutica prediligerà, spesso a seconda dei casi, ora l'una, ora l'altra combinazione tra loro di queste tecniche ermeneutiche. Difficilmente accadrà che, al contrario, ci si fermi al significato prodotto dalla prima ed unica tecnica ermeneutica applicata alla questione concreta.

2.3. L'interpretazione degli atti di autonomia privata (rinvio all'interpretazione dei contratti)

Anche gli atti di autonomia privata, così come le disposizioni normative di matrice legislativa, e per certi versi anche le pronunce della giurisprudenza, devono essere interpretati affinché si possa loro attribuire e riconoscere un qualche significato.

L'interpretazione di un atto di autonomia privata, tuttavia, risponde a logiche completamente diverse rispetto all'interpretazione di un atto di matrice legislativa o pretoria, e ciò per diverse ragioni. Tanto ciò è vero che all'interpretazione degli atti di autonomia privata il nostro codice civile dedica un Capo apposito (artt. 1362-1371 c.c.), inserito nel libro IV, ed in particolare sotto il titolo II dedicato ai "*contratti in generale*". Al fine di evitare inutili ripetizioni o superficiali e poco comprensibili anticipazioni, in questa sede è bene, dunque, rinviare il discorso a quando tratteremo il contratto.

CAPITOLO TERZO

ALCUNI CONCETTI FONDAMENTALI DEL DIRITTO PRIVATO

Sommario

3.1. L'importanza dei concetti e dei termini tecnici nel diritto privato. A cominciare dal concetto di 'rapporto giuridico'

Il diritto, come si è visto sin dal primo capitolo, attualmente, almeno nei Paesi evoluti, costituisce, per definizione, un **sistema** organizzato di regole e di procedure. Per questa ragione è possibile, in una accezione del tutto generica, utilizzare i termini 'ordinamento giuridico', 'legge' o, per l'appunto, 'diritto' come fossero sinonimi. Ragionare di diritto in termini di sistema consente, tra l'altro, di sottolineare l'importanza che **concetti e termini tecnici** hanno nell'apprendimento, così come nell'elaborazione e nel funzionamento, delle regole giuridiche. In breve, non è possibile immaginare di poter comprendere il diritto senza dotarsi di quell'apparato concettuale e terminologico che costituisce la peculiarità tecnica essenziale del sistema. Viceversa, come minimo, si finisce per incorrere in gravi fraintendimenti o pericolose approssimazioni. La circostanza è tanto più vera se si discorre, piuttosto che di diritto in generale, di diritto privato, in quanto quest'ultimo rappresenta, tra tutte le branche del diritto, quella probabilmente caratterizzata dal maggior livello di complessità concettuale e tecnica, anche in ragione della millenaria elaborazione dottrinale e giurisprudenziale che la connota.

Nel gergo comune, ad esempio, si usa il termine **proprietà** genericamente con riferimento a varie situazioni di appartenenza, anche tra loro eterogenee, in cui una o più persone hanno un rapporto più o meno intenso, e più o meno esclusivo, con uno o più beni. Così, al bar dello sport o nell'ambito di una conversazione familiare, si può dire che la casa più bella è quella di Alessio, o di proprietà di Alessio, sottovalutando in tal modo tutte le implicazioni tecnico-giuridiche che risultano fondamentali per inquadrare correttamente la vicenda e prevenire o risolvere concretamente tutti i conflitti interpersonali che possono sorgere relativamente a quella data situazione. Ed infatti, dicendo che la casa è 'di Alessio', in realtà non si è precisato se la proprietà della casa è realmente nella titolarità di Alessio, ovvero, al contrario, di suo padre o di entrambi i suoi genitori o di un altro parente; non si è detto se Alessio è eventualmente l'unico proprietario ovvero se egli condivide la titolarità del diritto di proprietà su tale casa con altri, ad esempio con sua moglie, ovvero con i suoi fratelli, né se, in quest'ultimo caso, la comunione (cioè la comproprietà) è ordinaria o ereditaria; non si è detto se ci sono altre persone che hanno ulteriori diritti sulla casa (potrebbero essere diritti reali minori di godimento o di garanzia, ovvero diritti personali), e via dicendo.

Dettagli questi che, nell'ambito di una conversazione amichevole – per l'appunto, da bar dello sport o da salotto, ad esempio, su come la casa sia arredata – sono pressoché irrilevanti, ma che sul piano giuridico risultano di fondamentale importanza. Altro, infatti, è che la proprietà della casa sia effettivamente nella titolarità del solo Alessio, il quale dunque ne può godere e disporre come crede, purché nei limiti disposti dall'ordinamento; altro è che egli sia proprietario in comunione dei beni con sua moglie, ovvero condivida la proprietà con suo fratello, o addirittura che egli non sia il proprietario, ma solo l'usufruttuario, ovvero – ipotesi ulteriormente diversa – che egli abbia la nuda proprietà e che l'usufrutto sulla casa stessa spetti ad altri, ecc. Ed ancora, sempre ragionando sul piano del diritto, altro è che la proprietà della casa sia stata acquisita in seguito ad un atto di compravendita, altro è che la stessa derivi da un atto di donazione o da una successione *mortis causa*. Negli ultimi due casi, infatti, tralasciando le problematiche relative alla eventuale invalidità degli atti negoziali, vi è comunque il rischio che l'atto possa essere oggetto, rispettivamente, di revocazione *ex* artt. 800-809 c.c. e riduzione *ex* art. 555 c.c., ovvero di revocazione *ex* artt. 679-687 c.c. e riduzione *ex* artt. 553-564 c.c.; mentre nel primo caso – prescindendo dalle regole speciali, ad esempio, operanti in materia di fallimento – vi è il rischio che l'atto possa essere oggetto di revocazione solo nei limiti di cui all'art. 2901 c.c. I rischi in parola incidono significativamente sulle vicende del diritto di proprietà, giacché, al di là del fatto che quest'ultimo potrebbe essere travolto da un momento all'altro da una delle vicende appena citate, è evidente che il terzo eventualmente interessato ad acquistare tale diritto si porrà il problema di come e quanto tali rischi incidano sul suo possibile acquisto.

In altre parole, e rimanendo nell'ambito dell'esempio appena svolto, la proprietà, sul piano delle regole giuridiche, o, se si preferisce, all'interno del sistema giuridico, ha una connotazione tecnica del tutto diversa da quella comune invalsa sul piano extragiuridico. In termini giuridici, infatti, il diritto di proprietà ha un suo perimetro e suoi contenuti precisi, come si ricava dalla sua definizione contenuta nell'art. 832 c.c., e variabili in ragione delle infinite vicende che possono coinvolgerlo. Tali vicende dipendono, in senso strettamente tecnico, da tutta una serie di condizioni che riposano tanto sulla validità e sull'efficacia dell'atto di acquisto del diritto di proprietà, derivato o originario che sia, quanto sulla tipologia di tale atto (*inter vivos* o *mortis causa*, a titolo oneroso o gratuito, di carattere donativo o meno, dotato di sinallagmaticità o meno, ecc.), quindi sull'incidenza di tutti gli atti posti in essere, dopo l'acquisto, dal titolare del diritto o, nel caso di beni immobili, dai suoi vicini, o comunque dai suoi creditori o dallo Stato e, in generale, dagli enti pubblici (ad esempio, in ipotesi di esproprio per pubblica utilità), e via dicendo.

Quello del diritto di proprietà è, come avvertito, solo un esempio. In vero, tendenzialmente infiniti sono i modi in cui gli individui possono usufruire delle risorse disponibili in natura, così come tendenzialmente infinite sono le ragioni per (e le modalità con) le quali i consociati possono tra loro litigare per contendersi tali risorse. Per l'una e per l'altra ragione, il sistema giuridico nel suo operare e divenire storico, e più ancora quella branca del sistema che si definisce diritto privato, è chiamato quotidianamente ad occuparsi di un'infinità di problematiche; sforzo titanico cui il sistema pone mano, da millenni, utilizzando concetti e termini che preesistono alle singole regole, ed in qualche modo da queste prescindono, in quanto delle regole costituiscono il fondamento logico. La concettualità e la terminologia tecnica in parola costituiscono il **bagaglio culturale essenziale** ed imprescindibile per l'operatore del diritto, e di conseguenza per lo studente che aspira a superare l'esame di diritto privato.

Concentrando la nostra attenzione sul diritto privato, va evidenziato che i concetti ed i termini più importanti, ancora oggi operanti nell'ordinamento italiano, derivano o direttamente dalla tradizione romanistica o, nella più parte dei casi, dalla rielaborazione della stessa posta in essere nel corso dell'Ottocento dagli studiosi della Scuola Esegetica e della Scuola Pandettistica. A questo bagaglio tradizionale di **strumenti,** di cui deve quotidianamente servirsi il giurista, negli ultimi decenni si sono andati aggiungendo concetti, e per conseguenza anche termini, propri di altre tradizioni o del tutto nuovi, mutuati nel nostro ordinamento dall'esperienza europea ovvero introdotti in forza di convenzioni internazionali o semplicemente in ragione di prassi negoziali transazionali.

In questo capitolo verranno sinteticamente trattati questi concetti fondamentali, insieme alla terminologia tecnica essenziale. Il tutto al fine di dotare il volenteroso lettore di quanto necessario a continuare il viaggio, appena intrapreso, nel diritto privato, giacché – d'ora innanzi – egli avrà bisogno di aguzzare l'ingegno e consapevolmente adottare un piglio tecnico del tutto diverso rispetto a quello che sin qui è risultato sufficiente.

Il primo concetto da cui devono prendersi le mosse nell'ambito di questa rapida carrellata è quello di **rapporto giuridico**. Con tale sintagma si suole far riferimento ad ogni relazione tra due o più soggetti – spesso mediata dal rapporto di questi con le cose che possono formare oggetto dei diritti – a cui l'ordinamento giuridico attribuisce rilevanza. Nella moderna teoria del diritto privato il rapporto giuridico costituisce, dunque, il concetto più astratto ed omnicomprensivo, capace di unificare al suo interno situazioni, circostanze e vicende molto eterogenee.

Secondo una diversa tesi, il rapporto giuridico riguarda tanto la relazione tra due o più **soggetti**, quanto il rapporto tra i soggetti ed i **beni** (e cioè le cose che possono formare oggetto di diritti, secondo la definizione contenuta nell'art. 810 c.c.). Sennonché, aderendo a tale tesi si arriverebbe all'assurdo di ammettere che vi può essere rapporto giuridico anche tra '***il re**, vestito di porpora e d'ermellino*' – che '*il piccolo principe*' di Antoine de Saint-Exupery incontra sull'**asteoroide 325** – e le cose che sono nella sua piena disponibilità e sulle quali egli regna da '*monarca assoluto*', anzi '*universale*', pur non avendo nessun suddito (se non il '*vecchio topo*' che ogni tanto egli sente '*durante la notte*'). Laddove, di contro, è evidente che su un asteroide disabitato non vi è alcun bisogno di regole giuridiche e dunque di concettualizzare il rapporto giuridico, mentre tale esigenza sorge solo quando due o più uomini vengono in contatto tra loro sicché, almeno a livello potenziale, si creano i presupposti per la nascita di conflitti che le regole giuridiche – come detto – tendono a prevenire o, nel peggiore dei casi, risolvere. Il rapporto tra i soggetti ed i beni, dunque, è senz'altro rilevante nel diritto privato ed è senz'altro oggetto di dettagliata e spesso complessa regolamentazione, ma non in quanto tale bensì in quanto potenzialmente motivo, ovvero occasione, di contesa tra soggetti. In questo senso prima si è detto che le relazioni tra soggetti spesso sono mediate dal rapporto tra i soggetti stessi e le cose che possono formare oggetto di diritti, e cioè i beni. Ad esempio, tra Michele e Fabio, che un dato giorno litigano per chi dei due possa utilizzare l'unica automobile per andare a fare una gita fuoriporta, meriterà, sul piano giuridico, di prevalere quello dei due che può vantare un valido diritto di proprietà o di uso sull'automobile. Dunque, l'ordinamento giuridico privatistico prende in considerazione e regola le relazioni esistenti tra soggetti e beni, ma ciò solo in quanto, e nella misura in cui, tale regolamentazione risulti funzionale alla definizione dei rapporti tra soggetti. Tanto ciò è vero che, come subito appresso si vedrà, le relazioni tra soggetti e beni vengono qualificate dall'ordinamento a seconda degli effetti che la singola relazione produce nei confronti dei terzi o, meglio, in relazione ai terzi (precisazione quest'ultima che si spiega in ragione del fatto che, alla luce di quanto più avanti scopriremo, merita di essere superata la tradizionale teoria per cui la differenza tra diritti reali e diritti relativi riposerebbe sul fatto che i primi sono opponibili a tutti i terzi ed i secondi no).

In termini strettamente tecnico-privatistici, il rapporto giuridico è, dunque, **relazione tra soggetti**. Relazione che può, di volta in volta, riguardare i rapporti tra un soggetto ed una pluralità indefinita di altri soggetti ovvero, in alternativa, i rapporti tra soggetti singolarmente individuati. Ad esempio, attraverso l'attribuzione a Michele del diritto di proprietà sull'automobile grigia l'ordinamento giuridico definisce e qualifica il rapporto esistente tra Michele e tutti gli altri consociati (senza alcuna necessità, ed anzi nella assoluta impossibilità, di individuarli *a priori*) in relazione a quell'automobile, conferendo al primo il potere di disporre e di godere appieno del bene facendone quello che crede e, nel contempo, ponendo in capo ai secondi (*erga omnes*) il dovere di astenersi dal compiere atti che possano pregiudicare in qualunque modo il diritto in questione. Diversamente, qualora Michele si sia impegnato, attraverso la stipula di un contratto, a consentire a Fabio (a titolo oneroso o gratuito che sia) di utilizzare un determinato giorno, o per un certo periodo, l'automobile in questione per un determinato scopo, l'ordinamento riconoscerà a quest'ultimo il diritto di pretendere da Michele il rispetto dell'impegno assunto, così (ri)definendo il rapporto tra due soggetti singolarmente individuati (o comunque individuabili). In entrambi i casi, e cioè sia che il rapporto giuridico riguardi il singolo in relazione ad ogni terzo con cui potenzialmente può venire a contatto, sia che riguardi il singolo in relazione ad uno o più altri soggetti individuati o individuabili, tutti i consociati devono rispettare gli interessi che emergono in tali relazioni e sono ritenuti dall'ordinamento meritevoli di tutela.

In ragione di quanto appena esposto non sembra condivisibile la diversa tesi secondo la quale, in presenza di un diritto assoluto, non sarebbe ravvisabile un rapporto giuridico, data l'indeterminatezza del soggetto passivo di tale rapporto. Sul punto si tornerà più avanti dopo aver trattato la distinzione tra diritti assoluti e relativi.

Parlando di soggetti si fa riferimento, come sarà più chiaro all'esito della lettura del capitolo che segue, a persone fisiche, cioè uomini e donne, ovvero a persone giuridiche, dotate o meno di personalità giuridica in senso tecnico, cioè associazioni, fondazioni, comitati, società di persone e di capitali, cooperative, consorzi e quant'altro. Quando più soggetti, nell'ambito di un dato rapporto giuridico, sono portatori di un identico interesse, essi sono individuati, nel loro insieme, indistintamente come **parte**, per parte intendendosi, dunque, ciò che forma un unico centro di interessi all'interno di un rapporto giuridico, e si contrappone ad altri centri di interesse. Ad esempio, se in un contratto ci sono tre fratelli che, in quanto comproprietari di un certo appartamento, lo vendono a una coppia di coniugi in regime di comunione legale dei beni, in tale vicenda, benché siano coinvolti 5 diversi soggetti, operano e si contrappongono due parti, e cioè la parte venditrice, formata dai tre fratelli, e la parte acquirente, formata dai due coniugi.

Perché vi sia tecnicamente un rapporto giuridico, e quindi un rapporto tra soggetti – o, per quanto appena detto, parti – rilevante per il diritto privato, è necessario che esso abbia ad oggetto un **interesse**, che può anche non essere economico, ma meramente morale, sempre che le prestazioni, o più in generale le utilità, a cui l'interesse è rivolto siano suscettibili di **valutazione economica** (cfr. art. 1174 c.c.). Viceversa, si avrà un rapporto di mero fatto che rimarrà irrilevante sul piano giuridico. Per intenderci, quando tre amici si accordano per andare a mangiare una pizza, ed all'uopo fissano il luogo, il giorno e l'ora, tra loro nasce un rapporto, ma se uno dei tre amici viene meno all'impegno e non si reca all'appuntamento, va senz'altro escluso che gli altri due possano chiamarlo in giudizio per ottenere il risarcimento dei danni da inadempimento di un'obbligazione giuridica, e ciò proprio in quanto il rapporto esistente tra i tre amici nel caso di specie (anche a prescindere da ogni ulteriore considerazione) riguarda un interesse che non ha ad oggetto una prestazione suscettibile di seria valutazione economica; (già solo) per tale ragione l'interesse in questione non risulta rilevante per il diritto, sicché in relazione ad esso non nascono obbligazioni giuridiche il cui inadempimento può produrre, per l'appunto, l'ulteriore obbligo giuridico del risarcimento dei danni. Se, al contrario, nel fissare l'appuntamento, Francesco, esperto di legge, assicura che durante la pizza presterà a Rodrigo la consulenza professionale su una delicata questione che sta tanto a cuore a quest'ultimo per ragioni legate alla sua attività imprenditoriale, si può discutere se l'eventuale omissione di Francesco, che non si presenta all'appuntamento, configuri inadempimento di una prestazione suscettibile di valutazione economica, e dunque costituisca un fatto illecito produttivo di responsabilità risarcitoria da inadempimento di obbligazione giuridica (cfr. art. 1173 c.c.).

Altra qualità che deve necessariamente avere l'interesse oggetto del rapporto giuridico consiste nella **meritevolezza** di tutela giuridica secondo l'ordinamento giuridico. A tale concetto – come vedremo meglio più avanti – fa, ad esempio, riferimento l'art. 1322, comma 2, c.c., a tenore del quale i privati possono concludere anche contratti diversi (c.d. atipici) da quelli previsti e disciplinati dal legislatore (c.d. tipici) purché "*diretti a realizzare interessi meritevoli di tutela secondo l'ordinamento giuridico*". La legge non spiega in che termini debba esattamente svolgersi il controllo di meritevolezza, sicché dottrina e giurisprudenza nel tempo hanno proposto diverse soluzioni al problema ermeneutico. Come sottolineano alcuni autori, attraverso l'assegnazione ai giudici del potere di svolgere il controllo in parola, il legislatore del codice civile voleva vagliare gli interessi privati in modo tale da selezionare concretamente quelli più aderenti allo spirito dell'ordinamento. Questa concezione risentiva senz'altro della temperie politica in cui fu elaborato il codice civile vigente, e dunque dell'influenza culturale fascista, ma dopo la caduta del regime e l'abolizione dell'ordinamento corporativo la giurisprudenza non ha mai svolto un controllo così pervasivo ed anzi sono relativamente poche le sentenze che, in applicazione dell'art. 1322, si occupano di valutare la meritevolezza dell'interesse privato in concreto perseguito dalle parti. Tanto ciò è vero che ormai in dottrina si ritiene che gli unici interessi non idonei a superare il vaglio della meritevolezza siano quelli particolarmente futili o in contrasto con l'interesse generale o, addirittura, illeciti in quanto contrari a disposizione di legge. Sennonché, allorquando il tema della meritevolezza sembrava ormai destinato ad essere via via abbandonato proprio perché non più attuale, il legislatore nel 2006, attraverso il rinvio esplicito all'art. 1322, ha rispolverato il concetto inserendo nel codice civile l'art. 2645 *ter* in tema di trascrizione degli "*atti di destinazione*". Le molte interpretazioni fornite in dottrina al concetto di meritevolezza utilizzato in questa recente norma stanno una volta in più a dimostrare come in materia non vi siano orientamenti sicuri. Incertezza questa particolarmente significativa perché, in definitiva, concerne il potere del giudice di sindacare l'esercizio della discrezionalità che l'ordinamento in una certa misura (le proporzioni di tale misura dipendono, per l'appunto, da come si interpreta il concetto di meritevolezza) riconosce a tutti i consociati nell'esercizio della propria autonomia privata.

Il rapporto giuridico, come ogni cosa in divenire, è soggetto ad una dinamica che prevede una sua origine, o costituzione che dir si voglia, uno svolgimento, nell'ambito del quale vi possono essere modificazioni, ed una sua estinzione. Le **vicende** che determinano la costituzione, la modifica o l'estinzione di un rapporto giuridico sono, come è facile intuire, moltissime ed eterogenee. Ad esempio, il rapporto giuridico tra singolo e consociati qualificato dal diritto all'integrità fisica, e cioè da quel diritto fondamentale che attribuisce al singolo la legittimazione a pretendere che nessuno arrechi danno alla sua salute, nasce con l'individuo, e cioè nel momento stesso in cui l'ordinamento giuridico riconosce l'esistenza di un soggetto, e si estingue con la morte di questo; mentre l'eventuale rapporto giuridico tra lo stesso soggetto ed uno o più terzi mediato dal diritto di proprietà non può venire alla luce prima che il soggetto diventi titolare di tale diritto e si estingue necessariamente quando la titolarità del diritto in questione passa in mani altrui. La differenza, tra i due casi esposti, è che: nel primo, il riferimento è ad un diritto, che più avanti definiremo della personalità, connaturato all'esistenza stessa del soggetto titolare, e proprio di ogni persona, tanto da non poter essere oggetto di vicende traslative, o acquisitive che dir si voglia; mentre, nel secondo, il riferimento è ad un diritto che potrebbe non entrare mai nella titolarità del soggetto, salvo che questi non partecipi di una vicenda acquisitiva dello stesso in forza della quale nasce il relativo rapporto giuridico che, dunque, necessariamente si estingue nel momento in cui il diritto in questione si trasferisce in capo a terzi.

Gli esempi svolti valgono solo, tra i tanti possibili, ad evidenziare la molteplicità delle circostanze che vengono in rilievo quando si ragiona di vicende del rapporto giuridico. Lo studio del diritto privato, a ben vedere, ha ad oggetto proprio queste vicende.

3.2. Le situazioni giuridiche soggettive

Il rapporto giuridico può essere inteso al meglio se lo si intende plasticamente come un legame tra due o più soggetti nell'ambito del quale esistono poteri, diritti, interessi, potestà, facoltà, aspettative, oneri, doveri, obblighi e soggezioni, variamente attribuiti tra le diverse parti. In particolare, nell'ambito del rapporto giuridico, volendo proseguire in questa rappresentazione della situazione in esame, potremo riconoscere senz'altro un lato attivo ed un lato passivo. In altri termini, possiamo dire che ogni rapporto giuridico presenta due estremità, o **due lati**: uno, per l'appunto, **attivo**, che riguarda il soggetto il cui interesse l'ordinamento giuridico, nell'ambito di tale rapporto, intende tutelare (sotto questo profilo particolare è il caso della 'potestà', come vedremo più avanti, perché qui non vi è perfetta coincidenza tra titolarità dell'interesse protetto e dei poteri a questa connessi); l'altro, per l'appunto, **passivo**, che riguarda il soggetto o i soggetti a cui l'ordinamento, in funzione di detta tutela, impone doveri o obblighi (per la differenza tra doveri ed obblighi v. *infra*).

Ogni soggetto interpreta, dunque, nel rapporto giuridico un ruolo, che può essere, alternativamente, attivo o passivo, a seconda che egli sia, o meno, il portatore dell'interesse tutelato dall'ordinamento. Tale ruolo tecnicamente viene definito in termini di '**situazione giuridica soggettiva**', così comprendendo tutte le qualità e le caratteristiche proprie della situazione in cui si viene a trovare il singolo nel dato rapporto. In altri termini, può dirsi che la situazione giuridica soggettiva determina e qualifica la posizione di un soggetto nell'ambito di un rapporto giuridico.

La dottrina civilistica italiana del XX secolo, mutuando la tradizione pandettistica, ha individuato le seguenti situazioni giuridiche soggettive attive: **diritto soggettivo, interesse legittimo, interesse collettivo, interesse diffuso,** ***status*****, potestà, aspettativa** e **onere**; a cui sono correlate le seguenti situazioni giuridiche soggettive passive: **dovere e obbligo** e **soggezione**. Nella letteratura di *common law* in proposito troviamo ricostruzioni diverse, tra le quali si segnala in particolare (in quanto adottata dall'American Law Institute), quella di Wesley N. Hohfeld, espressa nei suoi "*Concetti giuridici fondamentali*" (1913-1917), laddove si sostiene l'esistenza di rapporti giuridici che possono essere descritti in termini di "opposti giuridici" e "correlativi giuridici", e tra questi ultimi si mette in correlazione il diritto con il dovere, il privilegio con il non diritto, il potere con la soggezione e l'immunità con l'impossibilità, in quanto, secondo il noto autore, in estrema sintesi: laddove qualcuno ha un diritto, qualcun altro deve avere un dovere eguale e contrario; dove opera il privilegio non opera il diritto; dove c'è chi ha un potere, c'è senz'altro chi subisce l'esercizio di tale potere e dunque è in posizione di soggezione; e quando opera un'immunità è impossibile far valere diritti.

3.2.1. Il diritto soggettivo

Tornando alla classificazione italiana, giova osservare che la situazione giuridica soggettiva attiva per eccellenza, in quanto piena e più forte, è costituita dal **diritto soggettivo**. Le definizioni di tale fondamentale concetto sono state in letteratura molteplici. Tra le più esaustive ed apprezzate, benché caratterizzata da una certa genericità, vi è quella che descrive il diritto soggettivo come strumento riconosciuto dalla legge tramite il quale si esercita, e conseguentemente viene tutelata pienamente, la signoria del volere e cioè il potere di agire del singolo, nell'ambito della propria sfera di libertà garantita dall'ordinamento, al fine della realizzazione dei suoi interessi. Più di recente è stata formulata una diversa definizione, meritevole di segnalazione, a tenore della quale il diritto soggettivo può essere descritto in termini di medaglia a due facce, che attribuisce al titolare, sotto il profilo sostanziale, la pretesa, esperibile verso i consociati, di piena ed integrale realizzazione del suo interesse, e sotto il profilo processuale la pretesa nei confronti dell'ordinamento di intervenire qualora i consociati non si comportino in modo tale da agevolare la realizzazione dell'interesse dei titolare.

In vero, il concetto di diritto soggettivo – che, per inciso, non è stato mai espressamente utilizzato o preso in considerazione, né tanto meno definito, dal legislatore italiano, pur costituendo, almeno nell'ottica tradizionale, il perno concettuale del diritto privato – ha subìto una lunga elaborazione nel corso dei secoli, durante la quale ha risentito notevolmente, di volta in volta, della cultura del momento. A tal proposito, si osserva infatti che all'inizio di questa elaborazione, e cioè nei secoli XVII e XVIII, all'epoca del c.d. Stato assoluto, il diritto soggettivo identificava lo spazio di libertà individuale, sostanzialmente coincidente con le prerogative naturali, intangibili, immodificabili ed irrinunciabili della persona, sottratto all'ingerenza del sovrano. La svolta che ha consentito al concetto in parola di acquisire il senso moderno sopra cennato, si ebbe con la Rivoluzione francese, allorquando, in pieno illuminismo, con l'affermazione dell'unicità del diritto per tutti i cittadini e dell'uguaglianza dei consociati di fronte all'ordinamento giuridico, il diritto soggettivo costituì lo strumento utile ad affermare e valorizzare la potenza della volontà umana esercitata nell'ambito delle libertà e delle possibilità a tutti garantite dall'ordinamento giuridico.

In tale contesto, sempre per ragioni culturali contingenti, e cioè per il fatto che il *Code Napoleon* (come già visto nel primo capitolo) poneva al centro del sistema civilistico il diritto di proprietà nel senso borghese del termine, il concetto di diritto soggettivo – in vero mai definito, né espressamente utilizzato nemmeno dal legislatore francese – venne conformandosi attorno a quello di proprietà, tanto che quest'ultimo finì per risultare il diritto soggettivo per eccellenza e finanche il paradigma del diritto soggettivo. In ragione di ciò, l'operatività del diritto soggettivo tradizionalmente prevede che vi sia un soggetto titolare di un interesse meritevole di tutela a cui l'ordinamento, proprio al fine di tutelare l'interesse e consentirne la piena realizzazione, attribuisce (qui la logica proprietaria si esplica appieno) una o più facoltà. Emblematico in tal senso è, manco a dirlo, l'**art. 832** c.c., e cioè la disposizione che definisce il diritto di proprietà nel codice civile italiano vigente, ai sensi del quale "*Il proprietario ha diritto di godere e disporre delle cose in modo pieno ed esclusivo, entro i limiti e con l'osservanza degli obblighi stabiliti dall'ordinamento giuridico*". In modo analogo, del resto, disponeva l'art. 436 c.c. italiano del 1865. Sennonché, mentre sino agli anni Settanta del secolo scorso si riteneva – in aderenza alla formulazione del citato art. 832 – che nell'esercizio del diritto soggettivo il titolare sia libero di perseguire gli interessi tutelati secondo i suoi gusti e le sue preferenze salvo i limiti espressamente stabiliti dalla legge, negli ultimi decenni, con l'affermarsi in buona parte della dottrina e della giurisprudenza della concezione solidaristica dell'ordinamento, si è giunti a ritenere che l'esercizio del diritto soggettivo possa essere limitato per far fronte ad istanze solidaristiche e, dunque, per evitare che l'esercizio del diritto stesso sconfini nell'abuso a danni di terzi. L'orientamento in parola, che fa perno sulla c.d. interpretazione costituzionalmente orientata del diritto privato ed in particolare sulla valorizzazione del principio enunciato nell'art. 2 della nostra Costituzione, considera abusivo l'esercizio del diritto che finisca per danneggiare uno o più altri consociati in misura eccedente rispetto a quanto necessario per soddisfare l'interesse protetto dalla norma attributiva del diritto. L'onda lunga determinata da tale convincimento rischia di sconfinare in un'idea del diritto soggettivo secondo la quale l'attribuzione dei diritti soggettivi ai privati sarebbe funzionale al perseguimento di obiettivi solidaristici. Ciò, tuttavia, non è, e non può essere, posto che la logica sottesa all'individuazione ed al riconoscimento da parte dell'ordinamento dei diritti soggettivi, come sin qui evidenziato, è diversa. Per cui da tale idea bisogna senz'altro rifuggire, riconoscendo all'autonomia privata il diritto di esplicarsi liberamente nei limiti del rispetto solidaristico degli interessi dei terzi, ma non già in funzione della realizzazione di questi.

L'abuso del diritto

Nel nostro codice civile non esiste una norma che sanzioni in via generale l'abuso del diritto. La dottrina giuridica degli anni Trenta del secolo scorso riteneva che l'abuso del diritto, più che essere una nozione giuridica, fosse un concetto di natura etico-morale, con la conseguenza che colui che abusava dei propri diritti veniva considerato meritevole di biasimo, ma non di sanzione giuridica. Tale convinzione, unitamente alla preoccupazione che una norma di legge volta a vietare l'abuso del diritto avrebbe attribuito ai giudici un potere discrezionale eccessivo così pregiudicando la certezza del diritto, impedì che venisse trasfusa nella stesura definitiva del codice civile italiano del 1942 quella norma del progetto preliminare (art. 7) che proclamava, in termini generali, che *"nessuno può esercitare il proprio diritto in contrasto con lo scopo per il quale il diritto medesimo gli è stato riconosciuto"*.

La scelta in parola ha posto il codice civile italiano in contrasto con la legislazione di altri ordinamenti, pure assai vicini culturalmente alla nostra tradizione giuridica. Il riferimento è, in particolare, all'ordinamento tedesco ed a quello svizzero, che conoscono entrambi una norma generale repressiva dell'abuso del diritto. Il modello tedesco reca, infatti, la regola, frutto di generalizzazione dell'antico divieto di atti di emulazione, secondo la quale *"l'esercizio del diritto è inammissibile se può avere il solo scopo di provocare danno ad altri"*; mentre l'art. 2 c.c. svizzero ha adottato la più ampia formulazione secondo la quale *"il manifesto abuso del proprio diritto non è protetto dalla legge"*.

Il legislatore italiano del 1942 ha, pertanto, preferito ad una norma di carattere generale, norme specifiche che consentono di sanzionare l'abuso in relazione a particolari categorie di diritti. Nella trama del codice civile può, infatti, rinvenirsi:

i) l'espressa indicazione di alcune fattispecie abusive (ad esempio: art. 330, relativo all'abuso della potestà genitoriale; art. 1015, relativo all'abuso del diritto di usufrutto; e art. 2793, relativo all'abuso della cosa da parte del creditore pignoratizio);

ii) disposizioni sanzionatrici di alcuni atti specifici, la cui *ratio* è ravvisabile nella esigenza di repressione di un abuso del diritto (ad esempio: art. 1059, comma 2, che impone al comproprietario, che – agendo *ex se* – ha concesso una servitù, di non impedire l'esercizio di tale diritto);

iii) disposizioni di maggiore ampiezza, considerate valide per intere categorie di diritti (ad esempio: art. 833, che, pur relativo al diritto di proprietà, è stato utilizzato come norma di repressione dell'abuso dei diritti reali in genere; nonché artt. 1175 e 1375 che, attraverso la clausola della buona fede, hanno consentito in tempi recenti alla giurisprudenza, su suggerimento della dottrina più avvertita, di sanzionare, in termini di illecito contrattuale, l'abuso di diritti relativi).

In Italia, nella seconda metà dello scorso secolo, in particolare dagli anni Ottanta in avanti, la giurisprudenza ha dimostrato sempre maggiore sensibilità nei confronti della tematica in parola. Tuttavia, sebbene sul versante pretorio sia ormai definitivamente emersa la tendenza ad utilizzare soprattutto gli artt. 1175 e 1375 c.c. per sanzionare come abusivi comportamenti contrastanti con le regole della correttezza e buona fede nei rapporti obbligatori e contrattuali, e sebbene l'art. 833 c.c. sia stato talora ritenuto espressione di un principio generale di divieto di esercizio abusivo del diritto, in dottrina si riscontra un animato dibattito tra quanti ritengono che le norme citate possano considerarsi realmente specificazioni generali di un principio più generale, quello appunto dell'abuso del diritto, insito ed immanente all'ordinamento, e per questo non codificato, e quanti invece reputano che le stesse, in quanto settoriali e circoscritte, rappresentino quasi un'eccezione alla regola generale per la quale l'esercizio del diritto è sempre legittimo (in ossequio al brocardo *qui iure suo utitur neminem laedit*) e non può, quindi, essere fonte di responsabilità. Si perviene a soluzioni opposte a seconda che si privilegi l'esigenza di certezza del diritto ovvero, di contro, l'esigenza di adeguare il dato normativo positivo ai nuovi valori emergenti nella coscienza collettiva e, tra questi, in particolare al principio della funzione sociale della proprietà espresso dall'art. 41 Cost. ed al principio di solidarietà sociale che, come già evidenziato, fa perno sull'art. 2 Cost., e che troverebbe, secondo la dottrina più avvertita, sua diretta applicazione nella buona fede nei rapporti obbligatori e contrattuali, di cui agli artt. 1175 e 1375 c.c.

Proprio in materia contrattuale, la valorizzazione della clausola generale di buona fede ha consentito alla giurisprudenza più recente di individuare diverse ipotesi di abuso del diritto e, dunque, di raggiungere i risultati particolarmente significativi. Del resto, da tempo già la dottrina era concorde nel ravvisare nella responsabilità precontrattuale *ex* art. 1337 c.c. la sanzione per il comportamento abusivo della parte che avesse receduto ingiustificatamente dalle trattative. Proseguendo su tale linea, i giudici appaiono ora propensi ad utilizzare la buona fede anche come fonte integrativa degli obblighi contrattuali e, dunque, come clausola utile a presidiare la corretta esecuzione del contratto. Intesa in questo senso la buona fede si specifica nel dovere (negativo) di non abusare della propria posizione negoziale al fine di non aggravare ingiustificatamente la condizione della controparte, nonché, si ritiene, nel dovere (positivo) di attivarsi per salvaguardare l'utilità della controparte nei limiti in cui ciò non comporti un apprezzabile sacrificio delle proprie ragioni. Sotto quest'ultimo profilo si è fatta strada in giurisprudenza (cfr., tra altre, Cass., sentenze nn. 960/1986, 6601/1995 e 387/1997) anche la teoria, in vero già propugnata e discussa in dottrina, dei c.d. **obblighi di protezione**, secondo la quale, anche a prescindere dall'esistenza di un contratto, sarebbe direttamente ricostruibile, sulla scorta dei precetti di cui ai citati artt. 1175 e 1375, una serie di obblighi (in particolare di carattere informativo, ma non solo) immediatamente vincolanti per le parti, la cui violazione comporterebbe la nascita di un diritto al risarcimento in capo al soggetto danneggiato (e, di contro, un'obbligazione di risarcimento in capo all'autore della violazione). Risarcimento che, peraltro, andrebbe inquadrato in ogni caso come contrattuale, piuttosto che extracontrattuale, in applicazione della teoria del c.d. **contatto sociale** (per la prima volta accolta in Cassazione con la nota sentenza 22 gennaio 1999 n. 589) a tenore della quale, quando sussiste un contatto intersoggettivo qualificato – ad esempio quello tra un comune consociato ed un professionista, e cioè un avvocato, un medico, e quant'altro, teso alla risoluzione di un problema del consociato – indipendentemente dal fatto che le parti stipulino un contratto, ovvero che il contatto sia occasionale, da questo nascono, per l'appunto, obblighi di protezione in capo al professionista, la cui violazione importa l'applicazione delle norme in materia di inadempimento del contratto.

In relazione all'evoluzione giurisprudenziale in parola, possono citarsi alcuni casi venuti all'attenzione della giurisprudenza, emblematici dell'indirizzo interpretativo sopra descritto.

Nel celebre '**caso Fiuggi**' (cfr. Cass., sentenza 20 aprile 1994 n. 3775) il Comune di Fiuggi aveva concesso ad una società la gestione delle sorgenti, prevedendo che il canone fosse rapportato al prezzo di vendita delle bottiglie di acqua minerale. Tuttavia, la società concessionaria era riuscita nel tempo a mantenere fisso tale prezzo nonostante l'inflazione galoppante, curando di vendere le bottiglie ad una società controllata, deputata a rivenderle sul mercato a maggior prezzo. L'astuto accorgimento, che evitava alla società concessionaria di subire aumenti del canone di concessione, fu giudicato quale violazione del canone di cui all'art. 1375 e, conseguentemente, quale inadempimento contrattuale, idoneo a giustificare la risoluzione del contratto. Il nesso con l'abuso del diritto era evidente: all'eccezione *'feci, sed iure feci'*, opposta dalla società concessionaria, il concedente aveva vittoriosamente replicato che del proprio diritto (di fissare liberamente il prezzo di vendita dell'acqua minerale) essa aveva abusato, giacché lo aveva esercitato in modo da pregiudicare l'interesse della controparte contrattuale.

Più di recente, la giurisprudenza di legittimità ha ravvisato abuso del diritto nel comportamento della **banca che recede in modo imprevisto ed arbitrario** dal contratto di apertura di credito a tempo indeterminato (ovvero a tempo determinato, ma in cui il recesso sia pattiziamente consentito anche in difetto di giusta causa), esigendo l'immediato rientro. La Cassazione (per la prima volta nella sentenza 21 maggio 1997 n. 4538) ha, infatti, osservato che, se è vero che nel quadro della disciplina dettata dal codice civile, ai sensi dell'art. 1845, ult. cpv., è consentito ad ognuna delle parti di un contratto di apertura di credito a tempo indeterminato di recedere in ogni momento, con il solo obbligo di darne preavviso alla controparte (così come è consentita la recedibilità *ad nutum* con riferimento ad ipotesi di apertura di credito a tempo determinato, in cui le parti, *ex* art. 1845, commi 1 e 2, abbiano previsto la deroga alla necessità della giusta causa ai fini dell'esercizio del recesso prima della scadenza), ciò, tuttavia, non implica la totale insindacabilità del modo di esercizio del diritto potestativo di recesso da parte della banca. L'esercizio del diritto di recesso *ad nutum* deve, infatti, considerarsi illegittimo, quando, alla stregua di una valutazione secondo buona fede, appaia del tutto privo di ragione giustificatrice e ciò risulti provato dall'altra parte. In sostanza il recesso della banca è ritenuto assumere connotati del tutto imprevisti ed arbitrari, e quindi abusivi, quando risulti in contrasto «con la ragionevole aspettativa di chi, in base ai comportamenti usualmente tenuti dalla banca e all'assoluta normalità commerciale dei rapporti in atto, abbia fatto conto di poter disporre della provvista creditizia per il tempo previsto e non potrebbe perciò pretendersi sia pronto in qualsiasi momento alla restituzione delle somme utilizzate, se non a patto di svuotare le ragioni stesse per le quali un'apertura di credito viene normalmente convenuta».

Sempre in tema di recesso dal contratto la Corte Suprema di Cassazione nella sentenza n. 20106/2009, che ha definito la querelle giudiziaria passata agli onori delle cronache come il **"Caso Renault"**, ha espressamente affermato che l'abuso del diritto si concretizza in ipotesi di violazione dell'obbligo della buona fede (oggettiva), una violazione che non deve essere intesa in senso formale come deviazione dallo schema tipico cristallizzato dal diritto, ma come concreta alterazione del rapporto obbligatorio finalizzata al perseguimento di obiettivi diversi rispetto a quelli indicati dal legislatore. A tale violazione, l'ordinamento giuridico reagisce attraverso la negazione di ogni tipo di tutela, e dunque attraverso la valorizzazione del rimedio di carattere generale dell'*exceptio doli generalis.*

Il problema dell'abuso del diritto svolge attualmente un ruolo importante, tra l'altro, anche in tema di c.d. **frazionamento del credito** in quanto la giurisprudenza più recente ritiene che il creditore agisca in modo (processualmente) abusivo allorquando promuove più azioni giudiziarie, in luogo di un'azione unica, per realizzare il proprio interesse a conseguire il credito. Più in particolare, a riguardo può notarsi che fino ad un certo punto la Cassazione sanzionava l'azione del creditore, in cui si sostanziava l'abuso, accogliendo l'*excpetio doli generalis* e, per tanto, impedendo al creditore di addivenire al provvedimento giudiziario da lui agognato; mentre dal 2015, e soprattutto con la pronuncia a **Sezioni Unite n. 4090/2017**, ha modificato orientamento, preferendo, in accoglimento dell'*excpetio doli generalis*, riunire i diversi processi attivati dal creditore "abusivo" (con spese di lite almeno in parte a carico del creditore) piuttosto che paralizzare l'azione (o le azioni) di quest'ultimo.

Ulteriori ipotesi di abuso del diritto sono state individuate relativamente all'esercizio del **diritto di voto nell'ambito delle assemblee** di società di capitali allorquando la maggioranza votante persegua un interesse extrasociale e, dunque, abusi della sua forza in assemblea per conseguire utilità estranee a quelle sociali a danno della minoranza. L'annullabilità di siffatte delibere viene fondata dalla Cassazione (cfr., tra le prime in argomento, la sentenza 26 ottobre 1995 n. 11151), non più sul parapubblicistico eccesso di potere della maggioranza, bensì, appunto, sull'abuso del diritto di voto, e viene giustificata osservando che: con l'esercizio del diritto di voto, il socio dà esecuzione al contratto di società, sicché il diritto di voto deve, a norma dell'art. 1375 c.c., essere esercitato secondo buona fede; la conclusione è che il voto espresso per realizzare un interesse extrasociale, con danno per la minoranza, integra gli estremi dell'abuso del diritto. La giurisprudenza di merito ha individuato ipotesi di abuso del diritto anche da parte della minoranza assembleare, allorquando, ad esempio, i soci che rappresentano almeno un quinto del capitale sociale, esercitando il diritto previsto dall'art. 2367, comma 1, c.c., chiedono la convocazione dell'assemblea, ma ciò non già nell'interesse sociale, bensì al fine di ostacolare sistematicamente il regolare svolgimento dell'attività societaria, o comunque senza una valida ragione.

Ancora più di recente, **in materia tributaria**, la Corte di Cassazione, con sentenza 13 maggio 2009 n. 10981 (ma per precedenti dello stesso tenore v. Cass. 10 dicembre 2002 n. 17576 e Cass. 17 ottobre 2008 n. 25374), ha ulteriormente chiarito che: «il divieto di abuso del diritto si traduce in un principio generale antielusivo, il quale preclude al contribuente il conseguimento di vantaggi fiscali ottenuti mediante l'uso distorto, pur se non contrastante con alcuna specifica disposizione, di strumenti giuridici idonei ad ottenere un'agevolazione o un risparmio d'imposta, in difetto di ragioni economicamente apprezzabili che giustifichino l'operazione, diverse dalla mera aspettativa di quei benefici. Tale principio [...] comporta l'inopponibilità del negozio all'Amministrazione finanziaria, per ogni profilo di indebito vantaggio tributario che il contribuente pretenda di far discendere dall'operazione elusiva, anche diverso da quelli tipici eventualmente presi in considerazione da specifiche norme antielusive entrate in vigore in epoca successiva al compimento dell'operazione».

La **Corte di giustizia europea**, del resto, proprio in materia tributaria, con la nota sent. Halifax, del 21 febbraio 2006, C-255/02, ha affermato che il divieto di abuso del diritto, sebbene mai espresso a livello legislativo, è principio generale del diritto comunitario.

Secondo parte della dottrina, un caso di abuso del diritto espressamente preso in considerazione dal legislatore si rinviene nell'**abuso di dipendenza economica** nei rapporti di subfornitura industriale. Ai sensi dell'art. 9 della legge 18 giugno 1998 n. 192, per l'appunto dedicata alla subfornitura, "*è vietato l'abuso da parte di una o più imprese dello stato di dipendenza economica nel quale si trova, nei suoi o nei loro riguardi, una impresa cliente o fornitrice*". La legge individua la dipendenza economica con riferimento ai rapporti di forza tra le imprese quando una parte è in grado di determinare nei rapporti commerciali un eccessivo squilibrio di diritti ed obblighi, mentre l'altra non è in agevolmente in grado di reperire sul mercato valide alternative. La fattispecie abusiva in parola può, ad esempio, consistere nel rifiuto di vendere, di comprare o nella interruzione arbitraria delle relazioni commerciali in atto. La norma contrattuale in cui si concretizza l'abuso è sanzionata, dallo stesso art. 9 citato, in modo particolarmente significativo, e cioè con la sua nullità.

Secondo la teoria classica è possibile distinguere i diritti soggettivi in: **assoluti**, **relativi** e **potestativi**. Una diversa concezione ritiene che i diritti potestativi vadano ricompresi tra i relativi. Alla prima categoria, quella dei diritti assoluti, appartengono i **diritti della personalità** (diritto all'integrità fisica, diritto al nome ed allo pseudonimo, diritto all'identità personale, diritto all'immagine, diritto morale d'autore, diritto alla *privacy* ed alla riservatezza, diritto all'oblio, ecc.) ed i **diritti reali** (che si distinguono in **diritti di godimento** e **di garanzia**, con i primi che, a loro volta, si distinguono a seconda che abbiano ad oggetto una cosa propria, così il diritto di proprietà, ovvero una cosa altrui, ed è il caso, per l'appunto, dei **diritti reali di godimento su cosa altrui**, e cioè usufrutto, superficie, enfiteusi, servitù prediali, uso e abitazione. Nella seconda categoria, quella dei diritti relativi, rientrano i **diritti di credito** (sia a contenuto patrimoniale che non patrimoniale, quali ad esempio alcuni diritti nascenti dai rapporti di famiglia come il diritto alla fedeltà coniugale) e, secondo parte dottrina, i **diritti personali di godimento** e i **diritti potestativi**.

In termini generali, per assoluti tradizionalmente si intendono i diritti che possono essere opposti dal titolare ad ogni altro consociato (*erga omnes*) al fine di ottenere, da parte di questi, il rispetto del dovere di astensione (situazione soggettiva passiva correlata al diritto soggettivo assoluto) di porre in essere comportamenti che interferiscono con il suo esercizio del diritto. Al contrario, secondo questa concezione, i diritti relativi sarebbero opponibili soltanto al singolo con il quale il titolare del diritto intrattiene il rapporto giuridico nel caso di specie; ad esempio, il diritto di credito sarebbe esercitabile, da parte del creditore, solo nei confronti del debitore e non anche verso tutti gli altri consociati. Sennonché, la tesi tradizionale non può essere condivisa in quanto, a ben vedere, la differenza tra diritti assoluti e diritti relativi non può essere colta con riferimento al tema della opponibilità e/o esercitabilità giacché, come oramai ampiamente riconosciuto anche dalla giurisprudenza, i diritti relativi, ed in specie i diritti di credito, sono opponibili a tutti i consociati, tanto quanto i diritti assoluti, nel senso che nessuno può recare nocumento ad un diritto di credito così come ad un diritto assoluto altrui. In materia il contributo fondamentale che consentì di rimeditare la questione in parola si deve a Francesco Donato **Busnelli**, il quale nel **1964**, con la monografia dedicata a "*La lesione del credito da parte dei terzi*", evidenziò come – al contrario di quanto sino ad allora generalmente ritenuto – anche il diritto soggettivo relativo sia tutelato dalle norme in materia di responsabilità extracontrattuale, motivo per cui l'eventuale lesione del credito, derivante da un fatto illecito di un consociato diverso dal debitore, comporta la responsabilità risarcitoria dell'autore del fatto nei confronti del creditore. Ad esempio, se qualcuno commette un fatto illecito che danneggia il mio debitore ed impedisce a quest'ultimo di adempiere il suo debito, e conseguentemente soddisfare il mio credito, io, in presenza di determinate condizioni, avrò diritto nei confronti del primo al risarcimento del danno da me patito.

Stando così le cose, la **differenza tra diritti assoluti e diritti relativi** va diversamente individuata nel fatto che il titolare di un diritto assoluto, per realizzare pienamente il suo interesse protetto dalla norma attributiva del diritto, non ha bisogno della collaborazione di nessuno (questa caratteristica è comunemente riferita in termini di '**immediatezza della realizzazione dell'interesse**'). Più precisamente va sottolineato che in presenza di un diritto assoluto, non può affatto configurarsi un obbligo di collaborazione in capo a qualcuno –, essendo sufficiente ai fini della realizzazione dell'interesse del titolare che i terzi non interferiscano nell'esercizio del suo diritto, e cioè rispettino il c.d. **dovere generico di astensione** cui sono tenuti. È il caso del diritto di proprietà: perché il proprietario possa godere a pieno del suo giardino, del suo libro, della sua penna o del vestito nuovo, non c'è bisogno della collaborazione di altri soggetti dell'ordinamento, anzi quest'ultima è del tutto irrilevante o meglio, come detto, è tecnicamente non configurabile. Ovviamente, è altresì il caso dei diritti della personalità: ad esempio, per godere del suo diritto all'integrità fisica, su cui ci siamo già brevemente soffermati, il titolare ha solo bisogno che gli altri consociati si limitino a non arrecagli danni. Dunque, la situazione soggettiva passiva correlata alla situazione soggettiva attiva costituita dal diritto soggettivo assoluto è il dovere, ed in particolare il dovere di ogni consociato di astenersi da qualunque comportamento possa interferire con l'esercizio del diritto assoluto.

Viceversa, per realizzare l'interesse sotteso ad un diritto soggettivo relativo è necessario che il titolare del diritto riceva la piena collaborazione di colui che, nel relativo rapporto giuridico, si trova in posizione passiva (c.d **obbligo di collaborazione**). Ed infatti, il creditore potrà ottenere l'integrale soddisfazione del proprio interesse alla prestazione oggetto del suo diritto di credito solo se, e nella misura in cui, il debitore adempirà il suo obbligo, viceversa dovendosi registrare l'emersione di un danno per il creditore, cui questi potrà cercare di ovviare soltanto utilizzando gli strumenti processuali a sua disposizione per ridurre, nei limiti del possibile, le conseguenze per lui pregiudizievoli derivanti dall'altrui inadempimento. In questa prospettiva ben si comprende perché la situazione giuridica soggettiva correlata al diritto soggettivo relativo sia l'obbligo. La distinzione tra i concetti di dovere e di obbligo si coglie, infatti, osservando che il primo ha ad oggetto una prescrizione generalizzata e generica, mentre il secondo concerne una prescrizione concreta e dettagliata cui uno o più soggetti ben individuati, o individuabili, devono attenersi.

La riflessione ora svolta in tema di diritti soggettivi assoluti e relativi permette di tornare su una questione cennata nel paragrafo precedente, e cioè quella relativa alla asserita non configurabilità di un rapporto giuridico ogni qual volta il diritto in questione sia assoluto, e ciò in quanto il soggetto passivo del rapporto sarebbe indefinito, dovendo tutti i consociati rispettare il dovere di astensione. L'argomento non pare convincente se solo si osserva che la denunciata difficoltà di definizione non sussiste, visto che, in presenza di un diritto assoluto, su tutti i (e dunque non su alcuni o molti) consociati grava il dovere di astensione sicché tutti i consociati costituiscono i soggetti passivi del rapporto. A ben vedere, peraltro, in presenza di un diritto assoluto deve necessariamente riconoscersi l'esistenza di un rapporto giuridico tra il titolare e tutti i suoi consociati, con la sola avvertenza che questo rapporto, fin dall'origine rilevante per il diritto, produce effetti concreti solo nell'eventualità in cui uno o più consociati violino il dovere di astensione. In caso contrario, infatti, e cioè qualora si voglia ritenere che tra il titolare del diritto ed i terzi non vi sia alcun rapporto, non si capisce come un tale rapporto possa nascere, di punto in bianco, in ragione della violazione, da parte di qualcuno, di un dovere di astensione il cui perimetro ed il cui contenuto può esattamente cogliersi solo nell'ambito precipuo e concreto del rapporto in cui la vicenda in parola si sviluppa (e la cui esistenza sino a quel momento, invece, si vorrebbe paradossalmente negare). Per esempio, per decidere se l'incidente stradale in cui è rimasto ferito Fortunato è stato cagionato da un fatto illecito di Gino, oppure no, occorre considerare il rapporto esistente, prima del sinistro, tra i due soggetti coinvolti, e così valutare se Gino abbia (o meno) posto in essere una condotta in concreto idonea a non interferire, in modo rilevante per l'ordinamento, con il godimento del diritto all'integrità fisica da parte di Fortunato.

Quest'ultima considerazione consente di sottolineare che il dovere di astensione è sì generico, ma si colora di contenuti di volta in volta diversi a seconda delle circostanze concrete, di talché, sempre esemplificando, il dovere di non arrecare danno all'integrità fisica altrui opera diversamente a seconda che il consociato tenuto a rispettarlo sia un *quisque de populo* ovvero un medico. La rilevanza delle circostanze in funzione della esatta definizione in concreto del contenuto del dovere di astensione, caso per caso, dimostra inequivocabilmente che il rapporto giuridico tra il titolare del diritto assoluto ed i suo consociati sussiste prima ed indipendentemente dall'eventuale violazione del dovere di astensione da parte di questi ultimi.

Piuttosto, può ulteriormente osservarsi che **la violazione del dovere di astensione trasforma il rapporto giuridico** – sino a quel momento caratterizzato dall'esistenza di un diritto assoluto, dal lato attivo, e di un generico dovere di astensione, dal lato passivo – in un diverso rapporto nel quale al titolare del diritto assoluto leso è attributo il diritto di credito (e dunque relativo) alla riparazione del danno, mentre in capo a colui che ha violato il dovere di astensione sorge l'obbligo di collaborare alla riparazione svolgendo la prestazione richiesta a tal fine.

La ripartizione tra diritti soggettivi assoluti e relativi sin qui proposta consente altresì di evidenziare come all'interno di queste due grandi categorie possano essere ricompresi tutti gli interessi privati, e cioè sia **interessi conservativi** che **acquisitivi**. Ed infatti, mentre attraverso l'esercizio dei diritti assoluti il titolare persegue l'interesse alla conservazione, oltre che al godimento pacifico, indisturbato e soddisfacente, della situazione in cui egli si trova, l'interesse ad acquisire, o comunque conseguire, nuovi diritti, nuove utilità o nuovi privilegi può essere perseguito esclusivamente tramite l'esercizio dei diritti relativi in quanto solo questi ultimi consentono di valorizzare la dinamica giuridica che determina la creazione di nuova ricchezza. In altre parole, esercitando i diritti reali ed i diritti delle personalità ognuno difende *erga omnes* beni (in senso lato) che sono già nella sua disponibilità, laddove, al contrario, in forza della creazione e dello sviluppo di rapporti giuridici aventi ad oggetto diritti relativi, in particolare se nascenti da contratto, chiunque può scambiare cose e prestazioni con le sue controparti. In una prospettiva solo parzialmente diversa è stato evidenziato che il diritto assoluto costituisce per il suo titolare una situazione finale, laddove il diritto relativo, ed in particolare il diritto di credito, costituisce una situazione solo strumentale all'acquisizione di una situazione finale di utilità per il soggetto.

Proprio in ragione delle peculiarità appena segnalate, la categoria dei diritti relativi ha conosciuto, nel corso della seconda metà del XX secolo, un'elaborazione concettuale particolarmente significativa e certamente più ampia e approfondita rispetto a quella riservata alla categoria dei diritti assoluti, che invece avevano avuto particolare fortuna nel corso del XIX secolo. La vicenda in parola è strettamente collegata a quella – già in precedenza segnalata – nell'ambito della quale, dagli albori del XX secolo in avanti, si è avuta l'emersione del contratto come istituto centrale nella dinamica del diritto civile. Del resto, gran parte dei diritti relativi, e cioè dei diritti di credito, trova proprio nel contratto la sua fonte.

3.2.1.1. *Il diritto soggettivo potestativo*

Come sopra accennato, il diritto potestativo costituisce, secondo alcuni, una tipologia di diritto soggettivo ulteriore rispetto a quella dei diritti reali ed a quella dei diritti di credito, mentre secondo altri una particolare tipologia di diritto relativo che non abbisogna della cooperazione del soggetto in posizione passiva per realizzare l'interesse protetto. Indipendentemente da questa diatriba, la particolarità della figura in esame sta nel fatto che il titolare del **diritto potestativo** ha il potere di modificare nel suo interesse, attraverso l'esercizio del diritto stesso e nei limiti previsti dalla norma giuridica di volta in volta applicabile, la situazione giuridico-patrimoniale del soggetto che, nell'ambito del rapporto giuridico in questione, si trova nella particolare posizione passiva definita **soggezione**, caratterizzata dal fatto che egli nulla può fare per evitare che nella sua sfera giuridico-patrimoniale si determini l'effetto giuridico voluto dal titolare del diritto. La modifica in parola è in vero, tecnicamente, una modifica solo ideale, in quanto, attraverso l'esercizio del diritto potestativo, non è possibile realizzare immediatamente effetti materiali nell'altrui sfera giuridico-patrimoniale. In altri termini, il titolare, esercitando il suo diritto, può modificare la situazione giuridico-patrimoniale della sua controparte solo sul piano giuridico, dalla qual cosa potranno derivare effetti concreti e fattuali solo secondo i tempi e le modalità proprie dell'ordinamento. Il diritto potestativo può essere alternativamente attribuito dalla legge o da un contratto. Il diritto potestativo più diffuso nella prassi è probabilmente quello che consente, per l'appunto in quanto previsto dalla legge a tutela dei consumatori nei rapporti con gli imprenditori, ovvero in quanto previsto per accordo dei contraenti, ad una o più parti del contratto di recedere dallo tesso, e cioè di sciogliere unilateralmente il vincolo contrattuale. È evidente come lo scioglimento del vincolo contrattuale determinato da una sola parte ha effetti immediati, sotto il profilo giuridico, sulle altre parti del contratto e, quando le parti del contratto fossero soltanto due, determina l'estinzione stessa del contratto.

Esempio classico di diritto potestativo è quello contemplato nell'**art. 874** c.c. relativo alla "*comunione forzosa del muro sul confine*". La fattispecie disciplinata contempla l'esistenza di due fondi contigui sul confine tra i quali esiste un muro costruito a cura e spese esclusive del proprietario di uno dei fondi. Ai sensi della disposizione citata, il proprietario dell'altro fondo può pretendere la comunione del muro, e cioè può diventare comproprietario del bene, a patto che paghi al primo una somma pari alla metà del valore del muro e del fondo su cui esso insiste. E ciò senza che il proprietario che per primo ha costruito il muro possa fare alcunché per evitarlo, trovandosi egli in posizione di mera soggezione. In questo sta la peculiarità del diritto potestativo: al contrario di quanto accade per il diritto di credito, qui il titolare del diritto non teme di non realizzare il suo interesse, in quanto – come detto – egli determina con il mero esercizio del diritto gli effetti desiderati, senza bisogno dell'altrui collaborazione. Ciò malgrado, non siamo nell'ambito dei diritti assoluti perché la soddisfazione dell'interesse del titolare del diritto non riposa sulla semplice astensione dei terzi, ma passa necessariamente per l'incisione della sfera giuridico-patrimoniale del soggetto in posizione di soggezione.

3.2.1.2. *Il diritto soggettivo personale di godimento*

Altra particolare tipologia di diritti soggettivi, che parte della dottrina riconduce erroneamente nella categoria dei diritti relativi, è quella dei **diritti personali di godimento**. Esempi tipici di diritti personali di godimento sono il diritto del locatario (anche detto conduttore) sul bene locato (art. 1571 c.c.) ed il diritto del comodatario sul bene ricevuto in comodato (art. 1803 c.c.). Discussa è, invece, la riconducibilità nella categoria in parola del diritto derivante al creditore da un contratto di anticresi (art. 1960 c.c.), e ciò perché alcuni autori considerano tale diritto assistito dai requisiti di assolutezza ed immediatezza che ne consentirebbero l'ascrivibilità alla categoria dei diritti assoluti.

La particolarità dei diritti personali di godimento è che, come i diritti reali di godimento, si sostanziano in poteri di utilizzazione di cose, mobili o immobili, di proprietà altrui. Secondo la teoria tradizionale, largamente seguita ancora oggi, la differenza con i diritti reali di godimento starebbe nel fatto che, mentre questi ultimi, in quanto assoluti, possono essere opposti a chiunque (*erga omnes*), i diritti personali di godimento potrebbero essere fatti valere solo nei confronti del proprietario del bene. Sennonché, tale ricostruzione non appare condivisibile. E ciò, sia perché, come detto, la differenza tra diritti assoluti e relativi non riposa affatto, al contrario di quanto ritenuto dalla dottrina tradizionale, nella opponibilità del diritto, sia perché molteplici indici normativi evidenziano, in relazione a determinate vicende, il contrario, e cioè dimostrano che, ad esempio, il contratto di locazione "*è opponibile al terzo acquirente* (del bene locato, n.d.a.) *se ha data anteriore all'alienazione della cosa*" (art. 1599 c.c.), ed inoltre che il conduttore "*ha facoltà di agire*" in proprio contro i terzi che arrecano molestie di fatto al suo godimento (cioè lo disturbano ma non pretendono di avere diritti sulla cosa), senza che il locatore (e cioè il proprietario del bene) sia tenuto a garantire alcunché a riguardo (art. 1585, comma 2, c.c.). In definitiva, dunque, fermandoci agli esempi appena esposti: il locatario può opporre, senza bisogno della mediazione del proprietario, il suo diritto a qualsiasi acquirente della cosa locata nonché ai terzi che arrechino molestie di fatto al suo godimento, e dunque, in questi termini, *erga omnes*. La vicenda dei diritti personali di godimento dimostra ulteriormente, se mai ce ne fosse bisogno, come la differenza tra diritti assoluti e diritti relativi non vada cercata sul versante della opponibilità del diritto.

Una volta dimostrata l'infondatezza della teoria tradizionale, resta da comprendere quale sia la reale differenza tra diritti reali e personali di godimento. A questo proposito risulta dirimente notare che, come ampiamente riconosciuto in dottrina e giurisprudenza, i titolari di diritti personali di godimento non acquisiscono mai il **possesso** della cosa, e cioè il potere di fatto che "*si manifesta in un'attività corrispondente all'esercizio della proprietà o di altro diritto reale*" (art. 1140, comma 1, c.c.), ma esclusivamente la **detenzione** della stessa, per tale intendendosi il rapporto di fatto con la cosa, consentito dal proprietario o dal titolare di altro diritto reale sulla cosa medesima, che si esplica in un godimento circostanziato e specifico, e cioè limitato a quanto il proprietario si è obbligato a consentire. La situazione di vantaggio in cui concretamente si trova, o meglio dovrebbe trovarsi, il titolare del diritto personale di godimento è, in altre parole, non già l'effetto immediato e diretto del diritto, bensì l'effetto dell'adempimento, da parte del proprietario o del titolare di altro diritto reale sulla cosa che ha concesso il diritto personale di godimento in questione, circa l'obbligo di determinare tale situazione di vantaggio. Al riguardo, giova infatti osservare che: l'art. 1960 c.c. descrive l'anticresi come il contratto con cui "*il debitore si obbliga a consegnare l'immobile al creditore*", ed allo stesso modo l'art. 1571 c.c. stabilisce che con il contratto di locazione "*una parte si obbliga a far godere all'altra una cosa mobile o immobile per un dato tempo verso un determinato corrispettivo*". A ben vedere il codice, sotto questo profilo, non è altrettanto chiaro nel definire all'art. 1803 il contratto di comodato; e ciò, tuttavia, non basta a confutare l'idea che la posizione di vantaggio del comodatario sia ascrivibile alla categoria dei diritti personali di godimento, anche perché la disposizione in questione comunque fa espresso riferimento alla "*consegna*" che il comodante fa nelle mani del comodatario del bene mobile o immobile oggetto del contratto, così evidenziando come anche, il comodatario non possa esercitare nessun godimento senza la collaborazione materiale del comodante.

È proprio valorizzando quanto appena detto in tema di detenzione che risulta possibile cogliere la differenza tra diritti personali e reali di godimento. Infatti: mentre nei primi, come appena evidenziato, l'attività di godimento è mediata, dal punto di vista giuridico, dall'interposizione della figura del proprietario o del titolare di altro diritto di godimento, il quale conserva in punto di diritto il possesso della cosa ed è obbligato a collaborare per consentire il godimento altrui; nei secondi il titolare del diritto ha un potere di godimento immediato che deriva direttamente dall'esistenza del diritto e non richiede la collaborazione di alcuno (tanto ciò è vero che, ad esempio, l'art. 981 c.c. stabilisce che "*l'usufruttuario ha diritto a godere della cosa*").

La caratteristica appena rilevata – mentre, come sopra osservato, non impedisce, in determinati casi, al locatario, al comodatario o al creditore anticretico di esercitare direttamente ed in prima persona il proprio diritto *erga omnes*

– spiega, in qualche modo, il particolare regime di risoluzione dei conflitti tra più acquirenti del medesimo diritto personale di godimento, e cioè spiega la *ratio* dell'**art. 1380** c.c., ai sensi del quale: "*Se, con successivi contratti, una persona concede a diversi contraenti un diritto personale di godimento relativo alla stessa cosa, il godimento spetta al contraente che per primo lo ha conseguito. Se nessuno dei contraenti ha conseguito il godimento, è preferito quello che ha il titolo di data certa anteriore. Sono salve le norme relative agli effetti della trascrizione*". Tra le norme in materia di trascrizione che costituiscono eccezione al principio in parola particolarmente rilevante risulta l'art. 2643 c.c. nella parte in cui consente la trascrizione delle locazioni ultranovennali e dei contratti di anticresi, in quanto stabilisce, in combinato con l'art. 2644 c.c., che chi trascrive per primo tali atti prevale su ogni altro soggetto che abbia in astratto acquisito diritti configgenti con il suo.

L'art. 1380 stabilisce un criterio, come detto, particolare di risoluzione dei conflitti tra più acquirenti di diritti confliggenti perché fa prevalere chi per primo ha acquisito la detenzione della cosa, così pregiudicando anche chi eventualmente abbia concluso prima di ogni altro il contratto da cui trae il suo diritto. Si diceva che la *ratio* di tale norma può essere spiegata proprio alla luce di quanto detto in tema di detenzione. Ed infatti, posto che – come abbiamo notato – il titolare di diritti personali di godimento acquisisce il rapporto di fatto con la cosa attraverso la mediazione del proprietario o del titolare di altro diritto reale sulla cosa stessa, è proprio l'atto in cui si sostanzia tale mediazione (e cioè la consegna del bene con conseguente avvio del godimento da parte del titolare del diritto personale) a costituire la formalizzazione più visibile per i terzi della nuova situazione creata in forza del relativo contratto. In sostanza, come ogni norma tesa alla soluzione dei conflitti tra più acquirenti di diritti configgenti, anche l'art. 1380 tenta di tutelare il legittimo affidamento dei terzi e di far prevalere, dunque, colui che dimostra di aver compiuto l'acquisto in forza di tale affidamento. Sennonché, nel caso dei diritti personali di godimento, per tutto quanto detto, è talmente forte il rapporto tra concedente e concessionario del diritto che il profilo documentale perde rilevanza, al punto che il legislatore ha deciso di attribuire, in caso di conflitto, valenza premiante al fatto che un soggetto abbia potuto ottenere la detenzione della cosa direttamente dal soggetto legittimato a concedere il diritto personale di godimento. In definitiva, l'aspetto materiale della vicenda, in forza dell'art. 1380, prevale e si impone su quello formale-documentale, così che il soggetto interessato ad acquisire un diritto personale di godimento dovrà avere cura, per evitare di soccombere nel conflitto con altri, di verificare che il proprio concedente (o dante causa) sia in condizioni di (cioè legittimato a) attribuirgli giuridicamente materialmente la detenzione della cosa e lo faccia. Tutto ciò, giova sottolinearlo ancora una volta, si giustifica in ragione del, e rafforza ulteriormente il, carattere personale dei diritti in parola.

3.2.2. L'interesse legittimo

L'interesse legittimo è una delle situazioni giuridiche soggettive attive riconosciute e tutelate dal diritto italiano, se pure, per certi versi, almeno secondo l'impostazione tradizionale, in maniera meno piena e diretta rispetto al diritto soggettivo. La caratteristica principale di tale situazione giuridica è che può vantarsi esclusivamente nei confronti della Pubblica Amministrazione. Il contenuto di tale interesse è la pretesa del privato che il potere attribuito dall'ordinamento alla P.A. sia esercitato in conformità alla legge. In sintesi, dunque, l'interesse legittimo può essere definito come la situazione giuridica soggettiva attiva in cui si trova il privato che, nel relazionarsi alla P.A., e dunque nell'ambito di un rapporto con quest'ultima, ha un interesse, tutelato dall'ordinamento, a che il pubblico potere sia esercitato secondo diritto.

Per consentire di meglio comprendere la fisionomia e le dinamiche proprie dell'interesse legittimo è utile sottolineare che, quando la P.A. esercita un potere al fine di perseguire l'utilità generale, tale esercizio può incidere sulla sfera dei singoli soggetti con cui essa entra in rapporto, e dunque anche sulle relative posizioni giuridiche, indipendentemente o anche contro la volontà di questi. Ciò perché, proprio in ragione degli alti fini perseguiti, l'ordinamento riconosce alla P.A. poteri il cui esercizio può imporsi fino a sacrificare interessi di altri soggetti. Tuttavia, onde evitare che la P.A. ponga in essere attività autoritative eccedenti l'utilità generale o comunque inutilmente penalizzanti per gli interessi dei singoli, la legge stabilisce a suo carico precisi limiti alle finalità ed alle modalità di azione. La pretesa al rispetto di queste finalità e di questi limiti è, come detto, il contenuto dell'interesse legittimo. L'ordinamento giuridico conferisce al titolare di tale posizione giuridica soggettiva gli strumenti giuridici per ottenere la tutela di tale pretesa. Questi strumenti si sostanziano in una serie di poteri attribuiti al privato, ai quali corrispondono puntuali doveri in capo all'amministrazione durante l'esercizio del potere, nonché nella possibilità, sempre per il privato, di ricorrere al giudice per ottenere l'annullamento dell'atto amministrativo che abbia violato una qualsiasi delle regole di legalità, nonché eventualmente il risarcimento del danno che l'atto amministrativo illegittimo abbia provocato.

L'interesse legittimo ha come oggetto un'utilità o, in gergo amministrativistico, un 'bene della vita' che un soggetto privato mira a conservare o a conseguire tramite l'esercizio legittimo del potere amministrativo. Nel primo caso si parla di **interesse legittimo oppositivo**, che sorge, per esempio, nei casi di espropriazione di un bene privato o di imposizione di un vincolo alla proprietà privata da parte della P.A. a fini di utilità generale; nel secondo caso di **interesse legittimo pretensivo**, che sorge, per esempio, in relazione a un'autorizzazione o a una concessione necessaria per intraprendere un'attività.

La figura dell'interesse legittimo è stata per la prima volta enucleata dalla dottrina e dalla giurisprudenza in occasione della costituzione, nel 1889, della quarta sezione del Consiglio di Stato, dedicata alla risoluzione delle questioni riservate alla neonata giurisdizione amministrativa (cioè, semplificando, alla giurisdizione che ha ad oggetto la validità degli atti amministrativi). Nel 1865, infatti, era stata approvata la legge abolitiva del contenzioso amministrativo, che assegnava la tutela dei diritti politici e civili al giudice ordinario, mentre non individuava un apposito giudice a cui potevano rivolgersi i cittadini per la tutela degli ulteriori loro interessi pregiudicati dall'esercizio dei poteri autoritativi della P.A., lasciando dunque le relative questioni alla valutazione dell'amministrazione, così come disponeva l'art. 3 della stessa legge. Dopo qualche anno ci si rese conto che la legge abolitiva aveva provocato un vuoto perché, in definitiva, non concedeva reale tutela alle situazioni soggettive non configurate come diritti soggettivi. Fu dunque approvata, nel 1889, la legge che istituiva la quarta sezione del Consiglio di Stato, la quale non andava a stravolgere il sistema del contenzioso amministrativo, ma ad integrarlo. Infatti in tutti i casi in cui il cittadino vantava un interesse che non poteva essere qualificato in termini di diritto civile o politico, egli aveva una tutela davanti al giudice amministrativo, e cioè, per l'appunto, alla quarta sezione del Consiglio di Stato, a cui vennero assegnati poteri di annullamento dell'atto illegittimo (al contrario del giudice ordinario, a cui la c.d. legge abolitiva del 1865 aveva assegnato solo il potere di pronunciare l'eventuale illegittimità con conseguente dovere dell'amministrazione di conformarsi al giudicato). In questo periodo iniziò ad essere considerato come 'interesse legittimo' la posizione giuridica di vantaggio che il privato faceva valere dinanzi al Consiglio di Stato.

L'elaborazione dell'istituto in parola, nei suoi primi cento anni di vita, è stata particolarmente complessa, tanto che la dottrina, a più riprese, ha evidenziato l'evanescenza e la artificiosità della categoria, fino a considerarla la 'rifrazione di un fantasma' (Ledda) o la 'personificazione di un'ombra' (Cordero), ed a qualificarla in termini di 'grande geniale inganno' (Berti), o quanto meno di 'misteriosa e tormentata figura' (Nigro). Nell'ordinamento italiano, del resto, ancora oggi non esistono norme che definiscono l'interesse legittimo, sebbene l'espressione sia presente in ben tre articoli della **Costituzione**: e cioè nell'**art. 24**, dove è stabilito il diritto di agire in giudizio per la difesa dei diritti e, per l'appunto, degli interessi legittimi; nell'**art. 103**, in cui si stabilisce la giurisdizione del Consiglio di Stato e degli altri organi di giustizia amministrativa per la tutela degli interessi legittimi; ed all'**art. 113**, dove si prevede che attraverso gli atti della P.A. è sempre ammessa la possibilità di tutelare gli interessi in parola in sede giurisdizionale.

In coerenza con la descritta genesi della categoria, per oltre un secolo la differenza tra interessi legittimi e diritti soggettivi è stata utilizzata nel nostro ordinamento come criterio di **riparto della giurisdizione** tra giudice amministrativo ed ordinario. In breve, quando un privato lamentava la lesione di un interesse legittimo doveva rivolgersi al giudice amministrativo (come già visto, TAR in primo grado ed eventualmente Consiglio di Stato in secondo) per far sancire l'annullamento dell'atto, mentre quando lamentava la lesione diretta di un diritto soggettivo da parte della pubblica amministrazione doveva rivolgersi al giudice ordinario al quale poteva chiedere di dichiarare inefficace l'atto impugnato e di condannare la amministrazione convenuta a risarcire il danno.

Fino alla storica sentenza della **Corte di Cassazione a Sezioni Unite del 22 luglio 1999 n. 500** (su cui *infra* in questo paragrafo), appariva (quasi) granitica la giurisprudenza contraria alla risarcibilità degli interessi legittimi. La qual cosa si traduceva, ovviamente, anche in una significativa difesa delle casse pubbliche, giacché limitava gli esborsi degli enti pubblici a titolo di risarcimento del danno. Ciò in ossequio ad una visione tradizionale che considerava sostanzialmente non ingiusto ai sensi dell'art. 2043 c.c., e dunque non risarcibile, il danno causato da un comportamento della P.A. lesivo di interessi legittimi, e cioè della mera pretesa del privato a che il pubblico potere fosse esercitato secondo diritto; salvo che la lesione di interessi legittimi non fosse solo strumentale alla violazione di veri e propri diritti soggettivi. Due esempi possono servire a spiegare la differenza tra le situazioni appena cennate: nel caso in cui un ente pubblico, nell'esercizio delle sue prerogative, espropria per pubblico interesse un bene privato, l'eventuale illegittimità degli atti compiuti, sebbene in prima battuta formalmente violi l'interesse legittimo del privato controinteressato (e cioè del proprietario del bene), in definitiva concretamente lede proprio il diritto di proprietà di quest'ultimo e, per tanto, un diritto soggettivo; mentre, se il partecipante ad un concorso pubblico contesta la legittimità degli atti compiuti dalla commissione giudicatrice, egli sarà portatore di un mero interesse legittimo, la cui violazione, nella prospettiva tradizionale, non era considerata risarcibile.

Secondo la tesi largamente diffusa in dottrina, e condivisa dalla giurisprudenza, peraltro, nel caso in cui un diritto soggettivo fosse stato violato in seguito all'illegittimo esercizio di un pubblico potere, il privato controinteressato doveva, prima, ottenere l'annullamento dell'atto dinnanzi al giudice amministrativo e, poi – solo una volta che il diritto soggettivo, affievolito in interesse legittimo al momento dell'esercizio del pubblico potere, fosse riemerso proprio in seguito alla pronuncia del giudice amministrativo favorevole al privato –, poteva rivolgersi al giudice ordinario per ottenere il risarcimento del danno, giacché il giudice amministrativo non poteva pronunciarsi sulla richiesta di risarcimento.

Negli anni Novanta dello scorso secolo, il privilegio riconosciuto alla P.A., attraverso la consolidata affermazione pretoria della non risarcibilità della lesione di interessi legittimi, denunciò il proprio anacronismo rispetto alla formazione di un mercato europeo via via meglio regolato e concorrenziale e rispetto allo sviluppo di un'economia liberale e capitalistica; l'edificio concettuale cominciò, sempre più significativamente, a scricchiolare sotto i colpi della dottrina oramai intenzionata ad abbattere tale privilegio, anche in considerazione del fatto che a livello europeo si manifestava una netta contrarietà rispetto al fenomeno tutto italiano che si traduceva in una specie di immunità per lo Stato e per gli enti pubblici nei confronti dei privati. Del resto, se è vero che in alcuni ordinamenti statali, anche europei, esistono figure affini all'interesse legittimo, è altrettanto vero che non si rinvengono casi in cui l'istituto abbia la stessa importanza che ha avuto in Italia. Nello stesso periodo, peraltro – come già evidenziato nel capitolo I, e segnatamente nel paragrafo 1.6.1. – si ebbe in Italia il fenomeno c.d. di privatizzazione, in forza del quale lo Stato ha abbandonato, o ridotto notevolmente, la propria presenza in settori strategici dell'economia del Paese, trasferendo le relative attività a società private o a capitale misto pubblico-privato. In questo contesto, dopo alcune pronunce della magistratura ordinaria ed amministrativa che in qualche modo preconizzavano la possibilità di clamorosi ribaltamenti giurisprudenziali, si determinò da parte del legislatore italiano – con i già citati d.lgs. n. 80/1998, prima, e legge n. 205/2000 (che ha modificato, in particolare, l'art. 35, comma 4, del d.lgs. n. 80/1998), poi – il definitivo abbandono dell'impostazione tradizionale, e così oggi, da un lato, è finalmente riconosciuto anche al giudice amministrativo il potere di pronunciarsi sul risarcimento del danno, dall'altro, il riparto di giurisdizione tra giudice ordinario ed amministrativo è organizzato sulla base di interi settori, o materie, che la legge attribuisce alla giurisdizione esclusiva del giudice amministrativo o, alternativamente, del giudice ordinario (e così, ad esempio, la materia urbanistica è riservata alla giurisdizione amministrativa, mentre il pubblico impiego è riservato al giudice ordinario). È, stata così sostanzialmente superata la prassi di rivolgersi al giudice amministrativo per l'annullamento dell'atto ed al giudice ordinario per il risarcimento del danno.

Come si accennava, la svolta in materia di risarcibilità degli interessi legittimi si ebbe, invece, in forza della **sentenza della Suprema Corte di Cassazione a Sezioni Unite, n. 500/1999** (sulla quale si tornerà anche nel capitolo sul fatto illecito), con cui fu sancita l'infondatezza del diniego tradizionale sulla base della considerazione che tra gli interessi tutelati ai sensi dell'art. 2043 c.c. vi è senz'altro anche l'interesse legittimo e che, per tanto, il danno derivante da una lesione di tale interesse è da qualificarsi come ingiusto, e per ciò risarcibile da parte del giudice ordinario anche indipendentemente dalla pronuncia di annullamento dell'atto, purché il giudice accerti tutti gli elementi propri della fattispecie in questione, e cioè oltre al fatto dannoso, al danno ed al nesso di causalità tra fatto e danno, anche la colpo o il dolo della P.A. agente. Di fatto, la sentenza in questione ha recepito e generalizzato l'orientamento che, dapprima solo espressione dell'elaborazione dottrinale, era stato successivamente accolto con il citato d.lgs. n. 80/1998, il quale, tra l'altro, ha previsto, per la prima volta, la risarcibilità dell'interesse legittimo leso nei campi dell'edilizia, dell'urbanistica e dei servizi pubblici.

L'interesse legittimo nei rapporti tra privati

Secondo la prospettiva tradizionale, come detto, l'interesse legittimo si colloca nella fase dinamica dell'esercizio del potere pubblico e contrassegna la posizione del soggetto privato nei suoi rapporti con la P.A. che agisce come autorità. Al principio del secolo scorso in dottrina si negava addirittura la configurabilità di interessi legittimi al di fuori della sfera pubblicistica in quanto si ravvisavano nell'area del diritto comune, e cioè dei rapporti tra privati, esclusivamente diritti soggettivi. Sennonché, nello stesso periodo, due autori, Chironi e Abello, nel *Trattato di diritto civile* (Torino, 1904, vol. I, p. 128 e ss.) per la prima volta, studiando la struttura del diritto soggettivo, avanzarono una teoria unitaria delle situazione giuridiche soggettive, evidenziando che i soggetti privati possono ricevere tutela dei loro interessi considerati dall'ordinamento in forma diretta o indiretta a seconda che il rapporto intercorra con un altro privato o con un'amministrazione pubblica che agisce in veste di autorità. Nell'ambito di tale riflessione i due autori osservarono che ci sono casi in cui la legge attribuisce a privati poteri da esercitare nell'interesse altrui per finalità di importanza collettiva o sociale. Esempio tipico: i poteri attribuiti dall'ordinamento, nell'ambito dei rapporti familiari, ai genitori titolari della potestà sui figli, che gli stessi devono esercitare in veste di autorità privata nei confronti dei figli stessi. Colui che è sottoposto ad un potere di tal fatta avrebbe l'interesse legittimo a che esso sia esercitato secondo diritto. Nel 1921, Francesco Ferrara riprende la tesi in parola e ribadisce la coesistenza nei rapporti tra privati di situazioni protette in modo diretto ed immediato dall'ordinamento e qualificate in termini di diritto soggettivo, e di altre situazioni la cui tutela dipende da interessi di portata maggiore che trascendono la sfera del singolo e operano quasi come un limite esterno rispetto ai diritti soggettivi. Un decennio più tardi, e precisamente nel 1936, Francesco Carnelutti approfondisce la visione processuale del problema ed afferma che gli interessi legittimi nel diritto privato, occasionalmente protetti così come nel diritto pubblico, godono di tutela se e nella misura in cui l'ordinamento riconosce e protegge gli interessi altrui, con la conseguenza che, laddove manchi la previsione normativa che individua l'interesse altrui tutelato, l'azione giudiziale sarebbe inammissibile non per la mancanza di interesse processuale al ricorso, bensì per il difetto di una situazione protetta, ossia normativamente qualificata.

In epoca più recente è stata **Lina Bigliazzi Geri** (*L'interesse legittimo nel diritto privato*, Milano, 1967) a riproporre la teoria dell'interesse legittimo nei rapporti tra privati, osservando che vi è un tale interesse quando l'ordinamento riconosce ad un soggetto una certa discrezionalità sul modo in cui egli deve rispettare una norma. In altre parole, vi sarebbe interesse legittimo ogni qual volta una norma impone ad un soggetto, nell'interesse altrui, un comportamento, che dunque risulta necessitato, lasciando però al soggetto obbligato una certa discrezionalità nel modo di adempiere. In siffatta ipotesi, il soggetto titolare dell'interesse protetto attraverso l'attività necessitata altrui sarebbe portatore dell'interesse legittimo a che l'obbligato rispetti la norma in modo corretto. Un esempio utile a chiarire può essere svolto nei termini seguenti: l'art. 1175 c.c. stabilisce che "*il debitore e il creditore devono comportarsi secondo le regole della correttezza*"; ciò significa, tra l'altro, che il creditore, pur avendo la facoltà di esercitare o meno il suo diritto di credito, non può in ogni caso rendere difficoltoso l'adempimento a cui il debitore è tenuto, in quanto, per l'appunto, il debitore ha l'interesse legittimo a che il creditore lo metta in condizioni di adempiere; laddove vi sia violazione di tale interesse vi può essere risarcimento del danno. Un altro possibile esempio è quello che riguarda l'art. 1337 c.c., ai sensi del quale *"le parti, nello svolgimento delle trattative e nella formazione del contratto, devono comportarsi secondo buona fede"*; in forza del principio in questione si ritiene che, se il diritto di recedere dalle trattative contrattuali è esercitato senza tener conto dell'eventuale affidamento maturato senza colpa dalla controparte circa la conclusione del contratto, ciò lede l'interesse legittimo di quest'ultima e comporta l'obbligo di risarcire il danno in capo al recedente.

Sotto il profilo fenomenologico, la differenza tra gli interessi in parola e la **soggezione** (su cui v. *infra* in questo capitolo) può essere colta nel fatto che i primi sono enucleabili allorquando manchi in capo al soggetto titolare della situazione giuridica soggettiva attiva un diritto soggettivo vero e proprio, in quanto sussiste un mero potere, mentre la seconda costituisce proprio la situazione giuridica soggettiva passiva necessariamente correlata all'esistenza di un diritto soggettivo potestativo o di una potestà (anche su questi temi v. *infra* in questo capitolo). Sotto il profilo disciplinare, e dunque rimediale, invece, mentre il soggetto sottoposto a soggezione, come meglio si vedrà tra breve, può contestare al titolare della situazione giuridica soggettiva attiva esclusivamente l'abuso del diritto (che, in vero, può declinarsi, nel caso della potestà, anche in termini di mancanza dei presupposti di opportunità per porre in essere l'atto), il titolare dell'interesse legittimo privato, mancando il rapporto in questione di un vero e proprio diritto soggettivo, può esclusivamente contestare alla controparte il fatto illecito costituito dall'esercizio di potere in violazione della clausola di correttezza e buona fede intesa in senso oggettivo.

La configurazione tra le situazioni giuridiche soggettive degli interessi legittimi nei rapporti tra privati impone di considerare nell'ambito della teoria generale di tali situazioni anche il mero **potere**, ed inoltre di ragionare, rispetto a questo, in termini di rapporto basato su reciproca attività e passività, posto che il titolare del potere ha senz'altro una posizione attiva, ma anche il titolare dell'interesse legittimo ha una posizione attiva nel momento in cui il primo leda l'interesse in questione. Come evidente la tematica ha, anche sotto questo profilo, strette connessioni con la teoria dell'abuso del diritto di cui abbiamo già parlato.

3.2.3. Interessi individuali valorizzati dall'autonomia privata, interessi collettivi, interessi adespoti e interessi diffusi

Tra le situazioni giuridiche soggettive attive sono tradizionalmente ricompresi anche gli interessi collettivi. Al fine di comprendere a cosa ci si riferisca con tale espressione giova svolgere qualche riflessione ulteriore, rispetto a quanto già sin qui detto, sul concetto di interesse privato nel diritto civile.

Molti interessi privati non sono ritenuti dall'ordinamento meritevoli di qualificazione e, dunque, di tutela. A ben vedere, la stragrande maggioranza degli interessi privati sono indifferenti al diritto, in quanto questo non li può conoscere prima che gli stessi emergano o semplicemente perché il diritto si propone di tutelare gli interessi più diffusi, quelli più comunemente avvertiti dai consociati, mentre non si occupa della tutela degli interessi intimi, strettamente personali o, comunque, meramente individuali. Qucsti rcstano, dunque, **interessi di mero fatto**, che pure possono venire in rilievo nel caso concreto, ma senza trovare specifica tutela giuridica, almeno sino a quando i singoli privati, esercitando i poteri derivanti dall'**autonomia privata**, non decidono, di volta in volta, di tutelare o perseguire uno (o più) di tali interessi attraverso atti privati, di natura unilaterale o contrattuale. A questo proposito va ricordato che, infatti, l'art. 1322 c.c. (in forza del richiamo di cui all'art. 1324 c.c., come detto, applicabile, "*in quanto compatibile*", anche "*agli atti unilaterali tra vivi aventi contenuto patrimoniale*"), dopo aver sancito la libertà dei contraenti nel determinare il contenuto del contratto "*nei limiti imposti dalla legge*", al comma 2 stabilisce che "*le parti possono anche concludere contratti che non appartengono ai tipi aventi una disciplina particolare, purché siano diretti a realizzare interessi meritevoli di tutela secondo l'ordinamento giuridico*".

Dunque, a ben vedere, l'ordinamento non rinuncia a tutelare anche gli interessi individuali di cui esso *a priori* ed a livello generale non può o non vuole occuparsi, ma rinvia questa tutela all'eventualità e al momento in cui i privati, in una data ipotesi concreta, li facciano emergere attraverso la formalizzazione di atti tesi a realizzarli. Una volta che ciò accade, infatti, l'ordinamento dapprima chiede ai giudici di valutare se l'interesse perseguito è "*meritevole di tutela secondo l'ordinamento giuridico*", dopo di che, in caso positivo, interviene con il proprio apparato normativo già esistente per tutelare, secondo diritto, l'interesse in questione ma solo in riferimento al caso concreto. Se poi l'interesse in questione è comune a molti, e se numerosi sono i casi in cui un certo atto privato posto in essere per realizzare tale interesse viene ripetuto dai consociati, allora può nascere una prassi negoziale in ragione della quale l'ordinamento finisce per tutelare in via generale l'interesse in questione. Ciò è accaduto, ad esempio, in relazione al contratto di multiproprietà ed all'interesse ad esso sotteso; in altre parole, l'interesse di alcuni a godere per brevi periodi in modo turnario di beni immobili, soprattutto a vocazione turistica, ha ispirato negli anni Settanta del secolo scorso la fantasia negoziale e si è tradotto nel recepimento, da parte di operatori italiani, del contratto di multiproprietà, all'epoca già da qualche anno diffuso a livello di prassi negoziale in Francia e negli Stati Uniti, ma ancora non previsto né disciplinato dal legislatore italiano, il quale è poi intervenuto a regolare parzialmente l'istituto in sede di recepimento di una direttiva europea (cfr. d.lgs. 9 novembre 1998 n. 427).

Un ulteriore esempio può risultare utile a ben comprendere la valenza dell'autonomia negoziale nella prospettiva qui indagata. Si è, già in precedenza, detto – a proposito del rapporto giuridico – che, qualora tre amici si accordino per andare a mangiare una pizza, l'impegno da loro assunto a recarsi con una certa puntualità nel luogo stabilito non è considerato dall'ordinamento idoneo a far nascere un'obbligazione giuridica, e ciò in quanto la prestazione oggetto dell'impegno in questione non è patrimonialmente rilevante (*rectius*: non può essere oggetto di valutazione economica). Ora può aggiungersi che nel caso di specie, ragionando in termini contrattuali, potrebbe ritenersi che manchi altresì un interesse meritevole di tutela, posto che il contratto eventualmente configurabile tra i tre amici è senz'altro atipico e che l'ordinamento non tutela in via generale l'interesse dei privati a che i commensali siano puntuali. Sennonché, può ulteriormente osservarsi che, qualora i tre amici abbiano inteso assumere seriamente l'impegno, persino prevedendo di comune intesa una penale di significativo contenuto economico in capo a quello che eventualmente arrivasse in notevole ritardo (v. artt. 1382-1384 c.c.), il problema relativo alla patrimonialità della prestazione sarà superato e rimarrà solo da verificare se l'accordo in questione supera o meno il vaglio dell'art. 1322, comma 2. In definitiva, potrà considerarsi che i tre amici, attraverso l'esercizio in questi termini della loro autonomia negoziale, hanno realizzato un vero e proprio contratto atipico finalizzato a perseguire un interesse che potrebbe anche essere considerato "*meritevole di tutela secondo l'ordinamento giuridico*", posto che non pare porsi in contrasto con alcun principio dell'ordinamento stesso. Da qui deriverebbero validità ed efficacia del contratto, con conseguente obbligatorietà giuridica dell'impegno preso dai tre e relativa qualificazione, da parte dell'ordinamento, dell'interesse di ognuno al rispetto dell'impegno assunto in termini di diritto soggettivo di credito di cui sono reciprocamente, e cioè l'uno nei confronti dell'altro, titolari gli amici in questione. Quest'ultima precisazione spiega perché l'interesse in parola non costituisce una ulteriore situazione giuridica soggettiva, ma solo il presupposto per l'eventuale operatività di diritti nascenti da atti tra privati.

Discorso completamente diverso è quello che riguarda il c.d. **interesse collettivo**, per tale tradizionalmente intendendosi l'omogenea pretesa di un gruppo organizzato di persone, nell'ambito di una collettività più ampia o della stessa collettività generale, a fronte dell'attività della P.A. La legge 7 agosto 1990 n. 241 ha preso espressamente in considerazione questi interessi, sino ad allora elaborati esclusivamente in dottrina, allorquando all'art. 9 ha previsto la facoltà dei portatori di interessi collettivi a costituirsi in associazioni o comitati al fine di intervenire nei procedimenti amministrativi dai quali possa derivare loro pregiudizio. Oggi con l'espressione 'interesse collettivo' si fa riferimento ad ogni interesse, avente ad oggetto un bene (immediatamente o mediatamente) suscettibile di appropriazione individuale, che possa essere riconosciuto in capo ad un preciso gruppo organizzato, e cioè non occasionale, atto a svolgere il ruolo di ente esponenziale in quanto in possesso delle caratteristiche stabilite dalla legge di volta in volta applicabile, e che possa essere fatto oggetto di azione giudiziaria. Esempi tipici di interessi collettivi sono quelli nella titolarità delle **associazioni professionali di categoria** riconosciute dall'ordinamento, quale il Consiglio Nazionale Forense (anche detto C.N.F.), costituito per tutelare, per l'appunto, gli interessi degli avvocati italiani, nonché per regolare e gestire, sotto determinati aspetti principalmente organizzativi, burocratici e deontologici, anche attraverso le sue ramificazioni territoriali (i vari ordini forensi costituiti nelle singole sedi dei tribunali) l'esercizio dell'attività professionale. Altro esempio tipico di tutela collettiva di interessi propri di gruppi organizzati può essere individuato nelle molte norme in materia di **consumatori** che dagli anni Novanta del secolo scorso in avanti hanno visto la luce, prima in ambito europeo e poi anche all'interno della nostra legislazione nazionale. Il primo intervento organico in materia si ebbe con la legge 30 luglio 1998 n. 281, la quale ha espressamente riconosciuto, ai consumatori di beni e servizi, diritti (qualificati "*fondamentali*") alla tutela della salute, alla sicurezza e qualità dei prodotti e servizi, ad un'adeguata informazione e ad una corretta pubblicità, all'educazione al consumo, alla correttezza, trasparenza e equità nei rapporti contrattuali concernenti beni e servizi, alla promozione e sviluppo dell'associazionismo e alla congrua erogazione di pubblici servizi; e ha altresì previsto – senza pregiudicare l'azione del singolo consumatore eventualmente danneggiato in concreto – che associazioni dei consumatori, inserite in un apposito elenco, sono legittimate ad agire a tutela degli interessi collettivi, e dunque possono agire di fronte ai giudici per chiedere l'inibizione di atti e comportamenti lesivi degli interessi dei consumatori, nonché eventualmente l'ordine di adottare misure idonee a correggere o eliminare gli effetti pregiudizievoli già prodotti e la pubblicazione del provvedimento giudiziario.

La *class action* italiana

Con l'art. 49 della legge 23 luglio 2009 n. 99 è stato modificato l'**art. 140 *bis*** del c.d. **codice del consumo** di cui al d.lgs. 6 settembre 2005 n. 206, e così – dopo un dibattito durato molti anni ed alcuni rinvii – è stata introdotta anche in Italia, dal 1° gennaio 2010 ed esclusivamente in relazione ad illeciti compiuti dall'agosto 2009 in avanti, la possibilità di esercitare in giudizio azioni simili a quelle che negli Stati Uniti si chiamano '*class action*', e cioè azioni a tutela di intere categorie di soggetti portatori di interessi omogenei (tipico è il caso delle azioni contro le case produttrici di sigarette per i danni da fumo, ovvero contro aziende inquinanti per i danni derivanti da tumori sviluppati dai lavoratori o dai residenti in una determinata zona). Il vantaggio, per colui che si dichiara danneggiato, di agire in giudizio con una *class action*, piuttosto che con un'azione individuale, è quello di potersi aggregare ad altri soggetti nella sua stessa condizione, così diminuendo notevolmente le spese legali che egli dovrà sostenere in prima persona, e riscontrando facilitazioni sotto il profilo istruttorio della causa, in quanto saranno tutti gli interessati ad attivarsi per portare in giudizio prove utili a sostenere la propria tesi, inoltre eventuali attività d'indagine particolarmente costose (come esami di laboratorio, sopralluoghi, complesse perizie tecniche, ecc.) potranno essere sostenute proprio in ragione del fatto che l'unione in molti casi fa la forza, giacché i relativi costi vengono divisi tra tutti. Infine, è ben probabile che – come negli **Stati Uniti**, dove le *class action* hanno avuto una grande fortuna negli ultimi decenni – anche in Italia gli avvocati decideranno di impegnarsi nell'assistenza di soggetti interessati a promuovere *class action* sollevando, per quanto possibile, i clienti dai costi del procedimento con l'auspicio di favorire l'adesione all'azione da parte di alto numero di soggetti interessati, così da far aumentare il valore della causa, e poter aspirare a parcelle più importanti.

Il citato art. 140 *bis*, nella sua versione vigente, è rubricato "***Azione di classe***" ed al suo comma 1 prevede che: "I *diritti individuali omogenei dei consumatori e degli utenti di cui al comma 2 nonché gli interessi collettivi sono tutelabili anche attraverso l'azione di classe, secondo le previsioni del presente articolo. A tal fine ciascun componente della classe, anche mediante associazioni cui dà mandato o comitati cui partecipa, può agire per l'accertamento della responsabilità e per la condanna al risarcimento del danno e alle restituzioni*". La particolarità dell'azione in parola consiste nel fatto che ai soggetti che si fanno inizialmente promotori della stessa durante il giudizio si possono, secondo il procedimento indicato dalla legge, aggiungere ulteriori soggetti portatori di "***diritti identici***". Il comma 2 chiarisce, che l'azione può avere ad oggetto: *a*) i diritti contrattuali di una pluralità di consumatori e utenti che versano nei confronti di una stessa impresa in situazione identica, inclusi i diritti relativi a contratti stipulati ai sensi degli artt. 1341 e 1342 c.c.; *b*) i diritti omogenei spettanti ai consumatori finali di un determinato prodotto nei confronti del relativo produttore, anche a prescindere da un diretto rapporto contrattuale; *c*) i diritti omogenei al ristoro del pregiudizio derivante agli stessi consumatori e utenti da pratiche commerciali scorrette o da comportamenti anticoncorrenziali. Ed il comma 3 stabilisce che i consumatori e utenti che intendono avvalersi della tutela collettiva posso aderire all'azione di classe, anche senza ministero di difensore, così per conseguenza rinunciando ad ogni azione restitutoria o risarcitoria individuale fondata sul medesimo titolo, salvo quanto previsto dal comma 15.

La domanda giudiziale è proposta al tribunale ordinario avente sede nel capoluogo della regione in cui ha sede l'impresa, ma esistono delle eccezioni contemplate nel comma 4. Il Tribunale tratta la causa sempre collegialmente. All'esito della prima udienza il tribunale decide, con ordinanza reclamabile, sull'ammissibilità della domanda. La domanda è dichiarata inammissibile quando è manifestamente infondata, quando sussiste un conflitto di interessi ovvero quando il giudice non ravvisa l'identità dei diritti individuali tutelabili ai sensi del comma 2, nonché quando il proponente non appare in grado di curare adeguatamente l'interesse della classe. Tal ultima previsione induce a ritenere che in pratica, quando i proponenti non siano in numero congruo, la legittimazione ad esercitare l'azione sia riconosciuta solo ad associazioni di categoria ampiamente rappresentative dei danneggiati. Con l'ordinanza con cui ammette l'azione il tribunale fissa termini e modalità della più opportuna pubblicità, ai fini della tempestiva adesione degli appartenenti alla classe.

La sentenza, una volta emessa, ha effetto nei confronti di tutte le parti del giudizio, e dunque tanto dei proponenti quanto degli aderenti, mentre non impedisce ai terzi di promuovere azioni individuali a tutela dei propri interessi. Istaurata una *class action* presso un determinato tribunale, non se ne può istaurare una identica promossa da diversi soggetti; quando possibile, le diverse azioni vengono riunite.

Più di recente, la **legge 12 aprile 2019 n. 31** ha riformato l'istituto dell'azione di classe italiana riconducendone la disciplina al **Codice di procedura civile**, nel quale, in chiusura del Libro IV, è stato inserito *ad hoc* un nuovo titolo, e cioè l'VIII-*bis*, intitolato "*Dei procedimenti collettivi*" (artt. da 840 *bis* a 840 *sexiesdecies*).

La riforma, in estrema sintesi, prevede due importanti novità. La prima riguarda **l'estensione dell'ambito di applicazione dell'azione di classe**. Data la nuova collocazione della disciplina, sottratta al codice del consumo, e in ragione dell'eliminazione nella stessa di ogni riferimento a consumatori e utenti, l'azione diventa esperibile da tutti coloro che avanzino pretese risarcitorie in relazione a lesione di "*diritti individuali omogenei*". L'azione sarà, quindi, nella titolarità di ciascun componente della "classe", nonché delle organizzazioni o associazioni senza scopo di lucro che abbiano come scopo la tutela dei suddetti diritti, e che si siano iscritte in un elenco tenuto dal Ministero dello Sviluppo Economico. Destinatari dell'azione di classe saranno imprese ed enti gestori di servizi pubblici o di pubblica utilità, relativamente ad atti e comportamenti posti in essere nello svolgimento delle rispettive attività. Dal punto di vista oggettivo, l'azione sarà esperibile a tutela delle situazioni soggettive maturate a fronte di condotte lesive, per l'accertamento della responsabilità e la condanna al risarcimento del danno e alle restituzioni. La seconda importante novità derivante dalla legge n. 31/2019 riguarda **l'ampliamento degli strumenti di tutela**. Ed infatti il codice di procedura civile, accanto all'azione di classe, oggi prevede la possibilità per l'interessato (o gli interessati) di attivare anche un'azione inibitoria collettiva verso gli autori di condotte pregiudizievoli di una pluralità di individui.

L'entrata in vigore della riforma, originariamente fissata al 19 aprile 2020, è stata posticipata al 19 maggio 2021 dall'art. 26 del d.l. n. 149/2020 (c.d. ristori-*bis*), mentre alle condotte illecite commesse prima di tale data continueranno ad applicarsi le disposizioni vigenti nel codice del consumo.

Nel caso di interessi aventi come riferimento oggettivo beni non suscettibili di appropriazione individuale e nell'impossibilità in radice di individuare un gruppo organizzato portatore dell'interesse di cui si chiede tutela, si parlerà di **interessi adespoti**, cioè, per l'appunto, di interessi indifferenziati in quanto non riferibili ad una data collettività. È, ad esempio, interesse adespota quello alla salubrità dell'aria, visto che l'ambiente in generale è senz'altro un bene immateriale tutelato nel nostro ordinamento (cfr., tra gli altri, gli artt. 9 e 32 Cost.), ma non suscettibile di appropriazione in quanto intrinsecamente ed inevitabilmente inidoneo ad appartenere al patrimonio di singoli (cfr. Corte cost., sentenza 30 dicembre 1987 n. 641).

Viceversa, qualora gli interessi siano comuni a individui di una formazione sociale o collettività ben individuata, ma quest'ultima non risulti organizzata secondo i caratteri richiesti dalla legge applicabile al caso concreto, si parlerà di **interessi diffusi**. È, ad esempio, interesse diffuso quello alla salubrità delle falde acquifere di una data e individuata valle abitata da una comunità ben radicata.

Sia gli interessi adespoti che gli interessi diffusi, in sostanza, sono privi di un titolare esclusivo e di un ente esponenziale; in ragione di ciò essi non possono essere oggetto di pretese di tutela esercitate in giudizio in quanto manca un soggetto a cui sia riconosciuta la legittimazione attiva a tale azione. Viceversa, quando la lesione del bene ambiente metta concretamente a rischio o, peggio, danneggi direttamente la salute individuale, il portatore del diritto soggettivo all'integrità fisica può agire in giudizio contro l'autore dell'attività materiale che realizza l'illecito per chiedere l'inibizione dell'attività dannosa e/o il risarcimento del danno. È evidente, tuttavia, che in questo caso, per l'appunto, in giudizio viene tutelato non già l'interesse adespota o, alternativamente, diffuso alla salubrità dell'ambiente, bensì il pieno diritto soggettivo di un soggetto qualificato in ragione della particolare posizione o del particolare rapporto che in punto di fatto egli esprime rispetto alla situazione denunciata, sicché non si riconoscerà senz'altro tutela della salute, nei termini in parola, a colui che semplicemente si trova a passare vicino allo stabilimento industriale altamente inquinante, mentre, in presenza delle condizioni previste dalla legge (cfr., in particolare, gli artt. 2043, 2050 e 844 c.c.), si riconoscerà tale tutela al proprietario di un'abitazione ubicata nel fondo contiguo allo stabilimento.

La disciplina del danno all'ambiente

La categoria del "*danno ambientale*", o danno all'ambiente, sul piano legislativo viene per la prima volta elaborata nell'ordinamento italiano nell'**art. 18 della legge 8 luglio 1986 n. 349**, come traduzione del principio di diritto europeo «chi inquina paga» ed in ossequio al precetto di cui all'art. 10 Cost. per il quale "*L'ordinamento italiano si conforma alle norme di diritto internazionale generalmente riconosciute*". Per la definizione giuridica dell'ambiente, tuttavia, non si può prescindere dai concetti espressi dalla Corte costituzionale nella sentenza 30 dicembre 1987 n. 641 (già sopra citata), secondo la quale l'ambiente è «un bene immateriale unitario sebbene a varie componenti, ciascuna delle quali può anche costituire isolatamente e separatamente, oggetto di cura e di tutela: ma tutte, nell'insieme, sono riconducibili ad unità». A livello normativo, la definizione in questione è ricavabile dal combinato disposto dell'art. 5 del d.p.c.m. 27 dicembre 1988 (norme tecniche per la redazione degli studi di impatto ambientale ai sensi dell'art. 6 della legge n. 349/1986) e dell'allegato I al citato d.p.c.m., che, al punto 2, fa espresso riferimento alle diverse componenti dell'ambiente, anche intese in termini di risorse, quali l'aria, l'acqua, la salute, il paesaggio etc.

La prima disciplina relativa alla risarcibilità del danno all'ambiente, come detto, è contenuta nell'**art. 18** della **legge. n. 349/1986** (istitutiva del Ministero dell'ambiente) da cui, tra l'altro, si ricava che: I) il danno è la perdita definitiva di una qualità posseduta dalla singola risorsa ambientale lesa; II) per il danno ambientale è sufficiente la modificazione, cioè l'alterazione, della risorsa non necessariamente peggiorativa; III) il deterioramento sussiste anche quando non è necessariamente irreversibile; IV) la distruzione, questa sì, è irrimediabile e definitiva.

Per essere risarcibile, il danno deve derivare da fatti commissivi o omissivi, dolosi o colposi, in violazione della legge o di provvedimenti adottati in base ad essa. Ciò significa che se è tollerabile l'inevitabile consumo dell'ambiente conseguenza necessaria delle attività umane, specie di quelle produttive, è fonte di responsabilità la condotta svoltasi in contrasto con norme di legge.

Chiaramente, si tratta di un danno che riguarda la collettività nel suo complesso o, quanto meno, comunità localizzate in determinati posti, e non già il singolo consociato intenso isolatamente. In considerazione di ciò, il citato art. 18 ha disciplinato una speciale azione di risarcimento del danno ambientale riservata allo Stato, con legittimazione processuale ad agire estesa agli enti territoriali. Più in particolare, la titolarità del diritto al risarcimento è esclusiva dello Stato, in quanto massimo ente esponenziale della collettività nazionale, mentre agli enti territoriali è riconosciuta l'azione di recupero della spesa effettivamente sostenuta in relazione alle opere di recupero e di bonifica intraprese e l'interesse ad agire per ottenere il ripristino ambientale.

L'azione è rivolta in via prioritaria al ripristino ambientale, ma peculiarità dell'art. 18 è che la forma specifica di risarcimento (riparazione) si cumula con quella cosiddetta per equivalente (risarcimento). A ben vedere, la responsabilità per danno ambientale è solo formalmente di tipo riparatorio, evidenziando essa caratteri propri di un sistema sanzionatorio, perché per la determinazione di essa vengono utilizzati parametri propri del diritto penale per la graduazione della pena. Infatti, l'art. 18 disciplina il risarcimento in questione in modo differente rispetto a quanto avviene in materia civilistica in tema di danno patrimoniale. In breve, mentre quest'ultimo si calcola con riferimento alla diminuzione del patrimonio del soggetto titolare del diritto al risarcimento, il danno ambientale risarcibile tiene conto: a) del profitto, ricavato dal compimento dell'atto illecito lesivo dell'ambiente, non solo dalla persona fisica autore dell'illecito, ma anche dalla persona giuridica per la quale ha operato l'autore stesso; b) della necessità di un ristoro collettivo per la perdita del bene ambientale che deve essere definito facendo ricorso ai criteri equitativi previsti dallo stesso art. 18; c) della gravità della colpa del soggetto agente; e d) del costo necessario al ripristino (quest'ultimo, di fatto, è il concreto criterio di liquidazione del danno maggiormente tenuto in considerazione a livello pretorio).

In questa materia valgono, per l'accertamento della responsabilità e la quantificazione del danno, regole processuali in materia di prova diverse da quelle praticate nella ricerca della responsabilità patrimoniale. L'attore beneficia di un onere probatorio attenuato in quanto, come ha avuto modo di precisare la giurisprudenza, il danno è insito in determinate condotte, quali l'immissione di composti chimici; dunque, non vi è necessità di provare tutti gli effetti negativi di tali condotte, stante l'obiettiva difficoltà per il titolare del diritto al risarcimento di darne una prova completa e minuziosa. Il danno in parola potrà essere risarcito sulla base di una valutazione equitativa condotta sempre in conformità con l'art. 18 più volte richiamato

Con il **d.lgs. 3 aprile 2006 n. 152** (c.d. **codice dell'ambiente**) la materia del risarcimento del danno ambientale è stata riformata. In particolare, l'art. 311 (azione risarcitoria in forma specifica e per equivalente patrimoniale), comma 2, ha introdotto il principio per cui "*Chiunque realizzando un fatto illecito* [...] *arrechi danno all'ambiente, alterandolo, deteriorandolo o distruggendolo in tutto o in parte, è obbligato al ripristino della precedente situazione e, in mancanza, al risarcimento per equivalente patrimoniale nei confronti dello Stato*".

Successivamente, il d.l. 25 settembre 2009 n. 135 ("*Disposizioni urgenti per l'attuazione di obblighi comunitari e per l'esecuzione di sentenze della Corte di giustizia delle Comunità europee*"), convertito con la **legge 20 novembre 2009 n. 166**, ha introdotto ulteriori novità in materia.

In primo luogo, il comma 2 dell'art. 311 del codice, riguardante l'azione risarcitoria in forma specifica e per equivalente, è stato modificato nei termini seguenti: «*Chiunque realizzando un fatto illecito [...] arrechi danno all'ambiente, alterandolo, deteriorandolo o distruggendolo in tutto o in parte, è obbligato all'effettivo ripristino a sue spese della precedente situazione e, in mancanza, all'adozione di misure di riparazione complementare e compensativa di cui alla direttiva 2004/35/CE del Parlamento europeo e del Consiglio, del 21 aprile 2004, secondo le modalità prescritte dall'Allegato II alla medesima direttiva, da effettuare entro il termine congruo di cui all'art. 314, comma 2, del presente decreto. Quando l'effettivo ripristino o l'adozione di misure di riparazione complementare o compensativa risultino in tutto o in parte omessi, impossibili o eccessivamente onerosi ai sensi dell'art. 2058 c.c. o comunque attuati in modo incompleto o difforme rispetto a quelli prescritti, il danneggiante è obbligato in via sostitutiva al risarcimento per equivalente patrimoniale nei confronti dello Stato, determinato conformemente al comma 3 del presente articolo, per finanziare gli interventi di cui all'art. 317, comma 5*». Questa modifica mira ad adeguare la disciplina italiana alle norme europee contenute nella direttiva 2004/35/CE del Parlamento europeo e del Consiglio del 21 aprile 2004, rendendo più stringente l'applicazione del principio in base al quale, ogni volta in cui è possibile, il responsabile del danno ambientale è tenuto all'effettivo ripristino della situazione preesistente.

Una ulteriore nuova disposizione inserita nel comma 3 dell'art. 311 del codice dell'ambiente demanda ad un decreto ministeriale, sempre nel rispetto delle indicazioni comunitarie, la definizione dei "*criteri di determinazione del risarcimento per equivalente e dell'eccessiva onerosità*".

Le due novità più significative dell'intervento legislativo del 2009 sono, tuttavia, ancora diverse. La prima – sempre contenuta nel (modificato) comma 3 dell'art. 311 del codice dell'ambiente – consiste nella espressa previsione secondo la quale "*nel caso di concorso nello stesso evento di danno, ciascuno risponde nei limiti della propria responsabilità personale*". È presumibile che questa disposizione venga ampiamente utilizzata nei casi, assai frequenti, in cui una certa situazione di inquinamento si è determinata per una serie di fattori causali, tanto concomitanti come successivi. La seconda importante novità è, invece, inserita nel nuovo art. 303, comma 1, lett. *f*) del codice e mira a chiarire che i nuovi criteri di determinazione dell'obbligazione risarcitoria conseguente al danno ambientale si applicano anche per le domande di risarcimento presentate o da proporre ai sensi dell'abrogato art. 18 della legge n. 349/1986 o del titolo IX del libro IV del codice civile o ai sensi di altre disposizioni non aventi natura speciale. In questo modo si conferma, in primo luogo, il c.d. "doppio binario", in base al quale i danni ambientali "storici" sono ancora disciplinati dalla legge n. 349/1986; dall'altro però si introducono – con efficacia retroattiva – criteri nuovi e comuni per la determinazione della obbligazione risarcitoria.

Ancora più di recente, il **Codice dell'ambiente** ha subito modifiche ad opera della **legge 3 maggio 2019 n. 37**, la c.d. '**Legge Europea**', strumento attraverso il quale l'ordinamento italiano si adegua a quello comunitario, risolvendo anche i casi di conflitto, per un non corretto recepimento – a livello interno – della normativa europea. In particolare, quanto all'ambiente, il provvedimento in parola si occupa:

- all'art. 18, di combustibile esaurito e rifiuti radioattivi;
- all'art. 19, di rifiuti da apparecchiature elettriche ed elettroniche (RAEE);
- all'art. 20, di sfalci e potature;
- e, infine, all'art. 21, di impianti di biogas, biomasse e bioliquidi.

3.2.4. Potestà

Le potestà sono situazioni giuridiche soggettive attive affidate dall'ordinamento, normalmente in forza di norme di legge, ma in alcuni casi anche per volontà privata, ad un determinato soggetto a tutela di un interesse altrui ritenuto meritevole. Il titolare della potestà ha sostanzialmente un potere, a cui è collegato un dovere, di agire al meglio nell'interesse del soggetto sottoposto alla potestà. L'esercizio di questo potere comporta la possibilità di modificare la sfera giuridica patrimoniale di tal ultimo soggetto. Come già evidenziato, dunque, la potestà è una situazione giuridica soggettiva particolare perché titolarità dell'interesse protetto e titolarità della situazione in parola non coincidono.

Tradizionalmente la potestà è definita **potere-dovere** in quanto potere vincolato nel fine ad un dovere superiore, rappresentato per l'appunto dalla tutela dell'interesse del soggetto protetto. Il vincolo in questione giustifica l'esistenza, in alcuni casi espressamente previsti, di procedure autorizzative, regolate per legge, che il titolare della potestà deve porre in essere al fine di realizzare l'effetto voluto nella sfera giuridico-patrimoniale del soggetto sottoposto a potestà. Alcuni autori parlano anche di **ufficio di diritto privato** al fine porre l'accento, più che sul potere di cui gode il titolare, sul vincolo della funzione che attribuisce al potere in questione la sua specificità.

Esempio tipico di potestà è il potere generalmente attribuito dall'ordinamento ai genitori sui figli minorenni. Nell'esercizio di tale potere i genitori possono compiere atti che incidono direttamente sulla sfera giuridico-patrimoniale dei figli, ma – come vedremo – in alcuni casi, e cioè quando l'atto è di particolare importanza o quando non vi è accordo tra i genitori sul da farsi, essi sono tenuti a rivolgersi al giudice tutelare per ottenere previamente l'autorizzazione al compimento dell'atto. Altro esempio di potestà si rinviene nell'ufficio svolto dal curatore dell'eredità giacente (art. 528 c.c.), su nomina giudiziaria, nei casi previsti dalla legge, il quale dovrà esercitare il suo potere in funzione della tutela dei creditori dell'asse ereditario. Un esempio di potestà attribuita per volontà negoziale può, invece, rinvenirsi nel potere di rappresentanza che un soggetto volontariamente può attribuire ad un altro, ai sensi e per gli effetti degli artt. 1387 e ss. c.c.; in questo caso il rappresentante avrà la potestà di agire spendendo il nome del rappresentato e realizzando effetti nel patrimonio di questo, sempre nell'esclusivo interesse del rappresentato.

I poteri che competono al titolare della potestà derivano dal titolo, cioè dalla legge o dall'atto di autonomia privata che ha dato origine nel caso concreto alla situazione giuridica in parola, e possono essere più o meno intensi. Peraltro, giova osservare che, nel caso di potestà previste dalla legge, il titolare sarà tenuto sia ad esercitare il potere sia ad esercitarlo in funzione dell'interesse superiore per cui esso gli è attribuito; al contrario, nel caso di potestà attribuite da atti di autonomia privata, com'è nell'ipotesi della rappresentanza volontaria sopra richiamata, il titolare della potestà non sarà necessariamente obbligato ed esercitare il relativo potere, salvo che non si sia impegnato in tal senso (come avviene nell'ipotesi del mandato, *ex* art. 1703 e ss. c.c.), ma se egli lo esercita sarà obbligato a farlo a vantaggio del soggetto portatore dell'interesse sostanziale e cioè del soggetto nella cui sfera giuridico-patrimoniale si determineranno gli effetti dell'esercizio.

Ne deriva che in entrambi i casi possono configurarsi casi di **abuso del potere** connesso alla potestà, ed infatti nell'art. 330 c.c. – come novellato dalla legge 28 marzo 2001 n. 149 – si parla espressamente di abuso della potestà genitoriale, dalla quale può conseguire la decadenza della potestà che dovrà essere dichiarata dal giudice. Tale provvedimento, oltre a non essere ricorribile per Cassazione non avendo natura decisoria, ha importanti conseguenze anche di carattere patrimoniale se solo si osserva che, ad esempio, l'art. 463 c.c. (come novellato dalla legge n. 137/2005) stabilisce, al n. 3 *bis*, l'indegnità a succedere del genitore che alla data di apertura della successione del figlio (e dunque qualora questo muoia) non è stato reintegrato nella potestà.

3.2.5. Aspettative

Vi sono casi in cui l'ordinamento tutela interessi conservativi di un determinato soggetto rispetto ad una situazione in cui lo stesso potrebbe, di lì a poco, venire a maturare un diritto soggettivo. In altre parole, vi sono casi in cui l'ordinamento riconosce tutela giuridica alla semplice aspettativa del singolo di conseguire un diritto soggettivo in futuro. Ciò accade, in particolare, quando la fattispecie produttiva di effetti attributivi di un diritto soggettivo si compone di vari elementi di cui solo alcuni, nel caso concreto, sono già venuti ad esistenza, mentre gli altri sono ancora potenzialmente realizzabili. In tali circostanze l'ordinamento interviene per evitare che durante il periodo necessario al verificarsi degli ulteriori elementi perfezionativi della fattispecie possano essere pregiudicate le ragioni del soggetto che, in futuro, potrebbe divenire titolare del diritto soggettivo ancora non esistente.

Come facilmente intuibile, le aspettative dei privati di conseguimento di un diritto soggettivo sono in generale pressoché infinite. Quale accanito giocatore di poker, ad esempio, non ha l'aspettativa di vincere quando si siede al tavolo verde del casinò? O, ancora, quale scommettitore non ha l'aspettativa di conseguire la titolarità del diritto di credito a ritirare la posta vinta quando gioca la schedina del Superenalotto? Queste aspettative, tuttavia, non assurgono al rango di aspettative meritevoli di tutela giuridica, ed infatti restano sul piano delle **aspettative c.d. di mero fatto**, in quanto la fattispecie produttiva di effetti attributivi del diritto soggettivo, nel caso di specie, appare solo in minima parte realizzata, ed inoltre gli elementi mancanti della fattispecie appaiono di difficile verificazione. Non basta certo giocare la schedina per poter pretendere la tutela giuridica dell'interesse a divenire titolare del diritto di credito appena cennato. Ed anzi le possibilità che, avendo giocato la schedina, questa risulti vincente sono talmente poche che l'interesse in questione non solo non è preso in considerazione dal diritto, ma addirittura dovrebbe essere qualificato più correttamente in termini di ***chance* di guadagno** più che di aspettativa di fatto di guadagno.

In vero, anche le aspettative di mero fatto, e finanche le *chance* di guadagno, non sono totalmente indifferenti al diritto. Ed infatti, dagli anni Settanta del secolo scorso, nell'ambito della reinterpretazione pretoria dell'art. 2043 c.c. sotto il particolare profilo della ingiustizia del danno (su cui ci si soffermerà più avanti nel capitolo dedicato al fatto illecito), la giurisprudenza è pervenuta a riconoscere **tutela risarcitoria anche alla lesione di mere *chance* di guadagno**. In vero, dapprima si riconobbe tale tutela solo alle *chance* rispetto alle quali, secondo il prudente apprezzamento del giudice, il vantaggio atteso dal singolo poteva considerarsi altamente verificabile, e cioè più verificabile che non (in concreto, erano tutelate le chance con possibilità di verificazione del vantaggio stimata in una misura pari o superiore al 50%). Solo nei successivi anni Novanta la giurisprudenza riconobbe l'artificiosità, e sostanziale ingiustizia, di tale criterio di selezione delle *chance* meritevoli di tutela, ed affermò correttamente che dalla lesione della *chance* di guadagno – come ovvio, sempre che questa sia debitamente provata – determinata da un fatto illecito deriva sempre il diritto al risarcimento del danno in capo al titolare della *chance*. La maggiore o minore possibilità di verificazione del vantaggio atteso inciderà, dunque, solo sulla misura del risarcimento: in definitiva, il risarcimento deve essere quantificato applicando la percentuale stimata di verificazione al valore stimato del futuro vantaggio sperato. Così, ad esempio, se si stima che vi era una possibilità su cento che Teresa superasse il concorso in magistratura, e se si attribuisce al superamento di tale concorso il valore di 1.000.000 di euro, nel caso in cui qualcuno abbia impedito a Teresa con il proprio fatto illecito di partecipare alle prove di concorso, quel qualcuno, se Teresa agirà contro di lui in giudizio, dovrà essere condannato a risarcire la somma di euro 10.000.

Il riferimento alla vicenda della risarcibilità delle mere *chance* di guadagno dimostra che l'ordinamento non rinuncia a tutelare anche le aspettative di mero fatto, riservando tuttavia a queste ultime solo una tutela risarcitoria, e dunque non già una tutela finalizzata a garantire in capo al titolare il mantenimento delle possibilità di perseguimento del vantaggio sperato.

Viceversa, le **aspettative c.d. di diritto** che l'ordinamento giuridico considera meritevoli di tutela piena – in quanto, come detto, la fattispecie produttiva degli effetti attributivi del diritto soggettivo atteso si mostra già parzialmente realizzata e nella possibilità di realizzarsi pienamente – vengono prese in considerazione dalla legge già in fase anticipata rispetto alla loro eventuale lesione, e questo proprio al fine di consentire al titolare di mantenere invariate nel tempo le possibilità di conseguimento del diritto soggettivo. Ciò, sempre che il tempo necessario a perfezionare la fattispecie attributiva del diritto, o a decretarne l'impossibilità di perfezionamento, non sia eterno, ma al contrario definito. Caratteristica essenziale delle aspettative di diritto, dunque, è che esse sono **provvisorie** e cioè destinate a durare solo per un certo periodo.

Esempi tipici di aspettative di diritto sono quelle che si rinvengono nel caso di **diritti condizionati** per volontà dei privati. Ai sensi degli artt. 1353 e ss. c.c., è infatti, possibile che le parti di un contratto pattuiscano che alcuni, o tutti, gli effetti dello stesso siano condizionati al verificarsi di una o più circostanze di realizzazione incerta. Durante la fase di pendenza della condizione, quando è dunque ancora incerto se la stessa si verificherà o meno, ai sensi dell'art. 1357 c.c. il titolare può disporre dell'aspettativa anche cedendola ad un terzo senza bisogno di ottenere il consenso della controparte "*ma gli effetti di tale disposizione sono subordinati alla stessa condizione*". Ad esempio, se un'impresa compra un capannone industriale situato in una regione depressa, ma subordinando il suo acquisto alla condizione sospensiva di ottenere entro una certa data un dato finanziamento pubblico che ha già richiesto, fino a quando questo non viene concesso il contratto di compravendita non ha effetti, e se decorre il periodo previsto senza che si sia materializzata tale concessione il contratto si risolve, e cioè perde definitivamente la possibilità di realizzare effetti; tuttavia, durante il periodo di pendenza della condizione l'impresa potrebbe cedere ad un terzo la propria posizione contrattuale (nel qual caso ha bisogno del consenso della controparte *ex* art. 1406 c.c.) e/o semplicemente la propria aspettativa (nel qual caso non ha bisogno del consenso della controparte *ex* art. 1260 c.c.), con il che il terzo acquista sostanzialmente il diritto condizionato. Inoltre, ai sensi dell'art. 1356 c.c., durante la pendenza della condizione sospensiva l'acquirente di un diritto può porre in essere atti conservativi, così come analoghi atti può compiere il cedente nel caso di condizione risolutiva. Come meglio si vedrà a suo tempo, può, infatti, essere apposta al contratto (o ad una clausola dello stesso), in alternativa ad una condizione sospensiva, una condizione risolutiva, e cioè una condizione al verificarsi della quale il contratto (o la singola clausola) perde efficacia. In tal caso, è evidente che ad avere una aspettativa meritevole di tutela è il soggetto che ha per il momento ceduto il diritto e che, in caso di verificazione della circostanza dedotta nella condizione, tornerà ad esserne titolare.

Ai sensi dell'art. 1358 c.c., tanto colui che risulta titolare di un diritto che potrebbe, al verificarsi di una condizione sospensiva, trasferirsi ad altri, quanto colui che ha acquisito un diritto sotto condizione risolutiva, "*in pendenza della condizione* [...] *deve comportarsi secondo buona fede per conservare integre le ragioni dell'altra parte*". La tutela del titolare di una aspettativa derivante da una condizione apposta ad un contratto – ovvero, se compatibile, ad un atto unilaterale tra vivi a contenuto patrimoniale, *ex* art. 1324 c.c. (una proposta contrattuale, può, ad esempio, essere condizionata) – è talmente incisiva, per come articolata nel codice civile, che, ai sensi dell'art. 1359 c.c., "*la condizione si considera avverata qualora sia mancata per causa imputabile alla parte che aveva interesse contrario all'avveramento*". Attraverso tale finzione di avveramento, dunque, la legge tutela l'aspettativa al punto di costituire artificialmente, nel caso previsto dalla disposizione appena citata, il presupposto per il conseguimento del diritto.

Un ulteriore significativo esempio classico, e singolare, di aspettativa tutelata dal diritto è quella che si rinviene in capo al soggetto che sia chiamato a succedere come **erede** di un defunto, ma che **non** è **ancora nato** (art. 462 c.c.) o addirittura **non** è **ancora concepito** (art. 643 c.c.). In questo caso, in vista della futura eventuale nascita del chiamato la legge prevede che sia nominato un curatore o un amministratore dell'eredità sino a quando la nascita non si verifichi o non diventi impossibile. La singolarità di questa aspettativa è che viene tutelata in via eccezionale anche quando non esiste il soggetto titolare, in quanto addirittura non è neanche stato concepito, e dunque non si sa se lo sarà mai.

Per contro, rimanendo in tema di successioni, può notarsi come la legge non riconosca alcuna tutela anticipata all'aspettativa, che dunque resta di mero fatto, nutrita dai parenti di una persona che sia anche in età molto avanzata, oppure gravemente malata, di succedere, alla morte di questo, in qualità di suoi eredi, e dunque di risultare nuovi titolari (*mortis causa*) dei suoi diritti. E ciò, malgrado tali parenti potrebbero essere tra quelli (sostanzialmente, figli e coniuge) a cui la stessa legge riconosce diritti successori necessari, in quanto prevede che gli stessi abbiano diritti a succedere al *de cuius*, entro una certa misura (la c.d. quota di patrimonio riservata), senza che quest'ultimo possa ledere il loro diritto. La qual cosa, apparentemente contraddittoria, si spiega in ragione del fatto che l'ordinamento riconosce ad ognuno il diritto di disporre come crede dei suoi beni durante la vita, salvo – dopo la morte – porre a disposizione degli aventi diritto, e cioè di quelli che al momento dell'apertura della successione risultano eredi necessari, gli strumenti processuali e sostanziali per eventualmente tutelare i propri interessi. Su tali questioni torneremo più diffusamente ed ordinatamente nel capitolo VIII dedicato alle successioni *mortis causa*.

3.2.6. Onere

Di non facile inquadramento dogmatico è la situazione giuridica soggettiva denominata onere. In effetti, l'onere può, essere astrattamente definito sia in termini di situazione giuridica attiva che passiva a seconda della prospettiva da cui si decide di osservarlo. Ed infatti, quando l'ordinamento individua, o attribuisce che dir si voglia, un onere in capo a qualcuno, ciò significa che questi deve tenere un dato comportamento (da qui una certa possibile connotazione passiva) al fine di realizzare un proprio interesse, ma non è tecnicamente necessitato a farlo se non è intenzionato a perseguire tale realizzazione. Egli, in altre parole, è libero di realizzare o meno il suo interesse, ma se decide di farlo deve precedentemente adempiere l'onere. In definitiva, se il titolare dell'onere pone in essere il comportamento richiesto potrà realizzare il suo interesse, viceversa non scatterà alcuna sanzione negativa a suo carico; semplicemente egli non potrà realizzare l'interesse in questione. Da questo punto di vista, quella in parola è senz'altro una situazione giuridica attiva in quanto il titolare dell'onere – giova ribadirlo – non subisce l'esercizio di poteri altrui, non è, a prescindere dalla sua volontà di realizzare l'interesse, tenuto a fare alcunché, ed è dunque astrattamente libero di agire al fine di determinare effetti che modificano la sua situazione realizzando l'interesse cui l'adempimento dell'onere è strumentale.

A questo proposito giova osservare che la legge, in numerose ipotesi, impropriamente parla di obbligo o fa riferimento al dovere laddove l'istituto che viene concretamente in rilievo è, invece, senz'altro un onere. È il caso, ad esempio, dell'art. 1502 c.c., in materia di compravendita con patto di **riscatto**, ai sensi del quale "*Il venditore che esercita il diritto di riscatto è tenuto a rimborsare al compratore il prezzo, le spese e ogni altro pagamento* [...]. *Fino al rimborso delle spese necessarie e utili, il compratore ha diritto di ritenere la cosa.* [...]"; laddove è evidente che il venditore è "*tenuto a rimborsare il compratore*" solo se e quando decide di voler conseguire il vantaggio per sé di realizzare gli effetti dell'esercizio del suo diritto di riscatto. Viceversa, qualora non intenda esercitare tale diritto o conseguirne gli effetti, il venditore può evitare di effettuare il rimborso. Altro esempio emblematico del fenomeno in parola è costituito dall'art. 2643 c.c. che, come norma di apertura della disciplina della "*Trascrizione*", afferma che una serie di atti "*si devono rendere pubblici col mezzo della trascrizione*", mentre, di contro, è indubbio che la **trascrizione** degli atti privati non sia mai obbligatoria o dovuta (salvo quanto stabilito dall'art. 2671 c.c.), bensì costituisca una facoltà al cui esercizio l'ordinamento riconosce effetti favorevoli per chi la pone in essere. Ed infatti, un atto, anche se considerato nell'art. 2643, mantiene validità ed efficacia pure se non trascritto: tuttavia, se una delle parti decide di trascriverlo, l'adempimento di tale onere comporterà la piena opponibilità dell'atto nei confronti dei terzi, visto che attraverso la trascrizione questi ultimi sono messi nella legalc possibilità di conoscerne l'esistenza ed i contenuti essenziali.

Esempio classico è il c.d. **onere della prova** (sul quale ci soffermeremo diffusamente nel capitolo VI). Ai sensi dell'art. 2697 c.c., che apre il titolo II del libro VI del codice civile (che tratta "*Della tutela dei diritti*"), "*Chi vuol far valere un diritto in giudizio deve provare i fatti che ne costituiscono il fondamento. Chi eccepisce l'inefficacia di tali fatti ovvero eccepisce che il diritto si è modificato o estinto deve provare i fatti su cui l'eccezione si fonda*". Il mancato assolvimento dell'onere comporta conseguenze negative che consistono nella impossibilità di provare in giudizio l'esistenza del diritto e dunque, di conseguenza, di chiederne ed ottenerne tutela. Ciò, da un lato, evidenzia il ruolo centrale che nella teoria dell'ordinamento giuridico, in particolare nella prospettiva processuale, la situazione giuridica soggettiva in parola riveste; dall'altro consente di osservare che, a ben vedere, con tutta probabilità, al contrario di quanto sostenuto da una parte della dottrina, l'onere non sfugge ad una ricostruzione in termini di rapporto giuridico. Ed infatti, per fermarci all'esempio in esame, l'onere della prova nel caso concreto sussisterà solo quando un soggetto abbia necessità di provare, nell'ambito di una lite (potenziale, prossima o in corso che sia) con uno o più consociati, il diritto su cui fonda le proprie ragioni. In altre parole, dunque, fuori da questo rapporto – se vogliamo di natura pre-contenziosa o contenziosa – l'onere non esiste.

Né vale, in senso contrario, ricordare che ci sono casi in cui il singolo può rivolgersi al giudice, o ad altri soggetti titolari di poteri costituiti dell'ordinamento, per ottenere l'affermazione di un suo diritto o di una sua diversa posizione di vantaggio, o comunque una tutela di un suo interesse, senza che vi sia un contro-interessato immediatamente individuato e, dunque, fuori da un rapporto giuridico in senso stretto. Anche in questo caso, infatti, coerentemente con quanto sin qui detto circa la struttura del rapporto giuridico, va ribadito che, quando l'ordinamento qualifica un interesse e lo tutela, ciò vale ad assegnare al titolare di tale interesse, in via diretta o mediata (questa seconda ipotesi si determina, ad esempio, nel caso della potestà), una situazione giuridica soggettiva attiva nell'ambito di un rapporto giuridico che può coinvolgere due o più parti (rapporti relativi) ovvero, in alternativa, può contrapporre il singolo a tutti i consociati (rapporti assoluti). Dunque, quando il singolo, fuori da un rapporto intersoggettivo predefinito, contenzioso o meno, si rivolge all'ordinamento, secondo le procedure da questo previsto e regolate, al fine di ottenere l'affermazione di un suo diritto o comunque la tutela di un suo interesse, e per conseguire il risultato deve adempiere correttamente l'onere previsto dalla norma, è evidente che le conseguenze dell'esistenza e dell'eventuale adempimento dell'onere si riverberano nel rapporto tra il singolo e tutti i suoi consociati. Solo in questa prospettiva, del resto, è possibile qualificare l'onere come situazione giuridica soggettiva; viceversa, dovendosi rimeditare la stessa nozione giuridica dell'onere, ovvero, in alternativa, dovendosi definire le situazioni giuridiche soggettive in modo del tutto indipendente e svincolato dal rapporto giuridico. In altri termini, o si ammette che il rapporto giuridico può essere – oltre che relativo – assoluto, e quindi che vi è rapporto giuridico anche tra il singolo e tutti i suoi consociati, o si deve, al contrario – e non è certo questa la soluzione che appare preferibile – ritenere che l'onere è una situazione giuridica soggettiva che necessariamente prescinde dall'esistenza del rapporto giuridico e, per conseguenza, deve altresì riconoscersi che, dunque, non tutte le situazioni giuridiche soggettive descrivono la posizione rivestita dal soggetto nell'ambito di un rapporto giuridico.

3.2.7. Dovere ed obbligo

Di dovere ed obbligo abbiamo già ampiamente discorso nei precedenti paragrafi, ed in particolare quando ci siamo soffermati sul diritto soggettivo e sulla differenza tra diritti soggettivi assoluti e relativi.

Ai fini di una rapidissima ricognizione, giustificata più che altro da ragioni espositive, può qui dirsi che il **dovere giuridico** è la situazione giuridica soggettiva passiva in cui si trova chi deve tenere un determinato comportamento imposto dalla norma nell'interesse del portatore di un diritto soggettivo assoluto o nell'interesse della collettività nel suo complesso. Il dovere può essere *positivo*, quando il comportamento imposto dalla norma consiste in un fare o dare, oppure *negativo*, quando invece consiste in un non fare; nel primo caso è detto anche *comando*, nel secondo *divieto*. Le norme giuridiche che impongono doveri, come già si è accennato nei precedenti capitoli, sono *norme di condotta prescrittive*. È detto *illecito* il comportamento che costituisce violazione del dovere; al compimento dell'illecito l'ordinamento giuridico ricollega una sanzione negativa. Il dovere in senso stretto nel diritto privato è correlato sempre esclusivamente ad un diritto soggettivo assoluto di un altro consociato; nel diritto pubblico, al contrario, sono configurabili doveri individuali posti nell'interesse generale. Chi spiega il rapporto giuridico osservando che il titolare di diritti soggettivi assoluti non partecipa di un tale rapporto perché non sarebbe individuabile il soggetto passivo dello stesso (concezione questa a più riprese sin qui contestata), per coerenza dovrebbe allora spiegare il dovere in termini diversi, e cioè senza fare riferimento alla nozione di situazione giuridica soggettiva passiva, posto che quest'ultima si giustifica solo in presenza di un rapporto sostanziato da una posizione attiva correlata alla posizione passiva.

L'**obbligo**, viceversa, è sempre correlato a un diritto soggettivo relativo, in quanto costituisce la situazione giuridica soggettiva passiva in cui si trova chi deve tenere un certo comportamento, attivo (ad esempio costruire una strada) ovvero omissivo (ad esempio, non chiudere un cancello), per consentire la realizzazione concreta dell'interesse del soggetto titolare del diritto.

Nell'ambito della categoria dell'obbligo è possibile distinguere il concetto di **obbligo in senso stretto** dal concetto di **obbligazione**. Con tal ultimo termine si fa, infatti, riferimento a quella situazione giuridica che ha ad oggetto una condotta, attiva o omissiva – definita anche in termini di "*prestazione*" – suscettibile di valutazione economica (art. 1174 c.c.), necessaria per il diritto, che uno o più determinati soggetti, individuati come debitori, occorre tengano nei confronti di uno o più determinati soggetti individuati come creditori. La particolarità dell'obbligazione sta proprio nel fatto di avere ad oggetto una prestazione di carattere patrimoniale, laddove, al contrario l'obbligo, come situazione giuridica, viene più propriamente dedotto nell'ambito dei rapporti giuridici non aventi carattere patrimoniale, come ad esempio accade nei rapporti familiari (cfr. l'obbligo dei coniugi alla fedeltà reciproca).

A proposito dell'obbligazione va fatta un'ultima precisazione: l'attualità di questa può, in alcuni casi, non coincidere con l'attualità, o meglio con l'esigibilità, del debito, ed infatti può accadere che una data prestazione non sia ancora esigibile da parte del creditore, ad esempio perché l'adempimento della relativa obbligazione è soggetta a termine (è, cioè, previsto che l'adempimento debba essere posto in essere solo ad una certa data o al verificarsi di un determinato fatto il cui accadimento è certo nell'*an* ma non nel *quando*). In questa eventualità l'obbligazione è già attuale, e cioè già pienamente esistente, ma, non essendo in concreto ancora dovuto l'adempimento, il creditore non può escutere il proprio diritto.

3.2.8. Soggezione

Come anticipato a proposito dei diritti potestativi e delle potestà, la soggezione è la situazione giuridica soggettiva passiva in cui si trova il soggetto che subisce l'esercizio, per l'appunto, dell'altrui diritto potestativo o dell'altrui potestà. In entrambi i casi il titolare della soggezione non può far nulla per evitare che nella sua sfera giuridica-patrimoniale si verifichi l'effetto attribuito dalla legge all'esercizio del diritto potestativo o della potestà altrui ma può senz'altro pretendere un controllo circa la legittimità dell'esercizio del diritto e, più ancora, della potestà.

La differenza tra le due vicende, come pure abbiamo già visto, è che nel caso del diritto potestativo il titolare persegue esclusivamente il suo interesse, per altro nell'ambito del potere che gli è riconosciuto dall'ordinamento in termini di diritto soggettivo, e quindi in termini di tendenziale completezza e libertà di esercizio, sicché il titolare della soggezione potrà, in presenza di determinati presupposti, contestare al più l'abuso di tale diritto, e cioè l'altrui esercizio per lui inutilmente penalizzante e quindi eccedente le finalità perseguite dalla norma attributiva dello stesso (così come sopra evidenziato nell'apposito box a proposito, ad esempio, del diritto di recesso che la legge, o l'autonomia privata, possono attribuire ad una o a tutte le parti di un contratto). Viceversa, nel caso della potestà l'interessato potrà contestare, ovviamente secondo le regole dell'ordinamento, l'esercizio della potestà anche quando difettino, a suo dire, le ragioni di opportunità che lo avrebbero dovuto supportare nell'interesse del soggetto protetto. In altre parole, in quest'ultimo caso è in concreto più ampia la possibilità che si configuri un abuso, tanto che – come sopra visto nel paragrafo dedicato alla potestà – a proposito di potestà genitoriale la legge parla espressamente di abuso (cfr. art. 330 c.c.).

3.2.9. Status

Lo status è una situazione giuridica soggettiva che, per comodità, può essere definita attiva in quanto attribuisce al soggetto poteri, oltre che eventualmente doveri, oneri ed obblighi, ma che più correttamente dovrebbe essere considerata autonoma ed a sé stante (rispetto alla classificazione proposta in termini di situazioni giuridiche attive o passive), in quanto, per l'appunto, dal suo riconoscimento possono automaticamente derivare diritti, doveri ed obblighi. Diritti, doveri ed obblighi che cessano, altrettanto automaticamente, quando lo status si estingue.

Per definire sinteticamente lo status, può dirsi che esso costituisce la situazione giuridica soggettiva che esprime la posizione di un soggetto nei confronti di altri soggetti nell'ambito di una collettività organizzata. Esempio tipico è lo status di genitore, che viene riconosciuto ad un soggetto nel momento in cui diventa padre o madre e che descrive la posizione di questo nell'ambito familiare attribuendogli diritti, doveri ed obblighi, in funzione del ruolo svolto in tale contesto, anche rispetto a terzi. Inteso in questo senso, è evidente che lo status è, sostanzialmente, fonte di diritti, doveri ed obblighi.

In ambito pubblicistico si distinguono storicamente uno *status civitatis*, uno *status familiae* ed uno *status libertatis* (quest'ultimo sicuramente non più attuale). Gli status familiari, infatti, oltre ad avere sicuri risvolti ed effetti privatistici, hanno senz'altro una rilevanza pubblicistica giacché l'essere o meno membro di una famiglia, e dunque, ad esempio, l'essere o meno coniugato o l'essere o meno figlio legittimo di una certa coppia, costituisce elemento di particolare significatività ai fini del riconoscimento e della collocazione dell'individuo nella comunità. Tipici status di diritti privato sono, invece, quelli che individuano la partecipazione del singolo ai c.d. enti, o gruppi, intermedi (e cioè gruppi che si pongono tra il singolo e lo Stato), quali le associazioni o le società, previste e disciplinate dal codice civile (in particolare, rispettivamente, nel libro I e V). Dalla partecipazione a tali gruppi derivano in capo al soggetto privato diritti, doveri ed obblighi, in parte previsti dalla legge ed in parte stabiliti dalle regole interne che il gruppo si è dato nell'atto costitutivo, nello statuto e tramite le delibere degli organi aventi i relativi poteri.

Secondo una condivisibile ricostruzione dottrinale, dagli status vanno distinte le **qualità**. Queste ultime sono situazioni giuridiche soggettive che valorizzano, per l'appunto, la situazione in cui si viene a trovare un soggetto rispetto a determinate circostanze rilevanti per il diritto senza, però, che ciò abbia alcun rapporto con una eventuale comunità organizzata. Anzi, nel caso delle qualità la comunità organizzata semplicemente non rileva. Può essere considerata una qualità quella dell'erede che succede, *mortis causa*, ad un *de cuius*, acquisendo tutti i diritti ed i crediti e, dunque, in qualche modo continuando la personalità giuridica di quest'ultimo sul piano dei rapporti giuridici a contenuto patrimoniale. Come lo status, anche la qualità è fonte di diritti ed obblighi, ed infatti, fermandoci all'esempio appena svolto, dalla qualità di erede deriva la titolarità dei diritti e degli obblighi già del *de cuius*. Il nostro codice civile individua ed utilizza le qualità per lo più al fine di riservare ad un soggetto che si trova in determinate circostanze una disciplina speciale (spesso anche detta 'statuto') rispetto alla disciplina comune. Ciò può dipendere dall'attività svolta dal soggetto, come accade nel caso dello "*imprenditore*", o dalla condizione di relativa debolezza in cui lo stesso si trova, come accade per il "*coltivatore diretto*", il "*lavoratore dipendente*" o il "*consumatore*".

3.3. Le situazioni di mero fatto considerate dal diritto. In particolare, il possesso

Oltre a considerare – come abbiamo appena visto – interessi qualificati in termini di situazioni giuridiche soggettive attive, che per questa via assumono piena rilevanza giuridica, l'ordinamento giuridico considera anche situazioni di mero fatto, e cioè situazioni in cui esso non attribuisce qualificazioni in termini di situazioni giuridiche soggettive, neanche in termini di aspettativa, ma si limita ad approntare una disciplina che, salvaguardando lo stato delle cose per come appare, consente una soluzione rapida, ancorché momentanea, di eventuali contenziosi al fine di evitare che l'incertezza fattuale produca danni irreparabili alle cose o comunque crei inevitabili inefficienze, riservando ad una eventuale fase di approfondimento giurisdizionale più ponderato la decisione circa la soluzione giuridicamente più corretta.

La situazione di fatto maggiormente rilevante per il diritto nella prospettiva in questione è costituita dal **possesso**. Questa si sostanzia nella relazione materiale immediata e diretta tra un soggetto ed una cosa sulla quale il primo esercita il potere di godere e disporre negando altrui diritti sulla cosa (c.d. *animus rem sibi habendi*), peraltro senza bisogno di ottenere la collaborazione di alcuno in tal senso. Già da questa definizione è evidente la differenza con la **detenzione**, di cui abbiamo detto sopra a proposito dei diritti personali di godimento, in quanto la detenzione è costituita dal rapporto di fatto tra un soggetto e una cosa che viene consentito dal titolare del diritto di proprietà o di altro diritto reale sulla cosa stessa e con il riconoscimento, da parte del detentore, del diritto altrui sulla cosa.

Il codice civile definisce il possesso all'**art. 1140** in termini di "*potere sulla cosa che si manifesta in un'attività corrispondente all'esercizio della proprietà o di altro diritto reale*". Ciò significa che si può essere possessori senza essere titolari di diritti reali, purché il soggetto si comporti all'esterno come se lo fosse. In altre parole, senz'altro il proprietario, così come ogni altro titolare di diritto reale – salvo che sia stato spogliato del possesso o se ne sia privato volontariamente attraverso un atto di disposizione del suo diritto di proprietà (in proposito, v. subito *infra*) – è possessore del bene oggetto del proprio diritto in quanto titolare del diritto reale; viceversa, il ladro, se ha un rapporto con il bene conforme a quanto stabilito dall'art. 1140 e caratterizzato dal disconoscimento di qualsiasi diritto altrui sulla cosa, sarà possessore dello stesso pur non avendo alcuna titolarità di diritti reali. Come chiarito dalla nota sentenza 3 febbraio 1992 n. 25 della Corte costituzionale, la tutela possessoria anche in favore del ladro si giustifica in quanto la legge, in situazione di incertezza, intende in prima battuta ripristinare l'ordine sociale turbato al fine di evitare che il singolo sia tentato di farsi giustizia da sé. Se nasce un contenzioso sul soggetto giuridicamente legittimato a godere ed eventualmente disporre di un bene, dunque, *in primis* l'ordinamento assicura, attraverso l'intervento del giudice adito dall'interessato, che la cosa sia materialmente assicurata a chi la possedeva al momento in cui è iniziata la controversia, salvo successivamente valutare se costui abbia un titolo valido a giustificare il possesso e, in caso contrario, ordinare la restituzione della cosa a colui che abbia tale titolo e cioè che abbia un diritto reale sulla cosa. Dunque, il ladro, se fosse spogliato da qualcuno del possesso del bene, potrebbe agire in giudizio con un'azione possessoria per farsi restituire la cosa, ma se, dopo questa prima fase, si aprisse una fase a cognizione piena volta a valutare il titolo sulla cui base il ladro possiede, egli soccomberebbe a vantaggio di chi fosse in grado di dimostrare la propria titolarità di un diritto reale sul bene in questione.

Da quanto appena esposto si evince che esiste un **possesso non titolato** (quello, ad esempio, del ladro) ed un **possesso titolato** (quello del titolare di un diritto reale). Questo secondo è destinato a prevalere nell'ambito di un **giudizio c.d. petitorio**, e cioè finalizzato ad accertare la titolarità di diritti sulla cosa utili a giustificarne il possesso. Il primo, invece, tendenzialmente prevarrà nel **giudizio c.d. possessorio**, in quanto, se un soggetto non titolato si impossessa di un certo bene, il soggetto titolare di diritto reale sullo stesso perde il possesso, sebbene mantenga il titolo che lo giustifica. Ed infatti, il rapporto materiale con il bene nell'ambito del quale può essere esercitato il potere "*che si manifesta in un'attività corrispondere all'esercizio del diritto di proprietà o di altro diritto reale*" (art. 1140) non può essere condiviso, ed è cioè prerogativa di un solo soggetto alla volta (salvo che non vi sia contitolarità del diritto che costituisce il titolo giustificativo del possesso o che i due diritti eventualmente esercitati da diversi soggetti non siano tra loro incompatibili sotto il profilo qui indagato, come accade, ad esempio, nel caso in cui uno dei due diritti sia una servitù prediale): se in tale rapporto di fatto con il bene, in un dato momento, si trova il ladro, ciò significa che il titolare del diritto ne è fuori in quanto è stato spogliato del possesso. Nel giudizio possessorio l'ordinamento riconosce tutela momentanea ed immediata a chi si trova nel rapporto di fatto con la cosa, rinviando la tutela del titolare del diritto al giudizio petitorio.

La tutela possessoria è talmente incisiva, e tendenzialmente rapida, che il proprietario che sia anche possessore, nel momento in cui dovesse subire uno spoglio, può preferire agire a tutela del possesso anziché del diritto di proprietà al fine di recuperare in tempi più brevi e con minore impegno probatorio la disponibilità materiale del bene. Infatti, nel giudizio possessorio a colui che lamenta lo spoglio per ottenere tutela immediata (ma, come detto, momentanea) basterà dimostrare che materialmente egli possedeva il bene nel momento in cui ha subito l'illecito (secondo un antico brocardo, adempiuto quest'onere egli potrà limitarsi ad affermare *possideo quia possideo*, e cioè non dovrà giustificare il titolo in base al quale possiede), mentre nel giudizio petitorio chi afferma di essere titolare di un diritto reale sulla cosa e dunque di poter vantare un possesso titolato deve provare tali circostanze.

Il possesso titolato è fisiologicamente sempre riconoscibile in capo al proprietario del bene. Può, tuttavia, accadere che questi si sia spogliato del possesso del bene in quanto, attraverso un atto di disposizione parziale, e cioè attraverso la costituzione di un diritto reale di godimento sul bene stesso, ha trasferito il possesso al titolare del diritto reale in questione. Ciò accade, ad esempio, nel caso in cui il proprietario abbia costituito un usufrutto su un proprio bene a favore di un terzo. In tale ipotesi, egli mantiene la c.d. **nuda pro-**

prietà del bene, e cioè la proprietà senza possesso, mentre in capo al titolare dell'usufrutto è individuabile, salvo spoglio, il possesso, e cioè il potere di godere del bene sia materialmente (attraverso l'utilizzazione diretta e la eventuale percezione dei frutti naturali) che giuridicamente (attraverso la percezione degli eventuali frutti civili). Sarà, infatti, l'usufruttuario – e non il nudo proprietario – a poter utilizzare il bene o a poter costituire su di esso un diritto personale di godimento (ad esempio una locazione) a favore di terzo.

Al possesso prolungato nel tempo l'ordinamento giuridico riconosce una significativa valenza ulteriore. Ed infatti, sempre al fine di salvaguardare l'apparenza, e cioè la situazione di fatto come appare, così da evitare il più possibile pericolose incertezze circa la situazione domenicale dei beni, la legge, quando per un certo tempo (variabile a seconda delle circostanze) un soggetto possiede senza titolo un determinato bene senza subire contestazioni da parte di eventuali titolari di diritto reale sullo stesso, riconosce in capo al possessore la nascita per **usucapione**, e quindi a titolo originario, del diritto reale corrispondente al potere di fatto che egli ha esercitato nel detto periodo sul bene (cfr. artt. 1159-1167 c.c.). Si ha così una radicale trasformazione del rapporto tra il soggetto ed il bene, visto che durante il periodo preso a riferimento, come detto, il soggetto era mero possessore mentre, terminato il periodo, in forza di legge egli diviene titolare del diritto reale e quindi possessore titolato. Ciò ovviamente sacrifica gli interessi dei soggetti eventualmente titolari di diritti reali sul bene in quanto tali diritti, se incompatibili con quello maturato per usucapione, soccombono rispetto a questo. Ma tale sacrificio si giustifica giacché questi soggetti, nel periodo temporale preso in considerazione dall'ordinamento, non hanno mai rivendicato il loro diritto e, dunque, si sono sostanzialmente disinteressati del bene e del rapporto di fatto che con questo aveva intrapreso e svolgeva il possessore. La scelta dell'ordinamento di premiare il possesso ininterrotto e non contestato attribuendo al possessore il diritto reale sul bene si può, dunque, spiegare anche osservando che il diritto vuole incentivare e favorire situazioni di massima utilizzazione dei beni al fine massimizzare l'efficienza economica del sistema.

Per ogni approfondimento sulla disciplina del possesso nel nostro ordinamento giova rinviare al capitolo X, in cui la tematica verrà ripresa e trattata in modo esauriente.

3.4. **Fatti e atti giuridici**

Con la locuzione fatto giuridico si indica un avvenimento o una situazione prevista dalla fattispecie descritta o comunque presa in considerazione da una disposizione normativa, ed al verificarsi del quale la norma ricollega il prodursi di un effetto giuridico, ossia la costituzione, la modificazione o l'estinzione di un rapporto giuridico. Il fatto giuridico si distingue dal **fatto naturalistico** perché questo è un accadimento che avviene nella realtà materiale, mentre quello è un accadimento giuridico, appartenente al mondo del diritto. Se un fatto naturalistico è previsto nella fattispecie di una norma, esso diventa giuridicamente rilevante in seno all'ordinamento giuridico ed è qualificabile come fatto giuridico. Ne consegue che tutti i fatti giuridici sono altresì fatti naturalistici, mentre non è vero il contrario.

Vi è una grande varietà di fatti naturalistici che possono essere qualificati come fatti giuridici da una norma e tale circostanza rende problematica una trattazione unitaria dell'argomento; d'altra parte, è indubitabile che non esistono effetti giuridici che non siano determinati da un fatto. A questo proposito, tuttavia, bisogna svolgere una precisazione: ed infatti, se è vero che gli effetti giuridici sono sempre determinati da un fatto giuridico, non si può però dire che il fatto giuridico sia in senso tecnico causa generante l'effetto, e ciò in quanto causa generante l'effetto giuridico è sempre e solo la norma, la quale per l'appunto ricollega alla sussistenza del fatto determinati effetti. Dunque il fatto, inteso in questo senso, è condizione necessaria ma non sufficiente per la creazione degli effetti giuridici che l'ordinamento ricollega a tale fatto.

I fatti giuridici si possono distinguere in *fatti istantanei*, se consistono in un avvenimento che si esaurisce nel suo stesso formarsi, e *fatti permanenti*, se consistono in una situazione, ossia uno stato di cose che consegue ad un avvenimento e persiste finché non sopraggiunge un altro avvenimento che lo fa cessare.

Particolarmente rilevante, all'interno della categoria dei fatti giuridici, è la differenza tra: **meri fatti**, cioè fatti determinati da un'azione umana o da una forza della natura ma in entrambi i casi senza che sia rilevante per l'ordinamento, rispetto alla commissione del fatto, la volontà umana (ad esempio il decorso di un termine, la caduta di un fulmine, il morso di un cane, la morte, la nascita, il capitombolo occorso sulle scale allo sfortunato passante); e **atti giuridici**, e cioè fatti determinati da un'azione umana rilevante per l'ordinamento in quanto compiuta volontariamente (la cosiddetta *suitas*) dal soggetto agente (ad esempio una proposta contrattuale, un testamento, un pugno sferrato al rivale in amore, ecc.). Da quanto detto emerge che un comportamento umano può essere preso in considerazione dalla norma come atto giuridico quando per la produzione degli effetti giuridici la norma stessa richiede la volontarietà della condotta, oppure come mero fatto quando, invece, gli effetti si producono a prescindere dalla volontarietà della condotta. Può anche accadere che lo stesso comportamento sia preso in considerazione come atto giuridico da una norma e come mero fatto da un'altra.

L'atto giuridico è, dunque, come appena detto, un fatto giuridico consistente in un comportamento umano rilevante per l'ordinamento giuridico in quanto volontario (e dunque, conseguentemente, anche consapevole, posto che non vi può essere volontarietà senza consapevolezza). Ciò comporta che per gli atti giuridici, a differenza di quanto può dirsi per i meri fatti, è rilevante l'imputazione ad un soggetto di diritto, che può essere la persona fisica che ha voluto il loro accadimento o la persona giuridica per la quale detta persona fisica ha agito in qualità di organo.

Tra gli atti giuridici molto importante è la distinzione, quanto alla produzione di effetti, tra: **meri atti** (o atti giuridici in senso stretto), tali essendo gli atti rispetto ai quali la volontà rilevante per l'ordinamento è quella del comportamento ma non quella degli effetti giuridici che ne derivano, i quali sono invece stabiliti dalla norma stessa, sicché l'atto non ne è che un presupposto (in definitiva, per la legge rileva che il soggetto agente voglia il comportamento, e cioè il fatto, irrilevante restando la volontà degli effetti giuridici); e **atti negoziali** (o negozi giuridici), nei quali rileva per l'ordinamento tanto la volontà del comportamento quanto quella degli effetti giuridici (intenzionalità), e l'atto produce gli effetti giuridici voluti dal suo autore nei limiti consentiti dalla legge (c.d. carattere dispositivo dell'atto negoziale). Un esempio tipico di mero atto può essere rintracciato nel pugno sferrato sul volto del rivale in amore, relativamente al quale l'ordinamento giuridico si occupa solo di accertare la volontà del comportamento umano in questione al fine di far derivare dallo stesso, ai sensi dell'art. 2043 c.c., l'obbligo del risarcimento del danno, irrilevante rimanendo la volontà del soggetto agente circa gli effetti giuridici dell'atto. Un esempio tipico di atto negoziale è, invece, la proposta contrattuale, la quale deve essere supportata, perché sia considerata rilevante dall'ordinamento giuridico, dalla volontà sia del comportamento posto in essere dal soggetto agente sia degli effetti giuridici derivanti dall'atto stesso, effetti che saranno prodotti secondo quanto disposto nell'atto dal soggetto agente nei limiti entro i quali la legge consente all'autonomia privata di esplicarsi.

La caratteristica degli atti in senso stretto di poter produrre solo gli effetti previsti dalla legge, avendo il privato esclusivamente disponibilità dell'atto e non anche dei suoi effetti, ha come conseguenza la tipicità degli effetti di tali atti. Mentre, cioè, per gli atti negoziali – come anticipato – è data la possibilità ai privati di porre in essere atti atipici (cfr. art. 1322 c.c.), e cioè atti diversi da quelli espressamente previsti e disciplinati dal legislatore, in quanto per l'appunto con essi i privati possono autoregolamentare i propri interessi disponendo, nei limiti consentiti dalla legge, degli effetti dell'atto; gli atti in senso stretto possono essere solo quelli già previsti e disciplinati dall'ordinamento (in vero, in alcuni casi, attraverso clausole generali, cfr. l'art. 2043 c.c.), e cioè quelli i cui effetti sono stati già individuati e regolati dalla legge.

Rispetto alle categorie in parola, è possibile ulteriormente osservare che relativamente agli atti in senso stretto il soggetto agente normalmente vuole solo e soltanto compiere l'atto, in quanto il compimento dell'atto realizza sul piano materiale un suo interesse concreto, mentre l'ordinamento giuridico a tale atto eventualmente collega effetti ulteriori sul piano del diritto, ma effetti per lo più non voluti dal soggetto agente, ed in molti casi addirittura sgraditi allo stesso. Per restare fedeli all'esempio del pugno, non c'è dubbio che chi commette un simile fatto illecito può, in concreto, così realizzare un proprio interesse materiale, ad esempio a recare danno, per l'appunto, al rivale in amore, e così può ricavare una sua soddisfazione personale, ma certo non vorrà, ed anzi probabilmente ignorerà o ripugnerà, le conseguenze risarcitorie che in capo a lui deriveranno da tale fatto sul piano giuridico in forza dell'operatività del citato art. 2043. Viceversa, il soggetto che pone in essere un atto negoziale, normalmente dal compimento dell'atto non ricava alcuna soddisfazione personale, visto che attraverso tale comportamento non soddisfa nessun suo interesse materiale (chi può provare piacere per il fatto in sé, e cioè per il fatto materiale, di concludere un contratto, o di formulare una proposta contrattuale, o di redigere un contratto?), mentre egli ha interesse proprio e soltanto per gli effetti giuridici dell'atto stesso. Dunque, in sostanza, chi pone in essere un atto negoziale lo fa proprio perché vuole gli effetti giuridici di tale atto, mentre chi pone in essere un atto in senso stretto normalmente vuole esclusivamente il comportamento e gli effetti materiali dello stesso.

La differenza tra atti in senso stretto e atti negoziali intesa nel senso appena proposto appare piuttosto piana. Deve, tuttavia, avvertirsi che, in assenza di precisi riferimenti legislativi, la dottrina non è affatto concorde nel definire la linea di demarcazione tra le due categorie, ed in ogni caso qualsiasi tesi si decida di seguire in proposito si verificheranno problemi concreti, in alcune situazioni specifiche, ad inquadrare l'atto come negoziale o meno.

Tra gli atti la cui natura negoziale (o meno) è discussa vi è, ad esempio, la **promessa di matrimonio**, presa in considerazione dal codice civile negli artt. 79-81. Autorevole dottrina ritiene che non si tratti di un atto negoziale in quanto non vincola sul piano dispositivo, ma solo sul piano delle conseguenze fissate per legge, dato che la promessa non è vincolante, anche se i promittenti intendevano diversamente (art. 79), e l'unico effetto che da essa discende riguarda l'obbligo di risarcimento (peraltro, limitato alle voci di danno espressamente considerata dall'art. 81) che scatta in capo a quello dei promittenti che eventualmente determini la ragione della mancata celebrazione del matrimonio. La tesi non pare del tutto convincente. Ed infatti, può osservarsi in senso contrario che la mancanza di vincolatività della promessa – *rectius*, la non idoneità della promessa a far nascere in capo ai promittenti l'obbligo di contrarre il matrimonio – rappresenta nient'altro che un limite posto all'autonomia privata dalla legge; limite che si giustifica in ragione della grande significatività e delicatezza dell'atto matrimoniale (al momento del compimento del quale il singolo deve essere assolutamente libero di determinarsi come meglio crede) e che, dunque, i privati non possono superare senza, tuttavia, che ciò impedisca loro di sortire, tramite la promessa di matrimonio, effetti giuridici diversi, e cioè gli effetti giuridici previsti dalla legge. È, tuttavia, vero che rispetto alla promessa di matrimonio può enuclearsi un interesse dei promittenti che viene realizzato dall'atto materiale in sé in quanto può senz'altro reputarsi credibile che la promessa realizza effetti materiali immediati nella sfera psicologia e sentimentale dei promittenti. Ciò è a dire che, in effetti, la promessa in parola potrebbe essere in punto di fatto realizzata dagli interessati senza consapevolezza, o quanto meno senza volontà, degli effetti dalla legge collegati a tale atto. È sotto questo profilo, dunque, piuttosto che sotto quello – sopra contestato – relativo all'assenza di effetti vincolanti, che può cogliersi la natura non negoziale della promessa di matrimonio.

La differenza tra atti in senso stretto e atti negoziali non è meramente teorica e dogmatica come sin qui può essere apparso. Essa, al contrario, è carica di significative **ricadute concrete** sotto il profilo disciplinare, ed è per tale ragione che l'incertezza circa la natura negoziale o meno di alcuni atti spesso crea problemi di non poco momento.

Ed infatti, come già evidenziato, l'**art. 1324** c.c. stabilisce che: "*Salvo diverse disposizioni di legge, le norme che regolano i contratti si osservano in quanto compatibili, per gli atti unilaterali tra vivi aventi contenuto patrimoniale*". In forza di tale norma, dunque, a tutti gli atti tra vivi aventi contenuto patrimoniale, salvo controindicazioni, si applicheranno le norme sui contratti. Il perimetro di applicazione della disposizione in parola non è esattamente coincidente con quello dell'atto negoziale, in quanto sicuramente rientra tra gli atti negoziali il testamento, mentre nel perimetro in questione non possono essere ricompresi atti *mortis causa*. Ciò detto, esclusi per l'appunto i negozi *mortis causa*, si ritiene che l'art. 1324 affermi un principio di grande rilevanza pratica per tutti gli atti negoziali, mentre non trova applicazione agli atti in senso stretto in quanto questi ultimi sono estranei alla logica negoziale che costituisce la *ratio* di tutta la disciplina dei contratti. Stando così le cose, è evidente che, non esistendo una disciplina generale degli atti non negoziali, sorge il problema di come regolare gli aspetti generali della categoria. Così la dottrina maggioritaria ritiene che, come per gli atti illeciti, per il compimento dell'atto in senso stretto basta che il soggetto agente sia capace di intendere e volere, non essendo necessaria la capacità di agire, che invece è richiesta per la validità degli atti negoziali; ciò sempre che le specifiche norme di legge non richiedano la capacità di agire o una determinata capacità come avviene ad esempio ai sensi degli artt. 81 o 250, comma 5, c.c. Per quanto concerne i vizi della volontà, si ritiene in generale che la disciplina dell'errore, della violenza e del dolo disposta in materia di contratto in generale, non sia applicabile agli atti in senso stretto, mentre senz'altro saranno, anche sotto questo profilo, applicabili le norme specifiche atto per atto poste dalle legge.

3.4.1. Dichiarazione e forma degli atti. Cenni e rinvio

Gli atti negoziali sono dichiarazioni di volontà con cui i privati evidenziano quali interessi giuridici vogliono realizzare attraverso l'esercizio della propria autonomia privata (che quando trova applicazione in questo ambito è detta, per l'appunto, negoziale). La **dichiarazione** non sempre è **espressa**. Ci sono, infatti, ipotesi in cui l'ordinamento desume la volontà stessa dal comportamento del soggetto pur in assenza di una dichiarazione espressa. È il caso della c.d. **dichiarazione tacita,** la quale si sostanzia in un comportamento del soggetto agente che rende inequivoca la sua volontà anche se il soggetto in realtà non esprime alcunché. Ad esempio, se Evelina ogni mattino si reca presso lo stesso giornalaio e compra sempre lo stesso quotidiano, ella può anche limitarsi a presentarsi alla solita ora senza bisogno che esprima in altro modo la sua volontà di compiere tale acquisto. Ci sono ulteriori ipotesi in cui l'ordinamento ricava l'esistenza della volontà negoziale, pur in assenza di una dichiarazione, espressa o tacita che sia, dal comportamento tenuto dal soggetto agente quando tale comportamento sia incompatibile con una volontà contraria alla stipula dell'atto negoziale (c.d. **comportamento concludente**). Ciò accade, ad esempio, quando un passeggero sale su un autobus di linea senza nulla dichiarare e finanche senza comprare il biglietto; in questo caso, il comportamento del soggetto evidenzia la sua volontà di voler utilizzare la corsa dell'autobus in quanto concretamente esso si manifesta nella stessa fruizione del servizio; per conseguenza, il passeggero sarà obbligato ad adempiere la prestazione contrattuale a suo carico e cioè a pagare il prezzo del biglietto o, in alternativa, la penale prevista in caso di inadempimento a tale obbligo.

I meri atti possono essere o meno dichiarazioni (non lo sono gli atti meramente materiali, detti anche *operazioni*); nel caso lo siano, non sono comunque dichiarazioni di volontà bensì, secondo le circostanze, di conoscenza (o, come si usa dire, di scienza), di giudizio, di valutazione, ecc.

L'atto giuridico, negoziale o non negoziale che sia, giunge ad esistenza nel momento in cui viene esternato, ossia reso percepibile nel mondo reale e, quindi, anche sul piano giuridico; il mezzo con il quale ciò si realizza costituisce la **forma dell'atto**. Nel nostro ordinamento vige il principio generale della libertà della forma dell'atto privato, per cui la legge lascia tendenzialmente libero il privato di decidere in quale forma realizzare l'atto; tuttavia, per gli atti di maggiore importanza, o in presenza di particolari circostanze, la legge prescrive una forma particolare, sovente quella scritta (cfr. artt. 1350 e 1351 c.c.).

Talvolta, e cioè quando particolari esigenze lo suggeriscono al fine di dare maggiore certezza ai rapporti giuridici, la legge richiede addirittura che l'esternazione della dichiarazione avvenga con determinate parole o venga raccolta da un determinato soggetto, ovvero ancora nell'ambito di un determinato procedimento: in questi casi si parla di forma solenne. Quando è richiesta la forma scritta, l'atto viene esternato per mezzo di un documento (su supporto cartaceo o informatico, quest'ultimo ammesso e regolamentato dalla legge, sia in Italia che in altri ordinamenti, solo in tempi recenti). Al riguardo, va rilevato che nella prassi il termine 'atto' viene spesso utilizzato per denotare il documento che contiene un atto giuridico; tale uso, tuttavia, non è del tutto appropriato poiché possono esistere atti non contenuti in un documento (ad esempio gli atti espressi in forma orale), atti contenuti in più di un documento (ad esempio un contratto stipulato per corrispondenza, e cioè attraverso lo scambio di una proposta ed un'accettazione) e documenti che contengono più di un atto (in un'unica scrittura possono, ad esempio, essere contenute più proposte contrattuali). Sul tema della forma degli atti torneremo diffusamente nel capitolo VI.

3.4.2. Alcune tipologie di atti

Dal punto di vista del momento in cui producono i loro effetti, gli atti si distinguono in: **recettizi**, se la loro efficacia è condizionata alla conoscenza (*ex* art. 1334 c.c.) o alla conoscibilità (*ex* art. 1335 c.c.) che di essi abbia il destinatario; e **non recettizi**, se possono produrre effetti fin dal momento del loro perfezionamento, anche se il destinatario non ne ha ancora avuta conoscenza o conoscibilità.

Dal punto di vista della conformità alle norme, gli atti – come già osservato – si distinguono in: **leciti**, se non si pongono in contrasto con alcun obbligo o dovere (sia esso positivo, ossia un comando, o negativo, ossia un divieto) posto dall'ordinamento giuridico; e **illeciti**, se si pongono in contrasto con un obbligo o dovere posto dall'ordinamento. Gli atti illeciti danno luogo a responsabilità in capo al soggetto al quale sono imputati, ossia al dovere di sottostare alla sanzione prevista dall'ordinamento. Alcuni illeciti possono costituire anche reati, e cioè possono essere rilevanti ai fini del diritto penale; all'accertamento dei reati consegue l'irrogazione in capo all'autore di specifiche sanzioni definite in termini di pene.

Dal punto di vista del numero delle parti a cui gli effetti sono imputati, gli atti giuridici si distinguono in: **unilaterali**, se l'imputazione è in capo ad una sola parte; **bilaterali**, se l'imputazione è in capo a due parti (come accade nei contratti tra due parti); **plurilaterali**, se l'imputazione è in capo a più di due parti.

Rispetto agli atti unilaterali il problema maggiore che si affronta in termini di teoria generale è quello relativo alla possibilità di porre in essere **atti unila-**

terali atipici. Abbiamo, infatti, già osservato come la facoltà per i privati di realizzare atti atipici è espressamente riconosciuta dall'ordinamento all'art. 1322 c.c. in materia di contratti; ed abbiamo altresì già rilevato che ai sensi dell'art. 1324 c.c. tutte le regole sui contratti trovano applicazione anche agli atti unilaterali negoziali tra vivi aventi contenuto patrimoniale, "*salvo diverse disposizioni*" e "*in quanto compatibili*". Resta, dunque, da capire se anche l'art. 1322 è applicabile agli atti unilaterali ai sensi dell'art. 1324, ovvero se, al contrario, tale norma è incompatibile con la struttura dell'atto in questione. L'applicabilità viene negata dalla dottrina tradizionale prevalente in ragione del fatto che l'atipicità dipende dalla possibilità per i privati, ammessa entro certi limiti dall'ordinamento, di autoregolare i propri interessi, e cioè di regolarli secondo la propria volontà; di talché l'atto atipico sarebbe ammissibile solo nella misura in cui tutti i soggetti coinvolti nella realizzazione dello stesso siano d'accordo. A questo proposito, si suole citare l'art. 1372 c.c. per evidenziare come il contratto non possa produrre effetti nei confronti dei terzi, mentre ha forza di legge tra le parti. Ciò confermerebbe che quando due o più parti regolano i propri interessi attraverso atti di autonomia privata, anche atipici, la circostanza è sostanzialmente irrilevante per i terzi. Viceversa, sempre secondo la dottrina tradizionale maggioritaria, nel caso dei negozi unilaterali l'incidenza di questi, anche se indiretta, nella sfera giuridico-patrimoniale di terzi è inevitabile; di talché l'ordinamento, nel vietare la stipula di atti negoziali unilaterali, tutelerebbe l'interesse dei terzi a non subire effetti derivanti da un atto atipico altrui, e dunque effetti non controllati *a priori* dall'ordinamento e che potrebbero, in ipotesi, dar luogo ad incertezze. La dottrina più moderna si mostra, in vero, più aperta al riconoscimento di atti unilaterali atipici i cui effetti nella sfera giuridico-patrimoniale di terzi siano solo incrementativi e che, comunque, siano soggetti a rifiuto da parte del terzo. Ciò vale per gli atti ad effetti obbligatori, e cioè che producono la nascita di obbligazioni in capo alle parti; al contrario molto più discussa, e dai più negata, rimane ancora oggi la possibilità di realizzare atti unilaterali atipici traslativi di diritti reali, anche se soggetti al rifiuto da parte del terzo.

Come si è già chiarito, la parte costituisce un centro unitario di interessi che è possibile enucleare rispetto ad un atto o, più in generale, ad una fattispecie. La parte può, dunque, essere costituita da un solo soggetto o anche da più soggetti quando questi sono portatori di interessi del tutto confluenti, ed in questo secondo caso si parlerà di **parte plurisoggettiva**. Quando, rispetto ad un atto, vi è almeno una parte plurisoggettiva, si possono in concreto verificare diverse situazioni. Un caso è quello in cui le dichiarazioni dei diversi soggetti, pur confluendo in un unico atto, rimangono riferibili alle singole volontà tanto che gli effetti dell'atto, pur imputabili all'unica parte, sono distinguibili in capo ai singoli soggetti che le volontà hanno manifestato. La dottrina, a questo proposito, parla di **atto collettivo**. Esempio tipico: la vendita di un bene che è nella contitolarità di più soggetti e che, ai sensi dell'art. 1108 c.c., può essere posta in essere solo se tutte le volontà dei comproprietari sono conformi, e la quale produce direttamente effetti, eventualmente tra loro quantitativamente diversi (ad esempio, se un comproprietario è titolare di una quota ideale di proprietà del bene del 70%, e l'altro del 30%, chiaramente l'atto produrrà effetti quantitativamente diversi in capo ai due), nella sfera giuridico-patrimoniale dei singoli soggetti che formano la parte plurisoggettiva. Un altro caso è quello degli atti che sono espressione di una pluralità di volontà che si fondono nell'unico atto, detto **atto complesso**. Esempi tipici di atto complesso sono quelli posti in essere, con l'assistenza del curatore, dal minore emancipato ai sensi dell'art. 394 c.c. e dall'inabilitato in condizioni di incapacità d'agire ai sensi dell'art. 424 c.c. (tali atti sono considerati *complessi ineguali,* essendo la volontà dei due soggetti coinvolti su piani differenti in quanto una delle due volontà è quella del soggetto assistito e l'altra, per l'appunto, del curatore che lo assiste). Ulteriore caso è quello che si verifica quando l'imputazione degli effetti dell'atto coinvolge un soggetto diverso dai soggetti che, come unica parte, hanno manifestato la volontà in tal senso. In tale ipotesi, l'atto sarà anche espressione degli interessi propri del soggetto a cui gli effetti vengono imputati. Nella circostanza la dottrina parla di **atto collegiale**, in riferimento al fatto che le volontà dei singoli vengono espresse nell'ambito di collegi e si fondono sino a divenire la volontà del collegio, la quale si manifesta nell'atto che produce effetto nella sfera giuridico-patrimoniale del soggetto nell'ambito del quale opera detto collegio. Esempi tipici di atti collegiali sono costituiti dalle deliberazioni degli organi collegiali (assemblee degli associati, dei soci, dei consorziati e quant'altro, oppure consigli di amministrazione, o ancora collegi sindacali ed eventuali altri organi di controllo, ecc.) di associazioni, fondazioni, comitati, società, consorzi, cooperative ed ogni altro soggetto giuridico non persona fisica. Caratteristica peculiare degli atti collegiali è quella di essere assunti salvo eccezioni sulla base della volontà conforme della maggioranza dei soggetti che compongono il collegio (in alcuni casi, e cioè per le deliberazioni più importanti, può essere richiesta la maggioranza qualificata, e cioè una maggioranza superiore al 50% degli aventi diritto a manifestare la volontà o, alternativamente, di coloro i quali hanno effettivamente manifestato la loro volontà), senza che rilevino dunque, sotto questo profilo, le eventuali volontà contrarie di soggetti che rimangono in minoranza. Da ciò discende anche la principale differenza disciplinare tra atti collegiali ed altri tipi di atti a parte plurisoggettiva: per i primi, l'eventuale vizio che inficia la dichiarazione di volontà di alcuni soggetti ha effetti sulla validità dell'atto solo se riguarda dichiarazioni necessarie per consentire il raggiungimento della maggioranza, viceversa restante irrilevante (c.d. *prova di resistenza*); per i secondi, invece, il vizio che riguarda anche solo una delle volontà che si fondono nell'atto plurisoggettivo inficia irrimediabilmente quest'ultimo.

Altra distinzione che può farsi all'interno della categoria degli atti, ed in particolare degli atti negoziali, è quella tra **atti *inter vivos***, destinati ad avere effetti durante la vita del soggetto o dei soggetti che hanno posto in essere l'atto, e **atti *mortis causa***, destinati a regolare la vicenda successoria o comunque gli interessi dell'autore dell'atto collegati alla sua morte. Il contratto è, ad esempio, un tipico atto *inter vivos*, essendo vietati dal nostro ordinamento, ed in specie dall'art. 458 c.c., i c.d. *patti successori*, e cioè i contratti aventi ad oggetto l'istituzione, la disposizione o la rinuncia con riguardo a diritti derivanti da una successione non ancora aperta, la qual cosa impedisce ai privati di stipulare con i terzi accordi relativi alla propria, così come all'altrui, successione. Il divieto in parola, tuttavia, si ritiene non impedisca di assumere in un atto il momento della morte di un soggetto, anche autore o co-autore di questo, come termine dal quale, o sino al quale, fare avere effetti all'atto stesso, in quanto e nei limiti in cui con ciò il privato non disponga di interessi *mortis causa*, e cioè collegati alla sua morte, ma esclusivamente di interessi collegati a situazioni *post mortem*. È, invece, tipico atto *mortis causa* il testamento, con il quale, per l'appunto, il testatore dispone in vita regolando, nei limiti consentiti dalla legge, la sua successione. Il testamento è – secondo la definizione di atto negoziale sopra esposta, e dunque da noi adottata – un tipico negozio giuridico, anche se la sua disciplina, esposta nel libro II del codice civile, è (come nel capitolo VIII vedremo) del tutto speciale rispetto alla disciplina generale del negozio (cfr. art. 1324 c.c.).

Ulteriore importante distinzione all'interno della categoria degli atti negoziali è quella tra **atti a titolo gratuito**, che realizzano effetti giuridico-patrimoniali, di carattere obbligatorio o reale, senza previsione di controprestazione, ed **atti a titolo oneroso**, che invece realizzano i medesimi effetti ma contemplano la controprestazione. È senz'altro un atto a titolo gratuito il testamento. È altresì un atto a titolo gratuito il contratto preso in considerazione dall'art. 1333 c.c., e cioè il contratto con obbligazioni a carico del solo proponente, nel quale, per l'appunto, il destinatario della proposta, se il contratto si conclude, da questo ricava vantaggi senza dovere in cambio alcuna controprestazione. È, invece, per definizione, atto a titolo oneroso la compravendita, la quale, ai sensi dell'art. 1470 c.c., è il contratto con cui una parte trasferisce all'altra la proprietà di una cosa o un altro diritto verso il corrispettivo di un prezzo. La più parte dei contratti è a titolo oneroso. Sotto il profilo qui indagato un'ulteriore categoria di negozi giuridici può essere definita in termini di **atti di liberalità**, e cioè di atti gratuiti caratterizzati dall'ulteriore elemento costituito dal fatto che l'autore, ponendo in essere l'atto, mira a realizzare il risultato di arricchire la sfera giuridico patrimoniale altrui (si parla di spirito di liberalità); laddove, al contrario, l'atto gratuito semplice ha altri obiettivi, sebbene si traduca normalmente in un vantaggio per il terzo. Sarà, dunque, ad esempio, un mero atto gratuito quello in cui si concreta l'impegno del datore di lavoro di passare a prendere, tutte le mattine, i propri dipendenti con l'autobus aziendale, in quanto, a fronte di tale impegno, questi ultimi non assumo alcun obbligo di controprestazione, ma l'impegno è assunto dal datore non per incrementare il patrimonio dei suoi dipendenti bensì per assicurarsi che gli stessi giungano a lavoro puntuali. Viceversa, costituisce un tipico atto di liberalità la donazione (artt. 769-809 c.c.), e cioè – secondo la definizione codicistica (art. 769 c.c.) – "*il contratto col quale, per spirito di liberalità, una parte arricchisce l'altra, disponendo a favore di questa di un suo diritto o assumendo verso la stessa una obbligazione*". La disciplina degli atti gratuiti, proprio per i profili appena evidenziati, è per molti versi analoga, ma per altri differente, da quella dettata dalla legge per gli atti di liberalità come vedremo meglio più avanti studiando i contratti.

Quanto sin qui esposto appare sufficiente, in sede di introduzione allo studio del diritto privato, per fornire al lettore i concetti essenziali inerenti alla teoria generale dei fatti e degli atti giuridici. Per ogni ulteriore necessario approfondimento in materia, in particolare in tema di contratto, si rinvia ai capitoli che seguono.

3.5. **L'autotutela privata**

In questo capitolo si è sin qui parlato di rapporto giuridico, e dunque di situazioni giuridiche soggettive, figure queste ultime attraverso le quali l'ordinamento attribuisce rilevanza giuridica ad alcuni interessi emersi a livello sociale e ritenuti meritevoli di considerazione sul piano del diritto, ed inoltre qualifica tali interessi in modo tale da rendere il più efficace, efficiente ed equilibrata possibile la loro tutela. Quanto appena esposto va a completare il discorso introduttivo teso a spiegare in che modo in generale il diritto privato opera in relazione ai fatti umani, e cioè alla materia specifica di cui esso si occupa. Deve, a questo punto, però chiarirsi che non sempre, perché possa operare il diritto privato, e perché possano trovare tutela gli interessi meritevoli da questo considerati e protetti, i consociati titolari di tali interessi devono necessariamente rivolgersi all'ordinamento inteso in senso istituzionale, e cioè al giudice chiamato in qualità di terzo a dirimere nell'ambito di un procedimento giudiziario le controversie sorte tra i privati o, comunque, a risolvere situazioni di incertezza giuridica. Ed infatti, a prescindere dalla possibilità per i consociati di autoregolare i propri interessi nei limiti stabiliti dalla legge attraverso gli atti negoziali secondo le modalità sopra cennate (in particolare nel paragrafo 2.1.2.5.) e che nei prossimi capitoli verranno approfondite, l'ordinamento giuridico, in alcuni specifici casi in qualche modo eccezionali, riconosce ai singoli la possibilità di agire, tramite il compimento di atti giuridici, negoziali e non, per tutelare autonomamente e concretamente, in via immediata e diretta, i propri interessi quando questi vengono lesi, o sono a rischio di essere lesi, da terzi. Si parla in questi casi di autotutela privata consentita dall'ordinamento.

Gli istituti in cui si concreta tale autotutela – la cui riconducibilità ad un'unica categoria è in realtà molto discussa e sostanzialmente negata dalla dottrina prevalente – sono eccezionali e necessariamente, proprio per questo, tipici, e cioè individuati *a priori* e disciplinati dalla legge. Essi, infatti, derogano al principio generale per cui l'esistenza del diritto si spiega proprio in ragione del fatto che nessun consociato deve potere (né sentire la necessità di) farsi giustizia da sé; viceversa si determinerebbero condizioni di caos assoluto e di violenza generalizzata. A tal proposito, è bene ricordare che il diritto penale punisce (cfr. in particolare gli artt. 392 e 293 c.p.) chi pone in essere comportamenti finalizzati a difendere arbitrariamente le proprie ragioni.

Le situazioni rilevanti rispetto alla tematica in parola possono essere distinte in funzione del fatto che l'ordinamento riconosca al singolo la possibilità di autotutelare i suoi interessi sulla base di atti unilaterali, ovvero di atti condivisi con altri consociati. Nel primo caso si parlerà di **autotutela unilaterale**; nel secondo caso di autotutela convenzionale. Autorevole dottrina, in passato, ha altresì distinto l'autotutela unilaterale in *attiva* e *passiva*, la prima ipotesi realizzandosi quando l'autotutela si sostanzi in una condotta positiva ed abbia per risultato un mutamento protettivo dell'attuale stato di fatto, e la seconda ipotesi, viceversa, determinandosi quando l'autotutela si sostanzi in un'omissione ed abbia per risultato il mantenimento dello stato di fatto esistente contro l'altrui pretesa di mutarlo.

Tra i casi di autotutela considerati e consentiti dall'ordinamento privatistico italiano vanno senz'altro *in primis* ricompresi gli atti compiuti per **legittima difesa** (art. 2044 c.c.) o in ragione di uno **stato di necessità** (art. 2045 c.c.). Le due ipotesi configurano, secondo la dottrina più avvertita, **cause di giustificazione** idonee a rendere, per l'appunto, giustificato e dunque lecito sul piano del diritto un comportamento altrimenti illecito perché ingiustamente lesivo di un altrui interesse protetto. L'esempio che meglio rende l'idea a riguardo è senz'altro macabro, ma, per l'appunto, efficace: se **due naufraghi** sono in mare aperto, allo stremo delle forze, e per mantenersi a galla devono necessariamente reggersi all'unico remo di legno in quel momento a loro disposizione, se malauguratamente quel remo non è in grado di mantenere a galla entrambi, ognuno dei due naufraghi è giustificato laddove decida di appropriarsi in via esclusiva del remo, eventualmente usando la forza, sebbene ciò, molto probabilmente, causerà la morte dell'altro.

Nel caso di specie, se si interpreta la vicenda nel senso che l'offesa da cui il naufrago si difende è determinata dall'altro naufrago (l'offesa consisterebbe nel rischio di perdere il remo che può garantire la sopravvivenza laddove se ne appropri in via esclusiva il compagno di sventura), si rinvengono tutti gli elementi della fattispecie giustificativa di cui all'**art. 2044** ai sensi del quale "*non è responsabile chi cagiona il danno per legittima difesa di sé o di altri*". Presupposto applicativo della norma, infatti, secondo la comune opinione dottrinale e giurisprudenziale, è che il danno sia cagionato all'autore dell'offesa. Ulteriore elemento della fattispecie è che l'azione difensiva che arreca il danno risulti proporzionata all'offesa e strettamente necessaria ad evitare o limitare il danno stesso; in questi termini si traduce l'attributo di 'legittima'. Se, al contrario, si interpreta la vicenda dei due naufraghi osservando – come appare più corretto – che il pericolo è determinato dal caso, ovvero dal destino, o comunque non certo da alcuno dei due naufraghi, allora dovrà essere applicabile l'**art. 2045**, il quale prevede che "*Quando chi ha compiuto il fatto dannoso vi è stato costretto dalla necessità di salvare sé o altri dal pericolo attuale di un danno grave alla persona, e il pericolo non è stato da lui volontariamente causato né era altrimenti evitabile, al danneggiato è dovuta un'indennità la cui misura è rimessa all'equo apprezzamento del giudice*".

Come evidente, la fattispecie normativa riferita allo stato di necessità è più articolata rispetto a quella relativa alla legittima difesa, e questo proprio perché è più facile giustificare un atto dannoso compiuto verso chi, con la propria azione offensiva, abbia determinato la reazione difensiva dannosa (come fa, per l'appunto, l'art. 2045), mentre risulta più complesso giustificare il danno arrecato ad un terzo, sino a quel momento potenzialmente estraneo alla vicenda, in ragione della necessità del danneggiante di evitare un proprio danno. In considerazione di ciò, la legge richiede che in tale secondo caso il pericolo di danno sia "*attuale*", che il danno temuto sia "*grave*" ed "*alla persona*", che l'atto dannoso sia stato "*costretto dalla necessità di*" evitare il pericolo, e che il pericolo in questione non sia stato "*volontariamente causato*" da chi ha commesso l'atto dannoso "*né era da lui altrimenti evitabile*". Se sussisteranno nella vicenda concreta, e saranno dimostrabili in giudizio, tutti gli elementi di tale fattispecie complessa, allora l'atto dannoso sarà giustificato, sicché l'atto non potrà essere considerato illecito, e tuttavia al danneggiato – come visto – sarà dovuta "*un'indennità*" e cioè un parziale ristoro del danno "*la cui misura è rimessa all'equo apprezzamento del giudice*".

Altro istituto tradizionalmente inquadrato tra quelli che consentono ai consociati di autotutelare in via unilaterale i propri interessi è rappresentato dalla c.d. **eccezione di inadempimento** prevista e disciplinata dall'art. 1460 c.c. In forza di tale disposizione, infatti – a prescindere dalla possibilità, assicurata in generale dalla legge a qualsiasi parte, di domandare la risoluzione del contratto in caso di inadempimento della controparte (cfr. artt. 1453 c.c.) – ogni contraente può rifiutarsi di adempiere alla propria obbligazione contrattuale se l'altra non adempie interamente o parzialmente, o non offre di adempiere, contemporaneamente la propria, e ciò sempre che le due prestazioni debbano essere eseguite, per l'appunto, nello stesso momento, ovvero altresì – secondo un'interpretazione più ampia – che la prestazione dovuta da chi contesta l'altrui inadempimento dovesse essere adempiuta successivamente all'altra e che quest'ultima sia oramai divenuta impossibile o definitivamente inutile. Se, viceversa, "*termini diversi per l'adempimento siano stati stabiliti dalle parti o risultino dalla natura del contratto*" ovvero se "*avuto riguardo alle circostanze, il rifiuto* [di adempiere] *è contrario alla buona fede*", l'istituto non opera. Tale ultima situazione si verifica, ad esempio, quando la prestazione inadempiuta sia di scarso valore nell'equilibrio del rapporto contrattuale o non sia direttamente connessa alla prestazione dovuta da colui che intende svolgere l'eccezione di inadempimento. Ad esempio, il meccanico, che al fine di riparare l'autovettura l'abbia presa in deposito, non può rifiutarsi di adempiere al suo obbligo di restituzione se il cliente non adempie il suo obbligo di pagamento della riparazione ottenuta, e ciò in quanto le due obbligazioni tra loro non sono connesse in senso tecnico, e cioè non sono legate da vincolo di sinallagmaticità (su cui si tornerà nel capitolo sul contratto).

Ulteriori istituti generalmente considerati a proposito di autotutela privata unilaterale consentita dall'ordinamento sono la **vendita** e la **compera per conto di chi spetta**, previste e disciplinate dagli artt. 1515 e 1516 c.c., a tenore dei quali, rispettivamente, "*se il compratore non adempie l'obbligazione di pagare il prezzo, il venditore può far vendere senza ritardo la cosa per conto e a spese di lui*" (art. 1515), così come "*se la vendita ha per oggetto cose fungibili che hanno un prezzo corrente* [...], *e il venditore non adempie la sua obbligazione, il compratore può far acquistare senza ritardo le cose, a spese del venditore*" (art. 1516). In entrambi i casi la vendita avviene secondo la procedura prevista dalla legge.

Altra situazione che può essere considerata, nell'ambito della riflessione che si sta conducendo, è quella disciplinata dall'**art. 2466 c.c.** (nella versione risultante dalla riforma del diritto delle società di capitali e delle cooperative disposta con il già citato d.lgs. n. 6/2003; cfr. il previgente art. 2477 c.c.), secondo cui: quando il socio di una società a responsabilità limitata non esegua il conferimento della propria quota di capitale entro il termine prescritto, gli amministratori lo diffidano ad eseguirlo entro trenta giorni, dopo di che, "*qualora non reputino di dover instare per l'adempimento, possono vendere agli altri soci, in proporzione alla loro partecipazione, a rischio e per conto del socio moroso, la di lui quota*" al valore risultante dall'ultimo bilancio approvato. Inoltre, se gli altri soci non presentano offerte, e sempre che la società non sia chiusa per statuto o atto costitutivo alla partecipazione di terzi, la quota può essere venduta all'incanto (e cioè nell'ambito di un particolare tipo di asta).

Numerose disposizioni del nostro codice civile, aventi come effetto il riconoscimento di poteri di autotutela unilaterale in capo ai singoli consociati, attribuiscono – in determinate ipotesi del tutto eccezionali – il diritto di trattenere un bene altrui. Si parla tecnicamente di **diritto di ritenzione**. Tra queste vi sono le disposizioni di cui agli artt. 1006 (rifiuto del proprietario di effettuare riparazioni), 1011 (ritenzione per le somme anticipate), 1152 (ritenzione a favore di possessore di buona fede), 2756, 2757 e 2761 (ritenzione a garanzia di particolari crediti privilegiati) e 2794 (ritenzione del bene costituito in pegno a garanzia di nuovo credito). La *ratio* di tali previsioni, secondo la dottrina più recente, è quella di stabilire un equilibrio tra posizioni giuridiche, in quanto se il possessore della cosa altrui, una volta venuto meno il suo titolo possessorio, fosse tenuto a restituirla mentre il proprietario è inadempiente nei suoi confronti, si determinerebbe un ingiusto vantaggio a favore del proprietario ed a danno del possessore. Va, tuttavia, avvertito che la disciplina del diritto in questione non attribuisce mai al detentore il potere di soddisfarsi direttamente sulla cosa, utilizzandola, vendendola ovvero sottoponendola ad azione esecutiva. Questi, dunque, potrà solo, una volta venuto meno il titolo che eventualmente giustificava in capo a lui il possesso, detenere il bene, e cioè non restituirlo, ma pur sempre riconoscendo l'altrui possesso, fino a che il proprietario non abbia effettuato le prestazioni dovute.

Un tipo diverso di diritto ritenzione – che, tuttavia, sembra ugualmente ascrivibile alla categoria degli atti di autotutela unilaterali – può essere rinvenuto in quello riconosciuto dall'art. 2940 c.c., ai sensi del quale "*non è ammessa la ripetizione di ciò che è stato spontaneamente pagato in adempimento di un debito prescritto*". In forza di tale norma, infatti, colui che ha ricevuto l'altrui adempimento per un suo credito ormai prescritto (alla prescrizione e alla decadenza sono dedicati i prossimi paragrafi), può trattenere quanto ricevuto benché l'adempimento in questione non fosse più dovuto al momento in cui è stato prestato e non sia più oggetto di azione in giudizio, o meglio sia oggetto esclusivamente di un'azione che il debitore può facilmente paralizzare eccependo la prescrizione (cfr. artt. 2938-2939 c.c.). Un analogo diritto di ritenzione è dall'ordinamento riconosciuto al titolare di un credito derivante da un'obbligazione naturale, ai sensi dell'art. 2034 c.c. In entrambi i casi la ritenzione, al contrario dei casi sopra esposti, ha ad oggetto un bene non di proprietà altrui, in quanto il debitore lo ha già trasferito nella proprietà di chi esercita la ritenzione.

Come sopra cennato, una parte della dottrina ha anche individuato ipotesi in cui l'ordinamento consente ai privati di compiere **atti di autotutela convenzionale**. In altri termini, sembra possibile per i privati concludere accordi preventivi finalizzati ad evitare che sia necessario richiedere l'intervento del giudice nell'eventualità in cui necessiti risolvere un contrasto tra loro. È il caso della c.d. **clausola compromissoria**, e cioè dell'accordo in forza del quale le parti di un contratto possono obbligarsi a far decidere tutte, o alcune, controversie che tra loro dovessero insorgere durante lo svolgimento del rapporto, non al giudice ma ad un arbitro o ad un collegio arbitrale. Con ogni probabilità nella categoria degli atti di autotutela convenzionale merita di essere ricompreso anche il **contratto di transazione**, disciplinato dagli artt. 1965-1976 c.c., "*con il quale le parti, facendosi reciproche concessioni, pongono fine a una lite già incominciata o prevengono una lite che può sorgere tra loro*".

Gli atti di autotutela convenzionale possono avere anche *finalità satisfattoria* o, ancora, *cautelare*. Tra gli atti aventi finalità satisfattoria può essere annoverata la **cessione dei beni ai creditori** (e cioè il contratto, regolato dagli artt. 1977-1986 c.c., in forza del quale "*il debitore incarica alcuni o tutti i suoi creditori di liquidare alcune o tutte le sue attività e distribuire il ricavato tra di loro in soddisfacimento dei loro crediti*") e l'**anticresi** (che, come già detto, è il contratto in forza del quale, ai sensi degli artt. 1960-1964 c.c., "*il debitore si obbliga a consegnare un immobile al creditore a garanzia del credito, affinché il creditore ne percepisca i frutti imputandoli agli interessi, se dovuti, e quindi al capitale*"). Tra gli atti aventi finalità cautelare si annoverano il **sequestro convenzionale** (con la costituzione concordata del quale, realizzata attraverso il contratto di cui agli artt. 1798-1802 c.c., "*due o più persone affidano ad un terzo una cosa o una pluralità di cose, rispetto alla quale sia nata tra esse controversia, purché la custodisca e la restituisca a quella a cui spetterà quando la controversia è finita*") e la **clausola penale** (disciplinata dagli artt. 1382-1384 c.c., e con la quale le parti, fin dalla costituzione del loro rapporto contrattuale, convengono che "*in caso di inadempimento o di ritardo nell'adempimento, uno dei contraenti è tenuto a una determinata prestazione* [...] *indipendentemente dalla prova del danno*" con l'effetto che in tal caso la misura del risarcimento, piuttosto che essere rimessa alla determinazione del giudice, è limitata alla prestazione promessa "*se non è stata convenuto la risarcibilità del danno ulteriore*").

Come dovrebbe risultare evidente all'esito della rapida carrellata di istituti appena svolta, se proprio si vuole, si può propriamente parlare di autotutela solo con riferimento all'immediatezza ed in termini senz'altro relativi, in quanto tutti gli strumenti di autotutela privata a cui l'ordinamento giuridico riconosce una certa operatività svolgono, in vero, i propri effetti solo attraverso una serrata, seppur per certi versi solo mediata, dialettica con le norme di legge e con l'ordinamento inteso come istituzione chiamata, attraverso l'intervento dei giudici, a risolvere i conflitti tra consociati. Ciò è a dire che, in ogni caso, l'atto di autotutela sarà efficace ed efficiente solo in quanto riconosciuto tale dall'ordinamento giuridico e solo nella misura in cui i privati coinvolti siano incentivati a rispettarlo dalla minaccia, in caso contrario, di conseguenza da parte dell'ordinamento stesso.

3.6. L'incidenza del tempo sul rapporto giuridico

Il rapporto giuridico, così come i fatti e gli atti attraverso i quali esso si sviluppa, e così come ogni vicenda umana, si inquadra all'interno di precise categorie spaziali e temporali, e trova una sua dimensione, per l'appunto, spaziale e temporale che non risulta affatto indifferente per il diritto e dalla quale, anzi, nella più parte dei casi, derivano conseguenze giuridiche di grande importanza. È, infatti, rilevante per il diritto, ad esempio in tema di apertura della successione, "*il luogo dell'ultimo domicilio del defunto*" (cfr. art. 456 c.c.), così come, ai fini dell'individuazione del tribunale territorialmente competente a risolvere una controversia (in assenza di eventuali clausole contrattuali che dispongono sul punto, quando la legge lo consente), il luogo in cui un soggetto ha la propria residenza o il proprio domicilio durante la sua vita, o ancora il posto in cui un fatto illecito è stato commesso, ovvero il contratto si è concluso, o più in generale dove un'obbligazione è sorta o deve essere eseguita (cfr. artt. 18, 19 e 20 c.p.c.), ed ancora, ai fini di individuare la conservatoria dei registri immobiliari presso la quale trascrivere l'atto relativo ad un certo bene immobile, nei casi e secondo quanto disposto dagli artt. 2643 c.c. e ss., fondamentale è stabilire dove è ubicato il bene, indifferente restando il luogo dove l'atto è concluso.

Rispetto al luogo in cui fatti giuridicamente rilevanti, nel senso ampio del termine, si realizzano o specifiche situazioni si determinano, ancora più importante per il diritto è definire le circostanze temporali in cui le vicende umane si svolgono. Ciò dipende dal fatto che, in sostanza, l'ordinamento, in conformità all'art. 16 Cost. (c.d. libertà di circolazione e soggiorno), riconosce, per quanto possibile, ai consociati la libertà di scegliere dove compiere gli atti privati; mentre non può non prendere atto di come l'incidenza del tempo sui rapporti intersoggettivi, nella più parte dei casi, prescinda dalla (e cioè non abbia nulla a che fare con la) volontà dei singoli. In altre parole, i privati, mentre possono in genere scegliere dove compiere un proprio atto rilevante per il diritto, con la stessa incisività – per evidenti ragioni fisiche, almeno al momento (e cioè sino a quando non verrà effettivamente realizzata una macchina del tempo, o qualcosa del genere) – non possono esercitare la propria autonomia rispetto al fattore tempo. È vero, infatti che essi, in molti casi, possono – in quanto l'ordinamento riconosce loro tale facoltà – decidere quando compiere un atto ed eventualmente anche da quando, o fino a quando, far discendere dall'atto effetti giuridici. In particolare, tal ultimo interesse privato può essere realizzato attraverso l'eventuale apposizione di termini o condizioni (detti elementi accidentali del negozio giuridico perché sono le parti a decidere se inserirli o meno), agli atti di autonomia privata, sempre che questi non siano atti purissimi, e cioè atti rispetto ai quali l'ordinamento non consente apposizione di elementi accidentali (ad esempio, il riconoscimento di figlio). L'autonomia privata, tuttavia, non può spingersi (si ribadisce, almeno allo stato delle attuali conoscenze scientifiche) sino a condizionare lo scorrere del tempo, del quale l'ordinamento deve dunque tenere debitamente conto in termini puramente oggettivi, anche perché esso incide significativamente sulla certezza del diritto.

Si è già detto nei precedenti capitoli di come la **certezza**, tanto del momento normativo quando dei rapporti giuridici, costituisca una qualità dell'ordinamento giuridico impossibile da realizzare in termini assoluti, ma, ciò malgrado, necessaria ed indispensabile da realizzarsi in termini relativi, nonché come ideale a cui l'ordinamento deve in ogni momento tendere. Un ordinamento che sia caratterizzato da incertezza genera, infatti, confusione. Da questa discende inefficienza in termini regolatori e dunque economici, quando non proprio violenza tra i consociati. Al fine di perseguire il suo ideale di certezza – ed in tale dinamica di realizzare quotidianamente la certezza relativa che consente ai privati di capire con un certo livello di affidabilità se essi o terzi hanno o meno un interesse meritevole di tutela, la situazione giuridica di un certo bene o la disciplina di una data situazione – l'ordinamento attribuisce, né potrebbe fare il contrario, grande rilievo allo scorrere del tempo. Se, infatti, una data situazione di fatto, ma rilevante per il diritto, si protrae a lungo nel tempo, l'ordinamento giuridico da questa fa discendere la nascita o la costituzione di diritti e ciò al fine di trasformare la situazione di fatto in una situazione pienamente di diritto o, meglio, al fine di far coincidere la situazione in punto di fatto e di diritto. È, ad esempio, il caso – cui si è già accennato in tema possesso – dell'**usucapione**, e cioè del modo di acquisto a titolo originario della proprietà, o di altro diritto reale, che opera, secondo la legge (cfr. artt. 1158-1167 c.c.), proprio in ragione del fatto che un certo soggetto, senza subire disturbo, abbia per un certo periodo temporale posseduto un dato bene. Esempio analogo, ma dagli effetti opposti, è quello relativo alla **prescrizione** (cfr. artt. 2934-2963 c.c.) o alla **decadenza** (cfr. artt. 2964-2969 c.c.), istituti questi di applicazione generale e sui quali ci si soffermerà nei successivi due paragrafi, in forza dei quali, rispettivamente, un diritto o un'azione si estinguono per il mancato esercizio protratto nel tempo.

Al di là degli istituti appena richiamati, va sottolineato come, in vero, la disciplina dei rapporti tra privati sia praticamente tutta incentrata su fattori temporali. E così, sempre a titolo di esempio, può osservarsi che: la persona fisica acquista la capacità giuridica "*al momento della nascita*" (art. 1 c.c.), ma acquista la capacità generale di agire solo "*al compimento del diciottesimo anno*" (art. 2 c.c.), mentre può acquistare la capacità di contrarre matrimonio anche prima dei diciotto anni in forza di apposito decreto giudiziario concesso in presenza di "*gravi motivi*" sempre che l'interessato "*abbia compiuto sedici anni*" (art. 84 c.c.); ed ancora, può essere dichiarata la sua "*scomparsa*" "*trascorsi due anni dal giorno in cui risale l'ultima notizia*" (art. 49 c.c.), e la sua "*morte presunta*" se "*sono trascorsi dieci anni dal giorno a cui risale l'ultima notizia dell'assente"* e sempre che siano *"trascorsi nove anni dal raggiungimento della maggiore età dell'assente"* (art. 59 c.c.).

3.6.1. Prescrizione

La prescrizione è un istituto che concerne gli effetti giuridici del trascorrere del tempo ed opera sia nel diritto privato che nel diritto penale. Nel **diritto privato** essa trova un'applicazione molto ampia e sostanzialmente generale, ed indica il fenomeno che porta all'estinzione di un diritto soggettivo non esercitato dal titolare per un periodo di tempo indicato dalla legge. La *ratio* dell'istituto è individuabile nell'esigenza di certezza dei rapporti giuridici. In **diritto penale**, invece, la prescrizione determina l'estinzione di un reato a seguito del trascorrere di un determinato periodo di tempo; e la *ratio* dell'istituto, in tate ambito, è che, a distanza di molto tempo dal fatto, viene meno sia l'interesse dello Stato a punire la relativa condotta, sia la necessità di un processo di rieducazione e reinserimento sociale del reo.

Nel linguaggio privatistico, quando si parla di prescrizione – come sopra visto sotto il profilo definitorio –, ci si riferisce, per lo più, alla prescrizione estintiva, ma il termine prescrizione viene talvolta usato per indicare anche il fenomeno inverso (nel qual caso si parla di **prescrizione acquisitiva**), e cioè il fenomeno in ragione del quale al decorrere del tempo l'ordinamento riconosce effetti acquisitivi del diritto piuttosto che estintivi. L'esempio più chiaro di prescrizione acquisitiva, per chi ammette la configurazione in questi termini della vicenda, è l'usucapione, di cui abbiamo già parlato in tema di possesso.

3.6.1.1. *Il problema dell'inquadramento sistematico dell'istituto*

Nel codice civile la prescrizione è disciplinata dagli artt. 2934-2963. E così, ai sensi dell'**art. 2934**, "*ogni diritto si estingue per prescrizione quando il titolare non lo esercita per il tempo determinato dalla legge*", tuttavia "*non sono soggetti a prescrizione i diritti indisponibili e gli altri diritti indicati dalla legge*" (indisponibili sono ad esempio i diritti della personalità e le situazioni soggettive di carattere familiare; tra i disponibili non soggetti a prescrizione spiccano il diritto di proprietà, che però è soggetto all'altrui usucapione, nonché il diritto alla qualità di erede, salvo la possibilità per i terzi di usucapire singoli beni ereditari). Così, ad esempio, se il danneggiato non esercita il suo diritto al risarcimento in "*cinque anni dal giorno in cui il fatto si è verificato*" (cfr. art. 2946 c.c.), egli perde la possibilità di ottenere detto risarcimento.

L'art. 2934 parla espressamente di **estinzione** del diritto, e tuttavia parte della dottrina evidenzia come solo in termini atecnici si possa parlare di vera e propria estinzione in quanto, se l'effetto della prescrizione fosse realmente l'estinzione del diritto, non avrebbe senso l'**art. 2940**, secondo cui "*non è ammessa la restituzione di ciò che è stato spontaneamente pagato in adempimento di un debito prescritto*", e soprattutto non si giustificherebbe l'**art. 2938**, il quale dispone che "*il giudice non può rilevare d'ufficio la prescrizione*" giacché essa non opera automaticamente ma, ai sensi dell'**art. 2939**, "*può essere opposta*" in giudizio "*da chiunque vi abbia interesse*", e qualora non lo sia non opera. La tesi dottrinale qui sinteticamente riferita si basa sull'idea che, dunque: a seguito del decorso del tempo, a cui la legge attribuisce effetti prescrittivi, il diritto non si estingue ma si indebolisce, nel senso che, se il titolare dello stesso agisce in giudizio, il convenuto o qualunque terzo portatore di un interesse qualificato potrà eccepire l'intervenuta prescrizione, così frustrando l'iniziativa del primo che è rimasto inerte per troppo tempo rispetto all'esercizio del suo diritto; viceversa, e cioè se nessun interessato svolge tale eccezione, il diritto, teoricamente prescritto, sarà tutelato pienamente dall'ordinamento. Alcuni autori, sulla scorta di tali considerazioni, sostengono sia preferibile parlare di estinzione dell'azione, piuttosto che del diritto; ovvero, secondo una impostazione appena diversa, di rigetto della pretesa senza che rilevi la fondatezza e la stessa esistenza del diritto azionato. Altri autori, invece, osservando che la legge riconosce al titolare del diritto la possibilità di rinunziare alla prescrizione espressamente o tacitamente (cfr. l'**art. 2937**), ritengono che il mancato svolgimento dell'eccezione di prescrizione da parte dell'interessato vada interpretato proprio in questo senso, e cioè come atto di rinunzia a far valere la prescrizione, di talché in questo caso la prescrizione, pure sussistendo tutti gli elementi della fattispecie estintiva del diritto, non opererebbe.

La pluralità di teorie che si contano riguardo alla problematica in parola è indice delle effettive difficoltà che si scontano nel momento in cui si tenta di inquadrare in maniera coerente, anche sotto il profilo sistematico, l'istituto della prescrizione e la sua disciplina positiva. E così, in dottrina vi è anche chi ritiene che il principio di cui all'art. 2940 si possa spiegare alla luce della teoria delle **obbligazioni naturali**. In breve, si sostiene a riguardo che il diritto prescritto non sia azionabile in giudizio, o comunque possa essere paralizzato facilmente dall'eccezione di prescrizione, in quanto, per l'appunto, a seguito del decorso del tempo utile perché si realizzi l'effetto prescrittivo, esso è divenuto privo di protezione attiva da parte dell'ordinamento, ma – in conformità a quanto espressamente previsto in tema di obbligazioni naturali (art. 2034 c.c.) – ciò che è stato spontaneamente prestato dal debitore può essere trattenuto dal creditore. Dunque, secondo questa tesi, l'obbligazione attesa dal creditore, il cui diritto si sia prescritto, sarebbe una speciale obbligazione naturale. Sennonché, contro questa ricostruzione occorre osservare come non sia vero che il diritto prescritto non può efficacemente essere azionato in giudizio, e ciò in quanto se nessun interessato oppone la prescrizione, come visto, questa non opera; di talché non può affermarsi che il diritto prescritto non gode di tutela attiva da parte dell'ordinamento, mentre ciò è senz'altro vero per le obbligazioni naturali.

La centralità del tema induce a non demordere dal proposito di definire in termini coerenti con la disciplina positiva l'operatività della prescrizione. Lo sforzo conduce a ricostruire l'istituto in esame in termini diversi da quelli sopra riferiti. A ben vedere, sembra infatti corretto evidenziare che, fermi restando il decorso automatico ed oggettivo della prescrizione (**art. 2935**) e l'inderogabilità delle norme che la disciplinano (**art. 2936**), l'effetto estintivo determinato dalla prescrizione costituisce oggetto di un autonomo diritto, per l'appunto il diritto a far valere la prescrizione. Solo nel caso in cui tale diritto sia esercitato dal soggetto legittimato – e cioè, *in primis*, dalla "*parte*", e cioè da colui che sarebbe tenuto alla prestazione astrattamente non più dovuta in forza della prescrizione, ovvero "*da chiunque vi abbia interesse, qualora la parte non la faccia valere*" ed "*anche se la parte vi ha rinunziato*" (art. 2939) – l'effetto estintivo si realizza e, quindi, il diritto prescritto non può trovare tutela dinnanzi al giudice. Peraltro, tale diritto può essere esercitato solo in sede di opposizione in giudizio all'esercizio del diritto prescritto (sempre art. 2939). Dunque, si tratta di un diritto oppositivo, cioè di un diritto volto esclusivamente a rendere vana l'altrui azione in giudizio. Potremmo anche definirlo in termini di **diritto meramente processuale**, in quanto si tratta di un diritto che opera solo nell'ambito di un giudizio.

Interpretata la vicenda prescrittiva in termini di diritto (processuale) degli interessati ad opporre in giudizio al creditore gli effetti estintivi del suo diritto (sostanziale), risultano appianati i problemi, sopra cennati, che affannano la dottrina. Ed infatti, alla luce della tesi qui esposta non si riscontra più alcun problema a sostenere che la prescrizione estingue il diritto (sostanziale), e non l'azione, in quanto sarà ormai evidente che, quand'anche tale diritto si sia astrattamente prescritto per il decorso del termine stabilito dalla legge, se la prescrizione non viene opposta dall'interessato dinnanzi al giudice, gli effetti estintivi in concreto non si verificano, sicché il diritto può essere tutelato in giudizio. Nemmeno ci saranno problemi a spiegare il citato art. 2940, giacché sarà evidente che l'ordinamento non ammette la ripetizione di "*ciò che è stato spontaneamente pagato in adempimento di un debito prescritto*" in considerazione del fatto che, come detto, il diritto processuale a far valere la prescrizione può operare solo in funzione oppositiva, laddove è evidente che, una volta che il debito prescritto sia stato adempiuto, il creditore non agirà in giudizio, o comunque la sua azione si estinguerà per carenza di interesse, sicché, in ogni caso, sostanzialmente mancherà la stessa possibilità di far valere il diritto ad opporre la prescrizione, né – come pure si è già notato – alla "*parte*" o a "*chiunque vi ha interesse*" l'ordinamento riconosce la possibilità di far dichiarare al giudice l'intervenuta prescrizione in via diretta.

La definitiva conferma della bontà della ricostruzione appena proposta viene dalla lettura dei già citati artt. 2937 e 2938. Ed infatti, il comma 1 dell'art. 2937 parla espressamente di prescrizione in termini di diritto di cui si può, o meno, validamente disporre; ed inoltre l'art. 2938, come già rilevato, esclude che il giudice possa "*rilevare d'ufficio la prescrizione non opposta*". Tutto ciò, peraltro, rispetta l'esigenza di ordine pubblico alla cui soddisfazione la disciplina della prescrizione è tesa, e cioè l'esigenza di perseguire e salvaguardare la certezza dei rapporti giuridici, visto che se nessun interessato eccepisce la prescrizione, ciò significa che, in concreto, e cioè nei rapporti giuridici coinvolti dalla vicenda reale, non si sono determinate le condizioni fattuali perché il diritto sostanziale subisca effetti estintivi da parte dell'ordinamento.

Che la prescrizione sia più correttamente inquadrabile come **istituto processuale** e che essa possa anche non riguardare, in senso stretto, l'estinzione del diritto, riverberandosi più concretamente nella possibilità per l'interessato di eccepire la non tutelabilità in giudizio del diritto prescritto, appare ulteriormente evidente se solo si osserva che nell'ordinamento privatistico si parla espressamente di prescrizione delle azioni (ad esempio si prescrivono in cinque anni l'azione di annullamento e quella revocatoria, rispettivamente ai sensi degli artt. 1442 e 2903 c.c.) e, in certi casi, di azioni imprescrittibili (ad esempio, sono tali l'azione di nullità *ex* art. 1422 c.c., l'azione di petizione ereditaria *ex* art. 533 c.c., l'azione di rivendica *ex* art. 948 e l'azione di accertamento negativo finalizzata a far dichiarare l'inesistenza o inefficacia di un rapporto giuridico).

3.6.1.2. *La disciplina della prescrizione*

La disciplina generale della prescrizione è contenuta nel libro VI del codice civile, dedicato alla "*tutela dei diritti*", ed in particolare essa si trova – come già detto – negli artt. dal 2934 al 2963. Norme speciali in materia di prescrizione, riferite a singoli istituti, possono trovarsi di volta in volta tra le regole settoriali poste sia nel codice civile che nelle leggi speciali.

Concentrando in questa sede la nostra attenzione esclusivamente sulla disciplina generale, giova evidenziare che il periodo di tempo entro il quale si verifica la prescrizione varia a seconda delle diverse fattispecie. Esiste, infatti, una **prescrizione ordinaria,** che si verifica in dieci anni e che opera in tutti i casi in cui non sia previsto dalla legge un termine diverso (**art. 2946**). Le altre prescrizioni, che si realizzano in tempi più rapidi in quanto la legge per esse prevede termini più brevi, sono, per l'appunto, dette **prescrizioni brevi**. Tra queste vi è la prescrizione quinquennale stabilita in materia di diritto al risarcimento del danno da fatto illecito (**art. 2947**), salvo che il danno sia prodotto da veicoli (nel qual caso la prescrizione sarà di due anni *ex* art. 2947, comma 2), ed operante anche per le annualità delle rendite perpetue, le annualità delle pensioni alimentari, i corrispettivi delle locazioni e le altre ipotesi elencate dall'**art. 2948** c.c., ed ancora per "*i diritti che derivano dai rapporti sociali, se la società è iscritta nel registro delle imprese*" (**art. 2949**). Esistono, inoltre, in materia di mediazione, spedizione e trasporto, ed assicurazione, prescrizioni che si realizzano in termini ancora più brevi nei casi e con le modalità di cui agli **artt. 2950-2952**. A proposito di durata della prescrizione è altresì importante evidenziare che, ai sensi dell'**art. 2953**, "*i diritti per i quali la legge stabilisce una prescrizione più breve di dieci anni, quando riguardo ad essi è intervenuta sentenza di condanna passata in giudicato, si prescrivono con il decorso di dieci anni*", dal momento che l'esecuzione della sentenza deve seguire nell'ordinario termine decennale.

La legge dispone che "*la prescrizione comincia a decorrere dal giorno in cui il diritto può essere fatto valere*" (**art. 2935**). Ciò significa che il tempo utile a far maturare la prescrizione si calcola dal momento in cui il diritto in questione può essere fatto valere dal punto di vista strettamente giuridico. In altre parole, non rileva l'impossibilità di fatto di far valere un diritto (ad esempio, la circostanza che il danneggiato sia in ospedale e, dunque, non possa, durante il periodo in cui è sottoposto a cure ospedaliere, conferire al proprio avvocato il mandato per agire in giudizio a tutela del suo diritto al risarcimento), ma la sola impossibilità giuridica (sulla quale ovviamente incide l'eventuale sottoposizione del diritto a condizioni o termini sospensivi). Ciò, secondo la dottrina maggioritaria, dimostra che la prescrizione non svolge alcuna funzione punitiva, o comunque sanzionatoria, contro colui che non abbia esercitato il proprio diritto per un lungo periodo; ma solo – come detto – la funzione di perseguire, nell'intesse generale, l'ideale di certezza dei rapporti giuridici.

Le norme codicistiche (**artt. 2962** e **2963**) stabiliscono anche **i criteri per il calcolo del tempo** e stabiliscono che nell'ambito di tale calcolo non si tiene conto del giorno iniziale (ad esempio, il giorno in cui è avvenuto il sinistro, che genera il diritto al risarcimento) mentre il termine scade quando finisce l'ultimo giorno in esso compreso. Se tale ultimo giorno è festivo, viene prorogato di diritto al giorno seguente non festivo. La prescrizione a mesi si verifica nel mese di scadenza e nel giorno di questo corrispondente al giorno del mese iniziale. Se nel mese di scadenza manca tale giorno, il termine si compie con l'ultimo giorno dello stesso mese.

Come già evidenziato, l'**art. 2936** afferma che la disciplina della prescrizione è **inderogabile**: i patti tra privati volti a modificare la disciplina legale, per tanto, sono nulli. Ai sensi dell'**art. 2937**, inoltre, non è possibile rinunciare alla prescrizione fin quando questa non è compiuta; la **rinuncia** può essere espressa, dal titolare del diritto di opporla in giudizio, o anche risultare da "**fatti**" incompatibili con la volontà di questo di avvalersi della prescrizione.

Molto rilevante nell'ambito della disciplina in parola è l'operatività degli istituti della **sospensione** (artt. 2941-2942) e della **interruzione** (artt. 2943-2945) della decorrenza dei termini di prescrizione. Secondo la legge, infatti, i termini di prescrizione possono essere "*sospesi*", ad esempio, in tempo di guerra, a favore dei militari in servizio, oppure a favore degli interdetti per infermità mentale per il tempo in cui non hanno rappresentante legale, oppure possono essere "*interrotti*". Nella sospensione il periodo trascorso prima della sopravvenienza della causa sospensiva, si somma con quello che continua a decorrere dopo la cessazione di tale causa. Nella interruzione, viceversa, estinta la ragione dell'interruzione il termine ricomincia nuovamente a decorrere daccapo, e cioè comincia a decorrere un nuovo periodo di prescrizione come se il precedente non ci fosse stato.

L'interruzione si verifica in tre casi: 1) se viene proposta dal titolare del diritto (sostanziale) domanda giudiziale (anche in sede arbitrale); 2) se lo stesso fa recapitare al suo debitore un atto di costituzione in mora; 3) se il debitore riconosce il suo debito. La *ratio* dell'interruzione è presto detta: attraverso il compimento di uno dei tre atti appena elencati viene rimossa qualsiasi incertezza circa i rapporti giuridici coinvolti nella vicenda. Va, a questo riguardo, precisato che in caso di proposizione di domanda giudiziale la prescrizione rimane interrotta per tutto il giudizio, fino a quando la sentenza che lo definisce non passa in giudicato; negli altri due casi, invece, la prescrizione riprende nuovamente a decorrere *ex novo* subito dopo il compimento dell'atto interruttivo.

La sospensione risponde, invece, ad una logica diversa. Essa opera quando tra i soggetti coinvolti, rispettivamente dal lato attivo e dal lato passivo del rapporto giuridico che viene in rilievo, vi sono, in un certo momento, particolari relazioni che potrebbero interferire con la libertà di esercizio del diritto (sostanziale) sicché l'eventuale mancato esercizio non può essere trattato come semplice inerzia da parte del titolare. È il caso della relazione che si instaura tra i coniugi; o tra chi esercita la potestà e le persone che vi sono sottoposte; o tra il tutore e il minore o l'interdetto soggetti alla tutela, finché non sia stato reso e approvato il conto finale; o tra il curatore e il minore emancipato o l'inabilitato; o tra l'erede e l'eredità accettata con beneficio d'inventario; o tra le persone i cui beni sono sottoposti per legge o per provvedimento del giudice alla amministrazione altrui e quelle da cui l'amministrazione è esercitata, finché non sia stato reso e approvato definitivamente il conto; tra le persone giuridiche e i loro amministratori, finché sono in carica, per le azioni di responsabilità contro di essi; e ancora tra il debitore che ha dolosamente occultato l'esistenza del debito e il creditore, finché il dolo non sia stato scoperto.

3.6.1.3. *La prescrizione presuntiva*

Sin qui si è parlato di prescrizione in generale. Esiste, tuttavia, un particolare tipo di prescrizione che opera in maniera del tutto speciale ed è disciplinata, oltre che dalle regole comuni in materia di prescrizione sopra esposte, dagli **artt. 2954-2961**. Si tratta della c.d. prescrizione presuntiva, che si applica a rapporti – specificati dalla legge – nei quali l'estinzione del debito (in particolare, il pagamento del prezzo di una merce o di una prestazione) avviene generalmente in tempi brevi. In questo caso, il debitore che affermi, ad esempio, di aver adempiuto la propria prestazione ma non è in possesso della relativa prova (ad esempio di una valida quietanza di pagamento), può semplicemente limitarsi ad eccepire in giudizio al creditore l'avvenuta prescrizione presuntiva. Il che ha come conseguenza processuale che l'obbligazione si 'presume' estinta. Si tratta di una presunzione non assoluta (*iuris et de iure*), ma relativa (*iuris tantum*), che cioè può essere vinta da una prova contraria. Il codice, a questo proposito, all'art. 2960 prevede espressamente che il creditore a cui sia opposta una presunzione presuntiva possa deferire al debitore il giuramento decisorio al fine di dimostrare che in realtà il proprio credito non è mai stato soddisfatto: in breve, dunque, il creditore chiederà in giudizio che il debitore giuri che la prestazione dovuta è stata estinta; se il debitore giura, fatte salve le conseguenze penali del falso giuramento *ex* art. 371 c.p., il giudice, nel decidere la lite, non potrà che attenersi a quanto giurato dalla parte, senza poterne sindacare l'attendibilità e la veridicità; in tal caso, al creditore non resterà altro rimedio che un'eventuale azione di falso in sede penale e, in esito all'accertamento del falso, l'esperimento dell'azione di risarcimento danni.

La *ratio* dell'istituto in esame non è quella di contrastare l'esercizio di particolari crediti dopo il decorso di un certo periodo di tempo, bensì quella di tutelare il debitore in quei particolari casi in cui il pagamento di un debito può avvenire senza che il debitore provveda a farsi rilasciare una quietanza (si pensi ai rapporti giuridici legati da profonda fiducia quali avvocato-cliente, o medico-paziente), oppure in cui, in considerazione del valore esiguo della prestazione, è naturale che il debitore non conservi la quietanza per lunghi periodi. In queste ipotesi, passato un breve lasso di tempo si presume che il debito sia stato già soddisfatto e quindi il diritto estinto. Tanto ciò è vero che l'eccezione di prescrizione presuntiva deve essere rigettata dal giudice se chi la oppone ha comunque ammesso in giudizio che l'obbligazione non è stata estinta (art. 2959).

I casi di prescrizione presuntiva sono tassativamente previsti dal codice civile agli artt. **2954, 2955, 2956** e **2961**. In particolare: ai sensi dell'art. 2594, si prescrive in sei mesi, ad esempio, il diritto degli albergatori per l'alloggio e il vitto che somministrano; ai sensi dell'art. 2955 si prescrive in un anno, ad esempio, il diritto degli insegnanti alla retribuzione delle lezioni che impartiscono a mesi o a giorni o a ore, nonché il diritto dei commercianti al pagamento del prezzo delle merci vendute a chi non ne fa commercio; ai sensi dell'art. 2956 si prescrive in tre anni il diritto dei prestatori di lavoro ad ottenere le retribuzioni da corrispondersi a periodi superiori al mese, ed inoltre il diritto dei professionisti al compenso per l'opera prestata ed al rimborso delle spese correlative, quello dei notai per gli atti del loro ministero e degli insegnanti per la retribuzione delle lezioni impartite a tempo più lungo di un mese.

3.6.2. Decadenza

Insieme alla prescrizione, nel nostro ordinamento civile l'ulteriore istituto di carattere generale che descrive sotto determinati profili l'incidenza del tempo sui rapporti giuridici è la **decadenza**. Il codice, al contrario di quanto fa con la prescrizione, non definisce il concetto di decadenza. Ciò determina notevole confusione circa la reale natura dello stesso e soprattutto circa la sua differenza funzionale con la prescrizione, e ciò anche in ragione dei dubbi, sopra esposti, circa la reale operativà di quest'ultima. Secondo la dottrina tradizionale, infatti, la decadenza produce la preclusione dell'esercizio del diritto da parte del titolare, di talché la differenza con la prescrizione sarebbe proprio nel fatto che, invece, come visto, quest'ultima estinguerebbe direttamente il diritto. Tuttavia, dottrina più moderna, ritenuto che la prescrizione estingue l'azione piuttosto che il diritto, sostiene altresì che la decadenza estingue il diritto e non l'azione. Le gravi incertezze appena cennate sono probabilmente giustificate dal fatto che – e, dunque, consentono di evidenziare come – una differenza ontologica effettiva tra i due istituti in parola non esista. In altri termini, appare più corretto sostenere che la differenza tra i due istituti sia esclusivamente disciplinare: ci sarà perciò prescrizione quando il legislatore, nel fissare un termine, farà riferimento alla disciplina della prescrizione, e decadenza nel caso contrario. Nel caso in cui il legislatore non si esprima chiaramente, sarà l'interprete a valutare se il termine in questione sia di prescrizione o di decadenza. Inoltre, vi sarà decadenza quando le parti avranno concordato l'apposizione del termine, e sempre che le stesse non si siano inequivocabilmente espresse in termini di prescrizione, visto che l'autonomia privata può esercitarsi solo in materia di decadenza e non di prescrizione.

La disciplina dei due istituti in esame, in vero, è per molti versi coincidente. Anzi, più precisamente, alla decadenza si applicano le norme in materia di prescrizione salvo che queste risultino non applicabili perché determinati profili della decadenza sono disciplinati diversamente dagli **artt. 2964-2969** c.c.

L'articolo di apertura del Capo del codice dedicato alla decadenza, e cioè l'art. 2964, è rubricato proprio "*Inapplicabilità delle regole della prescrizione*" e stabilisce che "*quando un diritto deve esercitarsi entro un determinato termine sotto pena di decadenza, non si applicano le norme relative all'interruzione*" ed alla "*sospensione*" della prescrizione. Per quanto riguarda la sospensione è, tuttavia, previsto dalla stessa norma che può essere "*disposto altrimenti*". La precisazione legislativa, oltre ad evidenziare due delle principali discrasie disciplinari tra prescrizione e decadenza, chiarisce che l'ordinamento, tramite la disciplina della decadenza, più ancora di quanto accade in materia di prescrizione, tiene conto dell'oggettivo decorso del tempo senza che circostanze e relazioni intersoggettive possano determinare, per l'appunto, sospensioni o interruzioni.

Ciò consente di osservare che il fondamento della decadenza può essere rinvenuto nell'esigenza di assicurare la certezza dei rapporti giuridici in relazione a situazioni giuridiche soggettive che non sono suscettibili di esercizio ripetuto – come, invece, ad esempio per i diritti reali – ma dipendono dal compimento di un atto e per le quali può essere opportuno circoscrivere l'incertezza in un tempo particolarmente limitato. Dunque, al fine della decadenza viene presa in considerazione dalla legge, non già l'eventuale inerzia del titolare, ma l'oggettivo decorso del tempo senza esercizio del diritto. Tanto ciò è vero che per impedire la decadenza sono necessari: o il compimento nel tempo stabilito dello specifico atto prescritto dalla legge o dal negozio giuridico; o, se si tratta di termine stabilito in relazione a "*diritti disponibili*", il riconoscimento del diritto da parte del soggetto contro il quale il medesimo diritto può farsi valere (**art. 2966**).

La decadenza può essere legale, giudiziale e convenzionale. È **legale** quando sia espressamente prevista dalla legge ed in tal caso concerne sia i diritti disponibili sia i diritti indisponibili. Nei diritti indisponibili la decadenza può essere rilevata d'ufficio dal giudice (art. 2969); non può essere rinunciata e la sua disciplina è inderogabile, ovvero non può essere modificata dalle parti. È **giudiziale** quando i termini di decadenza sono fissati dal giudice su istanza della parte interessata (ciò accade, ad esempio, in caso di fissazione di un termine per l'accettazione dell'eredità, affinché il chiamato dichiari, entro il termine stabilito dal giudice, se accetta o meno l'eredità; *ex* art. 481 c.c. in caso di mancata dichiarazione entro quel termine, il chiamato perde il diritto di accettare). È **convenzionale** quando i termini di decadenza li stabiliscono, tramite atti di autonomia privata, i consociati coinvolti nel dato rapporto giuridico; unico limite, in tal caso, è evitare che i termini rendano troppo difficile l'esercizio del diritto ad una delle parti (art. 2965). Secondo la dottrina prevalente, la possibilità per i privati di fissare termini convenzionali di decadenza vanifica, di fatto, il disposto dell'art. 2936 c.c., secondo cui – come sopra visto – è nullo ogni patto diretto a modificare la disciplina legale della prescrizione.

Ai sensi dell'**art. 2969**, come la prescrizione, anche "*la decadenza non può essere rilevata d'ufficio dal giudice*", sicché sarà onere della parte eccepirla; tuttavia, se si tratta "*di materia sottratta alla disponibilità delle parti*", il giudice rileverà d'ufficio l'eventuale decadenza in quanto egli "*deve rilevare cause d'improponibilità dell'azione*".

SEZIONE II

IL RAPPORTO GIURIDICO

CAPITOLO QUARTO

I SOGGETTI DEL RAPPORTO GIURIDICO

Sommario

4.1. **Introduzione**

Sin dalle primissime pagine di questo manuale si è ripetuto che le regole, ed in particolar modo le regole giuridiche, trovano la loro ragion d'essere nel fatto di essere chiamate a prevenire o, comunque, risolvere conflitti tra soggetti, e cioè tra individui, o consociati che dir si voglia, tra i quali può sorgere una qualche disputa. Del resto, è facile convenire sul fatto che, come il re dell'asteroide 325 cui si è fatto cenno nel paragrafo 3.1, anche il naufrago sull'isola deserta non ha bisogno di regole di comportamento in quanto qualunque cosa faccia non può danneggiare nessuno, sicché l'esercizio della sua libertà non implica il sacrificio della libertà di nessun altro. Finché Robinson Crusoe – scrive un autorevole giurista dei nostri giorni – vive, solitario, nell'isola dispersa nell'oceano e si procura i mezzi di sostentamento, gli utensili e un ricovero dove difendersi dalle intemperie, dagli animali e da ogni altro rischio, non v'è ragione di pensare che sia necessario ricorrere a regole di comportamento. Tutto ciò che Robinson fa è spontaneo ed ogni valutazione del suo comportamento è irrilevante in quanto nessuno può contestargli alcunché. Insomma, l'isola, che sia disabitata o abitata da un uomo soltanto, non ha bisogno di regole di comportamento, tanto meno giuridiche; alle piante, alla spiaggia, alle pietre, agli animali e ad ogni altro essere, animato o no, che abita l'isola, basta seguire la sua natura. Lo scenario cambia quando Robinson scopre tracce di esistenza umana nell'isola. Egli deve, infatti, prima accertarsi, per ragioni di sopravvivenza, che la presenza di altri uomini non gli sia ostile, quindi deve porsi il problema di come gestire i suoi spazi, le sue attività, i suoi bisogni, senza arrecare pregiudizio agli spazi, alle attività ed ai bisogni altrui. La tematica è ormai nota.

Le regole giuridiche, dunque, nascono per disciplinare i rapporti tra soggetti. In origine il concetto di soggetto, nel campo del diritto, era limitato a quello di **persona fisica**, e cioè persona umana, singola e ben definita. Con il passare del tempo il diritto privato ha, tuttavia, cominciato a conoscere vicende associative o corporative, e cioè si è accorto che i singoli soggetti persone fisiche possono avere, e di fatto molto spesso hanno, interesse a stare insieme per realizzare scopi comuni, sia lucrativi, finalizzati cioè a trarre guadagno in termini di ricchezza materiale individuale, sia non lucrativi, finalizzati cioè a trarre altro tipo di utilità. Il fenomeno in parola è stato a lungo guardato con sospetto dal potere costituito, che ha sempre temuto le aggregazioni di privati come sue antagoniste, tanto che anche la prima esperienza codicistica ottocentesca dimostra avversione e diffidenza per ogni forma di associazione privata.

Con lo sviluppo della società e, soprattutto, con la nascita del mercato e dell'economia industriale, e con il contemporaneo rafforzamento degli Stati nazionali, tuttavia, il clima di diffuso sospetto si stemperò ed al contempo si apprezzarono le possibilità che, soprattutto in termini di organizzazione del lavoro o, più in generale, dell'impresa, la forma associativa può schiudere. Fu così che il diritto privato riconobbe definitivamente, a fianco delle singole persone fisiche consociate, anche alle organizzazioni formate da più persone fisiche la natura di soggetti dell'ordinamento giuridico; di conseguenza si diffusero gli **enti**, cioè organizzazioni di privati che, in quanto dotate di caratteristiche riconosciute dall'ordinamento stesso, sono da questo trattate come entità autonome ed indipendenti e sono dotate di propria soggettività giuridica. Sul piano costituzionale l'operatività nel nostro sistema civile degli enti giuridici è considerata dall'**art. 18 Cost.**, il quale garantisce ai cittadini il diritto di libera associazione al fine di perseguire qualsiasi fine non vietato, e così fini di lucro, come di ricerca scientifica, di svago, di beneficienza, ecc., nonché dall'**art. 2 Cost.**, che, come visto, riconosce e garantisce i diritti inviolabili dell'uomo, non soltanto come singolo, ma altresì "*nelle formazioni sociali ove si svolge la sua personalità*". Ciò malgrado, un sintomo evidente del sospetto a cui si accennava era, sino al 1997, ancora contenuto nel nostro codice civile in particolare all'**art. 17**, il quale stabiliva che "*La persona giuridica non può acquistare beni immobili, né accettare donazioni, o eredità, né consentire legati senza l'autorizzazione governativa. Senza questa autorizzazione, l'acquisto e l'accettazione non hanno effetto*". L'art. 17 è stato abrogato dalla legge 15 maggio 1997 n. 127, in forza della quale gli enti non sono più tenuti ad acquisire alcuna autorizzazione per acquistare beni o accettare donazioni ed eredità o conseguire legati. La definitiva equiparazione, quantomeno ideale, da parte dell'ordinamento giuridico tra enti e persone fisiche – ovviamente nei limiti del possibile, e cioè ferme restando le differenze ontologiche naturali tra gli uni e le altre – può dirsi sostanzialmente raggiunta con il **d.lgs. 8 giugno 2001 n. 231**, recante la "*Disciplina della responsabilità amministrativa delle persone giuridiche, delle società e delle associazioni anche prive di personalità giuridica, a norma dell'articolo 11 della legge 29 settembre 2000 n. 300*", con il quale è stato superato il principio per cui la responsabilità penale è solo personale, o meglio questo è stato interpretato nel senso che la persona entificata, e cioè l'ente giuridico, deve essere chiamata a rispondere direttamente quando è commesso un reato nel suo interesse, laddove sino al 2001 rispondeva del reato sul piano penale ed amministrativo solo la persona fisica che lo aveva effettivamente compiuto (fermo restando che, al contrario, sul piano civilistico l'eventuale obbligo di risarcire i danni al terzo gravava anche sull'ente, quanto meno ai sensi degli artt. 1228 e 2049 c.c.).

Nelle pagine che seguono si traccerà la disciplina essenziale che il diritto privato italiano dedica ai diversi soggetti operanti nell'ordinamento giuridico, non prima però di aver svolto, nel prossimo paragrafo, una rapida riflessione generale sul modo in cui gli enti operano e manifestano all'esterno la propria volontà.

4.1.1. Enti giuridici tra teoria organicistica e immedesimazione organica

Tradizionalmente, agli enti si fa riferimento anche con l'espressione '***personae fictae***' (o soggetti immateriali), proprio per sottolineare che essi non sono persone umane, ma persone artificiali, e cioè entità a cui l'ordinamento giuridico riconosce la qualifica di persone a determinati fini. In questi termini può ben spiegarsi anche la fortuna sortita dalla **teoria organicistica**, e cioè dalla teoria per cui gli enti operano attraverso organi (assembleari, di governo, di controllo, esecutivi, ecc.) e dunque secondo una organizzazione interna che viene anche definita '*articolazione organica*'; in altre parole, poiché le persone umane vivono, interagiscono con ciò che le circonda ed agiscono utilizzando i propri organi ed i propri sensi, si ritiene opportuno applicare gli stessi concetti alle *personae fictae*, pur ontologicamente prive di tali attributi, così finendo per affermare che anche l'ente è dotato di organi che gli consentono di vivere e di operare e senza i quali non potrebbe far nulla. Del resto, è piuttosto evidente che un ente, tanto che sia un'associazione, tanto che sia una fondazione, un comitato, una società, una cooperativa o quant'altro, non può decidere nulla se non in ragione della decisione assunta dalla persona o dalle persone fisiche che formano i suoi organi di governo, così come non può firmare un contratto, né adempiere un'obbligazione, se non opera, per suo conto, materialmente una persona o più persone che eseguono quanto deciso dall'organo di governo. In altre parole, la teoria organicistica appare funzionale nell'ottica di rendere applicabile anche agli enti le regole giuridiche nate per disciplinare i rapporti tra persone fisiche.

La teoria in parola consente, altresì, di evidenziare il rapporto esistente tra l'ente e le persone fisiche che in qualche modo partecipano alla vita dello stesso, come soci, ovvero associati, promotori, fondatori, amministratori, dipendenti, controllori o quant'altro. Ed inoltre permette di cogliere la differenza tra le diverse funzioni svolte dai vari organi (amministrativa, di controllo, di indirizzo ecc.). Differenza che oggi – soprattutto dopo la riforma del diritto delle società di capitali e delle cooperative sancita dal già citato d.lgs. n. 6/2003, ed in particolare in considerazione della modifica del comma 1 dell'**art. 2384** c.c. in materia di **società per azioni** (c.d. 's.p.a.') – può apparire ancor più significativa in quanto tale modifica ha confermato sul piano legislativo, se pure apparentemente solo in relazione alle società per azioni, la tesi della **irrilevanza esterna delle limitazioni** (che normalmente risultano dall'atto costitutivo o dallo statuto o da apposite deliberazioni degli organi competenti), anche se debitamente pubblicizzate, dei poteri degli amministratori, sempre che non risulti che il terzo abbia "*intenzionalmente agito a danno della società*". Oggi ancor più di ieri, dunque, è fondamentale distinguere tra organo amministrativo (comprensivo dei suoi componenti quando l'organo sia collegiale) ed altri organi dell'ente, visto che gli atti posti in essere da chi compone l'organo amministrativo non possono essere contestati dall'ente stesso per eventuale violazione delle limitazioni ai poteri di rappresentanza in quanto queste ultime sono sempre inopponibili ai terzi in buona fede. Tutto ciò in forza della teoria dell'**immedesimazione organica**, per la quale l'organo rappresenta l'ente come fosse l'ente stesso nel senso che si immedesima in esso, anche se il processo deliberativo interno (e cioè il processo di formazione della volontà dell'ente) fosse viziato e finanche quando l'atto compiuto è estraneo all'oggetto sociale, tanto che il citato art. 2384, dopo la novella del 2003, stabilisce che rispetto ai terzi "*il potere di rappresentanza attribuito agli amministratori* [...] *è generale*", fermo restando la responsabilità per cattiva gestione nei confronti dell'ente delle persone fisiche che hanno agito in rappresentanza dello stesso.

La riforma delle società di capitali e delle cooperative del 2003 ha introdotto nel codice civile una norma apposita in tema di rappresentanza anche nell'ambito della disciplina riservata alle **società a responsabilità limitata** (c.d. 's.r.l.'). Si tratta dell'**art. 2475 *bis***, il quale, oltre a confermare il principio per cui le limitazioni ai poteri rappresentativi non sono opponibili ai terzi in buona fede, afferma un concetto particolarmente significativo laddove stabilisce che "*Gli amministratori hanno la rappresentanza generale della società*". Con tale espressione, infatti, l'art. 2475 *bis* sembra voler dire, in contrapposizione al citato art. 2384, che gli amministratori delle società a responsabilità limitata hanno sempre la rappresentanza generale dell'ente, laddove invece nell'ambito delle società per azioni l'art. 2384 prevede che "*il potere di rappresentanza attribuito agli amministratori dallo statuto o dalla deliberazione di nomina è generale*", così lasciando intendere che, in mancanza di tale attribuzione, gli amministratori non hanno potere rappresentativo. Insomma, la disposizione in materia di società a responsabilità limitata valorizza ancora di più il concetto di immedesimazione organica.

Attraverso la disciplina in esame, qui sintetizzata con i riferimenti esemplificativi agli artt. 2384 e 2475 *bis*, si tutela l'affidamento dei terzi, e si solleva qualunque consociato abbia a che fare con la *persona ficta* dall'onere di consultare di continuo il registro delle imprese o gli altri registri presso i quali trovano pubblicità gli atti rilevanti degli enti privati, ma evidentemente si espongono questi ultimi al rischio che l'amministratore possa esprimere all'esterno una volontà diversa da quella effettiva dell'ente. Il che, di conseguenza, da un lato rende più agile l'attività negoziale degli enti privati in quanto i terzi dovrebbero avere minori remore a rapportarsi anche con un solo amministratore, dall'altro responsabilizza le *personae fictae* nella scelta dei soggetti a cui affidare il proprio potere rappresentativo.

Il discorso appena svolto riguardo alle società può considerarsi, con le dovute eccezioni, di portata generale. Tuttavia, esso non coinvolge le **associazioni riconosciute** e le **fondazioni**, giacché per queste, come meglio si vedrà *infra*, opera il principio contrario espresso nell'apposita disposizione di cui all'**art. 19** c.c., per cui "*le limitazioni del potere rappresentativo, che non risultano dal registro indicato nell'art. 33, non possono essere opposte ai terzi, salvo che si provi che essi ne erano a conoscenza*".

4.2. La persona fisica

Con l'espressione **persona fisica**, in mancanza di una definizione legislativa, si fa comunemente riferimento – come rapidamente anticipato nel precedente paragrafo – alla persona umana, singola e ben definita, e cioè dotata di una sua consistenza biologica che la rende riconoscibile, sul piano naturalistico, come essere animale appartenente alla specie umana. La persona fisica può essere, o meno, vivente. Solo la persona fisica vivente, tuttavia, come la logica suggerisce, può essere titolare di diritti, doveri, obblighi ed altre situazioni giuridiche soggettive, visto che il defunto, anche a prescindere da ogni ulteriore considerazione, non sarebbe in grado di esercitare diritti, poteri, facoltà, e potestà, né potrebbe in alcun modo adempiere a doveri, obblighi, oneri e quant'altro.

Dal concetto naturalistico di persona fisica deve distinguersi quello di persona intesa come soggetto di diritto che può astrattamente essere titolare di situazioni giuridiche soggettive. Tal ultimo concetto non è particolarmente datato. Né, tanto meno, alla sua origine, esso è ritenuto connaturato al concetto di uomo. L'individuo, e cioè il singolo uomo consociato, secondo gli storici, viene considerato portatore di una propria identità personale sul piano sociale e poi giuridico, e dunque viene considerato imprescindibilmente persona per il sol fatto di esistere, esclusivamente dal periodo dell'Umanesimo in avanti. Prima, l'individuo era un semplice numero, e cioè era un'unità parte della collettività, salvo che non avesse condizioni e poteri particolari che gli attribuivano uno *status*, e cioè una certa posizione sociale, e dunque una *dignitas*. In altre parole, la semplice individualità fisica sino al periodo predetto non attribuiva al consociato prerogative riconosciute dal diritto, tanto che per secoli molti ordinamenti giuridici hanno disciplinato la condizione dello **schiavo** senza attribuire allo stesso neanche i diritti che oggi, invece, riteniamo in qualche modo inevitabilmente (alcuni dicono naturalmente) pertinenti alla natura umana e, dunque, spettanti ad ogni singolo essere umano. In definitiva, nelle società schiavistiche (dell'antichità, come nella società romana, e dell'epoca moderna, come nel Nord America fino al secolo XIX) l'attributo di persona spettava solo agli uomini liberi, non agli schiavi, i quali erano giuridicamente cose, e non persone, oggetto di diritti e non soggetto di diritti.

Nell'impossibilità di ripercorrere in questa sede approfonditamente le tappe storiche che hanno portato nel nostro ordinamento all'affermazione del concetto di persona per come la intendiamo noi oggi, conviene limitarsi a ricordare che per il diritto italiano ogni uomo è, in quanto tale, una persona, e cioè un individuo che gode di **capacità giuridica**. Acquista questo attributo al momento della nascita e lo conserva sino al momento della morte; si tratta, come evidente, di due fatti naturali, ma l'ordinamento può decidere quando si determinano sul piano giuridico individuandone i criteri di accertamento. Attraverso il riconoscimento della capacità giuridica, nonché – come vedremo nel box che segue – della **soggettività giuridica**, e cioè della astratta idoneità del soggetto ad essere titolare di situazioni giuridiche soggettive, l'ordinamento privatistico oggi protegge il valore dell'uomo nella sua concreta dimensione in considerazione delle molteplici circostanze, formazioni sociali ed esperienze in cui essa si manifesta. Non è un caso, del resto, che il codice civile si apra con **il primo dei suoi sei libri** dedicato, per l'appunto, alle "*persone*" e alla "*famiglia*".

A questo riguardo occorre, tuttavia, avvertire che il codice non detta una disciplina completa atta a tutelare in modo pieno i poliedrici interessi della persona fisica. Ciò in quanto, alla fine degli anni Trenta del secolo scorso, allorquando sono state scritte le regole del libro I del codice, imperava il formalismo giuridico ed una concezione tutta patrimoniale dei rapporti giuridici, sicché la persona era considerata una 'fattispecie' strumentale, o un elemento della fattispecie, e cioè un concetto giuridico utile a consentire il perfezionamento di fattispecie idonee a perseguire concretamente interessi economico-patrimoniali dei privati. In altre parole, l'idea di persona non era considerata fulcro dell'ordinamento in quanto centro primario di interessi da tutelare, peraltro non tutti *a priori* definibili, bensì elemento dogmatico necessario, e cioè imprescindibile, per la realizzazione degli effetti giuridico-economici perseguiti dai privati o determinati dalla legge. La Costituzione – che invece mostra una spiccata sensibilità riguardo alla persona intesa come centro di interessi, patrimoniali e non – fa un espresso riferimento alla tematica in parola solo all'art. 22, laddove stabilisce che nessuno può essere privato della capacità giuridica per motivi politici, così affermando una netta cesura con l'esperienza legislativa precedente, segnata, tra l'altro, dal dramma delle leggi razziali contro gli Ebrei (ad esempio, l'art. 4 del r.d.l. 9 febbraio 1939 n. 126 prescriveva che "*la parte di patrimonio immobiliare eccedente i limiti consentiti ai cittadini italiani di razza ebraica deve essere trasferita all'Ente indicato nell'art. 11.*").

4.2.1. Capacità, personalità e soggettività giuridica della persona fisica tra nascita, morte, scomparsa e assenza

Il formalismo che permea le regole codicistiche in tema di 'persona fisica', peraltro rimaste immutate nel tempo, è percepibile non appena si scorrono i primissimi articoli del libro I. Con l'**art. 1** c.c., infatti, il legislatore chiarisce subito che la **capacità giuridica** – espressione per molti versi equivalente a quella di personalità giuridica – "*si acquista dal momento della nascita*", e che "*i diritti che la legge riconosce a favore del concepito sono subordinati al-*

l'evento della nascita". La solennità dell'affermazione normativa non appare del tutto giustificata, se solo si osserva che la disposizione, dopo essersi occupata di chiarire quando si acquista la capacità giuridica, non si prende la briga di definire cosa debba intendersi per capacità giuridica. Questione quest'ultima tutt'altro che irrilevante, posti i dubbi ancora esistenti in dottrina circa la natura di valore pre-giuridico (o, in altri termini, naturalistico) ovvero di valore strettamente positivo del concetto di persona sopra cennato.

Ai fini di spiegare concretamente come opera l'art. 1, giova precisare che per **nascita** si intende tradizionalmente la separazione del feto dal corpo materno; tale evento è individuato nell'inizio della respirazione polmonare coincidente con il primo vagito. La norma non richiede la piena vitalità, e cioè la concreta possibilità per il bambino di sopravvivere, sicché si intende nato anche il soggetto che rimanga in vita pochi istanti. Il riferimento al **concepito**, e cioè a colui che è stato procreato e si trova nel ventre materno (cfr. artt. 231, 232 e 462 c.c.), svolto nella disposizione in esame, si spiega in ragione dell'esigenza, avvertita dall'ordinamento, di tutelare determinati interessi di natura patrimoniale espressamente presi in considerazione da specifiche norme di legge (ad esempio, consentendo al nascituro di succedere, *ex* art. 462 c.c., al padre che sia morto durante la sua gestazione; cfr. anche, tra gli altri, gli artt. 715 e 784 c.c.); interessi che, secondo l'interpretazione tradizionale, prima della nascita del soggetto rimarrebbero privi di vera e propria titolarità, tanto che, se l'evento nascita non si verifica, la riserva a favore del nascituro (determinata dal combinato disposto della norma rilevante nel caso concreto e dell'art. 1, comma 2, c.c.) perde ogni efficacia e i diritti, sino a quel momento oggetto di tale riserva, andranno ad altri.

A ben vedere, singole ed eccezionali disposizioni di legge prevedono che anche il soggetto **non ancora concepito** (c.d. concepturo, dal latino *concepturus*) possa essere destinatario di specifiche attribuzioni patrimoniali; anche in questo caso, tuttavia, la concreta titolarità del diritto si avrà solo se ed in quanto il soggetto venga alla luce. L'esempio classico è costituito dal già citato art. 462, ai sensi del quale, non solo – come appena accennato incidentalmente – "*sono capaci di succedere tutti coloro che sono nati o concepiti al tempo dell'apertura della successione*" (presumendosi, peraltro, tale concepimento quando la nascita avvenga "*entro i trecento giorni successivi alla morte della persona della cui successione si tratta*"), ma "possono ricevere per testamento" anche "*i figli di una determinata persona vivente al tempo della morte del testatore, benché ancora non concepiti*". La disposizione in parola distingue tra concepiti e non concepiti dando ai primi la capacità di succedere per legge o per testamento, mentre ai secondi solo la capacità di essere istituiti per testamento. L'opinione prevalente, e senz'altro preferibile, considera, inoltre, che tra i non concepiti, ai fini dell'applicazione dell'art. 462, non possono essere ricompresi coloro che saranno adottati da una determinata persona vivente in quanto, in caso contrario, si ammetterebbe la possibilità per un terzo, e cioè l'adottante, di scegliere il destinatario di una eredità. E dunque, se Tizio muore istituendo per testamento come suo erede il figlio, non ancora nato né concepito, di Caio, quest'ultimo non può dar corso all'istituzione ereditaria adottando un bambino.

La capacità giuridica si perde solo al momento della **morte**. La legge sui trapianti 2 febbraio 1975 n. 644 fissava il criterio generale della morte cerebrale – ossia la cessazione irreversibile di tutte le attività del sistema nervoso centrale – per individuare, sul piano giuridico, il momento di consumazione dell'evento morte. La legge 29 dicembre 1993 n. 578 ha, invece, definito per la prima volta sul piano legislativo l'evento in parola, e lo ha fatto esprimendosi in termini di "*cessazione irreversibile di tutte le funzioni dell'encefalo*", rinviando all'emanazione di appositi regolamenti l'enunciazione dei criteri di accertamento della morte (cfr. d.m. 22 agosto 1994 n. 582, "*Regolamento recante le modalità per l'accertamento e la certificazione della morte*"). La materia è attualmente regolata dalla legge quadro n. 91/1999, con la quale è stato introdotto nel nostro ordinamento il sistema del consenso informato presunto e che – a seguito del recepimento della direttiva 53/2010/UE ad opera del d.l. 11 dicembre 2012 n. 2016 e di successivi interventi normativi – contiene la vigente disciplina dei trapianti di organi da cadavere. Sennonché, il sistema in parola è rimasto inattuato per venti anni e ad esso si è dato concreto impulso solo con la firma del d.m. n. 130 del 20 agosto 2019, recante la disciplina degli obiettivi, delle funzioni e della struttura del Sistema Informativo Trapianti (SIT), già previsto dalla legge quadro n. 91, e del Registro nazionale dei donatori di cellule riproduttive a scopi di procreazione medicalmente assistita di tipo eterologo.

Per completare il discorso, occorre altresì osservare che l'unico altro caso in cui si perde la capacità giuridica nel nostro ordinamento è quello della **dichiarazione di morte presunta**, situazione questa disciplinata ai sensi degli **artt. 58-73** c.c. In sintesi, a riguardo può dirsi che se trascorrono dieci anni dall'ultima notizia di un soggetto che risulta assente, ovvero se si è determinata una delle condizioni stabilite dall'art. 60 (scomparsa o prigionia in occasione di eventi bellici, ovvero scomparsa a seguito di infortunio), su istanza di coloro che sarebbero stati eredi testamentari o legittimi, dei loro figli o del pubblico ministero (artt. 58, comma 1, e 50, comma 2), il tribunale ne può dichiarare con sentenza la morte presunta, anche se non era stata dichiarata in precedenza l'assenza. La sentenza produce gli stessi effetti della morte naturale dal momento in cui essa è resa, tuttavia il momento della morte è indicato dal giudice ed è tendenzialmente coincidente, a seconda delle diverse ipotesi, con il giorno a cui risale l'ultima notizia, ovvero con il giorno a cui presumibilmente risale l'operazione bellica o l'infortunio considerato ai sensi del citato art. 60. Il momento della morte è di particolare importanza per determinare i diritti e, più in generale, le vicende da questa nascenti. All'esito della sentenza in parola, si aprirà la successione a partire dalla data di morte; in più, coloro che furono immessi nel possesso temporaneo dei beni dell'allora assente (ai sensi degli artt. 48-58 c.c.) ne acquistano la piena titolarità, coloro ai quali fu concesso l'esercizio temporaneo dei diritti o la liberazione temporanea dalle obbligazioni conseguono l'esercizio o la liberazione definitive, e il coniuge della persona che si presume defunta può contrarre nuovo matrimonio (art. 65). Se la persona di cui è stata dichiarata la morte presunta ritorna, o se comunque ne è provata l'esistenza in vita, ai sensi dell'art. 66, "*recupera i beni nello stato in cui si trovano e ha diritto a conseguire il prezzo di quelli alienati quando esso sia tuttora dovuto, o i beni nei quali è stato investito*"; essa inoltre ha "*diritto di pretendere l'adempimento delle obbligazioni considerate estinte ai sensi del comma 2 dell'art. 63*"; mentre, ai sensi dell'art. 68, il matrimonio celebrato dopo la dichiarazione di morte presunta "*è nullo*", sebbene ne siano fatti salvi gli "*effetti civili*" sino a quel momento prodotti. Secondo quanto disposto dall'art. 66, comma 3, infine, se è provata la data effettiva di morte della persona che ha subito una sentenza di presunzione di morte, i diritti spettanti alla stessa, se torna, spetteranno a coloro che alla data della morte effettiva sarebbero stati suoi eredi o legatari.

Come cennato, la dichiarazione giudiziaria di morte presunta può essere, o meno, anticipata dalla **scomparsa** e/o dall'**assenza** della persona. La scomparsa (art. 48 c.c.) è una situazione di fatto a cui la legge riconosce delle possibili conseguenze in termini di nomina del curatore per assumere i provvedimenti necessari alla conservazione del patrimonio dello scomparso. L'assenza è una vera e propria situazione giuridica che si verifica quando, trascorsi due anni dall'ultima notizia della persona scomparsa, il tribunale competente la dichiari con sentenza, su istanza di chiunque ragionevolmente creda di avere diritti dipendenti dalla morte dello scomparso. Divenuta esecutiva tale pronuncia, il tribunale, su istanza degli interessati o del pubblico ministero, "*ordina l'apertura degli atti di ultima volontà dell'assente se vi sono*"; "*coloro che sarebbero eredi testamentari o legittimi*" possono essere immessi nel possesso temporaneo dei beni, e più in generale si producono gli effetti anticipatori rispetto alle dichiarazioni di morte, o morte presunta, di cui agli artt. 48-57 c.c.

'Capacità', 'personalità', 'soggettività' e tutela del nascituro

In dottrina si distingue la '**capacità**' giuridica dalla '**personalità**' giuridica osservando che la seconda costituirebbe l'aspetto dinamico della prima garantita nel suo pieno e libero svolgimento, di talché vi sarebbe una capacità giuridica generale che si acquista con la nascita e si perde con la morte, e nell'ambito di questa si svolgerebbe, salvo casi eccezionali (cioè casi in cui sia configurabile una incapacità speciale: ad esempio, il fallito non può essere nominato tutore), la concreta idoneità del soggetto ad essere titolare di situazioni giuridiche soggettive rispetto ai diversi ambiti di sua attività.

Altra dottrina sottolinea come nel paradigma normativo della persona sia necessario inserire il concetto di '**soggettività**' per individuare realmente l'ambito di tutela complessivo della persona fisica. Vi sarebbero, infatti, secondo gli assertori di quest'ultima tesi, situazioni in cui si rinviene l'esistenza di un soggetto giuridico titolare di un interesse giuridicamente protetto anche laddove, formalmente, si dovrebbero ritenere non sussistenti i presupposti per riconoscere la capacità giuridica in capo a detto soggetto. La giurisprudenza più recente sembra apprezzare tale impostazione, e dunque si rivela piuttosto incline ad affermare l'esistenza della soggettività come autonoma categoria concettuale ed a ricollegare a questa la titolarità di una capacità giuridica parziale, o, meglio, una capacità giuridica che prescinde dall'evento nascita, e che opera in relazione a determinati interessi ritenuti fondamentali.

La tematica è centrale, tra l'altro, nell'ambito della riflessione, aperta da diversi lustri, in dottrina e giurisprudenza circa la configurabilità del **nascituro** – o concepito o embrione o feto che dir si voglia – come soggetto dotato di un'autonoma capacità giuridica, se pure diversa dalla capacità generale presa in considerazione dall'art. 1 c.c. Pur ammettendo, infatti, che il concepito non sia 'persona' intesa in senso statico, è pur vero che lo stesso è comunque un essere dotato di una sua fisicità e di una sua vita, se pure pre-natale e se pure non autonoma perché dipendente dalla madre nel cui ventre essa si svolge. Certo è che il nascituro ha '*la speranza di divenire persona*' e, pertanto, può essere tutelato quale connotazione della persona intesa dinamicamente, ovvero nell'ottica di una '*tutela della vita nascente*'.

Ad ogni modo, il concepito è – oggi molto più di ieri – punto di riferimento di norme giuridiche attributive di diritti, o quanto meno di interessi o situazioni giuridiche asseritamente tutelate. Ciò impone senz'altro un'attenta verifica circa la tenuta delle categorie soggettive tradizionali e circa la corretta interpretazione dell'art. 1 c.c. Ed infatti, con l'art. 1, rubricato "*finalità*", della **legge 19 febbraio 2004 n. 40** recante "*Norme in materia di procreazione medicalmente assistita*", il legislatore ha espressamente affermato che: "*Al fine di favorire la soluzione dei problemi riproduttivi derivanti dalla sterilità o dalla infertilità umana è consentito il ricorso alla procreazione medicalmente assistita, alle condizioni e secondo le modalità previste dalla presente legge, che assicura i diritti* ***di tutti i soggetti coinvolti, compreso il concepito***". L'enunciato normativo in parola, *ictu oculi*, riconosce al concepito *expressis verbis* la natura giuridica di *soggetto*. E ciò in conformità con quanto, sin dalla **sentenza 18 febbraio 1975 n. 27**, la Corte costituzionale ha affermato allorquando, ripercorrendo la giurisprudenza significativa in argomento, osservò che «il prodotto del concepimento fu alternativamente ritenuto semplice parte dei visceri della donna, speranza d'uomo, soggetto animato fin dall'inizio, o dopo un periodo più o meno lungo di gestazione», per giungere ad evidenziare come attualmente non possa negarsi che la tutela del concepito abbia fondamento costituzionale, in particolare *ex* art. 2 Cost., benché l'ordinamento non sia disposto a dare agli interessi del concepito una prevalenza totale ed assoluta, negando adeguata protezione altri beni che eventualmente vengano in considerazione nel caso di specie. In ragione di ciò, nell'occasione la Corte ritenne che: «Non esiste equivalenza fra il diritto non solo alla vita ma anche alla salute proprio di chi è già persona, come la madre, e la salvaguardia dell'embrione che persona deve ancora diventare». E che l'art. 1 della legge n. 40/2004 non sia affatto innovativo, ma piuttosto enunciativo, è espressamente affermato ancora una volta dalla Corte costituzionale, la quale con la **sentenza 28 gennaio 2005 n. 48** ha sottolineato come «*la norma presenta per tale ultimo aspetto un contenuto meramente enunciativo, dovendosi ricavare la tutela di tutti i soggetti coinvolti e, quindi, anche del concepito, dal complesso delle altre disposizioni della legge*».

Del resto, lo stesso art. 1 c.c. riconosce che la legge attribuisce diritti al concepito, salvo – come si è visto – precisare che tali diritti sono "*subordinati all'evento della nascita*", senza per altro con ciò chiarire se è la titolarità del diritto ad essere subordinata all'evento della nascita o esclusivamente il suo esercizio, e se tale subordinazione abbia effetto sospensivo o, come sostengono alcuni, risolutivo. La differenza è significativa perché se si preferisce considerare subordinata sospensivamente la titolarità, come tradizionalmente si è fatto, allora si deve ritenere che la causazione per colpa o dolo, ad esempio da parte del medico, di un **danno alla salute del concepito** mentre questi è nel ventre materno, non può costituire un fatto illecito giacché, sin quando non vi è la nascita, il diritto sostanzialmente non esiste, e quindi non può essere leso, in quanto manca il titolare dello stesso. Viceversa, se si ammette che solo l'esercizio del diritto sia sospensivamente subordinato all'evento della nascita, o se si ritiene che la subordinazione disposta dal capoverso dell'art. 1 abbia solo effetti risolutivi, nel caso dell'esempio è evidente che, una volta nato, il bambino potrà chiedere, tramite i suoi genitori o altri soggetti che avranno titolo a rappresentarlo mentre questi è minore, il risarcimento dei danni per l'illecito subito mentre era nel grembo materno. La giurisprudenza italiana più recente sembra ormai decisamente orientata a riconoscere al concepito la titolarità di alcuni diritti fondamentali, salva la possibilità di esercitarli solo dopo la nascita. In proposito, il filone pretorio più eloquente è proprio quello che riguarda i danni causati al feto dalla colpa dei sanitari che hanno in cura la madre gestante, nell'ambito del quale, con la **sentenza 11 maggio 2009 n. 10741**, la III Sezione Civile della Cassazione ha espressamente riconosciuto che: «Stanti la soggettività giuridica – entro determinati limiti – del concepito e il suo diritto a nascere sano, nei confronti di questo e dei suoi genitori rispondono per i danni, patrimoniali e non, connessi a rilevanti patologie del feto, i sanitari che abbiano mancato di informare la madre dei probabili rischi connessi all'assunzione di farmaci per facilitare il concepimento, quanto tali sostanze abbiano determinato l'insorgenza di gravi malformazioni del nascituro» (massima non ufficiale, tratta da *Foro it.*, 2010, I, 141-142). In senso conforme, si segnalano le seguenti sentenze: Cass. 9 maggio 2000 n. 5881; Trib. Reggio Calabria, 31 marzo 2004; Trib. Genova, 30 marzo 1998; e Trib. Milano, 17 dicembre 1991. Proprio il controverso tema della "*legittimazione ad agire di chi, al momento della condotta del medico (in ipotesi, antigiuridica), non era ancora soggetto di diritto, alla luce del principio consacrato all'art. 1 c.c. («La capacità giuridica si acquista dal momento della nascita»), conforme ad un pensiero giuridico secolare.*" è stato oggetto di una pronuncia delle Sezioni Unite della Cassazione, la **sentenza 22 dicembre 2015 n. 25767**, secondo la quale:

«È vero, in tesi generale, che l'attribuzione di soggettività giuridica è appannaggio del solo legislatore, e che la c.d. giurisprudenza normativa, talvolta evocata quale fonte concorrente di diritto, violerebbe il principio costituzionale di separazione dei poteri ove non si contenesse all'interno dei limiti ben definiti di clausole generali previste nella stessa legge, espressive di valori dell'ordinamento (buona fede, solidarietà, ecc.): [...]. Ma in realtà non è punto indispensabile elevare il nascituro a soggetto di diritto, dotato di capacità giuridica –

contro il chiaro dettato dell'art. 1 c.c. – per confermare l'astratta legittimazione del figlio disabile ad agire per il risarcimento di un danno le cui premesse fattuali siano collocabili in epoca anteriore alla sua stessa nascita. Al fondo di tale ricostruzione dogmatica vi è, infatti, il convincimento tradizionale, da tempo sottoposto a revisione critica, che per proteggere una certa entità occorra necessariamente qualificarla come soggetto di diritto. Questa corte ha già da tempo negato, pur se in ipotesi di danno provocato al feto durante il parto, che l'esclusione del diritto al risarcimento possa affermarsi sul solo presupposto che il fatto colposo si sia verificato anteriormente alla nascita: definendo erronea la concezione che, a tal fine, ritiene necessaria la sussistenza di un rapporto intersoggettivo *ab origine* tra danneggiante e danneggiato. E ha concluso che, una volta accertata l'esistenza di un rapporto di causalità tra un comportamento colposo, anche se anteriore alla nascita, ed il danno che ne sia derivato al soggetto che con la nascita abbia acquistato la personalità giuridica, sorge e dev'essere riconosciuto in capo a quest'ultimo il diritto al risarcimento (Cass. 22 novembre 1993, n. 11503, *id*., 1994, I, 2479). Tenuto conto del naturale relativismo dei concetti giuridici, alla tutela del nascituro si può pervenire, in conformità con un indirizzo dottrinario, **senza postularne la soggettività** – che è una tecnica di imputazione di diritti ed obblighi – bensì considerandolo oggetto di tutela (Corte cost. 18 febbraio 1975, n. 27, cit.; Cass. 3 maggio 2011, n. 9700, cit.; 9 maggio 2000, n. 5881, *id*., Rep. 2001, voce cit., n. 141). Tale principio informa espressamente diverse norme dell'ordinamento. Così, l'art. 1, comma 1, legge 19 febbraio 2004 n. 40 (norme in materia di procreazione medicalmente assistita) annovera tra i soggetti tutelati anche il concepito («Al fine di favorire la soluzione dei problemi riproduttivi derivanti dalla sterilità o dall'infertilità umana è consentito il ricorso alla procreazione medicalmente assistita, alle condizioni e secondo le modalità previste dalla presente legge, che assicura i diritti di tutti i soggetti coinvolti, compreso il concepito»). [...] Se dunque l'**astratta riconoscibilità della titolarità di un diritto** (oltre che della legittimazione attiva) del figlio handicappato non trova un ostacolo insormontabile nell'anteriorità del fatto illecito alla nascita, giacché si può essere destinatari di tutela anche senza essere soggetti dotati di capacità giuridica ai sensi dell'art. 1 c.c., occorre scrutinare a fondo il contenuto stesso del diritto che si assume leso ed il rapporto di causalità tra condotta del medico ed evento di danno».

Tornando alla **nascita**, deve segnalarsi che essa deve essere dichiarata da uno dei genitori o da un loro procuratore speciale, oppure dal medico o da altre persone che abbiano assistito al parto, rispettando l'eventuale volontà della madre di non essere indicata. La dichiarazione è resa entro 10 giorni all'Ufficiale dello stato civile del comune in cui la nascita è avvenuta oppure, entro tre giorni, alla direzione sanitaria dell'ospedale o della casa di cura dove ha avuto luogo il parto (art. 30 del "*Regolamento per la revisione e la semplificazione dell'ordinamento dello stato civile*", approvato con il d.p.r. 3 novembre 2000 n. 396, che ha abrogato il r.d. 9 luglio 1939 n. 1238). Questa dichiarazione determina la formazione dell'atto di nascita che l'Ufficiale di stato civile iscrive nei **registri dello stato civile**, a cui anche il codice dedica alcune disposizioni nella parte finale del libro I, ed in particolare negli **artt. 449-455**, tra l'altro prevedendo che "*i registri dello stato civile sono tenuti in ogni co-*

mune" (art. 449) e che essi "*sono pubblici. Gli ufficiali dello stato civile devono rilasciare gli estratti e i certificati che vengono loro domandati con le indicazioni dalla legge prescritte*" (art. 450). Negli stessi registri vengono iscritti gli altri atti che riguardano lo stato civile della persona e lo modificano (adozione, riconoscimento quale figlio naturale, il matrimonio, ecc.), tra i quali l'atto di morte (artt. 71 e ss. dell'ordinamento dello stato civile, cit.). Tutti gli atti iscritti nei registri in parola fanno fede, e dunque formano documenti probatori, sino a prova contraria, di ciò che è dichiarato all'Ufficiale di stato civile. Ai sensi dell'art. 451, "*Gli atti dello stato civile fanno prova, fino a querela di falso, di ciò che l'ufficiale pubblico attesta essere avvenuto alla sua presenza o da lui compiuto*", mentre "*le dichiarazioni dei comparenti fanno fede fino a prova contraria*". La legge, all'art. 452, stabilisce anche che: "*Se non si sono tenuti i registri o sono andati distrutti o smarriti o se, per qualunque altra causa, manca in tutto in parte la registrazione dell'atto, la prova della nascita o della morte può essere data con ogni mezzo*". Secondo la dottrina tale principio può applicarsi anche al matrimonio, sebbene questo non sia un atto naturale, quando altrimenti sarebbe impossibile provarne la celebrazione.

Ogni persona fisica è identificata con un nome che consta del **nome** in senso stretto, o prenome, e del **cognome**. Sul proprio nome, come vedremo più avanti, il soggetto ha un vero e proprio diritto soggettivo assoluto rientrante nella categoria dei diritti della personalità (artt. 6-9 c.c.). Il prenome – che deve corrispondere al sesso del bambino (art. 35 dell'ordinamento dello stato civile, cit.) è assegnato a scelta della persona che dichiara la nascita secondo quanto appena sopra ricordato. Il cognome, se si tratta di figlio legittimo, è quello del padre. Il neonato di cui siano ignoti i genitori è iscritto nei registri dello stato civile come figlio di ignoti ed il cognome è dato a propria scelta dallo stesso Ufficiale di stato civile (art. 29, commi 4 e 5 dell'ordinamento dello stato civile, cit.). Il figlio naturale, al momento del riconoscimento assume il cognome del genitore che lo abbia riconosciuto; se il riconoscimento è effettuato congiuntamente dal padre e dalla madre, il figlio assume il cognome del padre (art. 262 c.c.). Nei casi e con le procedure previste dall'ordinamento dello stato civile (artt. 84 e ss.) la persona, divenuta maggiorenne, può ottenere di cambiare sia il prenome che il cognome o aggiungere al proprio un altro cognome. Inoltre, la **legge n. 164 del 14 aprile 1982** detta la disciplina della rettificazione di attribuzione di sesso, consentendo appunto la rettificazione dell'atto di nascita e l'attribuzione di un sesso diverso da quello ivi indicato "*a seguito di intervenute modificazioni dei* [..] *caratteri sessuali*" (art. 1). Tale disciplina attiene all'ipotesi che via un intervento chirurgico che modifichi gli attributi sessuali e quindi il sesso fisico della persona. A tal proposito, tuttavia, giova precisare che la giurisprudenza è andata oltre tale fattispecie, consentendo il cambio di sesso senza obbligo di sottoporsi ad interventi chirurgici. Con la **sentenza n. 221/2015**, infatti, la **Corte Costituzio-**

nale ha soppresso l'obbligo di trattamento chirurgico quale condizione imprescindibile al cambio di sesso. Anche la Suprema Corte di Cassazione, con la sentenza n. 15138/2015, ha consentito la rettifica anagrafica del sesso senza ricorso all'intervento chirurgico. Sulla scia di tali importanti pronunce, la Corte Costituzionale ha ribadito, con la **sentenza n. 180/2017**, la possibilità di cambiare sesso senza interventi chirurgici di modifica degli attributi sessuali che, nella concezione tradizionale, distinguono l'uomo dalla donna. Con ciò accogliendo la categoria psico-medico-giuridica, di elaborazione americana, denominata ***gender***, che supera il concetto di sesso inteso come prettamente fisico. Si parla in tal senso di **identità di genere**.

4.2.2. Limitazioni della capacità giuridica

La capacità giuridica, per come intesa dall'art. 1 c.c., non è eliminabile durante la vita del soggetto; essa, tuttavia, può incorrere in variazioni o limitazioni relativamente a specifici rapporti. In tal caso, se si fa riferimento alla rimanente capacità giuridica generale si può parlare di **capacità giuridica ridotta**, mentre, se si fa riferimento all'area di capacità giuridica generale che viene nella data ipotesi intaccata e limitata, si può parlare di **incapacità speciale**.

In proposito, si distinguono in dottrina casi di incapacità speciali **assolute**, e cioè riferite a rapporti (per l'appunto, non tutti i rapporti, ma rapporti specifici, individuati *a priori*) che legano il singolo ad ogni altro consociato, ovvero di incapacità speciali **relative**, e cioè riferite a rapporti tra il soggetto affetto da questa particolare incapacità ed uno o più consociati determinati.

Tra le circostanze che possono incidere sulla capacità giuridica e determinare un'incapacità speciale assoluta si annovera l'**età** in quanto prima del compimento dei diciotto anni il minore non è capace di contrarre matrimonio (art. 84 c.c.) – salvo che sia dichiarato emancipato (v. *infra*) –, di redigere testamento (art. 591 c.c.) o di rivestire uffici tutelari (art. 350 c.c.). Come vedremo nel paragrafo che segue, in realtà il compimento della maggiore età viene normalmente individuato, in considerazione di quanto disposto dall'**art. 2 c.c.**, come presupposto per l'acquisto della **capacità d'agire**, e cioè della capacità di compiere atti giuridici volontari, validi ed efficaci per il diritto, per i quali non sia prevista un'età diversa, e dai quali discendano diritti ed obblighi in capo all'autore da questo perseguiti (in definitiva, potremmo dire, atti negoziali). Tuttavia, nei tre casi sopra cennati, sembrerebbe più corretto parlare di vera e propria incapacità giuridica speciale posto che il minore non solo non può compiere l'atto in proprio, ma non può nemmeno essere sostituito dal suo rappresentante nel compimento dello stesso, come invece sarebbe se si trattasse di mera incapacità d'agire. In dottrina tale impossibilità viene spiegata attribuendo agli atti in questione la natura di atti personalissimi, e cioè, per l'appunto, non esercitabili da rappresentanti. In ogni caso, è evidente come rispetto a tali atti si verifica, quanto meno, una coincidenza dell'area dell'incapacità d'agire con l'area della incapacità giuridica speciale.

Altra ipotesi di incapacità speciale assoluta, secondo alcuni, può essere riscontrata nelle condizioni di **salute**. In particolare, come il minorenne, anche l'infermo di mente (e cioè colui che sia affetto da una malattia mentale o comunque, anche a causa di una diversa patologia, denunci un insufficiente sviluppo mentale), sia egli interdetto o inabilitato (per i necessari chiarimenti v. il prossimo paragrafo) non può contrarre matrimonio (art. 85 c.c.), redigere testamento (art. 591 c.c.) e assumere uffici tutelari (art. 350 c.c.).

Ulteriori casi di incapacità speciali assolute possono essere individuate allorquando dalla condanna penale deriva l'inflizione a carico del reo di una **pena accessoria** che può consistere nella interdizione perpetua o temporanea dai pubblici uffici (art. 29 c.p.), ovvero nella interdizione dagli uffici direttevi delle persone giuridiche e delle imprese (art. 32 *bis* c.p.), o ancora nella incapacità di contrarre con la pubblica amministrazione (art. 32 *ter* c.p.).

Tra i casi di incapacità giuridiche speciali relative, invece, si enunciano solitamente le situazioni in cui viene a trovarsi un soggetto quando gli è fatto **divieto dalla legge di entrare in un certo rapporto** con una o più parti determinate. Ad esempio, l'art. 596 c.c. stabilisce che sono nulle le disposizioni effettuate a favore del tutore o del protutore da parte di persona sottoposta a tutela; così come l'art. 597 c.c. afferma che sono allo stesso modo nulle le disposizioni del testatore a favore del notaio o dei testimoni o dell'interprete che assistono eventualmente all'atto di ultima volontà. Il fenomeno sembra particolarmente diffuso in materia successoria, ma vi sono anche divieti speciali di comprare, quali ad esempio quelli stabiliti dall'art. 1471 c.c.

Vi sono, infine, ulteriori casi discussi in dottrina che possono comportare per i singoli consociati, a seconda delle circostanze, ulteriori impedimenti ad assumere la titolarità di determinate situazioni giuridiche oggettive. Tra questi, di una certa rilevanza sono gli impedimenti a contrarre matrimonio tra persone legate da specifici rapporti parentali (art. 87 c.c.), le indegnità a ricevere per successione *mortis causa* (art. 463 c.c.) o per donazione (art. 801 c.c.), e l'esclusione dalla successione *mortis causa* del coniuge a cui sia addebitata la separazione personale (artt. 585 e 548 c.c.).

Un caso tutto particolare di capacità giuridica, non limitata, ma – peggio – condizionata, è quello dello **straniero**. Ai sensi dell'**art. 16 delle disposizioni preliminari** al codice civile, infatti, "*Lo straniero è ammesso a godere dei diritti civili attribuiti al cittadino a condizione di reciprocità e salve le disposizioni contenute in leggi speciali. Questa disposizione vale anche per le persone giuridiche straniere*". Dunque, lo straniero, che pure sia presente sul territorio italiano, non è detto che goda di tutti i diritti garantiti dal nostro ordinamento, in quanto il riconoscimento dei diritti civili è subordinato alla c.d. **condizione di reciprocità** che va accertata ai sensi dell'art. 1 del Regolamento di attuazione del d.lgs. n. 286/1998 (c.d. Testo unico delle disposizioni concernenti la disciplina dell'immigrazione e norme sulla condizione dello straniero, testo aggiornato, da ultimo, con le modifiche di cui al d.l. n. 130 del 21 ottobre 2020), emanato con il d.p.r. n. 394/1999. Per "*diritti civili*" devono intendersi, in contrapposizione con i diritti politici, quelli inerenti agli interessi economici della persona, ai suoi beni e ai rapporti familiari; tale tesi si fa preferire rispetto a quella per cui debba darsi a tale espressione un'interpretazione più ampia comprendente il complesso dei poteri e delle libertà di cui gode ogni individuo; la preferenza dipende dal fatto che la Costituzione limita la portata della norma in parola giacché, a prescindere dal riconoscimento di un analogo trattamento riservato al cittadino italiano, sono comunque riconosciuti nel nostro ordinamento a tutti gli individui, sia cittadini che stranieri, i diritti fondamentali di cui all'**art. 2 Cost.** ed il rispetto del **principio di eguaglianza**. La condizione di reciprocità non può essere applicata agli apolidi, e cioè a coloro che non hanno alcuna cittadinanza, né ai rifugiati politici (e ciò ai sensi della legge n. 722/1954 di "*ratifica ed esecuzione della Convenzione relativa allo statuto dei rifugiati*", convenzione firmata a Ginevra il 28 luglio 1951).

4.2.3. Capacità d'agire e situazioni incidenti: incapacità naturale, interdizione, inabilitazione e amministrazione di sostegno

Il codice civile, subito dopo aver chiarito (all'art. 1) che la capacità giuridica si acquista al momento della nascita, afferma all'art. 2, comma 1, che: "*La maggiore età è fissata al compimento del diciottesimo anno. Con la maggiore età si acquista la capacità di compiere tutti gli atti per i quali non è stabilita un'età diversa*". Ed al comma 2 dello stesso articolo prevede che, ferma – secondo la tesi preferibile – l'esigenza che a firmare il contratto di lavoro sia chi sul minore esercita la potestà genitoriale o comunque la tutela, anche prima del compimento del diciottesimo anno l'ordinamento riconosce ai consociati la capacità (d'agire) speciale di svolgere prestazioni lavorative.

Accanto al concetto di capacità giuridica, dunque, il legislatore pone immediatamente quello di **capacità d'agire**. Differenza e nesso tra le due capacità sono presto detti: mentre, come abbiamo evidenziato nei precedenti due paragrafi, la capacità giuridica attiene alla possibilità per il soggetto di essere titolare di situazioni giuridiche soggettive e, dunque, di poter essere parte del rapporto giuridico, assoluto o relativo che sia, la capacità d'agire attiene più strettamente all'idoneità del soggetto a compiere atti volontari inerenti al dato rapporto ed in grado di svolgere sullo stesso gli effetti giuridici perseguiti dall'agente. Come evidente, in particolare nell'ambito dello svolgimento dei rapporti negoziali, sarà dunque rilevante l'accertamento in capo alla parte costituita da una persona fisica della capacità d'agire in quanto, in difetto, l'atto sarà invalido (come chiariremo tra breve, si tratta di invalidità della *species* 'annullabilità').

Vi sono diverse ipotesi in cui la capacità d'agire in capo ad un singolo individuo risulta esclusa (c.d. **incapacità assoluta**) o limitata (c.d. **incapacità relativa**). Nel primo caso l'ordinamento prevede che l'atto nell'interesse dell'incapace possa essere ugualmente compiuto ma da un sostituto. Nel secondo caso, invece, l'ordinamento stabilisce che la volontà dell'incapace ha bisogno esclusivamente di essere integrata (dunque, non sostituita, ma, in altri termini, affiancata) da quella del curatore perché possa produrre pieni effetti sul piano giuridico.

L'incapacità assoluta può derivare da una **incapacità naturale**, e cioè dall'incapacità, anche transitoria, di "*intendere e volere*", che può affliggere il singolo in un dato momento per svariate cause in grado di obnubilare le sue facoltà intellettive (ad esempio, un'intossicazione da farmaci, ovvero un'ubriacatura o ancora l'assunzione di sostanze stupefacenti, o ancora immaturità mentale, stato di ipnosi, delirio); così come da una **incapacità legale**, e cioè dalla sussistenza di una situazione legalmente tipizzata in cui l'ordinamento considera che un soggetto non sia idoneo a comportarsi autonomamente sul piano giuridico sotto il profilo negoziale.

L'**incapacità di intendere e volere** deve essere valutata rispetto al caso concreto ed al singolo atto compiuto. Essa è qualificata 'naturale' in quanto dipende da un fatto naturale che incide sulle capacità intellettive del soggetto, sebbene tale fatto possa essere determinato da un'azione cosciente e finanche volontaria dello stesso (ad esempio, l'ubriaco nella maggior parte dei casi determina la propria ubriachezza con il bere, coscientemente, quando non proprio volontariamente, oltre il dovuto). Proprio al fine di evidenziare questa caratteristica, le azioni compiute da chi è incapace di intendere e volere a causa della conseguenza di una sua condotta colposa, vengono definite *actiones liberae in causa*. In proposito, l'**art. 2046** c.c., considerando la capacità in parola come presupposto per l'applicazione delle regole in materia di fatto illecito, stabilisce che "*non risponde delle conseguenze del fatto dannoso chi non aveva la capacità di intendere o di volere al momento in cui lo ha commesso, a meno che lo stato di incapacità derivi da sua colpa*". Va, inoltre, sottolineato che l'**art. 85 c.p.** stabilisce espressamente e tassativamente i casi in cui, sul versante penale, un soggetto deve essere considerato incapace di intendere e volere, mentre al giudice civile è lasciata la discrezionalità di valutare la situazione caso per caso. In forza di quanto disposto dall'art. 428 c.c., gli atti negoziali posti in essere da un soggetto incapace di intendere e volere sono **annullabili**, e cioè verranno dichiarati inefficaci dal momento dell'eventuale sentenza, nella misura in cui si dimostri in giudizio che quando l'atto è stato compiuto il soggetto era in condizione, anche transitoria, di incapacità di intendere e volere la situazione in cui si trovava e le conseguenze dell'atto che si apprestava a compiere, ed inoltre che dall'atto il suo autore ha subito un "*grave pregiudizio*"; tuttavia, se l'atto compiuto è un contratto, al fine di ottenerne l'annullamento occorre dimostrare "*la malafede dell'altro contraente*".

In condizione di piena incapacità legale d'agire si trova il **minore di età** (*ex* art. 2 c.c.) – nei limiti anzidetti, riferiti in particolare al matrimonio contratto da sedicenne emancipato ed a speciali capacità lavorative – nonché chi abbia subito la **interdizione legale** in esito ad una condanna penale in determinati casi previsti dalla legge. Va, tuttavia, a proposito della interdizione legale precisato che questa diverge dalle altre incapacità di agire in quanto concerne solo gli atti di carattere patrimoniale e, dunque, non anche gli atti personalissimi come il testamento ed il matrimonio. Inoltre, giova evidenziare che, durante il periodo di interdizione legale, per ciò che riguarda l'amministrazione e la disposizione dei beni dell'incapace si applicheranno le norme dettate per l'interdizione giudiziale.

Ai sensi dell'art. 427 c.c., nella versione attuale introdotta dalla legge 9 gennaio 2004 n. 6, invece non è più detto che sia pienamente incapace d'agire chi ha subito una **interdizione giudiziale**, in quanto egli può oggi mantenere una capacità d'agire residua, limitata all'ordinaria amministrazione. L'argomento verrà ripreso ed approfondito prima della conclusione di questo paragrafo.

L'interdizione giudiziale può essere disposta dal giudice quando il soggetto maggiore di età, o il minore emancipato, si trova in condizione di abituale infermità mentale tale da renderlo incapace di provvedere ai propri interessi e ciò si rende necessario al fine di assicurargli un'adeguata protezione (art. 414 c.c.). A questo riguardo va precisato che l'eventuale ricovero di un soggetto in una struttura psichiatrica per sottoporlo ad un trattamento sanitario obbligatorio non comporta sua automatica incapacità d'agire, dovendo in ogni caso il giudice valutare se la persona in questione sia in condizione di infermità mentale o meno, e se tale situazione sia abituale o transeunte.

Secondo l'art. 417 c.c., il procedimento giudiziario che si dovrebbe concludere, in caso di accertamento dei presupposti, con la sentenza di interdizione, può essere promosso dalle persone più prossime all'asserito incapace (individuate dagli artt. 414 e 415 c.c.) nonché dal pubblico ministero. Nel corso del procedimento, durante il quale può essere anche nominato un tutore provvisorio, atto fondamentale è l'esame dell'interdiciendo, che il giudice è chiamato a compiere, se crede, anche con l'ausilio di un perito. Nella sentenza, come anticipato, può prevedersi che "*taluni atti di ordinaria ammini-*

strazione possano essere compiuti dall'interdetto senza l'intervento ovvero con l'assistenza del tutore". Laddove, dopo la pubblicazione della sentenza (non serve il passaggio in giudicato perché questa abbia effetti), l'interdetto compia atti rispetto ai quali egli non abbia capacità d'agire ovvero non si faccia correttamente assistere dal tutore quando necessario secondo le prescrizioni del giudice, tali atti sono annullabili (art. 427 c.c.). Affinché si abbia legale scienza dello stato di interdizione di una determinata persona, e cioè affinché tutti i consociati possano conoscere la situazione, il cancelliere del tribunale comunica all'Ufficiale dello stato civile la sentenza per l'annotazione in margine all'atto di nascita (art. 423 c.c.). L'interdizione giudiziale perde i suoi effetti con il passaggio in giudicato della eventuale sentenza di revoca (art. 429 c.c.).

Ai sensi dell'art. 415 c.c., quando un "*maggiore di età infermo di mente*" non è in uno stato "*talmente grave da far luogo all'interdizione*", egli può subire una sentenza di **inabilitazione**. Allo stesso modo, possono essere inabilitati "*coloro che per prodigalità o per uso abituale di bevande alcoliche o di stupefacenti espongono sé o la loro famiglia a gravi pregiudizi economici*", nonché "*il sordo e il cieco dalla nascita o dalla prima infanzia, se non hanno ricevuto un'educazione sufficiente*" salvo che questi ultimi meritino di essere interdetti "*quando risulta che essi sono del tutto incapaci di provvedere ai propri interessi*". L'inabilitazione può, dunque, essere disposta dal giudice, all'esito di un procedimento analogo a quello previsto in materia di interdizione. La *ratio* e le dinamiche dei due istituti appaiono piuttosto simili, tanto che la disciplina applicabile, per certi versi comune, è contenuta nel medesimo capo del libro I del codice civile agli **artt. 414-432**. La differenza più significativa tra i due istituti è tradizionalmente individuata nel fatto che l'inabilitato ha bisogno dell'assistenza del curatore solo per gli atti di "*straordinaria amministrazione*", potendo per il resto agire in piena autonomia. Le conseguenze derivanti dal compimento di un atto da parte dell'inabilitato senza l'ausilio del curatore, nei casi in cui questo sia previsto come obbligatorio dalla legge, sono tuttavia simili a quelle cui si è fatto cenno in tema di interdizione. L'atto, cioè, sarà annullabile secondo quanto stabilito dall'art. 427.

Tradizionalmente l'inabilitazione è stata considerata provvedimento meno grave rispetto all'interdizione e ciò non solo per quanto risposto dal comma 1 dell'art. 415 sopra riportato, bensì perché concretamente – prima della citata legge n. 6/2004 – alla sentenza di interdizione conseguiva la incapacità assoluta d'agire per l'interdetto e la sua sostituzione, da parte del tutore nominato, in tutti gli atti necessari per l'amministrazione del suo patrimonio, mentre alla sentenza di inabilitazione conseguiva il solo effetto della nomina del curatore che doveva affiancare l'inabilitato nel compimento di atti di particolare rilievo. Ancora oggi, del resto, l'**art. 424** c.c. stabilisce che "*le disposizioni sulla tutela dei minori e quelle sulla curatela dei minori emancipati si applicano rispettivamente alla tutela degli interdetti e alla curatela degli inabilitati*". Dunque, ancora oggi l'interdetto è considerato alla stregua di un minore bisognoso di piena tutela, mentre l'inabilitato è posto nella stessa condizione giuridica in cui si trova il minore che abbia compiuto i sedici anni di età e sia stato dichiarato emancipato, il quale ha solo la necessità, per atti di particolare rilevanza, di essere affiancato da un curatore. Sennonché, come si è già evidenziato, con l'entrata in vigore della **legge n. 6/2004**, e la conseguente novella del codice civile relativamente agli istituti in parola, la situazione si è andata complicando (sarebbe meglio dire che si è determinata una reale confusione) in quanto l'**art. 427**, nella sua versione attuale, espressamente stabilisce che "*Nella sentenza che pronuncia l'interdizione o l'inabilitazione, o in successivi interventi dell'autorità giudiziaria, può stabilirsi che taluni atti di ordinaria amministrazione possano essere compiuti senza l'intervento ovvero con l'assistenza del tutore, o che taluni atti eccedenti l'ordinaria amministrazione possano essere compiuti dall'inabilitato senza l'assistenza del curatore*". Dunque – fermo restando i diversi presupposti, sopra cennati, che consentono al giudice di pronunciare l'interdizione o la inabilitazione – non è più vero che il tutore ha l'esclusivo o il precipuo compito di sostituire l'interdetto, in quanto nei casi stabiliti dal giudice egli deve limitarsi a svolgere un ruolo di assistenza (cioè tradizionalmente il ruolo del curatore), così come non è più vero che l'interdetto è totalmente privo di capacità d'agire posto che, sempre nei casi previsti dal giudice, come visto, egli può compiere atti anche senza ricorrere all'intervento, sostitutivo o assistenziale, del tutore.

La più volte citata legge n. 6/2004, oltre a modificare la disciplina dell'interdizione e della inabilitazione, ha introdotto nel nostro ordinamento l'istituto dell'amministrazione di sostegno, a cui è dedicato il box che segue.

L'amministrazione di sostegno

Con la **legge n. 6/2004** il legislatore ha creato *ex novo* un istituto, denominato "*amministrazione di sostegno*", alternativo rispetto sia all'interdizione che all'inabilitazione al fine di conferire apposito rilievo e specifica tutela ai soggetti in **situazione di minorata capacità di intendere e volere** che può essere considerata indifferenziata, nel senso che non si richiede al giudice di valutarne con precisione i contenuti ai fini dell'inquadramento nella fattispecie interdittiva o inabilitativa. Le disposizioni del codice che disciplinano il nuovo istituto sono contenute negli **artt. 404-412**.

Rispetto alla tematica in esame viene in rilievo qualsiasi minorazione tale da affliggere il corpo (cioè di natura fisica) o la mente (cioè psichica), sempre che sia idonea a produrre l'impossibilità, anche parziale o temporanea, per il soggetto di attendere ai propri interessi. L'amministratore di sostegno è nominato dal giudice tutelare del luogo in cui il soggetto incapace ha la residenza o il domicilio. Il procedimento giudiziario (disciplinato, in particolare, dagli artt. 405, 407 e 408) è notevolmente più veloce di quello previsto in materia di interdizione e inabilitazione, posto che ai sensi dell'art. 405 "*il giudice tutelare provvede entro sessanta giorni dalla data di presentazione della richiesta alla nomina dell'amministratore di sostegno con decreto motivato immediatamente esecutivo, su ricorso di uno dei soggetti indicati nell'art. 406*". Agli effetti derivanti dalla nomina dell'amministratore di sostegno è dedicato l'art. 409, il quale prevede che: "*Il beneficiario conserva la capacità d'agire per tutti gli atti che non richiedono la rappresentanza esclusiva o l'assistenza necessaria dell'amministratore di sostegno. Il beneficiario* [...] *può in ogni caso compiere gli atti necessari a soddisfare le esigenze della propria vita quotidiana*". La disposizione in questione evidenzia la *ratio* dell'intervento normativo del 2004, che è quella – come chiarito anche dall'art. 1 della legge – di preservare il più possibile la capacità di agire del soggetto; finalità questa che viene affidata al giudice, il quale dovrà, caso per caso, valutare la situazione e, con il proprio decreto istitutivo, in relazione a questa disciplinare i poteri dell'amministratore nominato. Ai doveri in generale dell'amministratore di sostegno è dedicato l'art. 410. Gli atti compiuti dall'amministratore in violazione delle disposizioni di legge o dei poteri che gli sono stati conferiti dal giudice possono essere annullati ai sensi dell'art. 412.

Circa i rapporti tra la nuova disciplina e gli istituti tradizionali di tutela dell'incapace, è intervenuta la **Corte costituzionale** con la **sentenza 9 dicembre 2005 n. 440**, la quale, nel rigettare alcune questioni di legittimità costituzionale relative alle norme sopra citate, ha osservato che spetta al giudice l'individuazione dell'istituto che garantisce all'incapace la tutela più adeguata alla sua situazione e, nel caso in cui il giudice opti per l'amministrazione di sostegno, i poteri dell'amministratore devono essere strettamente modulati sul caso concreto. La Corte, inoltre, ha sottolineato come, nel nuovo assetto codicistico, interdizione ed inabilitazione abbiano assunto un ruolo residuale in quanto «*Solo se non ravvisi interventi di sostegno idonei ad assicurare all'incapace siffatta protezione, il giudice può ricorrere alle ben più invasive misure dell'inabilitazione o dell'interdizione, che attribuiscono uno status di incapacità, estesa per l'inabilitato agli atti di straordinaria amministrazione e per l'interdetto anche a quelli di ordinaria amministrazione*». Sul punto in termini sostanzialmente analoghi si è espressa anche la Cassazione con la sentenza 12 giugno 2006 n. 13584. Con la sentenza 11 settembre 2015 n. 17962, la Cassazione ha inferto un ulteriore colpo all'istituto dell'interdizione precisando che: «Nel giudizio di interdizione il giudice di merito, nel valutare se ricorrono le condizioni previste dall'art. 418 c.c. per la nomina di un amministratore di sostegno, rimettendo gli atti al giudice tutelare, deve considerare che, rispetto all'interdizione e all'inabilitazione, l'ambito di applicazione dell'amministrazione di sostegno va individuato con riguardo non già al diverso, e meno intenso, grado di infermità o di impossibilità di attendere ai propri interessi del soggetto carente di autonomia, ma alle residue capacità e all'esperienza di vita dallo stesso maturate, anche attraverso gli studi scolastici e lo svolgimento dell'attività lavorativa (nella specie, si trattava di un'impiegata in ufficio con mansioni esecutive); ne consegue che non si può impedire all'incapace, che ha dimostrato di essere in grado di provvedere in forma sufficiente alle proprie quotidiane ed ordinarie esigenze di vita, il compimento, con il supporto di un amministratore di sostegno, di atti di gestione ed amministrazione del patrimonio posseduto (anche se ingente), restando affidato al giudice tutelare il compito di conformare i poteri dell'amministratore e le limitazioni da imporre alla capacità del beneficiario in funzione delle esigenze di protezione della persona e di gestione dei suoi interessi patrimoniali, ricorrendo eventualmente all'ausilio di esperti e qualificati professionisti del settore.». In senso conforme anche Cass. civ. Sez. I, 11 maggio 2017, n. 11536; Cass. civ. Sez. I, 7 marzo 2018, n. 5492.

Per completezza giova aggiungere, al fine di dimostrare come l'istituto dell'amministrazione di sostegno sia ancora in fase di piena elaborazione giurisprudenziale, che secondo un recente orientamento espresso dalla **Corte Costituzionale** con la sentenza n. 114/2019, il beneficiario di amministrazione di sostegno conserva, di regola, la capacità di donare, senza bisogno di sostegno e cioè senza bisogno dell'intervento dell'amministratore, a meno che il giudice tutelare non lo abbia, espressamente e specificamente, privato di tale capacità ai sensi dell'art. 411, comma 4, indicando nel decreto con cui dispone l'amministrazione che la donazione rientra tra gli atti che *"che il beneficiario può compiere solo con l'assistenza dell'amministratore di sostegno"* *ex* art. 405, comma 5.

4.3. **Diritti della personalità**

Con la locuzione 'diritti della personalità' si suole far riferimento ad una categoria di situazioni giuridiche soggettive proprie di ogni uomo in quanto tale; situazioni, cioè, che costituiscono attributi fondamentali ed immancabili di ogni individuo, la cui enucleazione giuridica è finalizzata a tutelare e realizzare esigenze personali di carattere esistenziale e, solo mediatamente, materiale. In questa prospettiva, l'individuazione della categoria e delle situazioni soggettive che ne fanno parte si svolge essenzialmente sul piano della tutela; tuttavia, rispetto alle altre situazioni giuridiche soggettive, quelle rientranti tra i diritti della personalità hanno anche una caratteristica peculiare di carattere strutturale, in quanto il bene non si situa all'esterno rispetto al soggetto titolare (come invece, ad esempio, nel caso dei diritti reali) ed anzi esso è una cosa sola con la persona del titolare, tanto che quest'ultimo non può alienare alcun suo diritto della personalità, ma può esclusivamente concedere a terzi la facoltà di utilizzare i beni che ne sono oggetto nei limiti concordati e consentiti dall'ordinamento. Già da queste prime battute si comprende che i diritti della personalità afferiscono alla sfera più intima della persona, sia fisica che giuridica, in quanto concernono aspetti dell'essenza del singolo individuo che ontologicamente non possono essere ceduti ad altri e che, ovviamente, l'ordinamento non consente di violare.

Volendo essere più analitici, al fine di provare a tracciare i confini della categoria dei diritti in parola, può dirsi che intorno alla personalità si muove una molteplicità di interessi: taluni riguardano la sfera psichica del soggetto, altri il rapporto che si viene a creare tra il soggetto e il resto della comunità, altri lo sfruttamento di utilità economiche intrinseche dell'individuo. Il fondamento delle situazioni giuridiche riconducibili alla categoria dei diritti della personalità può, dunque, considerarsi unitario, anche se le possibili manifestazioni della personalità umana sono molteplici e non tutte previamente identificabili, così come diverse sono le forme della loro rilevanza sul piano tecnico-giuridico.

I diritti della personalità attualmente riconosciuti nell'ordinamento italiano sono sia di matrice legislativa che giurisprudenziale. Tra i primi si annoverano quelli presi espressamente in considerazione dal nostro codice civile, e cioè l'**integrità fisica** (art. 5), il diritto al **nome** ed allo **pseudonimo** (artt. 6-9), il diritto all'**immagine** intesa come ritratto (art. 10), ai quali si aggiungono quelli disciplinati nel codice penale o in alcune leggi speciali, e quindi il diritto all'**onore** e quello alla **reputazione** (che trovano già nel codice civile un riferimento espresso nell'art. 10, e la cui tutela è completata dagli artt. 594 e 595 c.p.), il diritto all'**identità personale** (espressamente contemplato nell'art. 2, d.lgs. n. 196/2003, c.d. "Codice Privacy", dal quale è stato espunto ad opera del d.lgs. n. 101/2018 recante modifiche per l'adeguamento del suddetto Codice al Regolamento (UE) 2016/679, c.d. General Data Protection Regulation o GDPR; art. 4, d.lgs. n. 177/2005, c.d. "Testo unico della radiotelevisione"), nonché il diritto alla **riservatezza** e quello alla **privacy** (art. 615 *bis*, 61 *bis*, e 620 c.p.; d.lgs. n. 196/2003, c.d. "Codice Privacy", e ss.mm.ii.), ed il **diritto morale d'autore** (artt. 20-24, 81 e 142 della legge n. 633/1941 sul diritto d'autore).

Un discorso a parte merita il **diritto alla vita**, il quale – benché non tutelato espressamente dalla Costituzione, se non indirettamente nell'ambito del più generale diritto alla salute di cui all'art. 32, né dal codice civile – rappresenta senza dubbio un diritto della personalità. Esso rientra tra i diritti ricollegabili al principio della intangibilità della integrità fisica e, in senso più ampio, al principio di tutela della persona. Il riferimento legislativo civilistico più diretto relativamente al diritto alla vita, a parte alcune norme del codice penale in materia di omicidio o lesioni all'integrità fisica, è costituito dalla già citata legge (sulla interruzione volontaria di gravidanza) 22 maggio 1978 n. 194. A tal proposito giova evidenziare come sia attualmente discusso in dottrina – a proposito di tematiche spinose quali l'eutanasia e la somministrazione di cure ai malati terminali – se la vita e la salute vadano tutelate indipendentemente dalle convinzioni personali del titolare del diritto.

Tra i diritti della personalità di matrice giurisprudenziale può annoverarsi attualmente il c.d. **diritto all'oblio**, senza però dimenticare che anche il diritto all'**identità personale**, nonché quelli alla **riservatezza** ed alla **privacy**, trovarono affermazione nelle aule di giustizia ben prima che in sede legislativa, ed inoltre che anche rispetto ai sopra indicati diritti della personalità la cui disciplina è tradizionalmente individuabile nel codice civile o in altre norme positive l'attività pretoria ha svolto negli scorsi decenni un ruolo fondamentale. E ciò in quanto, come appresso meglio si evidenzierà, l'evoluzione della categoria dei diritti in esame, ancora più di quanto accade in altri settori dell'ordinamento, per la stretta afferenza che tali diritti hanno con la stessa natura dell'uomo, appare legata a trasformazioni sociali ed antropologiche che la giurisprudenza prima e meglio del legislatore è in grado di cogliere.

Ulteriori interessi individuali, di recente emersi all'attenzione della dottrina, appaiono attualmcntc in fase di elaborazione e potenzialmente prossimi ad arricchire il novero dei diritti della personalità. A questo proposito può citarsi l'interesse all'**anonimato** che, nel nostro ordinamento, nella prassi dei rapporti viene oggi riconosciuto e tutelato anche in sede istituzionale. Ad esempio, all'individuo che vuole telefonare senza comunicare il proprio numero di telefono, ovvero a colui che vuole utilizzare la rete Internet, o altre reti telematiche aperte, senza rivelare agli altri utenti, o ad alcuni altri utenti, la propria reale identità anagrafica. La vicenda, appena accennata, relativa all'interesse all'anonimato, evidenzia la spiccata propensione a mutare i propri confini che la categoria dei diritti della personalità mantiene ancora oggi, e cioè in una fase matura della sua evoluzione, ed inoltre pone il delicatissimo problema della individuazione dell'autore degli atti e dei fatti commessi tramite le tecnologie citate. Su questo secondo versante, la possibilità per chiunque di utilizzare in forma anonima strumenti di comunicazione, informazione o divulgazione sembra poter mettere realmente in crisi l'applicazione del diritto ai nuovi *media*, visto che, laddove l'autore dell'atto, lecito o illecito che sia, rimane sconosciuto e non conoscibile, l'ordinamento giuridico evidentemente non sarà in grado di attribuire all'atto i suoi effetti giuridici.

4.3.1. Prima enucleazione e successiva evoluzione della categoria

Tradizionalmente si è cercato di individuare il fondamento storico della categoria dei diritti della personalità nell'*actio iniuriarum romana*, che colpiva alcune offese all'onore e alla reputazione, nonché alcune aggressioni alle libertà personali o all'integrità fisica, ovvero nelle legislazioni di alcuni imperatori cristiani, o ancora nelle diverse 'Dichiarazioni di libertà' che nei secoli si sono susseguite dalla Magna Charta (1215) alla Petition of Rights (1629), dall'Habeas corpus (1679) al Bill of Rights (1689), fino alle dichiarazioni dei diritti delle colonie americane e dell'Assemblea costituente francese. Tuttavia, la prima vera elaborazione concettuale della categoria si deve alla pandettistica tedesca dell'Ottocento. Sostanzialmente sconosciuta nelle epoche precodicistiche, essa infatti era stata del tutto trascurata nel Code Napoléon che pure allo status della persona dedicava alcuni articoli. Tale circostanza contribuì ad ostacolare in quasi tutta l'area di influenza francese – fra cui ovviamente l'Italia del XIX secolo – lo sviluppo di una riflessione sistematica sugli interessi più strettamente legati alla personalità. Maggiori spunti si possono rintracciare nella quasi coeva esperienza dell'ABGB austriaco, ove la generale impostazione giusnaturalistica attribuisce esplicitamente ai soggetti di diritto un complesso di diritti fondamentali e inviolabili che, pur non nominativamente indicati, contengono *in nuce* l'esigenza di tutela della personalità.

La paternità della prima, e tuttora fondamentale, proposizione della categoria è comunemente attribuita al giurista tedesco **Otto Gierke**, il quale sul finire dell'800 dedicava al «Persönlichkeitsrechte» un ampio capitolo del suo «Deutsches Privatrecht» (I, Lipsia, 1895, 702 e ss.). Il capitolo in questione si articola esaminando la vita e l'integrità fisica, la libertà, l'onore, lo status sociale, il nome civile e commerciale, i marchi, il diritto d'autore (al quale è dedicata larga parte del capitolo), nonché i diritti dell'inventore. L'impostazione di Gierke fu decisiva per gli sviluppi della categoria in tutto il continente europeo, non solo per la scelta dei vari aspetti esaminati, ma perché essa coglie e afferma una duplice valenza della personalità: una prima propriamente morale, una seconda patrimoniale. Tale impostazione viene subito ripresa dalla prima dottrina italiana (si vedano, ad esempio, le note di Fadda-Bensa a Windscheid, *Il diritto delle pandette*, Torino, rist. del 1925, IV, 126 ss.) e francese (tra gli altri, cfr. E.H. Perreau, *Des droits de la personnalité*, in *R.T.D. civ.*, 1909, 501) che all'inizio del XX secolo offrì contributi allo studio della categoria all'interno dei rispettivi ordinamenti.

Per il vero, dopo la sua prima enucleazione, l'affermazione della categoria in esame non è stata senza ostacoli. Nel corso del XX secolo, infatti, sia in Italia che negli altri principali ordinamenti giuridici europei, polemiche hanno riguardato la sua stessa configurabilità, in quanto si è osservato che la personalità è presupposto di ogni diritto, e dunque non può essere un diritto autonomo. Inoltre, si è ritenuto che la protezione della personalità dell'individuo è assicurata dal diritto pubblico e che gli attributi essenziali della persona costituiscono per il consociato beni e non diritti. Infine si è teorizzato che i diritti della personalità sarebbero esclusivamente fatti costitutivi di obbligazioni a carico di chi pone in essere comportamenti contrari alle fondamentali prerogative della persona.

Peraltro, durante i primi decenni del XX secolo, soprattutto in Italia e Germania, i diritti della personalità erano visti non già come intangibili attributi della persona umana, bensì come funzionali al supremo interesse dello Stato. Anche per tale ragione, l'elencazione dei diritti della personalità fornita dal codice civile italiano del 1942, che si è riproposta nel primo paragrafo, è piuttosto esigua. Essa dà conto di una società in cui, almeno in Europa, l'uomo non sentiva ancora in pericolo la sua intimità, e quindi la sua riservatezza, né temeva l'illecito trattamento dei suoi dati personali o l'aggressione alla sua identità. I professionisti dell'informazione dell'epoca non si occupavano di indagare con l'odierna morbosità la vita privata di personaggi più o meno noti e la curiosità del pubblico non era stata ancora a ciò educata, per cui risultava tutt'altro che invadente. Inoltre, non esistevano all'epoca strumenti realmente efficienti per raccogliere, e poi trattare ed eventualmente diffondere, informazioni riguardanti un soggetto che desiderava mantenerle riservate, sicché era più facile per chiunque tutelare in punto di fatto la propria sfera privata dall'eventuale curiosità altrui. In definitiva, può dirsi che sino a quel tempo il consociato sentiva, al più, il bisogno di vedere tutelata la propria reputazione dall'eventuale affermazione di falsità sul suo conto, ovvero di evitare che il suo nome o il suo ritratto (in questo senso si intendeva la parola immagine) diventassero, senza ragione, di pubblico dominio, ma non anche di difendere la propria vita privata e la propria identità dall'intromissione di soggetti estranei interessati semplicemente a conoscerla o anche a sfruttarla commercialmente.

Successivamente, la definitiva affermazione nell'occidente del mondo della società industriale, prima, e post-industriale, poi, l'alfabetizzazione e l'urbanizzazione diffuse, l'accelerazione dell'evoluzione scientifica e tecnologica, la moltiplicazione degli strumenti comunicativi, informativi e divulgativi, nonché la nascita dell'informatica e della telematica, crearono le condizioni di generalizzato benessere nelle quali l'uomo medio ha iniziato ad occuparsi di cose non strettamente legate alla propria sopravvivenza biologica ed a relazionarsi frequentemente con i terzi e, più in generale, con una società ormai di nuovo conio. È in queste circostanze storiche che vanno rintracciate le origini dei diritti della personalità, intesi in senso moderno, e ciò in quanto tali situazioni giuridiche presuppongono una socialità allargata e si giustificano in ragione della dimensione relazionale dell'uomo.

4.3.2. Concezioni atomista (o pluralista) e monista della persona nell'ordinamento giuridico

Nello sviluppo del pensiero giuridico, le teorie che sino ad oggi si sono disputate il campo per dare una definizione al problema della tutela della persona si possono in definitiva far rientrare in due gruppi, apparentemente contrapposti: e così, o la persona viene intesa in senso **atomista** (o, che dir si voglia, **pluralista**), come risultante cioè di tutta una serie di diritti espressamente riconosciuti dal legislatore a tutela di interessi ad essa connaturati, ma specificatamente individuati e tra loro autonomi; o, invece, in senso **monista**, globale e unitario, come espressione unitaria e composita dell'azione di tutto l'insieme delle leggi positive che hanno come scopo la conservazione e lo sviluppo del soggetto, da una parte, e delle intrinseche potenzialità alla persona emergenti nell'ordinamento, dall'altra. In questa seconda prospettiva si ritiene che, in sostanza, vi sia un unico diritto della personalità, di contenuto vago ed indistinto, che riassume tutti gli altri senza identificarsi con la loro somma e che anzi può integrare la gamma dei diritti della personalità individuati dal legislatore.

La differenza tra i due punti di vista, sul piano pratico, è tale da poter condurre anche a risultati del tutto diversi o addirittura opposti. E così, la tutela di un dato interesse della persona non rispondente ad alcuna delle tipizzazioni normative è da escludere dal o includere nel novero dei diritti della personalità a seconda che si adottino le teorie pluralistiche o quelle unitarie. Queste ultime sembrano comunque, nel panorama culturale attuale, prevalere nettamente.

Malgrado le divergenze anche non secondarie nelle implicazioni pratiche, i due filoni dottrinali rilevano una comune matrice concettuale: il riferimento alla nozione di diritto soggettivo, come strumento necessario e indeclinabile della tutela, o meglio a quella concezione che fa perno sull'interesse e riconosce nella rilevanza di un 'oggetto' il complemento logico-pratico verso cui tende la garanzia giuridica. Inclina dichiaratamente verso una simile interpretazione del fenomeno della personalità chi afferma che la sua essenza si manifesta in una pluralità di diritti (soggettivi) *a priori* determinati (dal legislatore) e aventi come oggetto singoli aspetti della persona (è, questa, appunto l'idea centrale delle teorie cosiddette pluraliste). Ma anche chi, postulando l'esistenza di un unitario e generale diritto della personalità, di cui le singole espressioni legislative rappresentano semplici esemplificazioni formalizzate, mostrano di concepire il fenomeno nel quadro dell'oggettivazione giuridica, cioè in funzione dell'appartenenza di un bene: sia che si insista su un diritto sul proprio corpo, sia che si tratti di utilizzare la problematica dei beni immateriali, assumendo come riferimento oggettivo pur sempre la persona, intesa come entità ideale e incorporea.

In quest'ultimo modo di ragionare appare evidente lo sforzo di sganciare la rilevanza e la tutela giuridica della persona dall'attualità e dalla contingenza delle forme giuridiche cristallizzate nelle specifiche previsioni del legislatore. E, infatti, le teorie cosiddette unitarie, o moniste, hanno indubbiamente il pregio di non irrigidire in schemi vincolati i criteri legali della qualificazione in cui, nel sistema normativo, si realizza la persona in quanto tale.

4.3.3. L'influenza dello schema proprietario e della c.d. giurisprudenza degli interessi sull'elaborazione dei diritti della personalità

Come accaduto a molti altri istituti del diritto privato moderno, anche rispetto all'elaborazione dei diritti della personalità il concetto di proprietà ha svolto un ruolo preminente finendo per condizionare ed ordinare secondo le logiche ad esso più adatte i rapporti tra interessi, beni e persone, di talché sia la dottrina che la giurisprudenza hanno a più riprese evidenziato di considerare gli interessi oggetto dei diritti della personalità come veri e proprio beni nella titolarità del soggetto a cui fanno capo.

La particolare fortuna conosciuta dallo schema proprietario in materia si deve principalmente al fatto che utilizzando la distinzione, familiare ai giuristi moderni, tra proprietà formale e proprietà sostanziale – nell'ambito della quale mentre il secondo termine appare legato al contenuto reale ed effettivo della situazione di interesse, il primo invece esprime il valore ideale e generico insito nel riconoscimento di ogni relazione di appartenenza – le tecniche della tutela proprietaria, nella loro accezione formale, possono dimostrarsi capaci di un'astratta generalizzazione sia in funzione del carattere assoluto della tutela da assicurare ai diritti della personalità, sia per la complessità e varietà dei mezzi di reazione che esse consentono contro le offese arrecate all'interesse protetto.

Una diversa forma di influenza esercitata sull'elaborazione giuridica della persona, forse ancor più determinante di quella legata al concetto di proprietà, è stata quella riconducibile alle concezioni del diritto fondate sul concetto di interesse e che si suole riassumere nella espressione generale '**giurisprudenza degli interessi**' (*Interessenjurisprudenz*). Partendo da presupposti metodologici secondo i quali l'interesse rappresenta l'elemento sostanziale del diritto, e concentrando l'attenzione sugli interessi economici, queste teorie hanno, infatti, avuto come effetto una estensione e generalizzazione dei modelli di tutela e delle concettualizzazioni su cui sono conformati i rapporti patrimoniali.

Una simile operazione è avvenuta sempre attraverso lo schema del diritto soggettivo, sia pure da un punto di vista profondamente diverso e su un terreno più ampio e generale rispetto alle linee di evoluzione storico-culturale in precedenza esposte. La costruzione dell'intero sistema giuridico in funzione del fenomeno dell'interesse comporta una serie di conseguenze fondamentali. La nozione di interessi indica un fenomeno essenzialmente pratico: ciò significa che la realizzazione dell'interesse dipende dal conseguimento dei fini del soggetto e comporta il riconoscimento da parte dell'ordinamento di uno specifico potere d'azione in vista di tali fini. Il fenomeno giuridico, nella sua essenza, è stato così interpretato in termini di 'oggettività' – ogni interesse assume rilevanza giuridica in funzione di una situazione utile, nella quale sta l'oggetto e lo scopo pratico dell'azione – e di 'causalità' giacché l'azione del soggetto (per esempio, l'esercizio del diritto) si rende necessaria in quanto è lo strumento potenziale per la realizzazione dell'interesse. I due termini appaio indissolubilmente legati, e complementari tra loro. Il concetto di 'diritto soggettivo', inteso come potere d'azione per consentire una situazione utile in vista della realizzazione di un interesse, è l'elemento che, specificatamente, esprime questa relazione essenziale.

Condizionata da simili presupposti, la dottrina dei diritti della personalità compirà due operazioni essenziali: a livello sostanziale, viene richiamata una nozione di interesse inteso in senso larghissimo (nel tentativo evidente di estendere i confini dal concetto in parola oltre i rapporti strettamente economici); a livello formale, si elabora una nozione di situazione soggettiva (e, correlativamente, di bene) in senso lato, che permette alla prospettiva che mira a valorizzare al meglio la persona ed a quella economicistica di arricchirsi vicendevolmente.

4.3.4. La copertura costituzionale dei diritti della personalità

Nell'ordinamento italiano è ormai generalmente riconosciuto, anche a livello giurisprudenziale, che i diritti della personalità trovano piena copertura costituzionale, in quanto alcuni di essi sono presi in considerazione da singole specifiche norme della Carta fondamentale (ad esempio, come già accennato, l'art. 32 si occupa della tutela della salute), e comunque, più in generale, l'intera categoria in esame rientra nell'ambito di applicazione dell'**art. 2**, a tenore del quale "*La Repubblica riconosce e garantisce i diritti inviolabili dell'uomo, sia come singolo, sia nelle formazioni sociali ove si svolge la sua personalità e richiede l'adempimento dei doveri inderogabili di solidarietà politica, economica e sociale*".

In considerazione di ciò, la doverosa aderenza alle previsioni costituzionali si è ormai tradotta in un'interpretazione del diritto privato positivo improntata alla massima valorizzazione dei diritti della personalità, in quanto la persona, e le sue prerogative più immediate, dirette ed intime, sono considerate valore primario nell'ordinamento giuridico. La qual cosa, in vero, non significa affatto che le situazioni soggettive più strettamente afferenti alla persona prevalgono, automaticamente e sistematicamente, rispetto alle altre sottraendosi ad ogni valutazione di opportunità, in quanto, al contrario, sono proprio le norme costituzionali a consentire, in determinate condizioni, limitazioni alla tutela degli interessi della persona a favore di altri primari interessi tutelati, così come accade, ad esempio, in tema di contrazione del diritto alla riservatezza individuale a favore del diritto di cronaca, ovvero in tema di donazione di organi a scapito del diritto alla salute e del principio di intangibilità dell'integrità fisica.

Dal punto di vista pratico, questa nuova e più nobile configurazione dei diritti della personalità si traduce in una tutela, non solo più ampia rispetto al recente passato, ma anche di qualità sostanzialmente diversa. È, infatti, oggi oramai acquisita l'idea per cui ogni manifestazione lecita della persona ed ogni sua legittima aspirazione allo svolgimento della personalità devono, in termini dinamici, essere difese ed assecondate dal diritto, di talché si parla senza più remore di **atipicità** dei diritti della personalità. In questo senso, può dirsi definitivamente superata la sopra cennata tesi atomista a tutto vantaggio di una concezione unitaria dei problemi afferenti alla persona nell'ottica di quella che abbiamo definito tesi monista. Così come può dirsi che la personalità non è più intesa come promanazione della capacità, dato che è proprio la rilevanza della persona in quanto tale a giustificare l'attribuzione da ogni uomo delle capacità giuridica e di agire.

La tutela dei diritti della personalità può, dunque, oggi considerarsi un *prius* logico rispetto alla tutela di ogni altro interesse giuridicamente rilevante. Pertanto, essa non va attuata soltanto nel momento successivo alla eventuale lesione del diritto, bensì anche in via preventiva e promozionale. La qual cosa consente altresì, sebbene solo parzialmente, di correggere, o meglio arginare, una distorsione, altrimenti inevitabile, costituita dal fatto che la sostanziale **non patrimonialità** del danno in questione rende difficile ed improbabile, in caso di lesione, il risarcimento integrale.

4.3.5. I caratteri dei diritti della personalità

Secondo l'insegnamento tradizionale, i diritti della personalità avrebbero, in considerazione della loro importanza per la stessa identità della persona cui afferiscono, tra le loro caratteristiche peculiari l'**assolutezza**, l'**imprescrittibilità**, l'**intrasmissibilità**, l'**indisponibilità** e l'**irrinunciabilità**.

Circa l'assolutezza, intesa come possibilità del titolare della data situazione giuridica soggettiva di realizzare l'interesse ad essa sotteso senza la cooperazione altrui, purché tutti i terzi rispettino il generico dovere di astenersi da comportamenti attivi o omissivi che in qualunque modo ostacolino l'esercizio del diritto, c'è poco da dire. Non vi sono dubbi, infatti, che i diritti soggettivi, in cui si declinano sul versante giuridico gli interessi inerenti alla personalità umana, siano assoluti. In proposito, autorevole dottrina, nel secolo scorso, osservava che: «Si configurano come tali, vale a dire diritti, in quanto s'inseriscono in un rapporto giuridico con altri soggetti; e si qualificano per l'identificarsi di questi altri soggetti con la generalità. Tutti i soggetti compresi nella generalità sono destinatari delle norme di diritto oggettivo da cui derivano i diritti della personalità; e ciascuno di essi, nella presenza del presupposto di queste norme, vale a dire l'esistenza di un soggetto da lui diverso, è ugualmente vincolato dall'obbligo giuridico di non ledere i diritti della personalità di cui questo medesimo soggetto è titolare. Cosicché, al pari degli altri diritti assoluti, i diritti della personalità possono, in fatto, essere lesi da chiunque si trovi in conflitto con la posizione del titolare». (A. De Cupis, *I diritti della personalità*, Milano, 1982, 52, I ed. 1959-61).

Allo stesso modo non vi sono dubbi che i diritti in cui si concretizzano i valori della persona, proprio per la loro intrinseca e naturale afferenza alla sfera più intima dell'essere umano, oltre che per la loro importanza, non siano soggetti a prescrizione o decadenza. Viceversa, ovviamente, in caso di inerzia del titolare, si prescriverà, con il decorso del tempo, il diritto al risarcimento del danno eventualmente derivante dalla lesione di un diritto della personalità, e ciò in quanto, ferma la tutela reale del diritto (perseguita, per lo più, attraverso le azioni inibitorie), l'interesse alla reintegrazione patrimoniale, anche quando si tratti di diritti fondamentali, viene garantito solo nei limiti temporali in cui ciò sia reputato compatibile con il principio della certezza del diritto e degli altri principi ritenuti fondamentali e che costituenti la *ratio* dell'istituto della prescrizione.

Né sono ammissibili dubbi circa il fatto che i diritti della personalità siano inidonei per natura a formare oggetto di negozi traslativi e, dunque, ad essere trasmessi *tout court* dal titolare ad altri consociati; e ciò in quanto, essendo i diritti in questione connaturati alla soggettività, anzi essendo veri e propri elementi ineludibili della persona cui essi afferiscono, non può strutturalmente darsi luogo al fenomeno successorio, tanto sul piano logico, quanto sul piano funzionale. Ovviamente, discorso diverso deve farsi riguardo ai diritti nascenti da un'eventuale lesione della sfera della persona (ad esempio, il diritto al risarcimento del danno).

Del resto, pur a voler per assurdo ammettere che sia tecnicamente possibile trasferire per atto negoziale ogni diritto della personalità, sarebbe contrario all'ordine pubblico, ma anche al principio di tutela dell'affidamento dei terzi ed al principio di inviolabilità personale, consentire, ad esempio, che una persona possa privarsi del proprio nome cedendolo a terzi, mentre l'acquirente possa utilizzarlo come fosse il proprio. Lo stesso è a dirsi per l'immagine, per l'identità, per la reputazione e quant'altro. Con la sola avvertenza che una connotazione speciale sotto questo profilo deve riconoscersi all'**immagine** (così come al **nome**, all'**identità** e alla **reputazione**) **dell'impresa** (cfr. art. 2598 c.c.), in quanto questa – così come ogni *asset* aziendale – può essere trasferita a terzi insieme, ad esempio, ad un marchio e/o ad un prodotto cui il marchio è legato giacché, per l'appunto, tale immagine è normalmente connessa, nell'opinione pubblica, al marchio sino a quel momento utilizzato dall'impresa stessa, sicché, trasferito il marchio ad un terzo soggetto, insieme al marchio questi acquista anche l'avviamento commerciale che ingloba l'immagine dell'impresa e cioè la reputazione che essa ha sul mercato, tra i consumatori ed eventualmente tra i suoi concorrenti.

Discorso analogo a quello appena svolto per i caratteri della intrasmissibilità ed imprescrittibilità non può farsi riguardo ai caratteri della indisponibilità e della irrinunciabilità. Con l'affermarsi della società dell'immagine, la notorietà e la riconoscibilità del singolo consociato presso il pubblico sono divenuti circostanze matrimonialmente rilevanti. In altri termini, l'immagine di individui comunque particolari per bellezza, cultura, *appeal* e quant'altro, è divenuta, insieme all'identità degli stessi, oggetto di attenzioni commerciali crescenti e sempre più importanti sotto il profilo patrimoniale. L'immagine di un soggetto, infatti, può essere sfruttata nell'ambito televisivo, cinematografico e in generale dello spettacolo, sia a livello artistico, che pubblicitario o di semplice intrattenimento; così come accade relativamente all'identità dei personaggi notori, spesso evocata attraverso il ritratto, il nome e, in casi estremi, anche solo la voce o altri aspetti peculiari di tale persona, per collegarla a prodotti da lanciare sul mercato. Per consentire alle aziende interessate di sfruttare commercialmente l'immagine o l'identità del personaggio notorio è necessario che questo disponga negozialmente del suo diritto, ovviamente senza privarsene, ma concedendo a terzi l'utilizzazione con determinate modalità ed entro determinati ambiti territoriali e temporali contrattualmente definiti.

Estremizzando in qualche modo il discorso, può evidenziarsi che è addirittura oggi possibile che una persona rinunci, più o meno temporaneamente, ad esempio al diritto alla riservatezza, accettando contrattualmente di partecipare ad un ***reality show* televisivo** che la espone, ventiquattro ore al giorno per un certo numero di giorni (spesso anche mesi), alla curiosità mediatica dei telespettatori che, attraverso le telecamere, possono spiare ogni singolo aspetto della vita del nostro beniamino. Allo stesso modo, di fatto concretizza una rinuncia, se pure solo parziale, al proprio diritto all'integrità fisica, l'impegno contrattuale con cui, sempre a titolo di esempio, il **pilota di 'Formula Uno'** si obbliga a correre tutti i gran premi del mondiale al massimo delle sue possibilità, e dunque a 320 km all'ora, insieme ad altri piloti che come lui corrono più o meno alla stessa velocità; ovvero quello con il quale il *boxer* si obbliga a salire sul *ring* e combattere contro l'avversario riconosciuto più forte.

Se pure è vero che questi atti possono essere interpretati come vere e proprie **rinunce**, più o meno temporanee, in quanto si traducono in una disposizione dei diritti stessi che li espone al serio e concreto rischio di lesione definitiva, deve, tuttavia, evidenziarsi che, in virtù dei principi propri del nostro ordinamento privatistico, l'atto di disposizione privata, nella materia in esame, non può produrre qualsiasi effetto eventualmente voluto dalle parti. Ciò in quanto, se anche il pilota di "Formula 1" si fosse contrattualmente impegnato a correre al massimo delle sue possibilità, così certamente mettendo in pericolo la sua integrità fisica, il contratto da lui concluso non può obbligarlo a correre anche quando, secondo il suo giudizio, il rischio concreto superi quello fisiologicamente connesso con l'attività fatta oggetto del contratto. Allo stesso modo, se anche il titolare dei diritti alla riservatezza ed alla privacy, esercitando il potere che gli è riconosciuto dalla normativa di settore, e cioè dal d.lgs. n. 196/2003 (così come modificato e integrato dal c.d. Regolamento (UE) 2016/679, c.d. General Data Protection o GDPR), esprime il suo "*consenso*" all'altrui trattamento di alcuni specifici suoi dati personali, ciò non implica – né può in alcun modo implicare – rinuncia da parte sua a far valere i diritti che la stessa normativa gli riconosce in relazione al modo in cui chi ottiene il consenso effettuerà in concreto il trattamento in questione.

In altre e più sintetiche parole, può dirsi che nel nostro ordinamento civilistico per il privato a livello negoziale è possibile disporre, entro certi limiti, dei diritti della personalità, senza tuttavia poter produrre effetti traslativi e senza poter, attraverso tali atti, concretizzare vere e proprie rinunce alla titolarità degli stessi. L'effetto giuridico realizzato in concreto sarà, dunque, al più costituito da un'autolimitazione temporanea, condizionata e parziale della tutela di cui in astratto il soggetto potrebbe godere.

4.3.6. La titolarità dei diritti della personalità

Malgrado quanto rilevato circa la copertura costituzionale e la natura di diritti fondamentali, non appare del tutto agevole l'individuazione dei soggetti titolari dei diritti della personalità. Ad esempio, in relazione al **nascituro** ed al **defunto**, la tesi negativa, e cioè quella che esclude che nascituro e defunto possano essere titolari di situazioni giuridiche ricollegate alla loro personalità, viene sostenuta osservando che ci deve essere una necessaria connessione tra personalità e capacità giuridica, nel senso che, in ogni caso, l'attribuzione di interessi, e quindi di situazioni giuridiche protette, non può prescindere dall'essere la persona titolare degli stessi in vita.

Tuttavia, questa posizione potrebbe essere revocata in dubbio sol che si valorizzi il dato della immaterialità dei diritti in parola e della dinamicità degli interessi ad essi sottesi. In altre parole, se è vero che il defunto, secondo l'insegnamento tradizionale, non può essere titolare di diritti e posizioni giuridiche tutelate in quanto non è più in vita e, dunque, non ha più una sua capacità giuridica (tra le tante, v. le sentenze Cass. 14 gennaio 2003 n. 360, nonché Cass. 4 aprile 2003 n. 5264), lo stesso non può dirsi con altrettanta certezza per ciò che concerne il nascituro, visto che quest'ultimo è vivo quanto meno in potenza, e cioè ha una possibilità, o addirittura in alcuni casi un'aspettativa, di nascere e così venire in vita (cfr. Cass. 22 novembre 1993 n. 11503, nonché, Cass. 29 luglio 2004 n. 14488 e, più recentemente, Cass. n 10741/2009). Ancora, deve notarsi che – come del resto già sopra considerato (v. il primo box di questo capitolo, dedicato alla tutela giuridica degli interessi del nascituro) – la mancanza di capacità giuridica non priva del tutto il defunto, così come il nascituro, di una sua soggettività giuridicamente rilevante. E, infatti, proprio nel settore dei diritti della personalità la rilevanza sul piano giuridico di tale soggettività, postuma per il defunto, o anticipata per il nascituro, si apprezza in modo particolare, per la peculiarità delle situazioni giuridiche in esame. A questo riguardo basta evidenziare che anche dopo la morte del soggetto permane un interesse alla tutela del suo nome, della sua reputazione, della sua immagine, della sua riservatezza, della *privacy*, del diritto morale d'autore, così come di tutte le altre situazioni giuridiche soggettive afferenti alla categoria dei diritti della personalità. Allo stesso modo, anche in capo al nascituro la giurisprudenza negli ultimi anni ha riconosciuto la titolarità di interessi e veri e propri diritti, prima come situazioni eccezionali (cfr. Cass. 28 dicembre 1973 n. 3467 cui si è allineata la Cass. n. 9700/2011), e poi in modo sempre più ampio e generalizzato (cfr. Corte cost. 27 ottobre 1994 n. 372).

Il punto, dunque, semmai è capire chi sia effettivo titolare, o meglio effettivo legittimo portatore, di tale interesse dopo la morte, o prima della nascita, della persona a cui esso si riferisce immediatamente. La tematica appare di particolare interesse se solo si osserva che, anche prima della nascita del concepito, potrebbe accadere che vi sia necessità di tutelare in via d'urgenza e inibitoria un diritto della personalità di questo (ad esempio la *privacy* su dati relativi alla salute del feto), sicché si pone il problema di riconoscere o meno ai genitori del nascituro il potere di esercitare il diritto in rappresentanza di questo sebbene il titolare dell'interesse non sia ancora nato e dunque, *ex* art. 1 c.c., non possa essere ancora, almeno secondo l'insegnamento tradizionale, considerato titolare del diritto in questione.

La problematica è stata dibattuta in relazione alla specifica situazione dei familiari del defunto, allorquando in dottrina e giurisprudenza ci si è chiesti se questi abbiano un interesse proprio da far valere in giudizio per tutelare i diritti della personalità del caro estinto, oppure se essi abbiano solo una legittimazione a proporre in giudizio la relativa azione in quanto l'interesse rimane in capo all'originario titolare anche dopo la sua morte. A riguardo, la tesi che pare tradurre efficacemente la peculiarità della situazione, e che perciò si fa preferire alle altre, è quella che riconosce la personalità del defunto come indistinguibile da, o comunque ricompresa in, una generale nozione di personalità familiare, intesa questa come somma delle personalità dei singoli familiari. Corollario di tale impostazione è che il congiunto è legittimato ad agire quale titolare di un interesse, ad un tempo, personale e familiare, che affonda le sue radici non solo in un diritto, ma anche in un dovere di solidarietà familiare. Il problema, una volta accolta questa tesi, è capire se gli effetti positivi dell'eventuale azione esperita vadano a vantaggio di tutti gli eredi del defunto ovvero solo di colui che ha agito in giudizio. La prima soluzione si rivela più convincente, in quanto appare l'unica in grado di valorizzare l'inevitabile rapporto tra la soggettività del defunto, o del nascituro, e gli interessi alla personalità di questi ultimi, eventualmente fatti valere in giudizio da familiari.

In qualche modo problematico appare anche il riconoscimento dei diritti della personalità in capo allo **straniero**, e più ancora agli stranieri non regolari che vivono in Italia. La moderna concezione costituzionale dei diritti dell'uomo ha, senza dubbio, modificato l'atteggiamento precedente che, ai sensi dell'art. 16 disp. prel., richiedeva la sussistenza della condizione di reciprocità per il riconoscimento nel nostro Paese dei diritti agli stranieri. Ciò determina – come sopra anticipato in tema di capacità giuridica al paragrafo 4.2.2. – la sicura affermazione della titolarità, anche per lo straniero, dei diritti fondamentali, e tra questi dei diritti della personalità, che tuttavia deve essere armonizzata con il principio, tuttora pienamente vigente, per il quale lo straniero non è perfettamente equiparato al cittadino per il godimento dei diritti rigorosamente inerenti allo stato *status civitatis*.

Nell'ambito della riflessione sulla titolarità dei diritti della personalità particolare rilievo va dato al riconoscimento, ormai consolidato in giurisprudenza e dottrina, della tutela di singoli attributi della persona anche ad **entità diverse dalla persona fisica**. La circostanza non dovrebbe meravigliare più di tanto visto che anche gli enti hanno un nome, una identità, spesso loghi, marchi o comunque immagini evocative di tale identità, e comunque esigenze di riservatezza, privacy e tutela della reputazione, per molti versi analoghe a quelle delle persone fisiche. Ed infatti, da ben più di mezzo secolo è opinione generale che, nella misura in cui sono applicabili, vadano estese alle persone giuridiche e finanche agli enti non personificati (cioè dotati di soggettività giuridica ma privi di personalità in senso tecnico; sul punto si rinvia alla parte finale del presente capitolo) le disposizioni in tema di diritti della personalità. In particolare, negli ultimi lustri la giurisprudenza si è mostrata molto sensibile rispetto al tema del danno causato all'immagine della P.A. (Stato, regioni, province, comuni, aziende ospedaliere e via dicendo) da condotte illecite di dipendenti o di terzi (cfr., tra le tante, Cass., Sez. Un., 12 novembre 2003 n. 17078; Cass., 6 giugno 2017 n. 38932; Cass., Sez. II, 18 giugno 2019 n. 26956; Corte dei conti, reg. Lazio, sez. giurisdiz., 29 ottobre 1998 n. 2246; Corte dei conti, sez. II giur., cent. app., 17 aprile 2002 n. 130/A; Corte dei conti, reg. Lombardia, sez. giurisdiz., 6 ottobre 2017 n. 143; Corte dei conti, sez. giurisdiz. Emilia Romagna, 5 gennaio 2018 n. 7; Corte dei conti, reg. Lombardia, sez. giurisdiz., sentenza 13 luglio 2018 n. 148).

Tale conclusione si è notevolmente rafforzata dagli anni Settanta in avanti con l'affermazione della c.d. interpretazione costituzionalmente orientata del diritto privato, giacché nella Costituzione un ruolo preminente è assegnato alle cosiddette formazioni intermedie che costituiscono, a livello aggregato e/o strumentale, espressione della personalità umana. Sennonché, alcuni autori dubitano che alcuni caratteri tradizionalmente riconosciuti ai diritti della personalità (in particolare, indisponibilità, intrasmissibilità e irrinunciabilità) siano estendibili anche agli enti, in quanto questi, per le loro specifiche caratteristiche, tenderebbero a disporre anche di siffatti diritti, in particolar modo nel caso delle società commerciali, per le quali nome, immagine, reputazione assumono una connotazione economica tale da costituire beni giuridici diversi e distinti come il marchio, l'avviamento, il credito. A tali dubbi, il cui fondamento è innegabile – ed infatti alla problematica in questione si è dedicato un passaggio nel precedente paragrafo – pare possibile rispondere solo evidenziando che nella moderna dinamica dei rapporti economici e sociali, come sopra chiarito, anche le persone fisiche dispongono, se pure senza trasmettere ed entro certi limiti, dei propri diritti della personalità.

4.3.7. Le tecniche di tutela

Come noto, l'evoluzione degli ordinamenti giuridici dei Paesi occidentali più evoluti, con riguardo ai tradizionali diritti reali e di obbligazione, si è articolata attraverso la progressiva definizione di una tutela degli interessi meritevoli basata su una combinazione più o meno composita di **rimedi restitutori**, **risarcitori**, **inibitori** e **liberatori**.

La natura non materiale e, per di più, sostanzialmente non patrimoniale del diritto (o dei diritti) della personalità ha reso, sotto questo profilo, difficoltosa la trasposizione in tale settore degli schemi utilizzati in altri ambiti dell'ordinamento. In particolare, sulla categoria ha fortemente pesato la strisciante convinzione giurisprudenziale che, trattandosi di **beni di valore non quantificabile** in termini monetari, in quanto dotati di valenza prettamente morale, compensarne la lesione con una somma di denaro sarebbe equivalso a svilirli. Inoltre, non va sottovalutato come sino al 2003 (e cioè sino alle note pronunce gemelle della Corte di Cassazione del 31 maggio 2003 nn. 8827 e 8828, e della Corte costituzionale, sentenza 11 luglio 2003 n. 233, di cui ci occuperemo nel capitolo sul risarcimento del danno) nell'ordinamento italiano fosse generalizzata l'opinione per cui, ai sensi dell'art. 2059 c.c., il danno non patrimoniale sarebbe risarcibile solo nei casi previsti dalle legge, e dunque, secondo l'interpretazione all'epoca prevalente, solo nei casi di configurazione di reati (*ex* art. 185 c.p.) o in altri casi eccezionali previsti espressamente dalle legge (come quello del trattamento illecito di dati personali, sia ai sensi della citata legge n. 675/1996, che del successivo d.lgs. n. 196/2003, nonché del "Regolamento (UE) 2016/679, c.d. General Data Protection o GDPR). Altro elemento che ha inciso negativamente sulla tutela civile degli interessi coinvolti dalla enucleazione dei diritti della personalità è il tradizionale inquadramento penalistico dei più risalenti attributi della personalità, ed in particolare dell'onore e della reputazione, la cui lesione veniva colpita con la previsione dei reati di ingiuria e diffamazione. In questa situazione, il profilo sanzionatorio di carattere penale prevaleva sul profilo risarcitorio di carattere squisitamente civilistico. Di talché la persona offesa, nella più parte dei casi, si accontentava di veder riconosciuta, e sanzionata, in sede penale la lesione dei suoi diritti della personalità, poco o nulla rilevando in questo contesto il risarcimento del danno, che spesso si traduceva nella condanna del reo al pagamento di una cifra solo simbolica.

Il **mutamento dei valori sociali**, la progressiva comprensione dei diversi aspetti della personalità finalizzata alla massima tutela, o, in altra prospettiva, la c.d. depatrimonializzazione del diritto privato, e, soprattutto, l'incremento esponenziale degli illeciti posti in essere tramite i mezzi di comunicazione e/o informazione di massa, hanno profondamente inciso sulle originarie impostazioni. È successo, dunque, che da alcuni lustri a questa parte la giurisprudenza ha cominciato a riconoscere valore mediatamente economico ai diritti della personalità. Ciò, con tutta probabilità, si deve anche alla vicenda, sopra riferita, che ha portato a constatare nella prassi la disponibilità (e cioè la possibilità per il titolare di disporre), entro certi limiti, dei diritti della personalità. In altre parole, ed in definitiva, a titolo di esempio può osservarsi che, se si ammette – come si è dovuto storicamente fare da un certo momento – che una bella ragazza, nell'esercizio della sua professione di modella, possa cedere a titolo oneroso per un determinato periodo il diritto di sfruttamento commerciale della propria immagine ad un'azienda interessata, allora si deve necessariamente anche ammettere che, qualora il diritto fatto oggetto del negozio dispositivo venga leso, di talché esso perde valore nel mercato, l'autore dell'eventuale fatto illecito è tenuto a risarcire per intero il danno economico causato al titolare dell'interesse, e cioè alla modella (così come eventualmente al titolare del diritto di sfruttamento commerciale).

La vicenda giurisprudenziale che ha portato alla progressiva affermazione della **piena risarcibilità** dei diritti della personalità, almeno quando dotati di espressione economicamente apprezzabile, è stata, anche contenutisticamente, influenzata dal fatto che, in ogni caso, in ipotesi di lesione di un diritto della personalità, nel giudizio civile i danneggiati chiedono innanzitutto la tutela reale costituita dalla **inibizione giudiziale** alla prosecuzione dell'attività asseritamene illecita. Questa tutela – che si fonda sull'istituto, per l'appunto, della inibizione, e sulla considerazione che la tutela primaria della persona consiste nella reazione volta a fermare l'invasione illecita della sfera personale di ciascun consociato – si caratterizza per la concretezza della misura in cui si traduce, ma per essere efficace deve essere adottata tempestivamente. Per tale ragione vi è copiosa giurisprudenza in materia di diritti della personalità che si è formata nell'ambito di giudizi di urgenza proposti, soprattutto *ante causam*, *ex* art. 700 c.p.c. e, dunque, necessariamente improntati sull'accertamento sia del '*periculum in mora*' che del '*fumus boni juris*' (in questo modo, ad esempio, è stato possibile inibire la pubblicazione di una fotografia ovvero l'inserimento di un nome fra gli autori di una opera, far cessare una campagna pubblicitaria o far diffondere tempestivamente una smentita). L'esame dei provvedimenti pretori in parola rivela come, soprattutto in caso di diritti della personalità senza immediati risvolti economici, la natura del diritto leso abbia costituito sicuro fondamento per argomentare l'esistenza, nella vicenda concreta, del *periculum in mora*, costituito proprio dal fatto che l'eventuale risarcimento sancito in sede di merito non avrebbe potuto ristorare effettivamente il soggetto leso. In questo senso può senz'altro dirsi che la giurisprudenza, di fronte al problema costituito dalla natura tradizionalmente intesa come non patrimoniale dei diritti della personalità, ha reagito, in maniera funzionale alla tutela degli interessi asseritamene lesi, anticipando temporalmente la tutela, rispetto al momento risarcitorio, così tentando di limitare il più possibile la stessa produzione del danno.

4.3.8. I più importanti diritti della personalità

a) *Diritto all'integrità fisica*

Il diritto della personalità di più lontana genesi legislativa nel nostro ordinamento è il c.d. diritto all'integrità fisica sancito dall'**art. 5** c.c. ai sensi del quale "*Gli atti di disposizione del proprio corpo sono vietati quando cagionano una diminuzione permanente dell'integrità fisica o quando siano altrimenti contrari alla legge, all'ordine pubblico o al buon costume*". Il divieto si traduce, secondo la dottrina maggioritaria, nella **nullità degli atti** compiuti in violazione della norma e nell'obbligo, in capo a chi abbia compiuto l'atto di disposizione vietato, di risarcire i danni eventualmente arrecati a terzi.

La genesi della disposizione codicistica, o meglio la ragione dell'approccio al tema scelto dal legislatore, è da rintracciarsi in un caso giurisprudenziale che, all'epoca, fece molto clamore in Italia. A Napoli – come racconta la stessa pronuncia della Cassazione penale che chiuse la vicenda (Sezione II, sentenza 31 gennaio 1934, imputati Jannelli ed altri) – «nell'ottobre 1930» uno «studente ventiquattrenne», ricoverato «nell'Ospedale degli Incurabili», saputo che un ricco ed anziano signore di nazionalità americana desiderava subire un'operazione di innesto di glandola sessuale asportata da un giovane, si propose per vendere un proprio testicolo; in tal modo il cittadino americano poté sottoporsi all'intervento chirurgico condotto secondo la tecnica '**Voronoff**' (o, come si legge in sentenza, «Woronoff»), assai di moda in quel periodo. La tecnica in questione prendeva nome dal chirurgo e sessuologo russo, naturalizzato francese, Serge Voronoff, divenuto notissimo negli anni Venti del secolo scorso per i suoi studi sul ringiovanimento maschile eveniente da impianto nello scroto umano di testicoli di scimmia. Promossa l'azione penale nei confronti dei medici che avevano proceduto all'operazione dell'anziano paziente che aveva comprato il testicolo, «per il reato di lesione volontaria produttiva di indebolimento permanente dell'organo della generazione» commessa contro lo studente napoletano, sia il Tribunale di primo grado che la Corte d'appello di Napoli, avendo accertato che il giovane non aveva riportato la privazione di funzioni vitali che potessero impedirgli «il compimento dei doveri impostigli dagli ordinamenti politici e giuridici», dichiarano assolti gli imputati. La Cassazione, chiamata ad occuparsi della vicenda, partendo dall'osservazione per cui «nei casi di lesione alla integrità, che importano un pregiudizio di una certa rilevanza al corpo, la morale valuta come lecito il consenso solo a condizione che concorra uno scopo di particolare valore sociale e il vantaggio alla salute di un'altra persona è di per sé uno scopo di particolare valore sociale», affermò che, nel caso di specie, il consenso del giovane era idoneo a rendere non punibile il fatto ascritto agli imputati ai sensi dell'art. 50 c.p., giacché l'operazione non aveva «limitato sensibilmente la vigoria del corpo e la funzione sessuale e generativa della persona, alla quale la glandola è stata tolta» e nel contempo aveva «rinvigorito la funzione genetica e l'organismo della persona alla quale la glandola stessa è stata trapiantata». Di conseguenza, la Cassazione confermò l'assoluzione per tutti gli imputati, così suscitando un vivace dibattito nella società italiana sui limiti alla disponibilità del proprio corpo.

Tra le voci autorevoli più critiche nei confronti della pronuncia della Suprema Corte si registrò quella del Prof. Gaetano **Arangio-Ruiz**, il quale nel commentare la sentenza sulle colonne di una nota rivista giuridica (sentenza e commento furono pubblicati in *Foro it.*, 1934, II, 146) manifestò la sua contrarietà al principio affermato dalla Cassazione, proponendo peraltro una correzione dell'art. 6 del progetto del libro I del nuovo codice civile (giova ricordare che all'epoca era in vigore il codice del 1865, ma erano in corso i lavori di elaborazione del nuovo codice che dopo qualche anno vedrà la luce). Tale progetto di articolo prevedeva che: "*Gli atti di disposizione che importino un pregiudizio all'integrità del proprio corpo sono permessi se non siano contrari alla legge o alla morale*"; mentre Arangio-Ruiz evidenziò la necessità di vietare in ogni caso gli atti di disposizione di parti del corpo «che non siano caduche o non siano suscettibili di riproduzione». È evidente che il legislatore del primo libro del nuovo codice civile raccolse tal ultima proposta al fine di evitare che nascesse un mercato di parti del corpo umano e, in ogni caso, per impedire che, ad esempio per ragioni di indigenza, il singolo consociato potesse pensare di fare mercimonio del proprio corpo.

Spiegate le ragioni storiche e culturali dell'epifania della disposizione in parola, può a questo punto osservarsi che il testo dell'art. 5, nello stabilire alcuni limiti all'autonomia privata rispetto alla disponibilità del corpo umano, implicitamente sancisce dunque – anche in relazione agli artt. 2 e 32 Cost. ed all'art. 2043 c.c. – l'esistenza del **diritto-dovere all'integrità fisica**, e cioè del diritto che l'ordinamento riconosce a ciascun individuo a che il proprio aspetto esteriore e la propria salute non subiscano danni causati da terzi, e del dovere che lo stesso ordinamento impone all'individuo di non disporre del proprio corpo ledendone l'integrità. È questo il principio più interessante posto dalla norma, giacché per il resto essa vieta – più banalmente – ai consociati di porre in essere atti che coinvolgano il proprio corpo ed integrino un'ipotesi di contrarietà alla legge, all'ordine pubblico (cioè ai principi fondamentali dell'ordinamento) o al buon costume (cioè alla morale dominante in un certo momento storico), e ciò in aderenza all'idea per cui in generale il singolo non può ledere l'interesse collettivo a che tutti rispettino norme di legge di carattere imperativo, ordine pubblico e buon costume. Ad esempio, il contratto tra meretrice e cliente è nullo di pieno diritto in forza dell'art. 5 in quanto, a prescindere da ogni ulteriore considerazione, esso appare contrario al buon costume. Viceversa, con il limite costituito dall'integrità fisica l'ordinamento impedisce al singolo consociato di utilizzare il suo corpo come meglio crede al solo fine di tutelare la sua stessa incolumità fisica, e cioè senza (almeno apparenti) finalità collettive o generali, bensì con evidente intento paternalistico, salvo quanto sopra detto circa l'interesse del legislatore ad evitare la nascita di un mercato di parti del corpo umano.

Dunque, nel codice civile l'integrità fisica opera come limite all'autonomia privata ogni qual volta un atto possa determinare un danno permanente al corpo, nonché come diritto inviolabile della persona rispetto ai fatti dannosi commessi da terzi nei suoi confronti. In considerazione di tale principio, è ammissibile la donazione del **sangue** (disciplinata dalla legge 21 ottobre 2005 n. 219) o la donazione di **midollo osseo** (disciplinata dalla legge 6 marzo 2001 n. 52) o, chiaramente, il taglio ed anche la vendita dei capelli o delle unghie, e ciò in quanto tali operazioni non comportano alcuna modificazione permanente della integrità fisica. Viceversa, va ribadito il divieto per qualsiasi intervento, anche di carattere medico-sanitario, su ogni parte del corpo umano che non sia giustificato in ragione della stretta necessità di curare la salute del soggetto interessato o di migliorarne l'integrità fisica o psichica.

Sotto quest'ultimo profilo devono distinguersi i **trattamenti medico-sanitari obbligatori** (cioè resi obbligatori dalla legge in ragione di specifiche esigenze di tutela della salute individuale e collettiva) o **urgentissimi** (rispetto ai quali non vi è la possibilità materiale per i sanitari di raccogliere il consenso del paziente o dei suoi congiunti in quanto vi è la stretta necessità di intervenire immediatamente), dai **trattamenti medici-sanitari non obbligatori e non urgenti** giacché in questo secondo caso l'intervento medico è possibile solo in presenza del consenso espresso ed informato del paziente o, quando quest'ultimo sia impossibilitato a fornirlo, di suoi stretti congiunti. Deve, inoltre, distinguersi il caso dei **trattamenti medico-sanitari a scopo estetico**, e dunque non terapeutico, in relazione ai quali la giurisprudenza ha ormai accolto la tesi per cui la nozione di integrità fisica va interpretata nel senso ampio di benessere della persona, sicché proprio l'esercizio del diritto all'integrità fisica consente di riconoscere anche l'attività estetica come strumento di tutela della salute e dell'armonico sviluppo della personalità umana, benché in tale settore sia più ampio il dovere informativo che grava sul medico in quanto il sacrificio dell'integrità fisica del soggetto risponde ad un'esigenza solo indirettamente collegabile con la tutela della sua salute. Ed ancora deve distinguersi il caso dei **trattamenti medico-sanitari a scopo scientifico**, in quanto a questi – secondo la dottrina maggioritaria – si applica integralmente l'art. 5, salvo che dalla sperimentazione terapeutica possano derivare risultati giovevoli anche per la salute del soggetto passivo per se particolarmente incerti nella realizzazione.

Chiarito che ogni atto lesivo dell'integrità fisica della persona è illecito, salvo che sia scriminato da un'esigenza superiore o dal consenso dell'interessato nei limiti indicati dall'art. 5, va osservato che tale disposizione, avendo nella gerarchia delle fonti rango ordinario, può essere derogata da **norme speciali** di analoga forza gerarchica. Ciò avviene, ad esempio, ai sensi della legge 26 giugno 1967 n. 458, che consente il **trapianto di rene** tra vivi, in quanto un solo rene è sufficiente ad assicurare la funzione vitale di depurazione del sangue; nonché in forza della legge 16 dicembre 1999 n. 483, che ammette il **trapianto di parti di fegato tra vivi**, anche in questo caso in ragione del fatto che il fegato tende nel tempo a ricostituirsi per cui il donatore non subisce un pregiudizio vitale né permanente all'esito dell'asportazione di parti dell'organo.

In entrambe le ipotesi citate, la legge consente esclusivamente la **donazione**, e cioè non la compravendita né altri negozi a titolo oneroso, chiaramente al fine di scongiurare il mercimonio di parti del corpo della persona. Il principio è, in vero, criticato da una parte, se pure minoritaria, della dottrina che evidenzia come potrebbe considerarsi rispondere a logiche ormai superate l'idea per cui l'uomo possa disporre sostanzialmente di tutto, compravendendo qualsiasi cosa, salvo che del proprio corpo, giacché in determinate ipotesi potrebbe essere, in concreto, più rispettoso della dignità della persona consentire a quest'ultima di decidere liberamente di **vendere un rene**, piuttosto che trascinare la propria esistenza tra stenti economici fonte di privazioni continue e significative. L'osservazione non pare affatto peregrina, benché le ricadute sociali di una eventuale, se pure relativa, liberalizzazione del settore paiono potenzialmente di portata tale da consigliare, in ogni caso, la massima prudenza, e ciò anche in considerazione di quanto disposto dall'**art. 3** della **Carta di Nizza**, e cioè della Carta dei Diritti Fondamentali dell'Unione europea entrata in vigore il 1° febbraio 2003, che per l'appunto, nell'affermare il diritto individuale all'integrità fisica e psichica, sancisce, tra l'altro, il divieto "*di fare del corpo umano e delle sue parti in quanto tali una fonte di lucro*". Tuttavia, allo stato la legislazione italiana non manifesta incertezze e dunque non consente alcun possibile ridimensionamento del principio tradizionale cristallizzato, in termini generali, nell'art. 5 c.c. e confermato dalle discipline speciali sopra richiamate.

Ulteriori deroghe a quanto stabilito dall'art. 5 possono trovarsi nella legge 14 aprile 1982 n. 164, che consente la modificazione delle **caratteristiche sessuali** somatiche esteriori nel caso in cui esista nell'individuo un contrasto patologico tra sesso 'naturale', o biologico, e 'psico-comportamentale'. La questione di costituzionalità sollevata con riferimento all'art. 1 di tale legge, per asserito contrasto con gli artt. 2, 32, 29 e 30 Cost., fu respinta dalla Corte costituzionale in quanto, secondo i Giudici delle leggi, la disciplina in esame «contribuisce alla realizzazione per la persona transessuale della propria identità, che è fattore di svolgimento della personalità e ragione di benessere che costituisce un interesse della collettività», ed inoltre «l'intervento chirurgico in questione costituisce mezzo efficace per la tutela della salute psichica del transessuale e per il conseguente suo inserimento nei normali rapporti sociali», senza che ciò coinvolga o possa, in alcun modo pregiudicare, la famiglia (Corte cost., sentenza 24 maggio 1985 n. 161). Nell'occasione, la Corte osservò altresì che la possibilità di rettificare il proprio sesso, riconosciuta dalla legge, «si colloca nell'alveo di una civiltà giuridica in evoluzione, sempre più attenta ai valori, di libertà e dignità, della persona umana». In proposito, giova segnalare che con la sentenza 4 luglio 2006 n. 253 la Corte costituzionale è tornata a pronunciarsi in materia per stabilire l'illegittimità costituzionale della legge della regione Toscana n. 63/2004 nella parte in cui, esorbitando dalle competenze legislative assegnate alle regioni dall'art. 117 Cost., ha preteso di introdurre nell'ordinamento civile, riservato alla competenza statale, norme volte a consentire la rettificazione del sesso anche fuori dai casi eccezionali (rispetto al principio generale di cui all'art. 5), stabiliti dalla già citata legge n. 164/1982.

In relazione all'applicabilità dell'art. 5 deve ulteriormente osservarsi che, dopo l'entrata in vigore della legge 22 maggio 1978 n. 194, la quale ha disciplinato in Italia l'aborto, e che tra l'altro ha abolito l'art. 552 c.p. in materia di divieto della **sterilizzazione volontaria** della donna, quest'ultima pratica è generalmente ritenuta lecita, sebbene in dottrina vi sia chi distingue tra sterilizzazione terapeutica e di comodo, ritenendo che questa seconda appare in contrasto con la disposizione codicistica citata. All'interno della problematica in esame alcuni autori fanno rientrare anche la tematica della **procreazione assistita**, attualmente disciplinata in Italia dalla legge 19 febbraio 2004 n. 40, benché in realtà quest'ultima non implichi e non determini, almeno fisiologicamente, il compimento di atti di disposizione che comportano una lesione permanente dell'integrità fisica dei soggetti interessati, anche in considerazione del fatto che in Italia sono attualmente vietate dalle legge n. 40 tutte le pratiche c.d. eugenetiche, nonché la c.d. **maternità surrogata** (e cioè la pratica dell'affitto di utero, in ragione del quale una donna porta in grembo il bambino generato da una coppia di genitori la cui donna non era in grado, per ragioni mediche, di condurre la gravidanza, di talché la prima risulta madre biologica del bambino mentre la seconda, se ha fornito l'ovulo, è madre genetica).

Secondo parte della dottrina rientrerebbero nell'ambito di applicazione dell'art. 5 anche gli atti di disposizione del proprio corpo posti in essere dall'interessato in previsione della sua morte e, dunque, in relazione alla possibilità che dal suo cadavere (o meglio, dal suo corpo di cui sia accertata la morte celebrale) siano o meno espiantati organi ovvero prelevati tessuti per l'impianto a favore di terzi beneficiari o a fini di ricerca scientifica (la materia è oggi disciplinata dalla **legge 1° aprile 1999 n. 91**), nonché in merito alla custodia e/o al trattamento del cadavere per il futuro. In entrambi i casi, in effetti, ciò che viene in rilievo non è l'integrità fisica della persona, ma il suo diritto a dare disposizioni circa la destinazione del proprio corpo dopo la sua morte.

Rispetto alla prima questione, in sintesi può qui osservarsi che la legge n. 91/1999, oltre a consentire a chiunque di manifestare, ovviamente in vita, la propria volontà circa l'utilizzazione di parti del suo corpo dopo la sua morte, disciplina più in generale la problematica del prelievo, dell'espianto e del trapianto di organi e tessuti "*da soggetto di cui sia stata accertata la morte ai sensi della legge 29 dicembre 1993 n. 578*". In particolare, per quanto qui rileva, va evidenziato che l'art. 3, comma 2, della legge in parola, mentre consente in generale il trapianto di ogni organo da cadavere, vieta il trapianto delle gonadi e dell'encefalo, in quanto si tratta di organi particolarmente delicati attraverso il cui trapianto può trasferirsi anche il patrimonio genetico.

Sotto il secondo profilo sopra cennato, si osserva che ogni uomo ha diritto a decidere il trattamento che dovrà essere riservato al proprio cadavere (ad esempio, quanto a sepoltura, imbalsamazione, cremazione, ecc.), nonché le modalità ed il luogo di eventuale tumulazione. In relazione alla scelta del luogo, si parla tradizionalmente di ***ius eligendi sepulchrum*** quale vero e proprio diritto della personalità (declinato, ad esempio, in termini di *ius inferendi mortuum* quando si tratti del diritto del componente di una famiglia ad essere sepolto nel sepolcro familiare in assenza di disposizioni contrarie da parte del fondatore; così Cass., sentenza 19 maggio 1995 n. 5547) che trova il suo fondamento non in una norma di legge, ma in un'antica consuetudine. In vero, giova segnalare che in materia è intervenuta la legge 30 marzo 2001 n. 130, sulla dispersione delle ceneri, che ha confermato il potere che in materia l'ordinamento riconosce alla libera volontà del soggetto.

Biotecnologie e proprietà (di parti) del corpo distaccate: brevi considerazioni gius-economiche

In un caso giudiziario (causa ***Moore c. Università della California ed altri***) divenuto assai noto per l'eco che ebbe sulle riviste, non solo giuridiche, di mezzo mondo, nel **1988** la **Corte d'appello della California** (USA) fu chiamata ad esprimersi circa la possibilità di riconoscere il diritto di proprietà ad ogni individuo su parti del proprio corpo che siano state distaccate dal corpo stesso. La tematica, ora come allora di grande attualità – e che, sino ad oggi, non risulta essere stata mai sottoposta al vaglio della giurisprudenza italiana – ha, evidentemente, notevoli implicazioni di carattere scientifico e sociale, visto che il riconoscimento di diritti dominicali su parti del corpo umano distaccate può determinare le condizioni per (anzi, più precisamente, è propedeutico a determinare) la nascita di un vero e proprio mercato nel quale tali diritti sono fatti oggetto di commercio. Ciò in quanto, la questione non coinvolge il tema della integrità fisica della persona – dato che, per l'appunto, il corpo è già privo di quelle parti – e, dunque, in materia non operano i limiti all'autonomia privata che, ad esempio, in Italia sono fissati dall'art. 5 c.c.; di talché, i diritti in parola potrebbero essere liberamente trasferiti dal titolare al miglior offerente.

La vicenda giudiziaria su cui si concentrò l'attenzione della Corte d'appello della California riguardava un americano, residente nello stato di Washington, al quale nel 1976 era stata diagnosticata una rara forma di '*hairycell leukemia*' che gli aveva procurato un'abnorme crescita della milza fino al punto di rendere urgente l'asportazione dell'organo. L'intervento, perfettamente riuscito, dette l'avvio ad una serie di prelievi (sangue, pelle, liquido spermatico, midollo osseo) all'esito dei quali l'*equipe* medica che aveva diagnosticato il male scoprì che la milza asportata era composta da 'supercellule', peraltro rarissime, tramite le quali – attraverso prelievi svolti negli anni seguenti – fu isolata e posta in coltura una linea cellulare immortale (capace, cioè, di riprodursi in eterno) ed idonea a secernere un'incredibile quantità di proteine e linfochini. Tutto ciò consentì all'Università della California, per la quale operavano i ricercatori che avevano lavorato sulle supercellule in questione, di ottenere nel 1984 il brevetto per la linea cellulare ed i prodotti derivati, e conseguentemente di cedere i relativi diritti di sfruttamento commerciale a due famose case farmaceutiche che realizzarono e lanciarono alcuni prodotti di notevolissimo valore, con un mercato stimato, solo sino al 1990, in circa tre miliardi di dollari.

Tutto questo senza che il sig. Moore, e cioè il paziente da cui la supermilza era stata espiantata, sapesse nulla. Una volta messo al corrente della situazione, quest'ultimo agì in giudizio per vedersi riconosciuta la proprietà della '*cell line*', ma in primo grado le sue rivendicazioni non trovarono accoglimento (case n. 5133755, september 11, 1984, Ca. Super. Ct., L.A.). Viceversa, con la **sentenza 31 luglio 1988** la Corte d'appello della California diede ragione al sig. Moore affermando il principio per cui: «Posto che, secondo il diritto della California, va riconosciuta ad ogni persona la proprietà delle parti del suo corpo dopo il loro distacco dal corpo stesso, il paziente che, nel corso del trattamento di uno stato di leucemia acuta, abbia subito la rimozione chirurgica della milza e si sia visto asportare, nel trattamento post-operatorio, vari tessuti, fluidi, ecc., ha azione nei confronti di chi, senza il suo consenso, abbia provveduto a derivare dalle sue cellule una linea di prodotti, oggetto di brevetto, di grande valore commerciale».

Va appena precisato che la Corte, nella vicenda in parola, si mosse sulla scia di un precedente di qualche anno prima che aveva affermato la proprietà delle parti distaccate del corpo umano in un caso in cui, avendo la polizia riscontrato la presenza di sostanze narcotiche in feci umane, fu contestata con successo dall'indagato la legittimità dell'esame svolto in assenza di espressa autorizzazione a controllare il suo corpo (caso ***Venner* v. *State***, 30 Md. App. 599, 354 A. 2d 483, Md. App. 1976).

La decisione del 1988 sollevò una serrata discussione tra giuristi, sociologi, scienziati ed economisti. In particolare negli Stati Uniti il dibattito, piuttosto che riguardare la fondatezza concettuale o dogmatica del principio affermato dai giudici, si concentrò – in una **prospettiva funzionale** tipica dell'**approccio gius-economico** – sugli effetti che l'applicazione dello stesso avrebbe sortito sotto sia il profilo scientifico che di mercato. Al fine di meglio comprendere ragioni e limiti del principio affermato dalla Corte d'appello della California, giova svolgere le brevi considerazioni che seguono.

Fino al 1980, e cioè fino all'introduzione negli Stati Uniti del **Patent and Trademark Amendment Act**, il settore della biotecnologia, sostanzialmente in tutto il mondo, mostrava scarsa attenzione per le lusinghe brevettuali, e ciò per ragioni etiche, in quanto si reputava che l'assenza di diritti di privativa consentisse la immediata diffusione e condivisione di ogni scoperta scientifica con beneficio per l'intera umanità. In seguito a tale novella legislativa – che, peraltro, intervenne dopo la famosa sentenza del 1980 della **Corte Suprema degli Stati Uniti** nel caso ***Diamond* vs. *Chakrabarty*** (447 U.S. 303, 1980), con cui si affermò la possibilità di privative industriali su cellule ed organismi viventi – lo scenario cambiò completamente perché la nuova *policy* normativa a stelle e strisce, da un lato, riconosceva alle università il diritto di brevettare l'invenzione e, dall'altro, ammetteva il diritto dei ricercatori coinvolti ad una remunerazione calcolata in percentuale sulle *royalties* ricavate dall'università stessa dalla cessione del brevetto in questione, residuando in capo all'eventuale azienda sponsor solo un diritto di '*non-exclusive license*'. Ciò determinò due principali effetti: per un verso, le università furono incentivate ad investire in ricerca scientifica e videro i bilanci beneficiare enormemente dei risultati derivanti dall'attività dei propri laboratori; per altro verso, ricercatori e medici cominciarono a non far circolare più le proprie scoperte nella comunità scientifica prima di averle fatte brevettare alla propria università. Sotto quest'ultimo aspetto, è evidente che, dal punto di vista prettamente scientifico, le ricadute della riforma in parola non furono positive. Tuttavia, gli effetti complessivi della nuova disciplina determinarono la definitiva consacrazione dei centri di ricerca americani di carattere universitario, che si qualificarono sempre più nel mondo per disponibilità economica, investimenti, qualità della strumentazione utilizzata e conseguente capacità di attirare le migliori risorse intellettuali dagli altri Paesi.

Sorto negli *States*, secondo quanto appena visto, il mercato delle biotecnologie, la dottrina gius-economica cominciò ad interrogarsi circa l'opportunità di mantenere da questo estranei i pazienti che, spesso loro malgrado, contribuiscono ai progressi scientifici in quanto subiscono, per varie ragioni, l'espianto di organi ovvero il prelievo di tessuti, sangue e quant'altro. Secondo alcuni autori, negare agli involontari donatori il diritto di proprietà sulle parti distaccate del proprio corpo, e dunque la partecipazione ai lauti guadagni derivanti dalle ricerche condotte su tali parti, significava sollevare ingiustificatamente il binomio ricerca-industria, operante nel settore, dalle responsabilità sociali collegate alla propria attività che pure è altamente remunerativa. In altre parole, si sottolineava che il sistema incentivasse i ricercatori a porre in essere prestazioni medico-sanitarie non strettamente necessarie per la salute del paziente, ma funzionali all'accaparramento delle sostanze biologiche da trattare, e che ciò determinasse danni fisici ed emotivi negli ignari pazienti. In considerazione di ciò, si contestava l'ingiustizia e l'inefficienza di tale situazione in cui il binomio ricerca-industria biomedica non si faceva carico delle **esternalità negative** – in termini tecnici, non internalizzava i costi sociali (cioè i danni arrecati ai pazienti espiantati) – derivanti dalla propria attività. Inoltre, si osservava che in forza del disconoscimento in capo ai donatori di diritti dominicali sulle parti del corpo distaccate, qualcun altro – in specie i ricercatori, le università e le industrie farmaceutiche – si avvantaggiava oltremodo, sotto il profilo squisitamente economico, della mancanza di un mercato a valle sui beni in questione e della possibilità di appropriarsi gratuitamente di quanto ritenuto di interesse. È proprio in considerazione di ciò, e dunque condividendo queste critiche, che la Corte d'appello della California, nel 1988, affermò il principio sopra riassunto in forza del quale riconobbe al sig. Moore il diritto ad ottenere un congruo ristoro per l'utilizzazione a fini commerciali da parte dell'Università della California, senza il suo consenso, delle supercellule estratte dalla sua milza.

Tale principio, tuttavia, è stato sottoposto a severe critiche da parte di chi ha osservato che il riconoscimento dei diritti dominicali in questione rischia di determinare distorsioni nel mercato che possono rendere molto più costosa l'attività di ricerca (cfr. la nota di Maurizio Paganelli pubblicata, insieme alla sentenza, in *Foro it.*, 1989, IV, 417, con il titolo '***Alla volta di Frankenstein****: biotecnologie e proprietà (di parti) del corpo*'). Ciò può accadere, tra l'altro, perché, in presenza di un tale diritto, prima di cominciare a svolgere ricerca su una parte di corpo distaccata, al fine di evitare futuri giudizi dall'esito incerto e potenzialmente gravoso, l'ente interessato cercherà di ottenere, anche a titolo oneroso, il consenso del relativo proprietario. Quest'ultimo – che senz'altro, sotto il profilo in esame, soffre un'asimmetria informativa nei confronti dei sanitari – potrebbe, per esempio, pretendere una remunerazione eccessiva, o che al momento appare eccessiva, posto, peraltro, che la ricerca in questione deve ancora svolgersi o giungere a compimento. Altrettanto può succedere se, come nel caso del sig. Moore, il paziente è realmente portatore di qualcosa di molto raro. Siffatte pretese – e, comunque, in ogni caso l'asimmetria informativa in parola – determinerebbero un aumento significativo dei costi transattivi (cioè dei costi che le parti sopportano per raggiungere l'accordo contrattuale), e potrebbero anche indurre i ricercatori a ridurre numericamente le proprie ricerche, così penalizzando la scienza medica.

Le critiche appena sintetizzate colgono senz'altro una parte di verità, sicché, ragionando *de iure condendo*, più efficiente – rispetto al principio affermato dalla Corte americana nel 1988 – potrebbe, allora, tutto sommato, rivelarsi il riconoscimento in capo al donatore, che abbia prestato il suo consenso alle attività dei ricercatori sul proprio corpo, di un diritto a partecipare proporzionalmente in misura fissa, predeterminata a livello legislativo, alle utilità economiche eventualmente ricavate dalla ricerca svolta. In tal modo, posto che la percentuale di partecipazione agli utili sarebbe fissata per legge, il paziente avrebbe solo il diritto di accettare o meno che venga svolta la ricerca, non potendo contrattare le condizioni economiche, e tuttavia egli non sarebbe estraneo alla relativa vicenda commerciale perché, nel caso in cui la ricerca producesse utilità economiche, egli ne beneficerebbe, per l'appunto, nella misura indicata percentualmente dalla legge.

La tematica, lungi dall'essere esaurita, si presta a molte ulteriori considerazioni, che sono tuttavia impedite dall'esigenza di racchiudere la riflessione gius-economica proposta entro limiti compatibili con la sede manualistica che la ospita.

Occorre, tuttavia, per completezza evidenziare che la sentenza della Corte d'Appello della California del 1988, che accolse l'azione del sig. Moore, fu ribaltata dalla **Corte Suprema della California** nel **1990** (case n. S006987, July 9, 1990, Sup. Ct. Of Ca., 51 Cal. 3d120, 793P.2d479, Cal. 1990). Quest'ultima pronuncia sancì l'impossibilità per Moore di reclamare il risarcimento del danno, o comunque il diritto di partecipare ai guadagni ottenuti dallo sviluppo e dalla commercializzazione della linea cellulare ricavata dalla sua milza, in quanto l'attività svolta dai ricercatori sulle originarie cellule dell'attore non consentiva più di riconoscere alcun diritto di proprietà a quest'ultimo, né i ricercatori – sempre secondo la Corte – erano tenuti ad informare Moore delle attività che essi svolgevano su dette cellule.

Entrambe le statuizioni furono, tuttavia, ampiamente ed argomentatamente contestate dal giudice Mosk che nell'occasione svolse una articolata '*dissenting opinion*' per spiegare le sue ragioni di contrarietà rispetto alla decisione assunta a maggioranza dal collegio della Corte Suprema di cui era membro. In definitiva la sensazione è che la Corte Suprema, ricorrendo ad argomenti tutt'altro che invincibili, abbia assunto la sua decisione con l'unica finalità di evitare ostacoli alla ricerca scientifica.

b) *Diritto al nome e allo pseudonimo*

Il nome da sempre, presso tutti i popoli e tutte le civiltà, ha avuto la funzione di identificare il soggetto che ne è titolare e, dunque, di distinguere quest'ultimo dagli altri consociati. In questo senso, esso ha, senza dubbio, svolto un ruolo fondamentale perché sino ad oggi ha consentito al singolo di affermare la propria individualità, la propria identità, la paternità sulle sue azioni, anche nei confronti di soggetti che non lo conoscono personalmente, ma che conoscono, per l'appunto, le sue opere, le sue gesta, o che comunque hanno sentito parlare di lui attraverso informazioni ricondotte al suo nome.

Il codice civile all'**art. 6** afferma che "*ogni persona ha diritto al nome che le è per legge attribuito*", ed all'**art. 7** che "*la persona alla quale si contesti il diritto all'uso del proprio nome o che possa risentire pregiudizio dall'uso che altri indebitamente ne faccia, può chiedere giudizialmente la cessazione del fatto lesivo* [e ciò tramite un provvedimento inibitorio eventualmente concesso dal giudice], *salvo il risarcimento dei danni. L'autorità giudiziaria può ordinare che la sentenza sia pubblicata in uno o più giornali*".

Sostanzialmente, due sono dunque le azioni poste a tutela specifica del nome: l'**azione di reclamo**, con la quale si tutela il diritto della persona ad usare il proprio nome contro gli atti di terzi, eventualmente anche condotti in buona fede (e, perciò, non suscettibili di essere qualificati come fatti illeciti *ex* art. 2043 c.c.), tendenti ad impedire tale uso; e l'**azione di usurpazione**, diretta contro l'appropriazione illecita (è ben difficile immaginare che si possa utilizzare un nome altrui in buona fede, ma è celebre, in proposito, il caso del sig. Busacca, il quale vide inopinatamente il proprio nome attribuito ad uno spregevole personaggio del film 'La grande guerra') che altri facciano del nome, con danno, anche solo morale ed eventuale, del titolare. Entrambe le azioni hanno **carattere inibitorio** e cioè mirano ad ottenere la cessazione immediata della condotta lesiva, fermo restando che in ogni caso il danneggiato potrà anche ottenere il risarcimento se il fatto dannoso è illecito. La **pubblicazione della sentenza**, che il giudice ha il potere di disporre, costituisce una sanzione la cui previsione è finalizzata a realizzare un duplice effetto: da un lato, essa mira a scoraggiare l'azione (o la ripetizione dell'azione) illecita da parte dei terzi; dall'altro essa mira a travolgere gli effetti per sé favorevoli che l'autore dell'illecito può aver tratto dallo stesso e, per quanto possibile, altresì gli effetti sfavorevole per il danneggiato.

La disciplina codicistica del diritto al nome è completata dall'**art. 8**, ai sensi del quale anche chi non porta il nome asseritamente leso, ma ha interesse alla tutela dello stesso per ragioni familiari, può agire in giudizio, e dall'**art. 9** secondo cui anche il nome d'arte, e cioè il c.d. pseudonimo, "*usato da una persona in modo che abbia acquistato l'importanza del nome, può essere tutelato ai sensi dell'art. 7*".

A questo punto una precisazione merita di essere svolta in merito al rilievo che nel nostro ordinamento, sotto il profilo qui indagato, hanno i **titoli nobiliari** e gli **stemmi familiari**, in quanto anche rispetto a questi la legge vieta l'usurpazione (artt. 2 e 3, d.l. 28 dicembre 1934 n. 2337) considerandoli segni idonei a distinguere determinate persone. Tuttavia, l'art. 14, comma 2, delle Disposizioni (transitorie e) finali della Costituzione, prevede che solo i predicati nobiliari esistenti prima del 28 ottobre 1922 possono avere una valenza giuridica, ed in specie possono divenire parte del nome, sicché ad essi viene estesa la tutela concessa al nome, ma ciò esclusivamente quando è stata autorizzata l'aggiunta del predicato nobiliare al cognome con decreto del Capo dello Stato (cfr. Cass., sentenze 7 novembre 1987 n. 10936 e 7 marzo 1991 n. 2426).

L'avvento di Internet nell'ambito della comunicazione e, più in generale, della vita umana ha, da un lato, valorizzato, dall'altro, problematizzato l'utilizzazione del nome. Infatti, nella comunicazione telematica è evidente che, nell'impossibilità di percepire immediatamente la fisicità del proprio interlocutore, i segni grafici di riconoscimento, e tra questi quelli che individuano il nome, assumono una grande importanza. Tuttavia, è ben possibile, e di fatto ciò avviene spesso, che proprio in Internet gli utenti più disinvolti utilizzino nomi inventati o anche nomi altrui. Questa eventualità è presente anche al di fuori della rete, ma, laddove la realtà fisica perde qualsivoglia importanza, diventa molto spesso del tutto irrilevante per un determinato soggetto utilizzare il suo vero nome. Dunque, l'utilizzazione di un nome di fantasia o di un nome altrui – mentre nella realtà tradizionale, e cioè indipendente da Internet, costituisce un'eccezione, in quanto il nome è per lo più collegato ad una entità fisica e serve per svolgere attività necessariamente dotate di fisicità – nel ciberspazio può rappresentare la regola, anche perché, mascherandosi dietro un nome falso, l'utente ha la sensazione di tutelare la propria *privacy*.

Un problema affine concerne lo **pseudonimo**. E si traduce, sotto il profilo giuridico, nel seguente interrogativo: ai sensi dell'art. 9, va riconosciuto il diritto di un utente ad utilizzare in via esclusiva ed eventualmente a tutelare il nickname (per l'appunto, lo pseudonimo) con cui egli opera in Internet stabilmente? La risposta, in teoria, è senza dubbio affermativa. Ma, come ovvio, in concreto la questione si presenta notevolmente più complessa. L'art. 9, infatti, chiede, perché lo pseudonimo riceva la stessa tutela del nome, che esso "*abbia acquistato l'importanza del nome*". Tale precisazione consente di sottolineare l'esigenza di interpretare la norma tenendo conto del contesto in cui essa, nel caso di specie, è destinata ad operare. Dunque, è ben possibile che un determinato soggetto in Internet – e dunque nei *forum*, nelle *chatroom* e nelle bacheche elettroniche che frequenta – venga riconosciuto solo e soltanto con un certo *nickname*. In questo caso, si può ben dire che quel *nickname* lo individua, e cioè individua la sua identità quantomeno nella comunità di cibernauti che, più o meno, stabilmente frequentano quella stessa chat. Può bastare per ritenere che esso "*abbia acquistato l'importanza del nome*"? Adattando le categorie tradizionali alla nuova realtà e pensando all'importanza che in termini sociologici la piazza telematica ha ormai acquisitivo, la risposta dovrebbe essere affermativa.

c) *Diritto all'immagine*

L'**art. 10** c.c. stabilisce che "*Qualora l'immagine di una persona o dei genitori, del coniuge o dei figli sia stata esposta o pubblicata*" fuori dai casi consentiti, "*ovvero con pregiudizio al decoro o alla reputazione della persona stessa o dei diritti dei congiunti, l'autorità giudiziaria, su richiesta dell'interessato, può disporre che cessi l'abuso, salvo il diritto al risarcimento*". La disposizione sancisce il riconoscimento del diritto all'immagine, nella sua particolare componente fisica costituita dalla facoltà concessa al titolare di evitare che il proprio ritratto sia esposto o pubblicato. Nel far riferimento ai casi consentiti, essa richiama implicitamente gli **artt. 96 e 97 della legge sul diritto d'autore** (si tratta della già citata legge n. 633 del 22 aprile 1941, come da ultimo modificata dalla legge n. 37 del 3 maggio 2019; in proposito vedi anche quanto diremo nel capitolo IX in tema di diritto di proprietà intellettuale), ai sensi dei quali il ritratto della persona non può essere esposto o pubblicato senza consenso di questa quando: a) la riproduzione dell'immagine non è giustificata dalla notorietà o dall'incarico pubblico ricoperto, da necessità di giustizia o di polizia, da scopi scientifici, didattici e culturali, ovvero dal collegamento a fatti, avvenimenti o cerimonie di interesse pubblico o svoltesi in pubblico; e b) l'esposizione o la messa in commercio dell'immagine rechi pregiudizio all'onore, alla reputazione e al decoro della persona ritratta. Come meglio si vedrà nel paragrafo che segue, devono intendersi: per '*onore*', la considerazione che ognuno ha di sé stesso; per '*decoro*', il sentimento che ognuno ha della propria dignità; e per '*reputazione*', la considerazione di qualcuno che hanno gli altri.

Come anticipato, anche in tema di diritto all'immagine l'**evoluzione giurisprudenziale** ha svolto un ruolo particolarmente importante nel definire i criteri più corretti attraverso i quali individuare, in concreto, il miglior punto di equilibrio tra tutela dell'interesse del singolo ed affermazione dell'interesse dei consociati alla fruizione di fatti di rilievo pubblico o comunque generale.

A tal proposito va ricordato che nel 1959 la Cassazione ebbe a decidere il caso di un noto uomo politico che si lamentava per essere stato inserito in uno *spot* pubblicitario mentre parlava in un comizio tenuto in un luogo dove si producevano **carciofi**; nell'occasione la Cassazione diede rilievo alla c.d. *decontestualizzazione*, chiarendo che, nel caso di specie, proprio perché l'immagine veniva utilizzata fuori dal contesto politico nel quale era stata raccolta, occorreva il consenso dell'interessato, anche se famoso, ed anche se la ripresa era avvenuta in occasione di un comizio pubblico; lo scopo di lucro della società che aveva utilizzato le riprese a fini pubblicitari, dunque, fu considerato recessivo rispetto al diritto al ritratto dell'uomo politico. Pochi anni dopo, nel 1963, la Cassazione si occupò del caso della famosa cantante **Nilla Pizzi**, che chiedeva un risarcimento ad una società che aveva venduto cartoline con il suo ritratto, senza averne ottenuto il consenso. In questo caso la Cassazione (con la sentenza 14 dicembre 1963 n. 3150) respinse la domanda risarcitoria affermando che la cantante era molto famosa sicché non occorreva il suo consenso per l'utilizzo della sua immagine.

Nel 1979, tuttavia, la Cassazione – sostanzialmente ribaltando il precedente costituito dalla sentenza emessa nel caso Nilla Pizzi – ammise (con la sentenza 10 novembre 1979 n. 5790) il diritto al risarcimento dei danni per il noto calciatore **Sandro Mazzola**, la cui immagine era stata riprodotta in un bambolotto a fini di lucro da una società senza alcun consenso dell'interessato. Il ragionamento seguito dai giudici di legittimità fu molto lineare: a prescindere da eventuali lesioni al decoro della persona, il consenso del calciatore era comunque necessario perché la messa in vendita dei bambolotti gli precludeva la possibilità di concludere un analogo contratto di utilizzazione della propria immagine, con conseguente danno alle sue *chance* di guadagno. Dunque, sostanzialmente, la Cassazione ritenne che nel caso in questione la vicenda non potesse essere risolta sulla base dell'applicazione dei soli artt. 96 e 97 della legge sul diritto d'autore, in quanto al di là del diritto al ritratto, qui veniva in questione il diritto patrimoniale dell'interessato all'utilizzazione della propria immagine. Dagli anni Ottanta ad oggi, la giurisprudenza ha sempre ammesso la valenza patrimoniale del diritto all'immagine, ritenendo illecita la condotta di chi – senza il consenso del titolare – sfrutta a scopo di lucro l'altrui ritratto, anche utilizzando un sosia quando ciò possa ingenerare confusione nei terzi. Ed anche al di là dell'aspetto patrimoniale del diritto ovvero della notorietà della persona interessata, la giurisprudenza negli ultimi decenni ha sempre mostrato sensibilità e propensione nei confronti della tutela dell'immagine, come dimostra la sentenza 15 marzo 1986 n. 763 con la quale la Cassazione ha ritenuto illecito l'inserimento nella sigla di una trasmissione televisiva di alcune immagini, che ritraevano un tifoso insofferente, raccolte durante lo svolgimento di una partita di calcio, e ciò in quanto, secondo la Corte, l'art. 97, comma 1, della citata legge sul diritto d'autore, non consente, in mancanza del consenso della persona coinvolta, l'utilizzazione di immagini personali senza collegamento con la cronaca o con la citazione, anche a posteriori, dell'evento pubblico in cui l'immagine stessa è ritratta.

Dall'immagine intesa come '*ritratto*', e cioè come identità fisiognomica di un determinato soggetto, va distinta l'**immagine sociale**, e cioè la proiezione dell'identità morale dell'individuo nella società. Il fondamento normativo della tutela di tale particolare aspetto della personalità umana, per molti versi anche più pregnante rispetto all'identità fisiognomica, è stato a lungo rintracciato nello stesso art. 10 c.c., e ciò in particolare per il riferimento esplicito che questo fa alla reputazione ed al decoro della persona o dei suoi congiunti. Dagli anni Settanta in avanti, tuttavia, la giurisprudenza ha distinto il diritto all'immagine tutelato dalla disposizione in parola dai diritti alla reputazione e all'onore e dal diritto all'identità personale, come si ricaverà dalla lettura dei paragrafi che seguono.

d) *Diritto all'onore e diritto alla reputazione*

Tra i più importanti diritti della personalità sono senz'altro da annoverare i diritti all'onore ed alla reputazione accomunati dal fatto di essere diritti inerenti alla **sfera morale della persona**.

Come accennato nel precedente paragrafo a proposito dell'art. 10 c.c., con la prima locuzione si fa riferimento al diritto di ogni individuo di tutelare la sua idea di sé stesso, e cioè della propria dimensione ed integrità morale, dall'aggressione altrui che può concretizzarsi in una **ingiuria** (così definendosi tecnicamente, ai sensi dell'art. 594 c.p., l'offesa direttamene rivolta contro la persona che la subisce). Con la seconda locuzione – che viene espressamente richiamata nel citato art. 10 insieme al '*decoro*' – si fa riferimento al diritto di ogni consociato di tutelare l'idea di lui, e cioè della sua dimensione ed integrità morale, che hanno gli altri consociati, dall'aggressione altrui che può concretizzarsi in una **diffamazione** (così definendosi tecnicamente, ai sensi dell'art. 595 c.p., l'offesa rivolta ad una o più persone nei confronti di un soggetto assente).

L'aspetto più delicato, come evidente, concerne la tutela della persona rispetto a tutte quelle circostanze che possono alterare la percezione di sé che hanno gli altri consociati. In altre parole, è particolarmente importante che ogni soggetto sia tutelato dal rischio che terzi diffondano notizie che lo riguardano e che possono comprometterne il prestigio, la considerazione, ovvero possono comunque incidere negativamente sulla percezione che gli altri consociati, o alcuni degli altri consociati, hanno della sua dimensione morale. I fatti che ledono i diritti in parola, proprio in considerazione della importanza di questi ultimi, assumono, come sopra cennato, un rilievo penale, oltre che civilistico. Su questo secondo versante, una volta accertata l'esistenza dell'illecito, scatterà in capo all'autore del fatto l'obbligo di risarcire il danno *ex* art. 2059 c.c. ed art. 185 c.p. I diritti all'onore ed alla reputazione trovano solo indirettamente e parzialmente un loro riconoscimento nell'art. 10, in quanto questo, come sopra visto, concerne più precisamente il diritto all'immagine nella sua componente fisica, o fisiognomica che dir si voglia, e quindi possibile oggetto di "*esposizione*" e "*pubblicazione*".

Oltre che dalla esposizione o pubblicazione di una fotografia che ne ritrae l'immagine fisica, i diritti all'onore ed alla reputazione possono essere lesi anche attraverso semplici affermazioni rivolte alla persona che si intende offendere o attraverso la diffusione di notizie che la riguardano. Secondo la consolidata giurisprudenza, anche la diffusione di una notizia vera, quando pregiudichi la reputazione, l'onore o la riservatezza della persona coinvolta, può costituire un illecito, posto che la persona può avere interesse a mantenere riservata la notizia in questione proprio perché la considera lesiva del suo decoro morale. Come evidente, il diritto alla reputazione in tal caso può venire a configgere con il **diritto di critica e di cronaca** riconosciuto e protetto a livello costituzionale dall'art. 21 Cost., in quanto chi diffonde la notizia sta sostanzialmente esercitando tal ultimo diritto, il quale – giova evidenziarlo – è protetto anche e soprattutto nell'interesse della collettività a conoscere di rilevanza pubblica.

Al fine di individuare il giusto punto di equilibrio tra i due interessi configgenti in parola, nell'ambito di una complessa opera di elaborazione pretoria, sono stati definiti i requisiti la cui sussistenza legittima l'eventuale pregiudizio all'onore, alla reputazione ed alla riservatezza dei soggetti coinvolti da parte di chi esercita il diritto di critica o di cronaca. In particolare, la Cassazione, con le note sentenze 2 aprile 1998 n. 3679, 27 aprile 1998 n. 4285 e 24 gennaio 2000 n. 747, ha ritenuto che per giustificare e, dunque, legittimare la lesione dell'altrui diritto all'onore, alla reputazione o alla riservatezza è necessario che vi sia: 1) **corrispondenza** della notizia alla verità dei fatti esposti; 2) l'**interesse pubblico** alla conoscenza di essi; 3) la correttezza formale dell'esposizione (c.d. **continenza**). Rispetto al primo requisito, va tuttavia precisato che, a fronte di un orientamento pretorio che lo ritiene integrato anche quando la notizia risulti non corrispondente alla verità, ma il giornalista che la ha diffusa dimostri di averla raccolta all'esito di un serio e diligente lavoro (cfr. Cass., sentenza 7 febbraio 1996 n. 982), se ne registra uno più severo che impone al giornalista l'obbligo non soltanto di vagliare l'attendibilità della fonte, ma anche di accertare la veridicità sostanziale dei fatti (cfr. Cass., sentenza 5 maggio 1995 n. 4871). In particolare, si è ritenuto che il giornalista non possa limitarsi a riportare pedissequamente le dichiarazioni di un soggetto intervistato, se queste siano obiettivamente diffamatorie, salvo che, a causa della notorietà dei soggetti coinvolti, «l'intervista assuma il carattere di un evento di pubblico interesse» (Cass. pen., Sez. Un., 16 ottobre 2001 n. 37140).

La giurisprudenza ha altresì individuato i comportamenti del giornalista che, a prescindere dalla veridicità dei fatti, sono illeciti in quanto difettano di chiarezza e continenza. E così, il giornalista non può utilizzare il c.d. **sottinteso sapiente**, e cioè non potrà utilizzare espressioni che egli sa il pubblico non coglierà nel loro vero significato e fraintenderà a danno della persona offesa. Allo stesso modo, il giornalista non può svolgere **accostamenti suggestionanti** di fatti riferiti alla persona che si vuol mettere in cattiva luce con altri fatti riferiti ad ulteriori soggetti; né può usare un **tono sproporzionatamente scandalizzato** e sdegnato (soprattutto nei titoli), né può svolgere **insinuazioni**.

Anche reputazione ed onore possono atteggiarsi in modo particolare nel, e rispetto al, mondo telematico di **Internet**. Ciò perché in rete è possibile ledere la reputazione o l'onore di un determinato soggetto, di una azienda e quant'altro, a costi bassissimi e con effetti portentosi se paragonati a quelli dei mezzi di comunicazione tradizionali. Mandare a dieci, mille o diecimila persone una *e-mail* che diffama il rivale in amore, attribuendogli le nefandezze più varie può risultare assai agevole per chi utilizzi liste preconfezionate di indirizzi elettronici e spedisca la comunicazione illecita in automatico. L'operazione, in definitiva, risulterà rapida e poco costosa, laddove, al contrario, utilizzando agli stessi fini la posta tradizionale, ovvero un più artigianale volantinaggio si spenderebbe molto più tempo, si dovrebbero affrontare costi di gran lunga più alti e si otterrebbero effetti meno incisivi. Inoltre, la *e-mail* in questione potrebbe essere girata, ad esempio, perché particolarmente divertente, dal ricevente ad altre persone, così moltiplicando ulteriormente gli effetti della diffamazione. Un altro modo di ledere la altrui reputazione *on line* consiste nel pubblicare il messaggio diffamatorio, casomai correlato di foto, filmati o quant'altro, in una bacheca elettronica, in una *chat room*, o in un *forum* di discussione. È, inoltre, addirittura possibile creare un sito Internet appositamente per pubblicare materiali (filmati, testi scritti, file sonori, fotografie e quant'altro) che diffamano una determinata persona o una certa azienda e con ciò rendere tali materiali visibili a qualunque utente che si collega alla rete da ogni parte del mondo.

Nessun mezzo 'di comunicazione' tradizionale avrebbe consentito di realizzare diffamazioni tanto lesive della reputazione altrui. Infatti, sino a qualche anno fa, la diffamazione costituiva un illecito, per lo più, contestato a giornalisti o, comunque, ad operatori 'dell'informazione'. Oggi, invece, come dimostra la giurisprudenza più recente, grazie alla natura bivalente di Internet – che funge tanto da mezzo di comunicazione, quanto di informazione – chiunque può compiere diffamazioni con effetti diffusi in tutto il mondo, senza subire controlli e censure e, molto spesso, come detto, in forma del tutto anonima. Per non parlare dei danni che è possibile ingenerare nell'altrui sfera giuridica attraverso l'invio di posta indesiderata, contenente materiali offensivi o, in ogni caso, dannosa perché, ad esempio, destinata ad intasare la casella di posta elettronica del ricevente. Ad oggi, manca una specifica normativa che riguardi diffamazione ed ingiuria commessi in rete. Tuttavia, in materia di illeciti compiuti via Internet, come meglio si vedrà nel capitolo sulla responsabilità extracontrattuale, la normativa generale di riferimento, applicabile dunque ai casi della diffamazione o dell'ingiuria, è contenuta nel **d.lgs. 9 aprile 2003 n. 70**, con il quale è stata recepita la **direttiva europea 2000/31/CE** dedicata al commercio elettronico.

e) *Diritto all'identità personale*

Come accennato in chiusura del paragrafo dedicato al diritto all'immagine di cui all'art. 10 c.c., dopo un primo periodo in cui la giurisprudenza e la dottrina considerarono ogni aspetto relativo all'immagine della persona ricompreso genericamente nella sfera di applicazione, e dunque nell'ambito di tutela, della citata disposizione, dagli anni Settanta si fece avanti una diversa concezione, che nel tempo si riempì di contenuti, in ragione della quale si propugnò la configurabilità nel nostro ordinamento di un vero e proprio diritto all'**identità personale**, e cioè, del diritto a che ognuno sia descritto ai terzi esattamente per quello che è, nel pieno rispetto della propria personalità, della propria storia, delle proprie convinzioni, e quant'altro. Tale diritto è chiaramente collegato – così come può osservarsi anche per il diritto alla reputazione – all'interesse di ogni consociato a tutelare la propria immagine sociale; tuttavia, la sua specificità sta nel fatto che la lesione non deriva necessariamente da un fatto altrui i cui effetti siano obiettivamente pregiudizievoli della reputazione dell'interessato, bensì può derivare da un qualunque fatto che alteri (anche in senso positivo e, dunque, migliorativo) l'immagine sociale di quest'ultimo rispetto alla realtà delle cose. Per la sua singolarità il diritto all'identità personale è, dunque, ben distinto ed autonomo, tanto rispetto al tradizionale diritto all'immagine, quanto ai diritti alla reputazione ed all'onore.

Tra le primissime pronunce in cui la giurisprudenza italiana riconobbe l'esistenza in capo ad ogni consociato di un autonomo diritto individuale a tutelare la proiezione veritiera della propria identità morale nella società, va senz'altro annoverata la pronuncia della Procura di Torino del 30 maggio 1979, la quale sancì l'illiceità del comportamento del Partito Comunista che in un volantino aveva insinuato la circostanza, poi rivelatasi falsa, che il leader del partito radicale, **Marco Pannella**, avesse militato nella lista di Nuova Repubblica, e per l'effetto ordinò in via d'urgenza l'inibizione alla diffusione del volantino stesso. Nel caso di specie il noto politico non poteva lagnare la lesione del suo diritto all'immagine inteso in senso tradizionale, ovvero del suo diritto all'onore o ancora del suo diritto alla reputazione, visto che il suo accostamento alla lista di Nuova Repubblica non coinvolgeva problematiche proprie del 'ritratto', né era in sé offensivo, diffamatorio o denigratorio, giacché si trattava della lista di un movimento che aveva «diritto di cittadinanza nel nostro ordinamento», e tuttavia il volantino in questione determinava nei terzi un'errata percezione della storia politica e della «posizione ideologica» dell'interessato, «fino a ingenerare negli elettori la convinzione di una sua mancanza di dignità e coerenza politica» (tra virgolette alcuni passaggi della pronuncia torinese).

Un caso ancora più eclatante coinvolse nel 1985 il famoso oncologo **Umberto Veronesi**, il quale lamentò in un giudizio civile che alcune proprie dichiarazioni, rese durante un'intervista ad un giornalista, erano state indebitamente riportate per fare pubblicità ad una marca di sigarette. In sostanza, la società produttrice di tabacco aveva valorizzato nella propria pubblicità alcune frasi, effettivamente pronunciate in detta intervista dal Veronesi, al fine di indurre i consumatori a ritenere che le sigarette reclamizzate fossero consigliate e dunque da preferire; il tutto senza precisare che, come invece sottolineato dal noto medico nell'intervista, tutte le sigarette producevano gravi danni alla salute. La Cassazione, con la sentenza 22 giugno 1985 n. 3769, dopo aver evidenziato che «il diritto all'identità personale protegge il diritto di ciascuno a non vedersi all'esterno alterato, travisato, offuscato, contrastato con il proprio patrimonio intellettuale, politico, sociale, religioso, ideologico, professionale, ecc., quale si era estrinsecata o appariva, in base a circostanze concrete ed univoche, destinato ad estrinsecarsi nell'ambiente sociale», nel confermare la pronuncia di merito, riconobbe l'astratta ed autonoma configurabilità nell'ordinamento italiano del diritto all'identità personale, ed in concreto condannò la società convenuta a risarcire i danni cagionati in quanto le frasi del Prof. Veronesi, una volta decontestualizzate, erano idonee ad ingenerare nei lettori una errata percezione del pensiero dell'autore e della sua identità di professionista e di studioso. L'importanza della sentenza resa dalla Suprema Corte andò ben oltre il caso concreto in quanto per la prima volta, con tale pronuncia, il diritto all'identità venne dichiarato del tutto autonomo rispetto ai riferimenti normativi (costituti in particolare dagli artt. 6 e 10 c.c.) sino ad allora adottati dalla precedente giurisprudenza (così come nei due gradi di merito dello stesso procedimento Veronesi). In sostanza, la Corte ritenne che l'affermazione e la tutela di tale diritto nel nostro ordinamento trovano giustificazione e copertura nell'art. 2 Cost., ai sensi del quale – come anticipato – la persona va tutelata integralmente in tutti i suoi modi di essere essenziali.

Altra pronuncia di rilievo nell'evoluzione pretoria qui sintetizzata è costituita dalla sentenza 7 febbraio 1996 n. 978, con la quale la Suprema Corte – dopo aver evidenziato che «l'identità personale è venuta emergendo, nella più recente elaborazione giurisprudenziale, come bene-valore costituito dalla proiezione sociale della personalità dell'individuo, cui si correla un interesse del soggetto ad essere rappresentato, nella vita di relazione, con la sua vera identità, a non vedere quindi, all'esterno, modificato, offuscato o comunque alterato il proprio patrimonio intellettuale, ideologico, etico, professionale (ecc.) quale già estrinsecatosi o destinato, comunque, ad estrinsecarsi, nell'ambiente sociale, secondo indici di previsione costituiti da circostanze obiettive ed univoche» – respinse le pretese dei ricorrenti, i quali avevano azionato il giudizio per ottenere la declaratoria di illiceità e la conseguente distruzione del film intitolato 'L'appello' in quanto questo, raccontando un fatto di cronaca effettivamente accaduto e concernente l'uccisione del famoso calciatore della Lazio **Luciano Rececconi** (avvenuta nel 1977 per mano del proprietario di una gioielleria, amico della vittima, che per scherzo Rececconi stava fingendo, a volto coperto, di rapinare), descriveva, per l'appunto, uno dei ricorrenti (che poi era l'omicida) come un personaggio «incolto, impacciato, attaccato ai suoi averi e al denaro» riducendo, inoltre, la rappresentazione della moglie a quella di una «donna unicamente intenta a riporre oggetti negli scaffali». Al contrario di quanto aveva statuito il giudice di primo grado, nel confermare le sentenza d'appello del 1991 la Cassazione diede ragione alla Rai ed agli sceneggiatori del film osservando che la notorietà del caso e l'aderenza di quanto descritto alla verità dei fatti, almeno per come rappresentata dallo stesso omicida subito dopo la tragedia, nel caso di specie imponeva tutelare pianamente il diritto di cronaca esercitato tramite il film, per altro ritenuto dai giudici di interesse sociale perché descriveva il particolare momento storico, caratterizzato da diffusa violenza.

All'esito dell'evoluzione giurisprudenziale appena sintetizzata, il legislatore ha fatto per la prima volta un riferimento espresso al diritto all'identità personale nell'art. 1 della più volte citata legge n. 675/1996 (c.d. legge sulla *privacy*). Tale riferimento è stato ribadito tal quale nell'art. 2 del d.lgs. n. 196/-2003 (c.d. codice della *privacy*), che ha abrogato la legge n. 675 e ne ha preso il posto, per poi essere espunto dal suddetto articolo ad opera del d.lgs. n. 101/2018, recante modifiche per l'adeguamento del codice della privacy al regolamento (UE) 2016/679, c.d. General Data Protection Regulation o GDPR. Su tali normative si tornerà tra breve nell'apposito paragrafo. Dunque, non vi sono dubbi circa il fatto che oggi il diritto all'identità personale sia riconosciuto e tutelato anche sul piano strettamente positivo.

f) *Il problema delle c.d. identità informatica e identità digitale*

L'avvento di Internet ha determinato le condizioni tecnologiche per la nascita di un ambiente (o, se si preferisce, un mondo) fatto di dati, dove nulla esiste se non nella misura e nel modo in cui è rappresentato in forma digitale. In ragione di ciò, può senz'altro osservarsi come la grande rete sublimi il valore delle 'immagini', sia nel senso classico di 'ritratto', sia nel senso più moderno di 'proiezione' della persona, in quanto la realtà che trova spazio in rete non è altro che riproduzione o simulazione di entità fisiche che nella loro originale conformazione restano in qualche modo estranee rispetto alla rete stessa.

In dottrina si è già avuto modo di osservare che la c.d. **identità informatica** è uno dei portati più importanti della tecnologia digitale. Essa non nasce con Internet – in quanto preesiste allo sviluppo della telematica – bensì, come la sua denominazione rileva, con l'informatica. La sua genesi è rintracciabile nelle prime attività compiute dagli elaboratori elettronici impiegati per operare la memorizzazione ed il trattamento di dati riferibili agli esseri umani. Attraverso tali applicazioni il singolo soggetto, in ragione della catalogazione dei dati che lo riguardano, viene 'informatizzato', nel senso che a lui viene data un'identità insieme concisa, completa e ubiqua; il limite di tale vicenda consiste nella fissità e nella frammentarietà della percezione del soggetto, che non viene più avvertito per quello che realmente è o è diventato, ma per quello che risulta dagli archivi in cui i suoi dati, casomai non completi o non del tutto aggiornati, vengono conservati (si parla anche di spersonalizzazione). Con l'avvento di Internet la situazione cambia radicalmente, in quanto la percezione del soggetto viene praticamente sovvertita dalla circostanza che l'individuo in rete è costantemente presente con piena possibilità di esplicare la sua personalità e di rivelare (o meno) la sua identità reale o off-line. Ogni individuo in rete, moltiplicando gli scambi e le attività, automaticamente aggiorna in tempo reale i dati contenuti nelle moderne banche dati digitali che sono 'specchio fedele' delle preferenze che egli ha manifestato in occasione della più recente visita ad un certo sito o del compimento dell'ultima operazione cibernetica. Tutto ciò fa sì che il soggetto non sia più (com'era ai tempi dell'informatica *ante* Internet) percepito come il risultato di una somma di dati o di una operazione statistica, bensì come un'entità in continuo divenire. In altre parole, l'identità telematica – da questo punto di vista – è più vicina a quella reale di quanto non lo fosse quella informatica, il che fa di Internet un luogo privilegiato di rappresentazione del soggetto e delle sue preferenze, in tutte le sfumature della sua dimensione pubblica e privata.

Esiste, tuttavia, un problema non secondario. Il soggetto in Internet, in considerazione dell'**anonimato** di cui, come detto, è consapevole di poter godere, opera spesso senza tener conto dei dati reali, e cioè di dati immediatamente appartenenti alla realtà atomista, e finisce – tra le altre cose – per emanciparsi dalla sua identità fisica, dal suo corpo, dalla sua condizione sociale e giuridica, da ogni freno inibitorio dovuto alla consapevolezza di essere tenuto a rispondere, sul piano sociale e giuridico, delle proprie azioni. Ciò può rendere – e il fenomeno appare molto diffuso – la personalità che il navigatore sviluppa in rete profondamente diversa da quella che lo stesso soggetto mostra di avere fuori dalla rete. Inoltre, il singolo utente in rete può manifestare – più o meno volontariamente – anche più personalità e, in definitiva, più di una identità (si pensi agli '**avatar**' creati dagli utenti di 'Second Life' o di altre comunità virtuali). Il dubbio, per il giurista, è se queste identità, ulteriori rispetto all'identità sviluppata fuori dalla rete, possano essere tutelate dall'ordinamento giuridico, quando – ad esempio in una comunità cibernetica costituita dagli utenti di una *chat room* – un certo navigatore si sia da lungo tempo conquistato una certa 'reputazione', che non corrisponde alla sua condizione reale, e cioè la sua condizione fuori da Internet, e che potrebbe finanche non corrispondere alla reputazione di cui lo stesso utente gode in rete fuori da quella singola comunità ristretta. La problematica è, per molti aspetti, simile a quella cui si è fatto già riferimento nella parte finale del paragrafo in tema di diritto al nome ed allo pseudonimo.

Il tema non è del tutto sconosciuto al legislatore. Deve, infatti, osservarsi che il **codice dell'amministrazione digitale** (d.lgs. 27 marzo 2005 n. 82) nella sua versione originaria, e sino alla novella nel 2006, adottava la formula di "*identità informatica*". Nell'art. 1, lett *e*) del codice, si definivano, infatti, "*certificati elettronici*" gli attestati "*che collegano i dati utilizzati per verificare le firme elettroniche ai titolari e confermano l'identità informatica dei titolari stessi*". Attualmente un analogo riferimento positivo manca, ma ciò non impedisce ai giuristi di utilizzare la locuzione '**identità digitale**' in due diverse accezioni, e cioè: o come sinonimo di identità in rete o virtuale, e quindi nel senso sin qui esplorato nel presente paragrafo, o come l'insieme delle informazioni e delle risorse concesse da un sistema informatico ad un particolare utilizzatore del suddetto e normalmente protette da un sistema di autenticazione basato sull'uso di parole chiave (password), o di caratteristiche biologiche (iride, impronta digitale, impronta vocale, riconoscimento del volto, ecc.) o di un particolare oggetto (tessera magnetica, smart card, ecc.). È evidente che, tramite l'accesso abusivo ad un sistema di tal fatta, per qualunque terzo diventa possibile entrare in possesso di informazioni e risorse in grado di fargli acquisire l'altrui identità digitale e dunque, a seconda dei casi, la possibilità di compiere operazioni ludiche, ma anche operazioni finanziarie, negoziali, e quant'altro. La rilevanza del fenomeno, visto l'alto numero di **furti di identità** registrato in tutto il mondo e l'entità economica dei danni conseguenti, ha da qualche anno suggerito nei Paesi avanzati di investire nello sviluppo di sistemi di sicurezza, senza tuttavia che allo stato possa ritenersi scongiurato il pericolo.

g) *Diritto alla riservatezza e diritto alla* privacy

Il moderno diritto civile riconosce ad ogni soggetto l'esistenza di un suo ambito strettamente privato all'interno del quale svolgere la propria vita al riparo dalla curiosità altrui. Con lo sviluppo della c.d. società dell'informazione (cfr. il d.lgs. n. 70/2003, di recepimento della direttiva 2000/31/CE sul commercio elettronico, già citato nel paragrafo su onore e reputazione), infatti, l'uomo si trova, per la prima volta nella storia del mondo, immerso in una realtà dove quotidianamente si registrano flussi di notizie che inevitabilmente coinvolgono la vita delle persone, i rapporti tra consociati, la dignità di ognuno. Ciò si traduce nell'emersione sul piano giuridico di un interesse individuale a salvaguardare ambiti privati della propria esistenza rispetto al circo mediatico ed informativo che altrimenti coinvolge tutto quanto può fare in qualche modo notizia. Nasce così il diritto individuale alla riservatezza, in forza del quale il singolo può pretendere tutela nei confronti di condotte altrui finalizzate a violare ambiti privati *ad hoc* tutelati per divulgarne aspetti, caratteristiche e vicende. In concreto, il diritto alla riservatezza rappresenta, in un certo senso, uno strumento di tutela anticipata, o avanzata, del diritto alla reputazione ed all'onore in quanto esso, impedendo – per l'appunto – l'invasione della sfera di riservatezza privata, evita che terzi vengano in possesso di notizie relative alla vita privata di qualcuno che l'interessato non vuole siano conosciute e, dunque, diffuse tra i consociati. Ciò indipendentemente dalla veridicità dei dati e dei fatti riferiti e dalle modalità espressive.

Storicamente il diritto alla riservatezza è stato per la prima volta elaborato dalla dottrina nordamericana alla fine del XIX secolo. Tale circostanza non appare casuale in quanto strettamente legata alla diffusione che i prodotti editoriali avevano già in quell'epoca negli Stati Uniti. Al di là dell'oceano la formulazione antesignana del diritto in questione si esprimeva in termini di '***the right to be let alone***' (letteralmente 'il diritto di essere lasciati in pace'), secondo la fortunata definizione dei giuristi Samuel Warren e Louis Brandeis che – con il celeberrimo articolo intitolato '*The Right to Privacy*', pubblicato nel **1890** nella prestigiosa Harvard Law Review – probabilmente furono i primi al mondo a considerare l'idea di un diritto alla riservatezza.

Nel nostro ordinamento solo verso la fine del XX secolo il diritto in questione è stato espressamente riconosciuto dal legislatore, peraltro dopo che la giurisprudenza si era già espressa positivamente da tempo. Infatti, dopo la sentenza a Sezioni Unite del 22 dicembre 1956 n. 4487, con cui aveva inizialmente negato la sussistenza in Italia di un diritto alla riservatezza individuale argomentando a partire dalla constatazione che «nessuna disposizione di legge autorizza a ritenere che sia stato sancito», la **Cassazione**, con la **sentenza 30 maggio 1975 n. 2199**, cambia completamente orientamento e, attraverso il richiamo dell'art. 2 Cost., giunge a riconoscere l'esistenza del diritto in parola e ad identificarlo con la «tutela di quelle situazioni e vicende strettamente personali e familiari, le quali, anche se verificatesi fuori dal domicilio domestico, non hanno per i terzi un interesse socialmente apprezzabile».

Sul versante legislativo va evidenziato che in Europa, fin dagli anni Settanta, vennero emanate normative nazionali in materia e finanche raccomandazioni e direttive della Comunità economica europea. Tutto ciò in ragione del fatto che la diffusione degli elaboratori elettronici, in quegli stessi anni, aveva reso di grande attualità il problema della tutela individuale nei confronti della capacità delle nuove tecnologie di trattare i dati personali. In altre parole, quando si passa a trasferire tali dati dai polverosi ed inaccessibili scaffali tradizionali a computer sempre più piccoli ed efficienti, ci si rende conto di quanto diventa facile conservarli, gestirli, aggiornarli, accorparli, incrociarli, trasmetterli e quant'altro. Il tutto determina la nascita della c.d. **sindrome del pesce rosso** in quanto l'uomo si sente ormai spiato dal computer nel senso che il trattamento informatico dei suoi dati personali lo rende nudo agli occhi di chiunque abbia accesso alle informazioni ricavabili dai dati in questione, esattamente come un pesce rosso in una ampolla di cristallo.

Il primo passo nella formazione di una normativa italiana in argomento si ebbe solo con la **legge 21 febbraio 1989 n. 98**, di ratifica della Convenzione di Strasburgo (adottata nel 1981), "*sulla protezione delle persone rispetto al trattamento automatizzato di dati di carattere personale*", mentre per la prima elaborazione di una disciplina organica si dovette attendere la (già varie volte citata in questo manuale) **legge 31 dicembre 1996 n. 675**, istitutiva dell'Autorità garante per la protezione dei dati personali (c.d. Garante della Privacy) ed attuativa della direttiva europea 95/46/CE, il cui art. 1, nell'esprimere la finalità dell'intervento legislativo, chiarisce che "*La presente legge garantisce che il trattamento dei dati personali si svolga nel rispetto dei diritti, delle libertà fondamentali, nonché della dignità delle persone fisiche, con particolare riferimento alla riservatezza e all'identità personale; garantisce altresì i diritti delle persone giuridiche e di ogni altro ente o associazione*". La formulazione di tale disposizione consente di cogliere una sottigliezza troppo spesso trascurata dalla dottrina e dalla giurisprudenza, ma importante sotto il profilo sistematico: la riservatezza costituisce solo uno dei diritti tutelati dalla normativa in questione, insieme ad altri diritti ed alle libertà fondamentali delle persone fisiche e giuridiche. Dunque, può dirsi che la disciplina del trattamento dei dati personali – insieme al diritto al trattamento corretto dei propri dati personali, che da essa discende e che prende la denominazione tecnica di **diritto alla *privacy*** – costituisce, per certi versi, cosa altra e diversa rispetto al diritto alla riservatezza. In sintesi può dirsi che quello alla riservatezza, come sopra osservato, è il diritto individuale a non subire invasioni della propria sfera riservata e intima, e cioè nel proprio ambito personale tutelato dall'ordinamento rispetto alla curiosità altrui; mentre quello alla *privacy* è il diritto a che i terzi, quando trattano i dati personali di un certo soggetto, lo facciano nel pieno rispetto delle regole stabilite dalla normativa vigente. I due diritti hanno ovviamente aree di sovrapposizione, ma sono l'uno dall'altro assolutamente autonomi. Ed infatti, se i dati sono stati raccolti in modo lecito, e quindi senza che sia stata invasa la sfera individuale riservata del soggetto titolare degli stessi, non si porrà tecnicamente un problema di riservatezza, bensì, nell'eventualità tali dati siano diffusi o modificati o comunque trattati in modo illecito, un problema soltanto di violazione del diritto alla *privacy*. Di contro, se qualcuno, spiando da buco della serratura, viola l'intima segretezza di qualcun altro, senza tuttavia raccogliere o registrare o organizzare o comunicare o, più in generale, "*trattare*" le informazioni personali di cui viene a conoscenza, in tal caso sussisterà la violazione del diritto alla riservatezza individuale, ma non anche la violazione del diritto alla *privacy*.

Conferma testuale di quanto appena evidenziato si rinviene nella originaria versione dell'art. 2 del **d.lgs. 30 giugno 2003 n. 196** (c.d. testo unico in materia di trattamento dei dati personali) – che, come anticipato, ha abrogato e sostituito la citata legge n. 675/1996 – in quanto, a tenore del comma 1 di tale articolo, "*Il presente testo unico, di seguito denominato 'codice', garantisce che il trattamento dei dati personali si svolga nel rispetto dei diritti e delle libertà fondamentali, nonché della dignità dell'interessato, con particolare riferimento alla riservatezza, all'identità personale e al diritto alla protezione dei dati personali*". In definitiva, comparando l'art. 1 della legge del 1996 e tale versione dell'art. 2 del decreto del 2003 risulta evidente come il legislatore abbia inteso, in questo secondo, chiarire che il diritto alla protezione dei dati personali è a sé stante rispetto al (benché potenzialmente strumentale alla tutela del) diritto alla riservatezza. Come noto, il d.lgs. 10 agosto 2018 n. 101 ha apportato rilevanti modifiche al d.lgs. 30 giugno 2003 n. 196 al fine di adeguare la normativa italiana al regolamento (UE) 2016/679, c.d. General Data Protection Regulation (*breviter*, GDPR), così come aggiornato alle rettifiche pubblicate sulla Gazzetta Ufficiale dell'Unione europea 23 maggio 2018 n. 127. Il Regolamento (UE) 2016/679 ha riscritto la disciplina in materia di protezione dei dati personali e gran parte degli articoli del

Codice italiano sono stati espressamente abrogati o modificati. Proprio il novellato art. 2 del d.lgs. n. 196/2003 si limita oggi a stabilire che "*il presente codice reca disposizioni per l'adeguamento dell'ordinamento nazionale alle disposizioni del regolamento*". E ciò in quanto, sebbene il c.d. GDPR sia noto come regolamento sulla privacy, esso non disciplina il diritto alla riservatezza in senso stretto, ma il più ampio concetto della libertà positiva di esercitare un controllo sul flusso delle proprie informazioni. Dunque, per il legislatore europeo, il dato personale è un bene giuridico, economicamente valutabile e, come tale, oggetto di un diritto fondamentale che deve essere contemperato con altri diritti fondamentali: da un lato, la protezione delle persone fisiche con riguardo al trattamento dei dati personali, dall'altro la libera circolazione di tali dati. Con le recenti direttive 2019/770/UE e 2019/771/UE – la prima ha ad oggetto determinati aspetti dei contratti di fornitura di contenuto digitale e di servizi digitali, la seconda dei contratti di vendita di beni – il legislatore europeo ha inteso ribadire il concetto del dato personale quale bene economico, oggetto di scambio commerciale. Infatti, in particolare, la direttiva 2019/770/UE introduce l'espressa qualificazione del trasferimento dei dati personali quale corrispettivo nel contratto di fornitura di contenuti o servizi digitali e come obbligazione assimilabile al pagamento del prezzo. A tal proposito, è bene precisare che la direttiva in parola non trascura "[...] *che la protezione dei dati personali è un diritto fondamentale e che tali dati non possono essere considerati come merci*" ma, onde evitare che detto riconoscimento possa determinare un danno per i consumatori, intende "*garantire che i consumatori abbiano diritto a rimedi contrattuali, nell'ambito di tali modelli commerciali*" (Considerando 24). La direttiva 2019/770/UE, infatti, tutela il consumatore conferendogli la possibilità di attivare i rimedi contrattuali anche laddove abbia "*pagato*" trasferendo i propri dati personali, essendo ormai acquisita la loro natura di "*corrispettivo contrattuale*".

Codice in materia di protezione dei dati personali, recante disposizioni per l'adeguamento dell'ordinamento nazionale al regolamento (UE) n. 2016/679, c.d. General Data Protection Regulation o GDPR

Come anticipato, dopo il **regolamento europeo sulla protezione dei dati personali n. 2016/679 (GDPR)**, è stato necessario emanare un decreto legislativo di adeguamento della normativa nazionale in materia di protezione dei dati personali, il **d.lgs. 10 agosto 2018 n. 101** pubblicato il 4 settembre sulla G.U. n. 205/2018, che ha abrogato le disposizioni del d.lgs. n.196/2003 non più compatibili con il GDPR introducendone nuove, ma anche integrando e modificando le disposizioni rimaste in vigore.

Volendo riassumere in termini essenziali, come appare opportuno in questa sede, i contenuti del novellato d.lgs. 196/2003, va osservato che questo riguarda il trattamento dei dati personali, per "***trattamento***" intendendo (in una definizione non modificata dal GDPR) *“qualunque operazione o complesso di operazioni, effettuati anche senza l’ausilio di strumenti elettronici, concernenti la raccolta, la registrazione, l’organizzazione, la conservazione, la consultazione, l’elaborazione, la modificazione, la selezione, l’estrazione, il raffronto, l’utilizzo, l’interconnessione, il blocco, la comunicazione, la diffusione, la cancellazione e la distruzione di dati, anche se non registrati in una banca di dati*” (art. 4, comma 1, lett. *a*), e per “***dato personale***” (definizione modificata dal GDPR) intendendo “*qualunque informazione relativa a persona fisica, identificata o identificabile, anche indirettamente, mediante riferimento a qualsiasi altra informazione, ivi compreso un numero di identificazione personale*” (art. 4, comma 1, lett. *b*).

La normativa pone una serie di obblighi a carico di colui che voglia trattare dati personali altrui e, nel contempo, stabilisce i diritti dell’interessato, ossia (in linea con quanto previsto dal GDPR) “*la persona fisica, cui si riferiscono i dati personali*” (art. 4, comma 1, lett. *i*).

Vediamo ora quali sono le più rilevanti disposizioni del vigente codice in materia di protezione dei dati personali, recante disposizioni per l’adeguamento dell’ordinamento nazionale al regolamento (UE) n. 2016/679 o GDPR.

L’**art. 2 *ter*** specifica che per il trattamento effettuato per “*l’esecuzione di un compito di interesse pubblico o connesso all’esercizio di pubblici poteri*” la base giuridica per i trattamenti aventi ad oggetto dati personali “comuni” sia da rinvenirsi esclusivamente in una norma di legge o di regolamento. L’articolo si presenta come una riformulazione del previgente articolo 19 del Codice, il cui ambito di applicazione soggettivo viene, però, esteso al fine di adeguarsi all’impostazione adottata dal Regolamento. Nel Regolamento, infatti – come può leggersi nella relazione – scompare la distinzione basata sulla natura pubblica o privata dei soggetti che trattano i dati, rilevando unicamente la finalità del trattamento perseguita, vale a dire se la finalità concerne un interesse pubblico o privato. L’articolo quindi deve intendersi applicabile ai soggetti che trattano i dati personali per l’esecuzione di un compito di interesse pubblico o connesso all’esercizio di pubblici poteri, a prescindere dalla loro natura soggettiva (art. 6, par. 1, lett. *e*), Reg.).

Viene introdotto anche l’**art. 2 *quinquies*** del codice in materia di protezione dei dati personali il quale stabilisce che – in attuazione dell’art. 8, par. 1, del Regolamento – il minore che ha compiuto i quattordici anni può esprimere il **consenso** al trattamento dei propri dati personali in relazione all’offerta diretta di servizi della società dell’informazione. Con riguardo a tali servizi, naturalmente il trattamento dei dati personali del minore di età inferiore a quattordici anni – fondato sull’art. 6, par. 1, lett. *a*), Reg. – è lecito a condizione che sia prestato da chi esercita la responsabilità genitoriale.

In relazione al trattamento di particolari categorie di dati viene stabilito l’obbligo di previsione normativa ed è individuato un elenco di trattamenti che si considerano effettuati per “*motivi di interesse pubblico rilevante*” (**art. 2 *sexies*** in relazione all’art. 9 del regolamento concernente i dati che il Codice previgente definiva “dati sensibili”). Il regime normativo per tali trattamenti è sostanzialmente rimasto inalterato rispetto a quello previsto dal Codice per i trattamenti effettuati da soggetti pubblici (art. 20) e, in particolare, l’elenco predetto è tratto dalle diverse disposizioni del Codice riferite ai trattamenti effettuati per finalità di rilevante interesse pubblico (ad es. artt. 64-73, che il decreto abroga). Ovviamente, mutato il criterio per delimitare l’ambito applicativo di tale regime, le disposizioni in parola riguardano i trattamenti effettuati per l’esecuzione di un compito di interesse pubblico o connesso all’esercizio di pubblici poteri, a prescindere dalla natura soggettiva del titolare del trattamento.

Con riferimento ai dati genetici, biometrici e relativi alla salute, inoltre, oggetto di specifica "riserva" della normativa nazionale (cfr. art. 9, par. 4, Reg.), viene previsto che il relativo trattamento è subordinato anche al rispetto di misure di garanzia disposte dal Garante (**art. 2 *septies* del codice**) con provvedimento adottato con cadenza almeno biennale. In particolare, le misure di garanzia individuano le misure di sicurezza, ivi comprese quelle tecniche di cifratura e di pseudonimizzazione, misure di minimizzazione, specifiche modalità di accesso selettivo ai dati e per rendere le informazioni agli interessati, nonché eventuali altre misure necessarie a garantire i diritti degli interessati.

Anche il trattamento di dati concernenti condanne penali e reati (che trovano nei "*dati giudiziari*" del Codice il loro antecedente) è consentito nei limiti di quanto previsto da norme di legge o di regolamento (**art. 2 *octies***; cfr. già art. 21, d.lgs. n. 196/2003), salvo, ovviamente, quanto stabilito dal d.lgs. 18 maggio 2018 n. 51 che ha recepito in Italia la direttiva UE 2016/680.

Il d.lgs. n. 101/2018 introduce anche l'**art. 2 *decies*** che conferma l'inutilizzabilità dei dati trattati in violazione della disciplina rilevante in materia di trattamento dei dati personali (cfr art. 12, comma 2, d.lgs. n. 196/2003), come pure nell'art. 2 *quater* è fatta salva l'adozione di "*regole deontologiche*" negli ambiti in cui il Regolamento riserva la materia agli Stati membri: a) trattamenti necessari per adempiere un obbligo legale; b) trattamenti necessari per l'esecuzione di un compito di interesse pubblico o connesso all'esercizio di pubblici poteri; c) trattamento di dati genetici, biometrici o relativi alla salute; d) talune specifiche situazioni di trattamento di cui al Capo IX). Tale disposizione trova la propria ratio nella scelta di conservare le regole stabilite nei "Codici di deontologia e di buona condotta", previsti all'art. 12 del previgente Codice che sino ad oggi hanno costituito una rilevante fonte di riferimento per i settori a cui sono diretti; ciò, però, solo nelle materie oggetto di "riserva" normativa interna agli Stati membri (art. 6, par. 2, Reg.).

Gli **artt. 2 *undecies*** e **2 *duodecies*** del d.lgs. n. 196/2003, introdotti dal d.lgs. n. 101/2018, concernente i diritti garantiti all'interessato, sulla falsariga di quanto previsto dall'art. 8 del Codice previgente, contiene ipotesi di limitazione degli stessi in caso di concreto pregiudizio per altri interessi normativamente tutelati (antiriciclaggio, sostegno delle vittime di atti estorsivi, attività delle commissioni parlamentari d'inchiesta, controllo dei mercati finanziari e monetari, esercizio di diritti in sede giudiziaria e per ragioni di giustizia, indipendenza della magistratura).

Molto importante è l'**art. 2 *quaterdecies*** del codice – introdotto sempre dall'art. 2 del d.lgs. n. 101/2018 – che reca una serie di disposizioni volte a precisare taluni poteri e obblighi in capo al titolare e al responsabile, tra cui la possibilità di delegare compiti e funzioni a persone fisiche operanti sotto la loro autorità e responsabilità. Viene poi precisato che il titolare, il quale intenda effettuare un trattamento connesso all'esecuzione di un compito di pubblico interesse che presenta rischi particolarmente elevati, deve obbligatoriamente chiedere la previa autorizzazione del Garante (cfr. art. 36, comma 5, Reg.).

Come evidente da quanto sin qui osservato, nella materia trattata nel presente paragrafo, alla stregua di quanto detto in tema di diritto alla reputazione ed all'onore, sorgono sovente conflitti tra interessi dei privati a non vedere violati i propri diritti della personalità ed interesse di altri consociati, e più in generale della collettività, a che si esplichi in modo pieno ed esauriente, soprattutto in ambito giornalistico, il diritto/dovere di cronaca e critica espressamente tutelato dall'art. 21 Cost. Rispetto al conflitto tra riservatezza ed interesse collettivo a conoscere si è formato nella giurisprudenza italiana un consolidato orientamento volto a tutelare la riservatezza dei personaggi noti al pubblico (per ragioni di esposizione mediatica dovuta, ad esempio, all'attività politica, sportiva o artistica svolta) meno intensamente rispetto a tutti gli altri consociati. Il principio nasce da una serrata dialettica che negli anni ha visto come protagonisti giornalisti e magistratura, e viene ricavato direttamente dagli **artt. 96 e 97** della già citata legge **sul diritto d'autore** (n. 633/1941), i quali, dopo aver prescritto che il ritratto di una persona non può essere utilizzato senza il consenso di questa, precisano che non occorre il consenso della persona ritratta quando la riproduzione dell'immagine è giustificata dalla notorietà della medesima. Lo stesso è, altresì, espresso nel **codice di deontologia relativo al trattamento dei dati personali nell'esercizio dell'attività giornalistica** consegnato al Garante della Privacy il 29 luglio 1998. Il punto chiave del codice, composto da 13 articoli, è la distinzione fra la sfera privata e interesse pubblico, in relazione alla quale è evidente che più ampio sarà l'interesse pubblico a conoscere circostanza della vita personale di un personaggio noto, più si ridurrà la sfera riservata tutelabile in capo a quest'ultimo. Sotto questo profilo, molto importante è l'art. 6, che parla di **essenzialità dell'informazione** e chiarisce che una notizia può essere divulgata, anche in maniera dettagliata, se è "*indispensabile in ragione dell'originalità del fatto, della relativa descrizione dei modi particolari in cui è avvenuto, nonché della qualificazione dei protagonisti*". Da ciò si ricava che, quando la prevalenza del diritto di cronaca si giustifica in ragione della notorietà della persona, è necessario vi sia una stretta correlazione tra tale notorietà, o l'ufficio ricoperto dalla persona, ed i fatti che vengono portati a conoscenza del pubblico. Una particolare tutela della riservatezza è dedicata dal codice ai minori, la cui identità – rispetto ai fatti che li riguardano – deve essere sempre, salvo casi eccezionali, celata dal giornalista.

La problematica in esame, come noto, ha negli ultimi anni, conosciuto una importante evoluzione di carattere sociale. Esistono oggi, infatti, molteplici sistemi informatici, anche di facile utilizzazione, prezzo contenuto e grande accessibilità, in grado di captare le comunicazioni private, ovvero di penetrare nei computer altrui a distanza, ed in remoto, per sottrarre dati personali o comunque riservati. Così come vi è ormai un uso molto diffuso di videocamere digitali collegate alla grande rete, di sistemi di sicurezza a circuito chiuso, o di telefonini in grado di ritrarre immagini e di spedirle in tempo reale ad un altro telefonino o ad un computer. Quest'ultima tecnologia, tanto per fare un esempio, che rappresenta la più recente novità lanciata sul mercato della telefonia mobile, consente a chiunque di improvvisarsi giornalista d'assalto quando, anche per coincidenze casuali, si dovesse trovare in condizioni di ritrarre personaggi più o meno famosi in situazioni reputate interessanti. Già questa osservazione meriterebbe una certa attenzione, visto la trasformazione degli utenti di una tecnologia diffusa, come il telefonino, in potenziali paparazzi non appare operazione del tutto naturale, prima dal punto di vista sociologico, e poi giuridico. Ma c'è di più. Infatti, anche chi non volesse improvvisarsi giornalista, potrebbe ledere la altrui riservatezza inviando una immagine ripresa con il proprio telefonino, nella quale, accidentalmente, compaiono estranei che non desiderano essere ritratti. La situazione risulta ancora più seria se appena si sottolinea come, quando naviga in Internet, l'utente lascia traccia di tutto ciò che fa così consentendo la c.d. profilazione dei suoi gusti, dei suoi interessi e, per certi versi, della sua stessa identità, a chiunque sia tecnicamente in grado di raccogliere tali dati. Tutto ciò determina una notevole radicalizzazione del problema della difesa della riservatezza e della *privacy*, tanto che alcuni osservatori ritengono che oggi, proprio in ragione della diffusione e dell'elevato livello di penetrazione della tecnologia nella vita degli uomini, non vi sia alcuna possibilità tecnica, e dunque anche giuridica, per tutelare effettivamente gli interessi sottesi ai diritti in parola.

h) *Diritto all'oblio*

Come chiarito nei paragrafi che precedono, nel nostro ordinamento l'interesse pubblico alla conoscenza di fatti rilevanti è tutelato attraverso l'affermazione del c.d. diritto di cronaca, il quale, in presenza di determinate condizioni, ed entro certi limiti, prevale sui diritti all'immagine, alla reputazione, all'onore, all'identità ed alla riservatezza. Tuttavia, una volta che il pubblico sia stato informato con completezza circa una determinata circostanza, l'interesse pubblico scema e con il tempo cessa in quanto, una volta che la collettività ha ormai acquisito il fatto, ed eventualmente questo è stato commentato sino al naturale esaurimento degli interventi in proposito, la notizia cessa, e riemerge la natura privata del fatto. La riproposizione di un tale fatto è, dunque, inutile per la collettività e può essere dannosa per i protagonisti della vicenda. Proprio in considerazione di ciò, anche nel nostro ordinamento, sulla scorta di quanto avvenuto nell'esperienza nordamericana, la giurisprudenza negli ultimi lustri ha configurato l'esistenza del c.d. **diritto all'oblio**, inteso come diritto fondamentale dell'individuo, compreso tra i diritti della personalità che trovano copertura costituzionale nell'art. 2 Cost., ad essere dimenticato, o meglio, a non essere più ricordato per fatti che in passato furono oggetto di cronaca.

Il principio in parola contempla dei limiti. Vi sono fatti talmente gravi che l'interesse pubblico alla loro riproposizione non viene mai meno. Si pensi ai crimini contro l'umanità, per i quali riconoscere ai loro responsabili un diritto all'oblio sarebbe addirittura diseducativo, o ad altri gravi fatti che vengono riproposti proprio perché non vengano dimenticati, o anche a vicende che si può dire abbiano modificato il corso degli eventi diventando Storia. In questi casi non si può parlare di diritto all'oblio perché tali fatti, malgrado il passaggio del tempo, non diventano mai privati. Va inoltre notato che, essendo il diritto all'oblio subordinato al perdurare della mancanza dell'interesse pubblico, può accadere che a distanza di tempo sorga un interesse pubblico alla riproposizione del fatto medesimo, ad esempio, perché viene commesso un fatto simile, ovvero perché protagonista della vicenda è qualcuno che, essendo stato condannato per un certo reato anni prima, viene indagato per un altro reato analogo (e qui si pone il problema della pertinenza che deve sussistere tra i due fatti perché sia legittimo il diritto di cronaca che rievoca il fatto trascorso).

Una questione problematica riguarda il soggetto legittimato ad invocare la tutela del diritto all'oblio. Mentre è scontato che tale legittimazione spetti al protagonista in negativo della vicenda a suo tempo sotto i riflettori delle cronache, alcuni autori avanzano dubbi sull'analoga legittimazione in capo alla eventuale vittima o ai congiunti di questa. La rievocazione di un fatto delittuoso a distanza di tempo può, infatti, arrecare danni sia all'autore dello stesso sia a chi tale fatto lo abbia subito. Tuttavia, non si rinvengono fondate ragioni per negare l'esistenza del diritto all'oblio anche in capo alla vittima ed ai suoi congiunti, posto che viceversa si finirebbe per confondere il contenuto del diritto all'oblio con il contenuto del diritto alla reputazione, in quanto è vero che dalla rievocazione del fatto la vittima non subisce un pregiudizio al proprio decoro o alla propria reputazione, ma senz'altro subisce un danno al proprio diritto di essere dimenticato, e cioè a non essere più ricordato per fatti che in passato furono oggetto di cronaca.

In assenza di precisi riferimenti legislativi, secondo il Garante per la Privacy (cfr. la decisione del 7 luglio 2005) il diritto all'oblio trovava un suo fondamento nell'art. 11, comma 1, lett. *e*) del d.lgs. n. 196/2003 (c.d. **codice della privacy**, sul quale v. il paragrafo precedente), ai sensi del quale i dati personali oggetto di trattamento devono essere "*conservati in una forma che consenta l'identificazione dell'interessato per un periodo di tempo non superiore a quello necessario agli scopi per i quali essi sono stati raccolti o successivamente trattati*". Sempre sul versante legislativo va evidenziato che la legge 18 agosto 2000 n. 235 e il decreto 9 agosto 2000 n. 316, in materia di **protesti cambiari**, al fine di tutelare proprio il diritto all'oblio stabiliscono che l'iscrizione nel registro dei protesti non può durare più di cinque anni e comunque deve essere cancellata quando siano venuti meno i presupposti di fatto e di diritto che hanno dato luogo all'iscrizione, ovvero sia stata acclarata l'erroneità di quest'ultima.

Il diritto all'oblio ha ottenuto un espresso riconoscimento normativo ad opera del nuovo regolamento (UE) 2016/679 (c.d. General Data Protection Regulation, breviter GDPR), relativo alla libera circolazione e alla protezione dei dati personali. In particolare, nella rubrica dell'art. 17 del regolamento, accanto alla locuzione "diritto alla cancellazione", si legge, tra parentesi tonde, la diversa espressione "diritto all'oblio". L'espressione 'right to be forgotten' è inoltre utilizzata in ben tre considerando del Regolamento, e cioè il 65, il 66 e il 156.

In base ad esso, l'interessato ha il diritto di ottenere dal titolare del trattamento la cancellazione dei dati personali che lo riguardano senza ingiustificato ritardo e il titolare del trattamento ha l'obbligo di cancellare senza ingiustificato ritardo i dati personali, altresì elencando i relativi motivi:

(a) i dati personali non sono più necessari rispetto alle finalità per le quali sono stati raccolti o trattati;

(b) l'interessato revoca il consenso su cui si basa il trattamento e non sussiste altro fondamento giuridico per il trattamento;

(c) l'interessato si oppone al trattamento;

(d) i dati personali sono stati trattati illecitamente;

(e) i dati personali devono essere cancellati per adempiere ad un obbligo legale previsto dal diritto dell'Unione o dello Stato membro cui è soggetto il titolare del trattamento;

(f) i dati personali sono stati raccolti relativamente all'offerta di servizi della società dell'informazione.

L'art. 17 specifica, inoltre, che il titolare del trattamento, se ha reso pubblici i dati personali ed è obbligato a cancellarli, tenendo conto della tecnologia disponibile e dei costi di attuazione, deve adottare le misure ragionevoli, anche tecniche, per informare i titolari del trattamento che stanno trattando i dati personali della richiesta dell'interessato di cancellare qualsiasi link, copia o riproduzione dei suoi dati personali.

Il paragrafo 3 dell'articolo che si sta analizzando prevede delle limitazioni, cioè statuisce i casi in cui quanto previsto dai precedenti paragrafi 1-2 non si applica e specificamente "per l'esercizio del diritto alla libertà di espressione e di informazione; per l'adempimento di un obbligo legale che richieda il trattamento previsto dal diritto dell'Unione o dello stato membro cui è soggetto il titolare del trattamento o per l'esecuzione di un compito svolto nel pubblico interesse oppure nell'esercizio di pubblici poteri di cui è investito il titolare del trattamento, o per motivi di interesse pubblico nel settore della sanità pubblica [...], a fini di archiviazione nel pubblico interesse, di ricerca scientifica o storica o a fini statistici [...]".

Il diritto all'oblio ha dunque un campo di applicazione più esteso di quello di cui all'art. 7, comma 3, lett. *b*), d.lgs. n. 196/2003, poiché l'interessato ha il diritto di chiedere la cancellazione dei propri dati, per esempio, anche dopo revoca del consenso al trattamento. Per questa ragione, il d.lgs. 10 agosto 2018 n. 101 ha abrogato il suddetto art. 7 al fine di adeguare la normativa italiana al regolamento UE 2016/679.

Fondamentale è stato il ruolo della giurisprudenza europea ed italiana nella definizione e disciplina del diritto all'oblio.

Innanzitutto, ricordiamo il noto caso Google Spain contro l'Agencia Española de Protección de Datos (AEPD) e Mario Costeja González nel quale la Corte di Giustizia dell'Unione Europea è stata chiamata a valutare la qualificazione giuridica e la responsabilità del motore di ricerca relativamente al diritto all'oblio (sentenza C-131/12 del 2014).

Quanto alla giurisprudenza italiana grande rilievo ha la recente pronuncia della Cassazione, sezioni Unite, che con la sentenza 22 luglio 2019 n. 19681 ha formalmente stabilito che "in tema di rapporti tra il diritto alla riservatezza (nella sua particolare connotazione del c.d. diritto all'oblio) e il diritto alla rievocazione storica di fatti e vicende concernenti eventi del passato, il giudice di merito – ferma restando la libertà della scelta editoriale in ordine a tale rievocazione, che è espressione della libertà di stampa e di informazione protetta e garantita dall'art. 21 Cost. – ha il compito di valutare l'interesse pubblico, concreto ed attuale alla menzione degli elementi identificativi delle persone che di quei fatti e di quelle vicende furono protagonisti. Tale menzione deve ritenersi lecita solo nell'ipotesi in cui si riferisca a personaggi che destino nel momento presente l'interesse della collettività, sia per ragioni di notorietà che per il ruolo pubblico rivestito; in caso contrario, prevale il diritto degli interessati alla riservatezza rispetto ad avvenimenti del passato che li feriscano nella dignità e nell'onore e dei quali si sia ormai spenta la memoria collettiva" (massima ufficiale, Ufficio del Massimario Corte Cassazione, da cortedicassazione.it).

i) *Diritto morale d'autore*

La già citata legge sul diritto d'autore (legge 22 aprile 1941 n. 633) nonché il codice civile agli **artt. 2577, 2579-2582**, riconoscono in capo all'autore di un'opera dell'ingegno, oltre ai diritti di sfruttamento economico della stessa (v. in proposito l'art. 2581), un **diritto morale d'autore** così definito poiché non ha come diretto oggetto interessi patrimoniali, ma mira a tutelare in via immediata la personalità dell'autore e l'attività in cui si materializza la sua creatività, il suo estro, il suo modo di essere. Tale diritto della personalità comprende il diritto alla **divulgazione** dell'opera (anche detta diritto di inedito, in quanto l'autore può scegliere il momento in cui divulgare il prodotto del suo ingegno, e dunque renderlo accessibile al pubblico, e può finanche decidere di non divulgarlo mai), il diritto **alla paternità** dell'opera (consistente nel diritto ad essere sempre e comunque riconosciuto autore dell'opera), il diritto **all'integrità** della stessa (considerato che egli ha il diritto di farsi riconoscere come autore e di opporsi a qualsiasi modifica della propria opera), e quello **al pentimento** (e cioè a ritirare l'opera dal mercato "*qualora concorrano gravi ragioni morali*" secondo quanto disposto dall'art. 2582).

Il diritto morale di autore è considerato un'articolazione della libertà di manifestazione del pensiero garantita dall'art. 21 Cost., il quale comprende anche la libertà di non manifestarlo. In questo senso il diritto alla divulgazione dell'opera, così come il diritto al suo ritiro, attribuisce all'autore, come detto, la facoltà di decidere quando rendere pubblica la sua opera, ovvero se non pubblicarla affatto, in tutto o in parte. Per quanto riguarda il diritto alla paternità va evidenziato che tramite l'affermazione del principio per cui un'opera non può essere in nessun modo separata dal suo autore (casomai per essere attribuita ad altri) l'ordinamento tutela innanzitutto il diritto all'onore, alla reputazione artistica, al nome e alla identità personale dell'autore. L'usurpazione della paternità dell'opera costituisce **plagio**, contro il quale il vero autore può difendersi ottenendo per via giudiziale, se del caso, la distruzione dell'opera dell'usurpatore, oltre al risarcimento dei danni. L'autore, inoltre, ha diritto a rivelare la propria paternità sull'opera anche se questa è stata pubblicata anonima o pseudonima. Il diritto morale alla paternità è specificato dalla legge sul diritto d'autore, tramite le seguenti prescrizioni: i) l'editore è obbligato a riprodurre e porre in vendita l'opera col nome dell'autore, ovvero anonima o pseudonima, se ciò è previsto nel contratto; ii) gli autori dell'opera cinematografica hanno diritto che i loro nomi, con la indicazione della loro qualità professionale e del loro contributo nell'opera, siano menzionati nella proiezione della pellicola cinematografica; e iii) gli esemplari del disco fonografico non possono essere messi in commercio se non portino stabilmente apposte, tra le altre, le indicazioni relative al nome dell'autore e nome dell'artista interprete od esecutore.

Il diritto all'integrità dell'opera, infine, riconosce all'autore la protezione dell'interesse ad essere giudicato dal pubblico per l'opera così come egli l'ha concepita. Anche questo diritto protegge dunque, in qualche modo, la reputazione e l'identità dell'artista. L'art. 2577, comma 2, dispone, infatti, che l'autore ha diritto di opporsi a qualsiasi deformazione, mutilazione od altra modificazione, e ad ogni atto a danno dell'opera stessa, che possano essere di pregiudizio al suo onore o alla sua reputazione. Quindi, la tutela del diritto morale all'integrità dell'opera non si estende a qualsiasi modifica di questa, ma riguarda, in sostanza, solo quelle modifiche che comportano un concreto pregiudizio per la personalità dell'autore.

Tutti questi diritti, che nel complesso formano, come detto, il diritto morale d'autore, non possono formare oggetto, né tutti insieme, né separatamente, di atti di trasferimento o di rinuncia da parte dell'autore, e ciò in quanto l'ordinamento riconosce loro la funzione di tutelare, oltre a quello dell'autore, anche l'interesse pubblico, garantendo la collettività da ogni forma di inganno o confusione rispetto alla paternità intellettuale dell'opera ed alla sua versione originale.

Anche rispetto al diritto in parola, l'impatto di **Internet** ha avuto effetti sociali particolarmente rilevanti giacché, tramite la grande rete telematica globale, è ben possibile accedere rapidamente ed a costi bassissimi ad ogni tipo di materiale pubblicato in rete, consentendo all'utente di fruire dell'opera ed inoltre, quando ciò non sia impedito da espedienti tecnologici *ad hoc* utilizzati, di scaricare sul proprio computer o sul proprio *server* il *file* ritenuto interessante. Una volta entrati in possesso di tale *file*, è possibile spedirlo per posta elettronica ad una o più persone, pubblicarlo in un altro sito Internet, ovvero utilizzarlo in tanti altri modi. Acquisita (in gergo tecnico 'scaricata') l'opera dalla rete, si può addirittura (tranne che questa risulti appositamente ed adeguatamente protetta) modificarne i contenuti ed attribuire la stessa ad un autore diverso rispetto a quell'originale. Questi ultimi due comportamenti rappresentano forme classiche di lesione del diritto morale d'autore; tuttavia, le caratteristiche delle opere in formato digitale e l'anarchia di fatto che ancora oggi regna in Internet, fanno sì che sia molto più facile, più rapido e meno dispendioso violare il diritto in parola on-line, piuttosto che rispetto ad opere distribuite attraverso canali tradizionali.

In questo contesto di particolare rilievo risultano i recenti interventi del legislatore europeo finalizzati a tutelare il *copyright*, e dunque il diritto d'autore, anche nell'ambito digitale. Dopo un lungo lavoro di sintesi, che ha dovuto contemperare i diversi interessi e tenere presenti le sensibilità eterogenee che sono emerse nel dibattito tra i partiti politici europei e i rappresentati delle varie comunità nazionali, sono state, infatti, emanate le **Direttive UE 2019/789** (che stabilisce norme relative all'esercizio del diritto d'autore e dei diritti connessi applicabili a talune trasmissioni online degli organismi di diffusione radiotelevisiva e ritrasmissioni di programmi televisivi e radiofonici e che modifica la direttiva 93/83/CEE del Consiglio) e **UE 2019/790** (sul diritto d'autore e diritti connessi nel mercato unico digitale), che gli Stati membri stanno via via adottando. Si tratta di testi normativi articolati e complessi fortemente richiesti dai grandi editori e dagli autori, che vogliono essere remunerati per i loro contenuti che vengono condivisi sulle grandi piattaforme on-line come Google e Facebook, e che in forza di tali provvedimenti avranno il diritto di pretendere dai provider titolari di tali piattaforme una adeguata remunerazione economica ovvero, in mancanza, di negare l'autorizzazione alla diffusione dei propri contenuti.

4.4. La persona "*ficta*" (ovvero, gli enti giuridici)

Come evidenziato in apertura di capitolo, accanto alla persona fisica il nostro ordinamento giuridico riconosce l'esistenza e l'operatività di soggetti giuridici non dotati di corpo umano, tradizionalmente definiti ***personae fictae*** (cioè finte) o soggetti immateriali, proprio per sottolineare come possano essere trattati alla stregua di soggetti di diritto solo perché la legge artificiosamente ed espressamente attribuisce loro tale qualità. La disciplina è composita e diversificata, a seconda della natura e della struttura del singolo ente. Giova, dunque, prima di delineare in via sintetica la disciplina degli enti più rilevanti per il diritto privato, evidenziare nei paragrafi che seguono le differenze tra le diverse tipologie di soggetti immateriali riconosciuti nel nostro ordinamento.

4.4.1. 'Persona giuridica' e autonomia patrimoniale perfetta

Il nostro codice – come, del resto, già sopra sottolineato – non conosce e, dunque, non utilizza i concetti di 'soggetto' e di 'soggettività' mentre, facendo ricorso al concetto di "*persona*", dopo aver dedicato espressamente il titolo I del libro I (artt. 1-10) alle "*persone fisiche*", dedica il **titolo II (artt. 11-42)** alle "***persone giuridiche***", e tra queste seconde distingue subito "*persone giuridiche pubbliche*" (art. 11 c.c.) e "*persone giuridiche private*" (art. 12, oggi abrogato, e art. 13 c.c.). Su questa distinzione si tornerà nel prossimo paragrafo.

Le persone giuridiche private possono, o meno, essere dotate di personalità giuridica in senso tecnico. Ciò significa che un'entità fattuale, se viene individuata ed ammessa come ente giuridico dall'ordinamento, sarà senz'altro da annoverarsi tra i soggetti di diritto e godrà inevitabilmente, sin dal primo momento, della **capacità giuridica** generale di cui all'art. 1 c.c., in forza della quale potrà essere titolare di diritti, doveri ed obblighi e, più in generale, situazioni giuridiche soggettive (con esclusione, ovviamente, di tutte le situazioni incompatibili con la natura dell'ente, e quindi, ad esempio delle situazioni familiari, quali quelle connesse al matrimonio, alla filiazione, all'adozione e così via); tuttavia essa non si fregerà, se non dopo il suo formale "*riconoscimento*" (da intendersi nel senso tecnico, *infra* meglio chiarito, di procedura amministrativa, formalizzata, pubblicizzata e finalizzata allo scopo), della **personalità giuridica**, a cui l'ordinamento ricollega sostanzialmente l'effetto di determinare, in capo all'ente medesimo, la **separazione patrimoniale** tra il patrimonio suo proprio ed il patrimonio personale dei singoli partecipanti, soci, amministratori e quant'altro, anche quando questi agiscano in rappresentanza della persona giuridica.

Va, a questo punto, sottolineato che dal 1942 in poi il nostro ordinamento ha collegato, per alcuni decenni, al riconoscimento della personalità giuridica effetti particolarmente significativi, relegando gli enti non dotati di personalità (non tutti gli enti sono idonei a dotarsene, come si vedrà tra breve) ad un ruolo realmente di secondo piano. Al riguardo basta notare che, ai sensi degli **artt. 600 e 786** c.c. (oggi abrogati), per beneficiarie di disposizioni ereditarie e donazioni l'ente destinatario doveva entro un anno fare istanza per ottenere il riconoscimento, a pena di inefficacia della disposizione patrimoniale. Dunque, in vigenza di tale regime, gli enti di fatto (cioè privi di riconoscimento) non godevano di capacità giuridica sotto il profilo in parola e di conseguenza, sostanzialmente, non potevano divenire proprietari di beni. Con l'art. 13 della **legge 15 maggio 1997 n. 127**, poi sostituito dall'art. 1 della legge 22 giugno 2000 n. 192, le citate disposizioni codicistiche sono state abrogate così che anche gli enti di fatto hanno assunto piena capacità di acquistare diritti di proprietà sui beni, e ciò anche in forza della legge 27 febbraio 1985 n. 52, che, novellando l'**art. 2659** c.c., aveva già consentito di trascrivere gli atti di acquisto immobiliare anche a favore degli enti di fatto, così valorizzando, per l'appunto, la semplice soggettività a scapito della personalità, e rimuovendo, dunque, un rilevante ostacolo alla affermazione della piena capacità giuridica degli enti non riconosciuti.

In ragione di ciò, oggi l'effetto più significativo che deriva dall'acquisizione in capo ad un determinato ente del riconoscimento utile a conseguire la personalità giuridica, è quello, già cennato, della separazione patrimoniale, al quale, dunque, è indispensabile dedicare qualche ulteriore considerazione.

Dalla separazione in parola deriva la responsabilità patrimoniale esclusiva, nei confronti dei terzi, dell'ente dotato di personalità per tutti gli atti compiuti in sua rappresentanza dai propri organi, con conseguente non aggredibilità dei patrimoni personali dei soggetti che in nome e per conto dell'ente hanno agito (si parla di **autonomia patrimoniale perfetta**). Laddove, viceversa, se un ente non è dotato di personalità, chi agisce in suo nome e per suo conto risponde nei confronti dei terzi, solidalmente con l'ente (cfr., tra gli altri, l'art. 38 c.c.), con il proprio patrimonio personale (si parla di **autonomia patrimoniale imperfetta**). È in entrambi i casi fatta salva la possibilità per l'ente di agire nei confronti dei propri rappresentanti per gli eventuali danni che questi abbiano causato, direttamente o indirettamente, al patrimonio sociale. Dunque, esemplificando: se Elena, in rappresentanza della società di capitali (dunque, dotata di personalità giuridica) di cui è amministratrice, conclude un contratto con un altro qualsiasi soggetto giuridico, delle obbligazioni nascenti da tale contratto, e dell'eventuale inadempimento delle stesse, risponderà patrimonialmente solo la società, che però potrà eventualmente chiedere ad Elena di risarcire i danni che la stessa, con il proprio comportamento, le abbia cagionato. Viceversa, se Elena fosse stata amministratrice di un ente senza personalità giuridica, la controparte del contratto in questione avrebbe potuto agire, per ottenere il risarcimento dei danni, tanto nei confronti del patrimonio dell'ente quanto nei confronti del patrimonio personale di Elena.

Per precisione, va evidenziato che l'autonomia patrimoniale imperfetta opera in modo diverso a seconda che l'ente sia un'associazione, un comitato o un'altra tipologia di ente non riconosciuto. Ed infatti, per le **associazioni**, come sopra cennato, l'**art. 38** c.c. stabilisce che risponde nei confronti dei terzi personalmente e solidamente con l'associazione, per le obbligazioni di questa, chi ha agito in rappresentanza della medesima, ma non anche gli altri associati o organi dell'ente. Viceversa, in materia di **comitati** non riconosciuti, l'**art. 41** c.c. dispone che per le obbligazioni dell'ente "*i suoi componenti rispondono personalmente e solidalmente*" verso i terzi, senza distinguere tra chi abbia agito per conto dell'ente e chi no. Ed ancora, in materia di **società semplice** l'**art. 2267** c.c. pone una regola ulteriore allorquando, dopo aver premesso che "*I creditori della società possono far valere i loro diritti sul patrimonio sociale*", afferma che "*Per le obbligazioni sociali rispondono inoltre personalmente e solidalmente i soci che hanno agito in nome e per conto della società e, salvo patto contrario* [che "*deve essere portato a conoscenza dei terzi con mezzi*" idonei, altrimenti "*non è opponibile a coloro che non ne hanno avuto conoscenza*"], *gli altri soci*". Sempre in tema di società semplice, l'**art. 2268** c.c. prevede altresì il principio (c.d. ***beneficium excussionis***) per cui "*il socio richiesto del pagamento di debiti sociali può domandare* [...] *la preventiva escussione del patrimonio sociale, indicando i beni sui quali il creditore possa agevolmente soddisfarsi*", in questo modo egli può evitare l'aggressione del proprio patrimonio. Mentre in materia di **società in nome collettivo**, l'**art. 2304** stabilisce che "*I creditori sociali* [...] *non possono pretendere il pagamento dai singoli soci, se non dopo l'escussione del patrimonio sociale*".

Insomma, può senz'altro dirsi che l'autonomia patrimoniale imperfetta opera secondo regole eterogenee a seconda della tipologia di ente rispetto alla quale essa viene in rilievo nel caso concreto. Ad ogni modo, essa identifica sempre situazioni in cui, ai fini della responsabilità per obbligazioni dell'ente verso i terzi, il patrimonio di questo non è in tutto per tutto distinto dal patrimonio degli associati, dei soci o comunque di chi abbia agito per suo conto, ovvero, secondo un'altra formula, il patrimonio di questi ultimi non è del tutto indifferente rispetto alle vicende dell'ente.

La rilevante differenza tra enti dotati di autonomia patrimoniale perfetta ed enti dotati di autonomia patrimoniale imperfetta si può spiegare in ragione della **pubblicità** a cui l'ordinamento sottopone le vicende dei primi. Questi, infatti, devono dapprima essere riconosciuti ed iscritti in particolari registri e, quindi, devono pubblicare in appositi albi i propri atti più importanti a partire dall'atto costitutivo e dallo statuto. A tal proposito l'**art. 12** c.c. – prima della sua abrogazione avvenuta in forza del d.p.r. 10 febbraio 2000 n. 361 – stabiliva che "*le associazioni, le fondazioni e le altre istituzioni di carattere privato acquistano la personalità giuridica mediante il riconoscimento concesso con decreto del Presidente della Repubblica. Per determinate categoria di enti che esercitano la loro attività nell'ambito della provincia il Governo può delegare ai prefetti la facoltà di riconoscerli con loro decreto*". Inoltre, il d.p.r. 24 luglio 1977 n. 616 delegava alle Regioni l'esercizio delle funzioni amministrative concernenti le persone giuridiche di cui all'art. 12 c.c. che operassero in determinate materie ed esclusivamente all'interno di una singola Regione.

Per quanto riguarda **gli enti del libro I del codice civile**, l'attuale disciplina, introdotta con il citato **d.p.r. n. 361/2000**, nell'ottica della semplificazione delle attività burocratiche finalizzate a concedere il **riconoscimento**, ha abolito il sistema concessorio imperniato sul decreto del Presidente della Repubblica, e, di converso, ha attribuito alle singole **Regioni** (nonché alle **Province autonome** di Trento e Bolzano), un potere (speciale) di riconoscimento nei confronti degli enti che operano nelle materie delegate *ex* art. 14 del d.p.r. n. 616/1977, sempre che non si tratti di enti la cui attività ecceda l'ambito territoriale della singola Regione, ed ai **Prefetti** territorialmente competenti un potere (generale) di riconoscimento destinato ad operare in tutti gli altri casi. Conseguentemente, è stato soppresso il registro delle persone giuridiche tenuto dai tribunali e sono stati istituiti un registro regionale ed uno prefettizio. Nel nuovo sistema il riconoscimento coincide con l'iscrizione nel competente registro, sicché il decreto del Prefetto o del Presidente della giunta regionale (o della Provincia autonoma) non sarà più di riconoscimento, ma si limiterà ad impartire l'ordine di iscrizione, dal materiale compimento della quale conseguirà l'effetto del riconoscimento e, dunque, l'acquisizione della personalità giuridica in capo all'ente. L'**iscrizione** in questione costituisce, perciò, una **pubblicità con effetti costitutivi**. Il previgente sistema si caratterizzava, invece, per il carattere concessorio dell'atto autoritativo del Presidente della Repubblica o, nei casi previsti, del Prefetto, in quanto all'emanazione di tale atto conseguiva il riconoscimento, mentre l'iscrizione nel registro delle persone giuridiche tenuto dal tribunale seguiva temporalmente la concessione del riconoscimento.

Attualmente il procedimento di riconoscimento prevede che l'iscrizione debba essere concessa entro un termine massimo, pari a 120 giorni più 60, mentre, se gli istanti non ottengono risposta entro tale termine, opera il c.d. silenzio-rifiuto, per cui la richiesta di iscrizione si intende negata. Nel registro (prefettizio, regionale o della provincia autonoma) – al quale i terzi interessati possono accedere per avere informazioni – devono essere indicati la data dell'atto costitutivo dell'ente, la denominazione, lo scopo, il patrimonio, la durata, qualora sia stata determinata, la sede della persona giuridica e il cognome, il nome e il codice fiscale degli amministratori, con menzione di quelli ai quali è attribuita la rappresentanza. Nel registro devono altresì essere iscritte le modificazioni dell'atto costitutivo e dello statuto, il trasferimento della sede e l'istituzione di sedi secondarie, la sostituzione degli amministratori, con indicazione di quelli ai quali è attribuita la rappresentanza, le deliberazioni di scioglimento, i provvedimenti che ordinano lo scioglimento o accertano l'estinzione, il cognome e nome dei liquidatori. La nuova disciplina prevede inoltre che, ai fini del riconoscimento, oltre al ricorrere di tutte le condizioni stabilite da altre norme di legge o di regolamento per la costituzione dell'ente, è necessario che lo scopo dell'ente sia possibile e lecito e che il patrimonio dell'ente risulti adeguato alla realizzazione dello scopo (a tal proposito, il d.p.r. n. 361/2000 dispone che la consistenza del patrimonio deve essere dimostrata da idonea documentazione allegata alla domanda). Sotto questo profilo può senz'altro osservarsi che l'autorità, competente ad emanare il decreto che dispone l'iscrizione, esercita un potere discrezionale (si parla, più precisamente, di **discrezionalità tecnica**) in quanto è chiamata a concedere il decreto solo se lo ritiene opportuno all'esito di una valutazione da svolgersi secondo i criteri tecnici indicati dalla norma attributiva del potere.

La disciplina dettata dal d.p.r. n. 361/2000 non opera per **gli enti del libro V del codice civile**, per i quali la legge stabilisce regole *ad hoc* incentrate sul principio per cui l'ente ottiene la personalità giuridica con l'iscrizione presso il **Registro delle Imprese** (vedi gli artt. 2188-2194 c.c.) tenuto presso la Camera di Commercio territorialmente competente (in relazione alla circoscrizione in cui è stabilita la sede sociale). Anche in questo caso, come evidente, si avrà una vicenda pubblicitaria con effetti costitutivi, ma gli interessati non avranno bisogno di formulare istanza di riconoscimento in quanto l'iscrizione non segue ad un ordine di alcuna autorità, ma solo alla presentazione all'Ufficio del Registro delle Imprese della richiesta formale da parte degli amministratori dell'ente o del notaio che ha curato la redazione dell'atto costitutivo (cfr. art. 2330 c.c.). In proposito, a titolo di esempio, può citarsi l'**art. 2331** c.c., rubricato "*Effetti dell'iscrizione*", ai sensi del quale, in materia di società per azioni, "*Con l'iscrizione nel registro la società acquista la personalità giuridica. Per le operazioni compiute in nome della società prima dell'iscrizione sono illimitatamente e solidalmente responsabili verso i terzi coloro che hanno agito*", laddove l'**art. 2325** c.c. chiarisce che "*nelle società per azioni per le obbligazioni sociali risponde soltanto la società con il suo patrimonio*". Dal combinato disposto delle due norme appena citate si ricava che prima dell'iscrizione nel registro delle imprese la società non esiste come persona giuridica, e dunque non gode dell'autonomia patrimoniale perfetta sancita dall'art. 2325 (qui si rinviene l'effetto costitutivo della pubblicità in questione). Resta da precisare che sino al 2000 il tribunale competente per territorio svolgeva un controllo (c.d. **omologazione**) sulla legittimità degli atti di cui le persone giuridiche chiedevano l'iscrizione nel Registro delle Imprese, mentre con l'art. 32 della legge 24 novembre 2000 n. 340 tale controllo è stato reso meramente eventuale e riguarda solo le deliberazioni modificative (cfr. artt. 2330 e 2436 c.c.), sicché sugli atti di costituzione le uniche verifiche oggi sono rimesse al notaio che ha rogato l'atto ed al Registro delle Imprese che, però, è chiamato a verificare esclusivamente la regolarità formale della documentazione (cfr. art. 2330, comma 3, c.c.).

Prima di aprire la parentesi (appena chiusa) circa il modo in cui gli enti del libro I e quelli del libro V possono ottenere la personalità giuridica, abbiamo sottolineato come la differenza tra autonomia patrimoniale perfetta ed autonomia patrimoniale imperfetta riposi proprio sul fatto che le persone giuridiche, al contrario degli enti di fatto, dovendo ottemperare a precisi obblighi pubblicitari, possono essere oggetto, da parte dei terzi, di certosini controlli circa il proprio atto costitutivo, il proprio statuto, il proprio patrimonio, i propri bilanci e tutte le proprie vicende più significative, sicché quanti sono interessati ad entrare in rapporto con gli stessi ne possono *a priori* valutare la consistenza patrimoniale ed organizzativa. Viceversa, chi entra in contatto con enti non dotati di personalità non può godere di analoghe informazioni, sicché viene tutelato diversamente dall'ordinamento, il quale – come detto – gli riconosce la possibilità di agire per soddisfare le proprie ragioni sia nei confronti del patrimonio dell'ente che della persona fisica che in nome di questo ha agito, e della quale il terzo si è con tutta probabilità fidato, e finanche – in alcuni casi, come ad esempio in materia di società semplice o in nome collettivo – nei confronti di tutti i soci dell'ente.

Va a questo proposito precisato che le società di persone costituite in forma di **società in nome collettivo** e **in accomandita semplice** (per maggiori dettagli in proposito v. *infra*), pur essendo sottoposte, *ex* **art. 2195** c.c., all'obbligo di iscrizione nel Registro dell'Imprese quando abbiano ad oggetto attività commerciale, non acquistano in seguito a tale iscrizione personalità giuridica ed il mancato adempimento dell'obbligo pubblicitario non determina – al contrario di quanto accade per le società di capitali – l'inesistenza della società, ma solo la sua irregolarità. Dunque, è ben possibile che esistano società di persone che svolgono attività commerciale e, tuttavia, non risultano iscritte al registro delle imprese (c.d. **società di persone irregolari**). Ciò contribuisce a spiegare perché, malgrado l'obbligo di iscrizione previsto dall'art. 2195, per queste società il legislatore, a tutela dei terzi, abbia disegnato un regime che, in ogni caso, non sottrae i soci alla propria responsabilità personale illimitata per le obbligazioni della società.

Un discorso a parte, rispetto a quello appena svolto, merita di essere fatto relativamente agli atti **illeciti di natura extracontrattuale**, in quanto, se il rappresentante di una persona giuridica, in questa sua veste, compie un illecito per un proprio fine egoistico, il suo patrimonio personale risponderà, solidalmente con il patrimonio dell'ente, nei confronti dei terzi danneggiati. In tal caso, a seconda delle circostanze, l'ente potrà essere citato in giudizio ai sensi dell'art. 2043 o dell'art. 2049 c.c., e comunque – giova ribadirlo – i danneggiati potranno chiedere il risarcimento dei danni anche direttamente nei confronti di chi abbia commesso il fatto, se pure in rappresentanza della persona giuridica. In definitiva, dunque, può dirsi che riguardo al compimento di atti illeciti di natura extracontrattuale non vi è sostanziale differenza tra enti dotati e non dotati di personalità giuridica. Al contrario, riguardo agli **illeciti di natura contrattuale**, se l'ente è dotato di personalità, posto che il rapporto negoziale non è comunque imputabile alla persona fisica ma sempre all'ente, sembra preferibile la tesi che riconosce piena operatività all'istituto dell'autonomia patrimoniale perfetta, fatta ovviamente salva la possibilità per l'ente di agire in giudizio per il risarcimento dei danni nei confronti del soggetto che, con il proprio comportamento, abbia condotto l'ente a commettere l'illecito così esponendolo all'azione risarcitoria del terzo danneggiato.

4.4.2. Enti giuridici privati e pubblici

Come evidenziato, il codice civile, dopo aver dedicato espressamente il titolo I del libro I (artt. 1-10) alle "*persone fisiche*", dedica il **titolo II (artt. 11-42)** alle "***persone giuridiche***". I primi tre articoli del titolo in questione chiariscono subito che, secondo la sistematica codicistica, giova distinguere le "*persone giuridiche pubbliche*" (art. 11), cioè "*le province, i comuni, nonché gli enti pubblici riconosciuti come persone giuridiche*" che "*godono dei diritti secondo le leggi e gli usi osservati come diritto pubblico*", dalle "*persone giuridiche private*" (a cui era dedicato l'art. 12, oggi abrogato dal citato d.p.r. 361/2000), e dalle "***società***" (art. 13) che in vero sono anch'esse persone giuridiche ma regolate dal libro V del codice civile.

In sintesi, e senza pretese di esaustività visti i continui cambiamenti normativi che si registrano in materia (di cui si darà una rapida panoramica nei seguenti paragrafi), può dirsi che sono **persone giuridiche private** le associazioni riconosciute, le fondazioni, i comitati riconosciuti, le società di capitali (società per azioni, società a responsabilità limitata, le società in accomandita per azioni) e le società cooperative; mentre sono **soggetti giuridici privati non dotati di personalità** le associazioni non riconosciute, i comitati non riconosciuti, le società di persone (società semplice, società in nome collettivo e società in accomandita semplice), i consorzi e tutti gli enti *no-profit* non dotati di riconoscimento formale da parte dell'ordinamento. Sono, invece, **persone**

giuridiche pubbliche: lo Stato, le Regioni, le città metropolitane, le Province, i comuni, nonché gli altri enti territoriali locali (quali le comunità montane, le comunità isolane, le unioni di comuni, i consorzi fra enti territoriali); ed inoltre gli altri enti pubblici, nazionali e locali, afferenti a quella categoria molto vasta ed eterogenea nella quale rientrano, a titolo di esempio, gli enti previdenziali, le università, le camere di commercio, industria, artigianato e agricoltura, le aziende sanitarie locali, gli ordini professionali, ecc.

In termini di teoria generale, riguardo alla differenza tra persone giuridiche pubbliche e private, giova osservare che le prime perseguono interessi pubblici, mentre le seconde perseguono interessi di carattere privato, ancorché possano essere utilizzate anche per il perseguimento di interessi pubblici. Più in dettaglio può dirsi che le persone giuridiche pubbliche sono connotate, secondo il criterio più comunemente accolto, da: I) uno scopo che inerisce a finalità pubbliche; II) titolarità di poteri di carattere autoritativo propri della autorità pubblica; e III) sottoposizione al controllo pubblico. Dunque, l'ordinamento attribuisce normalmente alle persone giuridiche pubbliche poteri autoritativi, come quello di emanare provvedimenti amministrativi (autarchia) o atti normativi (autonomia normativa, che può essere legislativa, statutaria o regolamentare). Di conseguenza, l'atto giuridico con il quale si dà vita alla persona giuridica, che prende il nome di atto costitutivo, ha natura di atto di autonomia privata nel caso delle persone giuridiche private, mentre, nel caso delle persone giuridiche pubbliche, ha natura di provvedimento.

La natura pubblica o privata della persona giuridica si riflette anche sulla sua disciplina: le persone giuridiche private sono, per lo più, disciplinate dal diritto privato, mentre quelle pubbliche, per lo più, dal diritto pubblico. Sotto quest'ultimo profilo, tuttavia, al fine di integrare quanto appena sinteticamente osservato, conviene rinviare a quanto già detto, in particolare nel capitolo I, circa l'operatività delle regole di diritto privato e di diritto pubblico.

4.4.3. Enti con scopo ideale

Il codice civile nel titolo II del libro I, dopo aver fatto un rapido riferimento alle tre categorie di persone giuridiche individuate negli artt. 11, 12 (come detto, abrogato) e 13, concentra la sua attenzione su tre tipologie di enti caratterizzate dal fatto di non perseguire scopo di lucro bensì scopo, in generale, definito ideale. Si tratta delle **associazioni**, delle **fondazioni** e dei **comitati**, le cui differenze strutturali, secondo la dottrina tradizionale, possono cogliersi sulla base dell'osservazione dei tre elementi costitutivi tipici degli enti: cioè la **pluralità** (o meno) **di persone** (c.d. elemento soggettivo), lo **scopo** (c.d. elemento teleologico) ed il **patrimonio** (c.d. elemento oggettivo). Ciò in quanto, mentre l'associazione – come meglio si capirà tra breve – è necessariamente formata da due o più persone con uno scopo comune, ma può difettare del patrimonio se si tratta di associazione non riconosciuta, e mentre anche il comitato è tradizionalmente inteso come un ente collettivo dotato di scopo comune ed al più difettoso nel suo momento costitutivo del patrimonio (ma, come vedremo, la giurisprudenza considera ammissibile il comitato promosso da un unico soggetto, purché dotato di patrimonio), la fondazione non integra il requisito della pluralità di persone (anche nel caso vi siano più fondatori), ma senz'altro è dotata di uno scopo e, salvo casi patologici, di un patrimonio da destinare alla realizzazione dello scopo.

A questi tre soggetti giuridici, sulle cui relative discipline ci si soffermerà nei prossimi paragrafi, il legislatore, dunque, affida il compito di perseguire finalità private scevre da implicazioni patrimoniali di carattere prettamente egoistico. Si tratta, in altre parole, di tre modelli che vengono messi a disposizione dei consociati affinché, utilizzando l'uno o altro alternativamente, essi possano realizzare, nella forma ritenuta più idonea, e cioè confacente ai propri scopi, interessi morali, politici, religiosi, culturali, ludici, sportivi, ricreativi, caritatevoli, scientifici e quant'altro al fine di trarne per loro un giovamento solo indiretto e contribuire così a distribuire benessere a livello sociale. Ciò non significa che gli enti del libro I del codice civile non possano svolgere attività economica o attività d'impresa, ma solo che i risultati economici di tale eventuale attività non possono essere gestiti in modo egoistico attraverso la loro distribuzione ai partecipanti dell'ente.

In contrapposizione a tali enti, come pure si è accennato e come meglio si vedrà più avanti nel corso di questo capitolo, il codice civile nel **libro V** disciplina in maniera peculiare e tendenzialmente completa le *società*, e cioè gli enti che per propria vocazione devono necessariamente avere **scopo di lucro**, e cioè devono realizzare attività di impresa al fine di perseguire il guadagno economico da distribuire, direttamente o indirettamente, ai propri soci, nonché le *cooperative*, la cui caratteristica è lo **scopo mutualistico** che si realizza quando l'ente si prefigge di fornire innanzitutto agli stessi soci quei beni o servizi per il conseguimento dei quali esso è sorto.

Incerta, rispetto alla distinzione appena rilevata tra enti del libro I e del libro V, risulta la collocazione dei c.d. enti *no-profit*, i quali si caratterizzano per avere uno **scopo solidaristico** – in quanto perseguono obiettivi altruistici particolarmente meritevoli – e, proprio per questo, sono destinatari di norme di vantaggio in specie di carattere fiscale. Rientrano, pertanto, nella categoria *no-profit* quelle organizzazioni cui sia applicabile la disciplina riservata alle Organizzazioni non lucrative di utilità sociale (ONLUS), ma anche quelle che, sia pure in progetto o in corso di formazione o di consolidamento, potrebbero una volta a regime presentare caratteristiche affini. Gli enti che compongono il mondo del *no-profit* si differenziano sostanzialmente nella loro struttura, distinguendosi per tipologia e *status* giuridico. In particolare, fino ad ora la legislazione italiana ha disciplinato differenti tipi di organizzazioni private che operano senza fini economici con finalità solidaristiche. Tra queste, le organizzazioni non governative (legge n. 49/1987), le organizzazioni di volontariato (legge n. 266/1991), le cooperative sociali (legge n. 381/1991), le fondazioni ex bancarie (legge n. 461/1998), le associazioni di promozione sociale (legge n. 383/2000) e le imprese sociali (d.lgs. n. 155/2006). In riferimento alle imprese sociali, fin d'ora giova evidenziare come, dal 2006, e cioè per l'appunto dall'entrata in vigore della legge n. 155 (su cui, v. *infra*), enti costituiti in forma di società di capitali possano perseguire anche scopo non di lavoro, bensì solidaristico.

4.4.3.1. *Associazioni riconosciute e non riconosciute*

L'**associazione** è un ente senza finalità di lucro costituito da due o più persone fisiche o giuridiche (gli associati) legate dalla volontà di perseguire uno scopo comune di carattere, come sopra cennato, ideale. Il fenomeno della spontanea organizzazione di più persone in gruppi o collettività per il raggiungimento di uno scopo comune è antico, quasi primordiale, ed ha conosciuto uno sviluppo sempre crescente. L'associazione nel nostro ordinamento costituisce una delle "**formazioni sociali**" più importanti richiamate dall'art. 2 Cost.; ad essa la Costituzione fa pure direttamente riferimento nell'art. 18. Sotto questo profilo l'associazione si distingue: dalla "**famiglia**" (definita dall'art. 29 Cost. come società naturale, che pure è un nucleo sociale ma formato da persone unite da vincolo di sangue); dalle "**rappresentanze organiche di popolo**" (artt. 56-57 Cost., che sono espressione della sovranità popolare e non sono formazioni sociali che operano all'interno della comunità, ma sono organi istituzionali); e dalla "**comunione**" (art. 1100 c.c., che costituisce un istituto tendente alla statica conservazione del godimento dei beni tra più persone).

Volendo riprendere i tre elementi costitutivi, accennati nel precedente paragrafo, ai quali fa comunemente riferimento la dottrina tradizionale in materia di enti privati, giova osservare che l'associazione si caratterizza per l'assoluta centralità che, rispetto alla sua struttura, assume la collettività di persone fisiche, le quali, ognuna esprimendo una propria libera scelta, si uniscono in maniera più o meno duratura per il raggiungimento del fine comune. Sotto questo profilo, poiché l'**art. 18 Cost.** riferisce il diritto di associarsi soltanto ai "*cittadini*", una parte minoritaria della dottrina in passato ha ritenuto che la norma contenesse una limitazione, ravvisando l'inconfigurabilità delle c.d. associazioni di associazioni (cioè delle associazioni che abbiano come associati enti piuttosto che persone giuridiche) e l'impossibilità di associarsi per gli stranieri e per gli apolidi. Tuttavia, la dottrina prevalente e la giurisprudenza attuali ritengono, in virtù del principio di uguaglianza, che le associazioni di associazioni (c.d. **associazioni di secondo grado**) siano, invece, ammissibili e tutelate dalla Costituzione al pari di qualsiasi collettività formata da persone fisiche, e che siano estranee a tale tutela solo le associazioni composte esclusivamente o prevalentemente da stranieri (mentre sarebbe possibile per lo straniero aderire ad associazioni nazionali).

Circa l'elemento c.d. teleologico deve osservarsi che questo rappresenta il nucleo fondamentale dell'associazione, costituendo la ragione essenziale del suo sorgere, il legame che unisce le varie attività dei singoli, e la causa dell'estinzione dell'ente nel momento del suo raggiungimento o della definitiva impossibilità di raggiungerlo. Mentre, riguardo all'elemento c.d. oggettivo, va rilevato che solo per l'associazione riconosciuta il codice civile stabilisce la necessità di un patrimonio, normalmente costituto, almeno al momento iniziale, dai contributi (in natura, in denaro, in prestazione lavorativa, ecc.) degli associati, mentre per l'associazione non riconosciuta tale esigenza non sussiste, potendo in astratto uno scopo ideale perseguirsi anche senza un'organizzazione dispendiosa e dunque in mancanza di patrimonio. Ad esempio, l'**associazione degli amanti del diritto privato**, che per avventura fosse costituita dai lettori di questo manuale al fine di approfondire, attraverso seminari settimanali, la conoscenza della materia, non avrebbe bisogno di un patrimonio proprio se solo avesse un luogo in grado di ospitare i seminari (ma tale luogo può essere anche una abitazione privata, un caffè, ecc.).

Nel nostro ordinamento le associazioni possono essere sia **riconosciute** che **non riconosciute**, e dunque possono avere personalità giuridica o meno. La differenza tra le due tipologie è descritta dal codice civile in maniera piuttosto chiara dato che la disciplina delle associazioni riconosciute, insieme a quella delle fondazioni (che tradizionalmente si ritiene possano operare solo se riconosciute, ma sul punto v. *infra*) è contenuta nel capo II del titolo II del libro I del codice, e cioè agli **artt. 14-35**, mentre la disciplina delle associazioni non riconosciute e dei comitati è disposta nel capo III dello stesso titolo, e cioè agli **artt. 36-42**. Ovviamente, la scelta tra chiedere il riconoscimento o meno spetta all'ente stesso che, qualora in possesso dei requisiti per ottenerlo, può decidere di dotarsi di personalità giuridica, ovvero – al contrario – di restarne senza perché, ad esempio, preferisce non subire i controlli pubblicistici che il riconoscimento comporta.

L'effetto principale di tale scelta, come già osservato, consisterà nell'acquisizione o meno, per l'ente, dell'autonomia patrimoniale perfetta. Ed infatti, l'**art. 38** c.c. espressamente stabilisce che "*per le obbligazioni assunte dalle persone che rappresentano l'associazione*" non riconosciuta, oltre a rispondere il fondo comune dell'ente, "*rispondono anche personalmente e solidalmen-*

te le persone che hanno agito in nome e per conto dell'associazione". Per ottenere l'applicabilità del regime più garantista per i rappresentanti dell'associazione, e cioè per godere di autonomia patrimoniale perfetta, l'ente deve essere disposto ad accettare la **pubblicità** dei propri atti più significativi ed i **controlli** dell'autorità governativa stabiliti dal codice civile e dalle leggi speciali. Tali controlli risultano senz'altro più invasivi per le fondazioni, ma non risparmiano le associazioni. In proposito basta ricordare che anche queste hanno l'obbligo di trasmettere all'autorità regionale o prefettizia competente sul loro riconoscimento tutte le modificazioni dell'atto costitutivo e dello statuto al fine di ottenerne l'iscrizione nel registro delle persone giuridiche. La previsione, un tempo contenuta nel comma 4 dell'art. 16 c.c., è oggi formulata nel citato d.p.r. n. 361/2000. Dunque, riassumendo, non vi è dubbio che un'associazione riconosciuta è esposta significativamente ad un controllo piuttosto ampio sul proprio operato che ogni terzo, in ragione di quanto viene pubblicizzato nel registro delle persone giuridiche, ed a maggior ragione le autorità competenti, possono svolgere. È probabilmente per questa ragione che in Italia enti pure molto rilevanti, come i **partiti politici** (cfr. art. 49 Cost.) ed i **sindacati** (art. 39 Cost.), non hanno mai chiesto il riconoscimento ed operano come associazioni non riconosciute. A tal proposito giova ricordare che l'**art. 39 Cost.** riconosce la "*personalità giuridica*", nonché il potere di "*stipulare contratti collettivi di lavoro con efficacia obbligatoria per tutti gli appartenenti alle categoria a cui il contratto si riferisce*", solo in capo ai "*sindacati registrati*"; sennonché, allo stato, la previsione è rimasta inattuata in quanto la regolamentazione del procedimento di "*registrazione*" non è mai stata emanata. In mancanza, come accennato, i sindacati non hanno chiesto alcun riconoscimento ed operano come enti di fatto e cioè associazioni non riconosciute, prive però del potere di sottoscrivere i contratti collettivi di cui all'art. 39 Cost.

L'atto costitutivo dell'associazione, sia riconosciuta che non, è un atto negoziale, o meglio un contratto di natura associativa, che nasce dalla volontà di più soggetti le cui prestazioni sono dirette al conseguimento di uno scopo comune. Non è esclusa la formazione progressiva del contratto associativo, che si ha quando alcuni soggetti promotori preparano il programma della futura associazione, al quale aderiscono altri interessati, anche con scrittura privata). In tema di **atto costitutivo** il codice, per le associazioni riconosciute e per le fondazioni, all'**art. 14** impone la formalità solenne dell'atto pubblico, e cioè l'atto redatto dal pubblico ufficiale. Nessuna forma è, invece, prevista per l'atto costitutivo di un'associazione non riconosciuta, il che vuol dire che più persone interessate a costituire un'associazione di tal fatta possono farlo anche sulla base di un atto costitutivo in forma di scrittura privata o addirittura in forma orale.

Lo **statuto**, che normalmente affianca l'atto costitutivo e che fisicamente può anche essere assorbito nel medesimo documento, contiene le regole relative alla vita ed al funzionamento dell'ente. Il codice, "all'**art. 16**", stabilisce espressamente che "*l'atto costitutivo e lo statuto devono contenere la denominazione dell'ente, l'indicazione dello scopo, del patrimonio e della sede, nonché le norme sull'ordinamento e sull'amministrazione. Devono anche determinare, quando trattasi di associazioni, i diritti e gli obblighi degli associati e le condizioni della loro ammissione*". Si tratta, dunque, di due atti fondamentali in quanto, tramite essi, si esplica l'autonomia privata degli associati alla quale la legge riconosce, salvo i limiti posti dalle norme inderogabili, il **potere di autodeterminare le regole di funzionamento dell'ente**. Qui di seguito si ritiene utile riportare un esempio di statuto associativo al fine di evidenziare quali sono i temi più importanti che in tale tipologia di atto devono essere trattati e sui quali, dunque, gli associati devono essere d'accordo al fine di regolare la vita associativa.

Esempio di statuto associativo

ART. 1 *(COSTITUZIONE, SEDE E DENOMINAZIONE)*

È costituita, ai sensi delle disposizioni vigenti, l'associazione denominata "**Amanti del diritto privato**" con sede in _______________, via _______________ n. __.

L'Associazione è regolata dal codice civile e dal presente Statuto, non ha fini di lucro e gli eventuali utili devono essere destinati alla realizzazione delle finalità istituzionali di cui all'art. 3. L'Associazione svolge la sua attività nell'ambito territoriale della Regione ______.

ART. 2 *(DURATA)*

L'Associazione svolgerà la propria attività fino al _____. (*oppure* "ha durata illimitata"). Trascorso tale termine l'assemblea straordinaria dei soci potrà, tuttavia, prorogare la durata

ART. 3 *(SCOPO E OGGETTO SOCIALE)*

L'Associazione, si propone di *(elencare in sintesi gli scopi ideali dell'associazione).*

Per la realizzazione dei propri scopi l'Associazione si propone in particolare di: *(indicare le attività concrete attraverso le quali si intende raggiungere gli scopi).*

ART. 4 *(I SOCI E MODALITÀ DI AMMISSIONE)*

L'Associazione è aperta a tutti coloro che, interessati alla realizzazione delle finalità istituzionali, ne condividano lo spirito e gli ideali.

L'adesione all'Associazione è volontaria ed è subordinata alla presentazione di apposita domanda scritta da parte degli interessati. Sulle domande di ammissione si pronuncia l'Assemblea dei soci su proposta del Consiglio Direttivo, le eventuali reiezioni debbono essere motivate. Dopo la delibera positiva dell'Assemblea dei soci, il Consiglio Direttivo cura l'annotazione dei nuovi aderenti nel libro soci. I soci si dividono in:

1) soci fondatori, si considerano tali i soci che hanno partecipato all'Assemblea costituente, deliberando la costituzione dell'Associazione;

2) soci ordinari, si considerano tali tutti i soci che aderiranno successivamente all'Associazione;

Tutti i soci hanno diritto di voto, ad eccezione dei minorenni.

I soci fondatori possono essere dispensati dal versamento delle quote sociali.

ART. 5 *(PERDITA DELLA QUALIFICA DI SOCIO)*

La qualità di socio si perde per decesso, per esclusione, per decadenza o per recesso.

Il recesso da parte dei soci deve essere comunicato in forma scritta all'Associazione almeno tre mesi prima dello scadere dell'anno in corso.

L'esclusione dei soci, disciplinata dall'art. 24 c.c., è deliberata dall'Assemblea:

1) per comportamento contrastante con gli scopi dell'Associazione;
2) per persistenti violazioni degli obblighi statutari e regolamentari;
3) quando, in qualunque modo, arrechino danni morali o materiali all'Associazione;
4) per indegnità;

Il socio decade automaticamente se manca di versare la quota associativa per __ anni.

ART. 6 *(DIRITTI E DOVERI DEI SOCI)*

Tutti i soci hanno diritto:

1) a partecipare effettivamente alla vita dell'Associazione;
2) a partecipare all'Assemblea con diritto di voto;
3) ad accedere alle cariche associative;
4) a prendere visione di tutti gli atti deliberati e di tutta la documentazione relativa alla gestione dell'Associazione con possibilità di ottenerne copia.

Tutti i soci sono tenuti:

1) ad osservare il presente statuto, gli eventuali regolamenti interni e le deliberazioni legalmente adottate dagli organi associativi;
2) a mantenere sempre un comportamento corretto nei confronti dell'Associazione e a non attuare iniziative che si rivelino in contrasto con le aspirazioni che ne animano l'attività;
3) a versare la quota associativa annuale.

ART. 7 *(ORGANI DELL'ASSOCIAZIONE)*

Sono Organi dell'Associazione:

1) l'Assemblea dei soci;
2) il Consiglio direttivo;
3) il Presidente dell'Associazione;
4) Il Segretario;
5) Il Collegio dei revisori dei conti;

ART. 8 *(ASSEMBLEA)*

L'Assemblea è composta da tutti i soci ed è l'organo sovrano dell'Associazione.

L'Assemblea è presieduta dal Presidente dell'Associazione.

Ogni socio potrà farsi rappresentare in Assemblea da un altro socio con delega scritta. Ogni socio non potrà ricevere più di due deleghe.

ART. 9 *(CONVOCAZIONE DELL' ASSEMBLEA)*

L'Assemblea si riunisce in seduta ordinaria, su convocazione del Presidente, almeno una volta all'anno per l'approvazione del Bilancio e ogniqualvolta lo stesso Presidente o il Consiglio direttivo o almeno un decimo degli associati ne ravvisino l'opportunità.

L'Assemblea ordinaria indirizza tutta la vita dell'associazione ed in particolare:

1) approva i bilanci consuntivo e preventivo;
2) elegge i componenti del Consiglio direttivo e del Collegio dei revisori;
3) delibera gli eventuali regolamenti interni e le sue variazioni;
4) delibera l'ammissione e l'esclusione dei soci;

5) delibera su questioni di gestione sociale che il Consiglio direttivo ritiene di sottoporle.

L'Assemblea straordinaria delibera:

1) sulle modifiche dell'atto costitutivo e dello statuto;

2) sullo scioglimento dell'Associazione e la devoluzione del suo patrimonio.

Sia l'Assemblea ordinaria che quella straordinaria sono presiedute dal Presidente o in sua assenza dal Segretario e, in assenza di entrambi dal componente del Consiglio direttivo più anziano di età.

Le convocazioni sono effettuate mediante avviso scritto da recapitarsi ai soci almeno ____ giorni (ridotti a ____ giorni in caso di convocazione urgente) prima della data della riunione contenente ordine del giorno, luogo, data e orario della prima e della eventuale seconda convocazione, che non può essere fissata prima che siano trascorsi _____ (ridotti a ____ in caso di convocazione urgente) dalla prima convocazione, o in alternativa mediante analogo avviso da affiggersi all'albo della sede sociale almeno trenta giorni prima della data dell'Assemblea. In difetto di convocazione formale o di mancato rispetto dei termini di preavviso, saranno ugualmente valide le adunanze cui partecipano di persona o per delega tutti i soci.

ART. 10 *(VALIDITÀ DELL'ASSEMBLEA E DELLE VOTAZIONI)*

L'Assemblea è validamente costituita in prima convocazione quando sia presente o rappresentata almeno la metà dei soci. In seconda convocazione l'Assemblea è validamente costituita qualunque sia il numero dei soci intervenuti o rappresentati.

Le deliberazioni dell'Assemblea sono valide quando siano approvate dalla maggioranza dei presenti, eccezion fatta per le deliberazioni riguardanti la modifica dell'atto costitutivo e dello statuto, per le quali è necessaria la presenza di almeno tre quarti dei soci e il voto favorevole della maggioranza dei presenti, e per la deliberazione riguardante lo scioglimento dell'Associazione e la relativa devoluzione del patrimonio residuo, per la quale è necessaria la presenza dei tre quarti e il voto favorevole di tutti i presenti. Nelle deliberazioni di approvazione del bilancio e in quelle che riguardano la loro responsabilità gli amministratori non hanno voto.

Le deliberazioni adottate dall'Assemblea dovranno essere pubblicate mediante affissione all'albo della sede e riportate su apposito libro dei verbali a cura del Segretario e da questi sottoscritte insieme al Presidente.

ART. 11 *(CONSIGLIO DIRETTIVO)*

Il Consiglio direttivo è l'organo di amministrazione e di direzione dell'Associazione.

Esso è formato da _____ membri, nominati dall'Assemblea dei soci fra i soci medesimi.

I membri del Consiglio direttivo rimangono in carica ____ anni e sono rieleggibili.

Possono fare parte del Consiglio esclusivamente i soci maggiorenni.

Nel caso in cui, per dimissioni o altre cause, uno o più dei componenti il Consiglio direttivo decadano dall'incarico, il Consiglio medesimo può provvedere alla loro sostituzione nominando i primi tra i non eletti, che rimangono in carica fino allo scadere dell'intero Consiglio. Nell'impossibilità di attuare detta modalità o nel caso in cui decada oltre la metà dei membri del Consiglio, l'Assemblea deve provvedere alla nomina di un nuovo Consiglio direttivo.

Al Consiglio direttivo sono attribuite le seguenti funzioni:

1) curare l'esecuzione delle deliberazioni dell'Assemblea;

2) curare l'organizzazione di tutte le attività dell'Associazione;

3) curare l'osservanza delle prescrizioni statutarie e degli eventuali regolamenti;

4) predisporre gli eventuali regolamenti che di volta in volta si renderanno necessari, facendoli approvare dall'Assemblea dei soci;

5) predisporre il bilancio preventivo e consuntivo;

6) provvedere agli affari di ordinaria amministrazione che non siano di competenza dell'Assemblea dei soci ivi compresa la determinazione della quota associativa annuale.

Il Consiglio direttivo è presieduto dal Presidente o in caso di sua assenza dal Segretario e, in assenza di entrambi, dal componente del Consiglio più anziano di età.

Il Consiglio direttivo è convocato di regola ogni __________ e ogni qualvolta il Presidente lo ritenga opportuno o almeno ________ consiglieri ne facciano richiesta. Assume le proprie deliberazioni con la presenza della maggioranza dei suoi membri ed il voto favorevole della maggioranza degli intervenuti: in caso di parità prevale il voto del Presidente.

Le convocazioni devono essere effettuate mediante avviso scritto, da recapitarsi almeno _____ giorni prima della data della riunione, contenente ordine del giorno, luogo, data ed orario della seduta. In difetto di convocazione formale o di mancato rispetto dei termini di preavviso, saranno ugualmente valide le riunioni cui partecipano tutti i membri del Consiglio direttivo.

I verbali di ogni adunanza del Consiglio, redatti a cura del Segretario e sottoscritti dallo stesso e da chi ha presieduto la riunione, vengono conservati agli atti.

Il Consiglio direttivo può attribuire ad uno o più dei suoi membri il potere di compiere determinati atti o categorie di atti in nome e per conto dell'associazione.

ART. 12 *(IL PRESIDENTE E IL SEGRETARIO)*

Il Presidente è eletto dall'Assemblea a maggioranza dei voti, egli è il rappresentante legale dell'Associazione, nonché Presidente dell'Assemblea dei soci e del Consiglio direttivo.

In caso di sua assenza o impedimento è sostituito dal membro del Consiglio più anziano d'età.

Il Presidente ha la firma sociale sugli atti che impegnano l'Associazione sia nei riguardi dei soci che dei terzi. Il Presidente cura l'esecuzione delle deliberazioni del Consiglio direttivo e, in caso d'urgenza, ne assume i poteri chiedendo ratifica allo stesso dei provvedimenti adottati nella riunione immediatamente successiva, che egli dovrà contestualmente convocare.

Il Presidente sceglie il Segretario che svolge le funzioni indicate dal presente statuto e sostituisce il Presidente in tutti i suoi poteri quando quest'ultimo sia impossibilitato ad operare.

ART. 13 *(LIBRI SOCIALI E I REGISTRI CONTABILI)*

I libri sociali e i registri contabili essenziali che l'Associazione deve tenere sono:

1) il libro dei soci;
2) il libro delle adunanze e delle deliberazioni dell'Assemblea;
3) il libro delle adunanze e delle deliberazioni del Consiglio direttivo;
4) il libro delle adunanze e delle deliberazioni del Collegio dei revisori dei conti;
5) il libro giornale della contabilità sociale;
6) il libro dell' inventario;

Tali libri devono essere numerati, timbrati e firmati dal Presidente e dal Segretario in ogni pagina.

ART. 14 *(COLLEGIO DEI REVISORI DEI CONTI)*

Il Collegio dei revisori dei conti è composto da tre membri effettivi e da due membri supplenti, nominati dall'Assemblea anche fra i non soci.

Il Collegio nomina al proprio interno un Presidente.

Il Collegio dei Revisori ha il compito di controllare la gestione amministrativa e contabile dell'Associazione, con particolare riguardo alla consistenza di cassa ed all'operato del segretario-economo.

Partecipa, senza diritto di voto, alle riunioni del Consiglio direttivo e dell'Assemblea.

Alla fine di ciascun esercizio, i revisori predisporranno un'apposita relazione ai bilanci, nella quale esporranno all'Assemblea dei soci le risultanze delle verifiche effettuate nel corso d'anno.

ART. 15 *(PATRIMONIO)*

Il patrimonio sociale è indivisibile, da esso l'Associazione trae le risorse economiche per il proprio funzionamento e per lo svolgimento delle proprie attività, ed è costituito:

1) da beni mobili o immobili pervenuti all'Associazione a qualsiasi titolo;
2) dai contributi dei propri soci;
3) da contributi, erogazioni, donazioni e lasciti diversi;

I contributi degli aderenti sono costituiti dalle quote associative annuali, stabilite dall'Assemblea e da eventuali contributi straordinari, stabiliti dall'Assemblea che ne determina l'ammontare.

ART. 16 *(ESERCIZIO SOCIALE)*

L'esercizio sociale decorre dal 1 gennaio al 31 dicembre di ogni anno.

Entro quattro mesi dalla fine di ogni esercizio verrà predisposto dal Consiglio direttivo il bilancio consuntivo ed il bilancio preventivo del successivo esercizio da presentare per l'approvazione in Assemblea. I bilanci devono restare depositati presso la sede dell'Associazione i ___ giorni che precedono l'Assemblea, convocata per la loro approvazione, a disposizione di tutti i soci.

ART. 17 *(SCIOGLIMENTO)*

Lo scioglimento dell'Associazione è deliberato dall'Assemblea dei soci che deve nominare uno o più liquidatori, preferibilmente tra gli amministratori ed i soci, stabilendone i poteri.

In caso di scioglimento per qualunque causa, l'Associazione devolve il suo patrimonio ad altre organizzazioni con finalità identiche o analoghe.

ART. 18 *(RINVIO)*

Per quanto non espressamente previsto dal presente Statuto si applicano le disposizioni contenute nel codice civile e nelle leggi vigenti in materia.

Come già evidenziato in apertura di capitolo ed in particolare nel paragrafo 4.1.2., ai sensi dell'**art. 19** c.c. nell'ambito delle associazioni riconosciute e delle fondazioni, al contrario di quanto può dirsi per altri enti, opera il principio per cui le limitazioni ai poteri di rappresentanza degli amministratori, se debitamente pubblicizzate nel registro delle persone giuridiche, o comunque se a conoscenza dei terzi, sono opponibili a questi ultimi. Esiste, dunque, un onere, per i terzi che si relazionano con gli enti del libro I riconosciuti, consistente nel verificare, presso il registro delle persone giuridiche, i poteri di rappresentanza dei soggetti che, di volta in volta, dichiarano di operare in rappresentanza dell'ente in questione.

Gli **artt. 20 e 21** c.c. dettano regole in materia di convocazione e deliberazioni dell'**assemblea degli associati**. Essi non trovano applicazione nell'ambito delle fondazioni, così come ogni altra norma in materia di assemblea e diritti degli associati, in quanto le fondazioni, come meglio si vedrà nel paragrafo che segue, non hanno una base associativa e dunque non hanno l'organo assembleare. L'art. 20, in particolare, stabilisce la fondamentale regola per cui "*le deliberazioni dell'assemblea sono prese a maggioranza di voti* [c.d. quorum deliberativo] *e con la presenza di almeno la metà degli associati* [c.d. quorum costitutivo]", salvo poi evidenziare regole numeriche specifiche (c.d. aggravate) operanti in casi determinati per evitare che una minoranza associativa presente in assemblea possa assumere decisioni particolarmente importanti. La norma è significativa in quanto evidenzia come nelle associazioni viga la c.d. **democrazia diretta** in quanto tutti gli associati possono partecipare direttamente al governo dell'ente attraverso la presenza in assemblea e l'esercizio del diritto di voto.

Le disposizioni in questione non stabiliscono alcunché relativamente alla formazione del verbale delle delibere assembleari. La dottrina e la giurisprudenza, tuttavia, rispetto al problema della formazione ritengono che, in applicazione del principio della libertà delle forme, la **verbalizzazione** scritta costituisce elemento essenziale per la sola documentazione della delibera come fatto giuridico e dunque non per la sua formazione; sicché, in mancanza di verbalizzazione, la prova dell'esistenza e del contenuto della delibera può essere fornita con ogni mezzo e anche mediante testimoni. Rispetto al problema del contenuto di tale verbale, invece, si ritiene condivisibile l'orientamento giurisprudenziale (v. da ultimo le due ordinanze rese dal Tribunale civile di Potenza, in due diversi giudizi, il 22 giugno 2010 e il 13 settembre 2010) secondo il quale la disciplina posta dall'**art. 2375** c.c. in materia di società per azioni, affermando principi generali di trasparenza finalizzati a tutelare i soci ed i terzi, opera anche in materia di associazioni, ed in specie di associazioni riconosciute, in quanto, in mancanza, per l'associato che volesse contestare la delibera associativa lacunosa di elementi fondamentali (quali, ad esempio, il numero e l'identità dei presenti e dei votanti) sorgerebbero problemi insormontabili.

Nell'ambito della disciplina in esame particolarmente importante risulta l'**art. 23** c.c., ai sensi del quale "*le deliberazioni dell'assemblea contrarie alla legge, all'atto costitutivo e allo statuto possono essere annullate su istanza degli organi dell'ente, di qualunque associato o del pubblico ministero*". L'**annullamento** "*non pregiudica i diritti dai terzi in buona fede*". Inoltre, ai sensi del comma 3 dell'articolo in esame, durante lo svolgimento del giudizio di merito "*Il presidente del tribunale o il giudice istruttore* [...] *può sospendere* [...] *l'esecuzione della deliberazione impugnata quando* *sussistono gravi motivi*". Il provvedimento di sospensione ha effetti cautelari e viene emesso nell'ambito di un subprocedimento incidentale istaurato nel corso del procedimento di annullamento con un'istanza urgente analoga al ricorso *ex* art. 700 c.p.c. Può essere emesso all'esito di una valutazione sommaria della situazione per evitare che, durante lo svolgimento del procedimento di annullamento, si producano danni gravi ed irreparabili in capo al ricorrente. Ad esempio, nel caso di delibera assembleare di espulsione del socio, è evidente che il diritto di quest'ultimo a partecipare alla vita associativa risulterebbe irrimediabilmente leso durante lo svolgimento del giudizio qualora il socio escluso non avesse la possibilità di far sospendere, nelle more del giudizio stesso, gli effetti della delibera, in attesa della decisione definitiva del tribunale sulla validità di questa. La norma, tuttavia, come visto, richiede espressamente la sussistenza di "***gravi motivi***" affinché il provvedimento di sospensione possa essere emesso, sicché il giudice dovrà valutare, sebbene nei limiti di una sommaria cognizione quale quella che gli è consentita in un giudizio di rapido svolgimento e con tipici effetti cautelari, non soltanto il danno grave ed irreparabile che potrebbe determinarsi in capo all'associato-istante in mancanza di sospensione (presupposto c.d. del ***periculum in mora***), ma anche l'apparente fondatezza dell'impugnativa della delibera (presupposto c.d. ***fumus boni iuris***).

L'**art. 24** c.c. stabilisce la disciplina del **recesso** e dell'**esclusione** degli associati. Come ovvio, la partecipazione degli associati all'ente, riconosciuto o meno che sia, determina in capo all'associato diritti ed obblighi secondo quanto previsto nello statuto. La legge, come salvaguardia la libertà di ogni associato di recedere dall'associazione, perché ad esempio non ne condivide più lo scopo ideale o semplicemente perché non ha più tempo o voglia di partecipare alla vita associativa, e salvo che egli non si sia obbligato a "*farne parte per un tempo determinato*", allo stesso modo riconosce all'ente la possibilità di estromettere il socio per "*gravi motivi*", e cioè perché ad esempio non ha versato la sua quota associativa periodica o perché ha posto in essere ulteriori comportamenti non ammessi.

Il problema della tutela del singolo nell'ambito dell'associazione è uno dei temi più dibattuti. Principio fondamentale ricavabile dall'assetto disciplinare codicistico, se pure non espressamente affermato, appare quello per cui tutti gli associati devono avere tra loro uguali diritti e doveri (c.d. **principio di uguaglianza**). Sono considerate illecite, ad esempio, tutte le clausole che attribuiscono a determinati associati la carica di amministratore a titolo di privilegio, oppure che privano alcuni soci o alcune categorie di soci del diritto di voto, o che riconoscono ad alcuni il potere di esprimere voti plurimi o comunque più rilevanti rispetto agli altri voti, o ancora che precludono a determinati soci l'elettorato passivo alle cariche sociali. Secondo parte della giurisprudenza, invece, sarebbero ammissibili clausole che istituiscono categorie differenziate di soci a cui facciano capo diritti ed obblighi diversificati (cfr. Trib. Bari, sentenza 21 novembre 1980).

Gli **artt. 18 e 22** c.c. stabiliscono, rispettivamente: l'uno, che gli amministratori sono responsabili nei confronti dell'ente secondo le norme sul mandato, ma non incorre in responsabilità l'amministratore che non abbia partecipato all'atto che ha cagionato il danno sempre che, "*essendo a cognizione che l'atto si stava per compiere*", egli "*abbia fatto constatare il proprio dissenso*"; l'altro che "*le **azioni di responsabilità contro gli amministratori** delle associazioni per fatti da loro compiuti sono deliberate dall'assemblea e sono esercitate dai nuovi amministratori o dai liquidatori*".

Infine, per quanto riguarda le associazioni riconosciute, il codice, agli **artt. 27 e da 29 a 32** c.c., disciplina l'**estinzione della persona giuridica** che può avvenire "*oltre che per le cause previste nell'atto costitutivo e nello statuto* [...] *quando lo scopo è stato raggiunto o è divenuto impossibile*" ed inoltre quando "*tutti gli associati sono venuti a mancare*", ed ovviamente quando l'assemblea dei soci deliberi lo scioglimento con la maggioranza qualificata prevista dall'art. 21, comma 3, c.c. Dal momento in cui gli amministratori ricevono comunicazione della circostanza scatta per loro il divieto di compiere nuove operazioni, la cui trasgressione comporta responsabilità personale e solidale in capo a loro. Dichiarata l'estinzione della persona giuridica per una delle cause di cui all'art. 27, ovvero disposto lo scioglimento dall'assemblea degli associati ai sensi dell'art. 21, comma 3, si procede alla **liquidazione del patrimonio** secondo l'art. 31 nonché secondo gli artt. 11-21 delle disposizioni di attuazione del codice civile. Nel caso in cui manchino disposizioni dell'atto costitutivo, dello statuto e dell'assemblea degli associati, ai sensi dell'art. 31, comma 3, l'autorità governativa provvede a devolvere i beni rimasti nel patrimonio associativo tenendo presente lo scopo associativo e dunque trasferendoli ad "*altri enti che hanno fini analoghi*"; nel caso in cui vi siano beni donati o lasciati all'ente con destinazione a scopo diverso da quello proprio di quest'ultimo, ai sensi dell'**art. 32** "*l'autorità governativa devolve tali beni, con lo stesso onere, ad altre persone giuridiche che hanno fini analoghi*". L'**ultimo comma** dell'**art. 31** prevede, altresì, che i creditori che durante la liquidazione non hanno fatto valere il proprio credito, entro l'anno dalla chiusura della stessa "*possono chiedere il pagamento a coloro ai quali i beni sono stati devoluti*", "*in proporzione e nei limiti di ciò che hanno ricevuto*".

La disciplina sin qui esposta riguarda, come detto, le associazioni riconosciute.

Alle **associazioni non riconosciute** il codice riserva esclusivamente gli **artt. 36-38**, con ciò sottolineando in modo evidente il carattere proprio di questi enti, che è quello di essere c.d. "*enti di fatto*", non dotati di riconoscimento e dunque di personalità giuridica (cfr. art. 38, ma in proposito si rinvia a quanto già sopra osservato), in cui elemento pivotale, più ancora che nelle associazioni riconosciute, è l'**accordo tra gli associati** che si manifesta nell'atto costitutivo e nello statuto, per i quali non è richiesta dalla legge alcuna forma particolare né alcun contenuto, se non l'indicazione dello scopo comune. Secondo la giurisprudenza e la dottrina, peraltro, solo in assenza di un'espressa pattuizione tra gli associati, e sempre che non siano in contrasto con gli articoli in esame, potranno trovare **applicazione analogica le disposizioni dettate per le associazioni riconosciute**. Malgrado la (o forse proprio in ragione della) loro scarna disciplina legislativa le associazioni di fatto costituiscono la stragrande maggioranza degli enti privati non a scopo di lucro operanti in Italia. Questi, infatti, non subiscono controlli se non quelli propri dell'attività che praticano, e possono perseguire qualsiasi scopo con eccezioni di quelli vietati dalla legge penale, sempre che – ovviamente – non siano associazioni segrete o di carattere militare.

Fino al 1997 – come già evidenziato nel paragrafo 4.4.1., in tema di personalità giuridica degli enti – tali associazioni non potevano ricevere disposizioni testamentarie o donazioni, in quanto, rispettivamente, gli **artt. 600 e 786** c.c. stabilivano che l'ente beneficiario dovesse entro un anno fare istanza per ottenere il riconoscimento, a pena di inefficacia della disposizione patrimoniale. Dunque, in vigenza di tale regime, le associazioni non riconosciute non godevano di capacità giuridica sotto il profilo in parola e di conseguenza, sostanzialmente, non potevano divenire proprietarie di beni. Ciò si spiega in quanto, come anticipato all'inizio del capitolo, lo Stato, sino a non molto tempo fa, preferiva evitare che gli enti in generale (cfr. quanto sopra detto circa l'art. 17 c.c., oggi abrogato), ed ancor più gli enti sottratti al suo controllo, potessero accumulare ricchezze. Sennonché, superate le ragioni storiche che giustificavano tale atteggiamento di sospetto e sfavore da parte dell'ordinamento giuridico, con l'art. 13 della già citata legge n. 127/1997, poi sostituito dall'art. 1 della legge 22 giugno 2000 n. 192, le disposizioni codicistiche in parola sono state abrogate così che gli enti di fatto hanno potuto acquisire piena capacità di acquistare diritti di proprietà sui beni, e ciò anche in forza della già richiamata legge n. 52/1985, che novellando l'**art. 2659** c.c., aveva già consentito di trascrivere gli atti di acquisto immobiliare anche a favore degli enti di fatto.

Oggi, dunque, nel "***fondo comune***" dell'associazione, a cui è dedicato l'art. 37 c.c., rientrano, senza più limiti, insieme ai "*contributi degli associati*", "*i beni acquistati con questi contributi*". Il fondo in parola costituisce un patrimonio soggetto a vincolo di destinazione, in quanto non può essere utilizzato per finalità diverse rispetto allo scopo sociale. Inoltre, su tale fondo gli associati non possono accampare alcuna pretesa durante la vita dell'ente, neanche in caso di recesso del singolo associato dall'ente. Viceversa, se le norme statutarie lo prevedono, al momento dello scioglimento gli associati possono distribuire tra loro il fondo comune in misura uguale ovvero secondo i criteri indicati nello statuto o decisi dall'assemblea associativa nel rispetto della democraticità a cui deve essere ispirata la vita anche dell'associazione priva di personalità giuridica.

Circa il disposto dell'**art. 38** in tema di **responsabilità per le obbligazioni assunte dall'ente** si è già detto nel paragrafo 4.4.1., al quale dunque, si rinvia per le necessarie considerazioni sul punto.

4.4.3.2. *Le fondazioni*

La fondazione è un ente costituito principalmente da un complesso di beni destinato al perseguimento di uno scopo non di lucro e di particolare meritevolezza nell'ottica dell'interesse generale. Infatti, mentre nelle associazioni lo scopo può non essere altruistico, e cioè può essere anche rivolto solo al vantaggio degli associati (c.d. **scopo interno**), nelle fondazioni lo scopo deve essere necessariamente di pubblica utilità (c.d. **scopo esterno**). Ciò, nel silenzio del codice, si ricava considerando che i vincoli di destinazione, a cui viene sottoposto il patrimonio della fondazione, si pongono in contrasto con i principi di libera circolazione dei beni e di libero sfruttamento delle risorse economiche, che pervadono l'ordinamento giuridico italiano; ne consegue che tali vincoli possono trovare giustificazione, e possono essere ammessi dall'ordinamento, solo se il patrimonio è destinato ad uno scopo di pubblica utilità, con esclusione, quindi, degli scopi di utilità privata, anche se non lucrativi. La limitazione in questione risulta particolarmente evidente se concentriamo l'attenzione sulle c.d. **fondazioni di famiglia**, figura che, peraltro, lo stesso codice civile contempla all'art. 28 c.c., laddove parla di fondazioni "*a vantaggio di una o più famiglie determinate*". In ragione della espressa previsione codicistica, la dottrina e la giurisprudenza riconoscono operatività in Italia a tali fondazioni a condizione, però, che esse perseguano scopi di pubblica utilità; sicché, si ritiene ammissibile una fondazione a beneficio dei soli membri di una determinata famiglia che si trovino in particolari condizioni soggettive di bisogno, meritevolezza (ad esempio, per gli studi compiuti) o simili, e non, invece, una fondazione che abbia come beneficiari tutti i membri di una famiglia in quanto tali.

La fondazione è creata dalla persona fisica o giuridica ("*fondatore*") che destina il patrimonio allo scopo; i fondatori possono essere più d'uno. Può anche essere costituita attraverso una disposizione testamentaria e in tal caso sorge solo dopo la morte del fondatore. Sotto il profilo operativo esistono due tipi di fondazione, che tuttavia non si differenziano sul piano disciplinare: la c.d. *fondazione operativa* che persegue il suo scopo direttamente, avvalendosi della propria organizzazione; e la *fondazione di erogazione* che persegue il suo scopo indirettamente, finanziando altri soggetti che lo perseguono.

La teoria tradizionale che distingueva tra fondazione intesa come *universitas bonorum* (per l'appunto, complesso di beni diretto al perseguimento di uno scopo) e associazione come *universitas personarum* (insieme di persone unite per il perseguimento di uno scopo comune) è stata recentemente criticata perché valorizzerebbe eccessivamente, nell'ambito della fondazione, il dato patrimoniale a scapito dell'elemento personale così rischiando di rendere inopportuna la catalogazione di tale ente tra le **organizzazioni collettive**. A ben vedere, tuttavia, la teoria tradizionale coglie nel segno se solo si osserva che la costituzione di una fondazione prescinde totalmente dall'esistenza di una pluralità di soggetti ed anzi normalmente la fondazione nasce in seguito alla decisione ed all'azione di un solo soggetto fondatore. Dunque, rispetto alla fondazione – se proprio si vuole – è possibile parlare di organizzazione collettiva, così come per le associazioni ed i comitati, ma ciò esclusivamente perché al funzionamento dell'ente sono fisiologicamente preposte più persone, le quali, ognuna con il proprio compito, svolgono, tra loro in forma organizzata, funzioni di ufficio o di organo dell'ente. In questo senso, però, deve avvertirsi che pressoché ogni ente sarebbe un'organizzazione collettiva. Sicché, laddove si preferisse circoscrivere la locuzione in parola ai soli enti che abbiano una base plurisoggettiva necessaria o quantomeno predominante, allora bisognerebbe riconoscere che la fondazione non è un ente collettivo.

Come sopra accennato, nel codice civile la disciplina delle fondazioni è contenuta nello stesso capo II del titolo II del libro I, dedicato anche alle associazioni riconosciute. Attraverso questa scelta sistematica il legislatore ha inteso sottolineare la comunanza tra gli unici due enti riconosciuti aventi scopo non lucrativo presi in considerazione dal libro I del codice.

Ai sensi dell'**art. 14** c.c., la fondazione può essere costituita con atto pubblico o con testamento. Riguardo a quest'ultimo, nel silenzio della legge, si ritiene sufficiente il testamento olografo. Nell'atto costitutivo della fondazione, sia esso atto pubblico o testamento, la dottrina maggioritaria e la giurisprudenza individuano due atti giuridici distinti, sebbene generalmente uniti nello stesso documento e funzionalmente collegati (sicché la nullità dell'uno si riverbera sull'altro): da una parte, infatti, vi è il c.d. **negozio di fondazione**, atto giuridico negoziale non patrimoniale unilaterale (anche in presenza di più fondatori) con il quale il fondatore manifesta la volontà che venga ad esistenza l'ente; dall'altro, vi è il c.d. **atto di dotazione**, atto giuridico negoziale patrimoniale unilaterale con il quale il fondatore attribuisce all'ente il patrimonio necessario per la realizzazione del suo scopo; nel caso di costituzione tramite testamento, la dotazione patrimoniale alla fondazione avviene istituendo questa erede o legataria.

All'atto costitutivo è normalmente allegato lo statuto della fondazione. L'atto costitutivo e lo statuto, come disposto dall'**art. 16** c.c., devono contenere la denominazione della fondazione, l'indicazione dello scopo, del patrimonio e della sede, le norme sull'ordinamento e sull'amministrazione ed i criteri e le modalità di erogazione delle rendite. Possono, inoltre, contenere le norme relative all'estinzione della fondazione ed alla devoluzione del patrimonio nonché quelle relative alla sua trasformazione. Quando la costituzione della fondazione rappresenta una volontà racchiusa nel testamento, può accadere che il *de cuius*, invece che indicare nel testamento tutti i suddetti elementi, si limiti ad indicare lo scopo della fondazione, i beni ad essa destinati e, spesso, la sua denominazione, demandando ad un erede o legatario, a carico del quale pone un onere, oppure ad un esecutore testamentario, l'effettiva costituzione dell'ente. In questo caso non sarà il testamento a fungere da atto costitutivo, ma il successivo atto dell'erede, legatario o esecutore testamentario.

L'**art. 15** c.c. stabilisce che "*L'atto di fondazione può essere revocato dal fondatore fino a quando non sia intervenuto il riconoscimento ovvero il fondatore non abbia fatto iniziare l'attività dell'opera da lui disposta*". Si tratta di una disposizione che – oltre a precisare che il fondatore può revocare unilateralmente, sino ad un certo momento, l'atto di costituzione della fondazione, così determinando la non istituzione dell'ente – ha alimentato in dottrina il dubbio che possano esistere anche **fondazioni non riconosciute**, le quali sarebbero soggetti dell'ordinamento giuridico disciplinati dall'atto costitutivo, dallo statuto e dai principi generali operanti in materia di enti del libro I ,oltre che dalle norme di volta in volta ritenute applicabili per analogia. Come evidente, la parte della disposizione in esame che giustifica il dubbio è quella che fa riferimento alla possibilità per il fondatore di far iniziare l'attività dell'opera da lui disposta (da intendersi la fondazione) prima che sia intervenuto il riconoscimento. Una volta intervenuto il riconoscimento, infatti – ai sensi dell'art. 15, come visto – la revoca dell'atto di fondazione non è più consentita, sennonché questa non è consentita anche se, chiaramente prima del riconoscimento, il fondatore ha dato inizio all'attività dell'ente. Dunque, in breve: la norma sembra far riferimento alla possibilità che la fondazione operi anche prima del riconoscimento, il che contraddice la teoria tradizionale e la sistematica del codice, dalle quali si ricava che la fondazione esisterebbe solo se riconosciuta. Autorevole dottrina ha, del resto, osservato che **i comitati** (artt. 39-42 c.c.), quando costituiti con un patrimonio originario utile al perseguimento dello scopo altruistico, non sarebbero altro che fondazioni non riconosciute; tanto che, una volta riconosciuti, ai comitati si applicherebbero le norme in materia di fondazione. Inoltre, sempre al fine di ammettere la configurabilità nel nostro ordinamento di fondazioni non riconosciute, si è sostenuto che anche in Italia possano operare le c.d. **fondazioni fiduciarie**, le quali sorgerebbero quando un soggetto trasferisce ad un altro la proprietà di determinati beni, imprimendo sugli stessi un vincolo di destinazione di natura reale, gravante in perpetuo su tutti i successivi proprietari, che ne limita le facoltà di godimento e di disposizione. Sennonché, l'operatività in Italia delle fondazioni fiduciarie – che pure sono ammesse in altri ordinamenti, come ad esempio in Francia e Germania – è, in vero, molto discussa e dalla dottrina dominante negata, sebbene vi siano alcuni istituti che inducono a nutrire perplessità circa la fondatezza della tesi maggioritaria (in giurisprudenza, circa l'ammissibilità delle fondazioni fiduciarie v. Cass., sentenza 18 ottobre 1960 n. 2875 ma *contra* Cass., sentenza 7 agosto 1967 n. 2096 e 15 luglio 1977 n. 3196). In ogni caso, occorre chiarire che la giurisprudenza sinora ha sempre risolutamente negato l'operatività in Italia di fondazioni non riconosciute (cfr. Trib. Napoli, sentenza 26 giugno 1998, e Trib. Milano, sentenza 5 ottobre 1978; *contra* Trib. Rovereto, sentenza 23 marzo 1973).

Le fondazioni dunque tradizionalmente, e comunque nell'assetto disciplinare codicistico, sono senz'altro **enti riconosciuti**, e cioè enti che per operare devono ottenere il riconoscimento, da cui deriva loro l'attribuzione della personalità giuridica, secondo le medesime regole già indagate nel paragrafo 4.4.1. al quale si rinvia integralmente sul punto.

Mancando la base associativa e dunque non essendoci la possibilità di costituire un'assemblea, prevista invece per le associazioni, unico organo necessario della fondazione è l'**organo di amministrazione**. Come abbiamo già notato in tema di associazioni, la disciplina in materia di amministrazione e organi degli enti riconosciuti, contenuta nel codice civile, è estremamente laconica. Il codice, infatti, si limita a stabilire che gli amministratori sono responsabili verso l'ente secondo le norme del mandato, esentando, però, da responsabilità quelli che non hanno partecipato all'atto causativo del danno, salvo il caso in cui, essendo a conoscenza che l'atto si stava per compiere, non abbiano fatto constare il loro dissenso. Il codice, dunque, nulla dice, tra l'altro, circa la composizione di tale organo: si potrebbe, quindi, trattare di un organo monocratico o di un organo collegiale (in questo secondo caso, variamente denominato: consiglio di amministrazione, o consiglio dei garanti, consiglio direttivo, consiglio di fondazione, ecc.). Lo statuto può stabilire liberamente le modalità di nomina degli amministratori e la loro durata in carica, che può anche essere vitalizia. Spesso il fondatore, se vivente, si riserva il potere di nominare una parte degli amministratori o la presidenza dell'organo amministrativo; va osservato che, se ciò non avviene, il fondatore non è di per sé organo della fondazione, né svolge alcun ruolo nella fondazione. La nomina degli amministratori, oltre che al fondatore, può essere attribuita a soggetti terzi o allo stesso organo di amministrazione per cooptazione. Stante la libertà concessa allo statuto in materia di organizzazione, lo stesso – sia nell'ambito delle fondazioni che delle associazioni – può prevedere una pluralità di organi in luogo di un solo organo di amministrazione, adottando, ad esempio, un sistema dualistico di amministrazione, simile a quello introdotto per le società per azioni dalla riforma del libro V del codice civile di cui al già citato d.lgs. n. 6/2003. Può, inoltre, affiancare all'organo di amministrazione altri organi, come quello di controllo (di solito denominato collegio dei revisori dei conti, ma in certi statuti è invece previsto un revisore dei conti monocratico) con un ruolo simile al collegio sindacale delle società per azioni, oppure un organo consultivo di esperti nel campo di attività della fondazione (collegio o comitato o consiglio scientifico, culturale, ecc.).

Di solito la rappresentanza dell'ente verso l'esterno, così come accade anche nelle associazioni, è attribuita al presidente dell'organo di amministrazione; in ogni caso, ai sensi dell'**art. 19** – su cui ci siamo già soffermati nel paragrafo precedente – le limitazioni del potere di rappresentanza, che non risultano dal registro delle persone giuridiche, non possono essere opposte ai terzi, salvo che si provi che ne erano a conoscenza. Sempre al presidente, che può essere affiancato da uno o più vicepresidenti, è solitamente attribuito il compito di curare l'attuazione delle deliberazioni dell'organo di amministrazione, avvalendosi del personale posto alle sue dipendenze. Nelle fondazioni più grandi, la direzione delle attività dell'ente può essere affidata ad un direttore generale o segretario generale, posto alle dipendenze del presidente, che può anche avere poteri di rappresentanza.

Del tutto peculiare risulta la disciplina che il codice civile riserva, negli **artt. 25, 26 e 28**, ai poteri di controllo che la Regione o la prefettura competente è chiamata ad esercitare sulle fondazioni. In questa materia netta appare la distanza tra associazioni e fondazioni in quanto le prime, come evidenziato nel precedente paragrafo, subiscono un controllo autoritativo discrezionale al momento della loro iniziale richiesta di iscrizione nel registro delle persone giuridiche e di mera legittimità quando chiedono l'iscrizione di atti di modificazioni dello statuto, oltre che un controllo diffuso esercitato dai consociati interessati dipendente dalla pubblicità delle proprie vicende più significative, laddove, invece, nelle fondazioni l'autorità preposta svolge un controllo molto più pervasivo sull'attività amministrativa. In proposito, l'**art. 25** stabilisce che "*L'autorità governativa* [o la regione, se competente] *esercita il controllo e la vigilanza sull'amministrazione delle fondazioni: provvede alla nomina e alla sostituzione degli amministratori o dei rappresentanti quando le disposizioni contenute nell'atto di fondazione non possono attuarsi; annulla, sentiti gli amministratori, con provvedimento definitivo, le deliberazioni contrarie a norme imperative, all'atto di fondazione, all'ordine pubblico o al buon costume; può sciogliere l'amministrazione e nominare un commissario straordinario qualora gli amministratori non agiscano in conformità dello statuto o dello scopo del-*

la fondazione o della legge". Inoltre, "*Le azioni contro gli amministratori per fatti riguardanti la loro responsabilità devono essere autorizzate dall'autorità governativa e sono esercitate dal commissario straordinario, dai lucidatori o dai nuovi amministratori*". L'**art. 26**, a sua volta, prevede che "*L'autorità governativa* [anche qui, ovviamente, da intendersi anche come la regione, se competente] *può disporre il coordinamento dell'attività di più fondazioni ovvero l'unificazione della loro amministrazione, rispettando, per quanto possibile, la volontà del fondatore*". E l'**art. 28** che "*Quando lo scopo è esaurito o divenuto impossibile o di scarsa utilità, o il patrimonio è divenuto insufficiente, l'autorità governativa, anziché dichiarare estinta la fondazione, può provvedere alla sua trasformazione, allontanandosi il meno possibile dalla volontà del fondatore*". I poteri, particolarmente invasivi, attribuiti in tema di fondazione alla Regione o alla prefettura competente si giustificano in quanto: 1) manca in tale tipologia di ente l'organo assembleare, sicché i poteri di controllo ed indirizzo da questo esercitati nell'ambito delle associazioni vengono dalla legge attribuiti nei termini appena indicati; e 2) lo scopo esterno che la fondazione, come rilevato in apertura di paragrafo, deve necessariamente attribuire alla stessa una funzione sociale il cui rispetto ed il cui costante ed efficiente perseguimento è assicurato proprio dall'attribuzione dei poteri in parola.

Come l'associazione riconosciuta, anche la fondazione si estingue per le cause previste nell'atto costitutivo e nello statuto, oppure quando il suo scopo è stato raggiunto o è divenuto impossibile. L'autorità che ha riconosciuto la fondazione accerta, su istanza di qualsiasi interessato o anche d'ufficio, l'esistenza di una delle cause di estinzione e ne dà comunicazione agli amministratori e al presidente del tribunale territorialmente competente. A seguito di tale accertamento la fondazione non cessa di esistere ma si apre la fase di liquidazione, durante la quale si procede alla riscossione dei crediti e al pagamento dei debiti residui dell'ente, secondo i principi già cennato in materia di associazioni. Ai sensi del comma 2 dell'**art. 31**, i beni della fondazione che restano al termine della liquidazione sono trasferiti ad altri soggetti, secondo quanto stabilito dall'atto costitutivo o dallo statuto, attraverso un atto di c.d. '**devoluzione**', e cioè attraverso una successione a titolo particolare. Se l'atto costitutivo o lo statuto nulla dispongono, i beni sono devoluti ad altri enti che hanno fini analoghi, individuati dall'autorità che ha riconosciuto la fondazione.

Dalle fondazioni di cui sin qui si è parlato vanno distinte le c.d. **fondazioni di partecipazione** che sono una forma atipica di ente privato, non disciplinata espressamente dal legislatore ma sorta nella prassi e diffusasi all'inizio del XXI secolo, che unisce all'elemento patrimoniale, proprio della fondazione, l'elemento personale proprio dell'associazione. Si tratta di uno strumento oggi frequentemente utilizzato dagli enti pubblici per svolgere attività di pubblica utilità con il concorso di privati. Strumento che si fa preferire rispetto a quello associativo perché valorizza l'elemento patrimoniale e, in virtù dei controlli pubblici che presidiano la fondazione, offre maggiori garanzie in termini di vigilanza ed indirizzo, nonché al consorzio (art. 2602 c.c.) ed alla società consortile (art. 2615 c.c.) che hanno carattere tipicamente imprenditoriale. In mancanza di una disciplina specifica, si applicano alle fondazioni di partecipazione tutte le norme relative alle fondazioni ordinarie, se ed in quanto compatibili, compresa ovviamente la disciplina del riconoscimento. L'elemento personale, che avvicina la fondazione di partecipazione all'associazione, è dato dalla presenza di una pluralità di soggetti (persone fisiche o giuridiche): uno o più *fondatori promotori*, che danno inizialmente vita alla fondazione, non diversamente dai fondatori di una fondazione ordinaria; i *partecipanti fondatori* (o *nuovi fondatori*), che possono entrare nella fondazione in un momento successivo, in virtù di una previsione statutaria, versando un contributo pluriennale anche non finanziario (ossia in beni e servizi); i *partecipanti* (o *aderenti*) che, condividendo le finalità della fondazione, sostengono la sua attività mediante versamenti *una tantum* o periodici in denaro oppure mediante contribuzioni non finanziarie (in questo secondo caso alcuni parlano di *sostenitori*). La presenza di tali soggetti comporta, ovviamente, una diversa strutturazione degli organi rispetto alle fondazioni ordinarie, ed in particolare la presenza di una assemblea dei soggetti partecipanti alla fondazione regolata dalle norme dello statuto.

La possibilità di costituire fondazioni di partecipazione è stata, da alcuni, contestata in ossequio ad un presunto principio di tipicità degli enti riconosciuti, e cioè in ragione del fatto che non sarebbero ammessi nel nostro ordinamento enti riconosciuti diversi da quelli espressamente previsti e disciplinati dal legislatore. Sennonché, tale tesi non appare convincente se solo si osserva che l'art. 12 c.c. – come visto, dal 2000 abrogato in virtù della riforma della disciplina del riconoscimento – riconosceva espressamente la possibilità di ottenere la personalità giuridica mediante il riconoscimento, oltre che alle associazioni ed alle fondazioni, anche a "*le altre istituzioni di carattere privato*", così affermando, se pure implicitamente, l'opposto **principio dell'atipicità degli enti riconosciuti**. Da notarsi che la stessa identica formula è oggi contenuta nell'art. 1 del già più volte citato d.p.r. n. 361/2000 che disciplina il riconoscimento. Ulteriore indice della non fondatezza della tesi contraria viene dall'osservazione per cui la fondazione di partecipazione, se considerata alla stregua di un'associazione, potrebbe serenamente essere ammessa, posta l'atipicità, pur nel rispetto dei limiti invalicabili stabiliti dalla legge, che per definizione caratterizza l'associazione. Una conferma, sul piano legislativo, della legittimità delle fondazioni di partecipazione, e dunque, più in generale, dell'ammissibilità nel nostro ordinamento di enti atipici riconosciuti, viene dal d.m. 27 novembre 2001 n. 491 che tratta la "*costituzione e la partecipazione a fondazioni da parte del Ministero per i beni e le attività culturali*". Chiaramente, la possibilità, o meno, per i singoli enti diversi dalle fondazioni e dalle associazioni tipizzate dalla legge di essere riconosciuti dipenderà dalla sussistenza di condizioni che suggeriscono all'autorità competente di disporre, nel caso concreto, l'iscrizione nel registro delle persone giuridiche.

4.4.3.3. *Alcune particolari tipologie di fondazione*

Fermo quanto sin qui esposto circa la disciplina delle fondazioni in generale, deve osservarsi che esistono particolari tipologie di fondazione alle quali la legge riserva regolamentazioni speciali.

È il caso, ad esempio, delle **fondazioni bancarie** introdotte nell'ordinamento italiano dalla legge 30 luglio 1990 n. 218, per consentire la privatizzazione delle istituzioni pubbliche (soprattutto casse di risparmio) che fino ad allora avevano caratterizzato il sistema bancario, scorporando dalle attività bancarie-imprenditoriali propriamente dette, affidate a società per azioni, quelle di utilità sociale nei confronti delle comunità di riferimento, affidate a fondazioni (*enti conferenti*) aventi come patrimonio le azioni di tali società (*conferitarie*). Nel tempo le fondazioni hanno dismesso, e ceduto ai privati, la maggior parte di queste azioni, in ottemperanza a disposizioni normative (in particolare il d.lgs. 17 maggio 1999 n. 153, che ha fatto obbligo di cedere le partecipazioni di controllo). Le fondazioni bancarie sono soggette ad una disciplina alquanto differenziata rispetto a quella ordinaria, tanto sul piano civilistico che su quello fiscale, ora contenuta principalmente nel citato d.lgs. n. 153/1999. Alcuni aspetti di tale disciplina hanno sollevato il dubbio di una loro natura pubblicistica, esclusa però dalla giurisprudenza. L'art. 5 del d.l. 15 aprile 2002 n. 63, convertito con legge 15 giugno 2002 n. 112, ha precisato che le norme del codice civile sulle fondazioni ordinarie si applicano alle fondazioni bancarie solo in via residuale, ossia in mancanza di disposizioni specifiche, e in quanto compatibili. La vigilanza sulle fondazioni bancarie è attribuita al Ministero del tesoro, del bilancio e della programmazione economica, ora Ministero dell'economia e delle finanze. Le fondazioni bancarie "*in rapporto prevalente con il territorio, indirizzano la propria attività esclusivamente nei settori ammessi e operano in via prevalente nei settori rilevanti, assicurando, singolarmente e nel loro insieme, l'equilibrata destinazione delle risorse e dando preferenza ai settori a maggiore rilevanza sociale*" (art. 2, comma 2, d.lgs. n. 153/1999). "*Settori ammessi*" sono quelli indicati nell'art. 1, comma 1, lett. *c-bis*) del d.lgs. n. 153/1999: famiglia e valori connessi; crescita e formazione giovanile; educazione, istruzione e formazione, incluso l'acquisto di prodotti editoriali per la scuola; volontariato, filantropia e beneficenza; religione e sviluppo spirituale; assistenza agli anziani; diritti civili; prevenzione della criminalità e sicurezza pubblica; sicurezza alimentare e agricoltura di qualità; sviluppo locale ed edilizia popolare locale; protezione dei consumatori; protezione civile; salute pubblica, medicina preventiva e riabilitativa; attività sportiva; prevenzione e recupero delle tossicodipendenze; patologie e disturbi psichici e mentali; ricerca scientifica e tecnologica; protezione e qualità ambientale; arte, attività e beni culturali. "*Settori rilevanti*" sono non più di cinque "*settori ammessi*" scelti, ogni tre anni, dalla fondazione (art. 1, comma 1, lett. *d*), d.lgs. n. 153/1999).

Altra particolare tipologia di **fondazioni** sono le **lirico-sinfoniche**, nate come enti pubblici lirici, ai sensi della legge n. 800/1967, e trasformate in fondazioni di diritto privato dal d.lgs. 29 giugno 1996 n. 367, al fine di eliminare le rigidità organizzative connesse alla natura pubblica e rendere possibile l'acquisizione di risorse private in aggiunta a quelle statali (provenienti principalmente dal Fondo unico per lo spettacolo). Tali fondazioni perseguono, senza scopo di lucro, la diffusione dell'arte musicale (oltre la formazione professionale degli artisti e l'educazione musicale della collettività) e, per il perseguimento dei propri fini, gestiscono direttamente i teatri lirici e realizzano spettacoli lirici, di balletto e concerti (art. 2, d.lgs. n. 367/1996). La disciplina delle fondazioni lirico-sinfoniche è essenzialmente quella del codice civile, salvo alcune disposizioni particolari contenute oggi principalmente nel citato d.lgs. n. 367/1996.

Altra particolare tipologia di ente privato sono oggi le c.d. **fondazioni universitarie**. Secondo l'art. 16 della legge 6 agosto 2008 n. 133 le università pubbliche italiane possono deliberare la propria trasformazione in fondazioni di diritto privato. La delibera è adottata dal senato accademico a maggioranza assoluta ed approvata con decreto del Ministro dell'istruzione, dell'università e della ricerca, di concerto con il Ministro dell'economia e delle finanze. Contestualmente alla delibera di trasformazione vengono adottati lo statuto e i regolamenti di amministrazione e di contabilità, che devono essere approvati con analogo decreto ministeriale. Lo statuto può prevedere l'ingresso nella fondazione universitaria di nuovi soggetti, pubblici o privati; previsione questa che richiama l'idea della fondazione di partecipazione. Il predetto articolo prevede che le fondazioni universitarie hanno autonomia gestionale, organizzativa e contabile, che la loro gestione economico-finanziaria deve assicurare l'equilibrio di bilancio e che resta fermo il sistema di finanziamento pubblico. Va ricordato che già la legge n. 388/2000 e il d.p.r. n. 254/2001 avevano previsto la possibilità per le università pubbliche di istituire fondazioni di diritto privato a supporto della loro attività; con la legge n. 133/2008, però, esse possono sostituirsi completamente all'ente pubblico.

4.4.3.4. *I comitati*

Il comitato è un ente espressamente previsto e disciplinato dal codice civile, in particolare – come detto – nel capo III del titolo II del libro I, dedicato alle associazioni non riconosciute ed ai comitati, e precipuamente agli **artt. 39-42**. Esso persegue uno scopo altruistico, generalmente di pubblica utilità, ed è fondato generalmente da una pluralità di persone, le quali, piuttosto che disporre di proprie risorse come farebbero nel caso in cui costituissero una fondazione con un patrimonio destinato a perseguire lo scopo, promuovono una pubblica sottoscrizione per raccogliere i fondi necessari a realizzarlo. Esempi sono i **comitati di soccorso** o **di beneficenza** e i **comitati promotori di opere pubbliche**, monumenti, esposizioni, mostre, festeggiamenti. La giurisprudenza, con la sentenza di Cassazione 29 novembre 1999 n. 13338, ha ritenuto che il comitato possa essere costituito anche da un solo soggetto e che la raccolta dei fondi non costituisca attività essenziale per il riconoscimento della natura dell'ente in quanto «ciò che caratterizza un comitato è il suo costituirsi per uno dei fini elencati dall'art. 39 c.c. e la esistenza di un fondo con cui perseguire detto fine». Dunque, in definitiva, secondo questo orientamento, il comitato potrebbe anche limitarsi a gestire, ai fini della realizzazione dello scopo, il fondo costituito dalle oblazioni dei suoi promotori, o comunque partecipanti, e finanche del suo unico promotore o partecipante, senza rivolgersi all'esterno, e dunque senza raccogliere oblazioni di terzi sottoscrittori. Nell'interpretazione fornita dalla sentenza in parola sono evidenti le affinità – sottolineate in particolare da una parte della dottrina – tra la fondazione ed il comitato, posto che in entrambi i casi il fondatore potrebbe anche essere uno solo e l'ente potrebbe non svolgere alcuna raccolta di fondi verso l'esterno.

Il comitato, come le associazioni, può essere o meno riconosciuto, e quindi può operare come persona giuridica o come ente di fatto. Tale significativa circostanza si evince dall'**art. 41** che, in tema di "responsabilità dei componenti", stabilisce che "*Qualora il comitato non abbia ottenuto la personalità giuridica, i suoi componenti rispondono personalmente e solidalmente delle obbligazioni assunte*". Per ottenere la personalità giuridica il comitato deve chiedere ed ottenere il riconoscimento secondo le norme già viste per le associazioni e le fondazioni.

Come già rilevato nel paragrafo 4.4.1., l'**autonomia patrimoniale imperfetta**, per quanto concerne i comitati, opera diversamente da quanto disposto in materia di associazioni non riconosciute. Mentre, infatti, nell'ambito delle associazioni c.d. di fatto, ai sensi dell'**art. 38** c.c., delle obbligazioni dell'ente "*rispondono anche personalmente e solidalmente le persone che hanno agito in nome e per conto dell'associazione*", senza che tale responsabilità si estenda, dunque, agli associati che non abbiano agito in nome e per conto dell'ente; nell'ambito dei comitati privi di riconoscimento, l'**art. 41** dispone testualmente che "*i componenti rispondono personalmente e solidalmente delle obbligazioni assunte*". Lo stesso art. 41 chiarisce che "*i sottoscrittori sono tenuti soltanto ad effettuare le oblazioni promesse*".

In tema di **responsabilità**, va inoltre aggiunto che, ai sensi dell'**art. 40**, "*gli organizzatori e coloro che assumono la gestione dei fondi raccolti*" dal comitato, indipendentemente dal suo riconoscimento, sono "*responsabili personalmente e solidalmente della conservazione dei fondi e della loro destinazione allo scopo annunziato*". L'importante principio enunciato dalla norma si spiega in ragione del particolare rapporto di fiducia che si crea tra sottoscrittori e, per l'appunto, promotori o gestori del comitato, in ragione del quale i primi possono agire nei confronti dei secondi per la eventuale cattiva conservazione o gestione dei fondi raccolti.

La legge nulla prevede circa l'atto costitutivo che, dunque, può consistere in qualsiasi accordo tra i fondatori del comitato (anche detti promotori), senza alcun obbligo di forma. Ovviamente, però, l'accordo costitutivo deve comunque specificare lo scopo in vista del quale il comitato è costituito. Ciò in ragione del fatto che fisiologicamente i componenti del comitato annunciano al pubblico lo scopo da perseguire ed invitano ad effettuare offerte in denaro o di altri beni. Il denaro ed i beni raccolti attraverso le "***oblazioni***" di quanti decidono di sostenere il comitato stesso (c.d. **sottoscrittori** o **oblatori**) vanno a costituire il fondo del comitato, e dunque non appartengono ai promotori né a coloro che li hanno donati, ma sono irrevocabilmente destinati allo scopo annunciato. Ciò sta a significare che, come le associazioni non riconosciute, ed in generale gli enti di fatto, il comitato possiede sempre una sua autonomia patrimoniale seppure, in mancanza di riconoscimento, imperfetta. Qualora i fondi raccolti siano insufficienti allo scopo, o questo non sia più attuabile, o, raggiunto lo scopo, si abbia un residuo di fondi, l'autorità governativa stabilisce la devoluzione dei beni, se questa non è stata disciplinata al momento della costituzione.

Giova notare che l'art. 41, come visto, qualifica in termini di "*oblazione*" l'attribuzione patrimoniale che il sottoscrittore fa nei confronti del comitato. Malgrado tale attribuzione sia senz'altro effettuata per spirito di liberalità, e cioè per arricchire il fondo comune destinato al perseguimento dello scopo dell'ente, ad essa non si applicherà la disciplina delle donazioni (artt. 769-809 c.c.).

4.4.4. Enti con scopo solidaristico, c.d. ONLUS (brevi cenni)

Come già accennato nel paragrafo 4.4.3., nel nostro ordinamento giuridico, accanto ad enti con scopo ideale (disciplinati dal libro I) operano sia enti con scopo lucrativo o mutualistico (disciplinati dal libro V), sia enti con scopo solidaristico. Con una espressione mutuata dal mondo anglosassone, gli enti con scopo solidaristico vengono, per comodità, nella prassi individuati con la locuzione ***no-profit***. Si tratta, sia chiaro, di una semplificazione che non trova riscontro nelle norme di legge e che finisce per ricomprendere all'interno della categoria una eterogenea molteplicità di enti e di problematiche assai variegate, il cui comune denominatore in molti casi si riduce esclusivamente al trattamento di favore, in particolare in materia fiscale, riservato loro dal legislatore per facilitare il perseguimento dello scopo solidaristico.

Sono enti considerati *no-profit* le **associazioni di promozione sociale**, per tali intendendosi le associazioni che svolgono attività culturali o sociali meritevoli sotto il profilo morale. Le caratteristiche delle associazioni di promozione sociale sono molto vicine a quelle di un altro ente *no-profit*, e cioè le **organizzazioni di volontariato**: le principali differenze risiedono nella possibilità, per le prime, di remunerare i propri soci e nella valenza mutualistica dei servizi. Sono, altresì, considerati enti *no-profit* le **cooperative sociali** e le **organizzazioni non governative** (c.d. ONG). In particolare queste ultime sono enti che concentrano la loro attività sul piano internazionale nella cooperazione allo sviluppo di Paesi e popoli poveri o, comunque, bisognosi di assistenza. Esse operano in modo svincolato dal governo dello Stato di appartenenza e sono espressamente considerate dall'art. 71 dello Statuto dell'ONU (Organizzazione delle Nazioni Unite) In Italia le O.N.G. sono riconosciute dal Ministero degli esteri ed inserite in una specifica lista.

Organizzazioni di volontariato, cooperative sociali e organizzazioni non governative sono di diritto riconosciute dalla legge come **ONLUS**, e cioè 'Organizzazioni Non Lucrative di Utilità Sociale', e dunque rientrano in una particolare **categoria tributaria** alla quale, secondo l'art. 10 del d.lgs. 4 dicembre 1997 n. 460, appartengono determinati enti di carattere privato, anche privi di personalità giuridica, i cui statuti o atti costitutivi rispondono a determinati criteri solidaristici. L'appartenenza alla categoria delle ONLUS – che, dunque, spetta di diritto agli enti sopra indicati, ma in presenza dei presupposti di legge può essere riconosciuta anche ad altri enti – attribuisce la possibilità di godere di agevolazioni fiscali. Le attività considerate rilevanti al fine del riconoscimento sono: assistenza sociale e socio sanitaria; assistenza sanitaria; beneficenza; istruzione; formazione; sport dilettantistico; tutela, promozione e valorizzazione delle cose di interesse artistico e storico; tutela e valorizzazione dell'ambiente; promozione della cultura e dell'arte; tutela dei diritti civili; ricerca scientifica di particolare interesse sociale. Per essere considerato ONLUS, e godere del relativo regime, occorre che l'ente – salvo che non sia ONLUS di diritto secondo quando sopra osservato – sia iscritto presso l'apposita Anagrafe unica delle ONLUS gestita dalle Direzioni regionali delle entrate (afferenti al Ministero dell'Economia) competenti per territorio. L'iscrizione ha carattere costitutivo.

In definitiva, almeno per quanto sin qui evidenziato, può dirsi che gli enti con scopo solidaristico tradizionalmente costituiscono una categoria a sé nell'ordinamento giuridico italiano, ma solo sotto il profilo tributario.

Sennonché, con il **d.lgs. 24 marzo 2006 n. 155**, attuativo della legge 13 giugno 2005 n. 118, si è determinata, nel panorama italiano degli enti *no-profit*, un'importante novità in quanto con la citata normativa è stata introdotta nel nostro ordinamento l'**impresa sociale**, e cioè un ente a scopo solidaristico la cui disciplina si palesa speciale, rispetto ai tipi previsti dal codice civile, sotto molteplici profili di carattere organizzativo ed operativo, e dunque non solo sul versante tributario.

L'istituto ha subito un'ulteriore ed importante riforma ad opera del d.lgs. 3 luglio 2017 n. 112 del 2017 che ha sostituito la precedente disciplina contemplata dal d.lgs. n. 155/2006. Ai sensi dell'art. 1, comma 5, d.lgs. n. 112/2017 all'impresa sociale sono applicabili anche le norme, se compatibili, del Codice del Terzo settore (c.d. *no-profit*, d.lgs. n. 117/2017), nonché, per gli aspetti che rimangono ancora non disciplinati, le disposizioni del Codice civile concernenti la forma giuridica in cui l'impresa sociale è costituita. La nuova normativa prevede che possono acquisire la qualifica di impresa sociale tutti gli enti privati che esercitano in via stabile e principale un'attività d'impresa di interesse generale, senza scopo di lucro e per finalità civiche, solidaristiche e di utilità sociale, adottando modalità di gestione responsabili e trasparenti e favorendo il più ampio coinvolgimento dei lavoratori, degli utenti e di altri soggetti interessati alle loro attività. Non possono acquisire la qualifica di impresa sociale le società costituite da un unico socio persona fisica, le amministrazioni pubbliche (incluse le aziende ed amministrazioni dello Stato ad ordinamento autonomo, le Regioni e gli enti locali e loro consorzi e associazioni, tutti gli enti pubblici non economici, nazionali regionali locali), e gli enti i cui atti costitutivi limitino, anche indirettamente, l'erogazione dei beni e dei servizi in favore dei soli soci o associati. Agli enti religiosi civilmente riconosciuti le norme del d.lgs. n. 112/2017 si applicano a particolari condizioni, mentre non si applicano alle fondazioni di origine bancaria. Le cooperative sociali e i loro consorzi acquisiscono di diritto la qualifica di imprese sociali: ad esse le disposizioni del decreto si applicano nel rispetto della normativa specifica delle cooperative ed in quanto compatibili (art. 1).

Rispetto alla previgente disciplina dell'impresa sociale è stato allargato il perimetro dei settori di attività dell'impresa sociale. Di nuova introduzione sono, fra le altre, le attività ascrivibili a: ricerca scientifica di particolare interesse sociale; organizzazione e gestione di attività culturali, turistiche o ricreative di particolare interesse sociale; riqualificazione di beni pubblici inutilizzati o di beni confiscati alla criminalità organizzata; alloggio sociale; microcredito; agricoltura sociale (art. 2).

Quale ente del Terzo settore, l'impresa sociale non può avere come scopo principale quello di distribuire ai propri soci, amministratori e dipendenti gli utili ed avanzi di gestione, i quali devono essere destinati allo svolgimento dell'attività statutaria o ad incremento del patrimonio. In deroga al generale divieto, il d.lgs. n. 112/2017 (art. 3) – innovando rispetto alla disciplina previgente – consente la distribuzione di una quota degli utili e degli avanzi di gestione annuali. Tale quota deve comunque essere inferiore al cinquanta per cento degli utili e avanzi complessivi, dedotte eventuali perdite maturate negli esercizi precedenti.

Per quanto riguarda le scritture contabili (art. 9), le imprese sociali hanno l'obbligo di: tenere il libro giornale e il libro degli inventari; redigere e depositare presso il registro delle imprese il bilancio di esercizio redatto, a seconda dei casi, anche in forma abbreviata; depositare presso il registro delle imprese e pubblicare nel proprio sito internet il bilancio sociale. Con una modifica al Testo unico dell'intermediazione finanziaria (TUF, decreto legislativo n. 58 del 1998) è stato inoltre prevista la possibilità per le imprese sociali di accedere alla raccolta di capitali di rischio tramite portale on-line (c.d. equitycrowdfunding). Per quanto riguarda le disposizioni fiscali, è prevista la defiscalizzazione degli utili se investiti per intero nell'attività dell'impresa sociale nonché la detrazione IRPEF del 30% delle somme investite dai privati (fino ad un milione di euro) e mantenute per un limite di tre anni, nonché la deduzione IRES del 30% sulle somme delle somme investite da imprese e mantenute per almeno tre anni. Infine, l'art. 13 prevede che "*Salva la specifica disciplina per gli enti di cui all'articolo 1, comma 3, nelle imprese sociali è ammessa la prestazione di attività di volontariato, ma il numero dei volontari impiegati nell'attività d'impresa, dei quali l'impresa sociale deve tenere un apposito registro, non può essere superiore a quello dei lavoratori. L'impresa sociale deve assicurare i volontari che prestano attività di volontariato nell'impresa medesima contro gli infortuni e le malattie connessi allo svolgimento dell'attività stessa, nonché per la responsabilità civile verso terzi*".

4.4.5. Enti con scopo di lucro (brevi cenni)

Come anticipato a più riprese, il codice civile disciplina – oltre agli enti non lucrativi di cui si è detto – anche enti che hanno, per natura, scopo lucrativo. Come pure si è già osservato, una delle maggiori novità del codice del 1942, rispetto al precedente del 1865, consistette proprio nell'aver ricompreso al suo interno, in particolare nel **libro V**, intitolato "*Del lavoro*", la disciplina delle società fino ad allora contenuta nel **codice di commercio** del 1882. La complessa e diffusa materia – che rappresenta una branca specifica del diritto privato, meritevole, per la sua importanza, di apposita trattazione – sarà, per il discente, oggetto di studio nell'ambito del corso di diritto commerciale e, in ogni caso, può essere compiutamente affrontata attraverso la lettura di un manuale dedicato a tal ultima specifica disciplina di insegnamento. Qui, dunque, ci limitiamo a fornire esclusivamente qualche nozione essenziale finalizzata a completare il quadro degli enti disciplinati dal codice civile.

Il titolo V del citato libro V è rubricato "***Delle società***". L'**art. 2247** c.c. che apre il Capo I di tale titolo, dedicato alle "*Disposizioni generali*", subito chiarisce la natura lucrativa degli enti in questione laddove stabilisce che: "*Con il contratto di società due o più persone conferiscono beni o servizi per l'esercizio in comune di un'attività economica allo scopo di dividerne gli utili*". Dunque, le società – secondo l'impostazione tradizionale – nascono da contratto e sono enti tramite i quali persone fisiche, o anche soggetti giuridici diversi dalle persone fisiche (soci delle società possono essere anche altre società o, più in generale, altri enti), svolgono una o più attività lucrative, rispondendo o meno nei confronti dei terzi con il proprio patrimonio personale delle obbligazioni assunte dalla società, secondo quanto si dirà tra breve.

La recente riforma del diritto delle società di capitali e delle cooperative, di cui al già citato d.lgs. n. 6/2003, ha definitivamente acclarato che oggi nel nostro ordinamento è ben possibile costituire **società unipersonali**, in cui cioè manca l'elemento soggettivo rappresentato dalla pluralità di soci. Prima dell'entrata in vigore della riforma (1° gennaio 2004), era già stata ammessa la costituzione di società a responsabilità limitata unipersonali in forza del d.lgs. 3 marzo 1993 n. 88 (attuativo della direttiva 89/667/CEE), ma non era consentito iscrivere altre società a socio unico (la mancanza di pluralità dei soci era una delle cause di nullità della società). Tra l'altro, tale possibilità non era data nell'ambito della società per azioni, la cui disciplina infatti prevedeva specificatamente che la società poteva costituirsi solo per contratto e non anche con un atto unilaterale; inoltre, qualora durante la vita della società si fosse verificata la sussistenza di un unico socio, la conseguenza sarebbe stata non la nullità ma il superamento della separazione patrimoniale ai danni dell'unico socio il quale avrebbe risposto, seppur in via sussidiaria, illimitatamente con il proprio patrimonio delle obbligazioni assunte dalla società; infine, il permanere di tale situazione per sei mesi era una causa di scioglimento della società stessa (*ex* art. 2262 c.c. pre-riforma). Oggi, viceversa, l'**art. 2328** c.c. prevede espressamente la possibilità di costituire la società per azioni anche con atto unilaterale, oltre che per contratto, e l'**art. 2325, comma 2** stabilisce che "*in caso di insolvenza della società, per le obbligazioni sociali sorte nel periodo in cui le azioni sono appartenute ad una sola persona, questa risponde illimitatamente quando i conferimenti non siano stati effettuati secondo quanto previsto dall'art. 2342 o fin quando non sia attuata la pubblicità prescritta dall'art. 2362*". Dunque, *mutatis mutandis*, se il socio unico effettuerà tutti i conferimenti dovuti e le prescritte pubblicità, potrà godere pienamente della separazione patrimoniale come se vi fosse la pluralità dei soci.

L'**art. 2449** c.c. prevede che: "*Le società che hanno per oggetto l'esercizio di un'attività commerciale devono costituirsi secondo uno dei tipi regolati nei capi III e seguenti di questo titolo* [il riferimento è alle **società in nome collettivo, società in accomandita semplice, società per azioni, società a responsabilità limitata** e **società in accomandita per azioni**; n.d.a.]"; le altre società sono regolate dalle norme in materia di **società semplice** (capo II, artt. 2251-2312 c.c.) salvo che non scelgano di costituirsi secondo uno dei tipi regolati dei capi III e seguenti appena richiamati. Per "***attività commerciali***" si intendono quelle elencate all'**art. 2195** c.c., e cioè quelle soggette ad obbligo di registrazione nel registro delle imprese. E quindi: 1) "*attività industriale diretta alla produzione di beni o servizi*"; 2) "*attività intermediaria nella circolazione dei beni*"; 3) "*attività di trasporto per terra, per acqua o per aria*"; 4) "*attività bancaria o assicurativa*"; 5) "*altre attività ausiliarie delle precedenti*". L'art. 2250 c.c. stabilisce per ogni impresa soggetta ad iscrizione nel registro delle imprese il dovere di indicare negli atti e nella corrispondenza dati relativi alla propria sede, all'ufficio del registro presso cui è iscritta, al numero di iscrizione, nonché ulteriori circostanze significative.

Dunque, in sostanza, i soci hanno un'ampia **libertà di scelta circa il tipo di società** da costituire, e dunque circa la forma da adottare per svolgere insieme attività di impresa finalizzata alla realizzazione di utili da distribuire (questo lo scopo di lucro). Sono, tuttavia, fatte "*salve le disposizioni riguardanti le società cooperative e quelle delle leggi speciali che per l'esercizio di particolari categorie di imprese prescrivono la costituzione della società secondo un determinato tipo*" (comma 3 dell'art. 2249 c.c.). I soci sceglieranno, di volta in volta, il tipo la cui disciplina meglio sarà in grado di soddisfare i propri interessi.

I sei tipi di società disciplinati dal codice civile, sopra elencati ed evidenziati in neretto, si suddividono – come già detto al paragrafo 4.4.2. – in **società di persone** (società semplice, in nome collettivo e in accomandita semplice) e

società di capitali (società per azioni, società a responsabilità limitata, società in accomandita per azioni).

Le prime – che, come già osservato, non hanno personalità giuridica e, dunque, non godono di autonomia patrimoniale perfetta – sono caratterizzate dalla predominanza che il fattore personale ha rispetto al capitale sociale, e dalla generale responsabilità personale illimitata di ogni singolo socio, solidalmente con gli altri e con il patrimonio sociale, per le obbligazioni assunte dalla società verso terzi. A tale principio fa eccezione la società in accomandita semplice per quel che riguarda i soci accomandanti, i quali rispondono delle obbligazioni sociali solo nei limiti della quota conferita nella società (art. 2313 c.c.); ma, in realtà, anche per le società semplici è previsto che, nel caso di accordo tra i soci portato a conoscenza dei terzi "*con mezzi idonei*", non rispondono delle obbligazioni sociali i soci che non hanno agito in nome e per conto della società (art. 2267 c.c.), laddove al contrario, per le società in nome collettivo, l'art. 2291 c.c. afferma che nessun patto del genere ha effetto nei confronti dei terzi.

Nelle società di capitali – che, viceversa, hanno personalità giuridica e godono di autonomia patrimoniale perfetta – la società risponde solo con il suo patrimonio, sicché il patrimonio personale dei soci è al riparo da azioni di creditori sociali, e ciò in quanto prevale l'elemento patrimoniale su quello personale, tanto che, come accennato, oggi sono ammesse anche società di capitali unipersonali sicché non può più parlarsi delle società di capitali come enti necessariamente collettivi. In generale, dunque, può dirsi che la normativa induce a costituire una società di capitali, piuttosto che una società di persone, quando i soci vogliono limitare la propria responsabilità entro limiti ben definiti e vogliono valorizzare il più possibile l'elemento organizzativo, peraltro determinando il proprio potere di voto nell'assemblea dei soci in proporzione alla quota di capitale posseduta (c.d. sistema di voto *pro quota*). Viceversa, si costituirà preferibilmente una società di persone quando l'attività di impresa svolta è modesta per volumi e complessità, e quindi risulta più efficiente un'organizzazione più leggera e meno costosa e burocratizzata. Le società di capitali, per la propria completa autonomia rispetto alla soggettività giuridica dei soci, prima dell'entrata in vigore del codice del 1942, erano in Italia definite '**società anonime**', secondo la formula già utilizzata nel codice napoleonico. Con tale locuzione ancora oggi sono individuate nell'ordinamento giuridico di molti altri paesi.

Il codice civile riserva un'apposita disciplina per ognuno dei tipi societari sin qui citati. La società per azioni costituisce il tipo al quale il legislatore ha riservato la normativa più dettagliata e completa (artt. 2325-2461 c.c.), e ciò in quanto si presume che in tale forma sono costituite le società che svolgono le attività di impresa più rilevanti e che operano nei settori più delicati. Per altro, il tipo in questione si presta alla frammentazione del capitale sociale anche in quote molto piccole, detenute eventualmente anche da soci investitori, in quanto le singole quote di capitale sono rappresentate dalle azioni, le quali costituiscono titoli facilmente negoziabili. Da qui la possibilità di avere società ad **azionariato diffuso** e con capitale sociale costituito da azioni negoziate anche in mercati regolamentati quali le borse azionarie. Nelle società per azioni, inoltre, la legge, in particolare dopo la riforma del 2003, consente ai soci di scegliere il **sistema di amministrazione e controllo** più confacente allo scopo concretamente perseguito ed alla struttura dell'ente effettivamente realizzata, oltre a permettere la costituzione di **patrimoni destinati ad uno specifico affare** (artt. 2447 *bis*-2447 *decies* c.c.) e l'emissione di **strumenti finanziari variegati** attraverso il cui acquisto da parte dei terzi investitori o sostenitori la società può supportare la propria attività e perseguire i propri obiettivi imprenditoriali senza ricorrere al credito bancario (art. 2436, comma 6, c.c.).

La mancanza di autonomia patrimoniale perfetta in concreto fa sì che la scelta di operare con una società di persone sia adottata principalmente, come anticipato, in relazione a piccole attività di impresa, nell'ambito delle quali i soci preferiscono avere pochi costi organizzativi e di gestione. Nelle società di persone, infatti, a differenza di quanto accade nelle società di capitali, non si distingue tecnicamente l'assemblea dei soci dall'organo amministrativo e dagli organi di controllo, ed inoltre si presume che tutti i soci (tranne gli accomandanti) possano partecipare all'amministrazione della società secondo le regole proprie del tipo societario adottato.

4.4.6. Enti con scopo mutualistico (brevi cenni)

Oltre alle società di cui si è detto nel precedente paragrafo, il codice civile disciplina nel libro V le **società cooperative** (artt. 2511-2545 c.c.). Queste sono definite dall'**art. 2511** "*società a capitale variabile con* ***scopo mutualistico***", e possono essere regolate, per quanto non espressamente previsto dal codice riguardo ad esse, dalle norme in materia di società per azioni o di società a responsabilità limitata secondo la volontà espressa dai soci al momento della costituzione (art. 2519).

La legge distingue le cooperative a mutualità prevalente dalle cooperative c.d. diverse. L'art. 2512 precisa che sono società cooperative **a mutualità prevalente** quelle che: 1) "*svolgono la loro attività prevalentemente in favore dei soci, consumatori o utenti di beni o servizi*"; 2) "*si avvalgono prevalentemente, nello svolgimento della loro attività, delle prestazioni lavorative dei soci*"; e 3) "*si avvalgono prevalentemente, nello svolgimento della loro attività, degli apporti di beni o servizi da parte dei soci*". I criteri per la definizione della prevalenza sono fissati nell'art. 2513. Il fenomeno trova un espresso riconoscimento nell'**art. 45 Cost.**, ai sensi del quale "*la Repubblica riconosce la funzione sociale della cooperazione a carattere di mutualità e senza fini di speculazione privata*". L'elemento distintivo e unificante di ogni tipo di cooperativa – a prescindere dalle distinzioni tra cooperative operanti in un settori diversi – si riassume nel fatto che, mentre il fine ultimo delle società di capitali è, come visto, la realizzazione del lucro e si concretizza nel riparto degli utili patrimoniali conseguiti nell'ambito dell'attività di impresa, le cooperative hanno uno scopo mutualistico, che consiste, a seconda del tipo di cooperativa, nell'assicurare ai soci il lavoro, o beni di consumo, o servizi, a condizioni migliori di quelle che otterrebbero dal libero mercato. Tra le varie tipologie di cooperative concretamente operanti, si distinguono in particolare cooperative di credito, cooperativo di consumo, cooperative edilizie e cooperative di produzione e lavoro.

Dal punto di vista strettamente disciplinare, in termini oltremodo sintetici può dirsi che: per costituire una cooperativa è attualmente necessario vi siano almeno 3 soci, ma quando sono meno di nove l'ente è disciplinato dalle norme in materia di società a responsabilità limitata (art. 2522); l'art. 2514 stabilisce che gli statuti delle cooperative a mutualità prevalente devono necessariamente contenere, tra l'altro, il divieto di distribuire i dividendi oltre una certa misura ed il divieto di distribuire le riserve tra i soci cooperatori; l'art. 2516 afferma il fondamentale principio per cui "*nella costituzione e nell'esecuzione dei rapporti mutualistici deve essere rispettato il principio di parità di trattamento*" tra i soci cooperatori, dal quale deriva, tra l'altro, che, indipendentemente dalla quota di capitale posseduta, ad ogni socio spetta un voto nell'assemblea dei soci; e l'**art. 2518** chiarisce che "*nelle società cooperative, per le obbligazioni sociali risponde soltanto la società con il suo patrimonio*", dunque i soci non hanno alcuna responsabilità personale, godendo la cooperativa di personalità giuridica e, conseguentemente, di autonomia patrimoniale perfetta.

Altro ente con scopo mutualistico disciplinato dal libro V del codice civile (artt. 2546-2548 c.c.) è costituito dalla **società di mutua assicurazione**, alla quale, ai sensi dell'**art. 2546**, possono partecipare in qualità di soci solo coloro che si assicurano presso la società e si perde la qualità di socio con l'estinguersi del contratto di assicurazione. In breve, dunque, la società in parola, che esercita l'attività assicurativa sul mercato e può svolgere la sua attività anche a beneficio di terzi non soci, rappresenta una particolare forma di cooperativa operante nel settore delle assicurazioni, tanto che lo stesso codice civile, all'art. 2547, richiama espressamente come applicabili le nome in materia di cooperativa.

Un ulteriore soggetto di diritto con scopo mutualistico regolato nel libro V del codice civile, ed in particolare agli **artt. 2602-2620**, è costituito dal **consorzio**. Ai sensi dell'art. 2602, "*Con il contratto di consorzio più imprenditori istituiscono un'organizzazione comune per la disciplina o per lo svolgimento di determinate fasi delle rispettive imprese*". Dunque, il consorzio è un'organizzazione stabile nel tempo (2604) che nasce da un contratto tra imprenditori finalizzato a svolgere al meglio determinate fasi delle imprese coinvolte. Lo scopo mutualistico consiste nel fatto che attraverso l'ente collettivo costituito tra loro i consorziati si propongono di realizzare effetti positivi per le proprie attività di impresa che possono derivare dal reciproco scambio di prodotti, servizi e competenze o dalla realizzazione di attività comuni rivolte verso l'esterno. Che poi le singole imprese abbiano come propria finalità il perseguimento del lucro o meno non rileva. Nella prassi si rinvengono, ad esempio, **consorzi di promozione** che mirano a far conoscere sul mercato nazionale o internazionale un certo prodotto, ad esempio tipico di una certa località geografica, al fine della sua vendita; ovvero **consorzi di ricerca**, che hanno come finalità la ricerca scientifica in determinati settori per conseguire risultati di cui possano beneficiare i consorziati; o ancora **consorzi di bonifica**, previsti espressamente dal codice civile agli artt. 862-863, utili a convogliare le forze di più proprietari terrieri con l'obiettivo di svolgere, eseguire e gestire nel tempo le opere di bonifica sui terreni dei consorziati; ed infine, ma solo per non esigenze di sintesi, **consorzi di imbottigliamento**, tramite i quali i consorziati confezionano il proprio prodotto senza bisogno che ognuno si doti della relativa strumentazione ed organizzazione.

Il codice civile pone nel libro V la disciplina generale del consorzio facendo espressamente salve "*le diverse disposizioni di leggi speciali*" (art. 2602, comma 2). Tale disciplina concerne la forma, il contenuto, le modalità di modificazione e le cause di scioglimento del contratto, nonché il controllo sull'attività dei consorziati, le deliberazioni consortili, gli organi, il recesso e l'esclusione dei consorziati, il trasferimento della qualità di consorziato nel caso di trasferimento dell'azienda. Il codice, inoltre, distingue tra consorzi con **attività interna**, e cioè non destinati a svolgere alcuna attività verso l'esterno ma solo tra i consorziati, e consorzi con **attività esterna**. A questi secondi, in particolare, sono destinati gli artt. 2612-2615 *bis* che si occupano di disciplinare l'iscrizione nel registro delle imprese, i contenuti minimi che deve avere l'atto costitutivo da pubblicizzare tramite detta iscrizione, la rappresentanza in giudizio dell'ente, il fondo consortile, la responsabilità verso i terzi e la situazione patrimoniale. La maggiore articolazione della disciplina dei consorzi con attività esterna si spiega proprio in ragione del fatto che questi coinvolgono gli interessi di terzi. L'**art. 2615**, in proposito, stabilisce che "*Per le obbligazioni assunte in nome del consorzio dalle persone che ne hanno la rappresentanza, i terzi possono far valere i loro diritti esclusivamente sul fondo consortile. Per le obbligazioni assunte dagli organi del consorzio per conto dei singoli consorziati rispondono questi ultimi solidalmente col fondo consortile. In caso di insolvenza nei rapporti tra consorziati il debito dell'insolvente si ripartisce tra tutti in proporzione delle quote*".

L'art. **2615 *ter*** prevede che le società di persone diverse dalla società semplice e le società di capitali possono avere come oggetto anche lo scopo consortile (si parla in tal caso di **società consortili**). Ciò consente di perseguire tale scopo anche con un'organizzazione che risponde a logiche relativamente diverse da quelle considerate nelle disposizioni appena cennate e che, per l'appunto, al contrario rispecchia quella tipica del tipo di società prescelto nel caso concreto. La circostanza conferma ulteriormente che la disciplina approntata dal legislatore per le società non è esclusivamente rivolta al perseguimento dello scopo di lucro.

L'**art. 2616** riconosce all'autorità governativa la possibilità di costituire **consorzi obbligatori** o trasformare in obbligatori consorzi volontari, "*qualora la costituzione stessa risponda alle esigenze dell'organizzazione della produzione*". Nella prassi i consorzi obbligatori, tuttavia, vengono costituiti anche per ragioni diverse dall'organizzazione della produzione e tra soggetti che non svolgono attività di impresa. A titolo di esempio può citarsi in proposito il decreto n. 12 con il quale, nel giugno 2010, il Presidente della Regione Abruzzo, nella sua qualità di Commissario delegato per la ricostruzione *post*-terremoto, ha emanato "***Disposizioni regolamentari per la costituzione dei consorzi obbligatori ai sensi dell'art. 7 dell'ordinanza del Presidente del Consiglio 12 novembre 2009 n. 3820 e successive modificazioni*", al fine di disciplinare** la costituzione ed il funzionamento di consorzi tra "*titolari del diritto di proprietà e di diritto reale di uso, usufrutto o abitazione*", per la ricostruzione o la riparazione degli aggregati edilizi danneggiati dal sisma aventi diritto a contributo governativo. Ai sensi dell'art. 1 del decreto in questione i consorzi in questione sono "*figure soggettive di diritto privato che agiscono in regime di diritto privato e che hanno natura assimilabile alle associazioni senza scopo di lucro*". Un esempio più tradizionale di consorzi obbligatori sono i consorzi di bonifica tra proprietari di fondi, i quali in alcune zone d'Italia sono, per l'appunto, obbligatori.

La particolare natura dei consorzi e la possibilità che questi abbiano una influenza anche notevole sul mercato di riferimento – tra l'altro restringendo (o comunque alterando il fisiologico svolgimento de) la **concorrenza tra imprese** a danno dei consumatori, ovvero creando barriere all'entrata o ostacoli alla permanenza nel mercato stesso a scapito di imprenditori non appartenenti al consorzio – giustifica la previsione codicistica (**artt. 2618-2620**) di specifici **poteri di controllo** sugli enti in parola, comprese le società consortili, in capo all'autorità governativa.

4.5. Tracce di aporia nella teoria dei soggetti di diritto: ditta individuale, impresa familiare, impresa coniugale e *trust*

In questo capitolo si è cercato di tracciare, per linee essenziali, un quadro completo della disciplina che l'ordinamento privatistico italiano dedica ai soggetti di diritto. Ciò, come già avvertito, curando di non indugiare eccessivamente su temi che, pur gravitando nell'orbita generale del diritto civile per ragioni sistematiche e logiche, costituiscono materia di studio più propriamente ricompresa in settori specialistici, quali il diritto commerciale. Va, a questo punto introdotta, una breve riflessione critica rispetto al discorso sin qui compiuto che trae spunto dal fatto che nel diritto tributario italiano è riconosciuta soggettività giuridica, e dunque capacità di essere individuate come soggetti passivi di imposta, ad entità che secondo le tradizionali categorie privatistiche non sono comunemente contemplate tra i soggetti di diritto.

Un primo riferimento in tal senso può farsi alla c.d. **ditta individuale**, che rappresenta una forma giuridica semplice di organizzazione dell'attività di impresa, per la costituzione della quale non sono richiesti particolari adempimenti. In considerazione di quanto disposto dall'art. 2082 c.c., comunemente si ritiene esistente una ditta individuale nel caso in cui, e dal momento in cui, una persona fisica intraprende un'attività economica volta alla produzione e/o allo scambio di beni o servizi, sicché organizza e coordina a tale fine i fattori produttivi necessari (essenzialmente, capitale e lavoro), assumendo personalmente il rischio di tale attività, che dunque viene definita di impresa. Sul versante dei rapporti con i terzi, compreso il fisco, il titolare della ditta individuale – la quale è tenuta all'iscrizione nel registro delle imprese ed al conseguente ottenimento della partita IVA, ma la cui mancata iscrizione ha effetti solo in termini di irregolarità, e non già di inesistenza – è l'unico responsabile dell'attività ed è esposto al rischio d'impresa, tanto che egli risponde illimitatamente delle obbligazioni assunte in nome della ditta con tutto il proprio patrimonio personale presente e futuro. Per questa ragione e, più in generale, per la sostanziale identità che esiste, sul piano dell'imputazione degli effetti degli atti, tra persona fisica e ditta individuale costituita dalla stessa, si nega, sul piano privatistico, soggettività giuridica alla ditta individuale. E ciò, sebbene la ditta individuale possa produrre beni e servizi, venderli sul mercato, acquistare materie prime o beni immobili e mobili strumentali all'esercizio dell'attività di impresa, ed altresì acquistare o costituire a vantaggio di terzi diritti reali o personali di godimento. Ad esempio, la ditta individuale recante la denominazione 'Bar di Enzo Girasoli' può essere proprietaria dell'immobile in cui è esercitata l'attività ovvero può detenere l'immobile a titolo di affitto, così come può aver acquistato la proprietà di bancone, sedie e tavolini, ovvero può possedere tali beni in forza di un contratto di *leasing*. In tal caso – giova evidenziarlo – nei relativi **contratti** la persona fisica comparirà espressamente come titolare della ditta individuale riconosciuta con la sua denominazione ed il suo numero di partita IVA ed iscrizione al registro delle imprese. Il che avrà precise rilevanti ricadute sul piano fiscale, in quanto, ad esempio, sugli acquisti strumentali la ditta avrà diritto ad operare deduzioni e detrazioni di imposta secondo le norme esistenti in materia, mentre alla cessazione della «ditta» tutti i beni residui saranno considerati di piena proprietà della persona fisica titolare, ma questa dovrà restituire all'erario una parte dei benefici di imposta di cui aveva goduto la ditta relativamente ai beni in questione. Viceversa, il fatto che la persona fisica titolare compaia in atti come rappresentante della ditta individuale sortirà conseguenze circa l'imputazione civilistica degli effetti degli atti compiuti, dato che sul piano privatistico l'operatività di un soggetto come ditta individuale o semplice persona fisica rileva esclusivamente rispetto a quelle norme la cui fattispecie riconosce importanza alla qualifica di imprenditore o professionista. È così, ad esempio, quando le trattative contrattuali sono svolte da un determinato soggetto nella qualità di titolare della ditta individuale, si applicherà l'**art. 1330** c.c., ai sensi del quale "*La proposta o l'accettazione, quando è fatta dall'imprenditore nell'esercizio della sua impresa, non perde efficacia se l'imprenditore muore o diviene incapace prima della conclusione del contratto, salvo che si tratti di piccoli imprenditori o che diversamente risulti dalla natura dell'affare o da altre circostanze*". Ed ancora, ai sensi del **d.lgs. 6 settembre 2005 n. 206**, quando un soggetto opera come ditta individuale a lui si riconoscerà la qualifica di "*imprenditore*" e quindi si applicheranno le norme a tutela dei "*consumatori*", tutte le volte in cui abbia rapporti con soggetti che agiscono per scopi estranei ad una propria attività professionale o imprenditoriale (la tematica verrà ripresa nel capitolo sul contratto).

In conclusione, può dirsi che la ditta individuale, in effetti, non possa costituire un soggetto di diritto autonomo rispetto al suo titolare in quanto non costituisce mai un centro di imputazione di interessi altro rispetto a quello, né il suo patrimonio è mai effettivamente separato da quello del titolare salvo che sul piano fiscale ma per la sola durata della ditta. La ditta individuale è, in definitiva, solo una forma di esercizio dell'attività d'impresa che la persona fisica interessata – una volta definitivamente ammessa nel nostro ordinamento la possibilità di costituire società unipersonali (v. il paragrafo 4.4.5.) – è autorizzata a preferire, per semplicità, rispetto alle forme più complesse indicate nei paragrafi che precedono, disciplinate dal codice civile e dotate di piena soggettività. Che solo di qualifica formale si tratti lo dimostra ulteriormente il fatto che dalla ditta individuale *tout court*, ai fini del discorso che qui si va conducendo, vanno distinte l'impresa familiare e la azienda coniugale.

L'**impresa familiare** è, dalla dottrina dominante, comunemente considerata una speciale forma di ditta individuale avente una disciplinata *ad hoc* contenuta nell'**art. 230 *bis*** c.c., norma introdotta con la riforma del diritto di famiglia del 1975. Ai sensi di tale disciplina, l'impresa familiare – che è soggetta agli stessi obblighi di registrazione sopra cennati per la ditta individuale – è caratterizzata dal fatto che, oltre al titolare, vi partecipano il coniuge, i parenti entro il terzo grado, gli affini entro il secondo. I partecipanti all'impresa familiare hanno diritto agli utili, ad una quota dei beni acquistati con gli utili, ad una quota sugli incrementi dell'azienda, a partecipare alle scelte più importanti esprimendo il proprio voto *pro capite*, ed al diritto di prelazione in caso di divisione ereditaria o di trasferimento dell'azienda. Nel silenzio della legge, secondo l'orientamento prevalente il titolare dell'impresa, pur avvalendosi dei familiari, rimane nei confronti dei terzi l'unico responsabile dell'attività e, dunque, delle obbligazioni assunte da lui o da altri per conto e nell'esercizio dell'impresa in questione: solo il titolare potrà, quindi, essere soggetto ad eventuali procedure fallimentari. Secondo una diversa opinione, l'impresa in parola non sarebbe da qualificarsi come individuale, ma collettiva, e di conseguenza tutti coloro che vi partecipano risponderebbero solidalmente ed illimitatamente delle obbligazioni assunte per conto dell'impresa. Sul versante tributario, l'impresa familiare deve essere costituita per atto pubblico o scrittura privata autenticata al fine di godere del regime appositamente previsto per tale tipologia di impresa. Mentre per l'impresa individuale si è potuto con certezza affermare l'assenza di soggettività giuridica, a proposito di impresa familiare, visti i particolari diritti che l'**art. 230 *bis*** riconosce ai familiari interessati e vista l'indisponibilità del diritto di partecipazione, è lecito nutrire dubbi circa l'impossibilità di individuare in essa un centro di interessi autonomo rispetto a quello del titolare e dei suoi familiari, ovvero circa la riconducibilità della vicenda al mero schema della comunione tra proprietari.

Dubbi ulteriori pone l'**impresa coniugale**, la quale, come facilmente intuibile dalla sua denominazione, è un'impresa esercitata dai soli coniugi introdotta con la già citata riforma del diritto di famiglia del 1975, ed in particolare dall'**art. 177, lett. *d*)**, c.c. il quale prevede che entrano a fare parte della comunione dei beni tra coniugi, se questi sono in regime di comunione legale, anche le imprese (in vero il codice parla di "*aziende*") costituite dopo il matrimonio. L'impresa coniugale è certamente impresa collettiva ed i coniugi possono decidere di gestirla in forma societaria; in caso di loro inerzia, all'impresa coniugale si applica la disciplina della comunione dei beni sia sulla gestione che per quanto riguarda il regime patrimoniale, tuttavia, l'art. 186 c.c. dichiara che i creditori dell'impresa possono rivalersi anche sul patrimonio comune dei coniugi diverso da quello dell'azienda, e l'art. 190 c.c. stabilisce, inoltre, che gli stessi possono agire anche nei confronti dei patrimoni personali di ciascun coniuge ma in misura non superiore alla metà del credito ed esclusivamente in via sussidiaria al patrimonio aziendale ed a quello comune dei coniugi ma non aziendale. L'art. 189, comma 2, c.c., invece, prevede che i creditori particolari dei coniugi possono rivalersi anche sui beni della comunione (aziendale o meno), ma solo nella misura della quota spettante al loro debitore e sempre in via sussidiaria. L'art. 191 c.c., infine, riconosce ai coniugi la possibilità di sciogliere la comunione aziendale attraverso una convenzione rispettosa delle forme stabilite dall'art. 162 c.c.

Le norme sulla responsabilità patrimoniale nei confronti dei terzi, ed in particolare l'art. 190 – che, come detto, stabilisce che il creditore dell'impresa coniugale non può agire sul patrimonio personale di ciascuno socio se non per la metà del suo credito ed in via sussidiaria, inducono a ritenere che in questo caso vi sia effettivamente una certa, seppur minima, separazione tra il patrimonio dell'impresa e quello personale dei singoli coniugi – ma soprattutto induce a ritenere che l'impresa possa essere realmente individuata come autonomo centro di interessi. In proposito, giova osservare che per il terzo, in forza delle norme appena richiamate, avrà senz'altro grande rilevanza che l'impresa abbia o non abbia un proprio patrimonio capiente, indipendente da quello personale di ciascun coniuge perché, in caso di incapienza del patrimonio dell'impresa e di quello nella titolarità comune ai due coniugi, e qualora trovasse disponibilità solo nel patrimonio personale di uno dei due coniugi, egli potrà agire esclusivamente per la metà del suo credito, e rimarrà insoddisfatto per l'altra metà. Dunque, non è irrilevante che i coniugi acquistino un bene a titolo personale (art. 179 c.c.), ovvero in qualità di titolari di impresa coniugale. Per tanto, all'impresa coniugale – che, per inciso, deve anch'essa rispettare l'obbligo di iscrizione al registro delle imprese quando svolga attività commerciale – sembra azzardato negare *sic et simpliciter* la soggettività giuridica, ed infatti alcuni studiosi di diritto commerciale riconoscono a tale impresa, quando non costituita espressamente in forma societaria, la natura di società di fatto.

Un altro riferimento utile ad avvertire come la teoria dei soggetti di diritto tradizionalmente accolta nell'ambito privatistico meriti forse oggi di essere rivisitata, anche alla luce dell'evoluzione delle prassi commerciali e di altri settori dell'ordinamento giuridico, può essere rappresentato dal ***trust***, istituto di origine anglosassone introdotto nell'ordinamento italiano dalla **legge 16 ottobre 1989 n. 364** che ha ratificato la "*Convenzione internazionale de L'Aja sulla legge applicabile ai trust e sul loro riconoscimento*" del 1° luglio 1985. Per *trust* (sul tema si tornerà nel capitolo sul contratto) si intendono, ai sensi dell'art. 2 della convenzione, i rapporti giuridici istituti dal costituente, o disponente che dir si voglia (in *common law* detto *settlor*), il quale, con atto tra vivi o *mortis causa*, ha posto suoi beni sotto il controllo di un fiduciario (in *common law* detto *trustee*) nell'interesse di un beneficiario. La caratteristica dell'istituto in parola, rispetto ad un qualsiasi mandato a gestire, è che il fiduciario acquista la proprietà dei beni che il disponente conferisce nel *trust*, ma tale proprietà non si confonde con i suoi beni personali, e resta rispetto a tali beni separata, ovvero, secondo una più attenta lettura della vicenda, segregata; di talché i creditori personali del fiduciario, sempre che a loro sia opponibile l'atto di *trust* in questione, non potranno agire sui beni conferiti (art. 11 della Convenzione). Dunque, con la parola *trust* si fa comunemente riferimento tanto, come afferma la convenzione, ai rapporti che nascono per impulso dell'atto posto in essere dal disponente, quanto al contratto che fa nascere e disciplina tali rapporti, ed infine al patrimonio stesso conferito che rimane segregato sia rispetto alle vicende personali del costituente (salva la possibilità per i creditori di questo di esercitare l'azione revocatoria, *ex* artt. 2901-2905 c.c., qualora ce ne fossero i presupposti) sia, come detto, rispetto alle vicende personali del fiduciario. In ragione della segregazione in parola, si riconosce comunemente al *trust*, o comunque al fiduciario in quanto titolare del *trust*, la possibilità di accendere conti correnti bancari, avere rapporti commerciali, compiere atti dispositivi, essere intestatario di beni mobili ed immobili e quant'altro. Recentemente, inoltre, con l'introduzione nel codice civile dell'**art. 2645 *ter*** c.c., si è consentita la trascrizione di atti di destinazione aventi ad oggetto beni immobili mobili registrati, e dunque – secondo una parte della dottrina, e malgrado le molte perplessità che derivano da una formulazione piuttosto ambigua della disposizione – anche di atti istitutivi del *trust*; circostanza questa particolarmente significativa nella prospettiva di rendere opponibile la costituzione in questione ai terzi.

Sulla base dell'osservazione pratica dell'operatività dell'istituto nel nostro ordinamento, ed in particolare in considerazione del fatto che molti *trust* svolgono attività in grado di produrre reddito, il legislatore con la legge n. 296/2006 (c.d. finanziaria 2007) ha introdotto all'art. 73 del d.p.r. 22 dicembre 1986 n. 917, recante il Testo Unico delle Imposte Dirette (c.d. TUIR), la prima disciplina tributaria espressa del *trust* in Italia, in forza della quale ha inserito l'istituto tra i soggetti passivi dell'IRES (imposta sui redditi delle società). In particolare, l'**art. 73** del **TUIR**, come precisato anche nella circolare del Ministero delle Finanze n. 48/E del 6 agosto 2007, individua, ai fini della tassazione, due principali tipologie di *trust*, e cioè *trust* con beneficiari di reddito individuati, i cui redditi vengono imputati per trasparenza a questi ultimi (***trust* trasparenti**); e i *trust* senza beneficiari di reddito individuati, i cui redditi vengono direttamente attribuiti al *trust* medesimo (***trust* opachi**). Le modifiche legislative in esame comportano che il *trust*, sia esso 'trasparente' o 'opaco', è tenuto ad adempiere gli specifici obblighi previsti per i soggetti IRES, ad iniziare dall'obbligo di presentare annualmente la dichiarazione dei redditi, oltre a dotarsi di un codice fiscale e, qualora eserciti attività commerciale, di una propria partita IVA. La novella in parola ha, inoltre, provveduto a modificare l'art. 13 del d.p.r. 29 settembre 1973 n. 600 (recante "*Disposizioni comuni in materia di accertamento delle imposte sui redditi*"), includendo i *trust* tra i soggetti obbligati alla tenuta delle scritture contabili, sia che essi esercitino attività commerciale, sia che essi esercitino attività non commerciale.

In ragione di tutto quanto sinteticamente qui esposto circa la segregazione patrimoniale che caratterizza il fondo costituito in *trust*, circa la possibilità per il *trust* di svolgere attività d'impresa ed essere titolare di diritti, obblighi, rapporti e quant'altro, e circa la sua soggettività tributaria, non sembra peregrina l'ipotesi di riconoscere anche sul piano privatistico soggettività al *trust*.

4.6. Domicilio, residenza e dimora dei soggetti di diritto

In chiusura di capitolo, al fine di completare il discorso appena svolto sui soggetti dell'ordinamento giuridico, va precisato che – oltre ad individuare la persona fisica secondo il suo sesso, il suo nome, il suo luogo di nascita, eventualmente il suo stato familiare, e per quanto riguarda gli enti, secondo la natura, lo scopo, il luogo di costituzione ed eventualmente il capitale sociale – il diritto privato prende in considerazione anche ulteriori circostanze, a diversi fini, significative.

Così, negli **artt. 43-47** c.c., l'ordinamento definisce **domicilio** il luogo in cui la persona, fisica o giuridica che sia, ha stabilito la sede principale dei suoi affari o interessi (art. 43, comma 1). Dunque, per l'imprenditore il domicilio sarà il luogo in cui è ubicata la sede legale o operativa della sua impresa, mentre per il professionista il luogo rilevante è tendenzialmente quello dove è ubicato il suo studio. Vi sarà un domicilio speciale quando la persona, in relazione a determinati affari o interessi, abbia espressamente dichiarato di voler ricevere le comunicazioni, o comunque di voler gestire la vicenda, presso un certo luogo. Ad esempio, quando si conferisce mandato all'avvocato perché questi difenda in giudizio il soggetto coinvolto in un procedimento giudiziario, presso lo studio dell'avvocato viene altresì eletto, ai fini del procedimento stesso, il domicilio speciale dell'interessato. La **residenza** è, invece, il luogo in cui la persona ha la propria dimora abituale, per **dimora** intendendosi il posto in cui soggiorna in un certo momento, sempre che tale soggiorno non sia occasionale o momentaneo (come nel caso dell'albergo presso il quale si alloggia durante un viaggio d'affari o una breve vacanza).

Tra i tre concetti appena cennati, nel diritto privato quello più rilevante è senz'altro quello di domicilio. Presso il domicilio del creditore o, alternativamente, del debitore, ad esempio, si eseguono i pagamenti ai sensi dell'art. 1182, commi 3 e 4, c.c.; inoltre, la successione si apre nel luogo dell'ultimo domicilio del defunto. Anche la residenza, però, ha la sua importanza. Ed infatti, il matrimonio si celebra nel comune dove uno degli sposi ha la residenza (art. 94 c.c.). Ed il codice di procedura civile stabilisce che l'attore può, a sua scelta, promuovere il giudizio davanti al giudice del luogo in cui il convenuto ha la propria residenza o il proprio domicilio ovvero, se questi sono sconosciuti, la dimora (artt. 18 e 19 c.p.c.).

CAPITOLO QUINTO

CONTENUTO ED OGGETTO DEL RAPPORTO GIURIDICO

Sommario

5.1. Contenuto ed oggetto del rapporto giuridico

Nel primo paragrafo del **III capitolo** abbiamo spiegato che è **rapporto giuridico** ogni relazione tra due o più soggetti – spesso mediata dal rapporto di questi con le cose che possono formare oggetto dei diritti – a cui l'ordinamento attribuisce rilevanza. Abbiamo in quell'occasione, altresì, evidenziato che il concetto di rapporto giuridico costituisce il vero architrave del sistema privatistico dato che quest'ultimo trova la sua ragion d'essere, per l'appunto, nel disciplinare i rapporti tra consociati. Sempre in quel contesto abbiamo anche spiegato le ragioni per cui non sembra possibile individuare rapporti giuridici laddove un soggetto abbia esclusivamente relazioni con beni.

Introdotto nei termini appena sintetizzati il concetto di rapporto giuridico, abbiamo passato in rassegna alcuni concetti fondamentali della scienza privatistica, e tra questi, in particolare, ci siamo soffermati sulle situazioni giuridiche soggettive che, secondo la ricostruzione dottrinale più convincente, costituiscono il **contenuto del rapporto giuridico**. Infatti, come pure abbiamo già osservato, il rapporto giuridico può essere inteso al meglio se lo si intende plasticamente come un legame tra due o più soggetti nell'ambito del quale esistono poteri, diritti, interessi, potestà, facoltà, aspettative, oneri, doveri, obblighi e soggezioni (e quindi, situazioni giuridiche soggettive attive e passive), variamente attribuiti dallo stesso ordinamento. Le situazioni giuridiche soggettive, come ormai dovremmo avere ben chiaro, rappresentano il modo in cui il diritto qualifica un certo interesse umano ritenuto meritevole di tutela (se attive), nonché la posizione in cui si trovano gli altri consociati rispetto a tale interesse (se passive). Dunque, esse costituiscono il contenuto (immediato) del rapporto giuridico nel senso che quest'ultimo non riguarda direttamente interessi umani *tout curt*, ma interessi qualificati dall'ordinamento, giustappunto, in termini di diritto soggettivo, interesse legittimo, potestà, facoltà, ecc., a cui si contrappongono situazioni giuridiche soggettive passive che l'ordinamento individua in capo agli altri consociati in funzione della miglior tutela di tali interessi. In altri termini si potrebbe dire che gli interessi umani vengono in rilievo nell'ambito del rapporto giuridico solo se e per come qualificati attraverso le situazioni giuridiche soggettive.

Se le situazioni giuridiche soggettive costituiscono, nei termini appena chiariti, il contenuto del rapporto giuridico, chiaramente non può dirsi, se non in un'accezione molto lata, che il rapporto giuridico si svolge *tra* situazioni giuridiche soggettive (come invece da alcuni sostenuto), a meno che con ciò non si intenda evidenziare che in ogni rapporto giuridico verranno necessariamente in rilievo almeno due situazioni giuridiche (una attiva e l'altra passiva) tra loro correlate, le quali, secondo la dinamica appena sintetizzata, formano il **contenuto immediato** del rapporto. Abbiamo, sin qui, avuto cura di parlare di situazioni giuridiche soggettive come contenuto immediato del rapporto giuridico al fine di evidenziare che invece **contenuto mediato** (e cioè che subisce una mediazione) del rapporto giuridico è proprio l'interesse umano considerato meritevole di tutela, che, però, non va confuso con i motivi personali che muovono un individuo a compiere un certo atto o volere una determinata situazione.

Un esempio dovrebbe fugare ogni dubbio.

Se io decido di vendere (*id est*, trasferire la proprietà, *ex* art. 1470 c.c.) a Fulcio l'appartamento in cui vivo perché il mio vicino mi è antipatico e non ho più voglia di litigarci, oppure perché è troppo piccolo e desidero comperarne uno più grande, o ancora perché ho bisogno di soldi, l'ordinamento qualifica il mio interesse a vendere senza tener conto (se non in casi particolari di cui ci occuperemo più avanti) dei motivi personali che mi spingono a farlo. Nel caso di specie l'interesse tutelato in questione viene qualificato in termini di diritto soggettivo, o meglio in termini di facoltà inerente al mio diritto di proprietario. In altre parole, l'ordinamento, poiché riconosce in generale al proprietario la facoltà di trasferire ad altri la proprietà del proprio bene (c.d. diritto di disporre), nel caso particolare tutela il mio interesse, e mi consente quindi di realizzare un atto di vendita della casa efficace sul piano giuridico. Ecco, dunque, che contenuto del rapporto giuridico è, nella fattispecie in esame, il diritto soggettivo di proprietà (e cioè, per l'appunto, una situazione giuridica soggettiva attiva), in forza del quale io posso vendere e che, allo stesso tempo, costituisce la situazione giuridica soggettiva che viene immediatamente trasferita con l'atto di compravendita. È, dunque, errato parlare di trasferimento, o vicende traslative, di una cosa (nel caso di specie dell'appartamento) in quanto **sul piano del diritto privato ciò che viene trasferito non è la cosa in sé, ma sempre e solo un certo diritto** sulla data cosa, diritto che può essere di proprietà, ma anche di usufrutto, di enfiteusi, di servitù e quant'altro, secondo la volontà delle parti.

Restando all'esempio, giova ulteriormente osservare che Fulcio, prima di stipulare il contratto di compravendita, è legato a me da un rapporto complesso nell'ambito del quale egli ha il dovere di rispettare (c.d. dovere di astensione) il mio diritto reale, così come devono fare tutti gli altri consociati, nonché l'obbligo di comportarsi correttamente nel corso delle trattative che precedono il perfezionamento dell'accordo. Successivamente all'atto, invece, egli, in forza del contratto, avrà acquisito il diritto soggettivo che io gli ho trasferito e, per tanto, avrà un interesse giuridicamente protetto a che io mi attenga, così come tutti i consociati devono attenersi, al dovere di rispettare la nuova situazione giuridica soggettiva attiva di cui è divenuto titolare. In aggiunta, al fine di completare il discorso, va osservato che rispetto alla trattativa contrattuale anche in capo a me nasce un obbligo di correttezza nei confronti di Fulcio e che, una volta stipulato il contratto, se il prezzo non viene in tutto o in parte corrisposto contestualmente, io avrò un diritto soggettivo di credito e Fulcio un obbligo ad effettuare, nei termini concordati, il pagamento del prezzo tramite il trasferimento del suo diritto di proprietà sul denaro necessario.

Come risulta evidente dall'esempio, nella situazione descritta possiamo enucleare tre rapporti giuridici, e cioè un rapporto di carattere extracontrattuale antecedente il contratto, un rapporto contrattuale, ed un rapporto extracontrattuale successivo al contratto. Rispetto alla situazione antecedente alla stipula del contratto, le situazioni giuridiche soggettive mia e di Fulcio, relativamente all'appartamento compravenduto, dopo detta stipula, si sono semplicemente ribaltate: prima, io avevo il diritto soggettivo e Fulcio il dovere di astensione; dopo, questi ha il diritto soggettivo ed io il dovere di astensione.

Dall'esempio dovrebbe risultare, altresì, evidente che il rapporto giuridico ha, oltre ad un contenuto, un oggetto. Nell'esempio svolto: l'oggetto dei due rapporti giuridici extracontrattuali presi in considerazione è l'appartamento; mentre l'oggetto del rapporto giuridico contrattuale è costituito, tanto dall'appartamento, quanto dal prezzo della compravendita. Dunque, in breve può dirsi che l'**oggetto del rapporto giuridico** è il "***bene***" (per la cui definizione aspettiamo il paragrafo che segue) su cui si appunta tanto l'interesse, e cioè il contenuto mediato del rapporto giuridico, quanto la situazione giuridica soggettiva, e cioè il contenuto immediato del rapporto giuridico.

Necessita, però, a questo punto introdurre nel discorso un'ulteriore fondamentale circostanza, che richiama ancora una volta nozioni affrontate nel III capitolo, ed in particolare nel paragrafo 3.2.1., e sulla quale ci soffermeremo sino alla conclusione di questo paragrafo.

Come abbiamo già visto, **rapporti giuridici** possono essere sostanzialmente di due tipi: **di carattere assoluto** e di **carattere relativo**. I primi hanno come contenuto immediato diritti soggettivi assoluti e, di contro, doveri di astensione; e come contenuto mediato interessi conservativi. I secondi hanno come contenuto immediato diritti soggettivi relativi, diritti soggettivi potestativi ed interessi legittimi, nonché, di contro, rispettivamente, obblighi e soggezione; e come contenuto mediato interessi acquisitivi.

Nei rapporti giuridici di carattere relativo particolare importanza hanno i **rapporti di tipo obbligatorio**, i quali hanno come contenuto immediato diritti soggettivi di credito e, di contro, obblighi, e come contenuto mediato l'interesse del creditore a vedere soddisfatto il proprio credito attraverso l'acquisizione di un'utilità che al momento egli non ha. A ben vedere, il vero oggetto dei rapporti giuridici di tipo obbligatorio non è il bene su cui eventualmente può appuntarsi l'interesse dei soggetti coinvolti, ma la **prestazione** che, a sua volta, può avere, o meno, ad oggetto quel bene. Ed infatti, come già evidenziato sempre nel III capitolo, per realizzare l'interesse acquisitivo del titolare del diritto di credito è necessario che il debitore ponga in essere la prestazione dovuta, e cioè ad esempio consegni il denaro, o gli assegni o le cambiali, che costituiscono il mezzo di pagamento del prezzo dovuto per una compravendita. In tal caso, denaro, assegni e cambiali sono oggetto della prestazione, e dunque oggetto solo mediato del rapporto obbligatorio (si parli in questi casi di **obbligazioni di dare**). Può, però, anche accadere che la prestazione non abbia ad oggetto una certa cosa, il che si verifica nelle c.d. **obbligazioni di fare**, laddove il debitore estingue il suo debito, e cioè adempie al suo obbligo, ponendo in essere un mero comportamento, e cioè un comportamento che non riguarda una cosa e che si sostanzia nella sua semplice azione. Ad esempio, un ballerino che si obbliga nei confronti di un produttore a danzare in un teatro è, per l'appunto, obbligato a danzare una certa opera e secondo una certa coreografia, e dunque nel rispetto di modalità più o meno prestabilite, ma senza che la sua prestazione abbia a che fare con una cosa che ne sia oggetto, in quanto altro è l'oggetto della prestazione, altro le modalità di sua esecuzione.

In definitiva, può dirsi che, mentre nei rapporti giuridici di tipo assoluto il rapporto tra i consociati è sempre caratterizzato dalla presenza di un oggetto costituito da un bene (materiale o immateriale che sia) su cui si appunta l'interesse degli stessi, nei rapporti giuridici di tipo relativo l'oggetto del rapporto è costituito sempre da una prestazione, la quale in certi casi può avere, a sua volta, un oggetto costituito da un bene, mentre in altri casi semplicemente non ha alcun oggetto.

5.1.1. I beni

Ai sensi dell'**art. 810** c.c., norma che apre il libro III del codice civile, "*Sono beni le cose che possono formare oggetto di diritti*".

Dunque, non solo le cose materiali, mobili o immobili, ma anche le cose immateriali, purché possano formare oggetto di diritti, e finanche cose che difettano di materialità. Ciò significa che anche una buona **idea** è un bene, se può costituire un'opera dell'ingegno, e cioè un'idea innovativa tutelata dal diritto d'autore e nella disponibilità del suo autore. Come bene è il **nome**, dato che senz'altro esso costituisce oggetto di un diritto soggettivo della personalità, tanto che il portatore, soprattutto se dotato di una certa visibilità sociale, può disporne consentendone l'utilizzazione commerciale ad altri, ad esempio a fini di *marketing*. Si tratta in entrambi i casi di c.d. **beni incorporali**, e cioè privi di fisicità, cui un tempo si negava la qualifica di "*cosa*", ma che oggi sono a pieno titolo considerati "*beni*" in ragione di una interpretazione evolutiva del disposto legislativo.

Una fisicità solo eventuale, e comunque particolare è anche quella dei **crediti**, che tuttavia sono certamente un bene, visto che sono cose, o meglio utilità economiche, che formano oggetto di diritti soggettivi e possono essere ceduti (cfr. artt. 1260 c.c.), rinunciati, rimessi, compensati e quant'altro.

Ovviamente, bene è il **corpo umano** visto che, come abbiamo già ampiamente chiarito nel IV capitolo, l'integrità fisica è un diritto soggettivo, se pure indisponibile, che ha ad oggetto il corpo, inteso in tutte le sue componenti. Per cui sono certamente beni i capelli, le unghie, il sangue ed ogni altra parte staccata del corpo, sebbene su tale problematica si preferibile rinviare quanto in proposito osservato nel IV capitolo dedicato proprio al diritto all'integrità fisica.

Di contro, non è considerato un "*bene*" in senso giuridico ciò che, pure essendo senz'altro una "***cosa***", non può essere fatto oggetto di diritti. E quindi, ad esempio, non sono beni l'acqua del **mare**, l'**aria** diffusa nell'ambiente, l'energia dei raggi del **sole**. O almeno non lo sono sino ad oggi, visto che al momento l'ordinamento non riconosce a nessuno la possibilità di acquisire diritti su tali cose, e ciò anche perché esse sono in natura a disposizione di tutti senza che si determinino situazioni di conflitto tra consociati in relazione alla fruizione delle stesse (insomma, si tratta di risorse attualmente non scarse rispetto ai bisogni umani). Si parla al riguardo di ***res communes omnium***.

L'**art. 810** utilizza in modo opportuno le parole laddove evidenzia che sono beni le cose "*che possono formare*" oggetto di diritti, e non che formano oggetto di diritti. Sicché, sono beni anche le cose che in un certo momento non sono di nessuno (c.d. ***res nullius***), ma che potrebbero diventare di qualcuno se fatte oggetto di occupazione (che è modo specifico di acquisto della proprietà disciplinato dall'art. 923 c.c.). Un uccello che vola libero nel cielo, ad esempio, non è di proprietà di nessuno, ma quando il cacciatore lo cattura, e quindi lo rende oggetto di occupazione, l'uccello diventa oggetto del suo diritto di proprietà.

Non rileva, invece, la differenza tra cose che possono essere commercializzate (c.d. **cose *in commercio***) e cose che non possono esserlo (c.d. **cose *extra commercium***) posto che anche le cose che non possono essere oggetto di trasferimento a titolo di commercio potrebbero esserlo ad altro titolo (per esempio, il sangue può essere donato e non venduto), e persino le cose che non possono proprio formare oggetto di atti di disposizione possono essere oggetto di diritti conservativi (esempio tipico gli organi del corpo, ed il corpo stesso, secondo quanto evidenziato nel capitolo IV).

Un regime speciale è riservato dalla legge ai "***beni degli enti ecclesiastici ed edifici di culto***". Ai sensi dell'**art. 831** c.c., infatti, a questi si applicano le regole del codice solo se "*non è diversamente disposto dalle leggi speciali che li riguardano*", ed inoltre *gli "edifici destinati all'esercizio pubblico del culto cattolico, anche se appartengono a privati, non possono essere sottratti alla loro destinazione, neppure per effetto di alienazione, fino a che la destinazione stessa non sia cessata in conformità delle leggi che li riguardano*".

Tradizionalmente il termine "*bene*" era utilizzato per identificare solo ciò che avesse una sua naturale consistenza economica. Sennonché, negli ultimi decenni la giurisprudenza, nell'ambito della più generale valorizzazione della persona nel diritto privato, ha superato ampiamente questa impostazione di carattere prettamente patrimoniale, finendo per riconoscere al concetto di bene una portata più ampia e pregnante tale per cui oggi è considerato bene **qualsiasi interesse protetto dal diritto**. E ciò spiega perché, in materia di responsabilità civile, sia considerata danno ingiusto (cfr. art. 2043 c.c.) ogni lesione di un "*bene*", ovvero "*interesse*", meritevole di tutela. Sennonché, a ben vedere, sotto questo profilo ciò che viene in rilievo non è tanto l'oggetto del rapporto, quanto il contenuto mediato dello stesso. Ed infatti, per esempio, chi partecipa ad un concorso pubblico dal quale viene escluso all'esito di una procedura viziata e quindi illegittima, può impugnare gli atti del concorso e chiederne l'annullamento lamentando la lesione del suo interesse legittimo, nel contempo chiedendo il risarcimento del danno a lui derivante per essere state lese le sue *chance* di vittoria. Il rapporto giuridico tra partecipante al concorso e P.A., in questo caso, non ha un oggetto vero e proprio, ma esclusivamente un contenuto immediato, costituito dalle situazioni giuridiche soggettive coinvolte (interesse legittimo del concorrente e dovere di correttezza, imparzialità e trasparenza della P.A.) ed un contenuto mediato costituito dall'interesse concreto del concorrente a partecipare al concorso in condizioni di piena legittimità per vincerlo. Svolta questa avvertenza, possono definirsi beni anche la **reputazione**, l'**identità personale**, la **riservatezza**, la ***privacy***, e quant'altro.

5.1.2. Beni immobili, beni mobili, universalità e pertinenze

L'**art. 812** c.c. distingue due grandi categorie di beni: i "***beni immobili***" e i "***beni mobili***".

La definizione di beni immobili è data dal legislatore indirettamente, e cioè attraverso l'elencazione di cose rientranti in tale categoria. L'elencazione riguarda: il suolo, le sorgenti e i corsi di acqua, gli alberi, gli edifici, le costruzioni, anche se unito al suolo a scopo transitorio, nonché "*tutto ciò che naturalmente o artificialmente è incorporato al suolo*". La definizione è tutt'altro che precisa perché il participio "*incorporato*" si presta a varie interpretazioni. Ciò ha fatto sì che nel tempo siano stati avanzati dubbi, sia in dottrina che in giurisprudenza, circa la qualificazione delle c.d. case mobili, e cioè dei prefabbricati che, come enormi *roulottes*, possono essere spostate a rimorchio di un autoveicolo, ma possono anche essere fissate al suolo stabilmente, nonché circa la qualificazione dei c.d. palloni di plastica che coprono impianti sportivi e luoghi per lo più ricreativi o assistenziali. In vero, il comma 2 dell'art. 812 – a tenore del quale sono considerate immobili anche "*i mulini, i bagni, e gli altri edifici galleggianti quando sono saldamente assicurati alla riva o all'alveo e sono destinati ad esserlo in modo permanente per la loro utilizzazione*" – induce a preferire un'interpretazione tendenzialmente estensiva, sebbene nei limiti appena indicati, della nozione di beni immobili.

Sempre ai sensi dell'**art. 812**, "*Sono mobili tutti gli altri beni*".

La **differenza tra beni immobili e mobili** è molto importante perché il regime giuridico delle due categorie è significativamente diverso in quanto per i beni mobili vigono regole semplificate che disciplinano la circolazione dei diritti su tali beni (ad esempio, in generale gli atti di alienazione non richiedono particolari forme), tanto che – salvo quanto si dirà tra un attimo relativamente ai c.d. mobili registrati – non esiste un sistema di pubblicità delle relative vicende, di talché l'opponibilità del diritto di proprietà sul bene si lega (ma ci sono varie eccezioni, come vedremo nel capitolo VI) al semplice possesso dello stesso. Viceversa per i beni immobili, considerati generalmente di valore più rilevante, l'ordinamento pone regole precise per la forma degli atti di disposizione (ad esempio, v. art. 1351 c.c.) e regolamenta in maniera articolata la pubblicità di tali atti (artt. 2643 e seguenti c.c.). Sulle differenze in parola torneremo a più riprese nel corso di questo manuale quando tratteremo gli istituti in cui le stesse vengono in rilievo.

Una particolare categoria è, poi, quella dei **beni mobili registrati** (o "*iscritti in pubblici registri*"), comprendente autoveicoli, motoveicoli, certe tipologie di natanti, gli aerei, ecc. La caratteristica di questi beni, che sono considerati dall'ordinamento avere un certo rilievo, benché mobili, è quella di vedersi spesso applicata, per espressa previsione legislativa, una disciplina analoga a quella stabilità per i beni immobili. Tuttavia, come chiarisce l'**art. 815** c.c., dove mancano norme specifiche, si devono applicare le norme riguardanti i beni mobili.

Altra particolare categoria è quella che concerne le c.d. **universalità di beni mobili**, che, ai sensi dell'**art. 816** c.c., sono "*pluralità di cose che appartengono alla stessa persona e che hanno una destinazione unitaria*". Esempi tradizionali di universalità sono il gregge e la pinacoteca. Come reso evidente dal chiaro tenore della disposizione di legge, tre sono gli elementi necessari perché si possa parlare di universalità: una pluralità di cose mobili, una destinazione unitaria intesa come funzione comune e l'appartenenza delle cose al medesimo soggetto. La destinazione unitaria non fa comunque perdere l'autonomia alle cose che formano la universalità le quali potranno quindi essere oggetto, separate l'una dall'altra, di singoli atti di disposizione o di godimento. Sotto determinati profili, le universalità hanno una disciplina specifica che le riguarda, e tale disciplina si palesa analoga a quella dei beni immobili. Anche qui la *ratio* dell'assetto normativo è da individuarsi nel fatto che per il legislatore la pluralità di beni mobili che ha destinazione unitaria ha un rilievo economico tale per cui richiede un'attenzione simile a quella riservata ai beni immobili e, secondo quanto appena visto, ai beni mobili registrati. Tra le universalità a cui il codice civile destina una disciplina specifica va annoverata, anche per la fondamentale importanza che essa riveste nella prassi dei rapporti commerciali, senz'altro l'**azienda**, che l'**art. 2555** c.c. definisce come "*il complesso dei beni organizzati dall'imprenditore per l'esercizio dell'impresa*". In vero, l'azienda costituisce un'entità particolarmente complessa, anche perché coinvolge beni immateriali quali segni distintivi, avviamento e spesso privative industriali, tanto che parte della dottrina ha dubitato della reale qualificazione dell'azienda in termini di universalità.

Dalla universalità di mobili, definita dall'art. 816, va distinta la c.d. **universalità di diritto**, la quale si verifica quando l'unitaria destinazione a beni di diversa tipologia e natura, ma unica titolarità, non la attribuisce un soggetto, ma la legge. È, ad esempio, il caso dell'eredità, e cioè del patrimonio costituente tutti i rapporti attivi e passivi di cui il *de cuius* era titolare in vita, sulla quale si tornerà diffusamente nel capitolo VIII.

Un'altra disposizione tra quelle che aprono il libro III del codice civile e che, come l'art. 815, si occupa di particolari relazioni che possono istaurarsi tra beni, è l'**art. 817**, il quale definisce **pertinenze** "*le cose destinate in modo durevole a servizio o ornamento di un'altra cosa*", e precisa che la destinazione può essere effettuata anche da chi abbia un diritto reale sui beni. Le ricadute pratiche evenienti dall'individuazione della categoria sono evidenziate dagli **artt. 818 e 819** c.c. Il principio fondamentale in materia è che gli atti che riguardano il bene principale "*comprendono anche le pertinenze se non è diver-*

samente disposto". Sicché, se compro una villetta con un giardino di pertinenza, e nell'atto non di specifica nulla riguardo al giardino, gli effetti dell'atto riguardante la casa ricadranno anche sul giardino.

Non rientra nel concetto di pertinenza il rapporto esistente tra cose che formano una **cosa composta**, in quanto il rapporto di pertinenza può essere sciolto in qualsiasi momento senza che la cosa principale perda la sua identità ed autonomia, mentre la cosa composta per esistere richiede la compresenza di tutte le cose che la formano, sicché quando l'unità si scioglie la cosa complessa non c'è più, sebbene le cose possano riprendere la loro autonomia.

5.1.3. I frutti

Nel diritto civile, per "***frutti***" si intende una nuova ricchezza mobiliare procurata da una preesistente ricchezza, mobiliare o immobiliare. Al tema il codice dedica gli artt. **820 e 821**. La definizione appena formulata non è esente da una qualche approssimazione, ma ciò dipende dal fatto che l'art. 820 definisce frutti naturali e frutti civili separatamente, omettendo dunque di fornire una nozione sintetica della categoria, la quale, peraltro, si presenta in maniera piuttosto eterogenea anche all'interno delle due sottocategorie.

Dal codice, in ogni caso, si ricava che sono frutti "***naturali***" quelli che "*provengono direttamente dalla cosa*", eventualmente con il concorso dell'opera dell'uomo (e dunque, prodotti agricoli, quelli delle miniere, cave o torbiere, le parti degli animali). Mentre, se la proprietà dei frutti è attribuita ad un soggetto diverso dal proprietario della cosa madre che li produce, questi la acquista al momento della "separazione" materiale dei primi dalla seconda; il proprietario della cosa madre fa propri i frutti per effetto del naturale venire ad esistenza di questi, senza bisogno dell'altrui collaborazione e senza bisogno di separazione.

I frutti naturali sono, finché non avvenga la loro separazione dalla cosa madre, parte di questa; perciò la vendita del fondo agricolo comporta automaticamente la vendita dei frutti ancora pendenti. I frutti non ancora separati possono essere considerati, sul piano del diritto privato:

– come **parte della cosa**, ed in tal caso, per effetto degli atti di disposizione aventi per oggetto l'immobile, i frutti pendenti circolano secondo la legge di circolazione dei beni immobili; ovvero

– come **beni mobili autonomi futuri**, nel quale caso gli atti che dispongono separatamente dei frutti pendenti si sottraggono alla legge di circolazione degli immobili e, quindi, i frutti vengono dedotti in contratto quali essi diventeranno per effetto della separazione, cioè quali distinti beni mobili.

Sono "***frutti civili***" quelli che "*si ritraggono dalla cosa come corrispettivo del godimento che altri ne abbia*", ossia il danaro o le altre utilità che il proprietario ricava dalla cessione ad altri del godimento della cosa, quali "*gli interessi dei capitali, i canoni enfiteutici, le rendite vitalizie, e ogni altra rendita, il corrispettivo delle locazioni*" (art. 821). Vengono ritratti dalla cosa fruttifera solo per effetto della collaborazione altrui: l'avente diritto ai frutti è creditore di altro soggetto e solo dall'adempimento di questi ricava i frutti civili. I frutti civili si acquistano giorno per giorno, finché dura il diritto del proprietario di percepirli (art. 821, comma 3).

5.1.4. I beni pubblici

Come segnalato sin dai primi capitoli di questo manuale lo Stato e gli enti pubblici hanno piena capacità giuridica di diritto privato, o se si preferisce di diritto comune. Tale capacità si manifesta anche nella titolarità di beni e diritti sui beni, ai quali si applica in linea di principio il diritto civile, salvo deroghe. Dal punto di vista storico, può osservarsi che nel corso dell'Ottocento lo Stato italiano era titolare di un immenso patrimonio immobiliare per avere ricevuto vastissimi compendi patrimoniali in seguito all'unificazione degli Stati preunitari. Dopo oltre un secolo di svendite ai privati che, soprattutto per ragioni di finanza pubblica, lo Stato e gli enti pubblici hanno dovuto operare, oggi il patrimonio c.d. pubblico è certo ridimensionato rispetto al passato, ma mantiene una consistenza significativa, tanto che l'opera di dismissione dei beni pubblici ai privati è ancora attualmente in corso, ed inoltre recentemente è stato avviato un corposo trasferimento di proprietà di beni dallo Stato agli enti locali.

Ai beni pubblici il nostro codice civile dedica gli artt. **da 822 a 831**, e cioè il **capo II** del titolo I del libro III, oltre ad una serie di norme contenute in leggi speciali, le quali disegnano un regime speciale composto di deroghe all'applicazione del diritto comune, in particolare, alla circolazione ed all'uso dei beni pubblici.

Fin dagli inizi del XIX secolo, si è andata sviluppando una disputa dogmatica, soggetta ad alterne fortune, circa la validità della distinzione fra proprietà pubblica e proprietà privata, che affonda le sue radici nella concezione liberale del diritto e che assegna sia ai beni privati sia ai beni pubblici il compito di soddisfare gli interessi pubblici. Nell'ordinamento vigente, solo la Costituzione menziona espressamente la proprietà pubblica laddove all'**art. 42** afferma che "*La proprietà è pubblica o privata. I beni economici appartengono allo Stato, ad enti o a privati*", ma la formulazione letterale della norma non risulta particolarmente felice in quanto la nozione di bene reca in sé quella di utilità economica, anche quando il bene non abbia immediatamente carattere patrimoniale, ed inoltre in quanto il generico riferimento agli enti non consente nemmeno di distinguere tra enti pubblici e privati, di talché appare del tutto ridonante.

Le norme del codice civile del 1942, dal canto loro, non offrono una definizione né precisi criteri per individuare con certezza cosa debba intendersi per "proprietà pubblica", limitandosi a disciplinare il particolare regime giuridico dei beni *appartenenti* all'ente pubblico. L'**art. 822**, infatti, sotto questo profilo si limita ad elencare, peraltro non in maniera esaustiva, i beni del demanio pubblico; mentre il successivo **art. 823** opera un rinvio alle leggi di settore che dettano il particolare regime (la c.d. condizione giuridica) dei beni appartenenti al demanio. Analoga disciplina è prevista per i beni appartenenti al patrimonio pubblico come rivela la lettura degli **artt. 826** e **828**. Sennonché, il concetto giuridico di ***appartenenza*** usato dal legislatore è troppo vasto e non può coincidere con quello di proprietà, il cui contenuto (cfr. art. 832 c.c.) comprende, infatti, facoltà ben identificate, quali il diritto di disposizione, di godimento, di uso, ecc., dei quali non c'è invece menzione nelle norme dedicate ai beni pubblici.

Ferma la difficoltà di individuare una categoria unitaria o un concetto univoco di proprietà pubblica, ed evidenziato che in effetti non tutte le proprietà pubbliche (come tra breve si vedrà) sembrano realmente assimilabili alla proprietà privata, va detto che le due caratteristiche essenziali dei beni pubblici sono: a) di essere proprietà dello Stato o di altri enti pubblici; e b) di essere destinati all'utilità pubblica o a un pubblico servizio. In vero, esistono beni di proprietà pubblica che non sono destinati direttamente a tale funzione pubblica, in quanto sono, ad esempio, concessi in locazione a privati, la qual cosa consente tuttavia all'ente pubblico di destinare all'utilità pubblica i conseguenti frutti civili.

Il codice civile distingue i beni in parola innanzitutto in due categorie: **beni demaniali** e **patrimoniali**. La distinzione ha radici storiche e culturali antiche in quanto nasce nel periodo della Rivoluzione francese, allorquando si operò la distinzione, poi trasposta nel codice napoleonico e nei successivi codici civili derivati, tra beni della nazione necessari per le esigenze della collettività (strade, fiumi, porti); beni della nazione non necessari, riportati alla disciplina del diritto comune e possibile oggetto di alienazione e commercio giuridico, in quanto non rappresentano strumenti diretti di amministrazione come i primi.

In sintesi, **sono demaniali** – quindi "*inalienabili*" e non passibili di "*formare oggetto di diritti a favore di terzi se non nei modi e nei limiti stabiliti dalla legge leggi che li riguardano*" (**art. 823** c.c.) – e "*appartengono*" allo Stato:

– i beni che per la loro naturale attitudine a soddisfare interessi pubblici non possono che essere proprietà dello Stato, quali, ai sensi del **comma 1 dell'art. 822**, il "*lido del mare, la spiaggia, le rade, i porti, i fiumi, i torrenti e i* *laghi e le altre acque definite pubbliche dalle leggi in materia*" nonché "*le opere destinate alla difesa nazionale*" (c.d. **demanio naturale**);

ed inoltre

– "*se appartengono allo Stato, le strade, le autostrade e le strade ferrate; gli aerodromi; gli acquedotti*", gli altri beni individuati dal **comma 2 dell'art. 822**, "*e infine gli altri beni che sono dalla legge assoggettati al regime proprio del demanio pubblico*" (c.d. **demanio artificiale** o **accidentale**).

Tali ultimi beni, secondo l'**art. 824**, se appartengono alle Province o ai comuni, sono soggetti al demanio pubblico, così come i "*cimiteri*" e i "*mercati comunali*".

Sono invece beni patrimoniali quelli individuati dall'**art. 826**, i cui commi 2 e 3 elencano i **beni patrimoniali indisponibili**, che dunque si differenziano dai **beni patrimoniali disponibili**, in quanto questi ultimi, che costituiscono una categoria residuale, si caratterizzano per essere nell'immediata disponibilità dell'ente pubblico che può anche alienarli, mentre i primi hanno un vincolo di destinazione che impedisce la loro libera utilizzazione e disponibilità da parte dell'ente (**art. 828, comma 2**). A tutti i beni patrimoniali – come stabilito dall'**art. 828, comma 1** – si applicano "*le regole particolari che li concernono*" e, in quanto non diversamente disposto, le regole del codice civile.

Una differenza importante tra beni demaniali e patrimoniali può individuarsi nel fatto che solo i primi non possono essere usucapiti (**art. 1145** c.c.). L'art. 829 stabilisce che con atto della pubblica amministrazione un bene può passare dall'una all'altra categoria. In tal modo, un bene demaniale, può divenire disponibile ed alienabile.

5.2. Le diverse categorie di '*cose*'

In chiusura di questo breve capitolo va sottolineato che in relazione alle '*cose*' sono state in dottrina elaborate numerose classificazioni. Tali classificazioni, che qui sinteticamente si elencano, risulteranno utili per affrontare i prossimi capitoli, e ciò in particolare riguardo alle obbligazioni:

1) sono **cose generiche** quelle individuate dall'appartenenza ad una determinata categoria (ad esempio, il denaro, il grano di una certa tipologia, pecore di una certa razza, eccetera), mentre sono **cose specifiche** quelle individuate in ragione di proprie specifiche caratteristiche (ad esempio, il quadro di quel tale pittore intitolato in quel certo modo; quel particolare toro, figlio a sua volta di un toro campione di fecondazione, il cui seme risulta particolarmente prezioso per le sue qualità genetiche);

2) sono **cose fungibili** quelle che possono essere sostituite da altre appartenenti allo stesso genere, mentre sono **cose infungibili** quelle che non possono

essere sostituite con cose dello stesso genere (ad esempio, un libro normalmente è un bene fungibile perché sul mercato se ne dovrebbero trovare copie senza problemi; tuttavia, se si tratta di un libro antico, allora può diventare infingibile);

3) sono **cose consumabili** (o deteriorabili) quelle che non possono essere utilizzate senza che l'uso le consumi sia fisicamente (ad esempio il combustibile), sia economicamente (ad esempio il denaro), e cose **inconsumabili** quelle che possono essere utilizzate senza che l'uso le alteri;

4) sono **cose divisibili** quelle che possono essere frazionate senza che ciò alteri la loro natura e le loro caratteristiche (ad esempio denaro, grano, farina, ecc. giacché la divisione di un sacco di farina incide solo sull'aspetto quantitativo del bene), mentre sono **cose indivisibili** quelle che non possono essere frazionate se non con l'effetto di perdere la loro destinazione economica o la loro utilità (ovviamente, un quadro di Picasso difficilmente potrà essere considerato indivisibile e così pure il toro campione di fecondazione a cui si faceva riferimento già prima); e infine

5) sono **cose corporali** quelle che possono essere percepite con i sensi umani in quanto dotate di propria fisicità (e cioè praticamente tutto ciò che vediamo e percepiamo attorno a noi), e **cose incorporali** quelle prive di una fisicità tale da essere percepite dai sensi umani (ad esempio, un'idea meritevole di essere brevettata, il nome, la ditta, l'avviamento di un'impresa, un programma per elaboratore elettronico), a cui si è già fatto un breve cenno nel paragrafo 5.1.1.

CAPITOLO SESTO

I FATTI CHE INCIDONO SUL RAPPORTO GIURIDICO

Sommario

6.1. **Fatti ed atti: richiami e rinvio**

Nel capitolo III abbiamo introdotto alcuni concetti fondamentali del diritto privato. Tra questi, un'attenzione particolare è stata rivolta alla sintetica esplicazione delle nozioni basilari della teoria dei fatti e degli atti giuridici (v. il paragrafo 3.4.), nell'ambito della quale, come prima cosa, si è detto che all'interno della macrocategoria dei fatti giuridicamente rilevanti vanno distinte le sottocategorie dei fatti in senso stretto (o naturalistici) e degli atti (cioè dei fatti determinati da un'azione volontaria dell'uomo), per precisare subito dopo che gli atti si devono ulteriormente distinguere in atti in senso stretto (compiuti con volontà rivolta all'atto in sé) ed atti negoziali (compiuti perché se ne vogliono conseguire gli effetti giuridici). Il tutto può essere riassunto attraverso uno schemino tanto semplice quanto efficace.

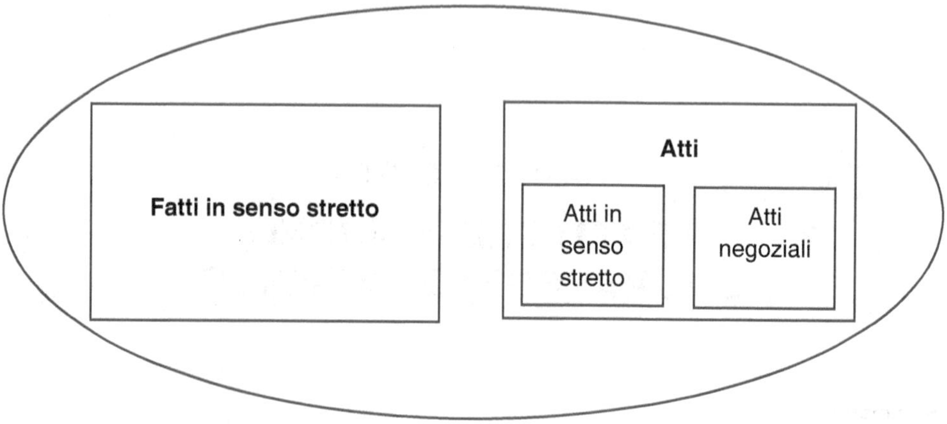

Nel paragrafo 3.4.2. abbiamo, altresì, distinto varie tipologie di atto giuridico in relazione ad una pluralità di fattori di volta in volta passati in rapida rassegna. E, dunque, abbiamo distinto:

- atti recettizi e non recettizi;
- atti leciti ed illeciti;
- atti unilaterali, bilaterali o plurilaterali;
- atti collettivi, complessi e collegiali;
- atti *inter vivos* e *mortis causa*;
- atti a titolo oneroso, a titolo gratuito ed a titolo di liberalità.

Inoltre, abbiamo evidenziato come proprio attraverso i fatti giuridicamente rilevanti, e soprattutto attraverso gli atti giuridici in quanto realizzati volontariamente dall'uomo, si svolgono i rapporti giuridici e cioè si costituiscono, si modificano e si estinguono i rapporti tra consociati regolati dal diritto privato.

Ed infine abbiamo chiarito che nel nostro ordinamento vige un principio di libertà delle forme dei fatti e degli atti giuridici, al quale tuttavia la legge deroga in numerosi casi imponendo – per atti ritenuti di maggior rilievo – determinate forme per la validità o in alternativa per la sola prova degli atti, e determinati procedimenti tesi a consentire la pubblicità, e cioè la conoscibilità per i terzi, degli atti stessi. Forme e pubblicità che nei casi più rilevanti, espressamente individuati dalla legge, come vedremo più avanti, costituiscono elementi indispensabili per il perfezionamento della fattispecie da cui derivano gli effetti, o taluni effetti, dell'atto.

Dopo aver trattato nel capitolo IV i '**soggetti**' del rapporto giuridico e nel capitolo V '**contenuto ed oggetto**' del rapporto giuridico, è arrivato ora il momento di concentrare la nostra attenzione sui '**fatti**' (in senso lato, e quindi su fatti e atti) che incidono sul rapporto giuridico, e dunque in forza dei quali un rapporto giuridico si esplica, venendo a costituirsi, a modificarsi o ad estinguersi.

I fatti capaci di costituire, modificare o estinguere rapporti giuridici possono essere tanto fatti in senso stretto, quanto atti. Ad esempio un **fatto illecito**, sia che dipenda da un'azione umana sia se costituito da un evento meramente naturalistico, quale può essere il fatto dell'animale (art. 2052 c.c.) o la rovina dell'edificio (art. 2053 c.c.), produce – sempre che non sussistano fattori ostativi come vedremo trattando più avanti la tematica della responsabilità civile – la nascita di un rapporto obbligatorio avente come contenuto l'obbligo di risarcimento e come oggetto la somma che a tale titolo il responsabile deve consegnare a chi ha subito il danno. Ed ancora, la **nascita** fa sorgere in capo al soggetto che viene alla luce alcuni diritti ed alcuni obblighi nei confronti dei genitori. La **morte**, al contrario, rappresenta un fatto che estingue i rapporti del *de cuius* non trasmissibili ai suoi eredi (cfr. il capitolo VIII). Sono, questi, esempi di fatti in senso stretto idonei ad incidere sui rapporti giuridici. Gli esempi potrebbero essere molti ancora. Ma, più dei fatti, ciò che incide sullo svolgimento dei nostri rapporti giuridici sono gli atti, ed in particolare gli **atti negoziali** che ogni giorno ognuno di noi compie in grande quantità per far fronte a variegate esigenze. E ciò in quanto, mentre i fatti in senso stretto influenzano tale svolgimento in modo indipendente dalla nostra volontà e, dunque, per accadimenti che sfuggono al nostro controllo e finanche spesso alla nostra previsione, tramite gli atti noi tutti possiamo, nei limiti in cui l'autonomia privata può esplicarsi nell'ordinamento, determinare modi, tempi e fini dei rapporti giuridici.

Come detto, l'introduzione al tema in parola è stata già svolta nel paragrafo 3.4., al quale si rinvia integralmente. In questo capitolo, giova precisarlo, prenderemo in considerazione solo le tematiche generali relative alla **forma**, alla **prova** ed alla **pubblicità** dei fatti giuridici, rinviando per il resto ai prossimi capitoli, ed in particolare a quello sul contratto in generale, il quale risulterà particolarmente importante per definire compiutamente la disciplina della categoria degli atti, ed in specie degli atti c.d. negoziali. Ciò perché appare conveniente, sotto il profilo didattico, rispettare il più possibile la sistematica codicistica, e dunque trattare in modo organico le tematiche relative a:

– ***elementi accidentali degli atti*** (cfr. artt. 1353-1361 c.c.);
– ***rappresentanza nel compimento degli atti*** (artt. 1387-1400 c.c.);
– ***simulazione degli atti*** (artt. 1414-1417 c.c.); e
– ***invalidità degli atti*** (artt. 1418-1452 c.c.);

scorrendo la disciplina generale del contratto (a cui è dedicato il **titolo II del libro IV del codice**). È proprio in tale contesto, infatti, che il legislatore – in considerazione di quanto disposto dall'**art. 1324** c.c. – ha inteso dare puntuale regolamentazione alle problematiche in parola, salvo derogarla o integrarla in altre parti dello stesso codice con norme specifiche operanti in determinate materie. Ad esempio, come vedremo nel capitolo VII in relazione agli atti rilevanti nel diritto di famiglia, le quattro tematiche appena elencate sono regolate in maniera parzialmente diversa. Infine, per gli atti *mortis causa* – che sono espressamente esclusi dall'ambito di operatività dell'art. 1324 – vigono, sempre in relazione a tali tematiche, principi ulteriori, che saranno presi in considerazione del capitolo VIII.

La circostanza da ultimo evidenziata, e relativa alla eterogeneità della disciplina riguardante le quattro problematiche appena elencate, costituisce un ulteriore buon motivo per evitare trattazioni generali della categoria degli atti che, per quanto detto, soffrirebbero necessariamente di eccessiva approssimazione. A tal proposito, giova ribadire che – come già ricordato nel capitolo III – il legislatore del 1942 non ha accolto nel codice vigente la nozione di negozio giuridico di derivazione germanica; o, meglio (se proprio si vuole), l'ha circoscritta agli atti presi in considerazione dall'art. 1324; sicché, al contrario di quanto in astratto è stato possibile fare nel sistema tedesco in una determinata epoca, nel nostro ordinamento appare fuorviante ragionare in termini generali di teoria unitaria dell'atto giuridico se non nei limiti di quanto si vedrà più avanti. E ciò, tanto più oggi, alla luce degli interventi legislativi che negli ultimi anni, ad esempio in materia di invalidità ed inefficacia degli atti, hanno reso quanto meno spurie, soprattutto in determinati contesti (*exceterio*, in materia di contratti tra imprese e tra imprese e consumatori, nonché in materia di delibere societarie), le categorie tradizionalmente enucleate nell'ambito della stessa teoria generale dell'atto negoziale.

6.2. La forma degli atti giuridici

Come abbiamo ripetuto anche nel precedente paragrafo, nel nostro diritto civile vige il principio generale della **libertà delle forme** degli atti (tra un attimo vedremo che per i fatti in senso stretto la questione non si pone). La circostanza appare rispettosa del dato per cui gli atti umani, sul piano naturalistico, possono essere compiuti in varie forme. Anche le dichiarazioni, che costituiscono atti particolarmente importanti nel mondo del diritto perché consentono, ad esempio, di manifestare la volontà e, quindi, tra l'altro, di concludere i contratti – secondo quanto si è già visto nel capitolo III –, possono essere manifestate in forma espressa (verbale e documentale), in forma tacita o anche per fatti concludenti.

Tuttavia, in taluni casi la legge richiede una certa forma, e cioè che il contenuto dell'atto in questione sia concretamente riversato in (e dunque ricavabile *a posteriori* da) un documento confezionato secondo determinati accorgimenti. In altri termini, si richiede uno specifico modo di estrinsecazione della volontà interna del soggetto. Ciò dipende dall'esigenza, avvertita dall'ordinamento rispetto a vicende ritenute tendenzialmente più complesse o di più rilevante impatto economico, di determinare condizioni di maggior **certezza** nei rapporti tra privati. Secondo la giurisprudenza, le norme che dispongono la necessità di una certa forma dell'atto sono di **stretta interpretazione** ed insuscettibili di interpretazione analogica (cfr. Cass., sentenza 17 marzo 1995 n. 318).

La problematica, come incidentalmente precisato in apertura di paragrafo, chiaramente non riguarda anche i **fatti in senso stretto** perché questi si caratterizzano in quanto avvengono senza che l'uomo li determini con il suo comportamento volontario, di talché sarebbe illogico e, viepiù, inutile che la legge provasse ad imporre ai consociati di porre in essere i meri fatti in forme prestabilite. Viceversa, i fatti così come gli atti sono coinvolti a pieno nelle tematiche della prova e della pubblicità, a cui sono dedicati i paragrafi 3 e 4 di questo capitolo, in quanto anche i fatti non determinati dalla volontà dell'uomo devono essere provati in giudizio e devono poter essere opposti a terzi da parte di chi ritiene da essi di poter ricavare beneficio. Un esempio sarà utile a fugare ogni eventuale dubbio: l'ordinamento non può imporre all'uomo di morire in un dato modo, ma certo può (ed anzi necessariamente deve, tanto che si cura di) creare meccanismi finalizzati a dare pubblicità all'evento morte ed a consentirne la prova in giudizio.

Nel nostro codice la disciplina della forma degli atti è contenuta nel **libro VI** dedicato alla "***tutela giurisdizionale dei diritti***", in particolare all'inizio del titolo II, dedicato alle "*Prove*". In realtà, gli aspetti trattati in questo e nei due paragrafi che seguono non attengono propriamente al tema delle prove, ma a quello della formazione e dell'efficacia degli atti, mentre alle prove è dedicato il paragrafo 6.3. Alla luce di tale disciplina, nel diritto privato possono individuarsi, sotto il profilo formale, tre tipologie di documento in cui la legge può chiedere che sia formalizzato un certo atto. Si parla a riguardo anche di tipologie di forme documentali, e queste sono:

- la **scrittura privata** (art. 2702 c.c.);
- la **scrittura privata autenticata** (art. 2703 c.c.);
- l'**atto pubblico** (art. 2700 c.c.).

Su ognuna di tali forme ci soffermeremo, come detto, nei due paragrafi che seguono.

Tradizionalmente si usa distinguere i casi nei quali la forma è dalla legge richiesta **per la validità dell'atto (c.d. forma *ad substantiam*)** dai casi nei quali la forma è richiesta **ai soli fini della prova dell'atto (c.d. forma *ad probationem tantum*).**

Nei casi in cui manchi una forma richiesta dalla legge ad *substantiam* – cioè nei casi in cui il documento non sia mai stato realizzato nella forma richiesta, diverso essendo il caso che sia andato smarrito o distrutto – l'atto è affetto da invalidità, ed anzi dalla forma più grave di invalidità, la nullità (ma ciò non riguarda il testamento, il cui difetto di forma, salvo che la legge non sancisca espressamente la nullità, si traduce, *ex* art. 606, comma 2, c.c. in una causa di **annullabilità** dell'atto), mentre nei casi in cui difetti la forma richiesta *ad probationem tantum* l'atto non sarà invalido, ma l'interessato avrà problemi a provarne in giudizio l'esistenza ed il contenuto visto che la legge, per tali atti, non ammette (se non nel caso di smarrimento senza colpa, *ex* art. 2725 c.c.) né la prova per testimoni né quella per presunzioni semplici (art. 2729 c.c.), e quindi l'interessato dovrà utilizzare a tal fine esclusivamente gli altri mezzi di prova generalmente previsti, e cioè il giuramento e la confessione. Tra breve – in particolare, come anticipato, nel paragrafo 6.3. – ci soffermeremo su ognuno di tali mezzi di prova per tracciarne brevemente la disciplina.

Se una determinata forma è richiesta *ad substantiam*, una questione che si è posta in giurisprudenza e dottrina concerne la necessità che il requisito sia integrato con riguardo ai soli **elementi essenziali** o anche a quelli accidentali. In pratica, ci si chiede se un contratto di compravendita immobiliare, sottoposto a forma scritta *ad substantiam* ai sensi dell'art. 1350 c.c., una condizione sospensiva non formalizzata per scritto possa essere considerata valida ed efficace quando le parti ne riconoscano la pattuizione orale. Secondo una parte della dottrina, la forma scritta sarebbe sempre necessaria anche con riferimento agli elementi accessori, per tanto in tal caso la condizione sarebbe nulla per difetto di forma. Secondo altra parte della dottrina, invece, la forma sarebbe richiesta solo per gli elementi essenziali e, dunque, nella situazione in esame la condizione sarebbe apposta validamente al contratto anche se non è mai stata pattuita per iscritto (cfr. Cass., sentenza 12 gennaio 2006 n. 419).

Altra questione di assoluto interesse che si è posta in materia concerne l'ipotesi che l'accordo tra privati, rispetto ad un contratto per il quale la legge richiede la forma scritta *ad substantiam* (cfr. art. 1350 c.c., la cui elencazione però non esaurisce i casi di atti per cui è richiesta tale forma), non risulti espressamente dall'atto scritto nel quale sono, viceversa, contenute tutte le circostanze su cui le parti hanno raggiunto l'accordo. Ciò può accadere, ad esempio, quando una parte abbia inviato all'altra una proposta scritta, eventualmente dopo averne trattato e quindi concordato con questa il contenuto, e l'altra parte l'abbia accettata con un comportamento concludente o, comunque, ai sensi dell'art. 1327 c.c. In sostanza, si pone al riguardo la questione se la manifestazione scritta della volontà nell'ambito dei contratti che richiedono la forma scritta *ad substantiam* sia requisito essenziale dell'atto, oppure se – posto che essa ovviamente deve sussistere in quanto l'accordo è uno degli elementi essenziali ed indefettibili del contratto (art. 1325 c.c.) – possa ricavarsi *aliunde*. Secondo parte della dottrina, considerando che in alcune specifiche disposizioni il legislatore parla di "*volontà espressa*", si può sostenere che, in difetto di tale espressa previsione, la volontà potrebbe risultare anche implicitamente. Sul punto, però, la giurisprudenza pare mantenere una posizione di maggior rigore, tanto da aver chiarito che l'accettazione di un contratto d'opzione che abbia ad oggetto immobili richiede la forma scritta *ad substantiam*, in quanto la forma scritta non può essere supplita da meri comportamenti, né da quietanze, giacché queste presuppongono il contratto ma non integrano la manifestazione della volontà di concluderlo (cfr. Cass., sentenza 4 giugno 2004 n. 10649).

6.2.1. La scrittura privata semplice e autenticata

La **scrittura privata** è il documento redatto per iscritto con qualunque mezzo – manuale, meccanico, ovvero informatico, come sopra specificato – e sottoscritto con firma, autografa o elettronica, da un soggetto che, in virtù della sottoscrizione, si assume la paternità dell'atto, che potrebbe anche non aver redatto lui, ma di cui per l'appunto viene considerato autore in virtù della firma. Come vedremo tra breve nel box in tema di documento informatico e firme elettroniche, la firma elettronica c.d. 'debole', al contrario della "*firma elettronica qualificata*", non è idonea a conferire al documento efficacia di scrittura privata.

Il documento redatto da un soggetto che non vi appone la sua firma non costituisce scrittura privata, ma un documento ***tout court*** (o mero documento), anche se reca in ipotesi i dati anagrafici del suo presunto autore e sia a questo riconducibile.

In base alla massima di esperienza per cui chi firma un documento ne condivide il contenuto e vuole, in qualche modo, farlo proprio, il codice stabilisce che la scrittura privata "*fa* piena prova, *fino a* querela di falso, *della* ***provenienza*** *delle dichiarazioni da chi l'ha sottoscritta se colui contro il quale è prodotta ne riconosce la sottoscrizione ovvero se questa è legalmente considerata come riconosciuta*" (**art. 2702** c.c.). La prova, quindi, non riguarda la veridicità delle dichiarazioni la quale – come si dirà più avanti in questo capitolo – è sempre rimessa al libero convincimento del giudice, ma la sola provenienza delle stesse.

Dunque, la scrittura privata non garantisce a pieno il soggetto che voglia farla valere contro il suo autore, giacché la prova della provenienza è data, come appena visto, solo in caso di riconoscimento da parte di quest'ultimo ovvero, in alternativa, se la scrittura è considerata dalla legge, in casi particolari, come riconosciuta. In altre parole, dunque, l'autore di una scrittura privata può limitarsi a non riconoscerla al fine di far sì che la stessa non gli possa essere opposta, a meno che la scrittura non sia fatta valere nell'ambito di un giudizio, e cioè di un processo vero e proprio, giacché il codice di procedura civile stabilisce che **nel processo civile** la scrittura privata non autenticata deve ritenersi **tacitamente riconosciuta** quando la parte alla quale la scrittura è attribuita, o contro la quale è prodotta, non la disconosce nella prima udienza o nella prima difesa successiva alla produzione (**art. 215 c.p.c.**). Perché il principio valga anche nei confronti della parte rimasta contumace deve essere notificato a quest'ultima il verbale di udienza o l'atto di causa in cui si dà atto della produzione della scrittura privata (Corte cost., sentenze 28 novembre 1986 n. 250 e 6 giugno 1989 n. 317). In ogni caso, ai sensi dell'**art. 293 c.p.c.**, "*il contumace che si costituisce può disconoscere nella prima udienza o nel termine assegnatogli dal* giudice istruttore, *le scritture contro di lui prodotte*".

Il **disconoscimento** è l'atto con cui la parte, in un giudizio civile, "*nega formalmente la propria scrittura o la propria sottoscrizione*". Se, però, ad effettuare il disconoscimento non è l'autore del documento, ma un suo erede o avente causa, questi può limitarsi a dichiarare di non conoscerne la scrittura o la sottoscrizione (**art. 214** c.p.c.). Il disconoscimento consente a chi voglia negare rilevanza al documento che contro di lui viene portato in giudizio di imporre alla controparte, che invece ha interesse a far valere il documento, di chiedere a tal fine la c.d. **verificazione** (**art. 216** c.p.c.), e cioè la verifica della paternità del documento e quindi della reale sottoscrizione dello stesso, così aprendo un procedimento incidentale nel giudizio in corso.

La legge considera sempre riconosciuta, e dunque non disconoscibile *a posteriori*, la scrittura privata c.d. "***autenticata***", e cioè l'atto che è stato sottoscritto – con firma autografa o elettronica – alla presenza di un pubblico ufficiale (ad esempio un Notaio) il quale, previo accertamento, attesta l'identità della persona che sottoscrive ed il momento ed il luogo della sottoscrizione che avviene davanti a lui (**art. 2703** c.c.). Colui che vuole, dunque, contestare di aver effettivamente apposto la firma in calce all'atto, dovrà, nel caso di scrittura privata autenticata (così, come vedremo nel prossimo paragrafo, anche per l'atto pubblico) proporre "***querela di falso***" contro il pubblico ufficiale che ha autenticato la firma in questione (artt. 221-227 c.p.c.). Valore identico ad una scrittura privata autenticata ha la scrittura che sia stata oggetto del procedimento giudiziale di verificazione citato appena sopra.

L'**art. 2704** c.c. stabilisce inoltre che "*La **data** della scrittura privata della quale non è autenticata la sottoscrizione non è certa*" e dunque non può essere opposta ai terzi, "*se non dal giorno in cui la scrittura è stata registrata o dal giorno della morte o della sopravvenuta impossibilità fisica di colui o di uno di coloro che l'hanno sottoscritta o dal giorno in cui il contenuto della scrittura sia stato riprodotto in atti pubblici o, infine, dal giorno in cui si verifica un altro fatto che stabilisca in modo egualmente certo l'anteriorità della forma-*

zione del documento". Il principio è di grande rilievo pratico perchè in molti casi le dispute tra privati si risolvono proprio in ragione dell'accertamento della preesistenza di un atto rispetto ad un altro, o comunque più in generale in relazione alla data di un certo atto. Per i documenti informatici, l'art. 52 del d.p.c.m. 8 febbraio 1999 prevede l'apposizione e associazione di c.d. "*marche temporali*" in presenza delle quali sarà provato che il documento è stato redatto prima della data che le stesse recano.

Per i **telegrammi** il codice detta una disciplina particolare, il che ai giorni nostri può suonare singolare, visto che i telegrammi attualmente vengono utilizzati quasi esclusivamente per esprimere le condoglianze, ed ancor più se pensiamo che, invece, lo stesso nulla dice riguardo alle **e-mail** (ma cfr. il box che segue su documento informatico e firme elettroniche). Ai tempi in cui il codice fu emanato, però, la situazione era chiaramente diversa ed il telegramma rappresentava un metodo moderno ed efficiente di comunicazione a distanza rapida e sicura. In proposito, l'**art. 2705** c.c. stabilisce che "*Il telegramma ha l'efficacia probatoria della scrittura privata*", ma ciò solo se l'originale consegnato all'ufficio di partenza è stato firmato dal mittente oppure è stato consegnato o fatto consegnare dal mittente medesimo anche senza sottoscriverlo. Inoltre, "*La sottoscrizione può essere autenticata dal notaio*"; "*Il mittente può fare indicare nel telegramma se l'originale è stato firmato con o senza autenticazione*". Nel caso di divergenza tra originale del telegramma e riproduzione dello stesso che viene recapitato al destinatario l'art. 2706, comma 2, c.c. dispone che "*Il mittente, se ha fatto collazionare il telegramma* [si intende, dall'ufficio postale competente] *secondo i regolamenti, si presume esente da colpa*".

6.2.2. L'atto pubblico

L'**atto pubblico** è un documento che fa prova legale di fatti o atti giuridici in quanto redatto (si dice anche 'rogato'), con le prescritte formalità, da un notaio o da un altro pubblico ufficiale al quale l'ordinamento ha attribuito potestà di attribuire "***pubblica fede***" a ciò che egli dichiara essere avvenuto alla sua presenza, e sempre che – secondo quanto chiarito dalla giurisprudenza – il pubblico ufficiale abbia agito nell'esercizio di pubbliche funzioni certificative a lui attribuite dalla legge. "*Pubblico ufficiale*", ai sensi dell'art. 357 c.p., è colui che esercita, anche temporaneamente, una funzione legislativa, amministrativa o giudiziaria con o senza rapporto di impiego con lo Stato o altro ente pubblico.

In alcuni particolari casi, quando la legge vuole garantire condizioni di certezza ancora maggiori, richiede espressamente che al momento in cui le parti rendono le proprie dichiarazioni al pubblico ufficiale, affinché questi le riversi nell'atto pubblico, compaiano due o più **testimoni**, della cui presenza bisogna dar conto nell'atto stesso. È, ad esempio, il caso della stipula del contratto di donazione non di modico valore, per la validità della quale, mentre l'art. 782 c.c. chiede esclusivamente l'atto pubblico, la c.d. legge notarile (legge 16 febbraio 1913 n. 89) in alcuni casi dispone anche la necessaria presenza dei due testimoni (prima della legge di semplificazione 28 novembre 2005 n. 246 la presenza dei testimoni era generalmente richiesta dalla legge notarile per le donazioni).

Un atto pubblico può contenere:

– l'attestazione di atti giuridici (ad esempio, un contratto o un testamento) compiuti da soggetti diversi da quello che lo redige raccogliendo le relative dichiarazioni delle parti;

– l'attestazione di meri fatti giuridici (è il caso degli atti dello stato civile);

– atti giuridici compiuti da chi lo redige (ad esempio, un provvedimento della P.A.).

L'atto pubblico fa **prova legale** non solo circa la sua provenienza, ma di tutto quanto in esso viene dichiarato dal pubblico ufficiale rogante, che dunque il giudice non può sindacare. In proposito, l'**art. 2700** c.c. stabilisce che "*L'atto pubblico fa piena prova, fino a querela di falso, della* ***provenienza*** *del documento dal pubblico ufficiale che lo ha formato,* ***nonché delle dichiarazioni delle parti e degli altri fatti*** *che il pubblico ufficiale attesta avvenuti in sua presenza o da lui compiuti*". Di contro, l'atto non fa prova circa la veridicità delle dichiarazioni delle parti. Il pubblico ufficiale, infatti, si limita a raccogliere tali dichiarazioni e riportarle fedelmente nell'atto, ma non accerta che esse sono vere.

Quando, per la validità o la prova di un atto, è richiesta dalla legge la forma scritta, nella prassi accade che questo è redatto per atto pubblico o quanto meno per scrittura privata autenticata, perché le parti hanno normalmente interesse a conferire maggiore certezza e stabilità all'accordo tra loro raggiunto e con esso formalizzato.

La parte che voglia contestare una qualche circostanza risultante dall'atto affermandone la falsità o la non correttezza, ovvero che voglia disconoscere il fatto stesso di aver partecipato alla stipula dell'atto, dovrà svolgere **querela di falso** (artt. 221-227 c.p.c.) nei confronti del pubblico ufficiale rogante.

La falsità del documento può investire il suo profilo estrinseco, e quindi la materialità stessa dell'atto documentale, oppure il suo contenuto. Nel primo caso si parla di **falsità materiale**, e questa può riguardare la ***contraffazione*** (nel caso si assuma la falsità della data, del luogo di formazione indicato nell'atto o del soggetto rogante), o l'***alterazione del documento*** (se si denuncia che il documento sia stato modificato dopo la sua formazione iniziale). Nel secondo caso si parla di **falsità ideologica**, la quale riguarda il contenuto dell'atto e cioè quanto il pubblico ufficiale dichiara essere avvenuto dinnanzi a lui.

All'atto pubblico si riferiscono anche alcune **norme penali** contenute, in particolare, nel libro II, titolo VII, capo III del codice penale, giacché il falso in atto pubblico realizzato dal pubblico ufficiale rappresenta circostanza di notevole gravità. Secondo la dottrina e la giurisprudenza, però, la nozione penalistica di atto pubblico è più ampia di quella civilistica comprendendo, oltre ai documenti contemplati dall'art. 2699 c.c., tutti quelli formati da un pubblico ufficiale o da un pubblico impiegato incaricato di pubblico servizio e compilati, con le prescritte formalità, per uno scopo di diritto pubblico, inerente all'esercizio della propria funzione o del pubblico servizio, al fine di comprovare un fatto giuridico o di attestare fatti da lui compiuti o avvenuti in sua presenza ed aventi rilevanza giuridica (Cass., sent. 17 luglio 1990 n. 10414).

Tornando sul piano civilistico, resta da osservare che l'**art. 2701** c.c. stabilisce il principio della **conversione dell'atto pubblico** invalido in scrittura privata, laddove prevede che "*Il documento formato da ufficiale pubblico incompetente o incapace ovvero senza l'osservanza delle forme prescritte, se è stato sottoscritto dalle parti, ha la stessa efficacia probatoria della scrittura privata*". Il principio è espressione di un più generale favore del legislatore per la conservazione, quando possibile, degli atti giuridici invalidi. Una norma generale sulla conversazione degli atti per i casi di nullità la troviamo all'art. 1324 c.c.

Infine va evidenziato che la tematica tradizionale delle forme dei documenti in cui i privati possono riversare le proprie dichiarazioni è stata, alla fine degli anni Novanta dello scorso secolo, arricchita dall'entrata in vigore delle norme in materia di **documento informatico** e **firme elettroniche**, a cui è dedicato il seguente box.

Documento informatico e firme elettroniche

Si intende per documento informatico la rappresentazione informatica di atti, fatti o dati giuridicamente rilevanti. La norma che, per prima, introdusse il principio della piena rilevanza nel nostro ordinamento del "***documento informatico***", equiparandolo ad ogni effetto di legge al documento cartaceo, è l'**art. 15** della **legge 15 marzo 1997 n. 59**, cui fece seguito il **d.p.r. 10 novembre 1997 n. 1997** ("*Regolamento recante criteri e modalità per la formazione, l'archiviazione e la trasmissione di documenti con strumenti informatici e telematici*"). Ai sensi di tale disposizione "*gli atti e i documenti formati dalla pubblica amministrazione e dai privati con strumenti informatici o telematici, i contratti stipulati nelle medesime forme, nonché la loro archiviazione e trasmissione con strumenti informatici sono validi e rilevanti a tutti gli effetti di legge*".

Successivamente fu emanato il **d.p.r. 28 dicembre 2000 n. 445** (c.d. Testo Unico sulla documentazione amministrativa), il quale assorbì il d.p.r. n. 513/1997. Questo stabilì che il documento informatico soddisfa il requisito legale della forma scritta e, se viene sottoscritto con "***firma digitale***", ha l'efficacia propria della scrittura privata *ex* artt. 2702 e 2712 c.c. Le coeve regole tecniche disponevano che la firma digitale è basata su un sistema di chiavi asimmetriche a coppia, che consente al titolare, tramite la chiave privata, ed ai terzi destinatari, tramite la chiave pubblica, rispettivamente di rendere manifesta la provenienza del documento (e cioè il fatto che proprio lui ne sia l'autore), e di accertarsi della provenienza e della genuinità dello stesso (e cioè che nessuno abbia alterato il documento dopo l'invio da parte dell'autore).

Poco dopo, e precisamente con il **d.lgs. 23 gennaio 2002 n. 10** (recante "*attuazione delle direttiva 1999/83/CE relativa ad un quadro comunitario per le firme elettroniche*"), il Governo rinnovò completamente il sistema introducendo, accanto alla firma digitale, la c.d. "***firma elettronica***" (anche detta firma 'leggera' o 'debole'), ed anzi sostanzialmente rendendo la prima una *species* del *genus* della seconda. Quest'ultima prescinde dall'utilizzo del complesso sistema della crittografia asimmetrica, e consiste dal punto di vista tecnico in un qualsiasi codice identificativo associato ad un documento informatico. Mentre, in altre parole, per utilizzare la firma digitale occorre utilizzare una coppia di chiavi riconosciute dal sistema a crittografia asimmetrica, per utilizzare una firma elettronica basta disporre di una semplice *password* di accesso al servizio che genera il documento e/o di uno *username* in qualsiasi modo collegato al documento (come normalmente avviene nel caso delle e-mail). Ovviamente, la firma elettronica offre un minor grado di sicurezza circa genuinità e provenienza del documento. Il successivo **d.p.r. 7 aprile 2003 n. 137** (recante "*disposizioni di coordinamento in materia di firme elettroniche*") ha, in proposito, precisato che la firma elettronica è "*l'insieme dei dati in forma elettronica, allegati oppure connessi tramite associazione logica a altri dati elettronici, utilizzati come metodo di autenticazione informatica*". Accanto a tale firma debole, il d.lgs. n. 10/2002 introdusse nel nostro ordinamento anche il concetto di "***firma elettronica avanzata***" o firma elettronica forte, per tale intendendosi "*la firma elettronica ottenuta attraverso una procedura informatica che garantisce la connessione univoca al firmatario e la sua univoca identificazione, creata con mezzi sui quali il firmatario può conservare un controllo esclusivo e collegata ai dati ai quali si riferisce in modo da consentire di rilevare se i dati stessi siano stati successivamente modificati*".

Dopo appena qualche anno, in sede di riordino complessivo della materia, è stato emanato il **d.lgs. 7 marzo 2005 n. 82** (successivamente modificato dal d.lgs. 4 aprile 2006 n. 159), definito "codice dell'amministrazione digitale" (c.d. **CAD**), che costituisce l'attuale principale riferimento normativo in tema di documento informatico e firma elettronica.

Per quanto riguarda la disciplina delle firme, va detto che il CAD all'articolo 1, distingue i concetti di "*firma elettronica*" (che si può definire 'debole'), "*firma elettronica qualificata*" e "*firma digitale*", sostanzialmente confermando quanto sopra evidenziato circa la firma elettronica e digitale, ma introducendo il concetto di "***firma elettronica qualificata***", nel cui alveo viene ricondotta la firma digitale, che infatti, pur mantenendo i caratteri individuati dal d.lgs. n. 10/2002, viene indicata come un "*particolare tipo di firma elettronica qualificata*". La firma elettronica qualificata, secondo la definizione che ne offre il CAD, riprende in parte la nozione di firma elettronica avanzata, ma richiede, in aggiunta, che la titolarità della stessa sia assicurata da un certificato qualificato e l'uso del dispositivo di firma sicuro, capace cioè di proteggere efficacemente la segretezza della chiave privata.

Relativamente all'efficacia del **documento** informatico il CAD introduce importanti novità. Vero è, infatti, che all'art. 20, comma 2 esso attualmente prevede che il documento informatico "*formato nel rispetto delle regole tecniche stabilite ai sensi dell'art. 71, che garantiscono l'identificabilità dell'autore, l'integrità e l'immodificabilità del documento, si presume riconducibile al titolare del dispositivo di firma ai sensi dell'art. 21, comma 2, e soddisfa comunque il requisito della forma scritta anche nei casi previsti sotto pena di nullità dall'art. 1350, comma 1, numero da 1 a 12 del codice civile*". Ma il principio è significativamente attenuato dallo stesso art. 20 al **comma 1 *bis***, introdotto dal citato d.lgs. n. 150/2006, laddove questo precisa che "*L'idoneità del documento informatico a soddisfare il requisito della forma scritta è* ***liberamente valutabile*** *in giudizio tenuto conto delle sue caratteristiche oggettive di qualità, sicurezza, integrità ed immodificabilità, fermo restando quando disposto dal comma 2*".

Quest'ultima precisazione è riprodotta al successivo art. 21, comma 1, sempre nella versione modificata nel 2006, a proposito di documenti informatici cui sia apposta la firma elettronica (debole). In relazione a tali profili può senz'altro dirsi che nel 2006 il legislatore ha attenuato notevolmente, rispetto al recente passato, l'**equiparazione** del documento informatico in generale con il documento scritto tradizionalmente inteso, in quanto, per l'appunto, ha attribuito al giudice il potere di valutare liberamente, in relazione ai parametri indicati dalla norma, se un documento informatico, semplice o siglato con "*firma elettronica*" (debole), merita tale equiparazione. In pratica, ad esempio, se le parti esibiscono **e-mail** in giudizio, il giudice può valutare, a seconda delle qualità oggettive presentate dal documento informatico in questione, e quindi dal sistema che lo ha generato, se queste possono, o meno, essere considerate alla stregua di tradizionali documenti scritti.

Maggiore efficacia probatoria è stata, invece, riconosciuta al "*documento informatico sottoscritto con firma digitale o con altro tipo di firma elettronica qualificata*", in quanto a tal proposito l'art. 21, comma 2, del CAD stabilisce che questo "*ha* ***l'efficacia prevista dall'art. 2702*** *del codice civile. L'utilizzo del dispositivo di firma si presume riconducibile al titolare salvo che questi dia prova contraria*". Inoltre, se la firma è autenticata da un pubblico ufficiale che sia a ciò autorizzato, essa si ha "*per* ***riconosciuta*** *ai sensi dell'art. 2703*" (art. 25, comma 1). In questi ultimi casi, dunque, al giudice non è consentito di valutare liberamente l'idoneità del documento informatico, essendo stabilito per legge, attraverso il rinvio alla "*efficacia prevista dall'art. 2702*", che tale tipo di documento informatico ha l'efficacia della scrittura privata, e cioè del documento sottoscritto con firma autografa, ed eventualmente della scrittura privata autenticata. Tuttavia, secondo un orientamento dottrinale, vi sarebbe una significativa differenza tra firma autografa e firma digitale in quanto per disconoscere la prima basterebbe all'interessato avviare una formale istanza di disconoscimento senza doversi assumere alcun onere probatorio, mentre l'art. 21 in parola stabilisce che l'utilizzo del dispositivo di firma si presume riconducibile al titolare, salvo che questi dia la "*prova contraria*".

La titolarità della firma elettronica è certificata dai c.d. "certificatori" (la cui disciplina si trova in particolare negli artt. 26-32 del CAD). Questi sono soggetti con particolari requisiti di onorabilità; devono essere costituiti in forma di società di capitali e possono essere accreditati presso il Centro Nazionale per l'Informatica nella Pubblica Amministrazione (CNIPA), ora confluito nel DigitPA (in forza del d.lgs. 1° dicembre 2009 n. 177). I certificatori detengono i registri delle chiavi pubbliche, presso i quali registri è possibile verificare l'identità del firmatario di un documento elettronico, e rilasciano la coppia di chiavi (quella privata inserita nel dispositivo di firma sicura, e quella pubblica inserita nel certificato) che consento il funzionamento della firma digitale. Il tutto previa identificazione certa del firmatario così da assicurare, tra l'altro, la correttezza dei dati pubblicati nel certificato. Le regole tecniche che disciplinano l'attività dei certificatori sono state recentemente integrate dalla delibera CNIPA 21 maggio 2009 n. 45 e dal d.p.c.m. 30 marzo 2009, quest'ultimo recante "*Regole tecniche in materia di generazione, apposizione e verifica delle firme digitali e validazione temporale dei documenti informatici*".

In attuazione di una specifica delega contenuta nella legge di riforma della pubblica amministrazione (legge n. 124/2015) è stato riformato il Codice dell'amministrazione digitale – CAD (d.lgs. n. 179/2016 che modifica ulteriormente il d.lgs. n. 82/2005) con l'obiettivo di creare una **Carta della cittadinanza digitale** che permetta l'accesso in maniera digitale di cittadini e imprese ai dati e servizi delle pubbliche amministrazioni.

Il nuovo CAD ha introdotto una serie di misure volte a garantire un livello minimo dell'erogazione dei servizi on line delle amministrazioni pubbliche, la piena applicazione del principio del digital first (in base al quale il digitale è il canale principale per tutte le attività delle P.A.), la partecipazione con modalità telematiche ai processi decisionali pubblici, l'utilizzo del c.d. PIN unico, la promozione dell'elezione del domicilio digitale, l'adeguamento alle norme europee in materia di identificazione elettronica e servizi fiduciari per le transazioni elettroniche; la diffusione dei pagamenti digitali. In ordine alla partecipazione elettronica democratica, il nuovo CAD ha aggiunto alla disciplina previgente la finalità di migliorare la qualità degli atti amministrativi anche con forme di consultazione preventiva e per via telematica. In attuazione di tale disposizione il Governo ha adottato le Linee guida sulla consultazione pubblica in Italia (direttiva n. 2/2017).

Inoltre, le modifiche al CAD hanno coinvolto anche i meccanismi e le strutture di governance del settore, prevedendo tra l'altro, la semplificazione dei procedimenti di adozione delle regole tecniche, il rafforzamento del ruolo di impulso del Presidente del Consiglio attraverso la Conferenza permanente per l'innovazione tecnologica, la ridefinizione delle competenze dell'ufficio dirigenziale generale unico istituito nelle pubbliche amministrazioni centrali con funzioni di coordinamento in materia digitale, la possibilità, per il Presidente del Consiglio dei ministri, in sede di prima attuazione del medesimo decreto legislativo, di nominare, per un periodo non superiore a tre anni, con proprio decreto, un Commissario straordinario per l'attuazione dell'Agenda digitale.

Successivamente, sono state adottate ulteriori disposizioni integrative al CAD, come previsto dalla norma di delega (d.lgs. n. 217/2017). Il provvedimento integra e modifica alcune disposizioni del CAD al fine di accelerare l'attuazione dell'agenda digitale europea. Le linee del nuovo intervento legislativo sono state in sintesi: proseguire nell'opera di razionalizzazione delle disposizioni contenute nel Codice dell'amministrazione digitale e di deregolamentazione già avviata con il precedente intervento; rafforzare la natura di "carta di cittadinanza digitale" della prima parte del Codice, concentrando in essa le disposizioni che attribuiscono a cittadini e imprese il diritto a una identità e a un domicilio digitale, quello alla fruizione di servizi pubblici online in maniera semplice e mobile-oriented, quello a partecipare effettivamente al procedimento amministrativo per via elettronica e quello a effettuare pagamenti online; promuovere integrazione e interoperabilità tra i servizi pubblici erogati dalle diverse amministrazioni; garantire maggiore certezza giuridica in materia di formazione, gestione e conservazione dei documenti digitali; rafforzare l'applicabilità dei diritti di cittadinanza digitale e accrescere il livello di qualità dei servizi pubblici e fiduciari in digitale; promuovere un processo di valorizzazione del patrimonio informativo pubblico e garantire un utilizzo più efficace dei dati pubblici attraverso moderne soluzioni di data analysis.

6.3. La prova dei fatti giuridici

Chi afferma in un giudizio civile che un fatto è avvenuto o un atto è stato posto in essere ha l'onere di provare ciò che afferma al fine di potersene avvalere a suo vantaggio, in quanto il giudice forma il suo convincimento proprio attraverso le prove che vengono portate nel giudizio (un noto brocardo, in proposito, mette in bocca al giudice la seguente affermazione: *iura novit curia; narra mihi factum dabo tibi ius*). Il principio è sancito sul piano positivo dall'**art. 2697** c.c. (disposizione che traduce in norma di legge l'antico brocardo per cui *onus probandi incumbit ei qui dicit non ei qui negat*), che apre il titolo II del libro VI, ed ai sensi del quale "*Chi vuol far valere un diritto in giudizio deve provare i fatti che ne costituiscono il fondamento. Chi eccepisce l'inefficacia di tali fatti ovvero eccepisce che il diritto si è modificato o estinto deve provare i fatti su cui l'eccezione si fonda*".

A ciò va aggiunto che nel nostro ordinamento, ai sensi dell'**art. 115, comma 1, c.p.c.**, vige il c.d. **principio dispositivo attenuato** in forza del quale il giudice deve porre a fondamento della sua decisione soltanto le prove che le parti hanno esibito in giudizio (anche per questo principio esiste un brocardo che lo riassume: *iudex iuxta alligata et probata iudicare debet*), a meno che la legge non lo autorizzi espressamente a disporre d'ufficio l'acquisizione di mezzi di prova; il che si verifica in eccezionali ipotesi previste sia dal codice civile (cfr. ad esempio l'art. 2711, comma 2 in materia di ordine di esibizione delle scritture contabili, o l'art. 2736 c.c. in tema di giuramento suppletorio) che dal codice di procedura civile (cfr. art. 117, interrogatorio non formale delle parti, art. 118, ispezione di persone o cose, art. 213, richiesta di informazioni alla P.A., art. 257 assunzione di nuovi testimoni, artt. 421 e 442, in materia di lavoro, previdenza ed assistenza obbligatoria, e art. 714 nei procedimenti di interdizione e inabilitazione).

In considerazione dei limiti che il giudice incontra nel poter autonomamente ricercare mezzi di prova in base ai quali formare il suo convincimento, è interesse della parte provare nell'ambito del processo la fondatezza dei fatti su cui fonda la sua pretesa. In breve, ad esempio, chi agisce in giudizio per chiedere un risarcimento del danno derivante dall'altrui fatto illecito, deve provare tutti gli elementi costitutivi della fattispecie normativa di cui all'art. 2043 c.c., giacché in presenza di tali elementi la legge riconosce a suo favore la nascita di un credito risarcitorio. E dunque, nel caso più semplice, egli dovrà provare: che il fatto è accaduto, che l'autore del fatto è proprio il convenuto (cioè il soggetto contro il quale egli agisce in giudizio), che questi è stato in colpa o in dolo nel commettere il fatto e che tale fatto gli ha causato un danno ingiusto. Mentre il danno, come ogni altro elemento della fattispecie in questione, deve essere provato pienamente, la quantificazione dello stesso può essere rimessa al giudice.

La teoria delle prove è, dunque, centrale nel diritto privato perché solo ciò che è dimostrabile in giudizio può costituire oggetto o, alternativamente, strumento di tutela; restando tutto il resto, e cioè tutto ciò che pure esiste o è esistito, ma non può essere provato in giudizio, del tutto irrilevante per l'ordinamento giuridico. Tale principio risponde a ragioni di certezza ed efficienza del sistema e trova nella disciplina dei singoli mezzi di prova la sua declinazione pratica. Francesco Carnelutti, in proposito, scriveva che il giudice è al centro di un cerchio di luce, di là del quale tutto è buio: dietro di lui l'enigma del passato (la materia da giudicare), davanti l'enigma del futuro (il rilievo che avrà la sua decisione), in quel cerchio sono le prove che danno luce.

Per la sua importanza cruciale la disciplina in parola – che per molti versi afferisce più al diritto processuale civile, che non al diritto sostanziale civile, e cioè al diritto privato, tanto da essere integrata da norme contenute nel codice di rito (soprattutto per la parte che riguarda le modalità di assunzione dei mezzi di prova) – trova collocazione proprio nel codice civile, ed in particolare, come già osservato, nel titolo II del libro VI, e dunque in chiusura del codice.

Sempre in ragione di tale importanza, le norme in materia sono, in larga parte, sottratte alla libera disponibilità dei consociati. Proprio per questo l'**art. 2698** c.c. stabilisce che "***Sono nulli i patti** con i quali è invertito ovvero modificato l'onere della prova, quando si tratta di diritti di cui le parti non possono disporre o quando l'inversione o la modificazione ha per effetto di rendere a una delle parti eccessivamente difficile l'esercizio del diritto*".

La dottrina distingue varie categorie di prove in considerazione di diversi criteri.

Sono **prove legali** quelle che derogano al principio generale per cui il giudice deve valutare le prove addotte dalle parti "*secondo il suo prudente apprezzamento*", al fine di formare il suo convincimento (**art. 116, comma 2, c.p.c.**). In sostanza, in presenza di prove legali, il giudice è vincolato a decidere ritenendo accertati i fatti cui si riferisce la prova senza poter compiere nessuna valutazione, dovendosi limitare a prendere atto della formazione della prova e dell'effetto stabilito in proposito dalla legge. Esempi di prove legali sono la confessione (art. 2730 c.c.) ed il giuramento (art. 2736), su cui ci soffermeremo nei prossimi paragrafi.

Le prove sono **indirette** o **dirette** (anche dette **prove critiche**) a seconda che siano idonee a dimostrare immediatamente un fatto senza alcuna operazione logica, o viceversa. In altri termini la prova diretta ha per oggetto il fatto stesso che deve essere provato ed è immediatamente utile per il giudizio, mentre quella indiretta ha per oggetto un fatto diverso (c.d. indizio) dal quale, attraverso un procedimento logico-deduttivo, può essere conosciuto il fatto che deve essere provato per consentire la decisione della causa.

A seconda della loro intensità probatoria, le prove possono essere distinte in prove piene, prove di verosomiglianza e argomenti di prova. Una **prova di verosimiglianza** può essere sufficiente quando la legge per determinare un certo effetto non chiede un fatto pieno, ma semplicemente uno probabile, o meglio semplicemente la probabilità – secondo un criterio di generale credibilità – che un certo fatto si sia verificato. Ad esempio, nei procedimenti cautelari (cfr. art. 700 c.p.c.), vista l'urgenza che caratterizza il giudizio, il giudice può decidere sulla base di prove verosimili, in quanto, al fine di concedere o meno il provvedimento d'urgenza richiesto, egli è chiamato ad esprimere un convincimento in termini di *fumus boni iuris* e *periculum*, e deve dunque stabilire se, ad una sommaria valutazione, la pretesa dell'istante appare fondata in punto di diritto e vi sia in effetti il pericolo di danno grave ed irreparabile che giustifica la concessione della misura cautelare. Le prove di verosimiglianza possono trasformarsi in **prova piena**, così come accade quando alla fase cautelare del giudizio segue la fase a cognizione piena nell'ambito della quale il giudice assumerà i mezzi di prova secondo il rito ordinario e, dunque, dovrà decidere sulla base di ciò che le parti provano in giudizio. Nella prassi, sotto il profilo qui indagato, si distingue anche tra prova propriamente detta e **argomento di prova**: la differenza sta nel fatto che, mentre la prima orienta il convincimento del giudice secondo quanto sopra chiarito, il secondo si concretizza in un fatto che viene provato in giudizio ma che da solo non è sufficiente a fondare il convincimento giudiziale, sebbene dallo stesso non si possa prescindere nello svolgimento del procedimento logico seguito dal giudice per decidere.

Un'ulteriore distinzione deve farsi in relazione al momento in cui le prove si formano. E così avremo: le **prove costituite**, che sono quelle formatesi prima del processo e che in questo vengono solo esibite (normalmente si tratta di prove documentali); e le **prove costituende** che sono quelle che si formano nel processo attraverso l'attività di c.d. assunzione del mezzo di prova (ad esempio una testimonianza o una confessione o un giuramento raccolti in giudizio).

6.3.1. Prove documentali

Le prime prove che il codice prende in esame nel titolo II del libro VI sono quelle documentali, e cioè proprio l'**atto pubblico**, la **scrittura privata** e la **scrittura privata autenticata**, la cui disciplina viene svolta nei termini che abbiamo esposto nel paragrafo 6.2., ed attraverso le disposizioni ivi citate (in particolare **artt. 2699-2708**).

Quelle in questione sono forme dell'atto, e come tali sono state trattate nel paragrafo 6.2., ma anche contemporaneamente mezzi di prova perché ovviamente un documento può, con maggiore o minore intensità (a seconda, per l'appunto, della sua forma), una volta esibito in giudizio, provare determinate circostanze da esso ricavabili. Abbiamo già detto di come l'atto pubblico faccia piena prova di tutto quanto il pubblico ufficiale attesta essere avvenuto in sua presenza e della provenienza di tale attestazione, sino a querela di falso, e quindi costituisca la forma più 'forte' di atto prevista nel nostro ordinamento civile. Abbiamo, inoltre, visto che la scrittura privata autenticata fa piena prova della sola provenienza dell'atto, sino alla sua querela di falso; mentre la scrittura privata semplice fa piena prova della sua provenienza solo se è riconosciuta, ovvero non disconosciuta in giudizio nei termini stabiliti, ovvero ancora resa oggetto di verificazione.

Una certa consistenza sotto il profilo probatorio possono averla anche **semplici documenti**, e cioè gli atti privi di sottoscrizione (altrimenti sarebbero scritture private). In generale, da questi il giudice può trarre il suo convincimento, ad esempio rispetto alla certezza di una data o al compimento di un fatto; viceversa, dai semplici documenti, normalmente, il giudice non può ricavare la prova di una volontà umana proprio perché il documento non è firmato e, dunque, la sua paternità è tendenzialmente incerta, salvo che non venga riconosciuta in giudizio dalla parte contro cui tale mezzo di prova è utilizzato. Ci sono, tuttavia, semplici documenti a cui la legge eccezionalmente riconosce espressamente **valore di prova** contro chi li ha scritti a prescindere dall'eventuale riconoscimento. L'**art. 2707** sancisce tale principio a proposito di "*carte e registri domestici*", e cioè di documenti che servono per le necessità quotidiane della vita familiare; l'**art. 2708** fa lo stesso a proposito delle "*annotazioni in calce, a margine o a tergo di un documento*".

L'**art. 2709** c.c. costituisce una norma di grande rilievo pratico in quanto riguarda il mondo delle imprese commerciali e prevede che "***I libri e le altre scritture contabili delle imprese*** *soggette a registrazione fanno piena prova contro l'imprenditore. Tuttavia, chi vuol trarne vantaggio non può scinderne il contenuto*".

Norme di sicura importanza pratica sono anche quelle contenute negli artt. 2712-2719 c.c. concernenti le "***riproduzioni meccaniche***" e le "***copie degli atti***" (l'art. 2713 su "*tagli o tacche di contrassegno*" è oggi sostanzialmente superato dall'evoluzione degli usi mercantili e l'abbandono del relativo sistema probatorio).

In particolare, ai sensi dell'**art. 2712** "*le riproduzioni fotografiche, informatiche, cinematografiche e, in genere, ogni altra rappresentazione meccanica di fatti e di cose formano piena prova dei fatti e delle cose rappresentate se colui contro il quale sono prodotte non ne disconosce la conformità alle cose medesime*". Anche i documenti inviati per **telefax** sono considerati riprodotti meccanicamente e dunque rientrano nella sfera di applicazione della norma. Dopo la riforma del processo civile del 2005, inoltre, diverse norme del codice di rito (v., ad esempio, gli artt. 133, 134, 136) prevedono espressamente che le comunicazioni agli avvocati possono essere fatte a mezzo telefax o posta elettronica; è stato così generalizzato un principio che il legislatore aveva già adottato con la legge 7 giugno 1993 n. 183, recante "*norme in materia di utilizzazione dei mezzi di telecomunicazione*" nei procedimenti giurisdizionali, e poi con il d.lgs. 17 gennaio 2003 n. 5, in sede di introduzione nel nostro sistema processuale del rito speciale c.d. societario (oggi non più in vigore se non per le vicende pendenti a cui, *ratione temporis*, risulti ancora applicabile).

Quanto alle **copie**, il principio generale è che per l'atto pubblico la copia rilasciata da chi sia autorizzato a custodire l'atto (di norma l'ufficiale che lo ha rogato) "*fa fede come l'originale*". Lo stesso principio si applica anche alle scritture private depositate presso pubblici uffici e rilasciate dal depositario autorizzato, sempre che non manchi l'originale e la copia non abbia abrasioni, cancellature o altri difetti, nel qual caso l'**art. 2716** rimette al giudice "*di apprezzarne l'efficacia probatoria*".

Le semplici copie degli atti, come ad esempio le c.d. **fotocopie**, e cioè le copie fotostatiche di documenti, ovvero i microfilm e le eliografiche che possono rappresentare graficamente l'originale, ai sensi dell'**art. 2719** c.c. "*hanno la stessa efficacia delle autentiche se la loro conformità con l'originale è attestata dal pubblico ufficiale competente ovvero non è espressamente disconosciuta*".

Infine, l'**art. 2720** c.c. stabilisce che l'**atto di ricognizione** (cioè l'atto in cui si dichiara che esiste un certo documento con un dato contenuto) e l'**atto di rinnovazione** (e cioè l'atto che riproduce il contenuto dell'originale con eventuali piccole modifiche dovute ad eventi sopravvenuti) fanno "*piena prova delle dichiarazioni contenute nel documento originale se non si dimostra che vi è stato errore nella ricognizione o rinnovazione*".

6.3.2. Prove semplici

Sono prove c.d. semplici, o costituende, o non documentali, quelle che non sono precostituite e tendenzialmente devono formarsi in giudizio (ma così non è per la confessione stragiudiziale).

Il nostro codice, dopo aver trattato nei termini sopra esposti le prove documentali, disciplina le ulteriori prove negli **artt. 2721-2739**, a cui giova dedicare i sottoparagrafi che seguono.

6.3.2.1. *La prova testimoniale*

Si comincia dalla "***prova testimoniale***" che consiste nella narrazione che un terzo, estraneo ai fatti di causa, faccia di eventi relativi a tali fatti, svoltisi in sua presenza o di cui abbia avuto notizia. La diffidenza del legislatore verso tale mezzo di prova si traduce in una serie di **limiti alla sua utilizzabilità** disposti negli artt. 2721-2723: se il valore dell'oggetto eccede "*due euro e cinquantotto centesimi*" (prima della conversione in euro la disposizione aveva come limite "*lire cinquemila*", valore che nel 1942 aveva una sua consistenza, ma che successivamente non è mai stato adeguato dal legislatore); se la prova riguarda patti aggiunti o contrari al contenuto di un documento per i quali si alleghi che la stipulazione è stata anteriore o contemporanea; o se riguarda patti posteriori alla formazione del documento. Tuttavia, al giudice è attribuito, in presenza di certe circostanze, il potere di consentire la prova oltre le limitazioni appena cennate (ma non riguardo a patti anteriori o contemporanei). Nella prassi accade che esse vengono normalmente eluse dal giudice, motivo per cui quello testimoniale è ancora oggi uno dei mezzi di prove più utilizzati nelle aule di giustizia. L'**art. 2724**, inoltre, formula tre eccezioni espresse ai divieti di prova testimoniale posti negli articoli precedenti, e cioè tre situazioni in cui la prova per testimoni deve essere comunque ammessa dal giudice:

1) quando vi è un principio di prova scritto;

2) quando il contraente è stato nell'impossibilità morale o materiale di procurarsi una prova scritta;

3) quando il contraente ha, senza sua colpa, perduto il documento che gli forniva la prova.

Ma, ai sensi dell'**art. 2725**, nei casi in cui la testimonianza è finalizzata a provare l'esistenza di un contratto che deve, per volontà della legge o delle parti, essere provato per iscritto, "*la prova per testimoni è ammessa soltanto nel caso indicato dal n. 3*", e cioè solo quando il contraente abbia, senza sua colpa, perduto il documento che forniva la prova. Il comma 2 dell'art. 2725 precisa che tale principio si applica anche quando "*la forma scritta è richiesta sotto pena di nullità*".

Ci sono, poi, contratti rispetto ai quali la legge prevede espressamente la inammissibilità della prova testimoniale vista la loro delicatezza (così è, ad esempio, per la transazione *ex* art. 1967 c.c.).

6.3.2.2. *Le presunzioni*

Il secondo mezzo di prova semplice che il codice disciplina è costituito dalle "***presunzioni***", che "*sono le conseguenze che la legge o il giudice trae da un fatto noto per risalire ad un fatto ignorato*". In altre parole, si tratta di circostanze non certe ma, per l'appunto, presunte – cioè risultanti da un ragionamento logico che riposa sull'applicazione del principio dell'*id quod plerumque accidit* –, le quali servono alla legge o al giudice per trarre da esse la conoscenza di un fatto non provato. Esse si distinguono in: '**legali**', cioè previste dalla legge e, per tanto, costituenti fonti di prova cui il giudice deve attenersi salvo che la parte interessata a contestarne il contenuto, quando consentito, provi il contrario; e '**semplici**', cioè non stabilite dalla legge ma derivanti dal prudente apprezzamento del giudice che, tuttavia, "*non deve ammettere che presunzioni gravi, precise e concordanti*" (art. 2729 c.c.).

Le prime, regolate dall'**art. 2728**, possono essere **assolute** (*praesumptiones juris et de iure*) e **relative** (*praesumptiones juris tantum*), in quanto normalmente le presunzioni legali possono essere vinte dalla prova contraria fornita dalla controparte, e sono per tanto relative (ad esempio, nel caso di presunzione di paternità in capo al marito della gestante, questi può dimostrare la relazione extraconiugale della moglie o la propria *impotentia generandi*), ma in alcuni casi la presunzione legale non ammette prova contraria, e perciò è detta assoluta. Come già sopra avvertito, ai sensi dell'**art. 2729** non sono ammesse le presunzioni semplici "*nei casi in cui la legge esclude la prova testimoniale*".

6.3.2.3. *La confessione*

Il terzo mezzo di prova preso in considerazione dal codice negli articoli che stiamo esaminando è costituito dalla "***confessione***". Si intende per confessione la dichiarazione di scienza che una parte fa della verità di fatti a sé sfavorevoli e favorevoli all'altra parte (*contra se*). La confessione appartiene, dunque, al più vasto *genus* della testimonianza, intesa in senso lato, nel quale occupa un posto particolare sia dal punto di vista soggettivo che dal punto di vista oggettivo, in quanto la confessione può provenire solo dalla parte, e non da un terzo, ed inoltre può avere ad oggetto, come appena evidenziato, solo la verità di un fatto sfavorevole al suo autore.

L'**art. 2731** stabilisce che la parte può confessare solo se "*capace di disporre del diritto*" a cui i fatti oggetto della confessione si riferiscono e che, qualora sia resa da un rappresentante, questo deve essere autorizzato espressamente dal rappresentato, altrimenti potrà essere apprezzata liberamente dal giudice.

L'**art. 2730** distingue due tipi di confessione: la "***confessione giudiziale***" e la "*confessione stragiudiziale*". La prima, ai sensi dell'**art. 2733** c.c., è la confessione resa dalla parte in giudizio, e può essere: **spontanea**, quando la parte liberamente si disponga a confessare senza esser stata sollecitata in tal senso dall'altra parte; ovvero **provocata** quando la parte viene sollecitata alla confessione dal proprio avversario tramite interrogatorio formale. La "***confessione stragiudiziale***" è, invece, resa fuori dal giudizio. Essa, se fatta alla parte o al suo rappresentante, ha lo stesso valore di quella giudiziale, mentre se è fatta ad un terzo, può essere apprezzata liberamente dal giudice (**art. 2735**). A differenza di quella giudiziale, che si forma nel corso del procedimento giudiziario e dunque dinnanzi al giudice, la confessione stragiudiziale deve essere, a sua volta, dimostrata in giudizio e a tal fine non sono ammessi i testimoni.

6.3.2.4. *Il giuramento*

Il giuramento è un mezzo di prova consistente in una testimonianza che una parte fa, in giudizio, della verità di determinati fatti – suoi propri (*de veritate*) o di fatti altrui di cui sia a conoscenza (*de scientia*) – ad essa favorevoli, accompagnata dal solenne giuramento. L'istituto, quanto alla sua valenza di prova, è regolato dagli **artt. 2736-2739** c.c., e quanto alle modalità di assunzione, dagli **artt. 233 e ss. c.p.c.**

Il giuramento, al contrario della confessione, non può essere mai prestato spontaneamente dalla parte (sarebbe troppo facile, del resto, per chiunque provare *sua sponte* in giudizio un fatto a sé favorevole, giurando). Perché la parte possa prestare il giuramento occorre, infatti, per legge il **deferimento** svolto dalla controparte (si avrà, allora, un giuramento "***decisorio***") o dal giudice (si avrà in tal caso un giuramento "***suppletorio***"). In sostanza, una parte deferirà il giuramento alla sua controparte quando non ha diversi strumenti di prova per dimostrare il fatto che pone a fondamento della sua azione o eccezione (ad esempio, nel caso in cui sia maturata una prescrizione presuntiva il creditore non ha altro mezzo per provare che la prestazione non è stata adempiuta). Chi deferisce il giuramento confida nel timore di chi subisce il deferimento a rendere un giuramento falso viste le conseguenze penali che l'ordinamento fa discendere da un tale comportamento (art. 371 c.p.).

Il potere di deferimento è temperato dalla legge con l'istituto della **riferibilità** del giuramento, in forza del quale la parte cui è deferito il giuramento dalla controparte (la riferibilità non opera per il giuramento deferito dal giudice) può, a sua volta, non giurare ma provocare il deferente a giurare il contrario, sempre che la circostanza su cui si verte il giuramento "*sia comune ad entrambe le parti*" (art. 2739, comma 2), perché in caso contrario è evidente che chi subisce il riferimento non è in grado di rendere il giuramento giacché non conosce la circostanza in questione.

Il deferimento, come anticipato, può essere svolto "*al fine di decidere la causa*", anche d'ufficio dal giudice, e ciò "*quando la domanda o le eccezioni non sono pienamente provate, ma non sono del tutto sfornite di prova*" ovvero se non è possibile accertare altrimenti il valore della cosa domandata (in questo secondo caso si parla anche di **giuramento estimatorio**).

Ciò che una parte, nell'ambito di un giuramento, dichiara come vero deve essere necessariamente considerato come tale dal giudice che decide la causa, né quest'ultimo può valutare il contenuto del giuramento in quanto si tratta di una **prova legale**. In pratica, se la parte contro cui è deferito presta il giuramento, vince la causa; se non presta il giuramento e non lo riferisce, la perde; così come perde se riferisce il giuramento e l'altra parte (cioè colei che lo aveva deferito originariamente) lo effettua. Inoltre, la parte che ha deferito o riferito il giuramento decisorio, non può più revocarlo quando l'avversario ha dichiarato di essere pronto a prestarlo, salvo che il giudice, nell'ammettere il giuramento decisorio, modifichi la formula proposta dalla parte.

In tema di **effetti del giuramento** l'**art. 2738** stabilisce che "*Se è stato prestato il giuramento deferito o riferito, l'altra parte non è ammessa a provare il contrario, né può chiedere la revocazione della sentenza qualora il giuramento sia stato dichiarato falso. Può tuttavia domandare il risarcimento dei danni nel caso di condanna penale per falso giuramento*". Il deferimento o il riferimento di un giuramento costituisce, dunque, un atto altamente pericoloso, sotto il profilo processuale, per la parte che lo pone in essere perché la controparte, giurando la verità dei fatti da lui dedotti, vince senz'altro la causa. In considerazione della delicatezza della situazione, il comma 3 dell'art. 2738 prevede che: "*In caso di* litisconsorzio *necessario, il giuramento prestato da alcuni soltanto dei litisconsorti è liberamente apprezzato dal* giudice".

Non sempre, però, il mancato giuramento o le omissioni palesate nel rendere un giuramento producono effetti decisivi negativi per il soggetto che abbia subito il deferimento o il riferimento. Sotto questo profilo devono distinguersi due situazioni. Col giuramento ***de veritate***, come rapidamente già evidenziato in apertura di paragrafo, una parte è chiamata a giurare in merito ad un fatto proprio, di cui non può non aver conoscenza, sicché un'eventuale amnesia è equiparata al rifiuto di giurare; col giuramento ***de scientia***, invece, la parte è chiamata a giurare in merito alla conoscenza che essa ha di un fatto altrui. In quest'ultimo caso, è consentito il rispondere che non si è a conoscenza del fatto in parola.

L'**art. 2737**, in tema di "***capacità***" di deferire o riferire un giuramento, richiama l'art. 2731 già citato in materia di confessione. Di conseguenza, la capacità in questione viene riconosciuta se la parte può disporre del diritto a cui i fatti oggetto del giuramento si riferiscono e, nel caso di rappresentante, se questo è espressamente autorizzato a tanto dal rappresentato.

Ai sensi dell'**art. 2739**, vi sono casi in cui non è permesso deferire o riferire il giuramento. Ciò avviene:

– come anticipato, se le parti non possono disporre del diritto oggetto della causa in questione;

ovvero

– sopra un fatto illecito;

– nelle cause ove si deduce in giudizio un'obbligazione, se il giuramento riguarda un contratto per la validità del quale è richiesta la forma scritta;

– nelle cause ove sia stato ammesso, a titolo di mezzo di prova, un atto pubblico, per negare un fatto che dall'atto risulti avvenuto alla presenza del pubblico ufficiale che ha formato l'atto stesso.

6.4. La pubblicità dei fatti giuridici

Mentre, come abbiamo evidenziato al paragrafo 6.2., la forma è il modo di estrinsecazione della volontà (che altrimenti rimane interna, e cioè non manifestata) del soggetto, la ***pubblicità dei fatti giuridici***, o *pubblicità giuridica*, è il sistema organizzato dall'ordinamento al fine di rendere agevole la conoscenza a tutti i consociati di determinati fatti (intesi in senso lato), e di poter dare per conosciuti tali fatti, così da assicurare condizioni di massima certezza dei rapporti. Infatti, in molte situazioni non basta che la volontà privata si estrinsechi in una certa forma perché essa sia conoscibile ai terzi, né basta che la dichiarazione in cui la volontà si è manifestata sia comunque per i terzi reperibile, giacché in tali ipotesi sui terzi potenzialmente interessati graverebbe comunque un onere difficile e gravoso, se non proprio impossibile, da assolvere in quanto essi, al fine di informarsi, dovrebbero andare alla disperata e, più o meno cieca, ricerca della tal dichiarazione di volontà. In alternativa, gli stessi potrebbero decidere razionalmente (per non investire ingenti risorse in indagine con scarsa probabilità di successo) di agire al fine di realizzare il proprio interesse pur senza conoscere, e dunque senza avere certezza, circa la data situazione giuridica che interferisce con la realizzazione del loro interesse; ma, ovviamente, ciò li esporrebbe al rischio che la situazione sia diversa da come se l'erano figurata, e dunque che l'atto compiuto non sia idoneo a perseguire concretamente lo scopo desiderato.

E così, ad esempio: potrebbe accadere che il soggetto che si presenta come il **legale rappresentante** di una determinata persona giuridica, o di un ente privo di personalità, in realtà difetti dei poteri di rappresentanza, sicché il terzo potrebbe essere coinvolto in una lunga e dispendiosa trattativa, e potrebbe finanche concludere l'agognato contratto, senza sapere che questo non avrà alcun effetto per l'ente che sia stato falsamente rappresentato. Ancora, sempre a titolo di esempio: io posso decidere di acquistare un certo **appartamento**, posso finanche stipulare un contratto preliminare e/o un contratto definitivo con colui che appare esserne il proprietario effettivo, e posso persino anticipare una parte del prezzo o versarlo integralmente, ma se il soggetto con cui mi sono interfacciato e con il quale ho concluso il contratto non è titolare del diritto di proprietà debitamente trascritto, ovvero ha venduto lo stesso appartamento ad un altro prima che a me, io rischio di aver comperato male e di soccombere nei confronti di un terzo che opponga nei miei confronti il suo diritto di proprietà sull'appartamento in questione. E infine, sempre in via esemplificativa: Lucio può essere perdutamente innamorato di Stefania e può desiderare di convolare a nozze con lei, ma se questa **è già sposata**, anche se Lucio ignora la circostanza perché non è riuscito ad appurare lo stato civile della sua amata, il loro eventuale matrimonio sarà invalido ai sensi dell'art. 124 c.c., salvi gli effetti del matrimonio putativo di cui all'art. 128 c.c. (cfr. il capitolo VII).

Gli esempi, anche in questo caso, potrebbero essere numerosissimi, ma i tre svolti sono sufficienti ad evidenziare come consentire a tutti di conoscere in generale i fatti giuridici di una qualche rilevanza vuol dire permettere ai consociati di avere piena percezione della situazione giuridica in cui si trovano soggetti e beni con cui essi si relazionano, e ciò contribuisce a determinare condizioni di certezza dei rapporti giuridici. In mancanza della quale, non solo si determineranno litigi, criticità, dispendio inutile di energie e, quindi, generale inefficienza del sistema regolatorio, ma si verificherà altresì una sicura contrazione degli atti negoziali posti in essere dai privati, e dunque una contrazione dei volumi di beni scambiati sul mercato. E ciò in quanto, nell'incertezza, tutti preferiscono evitare di incorrere in rovesci o, comunque, di perdere tempo; ed in più, se qualcuno è proprio intenzionato a compiere l'atto, rimanderà comunque il più possibile il compimento dello stesso al fine di informarsi al meglio.

Per schivare i problemi e le inefficienze appena segnalate, e dunque in buona sostanza al fine di agevolare la circolazione dei diritti, l'ordinamento tende a tutelare il **legittimo affidamento** del singolo, e quindi gli effetti degli atti compiuti in buona fede da ogni consociato. Ma, poiché può ben accadere che i soggetti in conflitto siano tutti in buona fede ed abbiano tutti agito sulla base di un legittimo affidamento, e comunque poiché in molti casi è impossibile o quanto meno inefficiente valutare chi sia stato in buona fede e chi no, in determinate ipotesi, ed in particolare quando sono coinvolte categorie di beni tendenzialmente di maggiore importanza, l'ordinamento nega alla buona fede qualsiasi rilevanza – almeno sul piano degli effetti traslativi dei diritti (e, cioè, fatta salva la possibilità di agire per il risarcimento dei danni contro l'eventuale autore della truffa o, comunque, dell'illecito) – attribuendo il diritto, con prevalenza sugli altri, a colui che per primo abbia formalizzato il suo acquisto secondo i modi tipici che, a seconda della categoria di bene in questione, la legge stabilisce (così sarà, per esempio, in materia di trascrizione nei registri immobiliari, come vedremo tra breve nel paragrafo 6.4.1.3.).

Il funzionamento del sistema nei termini appena cennati si basa sull'operatività di regole finalizzate a determinare condizioni di certezza che garantiscono:

a) **la conoscibilità** a tutti dei fatti giuridici; e

b) **criteri di soluzione** dei conflitti tra titolari di diritti incompatibili; criteri che, come vedremo nel prossimo paragrafo, possono persino, in determinati casi, sacrificare la soluzione apparentemente più giusta sul piano morale al fine di assicurare la certezza del diritto.

In questo modo si determinano i presupposti per la libera e sicura circolazione dei beni e, dunque, viene incoraggiato l'esercizio dell'autonomia privata nel mercato.

La pubblicità svolge sempre la funzione di garantire la conoscibilità dei fatti giuridici, ed in molti casi, come vedremo nel prossimo paragrafo, funziona anche come criterio di soluzione dei conflitti tra titolari di diritti incompatibili. Nel nostro ordinamento si distinguono, a seconda degli effetti che realizzano, tre tipi di pubblicità:

1) la **pubblicità notizia** serve a dare semplice notizia di determinati fatti, ma la sua omissione non influisce né sulla validità né sull'efficacia dei fatti stessi. Curare la pubblicità notizia, per il soggetto tenuto secondo la legge, è un dovere piuttosto che un onere, essendo prevista solo una sanzione in caso di omissione. Esempi tipici di pubblicità notizia sono le pubblicazioni matrimoniali (art. 93 c.c.) e l'annotazione a margine dell'atto di nascita della sentenza di interdizione (art. 423 c.c.); ma altrettanto può dirsi per l'iscrizione di alcuni fatti nel registro delle imprese, di cui abbiamo già parlato nel capitolo IV;

2) la **pubblicità dichiarativa** serve invece a rendere opponibili ai terzi gli atti per cui è prevista. La sua omissione non tocca la *validità* dell'atto, ma la sua efficacia, in quanto rende impossibile far valere l'atto stesso verso i terzi, e costituisce quindi un onere per il soggetto che voglia assicurarsi la possibilità di rendere opponibili ai terzi gli atti da lui compiuti ed i diritti da questi derivanti. Il sistema della trascrizione immobiliare costituisce l'esempio più importante di pubblicità dichiarativa (artt. 2643 e ss. c.c.);

3) la **pubblicità costitutiva**, infine, condiziona sia la validità che l'efficacia dell'atto, perché senza che sia stata perfezionata tale pubblicità l'atto si riterrà non costituito sicché esso non produrrà effetti neppure tra le parti. Sono esempi importanti di pubblicità costitutiva l'iscrizione delle società di capitali nel registro delle imprese (*ex ceteris*, art. 2331 c.c.) e l'iscrizione delle ipoteche (art. 2808 c.c.).

In vero, la pubblicità in certi casi specifici realizza anche altri effetti, in quanto opera in funzione c.d. **prenotativa** o **sanante**: tematiche, queste, su cui torneremo nel paragrafo 6.4.1.3. dedicato alla trascrizione nei registri immobiliari.

Nel nostro ordinamento, al fine di garantire la conoscibilità di fatti rilevanti, operano vari registri pubblici, tra i quali spiccano per importanza:

a) **Registri dello stato civile**, cioè di cittadinanza, di nascita, di matrimonio e di morte, che sono conservati ed aggiornati dai singoli Comuni, e che rendono, tramite meccanismi di trascrizione, iscrizione ed annotazione, conoscibili le vicende personali della persona fisica, e cioè, in particolare, la cittadinanza, la nascita, la morte, la sentenza di interdizione o inabilitazione, il matrimonio, la sentenza dichiarativa della nullità di quest'ultimo e quella che dichiara il divorzio, il regime patrimoniale scelto dai coniugi, l'esistenza di convenzioni matrimoniali, la composizione della famiglia, il riconoscimento del figlio o la sentenza di accertamento della maternità o della paternità, l'adozione; tali registri hanno una grande importanza perché, come abbiamo già visto nel capitolo IV, essi sono titoli dello Stato e per tanto costituiscono piena prova di ciò che attestano;

b) **Registri delle persone giuridiche**, gestiti dalle Prefetture e dalle Regioni, che rendono conoscibili le vicende delle associazioni riconosciute e delle fondazioni svolgendo in parte una funzione costitutiva relativamente al fatto che, come osservato nel capitolo IV, solo con l'iscrizione in tali registri viene attribuita agli enti in questione la personalità giuridica, in larga parte una funzione di mera pubblicità notizia ed in alcuni casi anche una funzione dichiarativa (infatti, ad esempio, la variazione di un amministratore può essere opposta ai terzi solo se debitamente pubblicizzata);

c) **Registro delle imprese**, conservato ed aggiornato presso le Camere di commercio territorialmente competenti, il quale consente la pubblicità delle vicende delle imprese commerciali, come pure abbiamo accennato nel capitolo IV;

d) **Registri immobiliari**, nei quali trovano pubblicità, tramite trascrizione, iscrizione o annotazione, le vicende relative ai diritti su beni immobili secondo quanto diremo nel paragrafo 6.4.1.3.

È appena il caso di ricordare che nel nostro ordinamento esistono numerosi altri registri che svolgono funzione pubblicitarie. Senza pretesa di completezza si possono qui citare i registri delle tutele e delle curatele (art. 389 c.c.), il registro delle adozioni (art. 314 c.c.), il registro delle successioni (art. 52 disp. att. c.c.), nonché il Pubblico Registro Automobilistico (c.d. PRA) per autoveicoli, i Registri navali dei Compartimenti Marittimi per le imbarcazioni, e il Registro Aeronautico Nazionale (c.d. RAN) per gli aeroplani, il registro dei brevetti per invenzione e quello per la tutela del diritto d'autore. A questi ultimi dedicheremo qualche considerazione anche nei prossimi paragrafi. L'art. 47 del d.lgs. 16 gennaio 2006 n. 5, di riforma organica della legge fallimentare (legge 16 marzo 1942 n. 267) ha, invece, recentemente, tra l'altro, abrogato l'art. 50 di tale legge così eliminando il c.d. registro dei falliti.

6.4.1. Pubblicità e criteri di soluzione dei conflitti nella circolazione dei diritti

Come sopra cennato, i problemi derivanti dai conflitti che possono sorgere tra consociati in seguito alla circolazione dei diritti vengono diversamente risolti, dal nostro diritto privato, a seconda che tali diritti riguardino:
- beni mobili;
- beni mobili registrati;
- beni immobili.

Nei prossimi paragrafi si analizzeranno sinteticamente, per ognuna di tali categorie di beni, i criteri di soluzione dei conflitti approntati dalla legge, avvertendo tuttavia sin d'ora che anche rispetto alla tematica in parola il tentativo di svolgere una trattazione unitaria può apparire a tratti forzato vista la pluralità e l'eterogeneità dei criteri in questione.

6.4.1.1. *Su beni mobili*

Per i **beni mobili** diversi dai mobili registrati di cui si dirà nel prossimo paragrafo – e da quelli indicati tra breve in questo paragrafo – le esigenze di conoscibilità per i terzi, nonché i problemi derivanti dall'eventuale conflitto tra diritti incompatibili, vengono risolti dal diritto privato, principalmente, attraverso la c.d. **pubblicità di fatto** determinata dal possesso materiale del bene: chi ha il possesso si presume proprietario perché chiunque può prendere atto del rapporto di fatto che egli ha con il bene. In proposito l'**art. 1153** c.c. stabilisce che "*Colui al quale sono alienati beni mobili da parte di chi non è proprietario, ne acquista la proprietà mediante il possesso, purché sia in buona fede al momento della consegna e sussista un titolo idoneo al trasferimento della proprietà*".

La norma in questione sancisce l'importante regola del c.d. **possesso vale titolo**, in forza della quale il grave vizio dell'operazione di trasferimento, costituito dal fatto che il dante causa non era proprietario del bene, in presenza dei presupposti previsti dalla norma (buona fede e titolo astrattamente idoneo), viene sanato dal trasferimento materiale della cosa nelle mani dell'acquirente. A quanto disposto dall'art. 1153 va aggiunta la previsione dell'**art. 1155** c.c., secondo cui "*Se taluno con successivi contratti aliena a più persone un bene mobile, quella tra di esse che ne ha acquistato in buona fede il possesso è preferita alle altre, anche se il suo titolo è di data posteriore*". Nonché – per il caso in cui manchi il titolo astrattamente idoneo – quella dell'**art. 1161** c.c., rubricato "***usucapione** dei beni mobili*", a tenore della quale "*In mancanza di titolo idoneo, la proprietà dei beni mobili e gli altri diritti reali di godimento sui beni medesimi si acquistano in virtù del possesso continuato per dieci an-*

ni, qualora il possesso sia stato acquistato in buona fede. Se il possessore è in mala fede, l'usucapione si compie con il decorso di vent'anni".

Il sistema in parola, come si vede, è semplice e banale, tanto da sembrare rozzo. Inoltre, è ingiusto perché rischia di penalizzare colui che ha comprato il bene per primo, e casomai ha anche pagato il prezzo, ma non ne ha conseguito ancora il possesso, se il bene viene successivamente acquistato in buona fede da chi lo abbia anche appreso materialmente. Il principio in parola si applica a tutti i beni mobili non considerati dalla legge meritevoli di un trattamento più complesso perché presumibilmente di modico valore o poco rilevanti. Proprio in considerazione della enorme quantità e delle caratteristiche dei beni cui si applica, il principio tutto sommato può risultare funzionale perché tutela il legittimo affidamento e non appesantisce la circolazione dei diritti con formalismi che avrebbero potuto salvaguardare la giustizia, ma penalizzando la velocità ed il volume degli scambi; di contro, genera alcune inefficienze perché, ad esempio, induce il proprietario a non prestare i beni mobili e l'imprenditore a non conferirli nell'azienda, tanto che negli Stati Uniti la regola prevalente opta per il *caveat emptor* (traduzione: "stia in guardia il compratore!") e, dunque, piuttosto che tutelare il possessore, fa ricadere sull'acquirente le conseguenze pregiudizievoli di un suo eventuale incauto acquisto.

La c.d. pubblicità di fatto ed il principio del possesso vale titolo non operano riguardo a tutti i beni mobili. Tra i beni mobili per i quali la legge stabilisce forme di pubblicità e/o criteri di soluzione dei conflitti diversi da quello appena sinteticamente descritto, particolare importanza hanno crediti e valori mobiliari.

Relativamente ai **crediti**, l'**art. 1265** c.c., rubricato "*Efficacia della cessione riguardo ai terzi*", stabilisce che "*Se il medesimo credito ha formato oggetto di più cessioni a persone diverse, prevale la cessione notificata per prima al debitore, o quella che è stata per prima accettata dal debitore con atto di data certa, ancorché essa sia di data posteriore. La stessa norma si osserva quando il credito ha formato oggetto di costituzione di usufrutto o di pegno*". Dunque, in tal caso, il criterio di soluzione del conflitto tra più acquirenti individua nel debitore il suo perno centrale, in quanto prevale chi ha notificato al debitore per primo o chi abbia per primo ricevuto l'accettazione di questo. Tale criterio si fonda sull'idea che chi intende acquistare un credito può verificare agilmente presso il debitore se vi è stata una precedente cessione a lui notificata o da lui accettata. Il debitore ceduto, tuttavia, non è tenuto a dare notizie circa precedenti accettazioni o notifiche di cessioni; per questa ragione il trasferimento dei crediti si attua in modo più sicuro e veloce mediante i meccanismi circolatori dei **titoli di credito** (disciplinati in particolare nel titolo V del libro IV del codice civile), di cui ci occuperemo a suo tempo. Inoltre, nei rapporti tra imprese il criterio formalizzato nell'art. 1265 c.c. può risultare molto inefficiente laddove i crediti compravenduti siano molti ovvero le operazioni di compravendita siamo frequenti nel tempo. Al fine di ovviare a tali problemi ed agevolare la circolazione dei crediti nel mondo dell'impresa e della finanza, il legislatore ha emanato, tra l'altro, la legge sul *factoring* (**legge 21 febbraio 1991 n. 52**) e quella sulla **cartolarizzazione dei crediti** (**legge 30 aprile 1999 n. 130**). Su questi temi torneremo più diffusamente quando tratteremo in modo organico la cessione dei crediti.

Relativamente ai **valori mobiliari** (cioè titoli rappresentativi di quote di capitale di società per azioni, società in accomandita per azioni, fondi mobiliari ed immobiliari, e titoli rappresentativi di debito, quali le obbligazioni societarie) il diritto pone regole speciali. In materia di società per azioni, l'**art. 2355** c.c., rubricato "*Circolazione delle azioni*", prevede che "*le **azioni al portatore** si trasferiscono con la consegna del titolo*", mentre "*il trasferimento delle **azioni nominative** si opera mediante girata autenticata*" e "*il trasferimento delle azioni nominative con mezzo diverso dalla girata si opera a norma dell'art. 2022*". Nel caso di **azioni negoziabili sui mercati regolamentati**, "*il trasferimento si opera mediante scritturazione sui conti destinate a registrare i movimenti degli strumenti finanziari; in tal caso, se le azioni sono nominative* [...] *la scritturazione equivale a girata*". Inoltre, "*nel caso di mancata emissione dei titoli azionari*", lo stesso articolo prevede che "*il trasferimento delle azioni ha effetto nei confronti della società dal momento dell'iscrizione nel libro soci*", così introducendo il principio per cui la compravendita di azioni può essere efficace tra le parti, ma non opponibile alla società ed ai terzi. Le tematiche in parola sono oggetto di apposita ed approfondita trattazione negli studi di diritto commerciale, ai quali per tanto si rinvia.

6.4.1.2. *Su beni mobili registrati: cenni e rinvio*

Tradizionalmente si indicano come beni mobili registrati le **navi**, gli **aeromobili** e gli **autoveicoli**. Ciò in quanto tali beni sono espressamente sottoposti dal codice civile ad un regime pubblicitario disciplinato dagli **artt. 2683-2696** c.c., analogo a quello, denominato **trascrizione**, che riguarda i diritti su beni immobili. Non a caso, del resto, i due regimi sono sistematicamente collocati immediatamente l'uno dopo l'altro nel libro VI del codice civile. Per comprendere come funzionano tali regimi conviene, dunque, rinviare al prossimo paragrafo.

Va, invece, qui osservato che l'**art. 2696** c.c. riconosce espressamente l'esistenza di altri beni mobili per i quali la legge può disporre la trascrizione come forma di pubblicità. La norma fa, se pure indirettamente, riferimento anche ai sistemi di pubblicità, tramite registrazione, non basati sulla trascrizione ma comunque relativi a beni mobili. È il caso, ad esempio, delle iscrizioni nel registro dei **brevetti per invenzioni** (d.lgs. 10 febbraio 2005 n. 30) oppure quelle previste per il **diritto d'autore** (più volte citata legge 22 aprile 1941 n. 633). Anche su questi temi non è dato approfondire la riflessione in questa sede in quanto le tematiche in parola sono oggetto di specifica trattazione nell'ambito degli studi di diritto industriale o commerciale.

6.4.1.3. *Sui beni immobili: ovvero il sistema della trascrizione nei registri immobiliari*

Come detto nel precedente paragrafo, ai **beni mobili registrati** indicati dal codice si applicano regole sulla pubblicità simili a quelle che si applicano ai **beni immobili**. Il sistema, a riguardo, organizzato dal legislatore prende il nome di "***trascrizione***" ed è regolato dal titolo I del libro VI, agli **artt. 2643-2696** c.c. In vero, in alcune province italiane dell'ex Impero austro-ungarico annesse all'Italia dopo la prima guerra mondiale vige ancora il diverso sistema tavolare disciplinato dal r.d. 28 marzo 1929 n. 489 (c.d. *Legge generale sui libri fondiari*) e sue successive modifiche, il quale, a differenza della trascrizione: ha effetti sostanzialmente costitutivi (in quanto per realizzare l'effetto traslativo tra le parti l'atto deve essere pubblicizzato, *rectius* intavolato, e cioè fatto oggetto di "***intavolazione***"), coincide con il catasto, ed inoltre è organizzato su base reale e non personale (cioè, nei libri tavolari le vicende vengono pubblicizzate e catalogate con riferimento diretto al fondo; per tanto, attraverso una visura si ha automaticamente la cronistoria di tutti gli atti che sono stati intavolati nel tempo in relazione a detto immobile).

La trascrizione relativamente ai beni immobili si opera mediante i **pubblici registri immobiliari**, che sono tenuti (art. 2664), gestiti ed aggiornati dalle apposite conservatorie distribuite per circoscrizioni sul territorio nazionale in modo omogeneo e capillare, e che sono organizzati su base personale, sicché sotto il nome di ognuno vi sarà l'elenco degli atti trascritti "***a favore***" (se egli ha acquistato un diritto) e "***contro***" (se egli ha ceduto un diritto) di lui. Ogni atto di trascrizione che riguardi un acquisto a titolo derivativo deve, infatti, essere trascritto contro chi perde il diritto ed a favore di chi lo acquista nella conservatoria dei registri territorialmente competente (art. 2663). Norme specifiche che regolano l'attività dei conservatori si trovano negli artt. 2673-2682. La trascrizione dei beni mobili registrati – o meglio di navi, aeromobili e autoveicoli – si realizza, invece, nei registri pubblici relativi al bene in questione, e dunque nel Pubblico Registro Automobilistico, nei Registri dei Compartimenti Marittimi per le imbarcazioni, e nel Registro Aeronautico Nazionale. A differenza dei registri immobiliari, questi sono organizzati su base reale e non personale.

Altra cosa rispetto ai registri immobiliari è il "***catasto***", e cioè l'inventario generale dei beni immobili situati nel territorio dello Stato, basato sul rilevamento topografico del territorio sviluppato in mappe catastali e suddiviso in catasto dei terreni (o fondiario) e catasto edilizio (o urbano). Il catasto ha la funzione di consentire l'identificazione fisica dei singoli beni, l'accertamento della loro consistenza, del loro reddito e della loro proprietà. Esso serve essenzialmente per fini fiscali, oltre che urbanistici e di rilevazione statistica. Dal punto di vista civilistico, il catasto rileva soltanto perché negli atti aventi ad oggetto diritti su beni immobili questi vengono individuati proprio sulla base dei dati catastali, ed inoltre perché i trasferimenti di proprietà devono essere denunciati al catasto che esegue la relativa voltura a fini di pubblicità notizia. I dati catastali, infatti, non provano la proprietà dei beni né consentono di opporre ai terzi gli effetti dei trasferimenti; ma rilevano unicamente ai sensi dell'art. 950, comma 3, c.c. quando, in mancanza di altri elementi di prova, vi sia necessità di accertare l'esatto confine tra fondi.

Sono soggetti a trascrizione tutti gli atti elencati nell'**art. 2643** (per i mobili registrati, nell'art. 2684), e cioè, tra l'altro ed in particolare, i contratti che trasferiscono il diritto di proprietà, quelli che costituiscono, trasferiscono o modificano i diritti reali di godimento, i contratti che costituiscono la comunione di diritti reali, i provvedimenti con i quali nell'esecuzione forzata si trasferiscono la proprietà o gli altri diritti reali, la rinunzia ai diritti reali, in alcuni casi i contratti di società, quelli di associazione e quelli di costituzione dei consorzi, nonché le transazioni e le sentenze che operano la costituzione, il trasferimento o la modificazione di uno dei diritti menzionati dall'articolo in questione. L'elenco contenuto in tale disposizione è considerato dalla dottrina tradizionale tassativo. Si parla, tuttavia, correttamente di tassatività, o **tipicità, degli effetti** e non degli atti, in quanto l'art. 2645 integra l'art. 2643 citato stabilendo che deve trascriversi anche "*ogni atto o provvedimento che produce* [...] *taluno degli effetti dei contratti menzionati nell'art. 2643, salvo che dalla legge risulti che la trascrizione non è richiesta o è richiesta a effetti diversi*". Dunque, la tipicità opera nel senso che sono trascrivibili solo gli atti ed i provvedimenti che producono gli effetti presi in considerazione nell'elenco di atti e provvedimenti cui all'art. 2643. Inoltre, gli **artt. 2646-2649**, in aggiunta a questi, disciplinano la trascrizione delle divisioni, della costituzione del fondo patrimoniale e della separazione dei beni, dell'accettazioni di eredità o degli acquisti di legato, e infine della cessione dei beni ai creditori. Mentre l'**art. 2660** prende in considerazione la trascrizione degli acquisti a causa di morte.

In realtà, il legislatore, prima nel 1997 e poi nel 2006, ha inserito nel codice civile due norme che hanno arricchito ulteriormente il novero di atti trascrivibili: si tratta dell'**art. 2645 *bis***, introdotto con d.l. 31 dicembre 1996 n. 669

(convertito con legge 28 febbraio 1997 n. 30), che ha previsto e regolato la trascrizione del "***contratto preliminare***"; e dell'**art. 2645 *ter***, introdotto con d.l. 30 dicembre 2005 n. 273 (convertito con legge 23 febbraio 2006 n. 51), che ha previsto e regolato la trascrizione dei c.d. "***atti di destinazione***". Il dibattito, particolarmente accesso e tuttora vivo, sulla portata di questa seconda novella al codice ha consentito a taluno di sostenere che il principio di tipicità in materia di trascrizione sia ormai stato superato dal legislatore e, comunque, dalla prassi. Tale notazione coglie senz'altro una parte di verità laddove osserva che presso le conservatorie dei registri immobiliari accade che vengano trascritti atti non rientranti nel novero di quelli trascrivibili ai sensi del combinato disposto degli artt. 2643-2645. Un esempio emblematico di tale deriva è costituito dal ***trust***, la cui trascrivibilità è stata ammessa negli scorsi lustri in numerosi casi da molte conservatorie dei registri immobiliari.

In tema di atti da trascrivere va altresì considerato che gli **artt. 2654 e 2655** dispongono che "*devono* ***annotarsi*** *in margine della trascrizione o dell'iscrizione*" (nel caso di ipoteca) di un certo atto sia le domande giudiziali di cui agli artt. 2652 e 2653, sia le sentenze che comportano "*l'annullamento, la risoluzione, la rescissione, la revocazione, l'avveramento della condizione*" relativamente all'atto in questione. Attraverso tali annotazioni l'ordinamento assicura la reale reperibilità, e quindi la concreta conoscibilità, di tutte le vicende relative ad un atto trascritto, anche indipendentemente dal meccanismo di trascrizione "*a favore*" e "*contro*". Se tali annotazioni non sono eseguite, non si realizza la continuità delle trascrizioni e quindi "*non producono effetto le successive trascrizioni o iscrizioni a carico di colui che ha ottenuto*" l'atto o la sentenza da cui derivi l'effetto di assicurargli il diritto.

La trascrizione ha principalmente:

a) efficacia dichiarativa, ma in particolari ipotesi può avere anche **efficacia**;

b) prenotativa;

c) costitutiva;

d) di pubblicità notizia;

e) sanante.

Prima di riprendere l'analisi della disciplina che il codice riserva alla trascrizione, giova approfondire il discorso sull'efficacia della pubblicità in parola.

a) *Trascrizione con efficacia dichiarativa*

La trascrizione ha generalmente efficacia dichiarativa: produce, cioè, il risultato di rendere opponibili a terzi gli atti trascritti. Questa è senz'altro la funzione principale svolta dalla trascrizione.

Il principio è affermato dall'**art. 2644**. Chi acquista validamente un diritto, ma non trascrive, o trascrive con ritardo rispetto ad altri eventuali terzi acquirenti dal medesimo dante causa, è astrattamente titolare del diritto se ha acquistato dal legittimo titolare, in quanto sull'efficacia dell'atto nei rapporti tra le parti la trascrizione non incide, però non può opporre tale diritto a terzi che abbiano trascritto il proprio titolo antecedentemente (laddove, ad esempio, dovessero sorgere dei conflitti derivanti da una doppia alienazione dello stesso bene da parte dell'originario proprietario a diversi aventi causa), e quindi rischia di vedersi vittoriosamente opposto l'altrui diritto, anche se acquistato in data successiva. La trascrizione, dunque, riveste la massima importanza al fine di risolvere le situazioni di conflitto tra più acquirenti dello stesso diritto o tra più acquirenti di diritti tra loro comunque incompatibili (ad esempio, tra chi abbia acquistato il diritto di usufrutto e chi abbia acquistato il diritto di proprietà sullo stesso bene), dal momento che la legge riconosce tutela *erga omnes*, non già a favore di chi ha acquistato per primo, bensì a favore di chi ha **trascritto per primo** l'atto da cui trae titolo il suo diritto, indipendentemente dalla **buona fede** dei soggetti coinvolti e malgrado il fatto che il secondo acquirente, sul piano del puro diritto sostanziale, acquisti da chi non è più titolare per aver già ceduto il suo diritto. Lo schema che segue dovrebbe essere utile a chiarire ogni eventuale dubbio.

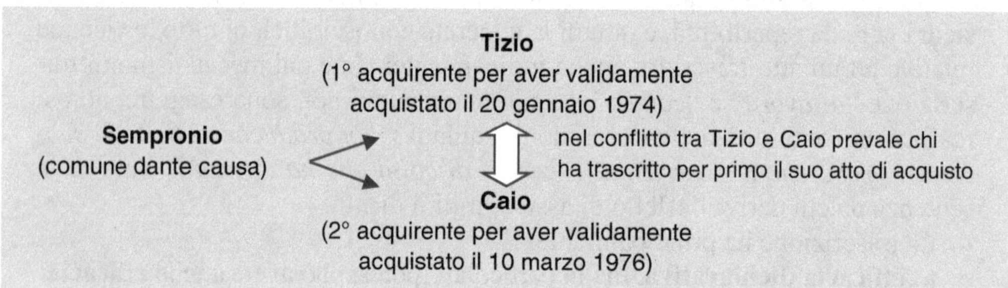

b) *Trascrizione con efficacia costitutiva*

La trascrizione ha efficacia costitutiva nel caso in cui riguardi l'**iscrizione ipotecaria**. Analogo effetto può riconoscersi alla stessa rispetto al c.d. **pignoramento** immobiliare o relativo a beni mobili registrati, ed inoltre al **sequestro conservativo** che abbia ad oggetto beni immobili o mobili registrati. Un'efficacia per certi versi costitutiva la trascrizione svolge anche rispetto alla fattispecie normativa che consente l'acquisizione per **usucapione abbreviata** (e cioè decennale) di diritti reali su beni immobili ai sensi dell'art. 1159 c.c. Ai quattro istituti conviene dedicare qualche considerazione.

L'**art. 2808** c.c., a proposito dell'ipoteca – diritto reale di garanzia di cui ci occuperemo nel capitolo X – stabilisce, al comma 2, che essa "*si costituisce mediante iscrizione nei registri immobiliari*". La trascrizione nei pubblici registri immobiliari dell'atto o del provvedimento giudiziale che rappresenta il titolo di costituzione dell'ipoteca è, dunque, fonte di effetti costitutivi per la stessa; in mancanza l'ipoteca non solo non potrà essere opposta ai terzi, ma non sorgerà nemmeno tra le parti, e cioè tra il creditore ipotecario ed il proprietario del bene ipotecato. Salvo che per la sua efficacia, la disciplina disposta per questo particolare tipo di trascrizione, che prende appunto nome di "***iscrizione***", è simile a quella prevista per la trascrizione degli altri diritti su beni immobili. Ad esempio è previsto che possano essere iscritte ipoteche solo sulla base di atti che hanno forma di atto pubblico o scrittura privata autenticata, ed inoltre che le vicende relative al credito ipotecario devono essere annotate "*in margine all'iscrizione dell'ipoteca*". Sul tema si tornerà compiutamente quando tratteremo l'istituto dell'ipoteca.

Un'altra fattispecie rispetto alla quale parte della dottrina ritiene sia individuabile una trascrizione con efficacia costitutiva è quella del **pignoramento su beni immobili** (artt. **2908-2918** c.c.), e cioè dell'istituto in forza del quale il creditore vincola i beni del debitore, o in particolari casi eventualmente di terzi, alla soddisfazione del suo interesse e cioè del suo diritto di credito, ed avvia l'azione espropriativa di tali beni. Il c.d. pignoramento immobiliare si esegue mediante notificazione da parte del creditore al debitore, e successiva trascrizione, di un atto nel quale si indicano i diritti immobiliari, ed i beni su cui essi insistono, che si intendono sottoporre ad esecuzione, e si svolge l'ingiunzione al debitore prevista nell'art. 492 c.p.c. La legge stabilisce che immediatamente dopo la notificazione l'ufficiale giudiziario che ha notificato l'atto di pignoramento consegna copia autentica dello stesso, con le relative note di trascrizione, al competente conservatore dei registri immobiliari che trascrive l'atto (art. 555 c.p.c.). La trascrizione può essere compiuta anche dal creditore pignorante, al quale l'ufficiale giudiziario, se richiesto, deve consegnare gli atti di cui sopra.

In realtà, nessuna norma dispone testualmente che il pignoramento immobiliare si costituisce con la trascrizione, ed anzi dalla lettura combinata delle norme dei codici di rito e di procedura si evince che nei rapporti tra debitore pignorato e creditore pignoratizio il pignoramento è realizzato già all'atto della notifica dell'ingiunzione sopra citata. Tuttavia, posto che la funzione precipua del pignoramento è quella di opporre ai terzi l'esistenza del vincolo, affinché questi non possano pregiudicare le ragioni del creditore pignoratizio mentre la procedura espropriativa si compie, è evidente l'importanza che in materia ha il principio disposto dal combinato degli **artt. 2913 e 2914** c.c., a tenore dei quali "*Non hanno effetto in pregiudizio del creditore pignorante e dei creditori che intervengono nell'esecuzione gli atti di alienazione dei beni sottoposti a pignoramento, salvi gli effetti del possesso di buona fede per i mobili non iscritti in pubblici registri*", e ciò anche se tali atti di alienazione sono precedenti al pignoramento ma trascritti successivamente a questo.

In ragione della necessità espressa dalla legge di trascrivere "*immediatamente*" nonché in considerazione del meccanismo di opponibilità del vincolo pignoratizio ai terzi, parte della dottrina ritiene che il pignoramento sia un atto a formazione progressiva, e che la trascrizione in tal caso operi come elemento perfezionativo della fattispecie, e dunque con efficacia costitutiva degli effetti del pignoramento stesso. Secondo altro orientamento la trascrizione, anche rispetto al pignoramento, avrebbe esclusivamente un'efficacia dichiarativa nei confronti dei terzi ed integrativa del pignoramento, considerato già perfezionato quanto agli effetti processuali nei confronti del debitore esecutato, in virtù della notifica e dell'ingiunzione *ex* art. 492 c.p.c. In giurisprudenza, prevale la tesi per cui "Il pignoramento è perfetto nei confronti del debitore con la notifica dell'atto ed è da quella che decorrono alcuni determinati effetti processuali" (cfr., tra le altre, Cass., sentenza 19 settembre 1997 n. 9231); recentemente, però, la Cassazione ha espresso un'opinione diversa, manifestando di privilegiare la tesi per cui il pignoramento è un atto a formazione progressiva e per tanto, rispetto a questo, non possono distinguersi due fasi, una costitutiva ed una dichiarativa, in quanto notifica dell'ingiunzione e trascrizione della stessa devono intendersi in modo unitario (Cass., sentenza 12 maggio 2008 n. 12429).

Un'ulteriore ipotesi di trascrizione con effetti costitutivi riguarda la formalità di esecuzione del c.d. sequestro conservativo, e cioè di quell'istituto che consente ad una parte – nell'ambito di un contenzioso ed in presenza dei *fumus boni iuris* e del *periculum* tipicamente richiesti per la concessione dei provvedimenti d'urgenza – di ottenere, nelle more del giudizio di merito, tutela cautelare anticipata rispetto al rischio che la controparte possa disporre del bene così pregiudicando le ragioni che al primo potrebbero derivare dalla sentenza che deciderà la lite. In proposito, l'art. 679 c.p.c. prevede che "*Il* **sequestro conservativo** *sugli* **immobili** *si esegue con la* **trascrizione** *del provvedimento presso l'ufficio del* **conservatore dei registri immobiliari** *del luogo in cui i beni sono situati*". Per i beni mobili registrati si prevede un meccanismo leggermente diverso perché in proposito l'art. 2963 c.c. – come anche per il pignoramento – chiede la notifica dell'atto di sequestro. Gli effetti del sequestro conservativo sono esplicati dall'art. 2906 c.c. ai sensi del quale "*non hanno effetto in pregiudizio del creditore sequestrante le alienazioni e gli altri atti che hanno per oggetto la cosa sequestrata, in conformità delle regole stabilite per il pignoramento*".

Un'ultima ipotesi in cui la trascrizione opera come elemento della fattispecie normativa e, dunque, come strumento indispensabile per consentire l'efficacia dell'istituto, è rappresentata dalla c.d. **usucapione abbreviata su beni**

immobili e su beni mobili registrati. In proposito, infatti, l'**art. 1159**, comma 1, c.c. stabilisce che "*Colui che acquista in buona fede da chi non è proprietario un immobile, in forza di un titolo che sia idoneo a trasferire la proprietà e che sia stato debitamente trascritto, ne compie l'usucapione in suo favore col decorso di dieci anni dalla data di trascrizione*". Analogamente, l'**art. 1162**, comma 1, c.c. prevede che "*Colui che acquista in buona fede da chi non è proprietario un bene mobile iscritto in pubblici registri, in forza di un titolo che sia idoneo a trasferire la proprietà e che sia stato debitamente trascritto, ne compie in suo favore l'usucapione col decorso di tre anni dalla data di trascrizione*". In mancanza di trascrizione, la fattispecie acquisitiva di cui agli artt. 1159 e 1162 non opera, sicché, rispettivamente, l'usucapione su beni immobili si realizza nel termine ordinario di venti anni (art. 1158 c.c.), mentre quello su beni mobili registrati si realizza nel termine di dieci anni (art. 1162, comma 2, c.c.).

Resta solo da evidenziare, per mera completezza, che tal ultimo termine costituisce, con tutta probabilità, il prodotto di una vera e propria svista del legislatore, il quale, mentre per i beni immobili (art. 1158 c.c.) e per i beni mobili (art. 1161 c.c.), come detto, stabilisce che, in caso di malafede del possessore, l'usucapione si compie in venti anni, senza alcuna ragione per i beni mobili registrati prevede che in ogni ipotesi in cui non possa realizzarsi l'usucapione abbreviata, e dunque anche se ciò dipende da malafede del possessore, il termine ordinario di usucapione è, per l'appunto, di dieci anni.

c) *Trascrizione con efficacia prenotativa*

Ai sensi dell'art. 2643, come sopra visto, devono essere trascritte, ai fini della loro opponibilità, anche "*le* ***sentenze*** *che operano la costituzione, il trasferimento o la modificazione di uno dei diritti menzionati*" nello stesso articolo. Ai sensi dell'**art. 2652** c.c. "*si devono trascrivere, qualora si riferiscano ai diritti menzionati nell'art. 2643 le* ***domande giudiziali***" (elencate subito appresso in ben 9 punti, nonché nel successivo art. 2653 c.c.), ed inoltre gli atti notificati con cui una parte dichiara all'altra di voler promuovere il procedimento arbitrale su questioni analoghe a quelle indicate in relazione alle domande giudiziali in parola. La trascrizione di tali domande ha un'**efficacia prenotativa**, in quanto dalla semplice trascrizione di una domanda giudiziale non deriva nessun effetto concreto; tuttavia, quando sarà emessa e trascritta la sentenza che chiude il relativo giudizio, gli effetti di questa (diversi di volta in volta a seconda dell'azione esercitata e del tipo di giudizio) decorreranno dal momento di trascrizione della domanda giudiziale, sicché essi saranno opponibili a tutti coloro che hanno acquistato, e finanche trascritto, diritti incompatibili in data successiva a tal ultima trascrizione. Il meccanismo è molto simile a quello che opera in materia di contratti **preliminari** ai sensi del già citato art. 2645 *bis* c.c., tanto che una parte della dottrina, anche rispetto a questi ultimi, parla di trascrizione ad efficacia prenotativa. Ed infatti, anche dalla trascrizione del preliminare in sé non decorrono effetti sostanziali di particolare rilievo in quanto la vicenda pubblicitaria è perfezionata solo con la trascrizione del definitivo, i cui effetti retroagiscono al momento di stipula del preliminare, così potendo essere opposti con successo nei confronti di chiunque abbia trascritto un diritto incompatibile sullo stesso bene dopo la trascrizione del preliminare. L'efficacia della trascrizione riceve una disciplina particolare relativamente alle domande di cui all'art. 2653.

Ai sensi dell'**art. 2652, comma 1, n. 6**, c.c., particolare si rivela l'effetto derivante dalla trascrizione delle domande giudiziali dirette a far dichiarare la **nullità** degli atti o a far pronunziare il loro **annullamento per incapacità legale** in cui versava una parte, nonché a far dichiarare l'**invalidità di una trascrizione**. Tali patologie – per la loro gravità e per l'esigenza di tutelare gli interessi superiori alla cui salvaguardia esse sono preposte – possono essere sempre fatte valere non solo contro chi abbia trascritto il proprio atto di acquisto successivamente alla trascrizione della domanda giudiziale, ma anche contro chi abbia trascritto il proprio atto di acquisto "*anteriormente*" a tale momento, salvo gli effetti della c.d. **trascrizione sanante** di cui si dirà tra breve.

In aggiunta a quanto sin qui esposto va, infine, evidenziato che la legge 18 giugno 2009 n. 69 ha introdotto nel codice civile gli **artt. 2668 *bis*** e **2668 *ter***, i quali limitano nel tempo l'efficacia della trascrizione delle domande giudiziali, nonché del pignoramento e del sequestro su immobili e mobili registrati, stabilendo che tali formalità conservano il loro effetto per vent'anni dalla loro esecuzione, salvo l'eventuale rinnovo della trascrizione prima che scada detto termine. Lo scopo, probabilmente, è quello di fissare un limite temporale massimo alla pregiudizialità di determinate formalità e, indirettamente, di non rendere troppo complesse le visure immobiliari da parte dei terzi, evitando ricerche eccessivamente risalenti nel tempo.

d) *Trascrizione con efficacia di pubblicità notizia*

L'**art. 2651** prevede che "*Si devono trascrivere le sentenze da cui risulta estinto per prescrizione o acquistato per* ***usucapione****, ovvero in altro modo non soggetto a trascrizione*" il diritto di proprietà o altro diritto reale di godimento. La norma disciplina una ipotesi in cui la trascrizione non ha effetti dichiarativi ma di semplice **pubblicità notizia**. Infatti, la trascrizione non risolve i conflitti tra acquirenti a titolo derivativo ed **acquirenti a titolo originario**, in quanto chi acquista a titolo originario (in virtù di usucapione, accessione, avulsione, alluvione, cfr. artt. 941, 943 e 944 c.c.) non deve, e dunque non può, trascrivere il proprio acquisto, se non al momento in cui viene emessa la sentenza che lo accerta. Sennonché tale acquisto può essersi verificato prima della trascrizione del titolo dal quale il rivale trae il suo diritto incompatibile, e ciò può essere acclarato dalla stessa sentenza che accerta l'acquisto a titolo originario. In tal caso, l'acquisto a titolo originario, avendo data antecedente alla trascrizione del titolo costitutivo del diritto incompatibile, prevale.

e) *Trascrizione con efficacia sanante*

La trascrizione, nello svolgimento del suo effetto tipicamente dichiarativo, non sana gli eventuali vizi da cui l'atto trascritto fosse, in ipotesi, affetto. Ad esempio, se l'atto di compravendita è nullo o annullabile (queste le due forme di invalidità dell'atto tradizionalmente riconosciute, a cui può aggiungersi la rescissione, come si vedrà nel capitolo sul contratto dove queste tematiche saranno trattate in modo approfondito), la sua eventuale trascrizione non ne cura la patologia, e cioè non ne sana l'invalidità. Questa, per tanto, potrà essere fatta valere dall'interessato contro colui che, avvantaggiandosi più o meno direttamente degli effetti di tale atto, risulta, in un certo momento, titolare del diritto anche se in forza di un atto trascritto.

C'è, tuttavia, una ipotesi in cui, non già la trascrizione di un atto, bensì il meccanismo di funzionamento della trascrizione come sistema pubblicitario in sé, determina una sorta di sanatoria di alcune forme di invalidità. Ciò accade in seguito alla trascrizione della domanda giudiziale – diretta a far valere la **nullità** di un atto soggetto a trascrizione o l'**annullamento** di questo **che dipenda da incapacità legale**, nonché l'**invalidità di una trascrizione** – la quale sia effettuata **dopo cinque anni** dalla data della trascrizione dell'atto impugnato (o dalla trascrizione contestata). In tal caso, infatti, l'**art. 2652, comma 1, n. 6**, stabilisce che la sentenza che accoglie detta domanda "*non pregiudica i diritti acquistati a qualunque titolo dai terzi in buona fede in base a un atto trascritto o iscritto anteriormente alla trascrizione della domanda*". Il principio è replicato in materia di mobili registrati nell'**art. 2690, comma 1, n. 3**, con la sola differenza che qui si parla di trascrizione della domanda effettuata dopo tre anni e non cinque.

Dunque, dal fatto che il titolo del terzo in buona fede sia trascritto anteriormente alla domanda giudiziale e che quest'ultima sia stata trascritta dopo cinque (ovvero, per i beni mobili registrati, come appena detto, tre) anni dalla trascrizione dell'atto impugnato, la legge fa derivare l'effetto della mancata opponibilità della sentenza (che sancisce l'invalidità dell'atto o della trascrizione), al terzo in questione, il quale perciò fa salvo il suo acquisto.

La tematica non riguarda gli atti affetti da **causa di annullamento diversa**

dall'incapacità legale, in quanto, ai sensi dell'**art. 1445** c.c., in tale ipotesi, se l'acquirente ha acquistato a titolo oneroso e in buona fede, ed ha trascritto prima che fosse trascritta la domanda giudiziale volta a far pronunziare l'annullamento, la declaratoria giudiziale di invalidità non pregiudica i suoi diritti, come del resto abbiamo già rilevato *supra* in tema di trascrizione con efficacia prenotativa.

In conclusione può osservarsi che, secondo quanto disposto dall'art. 2652, la trascrizione delle domande giudiziali che hanno ad oggetto la nullità dell'atto o la sua annullabilità per incapacità legale, o ancora l'invalidità di una trascrizione, ha efficacia prenotativa nei confronti di atti di acquisto di terzi trascritti successivamente, mentre nei confronti di atti trascritti antecedentemente ha effetto sanante il fatto che tale domanda sia trascritta dopo cinque (o tre) anni dalla trascrizione dell'atto impugnato (o dalla trascrizione contestata).

6.4.1.4. (continua) *Forma degli atti da trascrivere e c.d. continuità delle trascrizioni*

Esaurito il discorso sulla efficacia della trascrizione, occorre tornare ad analizzare la disciplina codicistica dell'istituto.

L'**art. 2657** c.c. dispone che "*la trascrizione non si può eseguire se non in forma di*":

– **sentenza,**

– **atto pubblico** o

– **scrittura privata con sottoscrizione autenticata o accertata giudizialmente**.

La *ratio* della norma è quella di impedire la trascrizione di atti che possano essere facilmente contestati in giudizio da chi appare esserne l'autore. Proprio in virtù di tale norma, al fine di potersi avvalere della trascrizione, molto spesso nella prassi le parti, anche in relazione ad atti che potrebbero essere compiuti con la semplice forma scritta, e dunque per scrittura privata, preferiscono riversare la propria volontà in un atto pubblico, o quanto meno in una scrittura privata autenticata da un pubblico ufficiale. Ciò accade, ad esempio, per le compravendite immobiliari (cfr. art. 1350 c.c.).

L'**art. 2658** descrive gli atti che la parte che domanda la trascrizione deve presentare al conservatore dei registri immobiliari. In particolare, questi dovrà presentare il titolo in originale o copia autenticata, nonché la "***nota di trascrizione***" prevista e disciplinata dall'**art. 2659** c.c.

L'esigenza di certezza dei traffici immobiliari giustifica che la trascrizione – come abbiamo visto, meramente onerosa per l'interessato acquirente del diritto – sia obbligatoria per il **notaio** o altro pubblico ufficiale che riceva o autentichi l'atto soggetto a trascrizione, e che questi sia tenuto a risarcire il danno in caso di ritardo nel provvedervi (**art. 2671** c.c.). In questo modo, infatti, a prescindere dalla solerzia e della prudenza dei privati, l'ordinamento si garantisce la pressoché completa trascrizione nei pubblici registri di tutti gli atti trascrivibili.

Nei registri immobiliari, al fine di consentire la piena efficacia della singola trascrizione, deve sussistere la c.d. "***continuità delle trascrizioni***". Ciò significa che deve risultare dai registri, sotto i nomi dei vari titolari del medesimo diritto su un bene, che si sono succeduti nel tempo, una catena ininterrotta di trascrizioni, e cioè una catena continua di trascrizioni contro il dante causa ed a favore dell'acquirente, e successivamente contro quest'ultimo ed a favore del nuovo avente causa, e così via. In proposito, l'**art. 2650** dispone che "*Nei casi in cui* [...] *un atto è soggetto a trascrizione, le successive trascrizioni o iscrizioni a carico dell'acquirente non producono effetto, se non è stato trascritto l'atto anteriore di acquisto*". Ciò significa che qualora si determini una lite tra soggetti astrattamente titolari di diritti configgenti sullo stesso bene, colui che tra i litiganti ha trascritto per primo non prevarrà se l'acquisto del suo dante causa non era debitamente trascritto e, comunque, se i precedenti passaggi di titolarità del diritto in questione non erano stati tutti debitamente trascritti. In tal caso, dunque, prevarrà il litigante che ha trascritto dopo, ma che può vantare la continuità delle trascrizioni tra i precedenti titolari del diritto. La questione può essere semplicemente rappresentata con il seguente schema.

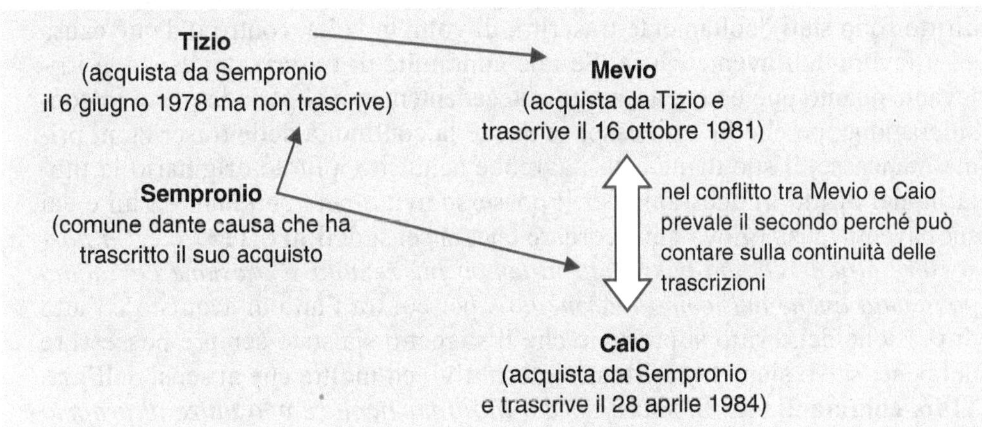

La *ratio* della norma è quella di garantire effettivamente ai terzi di poter maturare un affidamento circa la situazione risultante dai registri immobiliari. Ed infatti, se Tizio non ha trascritto il suo acquisto "*contro*" Sempronio, chiunque effettui una visura nei registri immobiliari a nome di quest'ultimo troverà trascritto l'acquisto del certo diritto e non anche il trasferimento, per cui a buon titolo crederà, ed avrà ragione di credere, che Sempronio sia il legittimo titolare di tale diritto. Il meccanismo, dunque, in qualche modo finisce per sanzionare la condotta di chi non trascrive e di chi non controlla che il suo dante causa, e così i precedenti danti causa, abbiano a loro volta debitamente trascritto, sebbene gli intenti del legislatore siano soltanto rivolti a consentire il pieno funzionamento del meccanismo pubblicitario.

Se l'onere di controllare l'effettiva continuità delle trascrizioni non avesse un **limite temporale**, l'interessato dovrebbe verificare che fin dalla creazione del sistema della trascrizione immobiliare (e cioè fin dall'Ottocento), o nel migliore dei casi fin dalla costruzione del bene immobile in questione, tutti i titolari che lo hanno preceduto hanno trascritto il proprio acquisto. Ovviamente ciò sarebbe impossibile, o quanto meno molto dispendioso, per lui. In realtà, un limite temporale a riguardo esiste ed è costituito dal periodo utile a maturare l'acquisto a titolo originario dei diritti reali sui beni immobili attraverso il possesso continuato (**artt. 1158** c.c.). In definitiva, l'interessato – quando si accinge ad acquistare un diritto le cui vicende sono soggette a trascrizione – deve, al fine di evitare brutte sorprese, ricercare nella catena di atti trascritti riguardo a tale diritto un atto che sia stato trascritto almeno **vent'anni prima** (il decennio sarebbe utile, ai sensi dell'art. 1159 c.c., solo se egli fosse effettivamente sicuro che tutti coloro che si sono succeduti nella titolarità di quel diritto in detto periodo erano in "*buona fede*" e che i loro titoli di acquisto erano "*idonei a trasferire la proprietà*") e deve, dunque, verificare che durante questo ventennio gli atti che hanno avuto ad oggetto il diritto sono stati debitamente trascritti, di volta in volta, contro il dante causa ed a favore dell'avente causa. Se tale continuità di trascrizioni esiste, è irrilevante quanto può essere accaduto antecedentemente al periodo preso in considerazione, perché in ogni caso, se anche la continuità delle trascrizioni prima mancasse, il suo dante causa avrebbe acquisito a titolo originario la titolarità del diritto in questione per il possesso avuto nei venti anni da lui e dai suoi aventi causa (giova qui ricordare che, ai sensi dell'**art. 1142** c.c. "*il possessore attuale che ha posseduto in tempo più remoto si presume che abbia posseduto anche nel tempo intermedio*", per cui tra l'atto di acquisto e l'atto di cessione del diritto si presume che il soggetto sia stato sempre possessore del bene, salvo siano trascritti atti interruttivi; ed inoltre che ai sensi dell'**art. 1146, comma 2**, c.c. "*Il successore a titolo particolare può unire al proprio possesso quello del suo autore per goderne gli effetti*", per cui ai fini della maturazione del ventennio utile ad acquisire possono essere computati i periodi di possesso dei diversi titolari del diritto che si sono eventualmente succeduti nel periodo in questione).

Il codice, inoltre, prevede che colui che ha acquistato e trascritto il proprio acquisto può curare la trascrizione dell'atto di acquisto del proprio dante causa o di altri atti d'acquisto al fine di colmare il buco nella catena delle trascrizioni. In altre parole, fermi i diritti nel frattempo eventualmente acquistati da terzi che hanno trascritto, in ogni momento il buco nella catena può essere colmato dall'interessato. Ai sensi dell'**art. 2650, comma 2**, una volta che, con la trascrizione del precedente atto di acquisto, sia stata ristabilita la continuità delle trascrizioni "*le successive trascrizioni o iscrizioni producono effetto secondo il loro ordine rispettivo, salvo il disposto dell'art. 2644*".

SEZIONE III

DIRITTO DI FAMIGLIA E DELLE SUCCESSIONI A CAUSA DI MORTE

CAPITOLO SETTIMO
IL DIRITTO DI FAMIGLIA

Sommario

7.1. Il concetto di 'famiglia' nell'ordinamento giuridico italiano

La famiglia – come l'esperienza individuale di ognuno testimonia – rappresenta un ambito al cui interno si svolgono rapporti tra consociati del tutto speciali perché inerenti ad aspetti, oltre che economici, affettivi, sessuali, caratteriali, genetici ed assistenziali, e dunque afferenti il nucleo più intimo e delicato della vita umana. Peraltro, tali rapporti si svolgono tra persone fisiche che per ragioni sentimentali (nel caso del matrimonio), biologiche (nel caso della filiazione), o comunque conseguenti a scelte personalissime (ad esempio, nel caso dell'adozione o del riconoscimento di figli), assumono *status* con significativi effetti nell'ordinamento giuridico.

Proprio in considerazione della rilevanza e della particolarità degli interessi coinvolti nei rapporti familiari – le cui dinamiche spesso non rispondono a logiche razionali, di talché risultano ancora più difficili da cogliere e da regolare sul freddo piano legislativo – un autorevole giurista, nella prima metà del secolo scorso, anche al fine di rivendicare l'autonomia della famiglia rispetto alle ingerenze dello Stato, usò un'espressione che nei decenni successivi ha avuto una notevole fortuna osservando che «*la famiglia è un'***isola** *che il mare del diritto può solo lambire*» (così Carlo Arturo Jemolo, *La famiglia e il diritto*, in *Ann. Fac. Giur. Università di Catania*, 1948, II, 57). A dire il vero, l'espressione, per quanto efficace, attualmente non descrive più i reali rapporti tra ordinamento giuridico e problematiche familiari. Infatti, con l'entrata in vigore della legge sul divorzio (legge 1° dicembre 1970 n. 898) e della legge di riforma del diritto di famiglia (legge 19 maggio 1975 n. 151), e più di recente in ragione dell'altissimo numero di separazioni e divorzi che si registrano ogni anno in Italia, e comunque in generale a causa della '**liquidità**' attuale dei vincoli affettivi (cfr. Zygmunt Bauman, *Amore liquido*, Laterza, Roma-Bari 2004), i rapporti tra coniugi, ex coniugi, figli, parenti ed affini, una volta per lo più regolati 'in casa', oggi sono sempre più rimessi all'attenzione dell'autorità giudiziaria, chiamata a dirimere liti o regolare la vita degli interessati al fine di prevenire controversie. Peraltro, nel tempo è cambiata significativamente, tanto a livello sociale quanto giuridico, la nozione stessa di "*famiglia*", visto che quando il codice civile è stato emanato essa ricomprendeva normalmente diverse generazioni (nonni, genitori e figli) e diverse 'linee' di discendenza (cugini, zii) giacché spesso parenti ed affini vivevano insieme, nello stesso luogo ed all'interno di **nuclei familiari allargati**, mentre dopo la citata legge di riforma del 1975 si è imposta una **concezione nucleare** per cui oggi è considerata famiglia solo il piccolo nucleo formato dai genitori e dai figli. Ciò in aderenza al dettato di cui agli artt. 29 e 30 Cost. – su cui ci soffermeremo tra breve – nonché a quanto disposto agli artt. 143 e 144 c.c., come rimodulati dalla riforma; e malgrado, in realtà, il codice civile anche attualmente fornisca, in relazione a determinate questioni, interpretazioni allargate del concetto di famiglia, come accade a proposito dell'impresa familiare nell'art. 230 *bis* c.c. (cfr. quanto in proposito osservato nel IV capitolo), ovvero a proposito della parentela rilevante ai fini della normativa in materia di successione *mortis causa* (come vedremo nel capitolo VIII).

L'importanza della famiglia – tanto, secondo una prospettiva tendenzialmente cattolica, come elemento di tenuta del tessuto sociale, quanto, secondo una logica più laica, come ambiente di elezione per il pieno ed equilibrato sviluppo della personalità umana – era ben presente all'Assemblea costituente, durante i lavori della quale non fu accolta la tesi di chi, proprio sottolineando l'autonomia della famiglia rispetto al fenomeno giuridico, proponeva di non inserire nella Costituzione alcun riferimento a riguardo. Ed anzi, malgrado le difficoltà riscontrate nel ricondurre ad unità i diversi approcci culturali al tema, si decise di dare grande rilievo, quanto meno sistematico, alla famiglia, ed infatti il titolo II della **Costituzione**, intitolato "*Rapporti etico-sociali*", si apre con l'**art. 29**, il quale al comma 1 afferma che "*La Repubblica riconosce i diritti della famiglia come società naturale fondata sul matrimonio*".

La famiglia, dunque, nella Carta costituzionale viene individuata come entità comunitaria avente le caratteristiche di una vera e propria formazione sociale di carattere naturale, e quindi pre-giuridico. La locuzione "***società naturale***" viene comunemente spiegata nel senso che la famiglia non è un gruppo creato dal diritto dello Stato in quanto essa trova la sua ragion d'essere nelle strutture reali della convivenza umana e le sue regole dipendono da fattori di costume più che da scelte di politica del diritto. In realtà, sotto questo profilo, la disposizione – che, come l'intera Costituzione, rappresenta un compromesso tra posizioni cattoliche, liberali e comuniste – evidenzia una certa contraddizione laddove, per l'appunto, considera la famiglia una società naturale ma fondata sul matrimonio, e cioè su un atto giuridico solenne attraverso il quale un uomo ed una donna esprimono il loro consenso ad intraprendere la vita comune e ad assumersi, sul piano del diritto, doveri ed obblighi reciproci. Come vedremo nel prossimo paragrafo, in considerazione dell'esistenza nella società di modelli familiari non basati sul matrimonio, bensì su una convivenza stabile condotta con modalità per certi versi analoghe a quelle matrimoniali, in presenza del matrimonio si parla di **famiglia legittima** (in contrapposizione, per l'appunto, alla c.d. famiglia di fatto). Di conseguenza, i figli nati all'interno di un rapporto matrimoniale sono definiti legittimi, gli altri naturali.

L'utilizzazione nell'art. 29 Cost. dell'attributo "***naturale***", secondo la dottrina di gran lunga prevalente e senz'altro preferibile, evidenzia altresì il carattere necessariamente eterosessuale che il matrimonio, e dunque la famiglia "*fondata sul matrimonio*", deve avere nel nostro ordinamento, in quanto almeno tendenzialmente finalizzato alla procreazione naturale. Anche su questo versante, tuttavia, le spinte sociali conseguenti all'evoluzione dei costumi e delle conoscenze mediche e tecnologiche applicate alla procreazione artificiale, hanno, negli ultimi anni, animato dibattiti in tutto il mondo circa l'ammissibilità di **matrimoni omosessuali**, che infatti in alcuni ordinamenti giuridici recentemente sono stati ammessi (dal 2005 ad oggi sono state emanate leggi che consentono il matrimonio tra omosessuali in Canada, nei Paesi Bassi, in Belgio, in Spagna, in Portogallo, in Islanda, in Argentina, in Sudafrica; negli Stati Uniti i matrimoni omosessuali sono ammessi solo in due Stati, e dal 2010 anche nel territorio della capitale Washington D.C., ma a livello federale vige il principio opposto; per converso, in molti altri Paesi, in particolare africani, le pratiche omosessuali sono considerate reato).

In Italia, la dottrina di gran lunga dominante, nonché la giurisprudenza della **Corte costituzionale**, sono determinate nell'affermare la inammissibilità (declinata da alcuni in termini di 'inesistenza' e da altri di 'nullità' dell'atto qualora posto in essere) nel nostro ordinamento di matrimoni omosessuali, così come confermato dalla stessa Corte costituzionale con la **sentenza 24 aprile 2010 n. 138** e con l'**ordinanza 22 luglio 2010 n. 276,** cui è dedicato il box che segue.

Conforme alle pronunce del 2010, nella parte in cui viene ribadito come l'istituto del matrimonio sia collegato alle unioni eterosessuali, è la sentenza 11 giugno 2014 n. 170 nella quale, tuttavia, la Corte Costituzionale esprime un concetto importante, ossia la possibilità di convertire il matrimonio (che venga sciolto perché, a seguito del cambio di sesso di uno dei coniugi, questi non sarebbero più marito e moglie e cioè aventi sessi diversi) in una "convivenza registrata", anche se quando la pronuncia della Corte è stata pubblicata non esisteva ancora alcuna specifica previsione legislativa in materia. Infatti, la Corte Costituzionale chiarisce testualmente che "*Sono incostituzionali gli art. 2 e 4 l. 14 aprile 1982 n. 164, nella parte in cui non prevedono che la sentenza di rettificazione dell'attribuzione di sesso di uno dei coniugi, che provoca lo scioglimento del matrimonio o la cessazione degli effetti civili conseguenti alla trascrizione del matrimonio, consenta, comunque, ove entrambi lo richiedano, di mantenere in vita un rapporto di coppia giuridicamente regolato con altra forma di convivenza registrata, che tuteli adeguatamente i diritti ed obblighi della coppia medesima, con le modalità da statuirsi dal legislatore*" (Massima non ufficiale, estratta da Foro Italiano, *Foro.it*).

La Sentenza della Consulta è stata successivamente recepita dalla Cassazione che, con la sentenza 21 aprile 2015 n. 8097, ha affermato che: "*La rettificazione di attribuzione di sesso di persona coniugata non può comportare, a seguito della declaratoria di illegittimità costituzionale degli art. 2 e 4 l. 14 aprile 1982 n. 164, operata con la sentenza, additiva di principio, n. 170 del 2014 della corte costituzionale, la caducazione automatica del matrimonio, poiché non è costituzionalmente tollerabile, attesa la tutela di cui godono le unioni tra persone dello stesso sesso ai sensi dell'art. 2 cost., una soluzione di continuità del rapporto, tale da determinare una situazione di massima indeterminatezza del nucleo affettivo già costituito, sicché il vincolo deve proseguire, con conservazione ai coniugi del riconoscimento dei diritti e doveri conseguenti al matrimonio, sino a quando il legislatore non intervenga per consentire alla coppia di mantenere in vita il rapporto con altra forma di convivenza registrata che ne tuteli adeguatamente diritti ed obblighi*" (massima ufficiale Ufficio del Massimario Corte Cassazione, tratta da *Foro.it*).

L'auspicato intervento del legislatore si è avuto con la legge 20 maggio 2016 n. 76 di cui si dirà *infra*.

Corte costituzionale ed (in)ammissibilità dei matrimoni omosessuali

La Corte costituzionale è stata chiamata ben due volte recentemente ad occuparsi della legittimità costituzionale delle norme di rango ordinario che nel nostro ordinamento disciplinano il matrimonio intendendolo, e dunque ammettendolo, soltanto se celebrato tra un uomo ed una donna. La circostanza dimostra l'attualità del dibattito sul tema, nonché, soprattutto in considerazione della veemenza con cui alcuni tribunali di merito sembrano rivendicare l'esistenza di un diritto degli omosessuali a sposarsi (prova ne sia quanto segue), accende ulteriormente i riflettori su quello che ormai appare un nervo scoperto dell'attuale legislazione italiana in materia di diritto di famiglia.

Volendo essere più analitici, va detto che con **ordinanza 22 luglio 2010 n. 276**, la Corte costituzionale ha dichiarato manifestamente inammissibile la questione di legittimità costituzionale sollevata dalla Corte d'appello di Firenze con riferimento agli artt. 107, 108, 143, 143 *bis*, 156 *bis* c.c., nella parte in cui tali disposizioni non consentono il matrimonio omosessuale, ribadendo, per contro, quanto la stessa Corte aveva già recentemente stabilito con la **sentenza 24 aprile 2010 n. 138**, e cioè che il divieto ai matrimoni tra persone dello stesso sesso è conforme alla nostra Carta Costituzionale.

Come può leggersi nell'ordinanza citata, la Corte d'appello, nel rimettere la questione al Giudice delle leggi, afferma: 1) di considerare «arduo negare al diritto di sposarsi, non a caso divenuto uno dei cavalli di battaglia delle militanze omosessuali in tutto il mondo, la dignità di diritto fondamentale della persona, richiamando al riguardo l'art. 2 Cost., nel cui ambito l'unione coniugale va ricondotta, come sodalizio in cui si esprime la personalità dell'individuo»; e 2) che l'istituto *de quo* esprimerebbe uno dei profili essenziali in cui si manifesta la dignità umana, come «riconosciuto dagli artt. 12 e 16 della Dichiarazione Universale dei Diritti dell'Uomo del 10 dicembre 1948, nonché dagli artt. 8 e 12 della Convenzione per la Salvaguardia dei diritti dell'uomo e delle libertà fondamentali del 20 marzo 1952 ed infine degli artt. 7 e 9 della Carta dei Diritti fondamentali dell'Unione europea del 7 dicembre 2000, sicché ogni interpretazione riduttiva delle pretese di tutela accennata sembra del tutto insostenibile». Senza considerare che, come ancora sostenuto dal collegio fiorentino e come ancora si legge nell'ordinanza, «il progresso della sensibilità comune ha, ormai, felicemente emancipato l'omosessualità dal ghetto di emarginazione, se non di aperta repressione, in cui ideologie autoritarie del passato l'avevano confinata, facendo comprendere e rispettare, alla generalità dei consociati, un modo d'essere [...] che risponde a moti insindacabili dell'animo umano, di cui la normativa di un ordinamento civile non può che prendere atto e consentire l'affermazione, evitando anzi ingerenze e sgombrando il campo da ogni ostacolo al dispiegarsi del diritto di autodeterminazione di ciascuno». Ragion per cui, la tutela della famiglia supposta naturale potrebbe tranquillamente estendersi – sempre secondo la tesi dei giudici fiorentini – «ad una famiglia meno naturale o diversamente naturale senza per questo rinnegare se stessa», anche perché, «equiparando aprioristicamente la famiglia naturale a quella composta da uomo e donna, si cadrebbe in una petizione di principio che il giudice delle leggi potrebbe a buon diritto scardinare, riconoscendo che nella società odierna il crisma della naturalità può essere tranquillamente riconosciuto anche alla convivenza omosessuale». Di conseguenza, siccome in forza dell'art. 3 Cost. va escluso che l'inclinazione sessuale possa costituire motivo di discriminazione tra i cittadini, i giudici remittenti ritengono che bisognerebbe assicurare ad ogni individuo la libertà di scegliere un coniuge anche dello stesso sesso, così come si assicura ad ogni cittadino la libertà di scegliere un coniuge di una certa razza, di una certa religione o di una certa condizione personale.

Malgrado la determinazione palesata dall'argomentare dell'ordinanza di rimessione, la Corte costituzionale, come anticipato, dichiara manifestamente inammissibile la questione di costituzionalità sollevata, affermando con fermezza la evidente non contrarietà delle norme codicistiche citate rispetto agli artt. 3 e 29 Cost., in quanto l'art. 29 «si riferisce alla nozione di matrimonio definita dal codice civile come unione tra persone di sesso diverso, e questo significato del precetto costituzionale non può essere superato per via ermeneutica», ed in ordine all'art. 3 Cost., le unioni omosessuali non possono essere ritenute omogenee al matrimonio.

Nel decidere, la Corte richiama la sua recente sentenza, già sopra citata, n. 138/2010, con la quale ha dichiarato la non fondatezza di analoghe questioni di costituzionalità sollevate dal Tribunale di Venezia e dalla Corte d'appello di Trento. In particolare, in tale sentenza la Corte sostiene che: «è vero che i concetti di famiglia e di matrimonio non si possono ritenere cristallizzati con riferimento all'epoca in cui la Costituzione entrò in vigore, perché sono dotati della duttilità propria dei princípi costituzionali e, quindi, vanno interpretati tenendo conto non soltanto delle trasformazioni dell'ordinamento, ma anche dell'evoluzione della società e dei costumi. Detta interpretazione, però, non può spingersi fino al punto d'incidere sul nucleo della norma, modificandola in modo tale da includere in essa fenomeni e problematiche non considerati in alcun modo quando fu emanata. Infatti, come risulta dai citati lavori preparatori, la questione delle unioni omosessuali rimase del tutto estranea al dibattito svoltosi in sede di Assemblea, benché la condizione omosessuale non fosse certo sconosciuta. I costituenti, elaborando l'art. 29 Cost., discussero di un istituto che aveva una precisa conformazione ed un'articolata disciplina nell'ordinamento civile. Pertanto, in assenza di diversi riferimenti, è inevitabile concludere che essi tennero presente la nozione di matrimonio definita dal codice civile entrato in vigore nel 1942, che, come sopra si è visto, stabiliva (e tuttora stabilisce) che i coniugi dovessero essere persone di sesso diverso. [...] Questo significato del precetto costituzionale non può essere superato per via ermeneutica, perché non si tratterebbe di una semplice rilettura del sistema o di abbandonare una mera prassi interpretativa, bensì di procedere ad un'**interpretazione creativa**».

Nel nostro ordinamento, allo stato attuale, i protagonisti della famiglia fondata sul matrimonio e dello svolgersi delle sue vicende sono, dunque, i coniugi, intesi come coppia eterosessuale sposata, ed eventualmente la prole. All'interno della famiglia si realizza, allo stesso modo che nell'ambito delle altre formazioni sociali riconosciute nel nostro ordinamento ed operanti nella prassi, lo sviluppo della persona (**art. 2 Cost.**). Proprio a tal proposito va sottolineata l'assoluta originalità e centralità del comma 2 dell'art. 29 Cost., laddove si stabilisce che "*il matrimonio è ordinato sull'eguaglianza morale e giuridica dei coniugi con i limiti stabiliti dalla legge a garanzia della* [sola, n.d.a.] *unità familiare*". La grande novità di cui è portatrice la norma è facilmente percepibile se solo si osserva che: nel codice civile del 1865 la famiglia era sostanzialmente considerata un organismo portatore di un interesse superindividuale al quale gli interessi dei singoli venivano sacrificati; e nel codice del 1942, così come in generale nell'ordinamento giuridico antecedente alla già citata riforma del diritto di famiglia del 1975, la posizione della donna era senz'altro subordinata a quella del marito sotto molteplici profili.

Tracce concrete della novità appena segnalata si rinvengono anche nell'**art. 30 Cost.** laddove viene riconosciuta espressamente alla comunità familiare una sfera di autonomia che trova, tra l'altro, attuazione nell'attribuzione ai genitori del diritto-dovere di "*mantenere, istruire ed educare i figli*". Il mantenimento, l'istruzione e l'educazione sono garanzie riconosciute anche ai soggetti nati fuori dal matrimonio, i quali non potranno godere della qualifica di figli legittimi, ma non subiranno pregiudizi derivanti da trattamenti penalizzati riservati loro in quanto figli naturali. A tal proposito l'art. 30 Cost. stabilisce che "*la legge assicura ai figli nati fuori dal matrimonio ogni tutela giuridica e sociale, compatibile con i diritti dei membri della famiglia legittima*". Dalla lettura dei commi 1 e 3 della disposizione in parola il limite alla parificazione del trattamento della filiazione naturale a quello della filiazione legittima risulta ridimensionato non poco, rispetto a quanto si possa dedurre attenendosi al mero dato letterale che utilizza l'ambiguo criterio della compatibilità. Il limite, che dunque oggi appare sostanzialmente svuotato di significativi contenuti, era comunque all'epoca giustificato dall'esigenza di tutelare gli interessi morali legati all'autonomia, all'unità e alla coesione della famiglia legittima.

Il termine "*famiglia*" si rinviene anche nell'**art. 31 Cost.**, ai sensi del quale "*La Repubblica agevola con misure economiche e altre provvidenze la formazione della* ***famiglia*** *e l'adempimento dei compiti relativi, con particolare riguardo alle famiglie numerose*". Questa disposizione prevede un *favor* nei confronti della famiglia come soggetto titolare di doveri, e conseguentemente attuatore di compiti nei confronti ed a vantaggio di soggetti deboli (e cioè dei figli minorenni, in particolare). Lo Stato è, dunque, impegnato a favorire la formazione della famiglia e l'attuazione dei compiti in parola con agevolazioni poste in essere attraverso azioni di assistenza e sostegno sociale. In proposito, giova rimandare, anche a titolo di esempio, al **d.lgs. 26 marzo 2001 n. 151**, aggiornato, da ultimo, con le modifiche apportate dalla legge 30 dicembre 2018 n. 145, recante il "*Testo unico delle disposizioni legislative in materia di tutela e sostegno della maternità e della paternità*". Il che conferma ulteriormente come la famiglia, all'interno della Costituzione, non sia vista come istituzione, ma come formazione sociale ove si forma e si svolge la personalità, autonoma dallo Stato, che si impegna ad agevolarne la nascita e l'adempimento dei compiti.

Lo spirito innovativo della Costituzione ha tardato qualche tempo a tradursi in orientamenti giurisprudenziali ed in norme di legge. Bisogna, sostanzialmente, aspettare il periodo a cavallo tra la fine degli anni Sessanta e l'inizio degli anni Settanta, per registrare, una sorta di rincorsa tra giudici ordinari, Corte costituzionale e legislatore, tutti impegnati a dare attuazione ai principi costituzionali. E fu proprio la Corte costituzionale in quel periodo ad aprire il varco nel quale il legislatore si infilò subito dopo. Ad esempio, fu solo in virtù della sentenza 19 dicembre 1968 n. 127 della Corte costituzionale che furono abrogate le norme di legge ordinaria in tema di separazione che valutavano in modo diverso l'adulterio del marito rispetto a quello della moglie; così come fu in forza della sentenza n. 126 (sempre del 19 dicembre 1968), che venne dichiarata illegittima la diversa configurazione dei reati di adulterio per i due coniugi. Inoltre, con la sentenza 13 luglio 1970 n. 133 la Corte ritenne illegittima la differenza, quanto all'obbligo di mantenimento in caso di separazione, tra il marito sempre obbligato e la moglie obbligata solo se il marito avesse mezzi insufficienti; mentre con la sentenza 18 aprile 1974 n. 99 dichiarò inesigibile il dovere di fedeltà tra coniugi separati; e con le sentenze 14 aprile 1969 n. 79 e 28 dicembre 1970 n. 205 cancellò alcune rilevanti discriminazioni tra figli legittimi e figli naturali in materia successoria.

7.2. La c.d. famiglia di fatto

Negli ultimi decenni, come già accennato, abbiamo assistito ad un sempre più profondo mutamento dei costumi familiari, e ciò non solo in Italia ma in tutto il mondo. Si sono, tra l'altro, moltiplicati sempre di più i casi di stabile **convivenza *more uxorio*** (cioè secondo il modo di vita degli sposati, e quindi apparendo anche all'esterno come marito e moglie) tra uomo e donna, con o senza figli, pur in assenza di vincolo matrimoniale, e si è, per conseguenza, anche nel nostro Paese animato il dibattito attorno alla configurabilità e rilevanza, sul piano giuridico, di quella che viene definita la c.d. famiglia di fatto.

Oggi l'opinione comune è che, fermo restando l'irrilevanza dei rapporti occasionali o comunque non assistiti da stabilità e durata, senz'altro la famiglia di fatto, proprio in quanto connaturata da elementi di stabilità, possa essere collocata, tanto quanto la famiglia c.d. legittima, tra le formazioni sociali indicate dall'art. 2 Cost. giacché anche attraverso la scelta di vivere stabilmente insieme senza contrarre matrimonio si svolge la personalità individuale dei soggetti interessati. Di conseguenza, lo Stato è chiamato a tutelare e garantire che i consociati possano adottare, per un certo periodo o per sempre, questo *modus vivendi*. Tuttavia, circa le conseguenze giuridiche che derivano dalla convivenza *more uxorio* in capo agli interessati e circa la disciplina delle relative problematiche, in mancanza di un intervento legislativo in materia (ma sul punto v. il box che segue) non vi è unanimità di vedute in dottrina. Accade, dunque, che **a posizioni asseritamente più progressiste**, tese quasi (e cioè fermo restando le differenze tra i due modelli) ad equiparare la famiglia di fatto a quella legittima attraverso l'applicazione analogica alla prima delle norme di legge riferite alla seconda, si contrappongono **posizioni, se si vuole, più tradizionali**, secondo le quali le peculiarità del diritto di famiglia, nel nostro ordinamento, rendono i principi e le regole operanti in materia non applicabili a situazioni di fatto, le quali – si osserva – per altro sono tali proprio perché gli interessati decidono sia così, con ciò manifestando, più o meno espressamente, la volontà di sottrarsi all'applicazione delle regole giuridiche adottate nel nostro ordinamento per disciplinare la famiglia legittima. A tal ultimo proposito può osservarsi che, in effetti, se si riconosce a due persone, ai sensi del citato art. 2 Cost., la libertà di vivere insieme stabilmente *more uxorio*, con ciò tutelando il loro diritto a decidere di non voler contrarre matrimonio, appare alquanto contraddittoria l'idea di applicare a tale situazione, se pure per analogia e per quanto compatibili, le regole giuridiche proprie del diritto di famiglia fondato sul matrimonio.

Gli assertori delle tesi considerate più progressiste, oltre a far leva sull'art. 2 Cost., in particolare osservano che l'art. 29 Cost. riconosce la famiglia come società naturale fondata sul matrimonio, ma non sembrerebbe escludere la rilevanza delle strutture familiari di fatto, se idonee a consentire la procreazione. Medesime valutazioni scaturirebbero dall'art. 30 Cost., che prevede il diritto-dovere dei genitori di mantenere, educare, istruire i figli, anche se nati fuori del matrimonio e dunque indipendentemente dal loro status di legittimi, e dall'art. 31 Cost., con il quale – come visto – si richiama il legislatore ad un impegno attivo nel sostegno della famiglia, senza alcuna distinzione fra quella legittima e di fatto. Nella legislazione ordinaria, facendo riferimento all'**art. 317 *bis*, comma 2, c.c.** – nella sua formulazione *ante* riforma *ex* d.lgs. 28 dicembre 2013 n. 140, ai sensi della quale i genitori naturali, se conviventi, esercitano congiuntamente la potestà sul figlio – le tesi in esame hanno evidenziato come tale previsione rappresenterebbe un univoco riconoscimento della piena rilevanza giuridica della famiglia di fatto, anzi, dalla equiparazione fra prole legittima e naturale discenderebbe *ex se* il riconoscimento del modello familiare non fondato sul matrimonio in cui essa viene allevata. Tali argomenti sono stati sottoposti a **critiche penetranti**. *In primis*, è stato osservato che l'art. 317 *bis* c.c. richiede per l'esercizio congiunto della patria potestà la mera convivenza con il figlio, e non che i genitori convivano *more uxorio*. Inoltre, anche a voler considerare tale disposizione riferita effettivamente al concetto di famiglia di fatto, non può sottovalutarsi che la disciplina codicistica non regola il fenomeno nel suo complesso, ma esclusivamente il rapporto di filiazione, essendo scaturita solo da esigenze di tutela del figlio: la rilevanza della filiazione naturale, dunque, non significa rilevanza della famiglia di fatto. Dette considerazioni hanno suggerito di negare la possibilità di una generale applicazione analogica delle norme sulla famiglia legittima alla famiglia di fatto, e, più nello specifico, di negare che dalla convivenza possano derivare in capo agli interessati i diritti e i doveri di cui agli artt. 143 e 144 c.c.; il che non impedisce a questi ultimi di stipulare veri e propri contratti di convivenza che regolino la loro vita insieme, sulla cui validità ed efficacia vi era però più di qualche dubbio in dottrina. Rinviando il discorso dei **contratti di convivenza** al box successivo, dedicato "unioni civile e convivenze", come anticipato, **l'art. 42 del d.lgs. 28 dicembre 2013 n. 140** ha sostituito il testo dell'art. 317 *bis* c.c., attualmente rubricato "*Rapporti con gli ascendenti*". E ciò in quanto, la cennata riforma del 2013 ha inteso eliminare ogni differenza tra figli legittimi e naturali. Infatti, l'art. 315, dedicato allo "*Stato giuridico della filiazione*", stabilisce espressamente che "*Tutti i figli hanno lo stesso stato giuridico*". Tornando alla convivenza *more uxorio*, appare ferma, anche in giurisprudenza, la posizione contraria all'assimilazione della famiglia di fatto a quella legittima. In proposito, giova osservare che la **Corte costituzionale** con la **sentenza 26 maggio 1989 n. 310** (redattore l'illustre civilista Luigi Mengoni), in tema di rapporti *mortis causa* fra conviventi, ha escluso l'assimilabilità del convivente al coniuge *ex* art. 3 Cost., osservando che l'eventuale riconoscimento della convivenza *more uxorio* come titolo di vocazione legittima all'eredità contrasta con la tipicità e tassatività delle categorie di successibili, peraltro individuate in base a rapporti giuridici certi ed incontestabili (quale quello di coniugio), senza contare che, se è vero che la famiglia di fatto rientra tra le formazioni sociali non ignorate a livello costituzionale ai sensi dell'art. 2, il diritto a succedere *mortis causa* non rientra fra quelli inviolabili, essendo lasciata ampia discrezionalità al legislatore nella regolamentazione del fenomeno successorio *ab intestato*, *ex* art. 42, comma 4, Cost. La stessa Corte costituzionale, tuttavia, dopo aver dapprima negato, con due pronunce del 1980, la rilevanza della convivenza *more uxorio* nella successione del contratto di locazione *ex* art. 6 della legge n. 392/1978, con la **sentenza 7 aprile 1988 n. 404** ha dichiarato illegittimo tale articolo nella parte in cui non prevede il diritto di successione nel contratto di locazione per il convivente che sopravviva alla morte del titolare del contratto di locazione ovvero per il convivente a cui, dopo la separazione, sia affidata la prole naturale, nonché nella parte in cui non prevede analoga successione se la convivenza si interrompe e i due ex conviventi stabiliscono che all'originario conduttore succeda l'ex convivente. Dunque, rispetto al contratto di locazione, la Corte ha sostanzialmente equiparato la famiglia di fatto a quella legittima, e ciò probabilmente al fine di tutelare interessi primari della persona, quali l'interesse ad avere un'abitazione, nonché al fine di tutelare gli eventuali figli naturali.

La giurisprudenza dei tribunali civili è stata spesso, negli ultimi lustri, chiamata ad occuparsi di problematiche inerenti alla c.d. famiglia di fatto. In particolare: si è riconosciuto anche al convivente *more uxorio* il diritto al risarcimento del danno morale per la sofferenza patita a seguito di un grave fatto illecito da cui sia derivata la morte del congiunto; e si è altresì affermato il diritto degli ex conviventi a trattenere i doni e, più in generale, le prestazioni ricevute durante la convivenza in quanto, se non di valore o tipologia del tutto eccezionali, si tratta di obbligazioni naturali, pertanto *ex* art. 2034 c.c. non ripetibili dopo il loro adempimento. Va, infine, evidenziato che in molti Paesi è oggi disciplinata la possibilità, per chi convive stabilmente, di stipulare patti aventi effetti privatistici e, per certi versi, anche pubblicistici, in presenza dei quali la coppia può vantare una posizione spendibile nei confronti degli enti pubblici, ad esempio, in relazione all'assegnazione di case popolari o aiuti economici, assegni familiari e quant'altro.

Unioni civili e convivenze

La legge 20 maggio 2016 n. 76 ha introdotto nel nostro ordinamento due nuovi importanti istituti, e cioè quello delle unioni civili tra persone dello stesso sesso e quello delle convivenze di fatto tra persone di sesso diverso o dello stesso sesso.

La **differenza sostanziale** tra le prime (le unioni civili) e le seconde (le convivenze di fatto) consiste nel fatto che nelle unioni civili, al pari di quanto accade nel matrimonio, i soggetti si assumono l'impegno di convivere stabilmente e di "*prestarsi soccorso e assistenza*", mentre nel caso delle convivenze di fatto l'impegno manca. Tale assetto soddisfa la duplice esigenza sociale, avvertita da anni in Italia, da un lato, di garantire alle coppie dello stesso sesso anche nel nostro ordinamento (così com'è in molti altri Paesi del mondo) la possibilità di accedere ad un istituto che produca diritti ed obblighi nella coppia e dunque effetti giuridici analoghi, anche se non identici, rispetto al matrimonio, e dall'altro di avere una disciplina 'leggera' della convivenza per quei soggetti che, se pur uniti nella vita, non vogliono però assumere alcun impegno.

Più nel dettaglio, le unioni civili e il matrimonio hanno in comune alcuni aspetti, ma si differenziano tra loro per altri. In generale, la legge n. 76/2016 sancisce l'applicabilità alle unioni civili di tutte quelle disposizioni (esclusa la legge sull'adozione) che si riferiscono al matrimonio o che contengono le espressioni 'coniuge'/'coniugi'. Inoltre, anche le norme del codice civile in materia di matrimonio vengono applicate alle unioni civili, ma solo se espressamente richiamate dal legislatore.

In particolare, per quanto riguarda i rapporti patrimoniali e successori, nonché gli obblighi alimentari, si applicano le norme dettate per i coniugi. Stessa cosa accade in materia di amministrazione di sostegno, di violenza, prescrizione e rapporto di lavoro.

Per quanto riguarda i rapporti personali, analogamente a quanto previsto per i coniugi, con la costituzione dell'unione civile, le parti acquistano gli stessi diritti e gli stessi doveri. E sempre analogamente al matrimonio, anche dall'unione civile deriva l'obbligo reciproco di assistenza materiale e morale, l'obbligo di coabitazione o, ancora, l'obbligo di contribuire ai bisogni comuni.

Nell'ipotesi di unione civile, a differenza del matrimonio, non è previsto invece il dovere di collaborazione reciproca, così come non è previsto l'obbligo di fedeltà. Inoltre, se in caso di matrimonio vige la regola secondo cui la moglie assume il cognome del marito, in caso di unione civile, invece, i soggetti possono stabilire un cognome comune, scegliendolo tra i loro.

Sono escluse le norme del codice civile relative ai rapporti tra genitori e figli e quelle inerenti alla separazione personale dei coniugi.

Le unioni civili e l'adozione

La riforma del 2016 non prevede la possibilità per il *partner* di adottare il figlio dell'altro (la c.d. *stepchild adoption*), a differenza di quanto viene previsto per il coniuge dall'art. 44, lett. *b*) della legge sull'adozione (n. 184/1983).

I Giudici di merito e la Cassazione ritengono che l'adozione del figlio del *partner* sia possibile, ma non in base alla lett. *b*) *ex* art. 44 della legge n. 184/1983, bensì in virtù di un'interpretazione della lett. *d*) dello stesso articolo. In particolare, si ritiene che la nozione di 'impossibilità di affidamento preadottivo' debba essere intesa non solo come 'impossibilità di fatto, ma anche come 'impossibilità di diritto'. Si avrà 'impossibilità di diritto' qualora manchino i presupposti giuridici per procedere all'adozione 'piena' e sempre che risulti accertato che il ricorso all'adozione corrisponda al preminente interesse del bambino.

La costituzione e lo scioglimento del vincolo

Le unioni civili vengono costituite davanti all'ufficiale dello stato civile attraverso una formale dichiarazione con la quale le parti assumono reciproci diritti e doveri.

La registrazione nell'archivio dello stato civile garantisce la pubblicità e l'efficacia dello *status* tra le stesse parti, oltre che nei confronti dei terzi e dei pubblici doveri.

A differenza del matrimonio, per le unioni civili non è prevista la fase della pubblicazione preventiva e delle conseguenti opposizioni, né la dichiarazione dell'ufficiale dello stato civile.

Circa gli impedimenti e le condizioni e, ancora, il regime di invalidità per mancanza di presupposti soggettivi o per vizi del consenso si applicano le stesse regole che operano per il matrimonio.

Diversi sono, invece, i casi di errore essenziale che non comprendono, nel caso di unione civile, le anomalie e lo stato di gravidanza. Ed inoltre diversamente dal matrimonio, solo il maggiore di età può contrarre unione civile.

Relativamente allo scioglimento del vincolo, per l'unione civile non è prevista alcuna forma di separazione legale. Il divorzio è l'unico rimedio previsto nell'ipotesi di crisi dell'unione in parola. La volontà di scioglimento dell'unione dev'essere espressa davanti l'ufficiale dello stato civile e, trascorsi tre mesi, dev'essere presentata apposita domanda.

Possono, altresì, applicarsi, i procedimenti di divorzio c.d. 'rapido' per negoziazione assistita da avvocati o davanti all'ufficiale di stato civile.

Le convivenze

La legge n. 76/2016 fa riferimento a unioni caratterizzate da 'stabili legami affettivi di coppia', ossia a forme di convivenza *more uxorio*. Ne rimangono escluse le altre forme di convivenza di tipo, ad esempio, solidaristico o assistenziale.

La medesima legge fa riferimento, altresì, a persone 'non vincolate da matrimonio o da unione civile'. Da ciò deriva che la convivenza può sussistere tra persone di sesso diverso o dello stesso sesso.

La novella del 2016, però, non si applica a tutte le convivenze *more uxorio*. È necessario, infatti, che si tratti di persone "*maggiorenni [...] non vincolate da rapporti di parentela, affinità o adozione, da matrimonio o da un'unione civile*".

In sintesi, il legislatore riproduce, anche per le convivenze, alcuni degli impedimenti previsti per il matrimonio e le unioni civili.

La disciplina in parola non si applica alle convivenze tra persone minorenni, sposate, (anche se separate), unite civilmente, legate da vincoli di parentela e affinità.

Per poter avere una 'convivenza di fatto', è necessario che i conviventi siano iscritti su un'unica scheda di residenza anagrafica. Ci si chiede se tale registrazione anagrafica sia elemento costitutivo della convivenza o sia soltanto un mezzo di prova. Nella prima ipotesi, le disposizioni della legge n. 76/2016 dovrebbero applicarsi soltanto alle convivenze registrate; nella seconda, invece, gli interessati potrebbero provare l'esistenza della stabile convivenza con altri mezzi.

In materia di 'convivenza di fatto', la novella del 2016 si presenta come una disciplina leggera e lacunosa. Talvolta recepisce quanto già previsto dalla legge (ad esempio, per quanto riguarda l'ordinamento penitenziario) o dalla giurisprudenza (per esempio, in materia di risarcimento del danno da uccisione), altre volte ha carattere innovativo (come accade, per esempio, in materia di contratto di convivenza).

Non sono invece previsti diritti successori o pensionistici.

Un diritto successorio *sui generis* è previsto relativamente alla casa di abitazione. La legge n. 76/2016 dispone, infatti, che "*salvo quanto previsto dall'art. 337 sexies del codice civile, in caso di morte del proprietario della casa di comune residenza il convivente di fatto superstite ha diritto di continuare ad abitare nella stessa per due anni o per un periodo pari alla convivenza se superiore a due anni e comunque non oltre i cinque anni. Ove nella stessa coabitino figli minori o figli disabili del convivente superstite, il medesimo ha diritto di continuare ad abitare nella casa di comune residenza per un periodo non inferiore a tre anni*".

Il contratto di convivenza

La riforma in parola disciplina il c.d. 'contratto di convivenza'. Si tratta di un negozio con propri requisiti, sostanziali e formali.

Quanto alla forma, è richiesta, a pena di nullità, la forma scritta dell'atto pubblico o della scrittura privata autenticata (da notaio o da avvocato). Ai fini dell'opponibilità ai terzi, una copia del contratto deve essere trasmessa, entro i 10 giorni successivi, al comune di residenza per l'iscrizione nei registri anagrafici.

Quanto al contenuto, il contratto può regolare esclusivamente i rapporti patrimoniali, e, in particolare, può contenere a) l'indicazione della residenza: b) le modalità di contribuzione alle necessità della vita comune, in relazione alle sostanze di ciascuno e alla capacità di lavoro professionale o casalingo; c) il regime patrimoniale della comunione dei beni, di cui al libro primo del codice civile.

Il contratto in esame, inoltre, non può essere sottoposto termine o condizione.

Relativamente ai requisiti soggettivi, "*il contratto di convivenza è affetto da nullità insanabile che può essere fatta valere da chiunque vi abbia interesse se concluso: a) in presenza di un vincolo matrimoniale, di un'unione civile o di un altro contratto di convi-*

venza; b) in violazione del 36° co.; c) da persona minore di età; d) da persona interdetta giudizialmente; e) in caso di condanna per il delitto di cui all'articolo 88 codice civile".

Per quanto riguarda le cause di scioglimento, invece, il contratto di convivenza può essere risolto o per accordo delle parti o per recesso unilaterale o, ancora, in caso di matrimonio (o unione civile) tra uno dei due conviventi ed altra persona e, altresì, per morte di uno dei contraenti.

7.3. Le relazioni familiari: coniugio, parentela, affinità

I membri della famiglia sono legati tra loro da vincoli di coniugio o parentela. A questi vincoli il codice civile dedica gli **artt. 74-78**, che precedono la parte del libro I dedicata al matrimonio. Ai sensi delle citate disposizioni, il **coniugio** è il rapporto che riguarda solo marito e moglie, si costituisce con il matrimonio e cessa allo scioglimento di questo. La **parentela** è il vincolo di sangue – o di diritto nel solo caso dell'adozione di minorenni; si parla in proposito di *parentela civile* – che unisce tra loro persone che discendono dallo stesso stipite (artt. 74-75), anche in virtù di filiazione realizzata fuori dal matrimonio (c.d. naturale), o per **linea diretta** (in quanto discendono l'una dall'altra, come figlio e genitore) o per **linea collaterale** (in quanto hanno un ascendente comune ma non discendono l'una dall'altra, come i fratelli).

Di notevole, e varia, rilevanza per l'ordinamento giuridico è il concetto di **grado di parentela**, con tale locuzione individuandosi il metro di misura della intensità formale del vincolo di parentela esistente tra due o più soggetti. In breve, avrà un'intensità maggiore una parentela di primo grado (quale quella tra genitore e figlio), piuttosto che una parentela di secondo (quella tra i fratelli o tra nonno e nipote) o di terzo grado (quale quella tra zio e nipote). Circa il "*computo dei gradi*", e cioè il modo di calcolo del grado, il codice all'**art. 76** stabilisce che "*Nella linea retta si computano altrettanti gradi quante sono le generazioni, escluso lo stipite. Nella linea collaterale i gradi si computano dalle generazioni, salendo da uno dei parenti fino allo stipite comune e da questi discendendo all'altro parente, sempre restando escluso lo stipite*". L'operazione è notevolmente più semplice di come la disposizione, ad una prima lettura, possa lasciar intendere, anche perché il termine "*generazione*" utilizzato dalla disposizione rischia di essere fuorviante. Ed infatti, per calcolare il grado di parentela basta contare il numero dei soggetti coinvolti nella linea che arriva all'ascendente comune, e sottrarre a tale calcolo un'unità, e cioè, per l'appunto, lo stipite comune. In pratica, tra genitore e figlio, come cennato, si avrà una parentela di primo grado (diretta) in quanto i soggetti coinvolti nel calcolo sono due, e da questa somma va sottratto lo stipite. Ancora: tra fratelli (indipendentemente da quanti ne sono perché, ai fini del calcolo del grado, parentela e affinità riguardano sempre e solo i due soggetti presi in considerazione) si avrà parentela di secondo grado (collaterale) in quanto i soggetti coinvolti nella linea sono tre (i due fratelli e lo stipite comune), ed anche da questa somma va ovviamente sottratto lo stipite. Ed ancora, sempre a titolo di esempio: tra zio e nipote si avrà parentela di terzo grado (collaterale) in quanto nella linea sono coinvolti quattro soggetti (il nipote, lo zio, il genitore del nipote fratello dello zio e lo stipite comune, cioè il padre di questi ultimi due e nonno del nipote), e da tale somma va sempre sottratto lo stipite. A fini esemplificativi quest'ultima linea può essere descritta plasticamente con un disegno.

E dunque, continuando nel calcolo del grado lungo linee di parentela più complesse, può osservarsi che i cugini sono parenti di quarto grado (i due cugini, i loro rispettivi genitori inseriti nella linea, senza che rilevi l'altro genitore non discendente dal medesimo ascendente, e lo stipite comune fanno cinque soggetti coinvolti, da cui si sottrae lo stipite). E così via.

Il limite di rilevanza della parentela per il diritto civile è stabilito dall'**art. 77** nel sesto grado. La parentela rileva in particolare in materia di successioni a causa di morte (v. il capitolo VIII), impedimenti matrimoniali (v. il paragrafo 7.5.), diritto agli alimenti (v. il paragrafo che segue) e cura degli interessi degli incapaci (v. il capitolo IV).

L'**affinità** è il vincolo, meramente giuridico (giacché non esiste anche un vincolo di sangue), che lega i parenti di un coniuge all'altro coniuge, secondo il grado di parentela che lega i primi. E dunque, i parenti in linea collaterale di secondo grado di mia moglie (cioè i suoi fratelli) sono miei affini in linea collaterale di secondo grado, mentre mia suocera mi è affine di primo grado in linea retta. L'affinità ha una rilevanza per il diritto civile analoga, ma attenuata, rispetto a quella della parentela, come si vedrà nei prossimi paragrafi, in particolare in tema di alimenti e di impedimenti matrimoniali.

7.3.1. Gli alimenti

Come accennato in chiusura del precedente paragrafo, parentela ed affinità rilevano, tra l'altro, a proposito di quella particolare obbligazione – a prestazione continuativa o periodica e di fonte legale – definita alimentare, comunemente intesa come espressione di solidarietà legata a rapporti, per l'appunto, di parentela o gratitudine. Agli "***Alimenti***" è dedicato il **titolo XIII** del libro I del codice civile, che ricomprende gli artt. **da 433 a 488**.

Da tale disciplina esula l'obbligo agli alimenti eventualmente derivante da un contratto o da un fatto illecito da cui sia scaturita un'obbligazione risarcitoria, a cui si applicherà la disciplina del libro IV del codice civile in materia di obbligazioni. Gli alimenti in questione, inoltre, non devono essere confusi con l'**obbligo di mantenimento** o l'obbligo di prestare l'**assegno di divorzio** che, come si vedrà nel corso di questo capitolo, in determinate ipotesi possono incombere, rispettivamente, sui coniugi separati o sugli ex coniugi divorziati. La caratteristica del diritto – o, se si continua a guardare la vicenda dalla parte del soggetto tenuto a prestarli, dell'obbligo – agli alimenti è di avere ad oggetto solo quanto necessario per il proprio mantenimento, mentre gli altri obblighi appena citati hanno l'obiettivo di far avere al coniuge, o ex coniuge, più debole economicamente mezzi adeguati per provvedere ai suoi bisogni, per quanto possibile, secondo il tenore di vita avuto durante il matrimonio.

Ai sensi dell'**art. 438** "*Gli alimenti possono essere chiesti solo da chi versa in **stato di bisogno** e non è in grado di provvedere al proprio mantenimento*" e "*devono essere assegnati in proporzione del bisogno di chi li domanda e delle condizioni economiche di chi deve somministrarli*", ma non devono in ogni caso "*superare quanto sia necessario per la vita dell'alimentando, avuto però riguardo alla sua posizione sociale*". A prestare gli alimenti, quando sussista il presupposto del bisogno appena richiamato, sono tenuti parenti ed affini secondo l'**ordine** indicato nell'**art. 433** che individua diversi gradi di soggetti obbligati, ma l'obbligo degli affini cessa in presenza delle condizioni considerate dall'art. 434. In ogni caso, "*con precedenza su ogni altro obbligato*" è tenuto a prestare gli alimenti al suo dante causa il **donatario** (**art. 437**), seppure nei limiti della donazione ricevuta (art. 438, ultimo comma). Nel caso di concorso di obbligati si applica l'**art. 441**, a tenore del quale "*Se più persone sono obbligate nello stesso grado* [...] *tutte devono concorrere alla prestazione* [...] *ciascuna in proporzione alle proprie condizioni economiche*" e "*Se le persone chiamate in grado anteriore alla prestazione non sono in grado di sopportare l'onere in tutto o in parte l'obbligazione stessa è posta in tutto o in parte a carico delle persone chiamate in grado posteriore*".

Il codice stabilisce, altresì, che tra fratelli e sorelle gli alimenti sono dovuti nella misura dello stretto necessario a soddisfare i bisogni primari della persona, quali il vitto, l'alloggio, il vestiario e le cure mediche, sempre tenendo presente la condizione sociale dell'alimentando, e qualora si tratti di minore anche le spese per l'educazione e l'istruzione (**art. 439**). Ed inoltre, che l'obbligo può cessare ovvero essere ridotto o aumentato del suo ammontare in relazione alle condizioni di cui all'**art. 440**, e ad esempio può essere ridotto "*per la condotta disordinata o riprovevole dell'alimentato*", e che comunque una volta prestato il singolo assegno alimentare periodico non può essere chiesto nuovamente "*qualunque uso l'alimentando ne abbia fatto*" (**art. 444**). Infine, il codice si occupa, nel titolo in questione, di modo di somministrazione degli alimenti, decorrenza ed ulteriori questioni di dettaglio. In definitiva, dalla disciplina codicistica si desume che il diritto alimentare ha natura di diritto soggettivo **personalissimo**, e cioè strettamente legato alla soggettività del titolare, e quindi **indisponibile**; esso, pertanto, non può essere oggetto di trasferimento a terzi o di compensazione tra creditore e debitore (**art. 447**), né di esercizio da parte di terzi, neanche in via surrogatoria (art. 2900 c.c.). Il credito alimentare è altresì **impignorabile**: il terzo creditore dell'alimentando non può, infatti, impedire la finalità essenziale di sostentamento della persona insita nell'istituto; in via eccezionale, è ammesso il pignoramento del credito alimentare per causa di alimenti dovuti dal pignorato a favore di terzi; in tal caso, il pignoramento è ammesso con l'autorizzazione del tribunale e per la parte dallo stesso determinata mediante decreto (art. 545 c.p.c.).

7.4. Il matrimonio e la promessa di matrimonio

Il matrimonio, come accennato nel primo paragrafo, è l'atto formale e solenne costitutivo della famiglia legittima, dal quale deriva il rapporto coniugale e con il quale si acquista, dunque, lo *status* di coniuge. Nel nostro ordinamento con il termine matrimonio si intende, tuttavia, anche il rapporto derivante da tale atto. La Costituzione, infatti, considera il matrimonio sia come **atto** sul quale poggia, e dal quale origina, la famiglia ("*società naturale*"), sia come **rapporto** "*ordinato sull'eguaglianza morale e giuridica dei coniugi*" (art. 29 Cost.). Ed altrettanto fa il codice civile.

L'istituto del matrimonio, tanto nel senso di atto quanto di rapporto, è disciplinato da norme di legge con carattere **inderogabile**, sicché i privati non possono, in forza della propria autonomia privata, creare un matrimonio diverso da quello tipicamente previsto e regolato dal legislatore. Ciò, considerata la delicatezza degli interessi che vengono in rilievo rispetto alle vicende familiari, risponde ad esigenze di stretta tutela dei soggetti deboli (ad esempio dei bambini), ma anche e soprattutto ad esigenze di certezza dei rapporti e di stabilità sociale, visto che gli equilibri, l'organizzazione ed il funzionamento della famiglia incidono ancora oggi profondamente sulle dinamiche della convivenza sociale. In ragione di ciò, la materia matrimoniale è considerata "***di ordine pubblico***".

Il matrimonio in Italia è stato per secoli regolato dalla sola Chiesa, tanto che gli Stati italiani che si sono succeduti hanno, nel tempo, di volta in volta riconosciuto alla Chiesa il potere di disciplinare e governare in via esclusiva l'istituto. Con l'entrata in vigore del codice del **1865**, tuttavia, sulla scia del codice napoleonico francese, la situazione cambiò radicalmente, tanto che l'unica forma ammessa di matrimonio diventò quella civile, regolata cioè dalla legge dello Stato, per cui chi professava una fede religiosa, e volesse sposarsi anche religiosamente, doveva celebrare due volte il matrimonio, una volta secondo il rito civile dinnanzi al Sindaco del Comune prescelto, ed un'altra secondo il rito religioso davanti al ministro del culto. In tale contesto anche il problema della eventuale invalidità del matrimonio doveva, nel caso, essere affrontato sia davanti alla giurisdizione dello Stato che, eventualmente, davanti alla giurisdizione del culto professato, posto che tra le due non vi era alcun reciproco riconoscimento né alcuna norma condivisa che regolasse le rispettive competenze.

La situazione cambiò nuovamente nel 1929. Infatti, a seguito del **Concordato tra Stato italiano e Santa Sede** della Chiesa Cattolica, reso esecutivo con la legge 27 maggio 1929 n. 810 (e confermato con il c.d. **Accordo di revisione di Villa Madama** del 18 febbraio 1984, ratificato con la legge 25 marzo 1985 n. 121), sotto il profilo dell'atto, e cioè del procedimento formale utile a formare il vincolo coniugale, lo Stato italiano oggi riconosce piena efficacia anche al solo matrimonio religioso, purché assistito da alcune formalità di carattere civilistico e purché trascritto nei registri dello stato civile (c.d. concordatario).

Nel nostro ordinamento esistono, dunque, attualmente due forme diverse di matrimonio:

1) quello **civile**, nell'ambito del quale ricomprendiamo anche il matrimonio celebrato, *ex* **art. 83** c.c., "*davanti ai ministri dei culti ammessi nello Stato*" diversi da quello cattolico (c.d. acattolico); e

2) quello **concordatario (art. 82** c.c.).

Su ognuna di tali tipologie ci soffermeremo nei paragrafi che seguono, sicché qui possiamo limitarci ad osservare che: il primo, regolato interamente dalle leggi italiane, si svolge davanti al sindaco del Comune in cui il matrimonio viene celebrato o ad un suo delegato; il secondo, invece, si celebra innanzi ad un sacerdote della Chiesa Cattolica, è stipulato secondo le norme del diritto canonico, integrate da alcune formalità proprie del rito civile (in particolare, deve essere data lettura ai coniugi degli artt. 143 e 144 c.c.) e con la trascrizione nei Registri dello stato civile, ed è in grado di produrre effetti civili identici al matrimonio svolto dinnanzi all'autorità civile del Comune. Oltre alla forma della celebrazione, il matrimonio civile ed il matrimonio concordatario si distinguono anche sotto altri profili, ed in particolare per il regime delle cause che si oppongono alla sua celebrazione, nonché per il regime di invalidità dell'atto.

Prima di affrontare i prossimi paragrafi, abbandonando per il momento il tema della differenza tra matrimonio civile e concordatario, giova qui evidenziare che il **titolo VI** del libro I, dedicato per l'appunto al "*matrimonio*", si apre con la disciplina della c.d. "***promessa di matrimonio***", e cioè del reciproco impegno a sposarsi che può essere assunto da un uomo ed una donna che intendono contrarre l'atto di matrimonio. Tale promessa nel nostro ordinamento non è vincolante, nel senso "*non obbliga a contrarlo né ad eseguire ciò che si fosse convenuto per il caso di non adempimento*"(**art. 79** c.c.), ed ha come unico effetto, per il caso che sia stata "*fatta vicendevolmente per atto pubblico o per scrittura privata* [...], *oppure risultante dalla richiesta della pubblicazione*", quello di obbligare "*il promittente che senza giusto motivo ricusi di eseguirla*", ovvero "*che con la propria colpa ha dato giusto motivo di rifiuto all'altro*", a risarcire il danno cagionato a quest'ultimo "*per le spese fatte e per le obbligazioni contratte a causa di quella promessa*" nei limiti "*in cui le spese e le obbligazioni corrispondono alle condizioni delle parti*" (**art. 81** c.c.). Il codice, in proposito, infine prevede che "*i doni fatti a causa della promessa di matrimonio*" devono essere restituiti se il matrimonio non si svolge, anche a causa della morte di uno dei promessi, purché la domanda di restituzione sia promossa entro un anno dal giorno del rifiuto a contrarre matrimonio o dal giorno della morte (**art. 80** c.c.).

7.4.1. Il matrimonio civile

L'atto di matrimonio, in ragione della inderogabilità delle norme di diritto di famiglia cui si è fatto cenno, nel precedente paragrafo, è: **tipico**, di talché non possono esistere matrimoni diversi dal tipo stabilito dalla legge; **puro**, perché non sopporta termini e condizioni; **personalissimo**, in quanto non ammette sostituzione o rappresentanza (il caso contemplato dall'art. 111 c.c. consente, in ipotesi eccezionali previste dalla norma, l'utilizzazione di un mero *nuncius*, cioè di un soggetto che sostituisce il nubendo assente solo nella manifestazione del consenso ma non nella scelta; non si tratta, dunque, di una deroga al divieto di rappresentanza); **solenne**, perché la legge prescrive per la validità (e secondo alcuni per la stessa esistenza) dell'atto requisiti inderogabili di forma quali la partecipazione all'atto dell'Ufficiale di stato civile, cioè del Sindaco del Comune o di un suo delegato; **pubblico**, con caratteri di atto **complesso**, nel senso che in esso si combina la manifestazione della volontà degli sposi con la dichiarazione del pubblico ufficiale che dichiara gli sposi uniti in matrimonio.

La celebrazione dell'atto di matrimonio deve essere, di regola, preceduta dalla **pubblicazione** della notizia di matrimonio a cura dell'Ufficiale di stato civile, su richiesta di entrambi gli sposi o della persona che ha ricevuto da essi speciale incarico (art. 96 c.c.). Ai sensi degli artt. 93, 95 e 97 c.c., così come modificati e integrati dagli artt. da 50 a 58 del d.p.r. 3 novembre 2000 n. 396, la pubblicazione avviene mediante affissione, per almeno otto giorni, alla porta della casa comunale di un atto contenente i dati identificativi degli sposi, il luogo in cui si celebrerà il matrimonio e la data. Dal 1° gennaio 2011, la pubblicazione viene effettuata sul sito informatico del Comune (art. 32, legge 18 giugno 2009 n. 69. La pubblicazione, prevista pure per il matrimonio concordatario e per il matrimonio acattolico potrebbe essere rifiutata dall'Ufficiale di stato civile (art. 98 c.c.) nel caso di conoscenza di un impedimento. Essa costituisce un onere il cui assolvimento dà luogo ad una mera pubblicità-notizia in quanto l'omissione della pubblicazione implica esclusivamente sanzioni pecuniarie (art. 134 c.c.). Ciò significa che il matrimonio celebrato senza essere stato anticipato dalla pubblicazione è ugualmente valido ed efficace.

La pubblicazione della notizia di matrimonio è finalizzata a facilitare l'eventuale opposizione dei soggetti legittimati (art. 102 c.c.). Le cause che legittimano l'opposizione sono quelle sostanziali, indicate dagli artt. 84 e 90 c.c., anche se, secondo una tesi minoritaria, sarebbero legittimanti anche le cause formali *ex* artt. 93 e 101 c.c. Nel caso di opposizione a seguito della pubblicazione, se il presidente del tribunale lo ritiene opportuno, la celebrazione del matrimonio viene sospesa fino alla rimozione dell'opposizione stessa. Se l'opposizione viene respinta, l'opponente può essere condannato al risarcimento dei danni (art. 104, comma 2, c.c.), purché non sia un ascendente o il pubblico ministero.

Il matrimonio si perfeziona con la **celebrazione.** L'art. 107 c.c. individua la forma di tale celebrazione vertente su una sequenza cronologica di atti. Previo il rispetto dei termini stabiliti dall'art. 99 c.c., l'Ufficiale di stato civile, nel giorno fissato dalle parti, alla presenza di due testimoni: *a*) dà lettura agli sposi degli artt. 143, 144, 147 c.c.; *b*) riceve personalmente da ciascuna delle parti il consenso (salvo le ipotesi previste dall'art. 111 c.c.); *c*) dichiara che esse sono unite in matrimonio.

Il matrimonio – a meno che non si sia verificato un errore sull'identità, art. 122, comma 2, c.c. – è ugualmente valido se uno dei due nubendi ha utilizzato un falso nome al momento della celebrazione. La validità del matrimonio non è minacciata neanche nel caso in cui venga celebrato davanti ad un apparente Ufficiale di stato civile (art. 113 c.c.). È necessario, però, che nella circostanza vi sia un esercizio pubblico delle funzioni e almeno uno degli sposi sia in buona fede. L'atto di matrimonio deve essere compilato immediatamente dopo la celebrazione. In questo modo si avrà la prova documentale del matrimonio e l'Ufficiale di stato civile deve annotare l'eventuale scelta del regime di separazione dei beni (art. 162, comma 2, c.c.). Ai sensi dell'art. 130 c.c. nessuno può reclamare il titolo di coniuge e gli effetti del matrimonio, "*se non presenta l'atto di celebrazione estratto dai registri dello stato civile*"; ciò attribuisce all'atto di matrimonio trascritto nei registri in parola la natura di **atto dello Stato** facente piena prova di quanto in esso dichiarato. Il possesso di stato, anche se ai fini della prova non sostituisce l'atto di matrimonio, può sanare i vizi formali (si pensi alla mancata sottoscrizione dell'atto da parte degli sposi) e consente di provare il mancato inserimento dello stesso atto di matrimonio nei registri di stato civile per dolo o colpa del pubblico ufficiale o per forza maggiore (art. 132, comma 2, c.c.).

7.4.2. Il matrimonio concordatario

L'**art. 82** c.c. è intitolato "*Matrimonio celebrato davanti a ministri del culto cattolico*" e rinvia direttamente al "*Concordato con la Santa Sede*" ed alle "*leggi speciali sulla materia*". Il matrimonio civile e quello concordatario – quest'ultimo regolato dal diritto canonico e dal Concordato del 1929, come rivisto dal citato Accordo tra Stato e Chiesa del 1985 – si differenziano sia sotto l'aspetto disciplinare che sotto il profilo dell'essenza dell'atto. La revisione del Concordato, operata nel 1985, è stata tesa, in particolare, a rifondare la disciplina degli impedimenti alla trascrizione del matrimonio canonico nonché la disciplina dell'esecutività in Italia delle sentenze di nullità pronunciate dal giudice canonico. L'Accordo di modificazione del Concordato prevede alcuni adempimenti, in forza dei quali vengono riconosciuti effetti civili al matrimonio canonico. Si parte dalle pubblicazioni della notizia di matrimonio nella casa comunale, che sono sostanzialmente una prima richiesta formale di attribuzione della rilevanza civile al matrimonio concordatario: al termine del periodo di pubblicazione ai coniugi viene rilasciato dall'Ufficiale di stato civile, in mancanza di opposizione o altro impedimento, un certificato che garantisce la certezza sulla successiva trascrizione del matrimonio. Inoltre, come per il matrimonio civile, durante la celebrazione religiosa si dà lettura di alcuni articoli del codice civile.

Altro adempimento è la redazione da parte del ministro del culto dell'atto di matrimonio in doppio originale. Nell'atto di matrimonio, come previsto dall'Accordo, "*potranno essere inserite le dichiarazioni dei coniugi consentite secondo la legge civile*", ed in particolare dovranno essere inserite le dichiarazioni relative all'eventuale scelta del regime di separazione patrimoniale. Il parroco redige richiesta scritta della trascrizione del matrimonio, da inoltrare entro cinque giorni dalla celebrazione. L'Ufficiale di stato civile deve provvedere alla trascrizione entro le ventiquattrore successive al ricevimento dell'atto di matrimonio con l'allegata richiesta del parroco. È possibile – a prevederlo è l'Accordo – una richiesta tardiva di trascrizione, presentata dai coniugi o anche solo da uno di essi senza l'opposizione dell'altro. I coniugi, per la retroattività degli effetti al momento della celebrazione, devono conservare ininterrottamente lo stato libero e la trascrizione deve avvenire senza pregiudizio dei diritti acquistati legittimamente dai terzi.

L'Accordo ha, tra l'altro, disciplinato impedimenti alla trascrizione, tradizionalmente non previsti dalle norme del diritto canonico, con l'obiettivo di evitare discriminazioni (l'età ed ogni altro "*impedimento che la legge civile considera inderogabile*").

Nell'ambito della regolamentazione della patologia del matrimonio sono state inoltre disciplinate in maniera innovativa la **giurisdizione ecclesiastica** in materia di matrimonio concordatario e l'esecutività delle sentenze canoniche di nullità relative all'invalidità del matrimonio dovuta ad una patologia dell'atto o del rapporto, le quali fanno riacquistare libertà di stato ai due interessati. Secondo il Concordato del 1929, sulla validità o invalidità dell'atto celebrato con matrimonio concordatario, lo Stato riconosce la giurisdizione della Chiesa, che decide attraverso i suoi organi giurisdizionali, e cioè i suoi Tribunali, e riconosce pieni effetti civili a tale sentenza all'esito di un procedimento di "delibazione" della Corte d'appello svolto su domanda di parte. Sennonché, nell'Accordo del 1984 la regola sulla "*riserva di giurisdizione*" a favore dei Tribunali ecclesiastici non è stata espressamente riprodotta, sicché in dottrina e giurisprudenza si è posto il problema di interpretare tale novità e si è diffusa una tendenza a ritenere che sia oggi possibile impugnare anche dinnanzi ai Tribunali dello Stato il matrimonio concordatario trascritto nei Registri dello stato civile. La **Corte di Cassazione, a Sezioni Unite**, d'accordo con la dottrina prevalente, con la **sentenza 13 febbraio 1993 n. 1824**, ha avvalorato questo orientamento attribuendo espressamente all'Accordo carattere innovativo nella parte in cui questo, abrogando l'art. 34 del Concordato, ha superato il riconoscimento della giurisdizione esclusiva del giudice ecclesiastico, attribuendo cognizione in materia anche al giudice italiano.

Riguardo alle sentenze ecclesiastiche di nullità, l'art. 8, n. 2, della citata legge n. 121/1985 (per l'appunto, il c.d. Accordo) prevede che esse debbano essere "*munite del decreto di esecutività del superiore organo ecclesiastico*", e cioè della Segnatura Apostolica (Supremo tribunale della Santa Sede) che fa fede della regolarità del procedimento, fino a prova contraria. Il procedimento può essere avviato su "*domanda delle parti o di una di esse*" (art. 8), purché effettuata "*nel rispetto di un minimum di elementi formali*". Compito della Corte d'appello dello Stato italiano, eventualmente chiamata a riconoscere esecutività alla sentenza ecclesiastica, è di accertare preliminarmente la competenza del giudice ecclesiastico e verificare che sia stato assicurato alle parti, nel procedimento, il diritto di agire e di resistere in giudizio in modo non difforme dai principi dell'ordinamento italiano. È, inoltre, previsto un accertamento anche sulle "*altre condizioni richieste dalla legislazione italiana per la dichiarazione di efficacia delle sentenze straniere*".

7.4.3. Il matrimonio acattolico

In pieno ossequio ai principi di libertà religiosa sanciti dalla Costituzione (**art. 8**), i cittadini non cattolici possono unirsi in matrimonio "*davanti ai ministri dei culti ammessi nello Stato*" (**art. 83** c.c.). Il matrimonio acattolico produce effetti civili e non rappresenta un *tertium genus* rispetto al matrimonio civile e quello concordatario.

La disciplina dell'atto e del rapporto è quella del matrimonio civile. Il matrimonio deve essere celebrato dal ministro del culto acattolico (cittadino italiano, nominato dagli organi competenti del culto con approvazione del Ministro degli Interni), autorizzato e delegato dall'Ufficiale dello stato civile. Il ministro del culto deve dare lettura degli articoli del codice civile, redigere l'atto di matrimonio da trasmettere entro cinque giorni dalla celebrazione all'Ufficiale di stato civile. Questi a sua volta nelle ventiquattrore successive deve curarne la trascrizione. Se manca l'autorizzazione scritta dell'Ufficiale di stato civile, il matrimonio è nullo. Lo stesso dicasi nei casi in cui il matrimonio venga celebrato da un ministro del culto diverso da quello indicato o da un ministro del culto la cui nomina non sia stata approvata dal Ministro degli Interni.

I rapporti tra alcune confessioni religiose e lo Stato sono regolati per legge attraverso la stipulazione di intese (art. 8, comma 3, Cost.). In applicazione di tale previsione, con la legge 11 agosto 1984 n. 449 si è resa esecutiva l'intesa stipulata tra il Governo italiano e la Tavola valdese, mentre con la legge 8 marzo 1989 n. 101 è, inoltre, stata resa esecutiva l'intesa tra Governo italiano ed Unione delle Comunità israelitiche italiane.

7.5. **Le cause di invalidità del matrimonio**

La Sezione VI del codice civile (artt. 117 e ss.), intitolata "*Della nullità del matrimonio*", disciplina varie ipotesi di invalidità dell'atto di matrimonio. Come meglio si vedrà nel capitolo dedicato al contratto, le categorie della nullità e dell'annullabilità in materia di famiglia non risultano *in toto* sovrapponibili a quelle tradizionalmente conosciute in ambito contrattuale. Ciò dipende dal fatto che l'atto di matrimonio non costituisce un contratto, benché lo stesso codice in alcune sue disposizioni lo individui come tale. L'impossibilità di inquadrare il matrimonio tra i contratti deriva dalla stessa nozione di **contratto** indicata all'**art. 1321** c.c., a tenore del quale esso è "*l'accordo di due o più parti per costituire, regolare o estinguere tra loro un rapporto giuridico patrimoniale*", laddove è evidente che l'atto matrimoniale non è finalizzato a creare un rapporto giuridico patrimoniale, ma un rapporto caratterizzato dall'***affectio maritalis*** e cioè dal reciproco desiderio dei nubendi di condividere la vita in ragione di un sentimento e di un progetto familiare comune. In proposito, pare opportuno evidenziare che secondo la Codificazione del Diritto Canonico del 1917: "*Matrimonii finis primarius est procreatio atque educatio prolis; secundarius mutuum adiutorium et remedium concupiscentiae*" (canone 1013, § 1); e secondo le norme di legge in materia di divorzio (su cui *infra*) il giudice può pronunciare lo scioglimento del matrimonio solo quando accerta che è venuta definitivamente meno "*la comunione spirituale e materiale tra i coniugi*". Con ciò, ovviamente, non si nega che dal matrimonio, come meglio si vedrà *infra*, conseguono anche effetti patrimoniali, ma ciò non incide sulla natura e sullo scopo generale ed astratto dell'atto.

La validità del matrimonio civile, inteso come atto, è minata da alcune precise situazioni individuate negli **artt. 84-89** c.c. La minore età, l'interdizione per infermità di mente, la mancanza della libertà di stato (cioè l'esser già vincolato da precedente matrimonio) e particolari rapporti di parentela, affinità, adozione o affiliazione tra i congiunti, sono gli impedimenti previsti dalla legge.

Come anticipato nel quarto capitolo, in materia di capacità d'agire, a chi non abbia compiuto i diciotto anni, proprio in quanto incapace di agire, è generalmente preclusa la possibilità di contrarre matrimonio. È, tuttavia, possibile che il tribunale per i minorenni, su istanza dell'interessato, autorizzi il matrimonio di un soggetto che abbia compiuto i 16 anni, in presenza di gravi motivi, sentito il pubblico ministero, i genitori o il tutore (dei quali, però, oggi non è più richiesto l'assenso), così attribuendo a tale soggetto la qualifica di **minore emancipato**. L'**interdetto giudiziale** (contrariamente a quanto previsto per l'interdetto legale) non può contrarre matrimonio (art. 85, comma 1, c.c.). La legge non regola la posizione dell'inabilitato. È però possibile che questi, dopo essersi sposato, venga ammesso a provare l'incapacità di intendere e di volere al momento del matrimonio (art. 120 c.c.).

Chi è vincolato da un matrimonio precedente (o da un'unione civile tra persone dello stesso sesso – modifica *ex* art. 1, comma 32, legge n. 76/2016) non può contrarne un altro in quanto manca del necessario stato libero (**art. 86**). La **libertà di stato** può essere riacquistata da chi abbia contratto un precedente matrimonio, e ciò in conseguenza di varie ipotesi, come la morte, la nullità e lo scioglimento del precedente matrimonio, ovvero la cessazione degli effetti civili dello stesso. Nel caso di dichiarazione di morte presunta, qualora dovesse tornare il primo coniuge, si verifica l'esistenza di due matrimoni validi anche se la giurisprudenza propende per una sospensione della validità del secondo matrimonio.

Il nostro ordinamento individua, altresì, alcuni **impedimenti** al matrimonio riguardanti la coppia, che vengono definiti '**dirimenti**' in quanto se non osservati causano l'invalidità del matrimonio, ovvero '**impedienti**' che sono origine di una mera sanzione pecuniaria. L'**art. 87**, in proposito, elenca gli impedimenti 'dirimenti' ossia la parentela, l'affinità e l'adozione tra i soggetti interessati a contrarre matrimonio. Il divieto temporaneo di nuove nozze (**artt. 89 e 140** c.c.) è un impedimento 'impediente' soggetto a dispensa.

Le cause di impedimento appena elencate si traducono in motivi di illegittimità dell'atto in modo articolato.

Riassumendo, può dirsi che secondo la prevalente dottrina, è **nullo**: *a*) il matrimonio contratto senza stato libero (art. 86); *b*) il matrimonio contratto dal coniuge presunto morto nel caso in cui si accerti che questi è vivo (artt. 65 e 68 c.c.); *c*) matrimonio contratto senza l'osservanza dei divieti non dispensabili derivanti da parentela, affinità, adozione e affiliazione, contro il disposto dell'art. 87 c.c.; *d*) il matrimonio contratto a seguito di violazione dell'impedimento da omicidio tentato o consumato (art. 88 c.c.). Legittimati all'impugnativa sono i coniugi, gli ascendenti prossimi, il pubblico ministero e tutti coloro che abbiano un interesse legittimo ed attuale. Autorevole dottrina alle fattispecie di nullità sopra indicate affianca il matrimonio contratto non volontariamente. Il difetto di consenso è da intendersi diversamente dal semplice vizio, quando l'atto è voluto anche se la volontà si è formata non liberamente e correttamente. La nullità, quindi, è causata da violenza fisica, stato ipnotico, ubriachezza ed intossicazione da droga quando precludono di comprendere il significato dell'atto che si compie. Lo stesso vale per il matrimonio contratto *ioci causa*, caratterizzato da intenzione ludica.

L'**annullabilità** dell'atto di matrimonio si verifica invece, sempre secondo la prevalente dottrina, nei seguenti casi:

a) matrimonio contratto senza osservare i divieti indispensabili derivanti da parentela, affinità e affiliazione e quindi senza autorizzazione del tribunale (art. 87, comma 4, c.c.). L'impugnativa deve però essere proposta entro un anno dalla celebrazione (art. 117, comma 4, c.c.);

b) matrimonio contratto dal minore infrasedicenne o da quello ultrasedicenne senza autorizzazione o da quello ultrasedicenne senza autorizzazione del tribunale ai sensi dell'art. 84 c.c. La legittimazione od esperire la relativa azione giudiziaria spetta ai coniugi, a ciascuno dei genitori e al pubblico ministero. L'azione può anche essere proposta personalmente dal minore entro un anno dal raggiungimento della maggiore età. Se, in pendenza di giudizio, il minore ha raggiunto la maggiore età, la domanda proposta dal genitore o dal pubblico ministero deve essere respinta così come se vi è stato concepimento o procreazione e comunque ogni volta che viene accertata la volontà del minore di mantenere in vita il vincolo matrimoniale (art. 117, comma 2, c.c.). Parte della dottrina riconosce la legittimazione anche in capo ai genitori dell'altro sposo maggiorenne; si discute, invece, se la legittimazione spetti al tutore in difetto di espressa previsione;

c) matrimonio contratto dall'interdetto per infermità di mente se, al tempo della celebrazione, "*vi era già sentenza di interdizione passata in giudicato, ovvero se l'interdizione è stata pronunziata posteriormente ma l'infermità esisteva al tempo del matrimonio*" (art. 119, comma 1, c.c.). Il tutore, il pubblico ministero e tutti coloro che vi abbiano un interesse legittimo possono proporre l'azione. Nel caso di revoca dell'interdizione l'impugnativa spetta anche all'interdetto. In ogni caso l'azione non può essere proposta se, dopo la revoca dell'interdizione, vi è stata coabitazione per un anno (art. 119, comma 2, c.c.);

d) matrimonio contratto dall'incapace di intendere e di volere (art. 120 c.c.). L'azione non può essere proposta se vi è stata coabitazione per un anno dopo che il coniuge incapace ha recuperato la pienezza delle facoltà mentali.

Infine, ulteriori cause di annullabilità dell'atto di matrimonio sono costituite dai c.d. vizi del consenso cui è dedicato il seguente paragrafo.

7.5.1. I vizi del consenso

La materia dei vizi del consenso dei nubendi al momento del compimento dell'atto matrimoniale è stata significativamente incisa dalla riforma del diritto di famiglia, in quanto questa ha attribuito – come è giusto che sia – notevole rilevanza alla volontà effettiva degli sposi. L'art. 122 c.c. individua, dunque, diversi motivi di annullamento collegabili a tali vizi:

1) la **violenza morale** deve mostrare gli stessi caratteri previsti dall'art. 1434 c.c., deve suscitare impressione nei confronti di una persona sensata e farle temere di esporre sé o i suoi beni ad un male ingiusto e notevole in considerazione anche dell'età, del sesso e delle condizioni delle persone;

2) il **timore** non presuppone una minaccia ma deve presentare caratteri di eccezionale gravità e derivare da cause esterne allo sposo. È irrilevante il c.d. *timore reverenziale*, direttamente collegato ad una condizione soggettiva dell'intimorito. Si pensi al padre che spinge alle nozze: saranno rilevanti in questo caso le minacce e la violenza cui è sottoposta la persona. L'ipotesi di timore può essere individuata nel caso di matrimonio per sottrarsi a persecuzioni razziali e politiche,

3) l'**errore**, contemplato dall'art. 122, comma 3, c.c., può essere sull'identità della persona o sulle qualità personali dell'altro coniuge, ma in questo se-

condo caso l'errore deve essere "*essenziale*" e cioè deve essere stato determinante per la prestazione del consenso e riguardare le circostanze espressamente previste dalla legge ad esperire l'azione giudiziaria.

Riguardo alla **legittimazione** l'art. 122 c.c. prevede una regola analoga a quella indicata dagli artt. 1441 e 1442 c.c. in materia di contratto. L'azione è riconosciuta al solo soggetto la cui volontà è stata viziata. Può essere, inoltre, esperita solo quando è cessata la violenza o risultano cessate le cause che hanno determinato il timore, ovvero quando è stato scoperto l'errore. È preclusa l'azione se vi è stata coabitazione per un anno dopo che sono cessate la violenza o le cause che hanno determinato il timore ovvero è stato scoperto l'errore.

7.6. Matrimonio simulato e matrimonio putativo

Il matrimonio, come qualsiasi atto, può essere simulato. L'ipotesi di simulazione è da tenere distinta rispetto a quella dei vizi del consenso in quanto essa trova la sua *ratio* nella mancanza di volontà da parte degli sposi di adempiere ai doveri coniugali e non già nella presenza di una circostanza che abbia interferito significativamente con il corretto formarsi di tale volontà. Il codice prevede che il matrimonio possa essere impugnato per simulazione da ciascuno dei coniugi quando gli sposi abbiano convenuto di non adempiere agli obblighi e di non esercitare i diritti da esso discendenti (**art. 123**, comma 1, c.c.).

In dottrina si discute sulla natura dell'impugnazione. Alcuni la reputano analoga a quella prevista dall'art. 1414 c.c. in materia di simulazione del contratto; altri la considerano un'ipotesi di annullabilità. Altri ancora si chiedono se possa essere considerata una figura del tutto peculiare. È espressamente previsto che l'azione non può essere proposta decorso un anno dalla celebrazione del matrimonio ovvero nel caso in cui i contraenti abbiano convissuto come coniugi successivamente alla celebrazione medesima.

Fuori dall'ipotesi della simulazione, si colloca il c.d. **matrimonio putativo**, che si ha quando, malgrado l'atto di matrimonio sia invalido, in presenza di determinate circostanze l'ordinamento gli riconosce effetti giuridici in relazione a determinati soggetti, a talune condizioni e solo sotto alcuni aspetti. La *ratio* dell'istituto è quella di non penalizzare, in forza della sanzione di inefficacia retroattiva conseguente alla pronuncia di nullità del matrimonio, soggetti che, in un buona fede, e cioè non conoscendo le cause di invalidità del matrimonio, lo abbiano contratto ovvero abbiano tratto vantaggio dal matrimonio (è il caso dei figli). Caratteristica del matrimonio putativo è l'irretroattività degli effetti della sentenza di nullità. Ai sensi dell'art. 129 c.c., infatti, il matrimonio putativo, una volta accertata per sentenza la sua nullità, non solo conserva gli effetti già prodotti, ma ne produce nuovi. Si tratta di una peculiarità di non poco conto, che rende meno marcati i confini che distinguono la nullità e lo scioglimento del matrimonio.

Riguardo agli effetti del matrimonio putativo occorre prendere in considerazione la diversa posizione dei figli e dei coniugi. I primi, nati in costanza di matrimonio o precedentemente, ma riconosciuti prima della sentenza di nullità, conservano lo stato di legittimità, e ciò indipendentemente dalla buona fede di almeno un genitore. E ciò in quanto per privilegiare l'interesse dei figli viene accolta una valutazione oggettiva tale da non provocare nel trattamento giuridico discriminazioni dipendenti dai genitori. Sussiste, tuttavia, una duplice eccezione, che però secondo la dottrina dominante presuppone la mala fede di entrambi i coniugi, e riguarda i figli nati prima del matrimonio e i figli nati da un matrimonio annullato per bigamia o incesto. Questi ultimi, dunque, non fanno salvi gli effetti del matrimonio a loro beneficio, quando questo viene dichiarato nullo.

In riferimento ai genitori gli effetti del matrimonio putativo si producono soltanto in presenza del requisito della loro buona fede. Nel caso di buona fede di uno solo dei coniugi, gli effetti si verificano esclusivamente nei suoi confronti. La buona fede, che si presume, è considerata alla stregua del consenso estorto per violenza o determinato da timore di eccezionale gravità. La disciplina degli effetti successivi all'annullamento del matrimonio è, invece, più articolata. Nel caso di matrimonio nullo, celebrato in buona fede da entrambi i coniugi, se uno di loro non ha redditi propri e non è passato a nuove nozze, l'autorità giudiziaria può ordinare la corresponsione di un assegno per un periodo non superiore ai tre anni.

7.7. I rapporti personali tra coniugi

Il Codice civile vigente, per il particolare periodo in cui venne elaborato e redatto, era incentrato su un'idea di famiglia autoritaria e gerarchica, tanto che il marito era espressamente definito "***capo della famiglia***" e la moglie era vista come subordinata a lui. L'originario retaggio della codificazione del 1942 ha subìto cambiamenti attraverso il lento conformarsi dell'ordinamento positivo alla Costituzione. Prima, infatti, alcuni interventi della Corte costituzionale già sopra citati, poi la riforma del diritto di famiglia del 1975, hanno concretizzato l'applicazione del principio di eguaglianza tra coniugi. Ad esempio, la Corte costituzionale, prima, e la riforma del sistema del diritto internazionale privato adottata, come evidenziato nel primo capitolo, con la legge n. 218/1995, poi, hanno cancellato, nell'ipotesi di cittadinanza diversa dei coniugi, le norme che stabilivano la prevalenza della legge nazionale del marito al tempo della celebrazione del matrimonio con riguardo ai rapporti personali e patrimoniali dei coniugi ed ai rapporti tra genitori e figli.

Nel modello promosso dal legislatore (cfr., in particolare, gli **artt. 143** e **144** c.c.), la comunione di vita, cardine del rapporto matrimoniale, determina obblighi reciproci di fedeltà, assistenza, coabitazione e collaborazione. Tali obblighi sono inderogabili (**art. 160** c.c.) anche se le modalità di attuazione possono essere concordate dai coniugi (art. 144 c.c.). Il dovere di **fedeltà** impone ai coniugi di non avere relazioni sentimentali e rapporti sessuali con persone diverse dal proprio congiunto, ma soprattutto di non porre in essere comportamenti che possano all'esterno apparire come irriguardosi rispetto al coniuge sotto il profilo della fedeltà; esso, in sostanza, prevede la dedizione fisica e spirituale nonché la lealtà, elementi indispensabili su cui si costruisce la comunione della vita coniugale. L'**assistenza reciproca** morale e materiale riguarda l'aiuto che ciascun coniuge deve prestare all'altro per soddisfare i bisogni affettivi ed economici. Si può verificare una sospensione dell'obbligo di assistenza verso l'altro coniuge: il caso è il rifiuto a ritornare nella residenza familiare in seguito ad allontanamento senza giusta causa (art. 146 c.c.). L'obbligo di **coabitazione** non indica semplicemente l'obbligo di vivere sotto lo stesso tetto, ma di realizzare il modello di convivenza tra marito e moglie socialmente tipico. Per questo si richiede che i coniugi abbiano fissato la residenza di famiglia di comune accordo (art. 144 c.c.). L'obbligo non sussiste se si verifica una "*giusta causa*" (art. 146, comma 1, c.c.). La domanda di separazione, annullamento o divorzio è considerata dal Codice civile (art. 146, comma 2, c.c.) giusta causa di allontanamento dalla residenza familiare. Il dovere di **collaborazione**, per quanto riguarda il soddisfacimento delle esigenze economiche, fa riferimento al dovere dei coniugi di contribuire ai bisogni della famiglia, ciascuno "*in relazione alle proprie sostanze e alla propria capacità di lavoro professionale o casalingo*" (art. 143, comma 3, c.c.). In una prospettiva solidaristica ed egualitaria l'assistenza non è circoscritta al rapporto tra i coniugi, ma interessa tutti i membri della famiglia. Sul rapporto tra genitori e figli ci soffermeremo, più specificatamente, alla fine di questo capitolo nel paragrafo 7.13.

La condotta del coniuge può essere causa di grave pregiudizio dell'integrità fisica o morale ovvero della libertà dell'altro coniuge (art. 342 *bis* c.c.). In questo caso il giudice può ordinare la cessazione della condotta pregiudizievole del coniuge e disporre il suo allontanamento dalla casa familiare o di non avvicinarsi ai luoghi frequentati abitualmente dal coniuge istante.

La moglie (**art. 143 *bis*** c.c.), con il matrimonio, non perde il diritto ad usare il proprio cognome: aggiunge al proprio cognome quello del marito "*e lo conserva durante lo stato vedovile, fino a che passi a nuove nozze*". Il marito conserva il proprio cognome. Il cognome che si trasmette ai figli è quello del padre. Questa differenza di trattamento deriva dall'esigenza di individuare unitariamente i membri di una stessa famiglia. È un diritto e non un obbligo l'uso da parte della moglie del cognome del marito. La perdita del cognome del marito si verifica con il divorzio, salvo autorizzazione del tribunale in caso di un interesse meritevole di tutela (della moglie o dei figli).

Il **principio di eguaglianza** permea la disciplina della cittadinanza dei coniugi. Le nozze tra il cittadino (uomo o donna) italiano e lo straniero non incidono sulla cittadinanza italiana del primo; il coniuge straniero, al contrario, può, in forza di tale matrimonio, acquistare (previa istanza dell'interessato) la cittadinanza italiana dello straniero che abbia la residenza nel territorio italiano da almeno sei mesi o comunque dopo che siano trascorsi tre anni dalla celebrazione del matrimonio. La cittadinanza italiana viene concessa con decreto del Ministero dell'Interno.

Il principio di eguaglianza dei coniugi si realizza anche nella regola per cui gli sposi devono regolare la propria vita di coppia e la famiglia in modo **concorde** tra loro. Secondo la dottrina prevalente non ricade sotto l'applicazione di tale principio la decisione di interrompere la gravidanza. La donna, infatti, ha la facoltà, non l'obbligo, di consultare il coniuge prima di assumere la relativa decisione (art. 12, legge 22 maggio 1978 n. 194, recante "*Norme per la tutela sociale della maternità e sull'interruzione volontaria della gravidanza*"). Ciascun coniuge ha il potere di attuare le scelte concordate (**art. 144**, comma 2, c.c.) ed è autorizzato a responsabilizzare anche l'altro per assumere obbligazioni necessarie alla realizzazione del programma deciso. In presenza di **disaccordo** conclamato tra i coniugi, ciascun coniuge può chiedere, senza formalità, l'intervento del giudice, il quale, sentiti i coniugi e, per quanto opportuno, i figli conviventi che abbiano compiuto il sedicesimo anno, tenta di raggiungere una soluzione concordata (art. 145, comma 1, c.c.). Se il disaccordo persiste e riguarda la fissazione della residenza o altri "*affari essenziali*", il giudice, in presenza di espressa e congiunta richiesta, adotta – con un provvedimento non impugnabile teso a sbloccare la decisione per il bene della famiglia – "*la soluzione che ritiene più adeguata alle esigenze dell'unità e della vita della famiglia*" (art. 145, comma 2, c.c.).

In ambito familiare, il rimedio costituito dall'esecuzione in forma specifica (**art. 2930** c.c.) non può applicarsi ai doveri o obblighi personali; il loro inadempimento ha una, dunque, generale forma di sanzione nell'addebito della separazione ai sensi del comma 2 dell'art. 151 c.c. Al contrario, gli obblighi patrimoniali (contribuzione e mantenimento) vengono sottoposti alla disciplina generale dell'obbligazione. L'inadempimento degli obblighi patrimoniali può, di conseguenza, portare ad una sentenza di condanna, a rimedi cautelari e di conservazione della garanzia patrimoniale. Anche il diritto penale si occupa della violazione degli obblighi di assistenza familiare (**art. 570** c.p.). Il coniuge che, per il comportamento dell'altro, ha subìto un danno ingiusto può, in aggiunta o in alternativa alle soluzioni sopra indicate, esercitare l'azione di responsabilità da atto illecito *ex* **art. 2043** c.c.

Va, infine, evidenziato che con la legge 4 aprile 2001 n. 154 è stato inserito nel libro I del codice civile il titolo IX *bis* dedicato agli "***Ordini di protezione contro gli abusi familiari***", il quale è composto dai soli **artt. 342 *bis* e 342 *ter***, ed in forza del quale "*Quando la condotta del coniuge o di un altro convivente è causa di grave pregiudizio all'integrità fisica o morale ovvero alla libertà dell'altro coniuge o convivente, il giudice, su istanza di parte, può adottare con decreto*" della durata massima di sei mesi, ma prorogabile per il tempo strettamente necessario "*se ricorrano gravi motivi*", ordini di cessazione del comportamento, di allontanamento dalla casa familiare, di avvicinamento ai luoghi abitualmente frequentati dall'istante, di versamento di un assegno periodico a favore dei conviventi che, per effetto del decreto, siano rimasti privi di mezzi adeguati nonché richiedere l'intervento dei servizi sociali.

7.8. I rapporti patrimoniali tra coniugi

I coniugi hanno il dovere di contribuire ai bisogni della famiglia, ciascuno secondo le proprie sostanze e alla propria capacità di lavoro professionale o casalingo (**art. 143**, comma 3, c.c.). Caratteristiche del dovere di contribuzione sono l'inderogabilità e l'applicazione a prescindere dal regime patrimoniale. Il principio di eguaglianza dei coniugi si realizza sotto il profilo economico con il dovere di contribuzione.

L'unitarietà della vita coniugale è valorizzata dal regime patrimoniale legale della **comunione dei beni**, il quale trova attuazione in mancanza di una diversa scelta (art. 159 c.c.). La diversa scelta può riguardare uno degli altri regimi ammessi dall'ordinamento, e cioè: la **comunione convenzionale**, la **separazione dei beni** ed il **fondo patrimoniale familiare**.

In realtà il fondo patrimoniale familiare non è un regime alternativo alla comunione legale in quanto, anche in costanza di un altro regime, esso può essere costitutivo, come meglio si vedrà nel paragrafo 7.8.4. La separazione dei beni, invece, esclude l'operatività della comunione legale e può essere adottata prima del matrimonio, al momento della celebrazione o successivamente. Nel comma 1 dell'**art. 162** c.c. si stabilisce che le "*convenzioni matrimoniali debbono essere stipulate per atto pubblico*" con la necessaria presenza di due testimoni a pena di nullità. È prevista la stipula per procura o, nell'ipotesi di interdizione del coniuge sopravvenuta al matrimonio, mediante il rappresentante legale. L'art. 163 c.c. evidenzia che le modifiche delle convenzioni matrimoniali, anteriori o successive al matrimonio, non producono effetto se l'atto pubblico non è stipulato con il consenso di tutte le persone che risultano essere parti nelle stesse convenzioni o dei loro eredi.

7.8.1. La comunione legale dei beni

La riforma del diritto di famiglia del 1975 ha voluto favorire anche in ambito patrimoniale la solidarietà coniugale, ribaltando la normativa previgente che individuava come regime legale la separazione dei beni e considerava la comunione dei beni possibile solo se voluta e pattuita a livello convenzionale dai coniugi. Dopo la riforma, dunque, i coniugi che non esprimono una diversa volontà al momento della celebrazione del matrimonio ricadono automaticamente sotto il regime della comunione legale dei beni, pertanto i beni da ognuno di loro acquisiti durante il matrimonio diventano di comproprietà di entrambi secondo le regole qui sintetizzate. Alla disciplina della comunione legale sono oggi dedicati gli **artt. 177-197** c.c.

I diritti acquisiti in comunione legale sono sottoposti ad una disciplina diversa rispetto alle norme che riguardano la comunione ordinaria o ereditaria. È, infatti, precluso al singolo coniuge di sciogliere unilateralmente la comunione legale e di disporre della propria quota di beni. I beni della comunione, inoltre, non godono di autonomia rispetto al patrimonio personale dei coniugi. La dottrina, in ragione di tali differenze, ritiene che dalla comunione legale derivi una forma di contitolarità dell'intero patrimonio e non dei singoli beni, come avviene nella comunione ordinaria.

Una significativa caratteristica di questo regime patrimoniale è l'opponibilità ai terzi senza alcun onere di pubblicità. È sufficiente che, a margine dell'atto di matrimonio, non risultino convenzioni in deroga perché da tale mancata pubblicità sia desumibile la sussistenza della comunione legale. Un'altra peculiarità della comunione legale è il comprendere solo i beni acquistati dopo il matrimonio con esclusione dei **beni personali**.

L'**art. 177**, comma 1, **lett. *a*)** stabilisce che costituiscono oggetto della comunione "*gli acquisti compiuti dai due coniugi insieme o separatamente durante il matrimonio, ad esclusione di quelli relativi ai beni personali*". Sono esclusi, a parere della giurisprudenza, anche i diritti di credito.

Gli **artt. 177**, comma 1, **lett. *b*) e *c*), e 178** indicano i beni che non rientrano nella comunione immediatamente dopo il loro acquisto (si tratta dei frutti dei beni propri e dei proventi dell'attività separata di ciascun coniuge), ma solo se allo scioglimento di questa essi ancora sussistono. A questo proposito la comunione legale viene distinta in **comunione attuale** o immediata (che riguarda gli acquisti compiuti dai coniugi e considerati dalla lett. *a*) della disposizione) e **comunione differita** (che riguarda i beni in parola).

Fanno parte della comunione c.d. immediata anche le aziende gestite da entrambi i coniugi e costituite dopo il matrimonio (art. 177, comma 1, **lett. *d*)**, alle quali si è già fatto cenno in tema di azienda coniugale nel quarto capitolo. L'esercizio collettivo dell'impresa si ha con la gestione comune dell'azienda e la disciplina relativa all'amministrazione ed alla responsabilità patrimoniale viene ricavata per analogia dalle norme e i principi del diritto societario. Fanno, invece, parte della comunione c.d. differita i beni destinati all'esercizio dell'impresa di uno dei coniugi costituita dopo il matrimonio e gli incrementi dell'impresa costituita precedentemente, se esistono al momento dello scioglimento della comunione (**art. 178**).

L'art. 179 individua i **beni personali** esclusi dalla comunione. Si tratta di: *a*) beni di cui, prima del matrimonio, il coniuge era proprietario o rispetto ai quali era titolare di un diritto reale di godimento; *b*) beni acquisiti dopo il matrimonio per effetto di donazione o successione, quando l'atto di liberalità o il testamento non specifica che essi sono attribuiti alla comunione; *c*) beni di uso strettamente personale di ciascun coniuge e loro accessori; *d*) beni che servono all'esercizio della professione del coniuge, tranne quelli destinati alla conduzione di un'azienda facente parte della comunione; *e*) beni ottenuti a titolo di risarcimento del danno, ai sensi degli artt. 2043 c.c. e ss., nonché la pensione attinente alla perdita parziale o totale della capacità lavorativa; *f*) beni acquisiti con il prezzo del trasferimento dei beni personali sopra citati o con il loro scambio, purché ciò sia espressamente dichiarato nell'atto d'acquisto.

Il **comma 2** dell'**art. 179** stabilisce che l'acquisto di beni immobili o mobili registrati è escluso dalla comunione (lett. *c*, *d*, *f*) quando "*tale esclusione risulti dall'atto di acquisto se di esso sia stato parte anche l'altro coniuge*". Se il coniuge interviene all'atto di acquisto dell'altro, dunque, egli può esprimere una **volontà contraria al coacquisto** del bene pur in assenza dei requisiti previsti dalla legge per attribuire all'acquisto carattere personale. In tal caso, giova ribadirlo, il bene sarà considerato personale perché si intenderà che esso è stato acquistato con risorse esclusivamente personali del coniuge. Per essere opponibile ai terzi, quando un coniuge in regime di comunione legale compia un acquisto in proprio con dispensa dell'altro coniuge dall'imputazione, la trascrizione nei registri immobiliari o mobiliari dovrà evidenziare il carattere personale dell'acquisto (art. 2647 c.c.). La dichiarazione con la quale si manifesta la volontà di escludere il bene dalla comunione costituisce condizione necessaria per far valere il carattere personale del bene. In assenza della dichiarazione si presume l'intento del coniuge di far rientrare il bene nella comunione, nonostante l'acquisto sia avvenuto con risorse personali. La sopra citata dichiarazione, relativamente ai beni mobili non registrati, pare non essere utile a superare la presunzione di appartenenza del bene alla comunione e la presunzione di comproprietà dei coniugi.

7.8.1.1. *L'amministrazione dei beni in comunione legale ed i diritti dei creditori su tali beni*

Il comma 3 dell'**art. 210** c.c. afferma l'inderogabilità delle norme della comunione legale relative all'amministrazione dei beni.

L'amministrazione dei beni della comunione e la rappresentanza in giudizio per gli atti ad essa relativi spettano a tutti e due i coniugi disgiuntamente ai sensi dell'art. 180. La norma impone, invece, il consenso congiunto per gli atti di straordinaria amministrazione. Il consenso del coniuge si configura come un negozio autorizzativo unilaterale, in grado di rimuovere – come stabilito dalla **Corte costituzionale** con **sentenza 9 novembre 1984 n. 311** – un limite all'esercizio del potere dispositivo del *partner*. Secondo parte della dottrina, tale regola può applicarsi soltanto agli atti di gestione dei beni già inclusi nella comunione. L'amministrazione congiunta si realizza con il consenso preventivo espresso dal coniuge al compimento dell'attività da parte dell'altro, essendo quindi esclusa la materiale partecipazione all'atto di entrambi i coniugi. Il giudice (art. 181) può autorizzare l'esecuzione quando il coniuge rifiuta il consenso e l'atto è necessario nell'interesse della famiglia. È necessaria l'autorizzazione in caso di lontananza del coniuge o se risulta un altro impedimento.

Il coniuge può chiedere al giudice l'esclusione dall'amministrazione dell'altro coniuge se quest'ultimo è minore o non può amministrare ovvero se ha male amministrato (**art. 183**, comma 1). L'ambito di applicabilità di questa norma prevede il caso di inidoneità generale del coniuge. Si riferisce quindi non al compimento di alcuni atti di amministrazione, ma all'intera attività di gestione. Il coniuge estromesso, se sono venuti meno i motivi dell'esclusione, può chiedere al giudice di essere reintegrato nell'amministrazione. L'esclusione opera di diritto nei confronti del coniuge interdetto e fino a quando l'interdizione non è revocata (art. 183, comma 3).

Sono annullabili, se riguardano beni immobili o mobili registrati, gli atti di straordinaria amministrazione compiuti dal coniuge senza il consenso dell'altro e da questi non convalidati. L'azione può essere proposta dal coniuge pretermesso entro un anno dalla conoscenza dell'atto e in ogni caso entro un anno dalla trascrizione. Se questa non è avvenuta e il coniuge non ha avuto conoscenza dell'atto prima dello scioglimento della comunione, l'azione non può essere proposta oltre un anno dallo stesso scioglimento. Per i beni mobili non registrati (art. 184, comma 3) il coniuge che ha disposto arbitrariamente ha l'obbligo di ricostruire, in natura o per equivalente denaro, la comunione.

Ai sensi dell'**art. 186**, i beni della comunione rispondono di tutti i pesi ed oneri gravanti su di essi al momento dell'acquisto, di tutti i carichi dell'amministrazione, delle spese per il mantenimento della famiglia e per l'istruzione e l'educazione dei figli e di ogni obbligazione contratta dai coniugi, anche separatamente, nell'interesse della famiglia; di ogni obbligazione contratta congiuntamente dai coniugi. La **Cassazione**, con la **sentenza 4 agosto 1998 n. 7640**, ha stabilito che la norma relativa ai pesi gravanti sui beni della comunione si applica qualunque sia il titolo del debito. Occorre però stabilire se questo debba qualificarsi come debito personale dei coniugi ovvero come debito della comunione. I beni della comunione, fino al valore corrispondente alla quota di comproprietà di tali beni del coniuge obbligato (e cioè sino al 50% dell'intero valore dei beni in comunione legale), rispondono infatti, quando i creditori non possono soddisfarsi sui beni personali, delle obbligazioni contratte, dopo il matrimonio, da uno dei coniugi per gli atti che eccedono l'ordinaria amministrazione senza il necessario consenso dell'altro (**art. 189**). Nel caso di concorso, i creditori personali, se chirografari, sono posposti ai creditori della comunione.

Il codice civile (**art. 191**) individua tassative cause di scioglimento della comunione, che determina non la divisione automatica dei beni ma l'impossibilità di applicare per il futuro le regole riguardanti il regime legale. Intervenuto lo scioglimento della comunione, i coniugi possono provvedere alla divisione del patrimonio con la ripartizione in parti eguali dell'attivo e del passivo (art. 194), non senza aver prima effettuato i rimborsi e le restituzioni (art. 192) e eventualmente prelevato i beni mobili personali (art. 195 c.c.) o il loro valore in denaro (art. 196). La divisione avviene giudizialmente se manca il consenso tra i coniugi. Il Tribunale per i minorenni (art. 194, comma 2), in relazione alla necessità della prole e all'affidamento di essa, può costituire in sede di divisione un diritto di usufrutto a favore del coniuge affidatario su una parte dei beni spettanti all'altro coniuge. In ogni caso (come recentemente affermato, se pure solo in un *obiter dictum*, anche da **Cassazione civile,** sez. I, **sentenza n. 11787 del 5 maggio 2021**) «all'atto dello scioglimento della comunione, l'attivo ed il passivo devono essere ripartiti in parti uguali (art. 194 c.c.) indipendentemente dalla misura della partecipazione e dall'entità degli apporti di ciascuno dei coniugi alla formazione del patrimonio comune (cfr. Cass. n. 19454 del 2012), senza possibilità di prova di un diverso apporto economico da parte di ciascuno di essi (ad esempio, ai fini dell'acquisto di un bene in comunione), non essendo applicabile la disciplina della comunione ordinaria, nella quale l'eguaglianza delle quote dei partecipanti è oggetto di una presunzione semplice (art. 1101 c.c.) superabile mediante prova del contrario (v. Cass. n. 11467 del 2003). E ciò si spiega per essere la "struttura normativa" della comunione legale dei coniugi "difficilmente riconducibile alla comunione ordinaria. Questa è una comunione per quote, quella è una comunione senza quote" (in tal senso, Corte Cost. n. 311 del 1988; cfr. Cass. n. 8803 del 2017)».

7.8.2. La comunione convenzionale

Il codice consente ai coniugi di modificare il regime della comunione legale, e dunque sostanzialmente di crearsi un proprio regime di comunione, mediante una convenzione tra loro (**art. 162** c.c.). Ciò, ovviamente, nei limiti costituti dalle norme inderogabili, e cioè: delle norme della comunione legale relative all'amministrazione dei beni della comunione e all'uguaglianza delle quote limitatamente ai beni che formerebbero oggetto della comunione stessa; e ancora, non possono essere compresi nella comunione i beni previsti dall'art. 179 c.c., lett. *c*), *d*), ed *e*), vale a dire quelli di uso strettamente personale di ciascun coniuge ed i loro accessori, i beni che servono all'esercizio della professione del coniuge, tranne quelli destinati alla conduzione di un'azienda facente parte della comunione, e i beni ottenuti a titolo di risarcimento del danno nonché la pensione attinente alla perdita parziale o totale della capacità lavorativa.

Fatti salvi i suindicati limiti, l'oggetto della comunione può essere ampliato, rispetto alla comunione legale, inserendo i beni considerati personali, ma anche i frutti dei beni personali e i proventi dell'attività separata, che sono destinati a far parte della comunione *de residuo*. Il conferimento in comunione del personale può arrecare pregiudizio nei confronti dei creditori del coniuge. In tal caso questi ultimi possono intentare l'azione revocatoria.

Circa le **convenzioni atipiche** stipulate dai coniugi, si propende – fermi restando i principi inderogabili – per l'applicazione dell'art. 161 c.c. ("*Riferimento generico a leggi o agli usi*"). Un altro orientamento ritiene invece che si possa prendere in considerazione l'art. 210 c.c. La norma individua in via generale il limite delle modifiche che si possono apportare alla comunione legale dei beni.

7.8.3. La separazione dei beni

Il regime di separazione dei beni attribuisce la titolarità esclusiva degli acquisti al singolo coniuge che li ha realizzati, ed allo stesso riconosce la piena autonomia di gestione (**art. 215** c.c.). Ciascun coniuge ha il godimento e l'amministrazione dei beni di cui è titolare esclusivo (**art. 217** c.c.), compresi quelli acquistati durante il matrimonio. Alla separazione dei beni si applicano le regole di diritto comune dei rapporti patrimoniali.

La separazione dei beni può essere stabilita con una semplice dichiarazione resa all'Ufficiale di stato civile (oppure al ministro del culto celebrante) all'atto del matrimonio, ovvero con una convenzione matrimoniale anteriore o successiva al matrimonio avente la forma dell'atto pubblico e, per essere opponibile ai terzi, deve essere annotata a margine dell'atto di matrimonio. Il regime di separazione può in ugual modo instaurarsi con lo scioglimento della comunione per cause che non implicano la fine del rapporto coniugale (tra queste la separazione legale e la dichiarazione di fallimento di uno dei coniugi o di entrambi).

I beni del coniuge possono essere affidati all'altro in amministrazione o in godimento: in questi casi si applicheranno, rispettivamente, le norme sul mandato (art. 217, comma 2, c.c.) e sull'usufrutto (218 c.c.). La procura ad amministrare deve avere sempre carattere revocabile; in caso contrario sarebbe violato il principio di parità coniugale (art. 160 c.c.).

Poiché il regime di separazione dei beni è tendenzialmente universale, può riguardare tutti i beni del coniuge. In assenza della prova della proprietà esclusiva i beni si presume appartengano ad entrambi i coniugi per pari quota (art. 219 c.c.).

7.8.4. Il fondo patrimoniale familiare

Un quarto regime patrimoniale della famiglia, previsto dal codice civile in aggiunta alla comunione legale, alla comunione convenzionale ed alla separazione dei beni tra coniugi, ed attuabile non in alternativa, ma in costanza di un altro regime, è il fondo patrimoniale familiare, disciplinato dagli **artt. 167-171** c.c. alla stregua di un **patrimonio di destinazione**. Con esso si costituisce un patrimonio separato destinato a fronteggiare i bisogni della famiglia. Il fondo può essere costituito prima o durante il matrimonio su iniziativa di ciascuno o ambedue i coniugi per atto pubblico, o di un terzo, anche per testamento (art. 167, comma 1, c.c.). Il fondo patrimoniale costituito dal terzo per atto tra vivi si perfeziona previa accettazione dei coniugi. L'oggetto può essere costituito da **beni immobili, beni mobili registrati e titoli di credito** nominativi. Ai sensi dell'**art. 168**, la proprietà dei beni costituenti il fondo patrimoniale "*spetta ad entrambi i coniugi, salvo che non sia diversamente stabilito nell'atto di costituzione*". I beni conferiti nel fondo patrimoniale sono sottoposti alla disciplina della revocazione e riduzione (art. 809 c.c.). Il conferimento, infatti, viene considerato un atto di liberalità analogo alla donazione.

Le norme sull'amministrazione della comunione legale vengono applicate all'amministrazione dei beni costituenti il fondo patrimoniale in quanto ciò è espressamente previsto dall'art. 168. In tema di alienazione dei beni del fondo, l'art. 169 stabilisce che "*se non è stato espressamente consentito nell'atto di costituzione, non si possono alienare, ipotecare, dare in pegno o comunque vincolare beni del fondo patrimoniale se non con il consenso di entrambi i coniugi e, se vi sono figli minori, con l'autorizzazione concessa dal giudice* [...] *nei soli casi di necessità od utilità evidente*".

La più importante caratteristica del fondo patrimoniale familiare, quella per cui lo si individua come un patrimonio destinato e quella per cui, in pratica, si pone mano alla costituzione di un tale fondo è prescritta dall'**art. 170**, a tenore del quale: non possono avere luogo atti esecutivi sui beni e sui frutti del fondo per i debiti che il creditore conosceva essere stati contratti per scopi estranei ai bisogni della famiglia. Si configura, così, una rilevante eccezione al principio della c.d. **garanzia patrimoniale generica** stabilito dall'**art. 2740** c.c., ai sensi del quale il debitore risponde dei suoi debiti con tutti i suoi beni presenti e futuri, in quanto i genitori, che pure sono normalmente proprietari dei beni del fondo, non rispondono con tali beni delle obbligazioni contratte per scopi personali. Tale eccezione trova giustificazione nella speciale finalità del fondo patrimoniale, inteso dal legislatore come strumento di tutela della famiglia.

Il fondo esaurisce la sua funzione a seguito dell'annullamento, dello scioglimento o della cessazione degli effetti civili del matrimonio. Qualora siano presenti figli minori, il fondo dura fino al compimento della maggiore età dell'ultimo figlio. Il giudice in questo caso, su istanza di chi vi abbia interesse, detta le norme per l'amministrazione del fondo. In assenza di figli si applicano le disposizioni sullo scioglimento della comunione legale (art. 171).

7.9. La separazione personale dei coniugi

Il rapporto coniugale – come è, ai giorni nostri, fin troppo noto – può andare in crisi. In questo caso, se i dissidi tra i coniugi sono gravi ed irreversibili, il destino della comunità familiare è segnato e va incontro alla dissoluzione, quanto meno momentanea.

La separazione personale, prevista dall'**art. 150** c.c., è diversa sia dal matrimonio invalido sia dallo scioglimento, in quanto non distrugge il vincolo, ma pone il matrimonio in uno stato di **quiescenza** che non ha carattere definitivo, potendosi concludere con il divorzio o con la conciliazione. Pertanto, la separazione personale, nonostante la situazione di crisi alla quale è andato incontro il rapporto coniugale, consente ai coniugi di recuperare nel tempo la sua pienezza. L'**art. 157** c.c. su questo punto risulta chiaro: "*I coniugi possono di comune accordo far cessare gli effetti della sentenza di separazione, senza che sia necessario l'intervento del giudice, con una espressa dichiarazione o con un comportamento non equivoco che sia incompatibile con lo stato di separazione*".

La materia della separazione non è nella disponibilità delle parti. Nel relativo procedimento giudiziario, non sono ammessi né il giuramento, né la confessione, né la preventiva rinunzia (Cass., sentenza 28 giugno 1976 n. 2436).

Esistono due tipi di separazione: **giudiziale** e **consensuale** (art. 150, comma 2). In ogni caso, il tribunale (art. 126 c.c.), quando è proposta domanda di nullità del matrimonio, può, su istanza di uno dei due coniugi, ordinare nel corso del giudizio la loro temporanea separazione. La separazione temporanea può essere disposta dal giudice anche d'ufficio, se tutti e due i coniugi o uno di essi sono minori o interdetti.

La separazione personale sortisce effetti sulla comunione legale dei beni. Lo scioglimento della comunione legale di beni fra coniugi si verifica, con effetto *ex tunc*, dal momento del passaggio in giudicato della sentenza di separazione ovvero dell'omologazione degli accordi di separazione consensuale, non producendo alcun effetto il provvedimento presidenziale, previsto dal codice di rito all'art. 706, attesone il contenuto e la funzione meramente provvisoria (cfr. Cass., sentenza 2 settembre 1998 n. 8707).

7.9.1. La separazione giudiziale

Con la riforma del diritto di famiglia del 1975 si è assistito ad una profonda innovazione della disciplina previgente in tema di separazione dei coniugi. È stata, così, tra l'altro eliminata la concezione della separazione intesa come "*sanzione*" basata sulla "*colpa*"; mentre è stata introdotta un'idea per cui la separazione è sostanzialmente un 'rimedio' per una situazione di intollerabilità della convivenza o di grave pregiudizio per l'educazione della prole, anche indipendente dalla volontà dei coniugi.

L'**art. 151** c.c. ha predisposto un modello unitario di separazione, fondato sull'accertamento di presupposti oggettivi. Tuttavia il concetto di "*colpa*" è rimasto ed è previsto come criterio in funzione del quale eventualmente addebitare la responsabilità della separazione all'uno o all'altro coniuge. Il giudice, dunque, quando pronuncia la sentenza, dichiara, se ricorrono le circostanze o se richiesto, "*a quale dei coniugi sia addebitabile la separazione, in considerazione del suo comportamento contrario ai doveri che derivano dal matrimonio*" (art. 151, comma 2). L'addebito può essere posto anche a carico di entrambi i coniugi ed influisce unicamente sui profili patrimoniali della separazione, giacché il coniuge al quale la stessa è addebitata non potrà ottenere, nei confronti dell'altro coniuge che abbia una migliore situazione reddituale, il mantenimento altrimenti atteso.

Il coniuge che ha interesse alla separazione, presentando ricorso, instaura il procedimento di separazione giudiziale. I coniugi possono anche agire congiuntamente nel caso in cui decidano consensualmente di separarsi. Essi compaiono personalmente davanti al Presidente del tribunale (art. 708 c.p.c.), che è tenuto a sentirli per tentare la conciliazione. Se il tentativo di conciliazione fallisce, il Presidente dispone i provvedimenti temporanei ed urgenti nell'interesse dei coniugi e dei figli. La sentenza di separazione è soggetta ai normali mezzi di impugnazione.

7.9.2. La separazione consensuale

I coniugi, al fine di limitare i traumi della separazione, possono concordemente decidere di separarsi e comunemente regolare la loro vita dopo la separazione sia sotto il profilo patrimoniale che riguardo al rapporto con i figli. Il solo consenso dei coniugi, tuttavia, non produce effetto senza il decreto di omologazione del giudice, emesso su richiesta di uno o entrambi i coniugi (**art. 158**, comma 1, c.c.). Il Presidente del Tribunale, ai sensi dell'art. 711 c.p.c., anche nel caso di separazione consensuale deve sempre tentare la conciliazione, sentendo preliminarmente i coniugi; le ragioni dei coniugi che hanno deciso di giungere alla separazione non sono oggetto di valutazione da parte del Presidente, in quanto questo deve unicamente cercare di far riappacificare i due.

Quando l'accordo raggiunto dai coniugi sull'affidamento e mantenimento dei figli in sede di pattuizioni consensuali, è in contrasto con gli interessi di questi ultimi, il giudice riconvoca i coniugi e cerca tra loro un nuovo accordo nell'interesse dei figli. Se l'accordo è pregiudizievole per i figli, il Tribunale può rifiutare l'omologazione (art. 158, comma 2).

I provvedimenti riguardo ai **figli** sono contemplati dall'**art. 155** c.c. La norma in questione regola tanto i rapporti personali quanto quelli patrimoniali. Per prima cosa, il giudice che pronuncia la separazione dichiara a quale dei coniugi sono affidati i figli e adotta ogni altro provvedimento riguardante la prole, "*con esclusivo riferimento all'interesse morale e materiale di essa*". Il tribunale stabilisce anche la misura ed il modo dell'intervento dell'altro coniuge in materia di mantenimento, istruzione ed educazione dei figli, inoltre le modalità di esercizio dei suoi diritti nei rapporti con essi. La potestà sui figli viene attribuita, salva diversa disposizione del giudice, al coniuge al quale sono affidati i figli, che la esercita in via esclusiva. Il coniuge deve attenersi alle condizioni indicate dal giudice. Per le decisioni di interesse riguardanti i figli è previsto l'intervento di entrambi i coniugi, "*salvo che sia diversamente stabilito*". Il coniuge escluso dall'affidamento dei figli ha, comunque, il diritto ed il dovere di vigilare sulla loro istruzione ed educazione. Gli è consentito di ricorrere al giudice qualora ritenga che le decisioni assunte per i figli siano pregiudizievoli al loro interesse.

7.9.3. Separazione temporanea, separazione di fatto e allontanamento dalla casa coniugale

L'**art. 126** c.c. individua l'istituto della c.d. **separazione temporanea**, ordinata dal giudice, su istanza di uno dei coniugi durante il giudizio, quando è proposta la domanda di nullità del matrimonio. Il giudice può ordinare la separazione temporanea anche d'ufficio, se entrambi i coniugi o uno di essi sono minori o interdetti. L'istituto mira a garantire la disciplina dei rapporti personali tra i coniugi e verso la prole nel corso del procedimento di nullità del matrimonio. Significativa la pronuncia della Cass. 15 novembre 1974 n. 3618, secondo la quale la separazione temporanea dei coniugi non si differenzia da quella disposta dagli artt. 151 c.c. e ss. – e cioè dalla separazione legale giudiziale o consensuale – se non per gli effetti più limitati e provvisori e per la minor profondità dell'indagine svolta dal giudice. Il giudice di conseguenza deve emanare provvedimenti necessari ed urgenti in ordine all'affidamento dei figli e ai rapporti patrimoniali.

La separazione può anche derivare, piuttosto che da un ordine del giudice destinato ad avere effetti temporanei nel caso previsto dal citato art. 126, da una scelta unilaterale compiuta da uno dei due coniugi che si allontana stabilmente senza giusta causa dalla residenza familiare, così determinando una **separazione di fatto**. In tal caso, il codice civile, all'**art. 146**, comma 1, sanziona colui che si è allontanato con la sospensione del diritto all'assistenza morale e materiale. Può verificarsi, però, un allontanamento per giusta causa: in questo caso non vi sarà separazione di fatto, in quanto la distanza fisica tra i coniugi influirà solamente sui modi di adempimento degli obblighi matrimoniali. La "***giusta causa di allontanamento***" viene comunemente identificata in quei fatti che danno luogo alla intollerabilità della prosecuzione della convivenza o al grave pregiudizio per l'educazione della prole. Ai sensi del comma 2 dell'art. 146 "*La proposizione della domanda di separazione o di annullamento o di scioglimento o di cessazione degli effetti civili del matrimonio costituisce una giusta causa di allontanamento dalla residenza familiare*".

Al riguardo è, inoltre, utile distinguere, in linea con la giurisprudenza, il **semplice allontanamento** del coniuge dalla residenza familiare, dalla separazione di fatto intesa come stabile interruzione della convivenza al di fuori delle ipotesi previste dalla legge. Secondo l'orientamento pretorio prevalente, infatti, perché vi sia vera e propria separazione di fatto deve emergere la volontà comune dei coniugi oppure la decisione di uno dei due deve essere comunicata all'altro che l'ha tollerata. In caso contrario saremo di fronte ad una semplice interruzione della convivenza da cui derivano gli effetti giuridici di cui al citato art. 146, comma 1.

7.9.4. Gli effetti della separazione

La separazione tra i coniugi, come detto, non produce scioglimento del matrimonio, e cioè cessazione definitiva degli effetti di questo. Lo scioglimento del matrimonio, ai sensi dell'**art. 149** c.c., si ha, infatti, solo con la morte di uno dei coniugi e negli altri casi previsti dalla legge, tra i quali vi è il divorzio in forza della citata legge n. 898/1970, ma – per l'appunto – non la separazione.

Con la separazione si verifica l'interruzione della convivenza coniugale, e dunque si sospendono gli obblighi alla base della convivenza (ad esempio, l'obbligo di coabitazione). I doveri matrimoniali non strettamente legati alla coabitazione (fedeltà, assistenza morale e collaborazione nell'interesse della famiglia), invece, persistono in ragione della persistenza del vincolo matrimoniale, sebbene un orientamento giurisprudenziale più recente abbia riconosciuto che l'obbligo di fedeltà possa considerarsi attenuato se il periodo di separazione risulta lungo. La moglie, inoltre, può continuare ad usare il cognome del marito, a meno che non sia inibito dal giudice nel caso in cui arrechi grave pregiudizio (art. 156 *bis* c.c.).

In materia patrimoniale, la separazione interviene sul dovere reciproco dei coniugi all'assistenza materiale. Al coniuge al quale non è stata addebitata la separazione è riconosciuto il diritto di ricevere dall'altro quanto è necessario per il suo **mantenimento** in assenza di adeguati redditi propri che possano garantirgli, per quanto possibile, condizioni di vita analoghe a quelle che aveva durante il matrimonio. Il diritto citato sussiste a prescindere dall'addebito della separazione, e quindi il relativo obbligo è posto a carico dell'altro coniuge indipendentemente da sue colpe; inoltre, l'entità della somministrazione "*è determinata in relazione alle circostanze e ai redditi dell'obbligato*" (art. 156, comma 2). Da tali caratteristiche si ricava che la *ratio* dell'obbligo di mantenimento è quello di garantire assistenza materiale al coniuge economicamente più debole.

Rispetto all'assegno di **mantenimento**, il **comma 4** dell'**art. 156** stabilisce che il giudice che pronuncia la separazione può imporre al coniuge di prestare idonea garanzia reale o personale se vi è il pericolo che si sottragga all'adempimento dell'obbligo di versamento dell'assegno in parola. La sentenza costituisce titolo per l'iscrizione dell'ipoteca giudiziale (art. 156, comma 5). In caso di inadempienza, il giudice (art. 156, comma 6), su richiesta dell'avente diritto, può disporre il sequestro di parte dei beni del coniuge obbligato. Il giudice può ordinare ai terzi, tenuti a corrispondere periodicamente somme di denaro all'obbligato, che una parte delle stesse venga versata agli aventi diritto. Su istanza di parte, in presenza di sopraggiunti giustificati motivi, il giudice può disporre la revoca o la modifica dei provvedimenti (art. 156, comma 7).

L'obbligo di collaborazione dei coniugi nell'interesse della famiglia è un dovere inderogabile che sussiste nonostante lo scioglimento della comunione legale causato dalla separazione. Tale obbligo permane a prescindere dal regime patrimoniale adottato.

7.9.5. L'affidamento dei figli durante il periodo di separazione

La disciplina dell'**affidamento dei figli** durante la separazione è stata modificata dalla **legge 8 febbraio 2006 n. 54**. Con tale novella del codice civile è stato modificato l'art. 155 e sono stati introdotti gli artt. 155 *bis*-155 *sexies*. È stato così superato il previgente regime, basato sul vecchio art. 155, ai sensi del quale il giudice che pronunziava la separazione doveva anche indicare a quale dei due coniugi i figli erano affidati; ed è stato, dunque, introdotto nel nostro ordinamento l'istituto del c.d. **affidamento condiviso**, che si basa sull'idea per cui il figlio minore, anche in caso di separazione, ha il diritto di mantenere un "*rapporto equilibrato e continuativo*" con entrambi i genitori, e che dunque mira a superare la precedente prassi di affidare i figli sempre alla madre, salvo casi straordinari.

L'interesse morale e materiale della prole è posto al vertice delle priorità dei provvedimenti del giudice nel caso di separazione. Il giudice valuta la possibilità dell'affidamento dei figli ad entrambi i genitori oppure, se non ci sono i presupposti per l'affidamento condiviso, individua il genitore al quale affidare la prole – **affidamento esclusivo** – determinando le regole dell'affidamento (art. 155, comma 2). La lontananza fisica di un genitore, il contrasto tra i coniugi, la contrarietà di un coniuge, la tenera età del minore o la sua volontà se ha capacità di discernimento sono le uniche circostanze che giustificano l'affidamento esclusivo. Il figlio ha il diritto di godere di un tenore di vita uguale a quello esistente in costanza di matrimonio e nel procedimento di separazione il giudice è obbligato ad ascoltare il minore che ha compiuto dodici anni o che è capace di discernimento.

7.9.6. La riconciliazione dei coniugi

Gli effetti della sentenza di separazione possono essere fatti cessare, senza l'intervento del giudice, con un'espressa dichiarazione o un comportamento non equivoco incompatibile con lo stato di separazione (**art. 157** c.c.). Si realizza così la **riconciliazione** tra i coniugi, che interviene sulla comunione di vita affettiva e spirituale tipica del rapporto matrimoniale, ripristinandola. L'accordo fra coniugi, idoneo a far cessare gli effetti della separazione personale, integra una convenzione di diritto familiare, che prevede l'applicazione dei principi in tema di formazione del consenso (Cass., sentenza 29 aprile 1983 n. 2948). La Suprema Corte ha precisato che il citato accordo, a forma libera, richiede solo una dichiarazione espressa di riconciliazione dei coniugi e ha efficacia riconciliativa autonoma rispetto al comportamento delle parti. È comunque possibile una nuova pronuncia di separazione "*soltanto in relazione a fatti e comportamenti intervenuti dopo la riconciliazione*" (art. 157, comma 2).

7.10. Il divorzio

L'istituto del divorzio determina lo scioglimento, e cioè la cessazione *ex nunc*, degli effetti civili del matrimonio quando tra i coniugi non esiste più – e non può più essere ristabilita – la comunione spirituale e materiale di vita. Quando è stato contratto il matrimonio di rito civile la sentenza produce il pieno scioglimento del matrimonio; mentre nel caso di matrimonio concordatario si parla, più correttamente, di mera cessazione degli effetti civili, in quanto in questo caso il vincolo religioso rimane indissolubile, e cioè non viene inciso dalla sentenza di divorzio, che quindi opera solo sul piano civile. La disciplina dello scioglimento del matrimonio è regolata dalla più volte citata **legge 1° dicembre 1970 n. 898** (di seguito, *breviter*, anche "l. div."), modificata ed integrata dalla legge 1° agosto 1978 n. 436 e dalla legge 6 marzo 1987 n. 74.

Il codice civile del 1942 prevedeva il principio dell'**indissolubilità** del vincolo matrimoniale con la possibilità che il matrimonio potesse sciogliersi solo con la morte di uno dei coniugi. In caso di disaccordo i coniugi non erano obbligati a convivere: essi potevano separarsi, ma il vincolo coniugale rimaneva con la conseguenza che veniva preclusa la possibilità di giungere a nuove nozze. I cambiamenti sociali e l'evoluzione dei costumi hanno aperto un dibattito serrato nella società italiana e tra le forze politiche, così che, all'esito di tale dibattito, il legislatore ha approvato la citata legge n. 898/1970.

La gravità degli effetti del divorzio fa sì che esso possa intervenire soltanto giudizialmente ed in presenza dei presupposti previsti dalla legge. Il giudice pronuncia lo scioglimento quando accerta che "*la comunione spirituale e materiale tra i coniugi non può essere mantenuta o ricostituita*" in presenza delle cause tassativamente previste dalla legge (art. 1, l. div.). Lo scioglimento o la cessazione degli effetti civili può essere domandato da uno dei due coniugi (art. 3, l. div.). Non è mai ammesso il divorzio (consensuale) basato sulla presentazione congiunta della domanda e ciò in ragione del fatto che l'ordinamento giuridico in materia non riconosce all'autonomia privata spazi di intervento.

Si parla di '**divorzio-rimedio**' quando lo scioglimento è la soluzione definitiva alla rottura irreparabile del matrimonio. L'azione di divorzio può essere esercitata dal coniuge che ha fatto naufragare il rapporto matrimoniale. Si pensi al divorzio per mancata consumazione del matrimonio o al divorzio per separazione legale. Il legislatore ha previsto nell'art. 3, n. 1, l. div., le cause di divorzio, che si verificano quando, dopo la celebrazione del matrimonio, il coniuge è stato condannato con sentenza passata in giudicato, anche per fatti commessi in precedenza. Tra le cause ricordiamo la condanna del coniuge per alcuni delitti contro la libertà sessuale, la moralità ed il buon costume (violenza carnale, incesto, induzione e sfruttamento della prostituzione).

La **separazione legale dei coniugi** è la causa più importante di divorzio. Per poter chiedere il divorzio in seguito a separazione giudiziale la sentenza che ha disposto quest'ultima deve essere passata in giudicato; nel caso di separazione consensuale la sentenza deve essere stata omologata. Inoltre, la separazione deve necessariamente durare da almeno tre anni, ed in tale periodo deve essere ininterrotta. Il termine dal quale calcolare il triennio inizia a decorrere, nel caso di separazione legale, dalla comparizione dei coniugi innanzi al Presidente del tribunale per esperire il tentativo di conciliazione. Possono proporre la domanda di divorzio entrambi i coniugi, essendo al riguardo irrilevante l'eventuale addebito della separazione.

Lo scioglimento o la cessazione degli effetti civili del matrimonio può essere domandato dal coniuge anche quando l'altro, cittadino straniero, ha ottenuto **all'estero l'annullamento** o lo scioglimento del matrimonio o ha contratto un **nuovo matrimonio all'estero** (art. 3, n. 2, lett. *d*, l. div.). Con questa norma il legislatore ha inteso tutelare il coniuge italiano, consentendogli di giungere allo scioglimento del vincolo matrimoniale anche quando non possa concedersi la delibazione della sentenza di divorzio per contrarietà ai principi di ordine pubblico.

Il divorzio può, altresì, essere causato dalla **mancata consumazione del matrimonio** (art. 3, n. 3, lett. *f*, l. div.), senza che rilevino le cause della stessa. Da ciò si ricava che l'impotenza, se non è stata addotta come causa di annullamento del matrimonio, può giustificare la domanda di divorzio per mancata consumazione del matrimonio. L'azione può essere esercitata da entrambi i coniugi.

La domanda di divorzio si propone con **ricorso al tribunale** e deve contenere l'esposizione dei fatti con l'indicazione degli elementi di diritto. I coniugi sono tenuti a comparire davanti al Presidente del tribunale di persona. In occasione della prima udienza di comparizione, il Presidente deve sentire i coniugi, prima separatamente dopo congiuntamente, tentando la conciliazione (art. 4, n. 7, l. div.). Il tribunale, quando pronuncia la sentenza di scioglimento o cessazione degli effetti civili del matrimonio, ordina all'Ufficiale dello stato civile del luogo in cui è stato trascritto il matrimonio di provvedere all'annotazione della sentenza (art. 5, comma 1, l. div.). L'annotazione consente al divorzio di essere opponibile verso i terzi. Gli effetti per le parti, invece, si producono a partire dal passaggio in giudicato della sentenza.

I coniugi, in seguito alla sentenza di divorzio, riacquistano lo **stato libero** e possono sposarsi di nuovo. Vengono, inoltre, estinti tutti i rapporti connessi allo stato coniugale (comunione legale, fondo patrimoniale, diritti successori).

Ciononostante, può essere conferito al coniuge che versa in condizioni economiche più svantaggiose l'**assegno di divorzio** (avente funzione assistenziale). L'art. 5, comma 6, l. div., individua i criteri di quantificazione dell'assegno. Il coniuge che beneficia dell'assegno può anche ottenere il riconoscimento di altre pretese, come il concorso nell'attribuzione della pensione di reversibilità o la partecipazione all'indennità di fine rapporto. L'assegno ha normalmente carattere periodico, ma può essere corrisposto in una soluzione unica se c'è accordo tra le parti; in questo modo, una volta versato l'assegno in unica soluzione il coniuge tenuto a compiere tale adempimento non dovrà porre in essere ulteriori versamenti periodici. Se il beneficiario contrae un nuovo matrimonio o l'obbligato muore, si estingue il diritto all'assegno. La legge (art. 9 *bis*), tuttavia, nel caso di morte dell'ex coniuge obbligato a versare l'assegno di divorzio, riconosce al beneficiario di questo che si trova in stato di bisogno, e non è passato a nuove nozze, anche il diritto ad un **assegno periodico** a carico dell'eredità dell'obbligato.

Anche se è intervenuto il divorzio, a carico dei genitori sussistono i doveri nei confronti dei figli (art. 6, comma 1, l. div.). L'abitazione nella casa familiare spetta di preferenza al genitore al quale sono stati affidati i figli o con il quale convivono i figli oltre la maggiore età. Il giudice dovrà in ogni caso, ai fini dell'assegnazione, valutare le condizioni economiche dei coniugi, favorendo il coniuge più debole (art. 6, comma 6, l. div.).

7.11. La filiazione: disconoscimento, riconoscimento, dichiarazione giudiziale di paternità e/o maternità

Il rapporto che intercorre tra una persona e ciascuno dei suoi genitori biologici rientra nell'ambito della c.d. filiazione, regolata dal titolo VII c.c. (**artt. 231-290**). Occorre, al riguardo, distinguere tra figli concepiti o nati "*durante il matrimonio*" (artt. 231, 232 e 234) e figli nati "*fuori del matrimonio*" e cioè da genitori tra loro non sposati.

Nel primo caso si prende in considerazione la figura del figlio che, secondo quanto risulta dagli atti dello Stato civile, è nato nell'ambito di un matrimonio, e dunque a tutti gli effetti è membro della famiglia ed ha rapporti giuridici, oltre che con i due genitori, con tutti i parenti ed affini dei genitori.

Nel secondo caso il codice all'**art. 250** stabilisce che "*il figlio nato fuori* *del matrimonio può essere riconosciuto, nei modi previsti dall'art. 254, dalla madre e dal padre, anche se già uniti in matrimonio con altra persona all'epoca del concepimento*" ed all'**art. 258** pone la regola per cui detto figlio ha rapporti giuridici esclusivamente con il genitore che lo ha riconosciuto "*e riguardo ai parenti di esso*", tanto da vietare che "*l'atto di riconoscimento di uno solo dei due coniugi*" possa "*contenere indicazioni all'altro genitore*". Ciò al fine di evitare che il riconoscimento effettuato con riguardo ad un genitore possa avere effetti anche nei confronti dell'altro genitore che ha scelto di non riconoscere il figlio nato fuori dal matrimonio.

Come ci rammenta il noto brocardo *mater semper certa pater autem*, è più semplice, sotto il profilo naturalistico, collegare con certezza la nascita del figlio alla di lui madre, giacché quest'ultima è protagonista visibile della gestazione e dell'evento parto, mentre per il padre opera una **presunzione di paternità**. L'**art. 231** c.c., a riguardo, stabilisce che "*il marito è padre del figlio concepito durante il matrimonio*". Questa norma va posta in immediata correlazione con l'**art. 232** c.c., a tenore della quale, sempre in termini presuntivi, "si *presume concepito durante il matrimonio il figlio nato quando sono trascorsi centottanta giorni dalla celebrazione del matrimonio e non sono ancora trascorsi trecento giorni dalla data dell'annullamento, dello scioglimento o della cessazione degli effetti civili del matrimonio*". La presunzione non interviene trascorsi trecento giorni dal provvedimento del giudice (giudizio di separazione, di divorzio, o di annullamento) con il quale sono autorizzati i coniugi a vivere separati ovvero, in difetto, dalla sentenza di separazione giudiziale o dal decreto di omologazione della separazione consensuale (art. 232, comma 2, c.c.).

L'**atto di nascita** iscritto nei registri dello Stato civile è la prova (art. 236 c.c.) della filiazione. In mancanza di questo titolo è comunque sufficiente il **possesso** continuo nella comunità dello **stato di figlio**, il quale "*risulta da una serie di fatti che nel loro complesso valgano a dimostrare le relazioni di filiazione e di parentela fra una persona e la famiglia a cui essa pretende di appartenere*" e che devono essere provati attraverso le seguenti circostanze che "in ogni caso devono concorrere" (art. 237):

1) "*che il genitore abbia trattato la persona come figlio ed abbia provveduto in questa qualità al mantenimento, all'educazione e al collocamento di essa*";

2) "*che la persona sia stata costantemente considerata come tale* [e cioè come figlio di quel genitore o di quei genitori] *nei rapporti sociali*"; e

3) "*che* [la stessa persona] *sia stata riconosciuta in detta qualità dalla famiglia*".

La legge prevede la possibilità che venga disconosciuta la paternità di un figlio nato nel matrimonio per iniziativa della madre (che deve farlo entro sei mesi dalla nascita del figlio, **art. 244**, comma 1, c.c.), o anche del padre, del figlio ovvero del curatore speciale, nominato dal giudice, su istanza del figlio minore che ha compiuto i sedici anni. L'azione di disconoscimento può altresì essere esercitata dal pubblico ministero nel caso di minore di età inferiore.

L'**art. 30, comma 3, Cost.** – a tenore del quale "*ai figli nati fuori dal matrimonio è assicurata dalla legge ogni tutela giuridica e sociale, compatibile con i diritti dei membri della famiglia legittima*" – ha trovato una sua prima importante applicazione solo nel 1975 con la riforma del diritto di famiglia che, tra l'altro, ha disciplinato l'istituto del riconoscimento del figlio nato fuori del matrimonio. La Riforma ha, infatti, posto sullo stesso piano il figlio riconosciuto ed il figlio nato nell'ambito del matrimonio, seppure con alcuni residuali limiti. Ulteriore e definitiva applicazione del detto principio costituzionale si è avuta, più di recente, con la **legge n. 219/2012** la quale, tra l'altro, ha superato la dicotomia tra figlio legittimo e figlio naturale e ha introdotto il concetto unitario di *status* di figlio, affermato oggi all'**art. 315 c.c.**, senza alcuna ulteriore possibilità di differenziare, sotto questo profilo, i figli nati nel matrimonio (per l'appunto, sino al 2012 denominati legittimi) e i figli nati fuori del matrimonio (prima del 2012 denominati figli naturali).

Il riconoscimento volontario di un figlio nato fuori del matrimonio, come disciplinato oggi dagli **artt. 250-268** c.c., è un negozio giuridico unilaterale. Può essere eseguito da uno o entrambi i genitori sia disgiuntamente che congiuntamente. Ogni atto di riconoscimento è autonomo per cui la nullità di quello compiuto da uno dei genitori non implica la nullità dell'atto compiuto dall'altro. La forma del riconoscimento, come accennato, è prevista dall'**art. 254** c.c. Il riconoscimento del figlio è fatto nell'atto di nascita oppure con una apposita dichiarazione, posteriore alla nascita o al concepimento, davanti ad un Ufficiale dello stato civile o in un atto pubblico o in un testamento, qualunque sia la forma di questo. Si tratta di un **atto personalissimo**, e cioè un atto che non può essere compiuto per rappresentanti, ed inoltre di un **atto puro**, in quanto non sopporta l'apposizione di pesi o condizioni.

Prima della citata legge n. 219/2012 l'**art. 251** c.c. vietava il riconoscimento dei "***figli incestuosi***" e cioè dei "*figli nati da persone, tra le quali esiste un vincolo di parentela anche soltanto naturale, in linea retta all'infinito o in linea collaterale di secondo grado, ovvero un vincolo di affinità in linea retta*", e ciò "*salvo che* [i genitori] *al tempo del matrimonio ignorassero il vincolo esistente tra di loro o che sia stato dichiarato nullo il matrimonio da cui deriva l'affinità*". La norma, come evidente, tendeva a disincentivare un fenomeno, ritenuto contrario alla morale pubblica, e nei confronti del quale, proprio per questo, il legislatore esprimeva la sua avversità anche sul piano penalistico, tanto da individuare come reato e punire l'incesto che si sia verificato "*con pubblico scandalo*" (**art. 564 c.p.**). Sennonché, il divieto di riconoscimento rischiava di produrre di fatto una penalizzazione in capo al figlio incestuoso che questi certamente non meritava e che finiva per renderlo giuridicamente meno tutelato rispetto ai figli nati durante il matrimonio o riconosciuti.

In ragione di ciò, la **Corte costituzionale**, con **sentenza 28 novembre 2002 n. 494**, ha dichiarato la illegittimità costituzionale dell'art. 278, comma 1, c.c., nella parte in cui escludeva la dichiarazione giudiziale di paternità o maternità naturali, e le relative indagini, nei casi in cui, a norma dell'art. 251 c.c., il riconoscimento dei figli incestuosi era vietato. Secondo la Corte, tale esclusione comportava la discriminazione dei figli incestuosi in contrasto con i principi della Costituzione sui figli, ed in particolare con l'art. 30, comma 3°, Cost. che non distingue, nell'ambito dei figli nati fuori dal matrimonio, ulteriori categorie; ed inoltre si traduceva paradossalmente con la negazione al figlio incestuoso dei diritti derivanti dal suo status di figlio lasciando indenni da qualunque responsabilità civile verso il figlio non riconoscibile proprio quei soggetti che l'ordinamento giuridico dimostra, come detto sul versante penale, di voler punire. Gli effetti abrogativi della pronuncia non travolgevano direttamente l'art. 251; sennonché, con la citata legge n. 219/2012 il legislatore è intervenuto anche per superare il problema del regime discriminatorio al quale erano sottoposti, sino ad allora, i c.d. figli incestuosi ed all'uopo ha radicalmente sostituito il testo dell'art. 251, il quale ora prevede che: "*Il figlio nato da persone, tra le quali esiste un vincolo di parentela in linea retta all'infinito o in linea collaterale nel secondo grado, ovvero un vincolo di affinità in linea retta, può essere riconosciuto previa autorizzazione del giudice avuto riguardo all'interesse del figlio e alla necessità di evitare allo stesso qualsiasi pregiudizio*".

Gli artt. 263-268 c.c. riconoscono il diritto di **impugnare il riconoscimento**: i) per **difetto di veridicità**, a qualunque interessato senza limiti di tempo; ii) per **violenza**, all'autore del riconoscimento entro un anno dal giorno in cui la violenza è cessata; e iii) per **interdizione giudiziale** dell'autore del riconoscimento a quest'ultimo entro un anno dalla data della revoca dell'interdizione ovvero al rappresentante dell'interdetto.

Oltre che da un atto volontario di uno o entrambi i genitori, il riconoscimento può derivare da una **dichiarazione giudiziale di paternità e/o maternità**. L'istituto, previsto in particolare per consentire al figlio di ottenere il riconoscimento anche quando uno o entrambi i genitori non vogliano, è disciplinato dagli artt. 269-279 c.c., e può essere utilizzato anche dai discendenti del figlio (ai sensi del comma 2 dell'art. 270 c.c.). La riforma del diritto di famiglia del 1975 ha modificato sensibilmente tale materia, tra l'altro eliminando la previsione tassativa dei casi in cui poteva essere dichiarata in sede giudiziale la paternità ed eliminando altresì numerose limitazioni a riguardo. Ai sensi dell'**art. 277** c.c. "*La sentenza che dichiara la filiazione produce gli effetti del riconoscimento. Il giudice può anche dare i provvedimenti che stima utili per* *il mantenimento, l'istruzione e l'educazione del figlio e per la tutela degli interessi patrimoniali di lui*".

Infine, occorre ricordare che riguardo al **cognome** l'**art. 262** c.c. prevede che "*Il figlio assume il cognome del genitore che per primo lo ha riconosciuto. Se il riconoscimento è stato effettuato contemporaneamente da entrambi i genitori il figlio assume il cognome del padre. Se la filiazione nei confronti del padre è stata accertata o riconosciuta successivamente al riconoscimento da parte della madre, il figlio può assumere il cognome del padre aggiungendolo o sostituendolo a quello della madre*".

7.12. Affidamento e tipologie di adozione

Un altro istituto che consente la costituzione di un vincolo di filiazione è costituito dall'adozione, disciplinata in Italia dalla **legge 4 maggio 1983 n. 184** (di seguito anche, *breviter*, "l. ad.") – modificata da ultimo dalla legge 28 marzo 2001 n. 149 – la quale, tra l'altro, riconosce al minore, in generale, il "*diritto ad una famiglia*" e nello specifico il "*diritto di crescere ed essere educato nell'ambito della propria famiglia*", ed inoltre prevede interventi di aiuto e di sostegno a favore della famiglia che versa in condizioni di indigenza. A livello europeo vige la **Convenzione di Strasburgo** sull'adozione dei minori del 24 aprile 1967, ratificata dall'Italia con la legge 22 maggio 1974 n. 357, la quale ancora oggi trova applicazione anche nel nostro ordinamento se non in contrasto con disposizioni di legge di data successiva e dunque se, in particolare, non in contrasto con le disposizioni della legge n. 184/1983. La convenzione in parola ebbe un impatto epocale sulle legislazioni nazionali in quanto per la prima volta nella storia, con essa si attribuì all'istituto dell'adozione la funzione di tutelare i minori abbandonati, laddove, invece, sino ad allora l'adozione aveva riguardato soggetti maggiorenni ed era per lo più considerata uno strumento per consentire la trasmissione di patrimoni familiari e per tutelare la conservazione del nome dell'adottante.

Come detto, in Italia oggi la normativa di riferimento in materia è costituita dalla legge n. 184/1983, la quale disciplina in particolare gli istituti dell'affidamento del minore e dell'adozione.

L'**affidamento** ad un'altra famiglia è disposto nel caso in cui il minore risulti temporaneamente privo di un ambiente familiare idoneo, pur in presenza di interventi di sostegno ed aiuto. È preferibile che l'affidamento si realizzi a favore di una famiglia già con figli minori (è pure ammesso l'affidamento alla persona singola) in grado di assicurare al minore "*il mantenimento, l'educazione, l'istruzione e le relazioni affettive*" di cui ha bisogno. Al minore deve essere garantito il diritto a vivere, crescere ed essere educato senza distinzione di sesso, etnia, di età, di lingua, di religione e nel rispetto della sua identità culturale "e comunque non in contrasto con i principi fondamentali dell'ordinamento" (art. 1, n. 5, l. ad.). L'art. 4, l. ad., indica le modalità dell'affidamento e gli obblighi dell'affidatario.

Può accadere che il minore sia privato, definitivamente ed irreversibilmente, per svariate ragioni, di un'adeguata assistenza morale e materiale da parte dei genitori o dei parenti chiamati a provvedervi (art. 8, l. ad.). In questo caso, al fine di dare allo sfortunato minore una famiglia, si può procede all'**adozione** e l'adottato acquista lo *status* di figlio legittimo dei coniugi adottanti con la conseguente cessazione dei rapporti con la famiglia d'origine. L'obiettivo che intende perseguire l'istituto dell'adozione consiste nel porre rimedio a gravissime e particolari situazioni di abbandono del minore, tali da minacciare seriamente la sua crescita psico-fisica.

Lo **stato di adottabilità** viene disciplinato dall'art. 9, l. ad. Il procedimento di verifica della sua esistenza si svolge davanti al tribunale per i minorenni dopo segnalazione all'autorità pubblica da parte di chiunque di "*situazioni di abbandono di minori di età*". L'adozione è consentita ai coniugi uniti in matrimonio da almeno tre anni (art. 6, n. 1, l. ad). Tra i coniugi non deve sussistere e non ci deve essere stata negli ultimi tre anni separazione personale neppure di fatto. Ai coniugi è richiesta l'idoneità e la capacità ad educare, istruire e mantenere i minori che intendono adottare. L'età degli adottanti deve superare di almeno diciotto e non più di quarantacinque anni l'età dell'adottando.

I coniugi che hanno intenzione di adottare uno o più minori devono presentare domanda al tribunale per i minorenni. La legge ammette la possibilità di presentare più domande, anche successive, a più tribunali per i minorenni. I tribunali precedentemente aditi devono però essere avvertiti. L'adozione vera e propria è anticipata dall'affidamento preadottivo (art. 22, l. ad.).

Di recente la Suprema Corte di Cassazione con l'ordinanza 26 giugno 2019 n. 17100 ha segnato una svolta in materia di adozioni di minori. La pronuncia, infatti, ha affermato che tali adozioni debbono intendersi consentite anche a persone singole ed a coppie di fatto ed anche qualora l'adottante sia di età piuttosto avanzata o il minore sia affetto da grave handicap. Con tale pronuncia la Cassazione precisa quindi che l'adozione non presuppone necessariamente una situazione di abbandono dell'adottando, ben potendosi, in casi particolari, valorizzare la consolidata relazione affettiva creatasi tra adottante ed adottato, nel preminente interesse del minore a preservare tale rapporto. Ciò che rileva è, dunque, la qualità del legame instauratosi tra il bambino e chi se ne è preso cura, a discapito di alcuni (finora stringenti) requisiti soggettivi richiesti all'adottante dagli artt. 6 e 7 della legge n. 184/1983.

L'adozione viene disposta con sentenza del tribunale per i minorenni in camera di consiglio, decorso un anno dall'affidamento, sentiti i coniugi adottanti, il minore, il pubblico ministero, il tutore e coloro che hanno svolto attività di vigilanza o di sostegno (art. 25, l. ad.). Il minore, che è il protagonista principale dell'istituto in esame, se ha compiuto quattordici anni deve manifestare nei confronti della coppia prescelta l'espresso consenso all'adozione.

La legge (art. 44) prevede l'**adozione in casi particolari** e disciplina, per quanto riguarda i minori stranieri, l'**adozione internazionale**. Quest'ultima avviene secondo i principi e le direttive della Convenzione per la tutela dei minori e la cooperazione in materia di adozione internazionale conclusa nel 1993 a L'Aja, ratificata dall'Italia con la legge 31 dicembre 1998 n. 476. In materia viene, altresì, in considerazione la Convenzione sugli aspetti civili della sottrazione internazionale di minori, conclusa sempre a L'Aja nel 1980 e ratificata dall'Italia con la legge 16 gennaio 1994 n. 64.

Il procedimento di adozione internazionale si apre con la presentazione, da parte dei coniugi che intendono adottare un minore straniero, di una "*dichiarazione di disponibilità*" al tribunale dei minorenni del luogo della loro ultima residenza (art. 29 *bis*, l. ad.). Il Tribunale verifica la presenza dei requisiti personali e familiari, di intesa con i servizi sociali, e in caso affermativo, con decreto revocabile, dichiara l'idoneità dei coniugi. Il provvedimento dell'autorità giudiziaria è valido per tutta la durata della procedura, che deve essere promossa dagli interessati entro un anno dalla comunicazione del provvedimento (art. 30, comma 2, l. ad.). I soggetti che aspirano all'adozione, ottenuto il decreto di idoneità, devono conferire incarico ad uno degli enti autorizzati a curare la procedura di adozione. Svolge un fondamentale compito di verifica la «Commissione per le adozioni internazionali» costituita presso la Presidenza del Consiglio dei Ministri. L'organismo valuta la corrispondenza dell'adozione all'interesse del minore. In caso affermativo la Commissione autorizza l'ingresso del minore in Italia e la sua permanenza nel nostro territorio. Ai sensi dell'art. 34, l. ad., il minore che entra in Italia sulla base di un provvedimento straniero di adozione o di affidamento a scopo di adozione gode dal momento dell'ingresso "*di tutti i diritti attribuiti al minore italiano in affidamento familiare*".

A proposito di adozione internazionale, giova precisare che l'**art. 38** della **legge n. 218/1995** – di riforma del diritto internazionale privato, già a più riprese citata – stabilisce che i presupposti, la costituzione e la revoca dell'adozione sono regolati dal diritto nazionale dell'adottante o degli adottanti se comune o, in mancanza, dal diritto dello Stato nel quale gli adottanti sono entrambi residenti, ovvero da quello dello Stato nel quale la loro vita matrimoniale è prevalentemente localizzata al momento dell'adozione. Tuttavia, si applica il diritto italiano quando è richiesta al giudice italiano l'adozione di un minore idonea ad attribuirgli lo stato di figlio legittimo nel nostro ordinamento.

La legge n. 184/1983 ha modificato anche il codice civile, il quale oggi disciplina la sola "***adozione di persone maggiori di età***" e questo agli **artt. 291-314**. Subito dopo l'entrata in vigore del codice civile del 1942 si riteneva che la funzione di tale tipo di adozione fosse quella di garantire la continuazione e il rafforzamento della famiglia dell'adottante attraverso il trasferimento all'adottando del patrimonio e del nome dell'adottante. Dopo la citata Convenzione di Strasburgo del 1967, che valorizzando l'interesse del minore ad essere adottato ha per conseguenza svuotato l'istituto della forte connotazione patrimoniale che tradizionalmente aveva, una parte della dottrina interpreta oggi l'adozione di persone maggiori di età come strumento atto a rispondere ad esigenze di solidarietà sociale, nei confronti ad esempio di anziani privi di una famiglia, o comunque di soggetti deboli sotto il profilo economico-sociale. Tra le condizioni per addivenire all'adozione in parola, l'**art. 291** richiede che gli adottanti non debbano avere discendenti legittimi o legittimati, devono avere compiuto i trentacinque anni, salva la deroga prevista dal comma 2 dello stesso articolo, e devono superare di almeno diciotto anni l'età di coloro che essi intendono adottare. L'**art. 299** stabilisce, tra l'altro, che "*l'adottato assume il cognome dell'adottante e lo antepone al proprio*", ovvero "*il cognome del marito*" e nel caso in cui gli adottanti siano una coppia di coniugi. L'**art. 300** prescrive che "*L'adottato conserva tutti i diritti e i doveri verso la sua famiglia d'origine, salve le eccezioni previste dalla legge*", ed avverte che "*L'adozione non induce alcun rapporto civile tra l'adottante e la famiglia dell'adottato né tra l'adottato ed i parenti dell'adottante, salve le eccezioni stabilite dalla legge*"; ciò malgrado, l'**art. 297** richiede l'assenso dei genitori dell'adottando e del coniuge dell'adottante e dell'adottando. Ma quest'ultima circostanza in qualche modo si giustifica con il fatto che, ai sensi dell'**art. 304**, mentre l'adottante non acquisisce diritti sulla successione dell'adottato, quest'ultimo diventa erede del primo secondo le regole stabile dal libro II del codice civile, e dunque eventualmente insieme ad altri eredi dello stesso, quale potrebbe essere il coniuge. Infine, gli **artt. 305-310** disciplinano i casi di revoca dell'adozione, e gli **artt. 311-314** disciplinano le forme dell'adozione evidenziando, tra l'altro, che il procedimento si conclude con l'annotazione dell'adozione a margine dell'atto di nascita dell'adottato.

7.13. **Rapporti tra genitori e figli**

Ai sensi del combinato disposto degli **artt. 315 *bis* e 316 c.c.** i genitori hanno, per legge, la responsabilità (sino al 2013 la disposizione in parola si esprimeva in termini di potestà) – da declinarsi come potere-dovere – di mantenere, educare, istruire e assistere moralmente i figli minorenni non emancipati, ed inoltre di far crescere il figlio in famiglia e assicurargli il mantenimento di rapporti significativi con i parenti. I genitori hanno anche la responsabilità di curare gli interessi patrimoniali dei figli, tanto che l'**art. 324** riconosce loro anche l'**usufrutto legale sui beni del figlio**, con le eccezioni previste dal terzo comma della disposizione. Ciò in quanto il figlio, nella prima parte della sua vita, fino ai sei, sette o otto anni (dipende da caso a caso e la circostanza va valutata in concreto tenendo presente la maturità del minore e la complessità della situazione considerata), ha una vera e propria **incapacità di intendere e volere**, e comunque sino ai diciotto anni ha necessità di protezione ed educazione, oltre che di sostituzione o assistenza nella gestione dei suoi eventuali interessi economici, visto che egli, in quanto legalmente **incapace d'agire** (cfr. art. 2 c.c.), non li può curare direttamente. Al fine di consentire a pieno ai genitori titolari di potestà sui figli di curarne gli interessi economici.

Alla disciplina della responsabilità dei genitori (come noto, fino alla riforma del 1975 la potestà era attribuita in via preferenziale al padre, per cui si parlava di "***patria protesta***") il codice civile dedica gli **artt. 315-377**, e cioè il titolo IX del libro I, il quale, si apre con una disposizione, che si è già citata nel paragrafo 7.11, a tenore della quale "*tutti i figli hanno lo stesso stato giuridico*" (**art. 315**).

I "***doveri del figlio***" nei confronti della famiglia sono, invece, indicati nell'ultimo comma dell'art. 315 *bis*, a tenore del quale "*il figlio deve rispettare i genitori e deve contribuire, in relazione alle proprie capacità, alle proprie sostanze e al proprio reddito al mantenimento della famiglia finché convive con essa*". A riguardo l'**art. 318** c.c. dispone altresì che "*il figlio non può abbandonare la casa dei genitori o del genitore che esercita su di lui la potestà né la dimora da essi assegnatagli*" e che "*qualora se ne allontani sena permesso, i genitori possono richiamarlo ricorrendo, se necessario, al giudice tutelare*".

Ai sensi dell'**art. 316** c.c., "*entrambi i genitori hanno la responsabilità genitoriale che è esercitata di comune accordo tenendo conto della capacità, delle inclinazioni naturali e delle aspirazioni del figlio.* [...] *In caso di contrasto su questioni di particolare importanza ciascuno dei genitori può ricorrere senza formalità al giudice indicando i provvedimenti che ritiene più idonei*"; inoltre, nel caso di figlio nato fuori dal matrimonio e riconosciuto soltanto da uno dei due genitori, la responsabilità genitoriale è esercitata dal genitore che ha effettuato il riconoscimento. L'ultimo comma dello stesso articolo stabilisce altresì che "*Il genitore che non esercita la responsabilità genitoriale vigila sull'istruzione, sull'educazione e sulle condizioni di vita del figlio*".

L'**art. 317** c.c. prevede, invece, che nei casi di impedimento di uno dei coniugi, l'altro possa esercitare "*in modo esclusivo*" la potestà genitoriale.

L'**art. 320** c.c. disciplina la rappresentanza del minore e l'amministrazione dei suoi beni, tra l'altro, prevedendo che "*i genitori congiuntamente, o quello di essi che esercita in via esclusiva la responsabilità genitoriale, rappresentano i figli nati e nascituri, fino alla maggiore età o alla emancipazione, in tutti gli atti* *civili e ne amministrano i beni*". La norma in questione è, dunque, fonte legale di rappresentanza. A questo proposito, essa distingue gli **atti di ordinaria amministrazione**, che possono essere compiuti disgiuntamente da ciascuno genitore (salvo i contratti aventi ad oggetti diritti personali di godimento), dagli **atti di straordinaria amministrazione** contemplati dai commi 3 e 4 dello stesso art. 320, i quali possono essere compiuti dai genitori solo "*per necessità ed utilità evidente del figlio dopo autorizzazione del giudice tutelare*". La norma in parola, inoltre, al comma 5, stabilisce che l'esercizio di un'impresa commerciale non può essere continuato se non con l'autorizzazione del tribunale su parere del giudice tutelare; ed al comma 6 disciplina l'ipotesi del conflitto di interessi patrimoni tra figli soggetti alla stessa potestà o tra genitori e figli titolari della potestà.

L'**art. 321** c.c. prevede, per il caso di impedimento o di mancata volontà dei genitori, su cui grava la responsabilità genitoriale, a compiere uno o più atti di interesse del figlio eccedenti l'ordinaria amministrazione, la nomina da parte del giudice di un **curatore speciale** che viene autorizzato al compimento dell'atto in questione su istanza del figlio, del pubblico ministero o di un parente che abbia interesse in tal senso.

L'**art. 323** c.c. individua, invece, una serie di atti che i genitori esercenti la potestà non possono compiere; e l'**art. 330** c.c. riconosce al giudice il potere di "*pronunziare la* ***decadenza dalla responsabilità genitoriale*** *quando il genitore viola o trascura i doveri ad essa inerenti o abusa dei relativi poteri con grave pregiudizio del figlio*", così come l'**art. 332** c.c. riconosce allo stesso il potere di reintegrare il genitore decaduto. Se la condotta del genitore non è tale da causarne la decadenza, ma è comunque pregiudizievole per il figlio, si applicano gli **artt. 333-337** c.c. ai sensi dei quali, tra l'altro, il giudice adotta "*i provvedimenti convenienti* [...] *revocabili in qualsiasi momento*".

Giova, infine, ricordare che, come già evidenziato nel paragrafo 7.7., con la legge n. 154/2001 è stato inserito nel Libro I del codice civile il titolo IX *bis* dedicato agli "***Ordini di protezione contro gli abusi familiari***", e finalizzato a tutelare tutti i soggetti che convivono in famiglia, compresi dunque i figli.

CAPITOLO OTTAVO

LE SUCCESSIONI PER CAUSA DI MORTE

Sommario

8.1. **Ragioni della disciplina legislativa**

La morte, propria e dei propri simili, rappresenta una delle poche prospettive certe che ogni uomo ha durante la vita. Come la nascita, anche la morte del singolo individuo, membro di una comunità organizzata, determina importanti conseguenze sul piano giuridico, in quanto con la prima si acquista automaticamente la idoneità ad essere titolare di situazioni giuridiche soggettive attive e passive, mentre con la morte tale idoneità inevitabilmente si perde. Ed infatti, in seguito alla nascita si acquistano, quanto meno, *status* (ad esempio, normalmente, almeno quello di figlio e quello di cittadino), doveri (ad esempio, quello di astenersi da arrecare danni ingiusti ad altri) e diritti soggettivi (ad esempio i diritti fondamentali ed eventualmente altri diritti, attribuiti da terzi e la cui acquisizione nel patrimonio del destinatario è subordinato all'evento della nascita, secondo quanto già evidenziato in tema di soggettività e personalità giuridica nel IV capitolo), mentre è evidente che non esistono *status*, doveri, diritti, e più in generale situazioni giuridiche soggettive, che possano essere imputati a chi non c'è (sul punto ci siamo già soffermati diffusamente sia nel III che nel IV capitolo).

La morte dell'uomo determina, dunque, un problema sul piano del diritto privato perché bisogna capire cosa accade alle situazioni giuridiche soggettive attive e passive di cui il defunto, durante la vita, era titolare. In teoria, la risposta a tale quesito dipende esclusivamente da scelte di politica del diritto: in definitiva, infatti, è il legislatore che decide se considerare tali situazioni giuridiche soggettive estinte, ovvero, al contrario, se disciplinare, per quanto possibile sotto il profilo naturalistico (in realtà possono sopravvivere alla morte del titolare, come tra breve vedremo meglio, solo diritti ed obblighi, e dunque non le altre situazioni giuridiche soggettive), meccanismi di riattribuzione delle stesse ad altri soggetti. In pratica, tuttavia, il legislatore, tanto se si pone l'obiettivo di garantire l'**efficienza economica del sistema**, quanto se si pone il più modesto fine di garantire la **convivenza pacifica tra consociati**, non può che regolare la materia scegliendo, pur con qualche temperamento, la seconda opzione.

Ciò in quanto, è intuitivo che, ad esempio, la morte del titolare di un diritto o di un obbligo giuridico non può determinare l'estinzione di tali situazioni giuridiche soggettive in quanto, viceversa, si creerebbero condizioni concrete che minerebbero la certezza del diritto e finanche la pacifica convivenza sociale. Si pensi a cosa accadrebbe se il diritto di proprietà si estinguesse alla morte del titolare: ciò darebbe luogo alla sopravvenienza continua di *res nullius* (in quanto, morto il proprietario, il bene diverrebbe di nessuno) per la cui appropriazione inizierebbero conflitti e dispute di carattere fisico tra i consociati (giacché l'occupazione, secondo l'art. 923 c.c., consente a chiunque di acquisire tramite l'impossessamento a titolo originario la proprietà di un bene mobile che non sia di alcuno; mentre, ai sensi dell'art. 827 c.c., i beni immobili che non siano di alcun privato sono di proprietà dello Stato). Analogamente può dirsi per gli obblighi giuridici. Si pensi, in proposito, al caso in cui la morte del debitore facesse venir meno l'obbligazione. Ne risulterebbe danneggiato non solo il singolo creditore, ma l'intera economia nella quale crescerebbe l'incertezza, e ciò a discapito del mercato e cioè del numero e della qualità delle transazioni in esso concluse.

Inoltre, è evidente che, laddove non possa disporre, con pieno valore giuridico, della ricchezza che egli accumula in vita anche per il periodo successivo alla sua morte, ad esempio per beneficiare i suoi cari, o per consolidare economicamente la propria discendenza, o per fare beneficienza, il consociato non è stimolato, almeno nella parte finale della sua vita, a darsi da fare per generare ricchezza o, comunque, per ben amministrare i suoi averi. Ed anche tale circostanza – se indagata in una prospettiva macroeconomica, e cioè se proiettata su tutta la società – dimostra, già a prima vista, di essere potenziale fonte di conseguenze economiche sicuramente negative giacché in una **economia liberale e di mercato** gli stimoli individuali alla produzione di ricchezza non possono tralasciare l'interesse naturale dell'uomo a pensare anche a ciò che accadrà dei suoi averi dopo la morte. Senza considerare quanto diminuirebbe, in una tale ipotesi, il valore dei diritti – o dei beni oggetto dei diritti che dir si voglia – e dunque della ricchezza generale esistente sul mercato, visto che, ad esempio, il diritto di proprietà su un appartamento vale una certa somma di denaro proprio in quanto tale diritto è, secondo l'ordinamento giuridico, imprescrittibile e tendenzialmente eterno.

Infine, pare contraria al principio di solidarietà (art. 2 Cost.) – che, come più volte evidenziato, senz'altro costituisce un pilastro del nostro ordinamento, ed in specie al principio di **solidarietà familiare** (artt. 29 e 30 Cost.) – l'idea per cui quanto meno coniuge e discendenti del defunto non possano beneficiare, in tutto o in parte, di quanto quest'ultimo, durante la sua vita, ha messo da parte.

La disciplina delle successioni a causa di morte (*mortis causa*) nel nostro sistema giuridico nasce, dunque, dall'esigenza di risolvere il problema della destinazione dei diritti e degli obblighi giuridici nel caso di morte del titolare, bilanciando le esigenze di solidarietà familiare, con quelle dell'autonomia privata di colui che pensando alla propria morte desidera disporre dei suoi averi liberamente, ed infine con quelle del mercato o, se si preferisce, dell'efficienza economica tesa a garantire, per quanto possibile, il benessere diffuso e la convivenza sociale. In considerazione di tutto ciò può osservarsi che le norme in materia di successione *mortis causa*, come quelle in materia di diritto di famiglia, sono tendenzialmente di **ordine pubblico**, e pertanto inderogabili, ed inoltre prevalentemente di **carattere patrimoniale**, visto che riguardano prettamente questioni patrimoniali, tanto che la Costituzione fa riferimento alla materia in esame nell'ultimo comma dell'**art. 42**, in tema di "*proprietà*", laddove viene svolta una riserva di legge ordinaria relativamente a "*le norme ed i limiti della successione legittima e testamentaria e i diritti dello Stato sulle eredità*".

8.2. Principi generali

Come già evidenziato nel capitolo VI, con il termine **successione** nel diritto privato ci si riferisce al fenomeno di trasferimento della titolarità di una situazione giuridica soggettiva da un soggetto ad un altro. La successione può essere ***inter vivos***, quando si verifica tra soggetti viventi ed opera in forza di un contratto o un altro atto idoneo (ad esempio v. l'art. 785 c.c.), ovvero ***mortis causa***, se ad un soggetto defunto ne succede uno vivente. Quest'ultima specie di successione può essere **a titolo universale**, quando il fenomeno di trasferimento coinvolge tutte le situazioni giuridiche soggettive del defunto trasmissibili e, quindi, il beneficiario vivente acquista tutti i diritti e gli obblighi del *de cuius*; ovvero **a titolo particolare**, se cioè un soggetto acquista solo uno o più diritti del *de cuius*. In ogni caso, il soggetto originario titolare è definito *dante causa*, mentre il soggetto che acquista il diritto in forza della successione è definito *avente causa* o *successore*.

Il legislatore nel codice civile, ed in particolare nel **libro II**, intitolato per l'appunto "*Delle successioni e delle donazioni*", ha previsto una disciplina specifica destinata a regolamentare – oltre, per l'appunto, le donazioni (artt. 769-809 c.c.) – la materia delle successioni *mortis causa*, e cioè la sorte di diritti ed obbligazioni in conseguenza della morte del proprio titolare. Il principio fondamentale su cui si fonda siffatta disciplina è che, con la morte, i diritti e gli obblighi patrimoniali si trasmettono per successione ad altri soggetti. Con la morte di un soggetto, quindi, si apre la sua successione, perciò detta *mortis causa*, la quale si compie tra un autore, detto anche *ereditando* o *de cuius*, cioè per l'appunto colui che è morto, ed i suoi successori, che possono essere alternativamente erede o legatario, secondo la differenza più avanti enunciata.

Il diritto italiano delle successioni si muove sostanzialmente su due direttrici: per un verso esso riconosce ad ogni consociato la **libertà testamentaria**, e per altro verso tutela la **trasmissione familiare della ricchezza**.

In funzione della prima direttrice si riconosce ad ognuno la possibilità di stabilire in vita, con un atto dispositivo denominato testamento, la sorte dei suoi beni "*per il tempo in cui avrà cessato di vivere*" (art. 587 c.c.), e viene dunque disciplinata la c.d. **successione testamentaria**.

Nell'ambito della seconda direttrice possono osservarsi due diverse dinamiche disciplinate dall'ordinamento:

1) riguardo alla prima, va detto che in *mancanza di testamento*, o per quanto non regolato dal testamento in caso di disposizione testamentaria che non comprende tutto il patrimonio del *de cuius*, la legge riconosce nel rapporto di coniugio e nella parentela "*fino al sesto grado*" un "*titolo a succedere*", e cioè a divenire successori universali, e quindi eredi, del defunto acquistandone i diritti e sopportandone i debiti. In tale ipotesi la legge è fonte di una c.d. **successione legittima** in cui le varie categorie di congiunti sono collocate in gradi diversi ai fini della distribuzione dei beni del defunto secondo un criterio per cui i meno prossimi hanno diritti solo in mancanza degli altri, e secondo la quale se mancano parenti entro il sesto grado al defunto succede lo Stato;

2) in ogni caso, la legge impedisce al *de cuius* di estromettere dalla propria successione alcuni congiunti che gli sono particolarmente prossimi (coniuge, figli ed ascendenti, ma questi ultimi solo in mancanza di figli), detti "*legittimari*" (o di attribuire loro beni di valore inferiore a quanto dalla stessa legge previsto), e quindi detta un'articolata disciplina per questa forma di successione, non già alternativa ma necessariamente concorrente con le altre, che prende nome di **successione necessaria**.

Dunque, sintetizzando può evidenziarsi che nel nostro sistema esistono tre forme di successione *mortis causa*, e cioè: successione testamentaria, legittima e necessaria; e tuttavia, posto che la successione necessaria è in realtà ancillare alle altre due 'forme' di successione limitandosi a tutelare i congiunti più prossimi del defunto attraverso l'attribuzione di quote dell'eredità, deve dirsi che **i titoli di successione *mortis causa* operanti nel nostro ordinamento sono due**: successione testamentaria e legittima (tanto che l'**art. 457** c.c. stabilisce che "*L'eredità si devolve per legge o per testamento*").

Altro principio fondamentale operante in materia, in particolare riguardo alla prima delle due direttrici sopra cennate, è quello della c.d. **libertà testamentaria**: la volontà di ognuno relativamente alla destinazione dei propri beni dopo la morte deve essere libera da condizionamenti sino all'ultimo momento, e quindi sempre soggetta a revoca, rimodulazione e ripensamenti. In ragione di ciò, è prevista la nullità dei c.d. **patti successori** (**art. 458** c.c.): e cioè delle convenzioni con cui taluno dispone della propria successione, ed inoltre qualsiasi atto attraverso cui taluno dispone o rinuncia a diritti che potrebbero spettargli su una successione non ancora aperta. Al di là di quanto appena osservato circa la libertà testamentaria, la *ratio* specifica di tale divieto (che, ad esempio, non si riscontra nell'ordinamento tedesco e che, anche nel nostro sistema, è stato recentemente temperato dalla introduzione del c.d. patto di famiglia, a cui è dedicato il box che segue) va riscontrata nell'esigenza avvertita dal legislatore – cui sottendono senza dubbio principi etici – di evitare che i lasciti *mortis causa* possano diventare merce di scambio durante la vita e costituire oggetto di ricatti che potrebbero far leva sulle debolezze umane (si pensi all'ipotesi di un individuo che, per far fronte a problemi finanziari e pur di ottenere un mutuo, si faccia convincere a redigere una scrittura nella quale si impegni ad inserire il mutuante nel proprio testamento). Sempre alla stessa logica risponde il **divieto di testamento congiunto o reciproco** (**art. 589** c.c.), e cioè la norma da cui discende la nullità del testamento fatto da due o più persone nel medesimo atto (testamento congiunto) sia che questo disponga a favore di un terzo sia che contenga "*disposizione reciproca*" (testamento reciproco). Nonché il **divieto di condizione di reciprocità**, e cioè di "*disposizione a titolo universale o particolare fatta dal testatore a condizione di essere a sua volta avvantaggiato nel testamento dall'erede o del legatario*" (**art. 635** c.c.).

In chiusura di questi due paragrafi introduttivi va evidenziato che l'importanza classica e tradizionale del diritto delle successioni come descritto dal codice civile, nell'attuale contesto sociale, è senz'altro in declino. Ciò in quanto attraverso molteplici situazioni, istituti, espedienti e vicende, i consociati oggi preferiscono distribuire, in tutto o in parte, all'interno della famiglia o anche fuori da questa, i propri beni prima della propria morte, la qual cosa si verifica soprattutto quando la ricchezza familiare è organizzata nelle forme economiche proprie del diritto commerciale, e cioè in forma di impresa esercitata attraverso società, viepiù di capitali. In ragione di ciò, il legislatore nel 2006 ha introdotto nel nostro codice civile l'istituto del c.d. **patto di famiglia** al quale è dedicato il box che segue.

Il c.d. patto di famiglia

La legge **14 febbraio 2006 n. 55** ha introdotto il Capo V *bis* c.c., il quale si sviluppa negli **artt. da 768 *bis* a 768 *octies*** e regola l'istituto del patto di famiglia.

Questo istituto costituisce una importante eccezione al fondamentale divieto di patti successori sancito dall'art. 458 c.c., in quanto consente a chi sia imprenditore (e solo a costui) di trasferire, in tutto o in parte, la propria azienda o delle quote di essa ad uno o più dei propri discendenti (e solo a costoro). In tal modo, ed è questa la principale novità apportata dalla novella in parola, si dà la possibilità all'imprenditore di trasmettere immediatamente la propria attività ai discendenti cui vorrebbe trasferirla *mortis causa,* consentendogli, di fatto, di disporre in vita della propria successione.

Il trasferimento avviene attraverso la redazione di un vero e proprio contratto – stipulato tra il disponente e tutti coloro che sarebbero legittimari se in quel momento si aprisse la successione – con il quale l'azienda o le partecipazioni societarie sono trasferite ad uno o più discendenti, mentre gli altri legittimari sono soddisfatti mediante denaro od altri beni (salvo che non vi rinuncino).

Il denaro o i beni da assegnarsi agli altri legittimari possono provenire dal disponente o da coloro cui è stata trasferita l'azienda. La loro quantità viene determinata in base alle quote così come stabilite dalle norme sulla successione necessaria. I soggetti cui sia stata ceduta l'azienda o parte di essa, quindi, non potranno essere assoggettati ad azione di riduzione, in quanto gli altri legittimari avranno trovato comunque soddisfazione ai propri diritti già in quella sede. È questa una deroga fondamentale alla disciplina della successione necessaria.

Ove vi fossero, inoltre, dei legittimari sopravvenuti che non abbiano partecipato al contratto, costoro potranno chiedere ai beneficiari del contratto il pagamento della somma che sarebbe stata loro assegnata se avessero preso parte all'accordo stesso. In mancanza, è fatta salva per loro la possibilità di impugnare il patto di famiglia.

Il patto di famiglia è, dunque, un negozio *inter vivos* che va concluso nella forma dell'atto pubblico. Esso può essere sempre integrato, modificato o sciolto mediante un contratto successivo, purché ad esso intervengano i medesimi soggetti o i loro successori.

Come tutti i contratti, è sottoposto alla disciplina generale in materia di validità del consenso, fatta salva soltanto la riduzione ad un anno del termine di prescrizione.

8.3. L'oggetto della successione

Oggetto della successione ereditaria è la totalità dei rapporti trasmissibili, attivi e passivi, di cui una persona è titolare al momento della morte. Tutti questi rapporti formano **l'asse ereditario**, che è un'*universalità di diritto* in quanto in essa viene ricompreso unitariamente tutto il patrimonio del defunto.

Tuttavia, come sopra accennato, la successione non si estende a tutte le situazioni giuridiche soggettive, né a tutti i diritti, di cui è titolare il defunto. Con la morte del titolare, infatti, si estinguono le situazioni giuridiche soggettive non trasmissibili, e dunque restano da attribuire diritti ed obblighi, nonché situazioni giuridiche accessorie ai primi, quali gli oneri. Con la morte del titolare cessano, dunque anche alcuni diritti patrimoniali in quanto personalissimi, e perciò intrasmissibili, essendo strettamente legati alla persona, quali alcuni diritti patrimoniali inerenti alla persona (il diritto e l'obbligo degli alimenti, il diritto di usufrutto e di abitazione, i diritti legati a contratti che hanno causa nella fiducia, come il contratto di prestazione d'opera o quello di lavoro), così come si estinguono i rapporti di natura familiare (il rapporto di coniugio).

Inoltre, non tutti i beni di una persona sono oggetto della normale successione ereditaria. Vi sono, infatti, cespiti per i quali il legislatore ha stabilito regole speciali. In tali ipotesi si parla di '**successione anomala**'. È il caso delle indennità cui il lavoratore dipendente ha diritto in caso di cessazione del rapporto di lavoro, le quali sono devolute secondo regole particolari (**art. 2122** c.c.), o ancora della disciplina speciale prevista per la successione nei diritti derivanti dal contratto di locazione di immobili urbani o di affitto di fondi rustici, o infine della disciplina della successione del maso chiuso, regolata dalla legge della Provincia autonoma di Bolzano 28 novembre 2001 n. 17.

Si ricorda infine che la Cassazione civile, sez. II, con ordinanza del 9 ottobre 2020 n. 21854, ha stabilito che se il *de cuius* possedeva un bene, in questo possesso succede il suo erede, non potendosi ritenere che la successione *mortis causa* sia di per sé causa di mutamento del possesso in mera detenzione.

8.4. L'apertura della successione, vocazione e delazione

Con la morte dell'individuo si apre la sua successione (**art. 456** c.c.), il che significa che trovano applicazione ed entrano in vigore le norme che regolano la successione *mortis causa*.

Il luogo di apertura della successione è quello dell'ultimo domicilio del defunto. La determinazione del luogo è molto importante; essa serve a determinare il tribunale competente per territorio presso il cui registro delle successioni vengono resi pubblici alcuni atti particolarmente rilevanti (come l'accettazione dell'eredità con beneficio di inventario, v. *infra*) o ancora quale sia il foro competente per le cause ereditarie.

Una volta aperta la successione, occorre individuare quali siano i soggetti aventi titolo a succedere, e cioè quali soggetti hanno l'astratta idoneità a divenire eredi del *de cuius*. Si parla, a tal proposito, di **delazione ereditaria**. I soggetti che hanno titolo a succedere devono essere, poi, concretamente chiamati all'eredità. La chiamata effettiva all'eredità prende il nome di **vocazione all'eredità**. La vocazione può essere legittima, quando il titolo a succedere sia la legge, o testamentaria, quando il titolo a succedere sia un testamento. La vocazione non è sempre contemporanea all'apertura della successione; tuttavia, l'accettazione dell'erede avrà sempre effetto dall'apertura della successione (v. *infra*).

8.5. La capacità di succedere e l'indegnità

Sono capaci di succedere tutti coloro che siano **nati o concepiti** al momento dell'apertura della successione (**art. 462** c.c.); salvo prova contraria, si intende concepito già al momento dell'apertura della successione chi sia nato entro trecento giorni da tale data (c.d. **presunzione di concepimento**). Tuttavia, in tal caso il diritto a succedere sarà subordinato all'evento della nascita, al quale si collega la capacità giuridica generale.

Con testamento possono essere, inoltre, chiamati a succedere anche i soggetti **non concepiti** al momento della morte del *de cuius*, purché si tratti di figli di una determinata persona che sia vivente al momento dell'apertura della successione. Anche gli **enti**, sia riconosciuti che non, possono ricevere per successione, essendo stato abrogato il regime di sfavore di cui al vecchio art. 17 c.c. secondo il quale le persone giuridiche per accettare eredità avevano bisogno dell'autorizzazione governativa. Su entrambe le questioni si rinvia a quanto più diffusamente osservato nel IV capitolo.

Diversa dall'incapacità a succedere sin qui esaminata è, invece, l'**indegnità a succedere**, la quale sussiste nelle ipotesi tassativamente previste dall'**art. 463** c.c. Nell'elencazione contenuta in questa norma si distinguono due ordini di cause di indegnità. Un primo gruppo (nn. 1-3) prevede ipotesi di gravi colpe verso la persona del *de cuius*; un secondo gruppo (nn. 4-6) contempla casi di indegnità a carico di chi abbia compiuto determinati atti di particolare gravità contro la libertà testamentaria o il testamento. L'indegnità ha carattere relativo, nel senso che sussiste solo per la successione di quella specifica persona nei confronti della quale si è tenuto uno dei comportamenti indicati dall'art. 463 c.c., ma non comporta mai un'indegnità a succedere in generale. L'indegnità ha, inoltre, carattere personale, pertanto in luogo dell'indegno potranno succedere i suoi rappresentanti.

L'indegno, il quale acquista l'eredità o il legato, pur potendo subire una sentenza di accertamento di nullità del titolo di acquisto, può essere riabilitato. Ciò può avvenire mediante una dichiarazione espressa dalla persona della cui successione si tratta in un atto pubblico oppure attraverso un successivo testamento redatto sempre dalla persona della cui successione si tratta.

8.6. La vocazione legittima

I soggetti che hanno titolo a succedere per vocazione legittima sono quelli espressamente individuati dalla legge (**art. 565** c.c.), e cioè: il coniuge, i discendenti, gli ascendenti, i collaterali, gli altri parenti fino al sesto grado ed infine lo Stato.

Il nostro codice, negli artt. da 565 a 586 c.c., laddove disciplina la materia, distingue tra successione dei parenti, successione del coniuge e successione dello Stato. Nell'ambito della **successione dei parenti**, eredi per eccellenza sono i discendenti senza alcuna distinzione tra figli legittimi, naturali, legittimati e adottivi. La loro presenza, infatti, esclude tutti gli altri parenti ed essi concorrono solo con il coniuge. Solo se mancano discendenti succedono i genitori (o ascendenti), per i quali vale la regola che il prossimo esclude i remoti. I genitori concorrono, però, con il coniuge e con i fratelli del *de cuius*. Questi ultimi, ove manchino discendenti, hanno sempre titolo per la successione legittima. Se chi muore, invece, non lascia prole né genitori o ulteriori ascendenti, né fratelli o loro discendenti, succedono gli altri parenti fino al sesto grado, secondo la regola che il più vicino esclude gli altri.

Per quanto concerne la **successione del coniuge**, invece, quest'ultimo concorre con i figli, con gli ascendenti e con i fratelli del *de cuius*. In mancanza, al coniuge spetta l'intera eredità. Quando il coniuge concorre con un solo figlio, ha diritto alla metà dell'eredità; quando concorre con più di un figlio, ha diritto a succedere in un terzo. La separazione coniugale non comporta il venir meno dei diritti successori in capo al coniuge, salvo che a questi non sia stata addebitata la separazione. In tal caso il coniuge avrà diritto soltanto ad ottenere un assegno vitalizio a titolo di alimenti.

Diversamente, con il **divorzio** gli ex-coniugi perdono i reciproci diritti successori. Tuttavia, se alla morte di uno dei due coniugi l'altro beneficiava di un assegno periodico, il coniuge superstite avrà diritto ad ottenere una quota della pensione o degli assegni a carico dell'eredità.

Qualora una persona non lasci successibili entro il sesto grado di parentela e non abbia fatto testamento, l'eredità è devoluta allo Stato, che l'acquista senza bisogno di accettazione.

8.7. La vocazione testamentaria

Il testamento è "*l'atto revocabile con il quale taluno dispone, per il tempo in cui avrà cessato di vivere, di tutte le proprie sostanze o di parte di esse*" (**art. 587** c.c.).

Nel testamento il testatore può decidere di istituire un erede, così come può designare un legatario. L'**art. 580** c.c., infatti, stabilisce che "*le disposizioni testamentarie, qualunque sia l'espressione o la denominazione usata dal testatore, sono a titolo universale e attribuiscono la qualità di erede se comprendono l'universalità o una quota dei beni del testatore. Le altre disposizioni sono a titolo particolare e attribuiscono la qualità di legatario*".

Con **l'istituzione di erede**, il testatore designa una persona (o anche più di una) a subentrare in tutto il suo patrimonio oppure in una quota del tutto (la metà, un terzo, il cinquanta per cento).

Con il **legato**, invece, il testatore lascia al beneficiario (*legatario*) un singolo cespite patrimoniale, il quale può consistere in una cosa determinata (c.d. **legato di specie**) oppure una somma di denaro o una determinata quantità di cose fungibili (c.d. **legato di genere**). Il legato può essere previsto dal testatore a carico di uno o più eredi, di tutti i coeredi o anche di un legatario (c.d. **sublegato**). Così come può essere disposto anche a favore di uno degli eredi (c.d. **prelegato**).

La distinzione tra erede e legatario è particolarmente rilevante sotto il profilo delle responsabilità. Mentre l'erede, infatti, risponde dei debiti ereditari anche oltre il valore dell'asse ereditario, a meno che non abbia accettato l'eredità con beneficio d'inventario (v. *infra*) (**art. 490** c.c.), viceversa il legatario non risponde mai dei debiti del defunto, ma il fondo legato può essere oggetto di ipoteca a garanzia dei debiti ereditari e, comunque, il legatario è tenuto a sopportare i pesi che gravano sulle cose a lui pervenute in legato.

Inoltre, mentre il legato può essere sottoposto sia a condizione che a termine (tanto inziale quanto finale), l'istituzione di erede può essere subordinata ad una condizione sospensiva o risolutiva, ma non ad un termine. Si intendono invece come non apposte (è la c.d. **regola sabiniana**), a differenza di quanto avviene per i contratti, le condizioni impossibili o illecite, e ciò allo scopo di salvaguardare il più possibile quella che fu la volontà espressa dal testatore nel suo atto di ultima volontà.

8.8. Il testamento: requisiti e tipologie

Il testamento, come visto al principio del precedente paragrafo, è innanzitutto un atto **revocabile**, con il quale – ai sensi dell'art. 587 c.c., che lo definisce – "*taluno dispone, per il tempo in cui avrà cessato di vivere, di tutte le proprie sostanze o parte di esse*". La revoca può essere **espressa**, allorquando vi sia una dichiarazione esplicita del testatore in tal senso (anche in un testamento successivo) oppure **tacita.** In quest'ultimo caso essa può evincersi dalla incompatibilità esistente tra le disposizioni contenute in un testamento anteriore e quelle contenute in uno successivo (**art. 682** c.c.), oppure dal ritiro del testamento segreto o dalla distruzione, lacerazione o cancellazione, del testamento olografo (**artt. 684-685** c.c.). È prevista, altresì, la revoca automatica del testamento in caso di sopravvenienza di figli o di riconoscimento successivo di un figlio naturale, ma la revoca non ha luogo se il testatore ha provveduto per il caso che esistessero o sopravvenissero figli o discendenti (**art. 687** c.c.).

La capacità di redigere testamento non è riconosciuta al minore d'età ed all'interdetto per infermità di mente, nonché a chiunque si provi che, al momento della stesura dell'atto, fosse incapace di intendere o volere. È, invece, capace di testare tanto l'inabilitato quanto l'interdetto legale. La norma che regola la questione è contenuta nell'**art. 591** c.c.

Il codice prevede tre forme di testamento.

Il **testamento olografo** (art. 602 c.c.) può essere liberamente redatto dal testatore e conservato da lui stesso o da qualunque altro soggetto cui il testatore accordi la necessaria fiducia, il quale provvederà, alla sua morte, a presentarlo ad un notaio per procedere alla pubblicazione. Deve essere scritto e sottoscritto dal testatore di suo pugno (quindi, a mano); inoltre, deve riportare la data ma l'assenza non è causa di nullità. È la forma più semplice di testamento, perché sottoposta all'osservanza di queste sole regole, la quale, però, si presta più facilmente delle altre a rischi di distruzione o alterazione. In fase di redazione di un testamento olografo, per quanto non sia richiesto l'intervento del notaio, è comunque indispensabile rispettare alcuni requisiti formali previsti dalla legge ora a pena di nullità ora a pena di annullabilità dell'atto di ultima volontà. In buona sostanza, per quanto il testatore sia libero di redigere il testamento come meglio crede, è assolutamente indefettibile che questo rispetti almeno quei minimi dettami legislativi in assenza dei quali rischia di non poter produrre gli effetti che il testatore si prefiggeva di conseguire all'apertura della sua successione.

Il **testamento pubblico** (art. 603 c.c.) è, invece, redatto da notaio, il quale alla presenza di due testimoni riceve le ultime volontà del testatore, rileggendole e sottoscrivendole insieme con il testatore ed i testimoni.

Il **testamento segreto** (art. 604 c.c.) viene redatto e sottoscritto dal testatore o anche da una persona diversa (in quest'ultimo caso il testatore si limita a sottoscriverlo), per poi essere consegnato in una busta chiusa e sigillata al notaio, il quale riceve la busta direttamente dal testatore ed alla presenza di due testimoni, per poi annotare sulla stessa tutto quanto è avvenuto dinanzi a lui. Infine, il notaio vi appone la data e la sua firma, raccogliendo unitamente quella del testatore e dei testimoni. Il contenuto del testamento, quindi, resta segreto fino alla morte del testatore, soltanto dopo la quale il notaio potrà procedere all'apertura dello stesso.

Il codice contempla, altresì, delle **forme particolati di testamento** (art. 609 c.c.), che vengono dette **speciali** in quanto si tratta di testamenti che possono essere redatti senza il rispetto delle formalità di cui si è detto sopra, e ciò per la sussistenza di particolari condizioni materiali, ma solo nelle ipotesi tassativamente previste. È il caso del testamento redatto in caso di **malattie contagiose, calamità, infortuni**; nel corso di un viaggio per mare o in aereo; da parte di militari in tempo di guerra. In questi casi il testamento potrà essere ricevuto anche da un sindaco, un giudice o un ministro di culto, oppure dal comandante della nave o dell'aereo o ancora, nell'ultima ipotesi, da un cappellano militare. L'efficacia di questi testamenti è, però, limitata nel tempo. Essi, infatti, perdono efficacia allorquando siano trascorsi tre mesi dalla data in cui è cessata la situazione prevista dalla legge.

Oltre ai predetti requisiti di capacità e di forma, il testamento deve possedere l'ulteriore e imprescindibile requisito di essere espressione della libera volontà del testatore. È necessario, cioè, come evidenziato anche nel paragrafo 8.2., che la volontà espressa nel testamento sia libera ed in alcun modo coartata.

Nelle ipotesi in cui il testamento sia privo dei requisiti formali sanciti dall'ordinamento, questo – ai sensi dell'**art. 606** c.c. – sarà nullo nei casi espressamente previsti dalla legge al comma 1 della disposizione citata (ad esempio il testamento olografo scritto a macchina) mentre sarà annullabile per ogni altro difetto di forma a tenore del comma 2 della medesima disposizione. Tuttavia, ove la nullità per difetto di forma riguardi un testamento segreto, questo potrà essere convertito in testamento olografo, ovviamente purché ne abbia i requisiti (**art. 607** c.c.). La **nullità** può derivare, altresì, dalla illiceità della disposizione testamentaria; ciò avviene allorquando essa si fondi su un motivo illecito se questo "*risulta dal testamento ed è il solo che ha determinato il testatore a disporre*" (**art. 626** c.c.), oppure sia sottoposta ad una condizione o ad un onere illecito (**art. 647** c.c.) o ancora sia "*fatta dal testatore a condizione di essere a sua volta avvantaggiato nel testamento dall'erede o del legatario*" (**art. 635** c.c.). Tuttavia, in materia testamentaria il codice prevede una singolare (ed eccezionale, visto che la nullità, generalmente e tradizionalmente, non è soggetta a sanatoria né a convalida) ipotesi di **sanatoria della nullità** (in vero, analoga a quella prevista in materia di donazione dall'art. 790 c.c.) allorquando, all'**art. 590** c.c., stabilisce che "*La nullità della disposizione testamentaria, da qualunque causa dipenda, non può essere fatta valere da chi, conoscendo la causa di nullità, ha, dopo la morte del testatore confermato la disposizione o dato ad essa volontaria esecuzione*".

Il testamento è **annullabile,** invece, per incapacità oppure quando la disposizione testamentaria sia inficiata da un vizio del volere (errore, violenza o dolo). L'azione di annullamento potrà essere esperita, entro cinque anni da giorno in cui si è avuta notizia dell'errore, della violenza o del dolo, da chiunque vi abbia interesse, essendo in tal caso l'annullabilità assoluta (mentre in genere e tradizionalmente essa è relativa, nel senso che può essere azionata solo dal soggetto tutelato dalla disposizione che individua il motivo di invalidità) per espressa previsione legislativa (**art. 624** c.c.).

L'**efficacia** del testamento, nel caso del testamento olografo e segreto, è subordinata alla pubblicazione da parte del notaio, il quale redige un verbale in cui è trasfuso il contenuto dell'atto di ultima volontà e lo trasmette successivamente alla cancelleria del tribunale del luogo in cui si è aperta la successione. Nel caso del testamento pubblico, la sua efficacia è, invece, subordinata all'apertura della successione.

8.9. I legittimari

Fermo il principio della libertà testamentaria, si è già accennato in precedenza (v. il paragrafo 8.2.) che la legge riserva ai cosiddetti legittimari la quota ad essi assicurata dalla legge, detta anche **quota di legittima** o **indisponibile** (o di riserva, o necessaria).

I legittimari, come già evidenziato, sono il coniuge, i figli legittimi, naturali o adottivi e, in mancanza di questi ultimi, gli ascendenti, ossia i soggetti che sono legati al defunto da un vincolo di parentela particolarmente stretto e che, pertanto, l'ordinamento tutela al fine di garantire che essi percepiscano una parte del patrimonio del *de cuius*.

Ai sensi dell'**art. 556** c.c., la **quota disponibile**, ossia la quota di patrimonio di cui il defunto può disporre per testamento non essendo assorbita dai diritti dei legittimari (e cioè dalla quota di legittima), va calcolata su un valore complessivo (c.d. *asse*) che risulta sommando il *relictum* (dato dal valore dei beni lasciati dal defunto) sottraendo il *debitum* (e cioè i debiti), e aggiungendo infine il *donatum* (dato dal valore dei beni che sono usciti dal patrimonio del defunto per effetto di donazioni). Tale somma viene fatta attraverso una operazione matematica che prende il nome di **riunione fittizia**, e cioè una riunione su carta di tutti i beni che fanno parte del *relictum* e del *donatum*.

Ove si verifichi la lesione della quota di legittima, i legittimari, i loro eredi o aventi causa, potranno agire giudizialmente promuovendo un'azione specifica nota come **azione di riduzione** (**artt. 553-564** c.c.).

Prima di agire, tuttavia, è necessario che il legittimario compia la c.d. *imputazione ex se*, ossia che esso computi nella quota a lui spettante quanto ricevuto dal *de cuius* a titolo di donazione o di legato "*salvo che ne sia stato espressamente dispensato*" (**art. 564, commi 2 e 3**). Ciò in quanto le donazioni e di legati si presumono essere anticipazioni sulla quota di legittima, salvo per l'appunto che il *de cuius* nel compiere la donazione o effettuare il legato abbia espressamente dispensato il bene dalla c.c. imputazione.

Inoltre, ai sensi dell'**art. 564, comma 1**, "*il legittimario che non ha accetta-*

to l'eredità col beneficio di inventario non può chiedere la riduzione delle donazioni e dei legati, salvo che le donazioni e i legati siano stati fatti a persone chiamate come coeredi, ancorché abbiano rinunziato all'eredità". Scopo di tale previsione normativa è quella di assicurare la tutela dei legatari e donatari estranei alla vicenda ereditaria nel senso che non sono in rapporto di fatto con il patrimonio del *de cuius*, e che dunque, per l'accertamento dell'eventuale lesione, hanno bisogno dell'inventario che accerti la consistenza dei beni.

Adempiute le formalità in parola, si procede in riduzione dapprima contro le istituzioni di erede ed i legati fatti con il testamento, e soltanto successivamente contro le donazioni fatte in vita dal *de cuius*, partendo dall'ultima.

L'azione di riduzione mira ad ottenere, si è detto, la riduzione delle disposizioni testamentarie nel rispetto delle quote indisponibili. L'effetto reale, invece, è collegato **all'azione di restituzione**, che il legittimario – ai sensi dell'**art. 561** – può esercitare per ottenere soddisfazione concreta ai propri diritti (e, quindi, per avere la restituzione di quanto gli spetta per legge). La Cassazione, sez. II civile, con sentenza del 31 luglio 2020 n. 16515, ha stabilito che, in caso di vittorioso esperimento dell'azione di riduzione, il legittimario è titolare di un diritto a vedere reintegrata la sua quota in natura attraverso l'attribuzione di beni dell'asse ereditario che il giudice non può arbitrariamente convertire in un diritto di credito verso di beneficiari delle disposizioni testamentarie o delle donazioni lesive.

Le **quote di legittima** variano a seconda della composizione del gruppo familiare. Il codice (**art. 537** c.c. e ss.) stabilisce che, nel caso in cui a sopravvivere al genitore sia un solo figlio, a questi spetterà la metà dell'eredità; nel caso in cui i figli siano più di uno, la quota ad essi spettante e da suddividere tra loro sarà pari a due terzi. Il coniuge, se solo, avrà diritto alla metà; se concorre con un figlio, a ciascuno spetterà un terzo; se con più figli, avrà diritto ad un quarto, mentre ai figli andrà la metà. Gli ascendenti, se soli, hanno diritto alla metà del patrimonio.

L'**art. 551** c.c. fa salva per il testatore la possibilità di inserire nel testamento una disposizione (denominata **legato in sostituzione di legittima)** che, per certi versi, contrasta con quanto sinora detto a proposito della intangibilità della quota di legittima. Attraverso essa, infatti, il testatore lascia al legittimario un legato, quindi un singolo cespite, in luogo della legittima. Ciò comporta che il legittimario potrà scegliere se rifiutare il legato, e in questo caso ambire alla legittima, oppure in caso contrario dovrà rinunciare alla sua quota garantita per legge (e ciò anche se il valore del legato sia inferiore a quello della legittima). Si tratta, in definitiva, di un modo con cui il testatore può estromettere i legittimari dalla propria eredità. È importante evidenziare, tuttavia, che ciò può accadere soltanto ove il testatore abbia espressamente previsto nell'atto di ultima volontà che il legato viene lasciato in sostituzione della legittima. In caso contrario, infatti, il legato andrà normalmente imputato alla quota di legittima *ex* art. 564, commi 2 e 3, sopra citati.

8.10. L'acquisto dell'eredità e del legato

L'eredità si acquista con un atto volontario di **accettazione (art. 459** c.c.) i cui effetti, anche se l'atto viene compiuto in un momento successivo, retroagiscono al momento dell'apertura della successione. A differenza dell'eredità, il legato si acquista senza bisogno di alcuna accettazione, fatta salva, comunque, la facoltà di rinunciarvi. Quando l'eredità o il legato abbiano ad oggetto diritti su beni immobili, l'acquisto dovrà essere trascritto nei pubblici registri immobiliari (**art. 2648** c.c.).

L'accettazione è un **atto unilaterale** e **puro**, in quanto non può esser sottoposto a condizione o termine. È, altresì, **irrevocabile**, ma può essere impugnata "*quando è effetto di violenza o di dolo. L'azione si prescrive in cinque anni dal giorno in cui è cessata la violenza o è stato scoperto il dolo*" (**art. 482** c.c.). L'**art. 483** c.c., poi, stabilisce che l'accettazione non può essere impugnata se è viziata da errore, tuttavia se si scopre un testamento del quale non si aveva notizia al tempo dell'accettazione l'erede non è tenuto a soddisfare i legati con beni ulteriori rispetto a quelli che ha ricevuto in eredità.

L'accettazione può essere **espressa** (art. 475 c.c.), quando il chiamato dichiari in un atto scritto di voler accettare l'eredità o assume la qualità di erede qualificandosi come tale, oppure **tacita** (art. 476 c.c.); in quest'ultimo caso occorre che il chiamato ponga in essere un atto o un fatto dal quale risulti la sua volontà di accettare e che non avrebbe il diritto di fare se non nella qualità di erede. Oltre a distinguere l'accettazione espressa da quella tacita, il codice individua, agli **artt. 477 e 478**, alcuni comportamenti che al di là della valutazione circa l'esistenza dei requisiti di un atto di accettazione tacita, importano accettazione di eredità, come "*la donazione, la vendita o la cessione che il chiamato dell'eredità faccia dei suoi diritti di successione ad un estraneo o a tutti gli altri chiamati o ad alcuno di questi*". Inoltre l'accettazione può essere impugnata per violenza o per dolo. Si consideri, inoltre, che il chiamato all'eredità che sia nel possesso dei beni ereditari, ove non dichiarava alcunché nei tre mesi successivi al giorno dell'apertura della successione, diviene erede (**art. 485**, comma 2, c.c.).

Il diritto di accettare si prescrive nel termine ordinario di dieci anni, decorrente dal giorno dell'apertura della successione o, "*in caso di istituzione condizionale, dal giorno in cui si verifica la condizione*" (**art. 480** c.c.). Prima che vi sia l'accettazione – dal momento che, si è detto, essa può avvenire anche a distanza di tempo dall'apertura della successione – il patrimonio ereditario non può rimanere sprovvisto di un amministratore. Per questo motivo, per legge, ai sensi dell'**art. 460** c.c., il chiamato all'eredità ha facoltà di esercitare la tutela possessoria nei riguardi dei beni ereditari, indipendentemente non solo dall'acquisto del diritto, ma anche dalla materiale apprensione. L'erede, infatti, è possessore di diritto, anche se non si trova nella situazione di fatto che è alla base del possesso. Il legatario, invece, deve sempre chiedere il possesso della cosa all'onerato. Il chiamato all'eredità potrà compiere, inoltre, tutti gli atti conservativi, di vigilanza e di amministrazione temporanea del patrimonio del *de cuius*, e potrà chiedere al giudice l'autorizzazione alla vendita di beni che non si conservano.

Se tuttavia, il chiamato, che non ha ancora deciso se accettare o meno, non è nel possesso effettivo dei beni ereditari, il giudice potrà, su istanza degli interessati, nominare un **curatore dell'eredità**. Si verterà in tal caso in una ipotesi di **eredità giacente**, istituto disciplinato dagli **artt. da 528 a 532** c.c. e finalizzato a preservare l'asse ereditario dall'eventuale incuria dei chiamati.

Una diversa funzione ha la nomina, da parte del testatore, del c.d. **esecutore testamentario** e cioè di una persona di sua fiducia chiamata a garantire la corretta esecuzione delle disposizioni contenute nel testamento. La disciplina dell'istituto, che costituisce un c.d. ufficio di diritto privato, è contenuta agli **artt. da 700 a 711** c.c., a tenore dei quali, tra l'altro, quando viene nominato, l'esecutore testamentario, al fine di svolgere correttamente il suo ufficio, e salvo contraria volontà del *de cuius*, "*deve amministrare la massa ereditaria prendendo possesso dei beni che ne fanno parte*", sicché non si determina un problema di eredità giacente nemmeno se i chiamati si disinteressano. L'incarico dura un anno dalla dichiarazione di accettazione dell'esecutore, ma può essere prorogato per non più di un altro anno dal giudice "*per motivi di evidente necessità, sentiti gli eredi*" (art. 703 c.c.).

Il fatto che il chiamato possa accettare entro dieci anni dall'apertura della successione può ledere gli interessi dei chiamati ulteriori, i quali succederebbero ove il primo chiamato non accettasse. Proprio a tutela di questi, il codice prevede all'**art. 481** una specifica azione, la c.d. ***actio interrogatoria***, attraverso la quale chiunque vi abbia interesse può chiedere al giudice di fissare al chiamato all'eredità un termine entro il quale il chiamato deve dichiarare se accetta o rinunzia, decorso inutilmente il quale (ossia senza che il chiamato abbia espresso alcuna dichiarazione) questi perde il diritto all'accettazione.

L'**art. 479** c.c. prevede, infine, che "*Se il chiamato all'eredità muore senza averla accettata, il diritto di accettarla si trasmette agli eredi. Se questi non sono d'accordo per accettare o rinunziare, colui che accetta l'eredità acquista tutti i diritti e soggiace a tutti i pesi ereditari, mentre vi rimane estraneo chi vi ha rinunziato*".

8.11. Il beneficio di inventario

Quando il chiamato accetta l'eredità nel suo patrimonio si verifica quel fenomeno giuridico che è definito '**confusione ereditaria**', in virtù del quale non è dato distinguere tra patrimonio del *de cuius* e patrimonio dell'erede, con la conseguenza che l'erede, in quanto continuatore della personalità patrimoniale del *de cuius*, nei confronti dei terzi risponde personalmente dei debiti ereditari *ultra vires*, ossia anche oltre il valore dei beni che abbia ottenuto per successione.

Al fine di evitare questa gravosa responsabilità, il chiamato può o non accettare affatto l'eredità oppure accettarla con **beneficio d'inventario**, e ciò in forza dell'omonimo istituto disciplinato negli **artt. da 484 a 518** c.c. Se nella prima ipotesi il chiamato perde ogni diritto ereditario, nel secondo caso, invece, egli mantiene i suoi diritti successori, ottenendo contemporaneamente l'effetto di limitare la propria responsabilità in ordine ai debiti ereditari tenendo distinto il patrimonio del defunto dal proprio. Più precisamente deve dirsi che i beni ed i debiti di provenienza ereditaria vanno a formare un **patrimonio separato** rispetto a quello personale dell'erede e questo secondo il disposto dell'art. 490.

Con l'accettazione con beneficio di inventario, dunque, l'erede non risponde personalmente dei debiti ereditari e dell'obbligo di rispettare legati ed oneri oltre l'ammontare dell'utile ereditario, e cioè dei beni a lui pervenuti (**art. 490**). Inoltre, l'erede con beneficio d'inventario non risponde dell'amministrazione dei beni ereditari se non per colpa grave (**art. 491**).

L'**art. 484**, che apre la sezione del codice civile dedicata al beneficio d'inventario, stabilisce che questa forma di accettazione va fatta con **atto solenne**, ricevuto da notaio o dal cancelliere del tribunale del luogo in cui si è aperta la successione, e va inserito nel registro delle successioni conservato presso lo stesso tribunale. Essa deve essere preceduta dalla redazione di un inventario redatto nelle forme prescritte dal codice di procedura civile. Se il chiamato non è nel possesso dei beni, può accettare con beneficio di inventario entro il termine ordinario di prescrizione (**art. 487**), salvo che non abbia subito un *actio interrogatoria* e dunque non gli sia stato fissato un termine dall'autorità giudiziaria (**art. 488**). Qualora, invece, il chiamato sia a qualsiasi titolo "*nel possesso dei beni ereditari*", dovrà redigere l'inventario "*entro tre mesi dal giorno dell'apertura della successione o della notizia della devoluta eredità*", poiché in caso contrario sarà considerato erede puro e semplice (**art. 485**).

Secondo l'**art. 510**, se i chiamati all'eredità sono più di uno, "*l'accettazione con beneficio di inventario fatta da uno dei chiamati giova a tutti gli altri*", senza che questi siano costretti a rinnovare individualmente le formalità che per essa sono previste dalla legge.

L'accettazione con beneficio d'inventario, ai sensi dell'**art. 473** c.c., è obbligatoria quando l'eredità sia devoluta "*a persone giuridiche o ad associazio-*

ni, fondazioni ed enti non riconosciuti". La disposizione, tuttavia, non trova applicazione per le società, in quanto ciò è espressamente chiarito dal comma 2 della stessa disposizione. Anche le eredità devolute a minori o interdetti, nonché a minori emancipati e inabilitati, non possono accertarsi che con beneficio d'inventario (**artt. 471 e 472** c.c.).

8.12. La separazione dei beni del defunto da quelli dell'erede nell'interesse dei creditori e dei legatari

Si è detto nel paragrafo precedente del rischio che corre l'erede che abbia accettato puramente e semplicemente l'eredità in ragione della conseguente confusione ereditaria, e cioè dalla confusione del suo patrimonio con quello del *de cuius*. Va qui aggiunto che dalla confusione ereditaria un rischio altrettanto elevato lo corrono i **creditori del defunto** ed i **legatari**, i quali, nell'ipotesi in cui il chiamato abbia accettato l'eredità puramente e semplicemente, si vedono esposti al pericolo che questi utilizzi i beni avuti per successione per far fronte ai propri debiti personali, e cioè per soddisfare le pretese dei propri creditori personali.

Al fine di evitare che ciò accada, l'ordinamento predispone il rimedio della **separazione dei beni** del defunto da quelli dell'erede. Essa va effettuata sui singoli beni: ove si tratti di beni mobili, con una domanda giudiziale; nel caso di beni immobili, con una iscrizione simile a quella dell'ipoteca (**artt. 517** e **518** c.c.). La separazione va chiesta, a cura dei creditori e dei legatari interessati, entro tre mesi dall'apertura della successione (art. 516).

Attraverso la separazione i creditori e legatari separatisti acquistano un singolare **diritto di prelazione**, che, in determinate condizioni, autorizza costoro a soddisfarsi per primi rispetto sia ai creditori personali dell'erede che ai creditori ereditari ed ai legatari non separatisti (per cui la separazione ottenuta da un singolo creditore o legatario non giova agli altri). I rapporti tra creditori, separatisti e non, e legatari sono regolati nelle norme di cui all'**art. 514** c.c.

Per l'ipotesi in cui il chiamato accetti l'eredità puramente e semplicemente, e i debiti a carico di questa superino il valore del patrimonio ereditario, invece, alcuna garanzia è prevista dalla legge a tutela dei **creditori dell'erede**. Essi dovranno tutelarsi, pertanto, munendosi di proprie garanzie. Viceversa, nell'ipotesi in cui essi sarebbero avvantaggiati dall'acquisto dell'eredità da parte del loro debitore e costui, invece, vi rinunci, potranno farsi autorizzare dall'autorità giudiziaria ad accettarla in sua vece al solo scopo di soddisfarsi sui beni ereditari fino alla concorrenza del loro credito (**art. 524** c.c.).

8.13. La rinunzia all'eredità o al legato

Il chiamato all'eredità può decidere anche di rinunziarvi, secondo quanto previsto e disposto dagli **artt. dal 519 al 527** c.c.

La rinunzia deve risultare espressamente e va fatta con un **atto solenne**, con dichiarazione ricevuta da notaio o dal cancelliere del tribunale competente per territorio (art. 519). La rinunzia, come l'accettazione, è un **atto puro** (art. 520), quindi non può essere sottoposta a condizione o termine, ed è **revocabile** ma solo fino a quando un chiamato ulteriore non abbia accettato e, comunque, non oltre il momento il cui il diritto ad accettare l'eredità si sarebbe prescritto (**art. 525**). Come l'accettazione, può essere impugnata solo per violenza o per dolo (**art. 526**). Essa ha, inoltre, effetto retroattivo: il chiamato che rinunzi "*è considerato come se non fosse mai stato chiamato*" all'eredità (**art. 521**). La rinunzia può essere fatta fino a che il diritto di accettare non sia prescritto.

Ai sensi dell'**art. 522**, "*Nelle successioni legittime la parte di colui che rinunzia si accresce a coloro che avrebbero concorso col rinunziante, salvo il diritto di rappresentazione e salvo il disposto dell'ultimo comma dell'art. 471*" in tema di concorso di genitori o ascendenti con fratelli o sorelle. Ai sensi dell'**art. 523**, "*Nelle successioni testamentarie, se il testatore non ha disposto una sostituzione e se non ha luogo il diritto di rappresentazione, la parte del rinunziante si accresce ai coeredi a norma dell'art. 674, ovvero si devolve agli eredi legittimi a norma dell'art. 677*".

La rinunzia al legato è regolata da principi diversi. Poiché, come detto, non è necessaria l'accettazione del legatario perché questi acquisisca il legato, può accadere che permanga il dubbio circa la volontà di un legatario di rinunziare o meno al suo beneficio. Tuttavia, se l'interessato (in genere l'onerato) esercita **l'*actio interrogatoria*** e trascorre il termine fissato dal giudice senza che il legatario dichiari alcunché, l'acquisto del legato diviene irrinunziabile (**art. 650** c.c.).

8.14. Petizione dell'eredità

Può accadere che, al momento dell'apertura della successione, i beni siano nel possesso di soggetti diversi dal chiamato e che questi si qualifichino a loro volta come eredi. A tutela del chiamato il codice prevede in tal caso un'azione specifica, la c.d. **petizione dell'eredità**, la quale è diretta a far riconoscere la qualità di erede dell'attore e ad ottenere la restituzione dei beni ereditari. L'istituto è disciplinato dagli **artt. dal 533 al 535** c.c.

La persona che si trova nel possesso dei beni ereditari pur senza averne titolo è il c.d. **erede apparente**. Si apre in tal caso un problema di tutela dei terzi che abbiano acquistato da chi ritenevano erede ma, in realtà, non lo era. Il codice applica il principio dell'affidamento di buona fede per gli acquisti a titolo oneroso (**art. 534**), e dunque fa salvi i diritti acquistati dai terzi che provino di aver contrattato in buona fede ed a titolo oneroso se pure dall'erede apparente e non dall'avente diritto. Dal momento che la buona fede è richiesta nell'acquirente, su di lui graverà l'onere della prova.

Anche il possessore in buona fede, dal canto suo, potrà far valere il suo possesso nei confronti dell'erede vero (**art. 535**). Costui si intende in buona fede quando il possessore si sia immesso nel possesso ignorando i vizi del suo titolo. In altri termini, egli deve essere incorso in un errore che, però, deve essere scusabile, ossia non dipendente da colpa grave.

8.15. La devoluzione dell'eredità

Qualora il chiamato all'eredità non possa o non voglia accettare, la quota di eredità a questi spettante viene devoluta ad un altro successibile secondo un sistema previsto dalla legge e che prende il nome di **devoluzione** dell'eredità. La devoluzione opera in modo diverso a seconda che la successione sia legittima o testamentaria.

Nel caso di vocazione testamentaria, il primo criterio di devoluzione dell'eredità è la **sostituzione volontaria**, che può essere *ordinaria* o *fedecommissaria*, e che è disciplinata dagli **artt. da 688 a 699** c.c.

La **sostituzione ordinaria** prevede che sia il testatore a nominare un sostituto per l'ipotesi in cui l'erede designato non possa o non voglia accettare l'eredità. Il testatore può decidere di nominare anche più di un sostituto e può farlo anche per i legati (non solo, quindi, per l'eredità).

La **sostituzione fedecommissaria** è, invece, una sostituzione successiva, in quanto il testatore dispone che il primo chiamato acquisti l'eredità ma al solo scopo di conservarla perché, alla sua morte, essa venga acquistata dal secondo chiamato. Questa forma di sostituzione è contemplata ed ammessa solo per l'ipotesi del c.d. fedecommesso assistenziale, ossia nel caso di un lascito fatto in favore di un incapace: in tal caso il testatore nomina come sostituto l'ente o la persona che si prenderanno cura dell'incapace.

Il secondo criterio di devoluzione dell'eredità è la **rappresentazione**. Il diritto di rappresentazione fa subentrare i discendenti nel luogo e nel grado del loro ascendente, purché il diretto chiamato che non possa o non voglia accettare sia *figlio o fratello* del *de cuius*. In tal caso a subentrare saranno i suoi *discendenti* (artt. 467 e 468 c.c.).

Tale sistema opera sia per l'eredità che per il legato. Se una sola persona succede per rappresentazione al posto del suo ascendente, ne acquista la quota.

Se, invece, a succedere per rappresentazione sono più persone, allora la quota andrà divisa tra loro.

Altro sistema di devoluzione è l'**accrescimento** delle quote tra coeredi e tra collegatari. In base ad esso, come già sopra accennato, se uno dei coeredi o dei collegatari non ha voluto o non ha potuto accettare, le quote degli altri "*si accrescono*" fino ad assorbire la quota del primo. Ciò avviene, però, solo nel caso in cui:

– il testatore abbia designato più eredi senza determinazione di quote o in quote uguali;

– non risulti una diversa volontà del testatore;

– non sussistano i presupposti per la rappresentazione;

– non operi la trasmissione del diritto di accettare.

Ove manchino i presupposti per l'accrescimento, la quota si devolve agli ulteriori successibili secondo le regole della successione legittima.

La devoluzione nella successione legittima avviene secondo i seguenti meccanismi: 1) rappresentazione; 2) accrescimento; 3) devoluzione in senso stretto.

8.16. La comunione ereditaria

Quando più persone siano chiamate *pro quota* alla stessa eredità, tra di esse si instaura una **comunione ereditaria**. Questa è regolata dalle norme generali sulla comunione contenute nel codice civile (**artt. 1100** e ss.), in quanto non derogate da norme specifiche.

Oggetto della comunione non sono, tuttavia, tutti i beni facenti parte dell'asse ereditario. La comunione non comprende i legati di specie; mentre può estendersi anche a beni che, al momento della morte del *de cuius*, non rientravano nel suo patrimonio. Vi rientrano, infatti, anche i beni conferiti per **collazione** dai **discendenti** e dal **coniuge** del defunto, i quali, se accettano l'eredità, ai sensi degli artt. da **737 a 751** c.c., hanno l'**obbligo di conferire** ai coeredi quanto abbiano ricevuto a titolo di donazione, direttamente o indirettamente, dal *de cuius* quando questi era ancora in vita, salvo che non siano stati da lui espressamente dispensati.

La collazione è un istituto tipico della divisione ereditaria (cfr. **art. 724** c.c.); essa cioè viene materialmente posta in essere al fine di completare l'asse in comunione quando i coeredi si apprestano, dopo aver accettato l'eredità, a dividere i beni oggetto della comunione tra di essi esistente. Il fondamento dell'istituto in parola è discusso in dottrina, ma pare rinvenibile nella presunta volontà del donante di dare al legittimario un'anticipazione dell'eredità nel momento in cui gli dona, in vita, suoi beni. Lo scopo della collazione, quindi, consisterebbe nella rimozione di situazioni di disparità tra coeredi e nella garanzia di uguaglianza di trattamento per coniuge e discendenti del *de cuius*. In altre parole, in forza della collazione i beni donati in vita dal *de cuius* ai suoi discendenti o al suo coniuge ritornano per l'intero nella comunione ereditaria.

La collazione non va confusa con la **riunione fittizia**, e cioè con quella somma matematica, che, come abbiamo già evidenziato nel paragrafo 8.9., viene operata al fine di calcolare fittiziamente (e cioè attraverso una mera operazione matematica costituita da addizioni e sottrazioni) il valore dell'asse ereditario rispetto al quale stimare le quote spettanti ai singoli legittimari e, quindi, "*determinare l'ammontare della quota di cui il defunto poteva disporre*" (**art. 556** c.c.). La collazione, infatti, non è una mera operazione matematica, bensì si sostanzia in una restituzione materiale alla comunione ereditaria dei beni ricevuti per donazione, che può essere svolta in natura o per imputazione, da parte dei soggetti tenuti ai sensi dell'art. 737 c.c.

Il **carattere materiale** della collazione è plasticamente evidenziato dall'**art. 746** c.c., il quale afferma che "*La collazione di un bene immobile si fa o col rendere il bene in natura o con l'imputarne il valore alla propria porzione, a scelta di chi conferisce*". Dunque, per i soli beni immobili è possibile scegliere se restituire alla comunione ereditaria il bene in sé (c.d. **restituzione in natura**) ovvero, in alternativa, l'equivalente valore in denaro (c.d. **restituzione per imputazione**) che il bene aveva al momento dell'apertura della successione (**art. 747**). Viceversa, per i beni mobili è prevista la sola collazione per imputazione (**art. 750**) ed altrettanto è a dirsi per il danaro (**art. 751**). Nei due casi l'imputazione seguirà tuttavia regole pratiche diverse esposte nelle due norme da ultimo indicate tra parentesi. A queste deve aggiungersi quanto disposto dall'**art. 725** c.c., che opera come norma di chiusura del sistema della collazione, in quanto stabilisce che se i beni donati non sono conferiti in natura gli altri eredi prelevano dalla massa ereditaria beni in proporzione delle loro rispettive quote, così che, fatti questi "*prelevamenti*", sui beni che restano a formare la comunione i coeredi possano vantare diritti secondo le loro quote, senza più considerare le donazioni ricevute in vita e non esonerate dalla collazione, le quali sono state, in forza di questo meccanismo, giù ricomprese nella comunione.

La **collazione** si attua tanto nella successione legittima quanto nella testamentaria. L'aumento della massa ereditaria che deriva dalla collazione va solo a vantaggio dei coeredi discendenti o del coniuge.

Qualora si instauri una comunione ereditaria, ogni coerede può alienare la propria quota. Tuttavia, il coerede che intenda vendere la sua quota, ai sensi dell'**art. 732** c.c., dovrà comunicare la propria intenzione agli altri coeredi in modo che essi possano esercitare, entro due mesi dalla proposta, il **diritto di prelazione** riconosciuto loro per legge. Ciò, ovviamente, al fine di tutelare l'interesse dei coeredi ad escludere soggetti estranei dalla titolarità dei beni del *de cuius*. Nel caso in cui tale obbligo di informazione non sia rispettato ed il coerede venda la propria quota senza aver messo al corrente gli altri membri della comunione, ciascun coerede avrà un diritto di riscatto sia dall'acquirente che dai successivi aventi causa. L'esercizio di questo diritto di riscatto prende il nome di **retratto successorio**.

8.17. La divisione

La legge riconosce ad ogni coerede la facoltà di chiedere lo scioglimento della comunione. Ciò avviene attraverso la divisione – regolata dal titolo V del libro II, e cioè dagli **artt. 713 al 768 *octies*** – all'esito della quale ogni coerede riceve una parte proporzionale di tutte le specie di beni che formano l'attivo ereditario, ovvero riceve la parte di beni in comunione ereditaria risultante dal diverso accordo intervenuto tra coeredi o la diversa disposizione del *de cuius*. Il tutto con effetti retroattivi.

In sintesi, la divisione può essere:

– **convenzionale**, quando i coeredi stabiliscono la ripartizione delle quote di comune accordo. Per attuarla è necessario il consenso di tutti i coeredi, i quali concludono così un vero e proprio contratto soggetto alle regole comuni;

– **giudiziale**, quando i coeredi non riescono ad addivenire ad un accordo. In tal caso, su domanda anche di uno solo di essi (che, però, deve essere proposta nei confronti di tutti i coeredi), viene adita l'autorità giudiziaria per procedere a dividere l'intero asse. Le operazioni si svolgono sotto la direzione del giudice istruttore e del notaio. Le porzioni devono comprendere un complesso di beni immobili, mobili e crediti di uguale natura e qualità (ovviamente sempre in proporzione alle rispettive quote). L'assegnazione delle porzioni viene fatta con estrazione a sorte.

Il testatore può anche indicare a priori quali beni andranno a comporre la quota già stabilita per i singoli chiamati (norme del testatore **sulla divisione**). A tal fine egli predispone i c.d. **assegni divisionali semplici** (art. 733). I criteri stabiliti dal testatore sono in questo caso vincolanti.

Addirittura il testatore può procedere direttamente alla divisione (si parla in tale ipotesi di **divisione fatta dal testatore** mediante i c.d. **assegni divisionali qualificati**), distribuendo egli stesso tra gli eredi tutti i suoi beni, compresa la quota indisponibile (norme del testatore **di divisione**). In questa ipotesi la comunione ereditaria non sorge affatto e ciascun erede acquista fin dall'accettazione la proprietà dei beni a lui lasciati. Ove qualche bene non sia stato contemplato dal testatore, su di esso si aprirà la successione legittima.

La divisione è suscettibile di annullamento, ove manchi uno dei suoi presupposti essenziali (ad esempio, qualora manchi un coerede). Nell'ipotesi di divisione convenzionale, essa sarà annullabile solo per violenza o per dolo.

Nella divisione è, altresì, esperibile il rimedio della rescissione per lesione, che ogni condividente potrà promuovere contro gli altri allorquando abbia subito una lesione oltre il quarto. In tal caso, non sarà necessario provare lo stato di bisogno (a differenza di quanto avviene per l'azione generale di rescissione).

CAPITOLO NONO
I DIRITTI REALI

Sommario

9.1. **Diritti reali: inquadramento sistematico e caratteristiche**

Nel primo paragrafo del **III capitolo** abbiamo spiegato che è **rapporto giuridico** ogni relazione tra due o più soggetti – spesso mediata dal rapporto di questi con le cose che possono formare oggetto dei diritti – a cui l'ordinamento attribuisce rilevanza, chiarendo inoltre le ragioni per cui non sembra possibile individuare rapporti giuridici laddove un soggetto abbia esclusivamente relazioni con i beni. Nello stesso capitolo abbiamo preso in rassegna le situazioni giuridiche soggettive, che del rapporto giuridico sono il contenuto immediato, e, tra queste, in particolare i diritti soggettivi, che abbiamo distinto innanzitutto in diritti soggettivi assoluti e relativi.

Nel **V capitolo**, dedicato alle "**cose**" e ai "**beni**", abbiamo precisato che, mentre nei rapporti giuridici aventi come contenuto (immediato) un diritto soggettivo assoluto il rapporto tra i consociati è sempre caratterizzato dalla presenza di un oggetto costituito da un bene, nei rapporti giuridici aventi come contenuto un diritto soggettivo relativo l'oggetto del rapporto è costituito da una prestazione, la quale in certi casi può avere, a sua volta, un oggetto costituito da un bene, mentre in altri casi semplicemente non ha alcun oggetto (come accade, ad esempio, nel caso delle prestazioni di non fare). Per comprende appieno questo concetto non dobbiamo dimenticare quanto precisato nel **paragrafo 5.1.1.** a proposito del fatto che, ai sensi dell'**art. 810** c.c., "*Sono beni le cose che possono formare oggetto di diritti*": dunque, sono beni non solo le cose materiali, mobili o immobili, ma anche le cose immateriali.

Richiamati tali fondamentali concetti, è arrivato adesso il momento di approfondire la riflessione sui **diritti reali** (*iura in rem*) in quanto in tutti i sistemi giuridici di origine romanistica i diritti sui beni assumono tradizionalmente, per l'appunto, il nome di diritti reali (dal latino *res,* sostantivo femminile che significa "*cosa*").

Come evidente, la comprensione del funzionamento dei diritti reali rappresenta uno snodo fondamentale nel percorso di scoperta e conoscenza del diritto privato che il lettore di questo manuale sta compiendo.

Infatti, attraverso la disciplina dei diritti in parola i singoli ordinamenti giuridici gestiscono le relazioni tra i consociati e i beni esistenti in natura, favorendo, o meno, determinate dinamiche, ad esempio attributive o circolatorie dei diritti sulle cose, e quindi incidendo direttamente sul modo di essere dei mercati in cui i beni si scambiano, sulla allocazione delle risorse e sulla produzione e distribuzione della ricchezza nell'ambito della comunità. Tutto ciò incide profondamente sul modo di essere della società di cui è espressione il dato ordinamento giuridico. In estrema sintesi, un ordinamento che riconosce e tutela il diritto di proprietà privata, e che consente al titolare di trasferire in modo semplice ma anche in piena sicurezza il suo diritto, determina la proliferazione di dinamiche di mercato, con tutte le conseguenze economiche e culturali che ne derivano; mentre, al contrario, un ordinamento che non riconosce e tutela il diritto di proprietà privata, o che rende difficile il trasferimento del medesimo, non favorisce lo sviluppo del mercato e, per certi versi, può anche scoraggiare i consociati a lavorare e produrre ricchezza per assicurarsi diritti sui beni da cui essi pensano di poter ricavare utilità.

Ovviamente, un ruolo fondamentale in questo contesto è svolto dalla disciplina del **contratto** (alla quale ci dedicheremo più avanti) perché il contratto è lo strumento che, più di ogni altro, concretamente consente la circolazione dei diritti. Non è scorretto, dunque, osservare che la disciplina dei diritti reali concerne principalmente la regolazione della relazione tra titolare del diritto, bene oggetto del diritto e consociati in una **dimensione statica**, mentre la disciplina del contratto proietta tale relazione in una **dimensione dinamica**, ma solo se a ciò si aggiunge che disciplina dei diritti reali e disciplina dei contratti, in realtà, operano congiuntamente, se pure ognuna nell'ambito delle proprie competenze.

Giova a riguardo ricordare che, come abbiamo già chiarito nel paragrafo 3.1., e come in vero abbiamo cennato anche all'inizio di questo paragrafo, la relazione tra il titolare del diritto e la cosa oggetto del diritto assume rilevanza giuridica solo nella misura in cui vi sia almeno un altro soggetto che abbia, o possa avere, un qualche interesse per la medesima cosa in teoria confliggente con l'interesse del titolare. In mancanza, e cioè quando non vi sia alcun possibile rischio di conflitti tra soggetti, il rapporto tra un soggetto e un bene rimarrà irrilevante per il diritto. Il che non accade esclusivamente nell'isola abitata da Robinson Crusoe o sull'asteroide n. 325 in cui il Piccolo Principe incontra il vecchio Re "*vestito di porpora e d'ermellino*". Ed infatti, ad esempio, ad oggi la relazione tra singoli privati e **il sole** non è disciplinata in nessun ordinamento giuridico conosciuto in quanto è ritenuta non giuridicamente rilevante, salvo per determinati profili del tutto residuali, collegati allo sfruttamento dell'energia solare, dai quali in questa sede si può prescindere. Ciò proprio perché, allo stato, non sono ipotizzabili conflitti significativi tra consociati rispetto al sole. Lo stesso è a dirsi per la relazione tra singoli privati e **aria respirabile** in natura, salvo per quanto riguarda gli aspetti relativi al rispetto della salubrità dell'ambiente e, dunque, al divieto di inquinare.

Tutto ciò conferma ulteriormente che il rapporto giuridico: *a*) è sempre e solo tra soggetti; *b*) ha come contenuto immediato situazioni giuridiche soggettive e come contenuto mediato interessi ritenuti dal diritto meritevoli di considerazione; *c*) ha come oggetto *beni* o semplici prestazioni. Dunque, più correttamente deve dirsi che i diritti reali disciplinano la relazione tra il titolare del diritto e il bene che ne è oggetto, in funzione della regolazione del rapporto tra quel titolare e tutti gli altri consociati. E, pertanto, che i diritti reali sono situazioni giuridiche soggettive classificabili (così come i diritti della personalità) tra i **diritti soggettivi assoluti**, che hanno come peculiarità il fatto di avere ad oggetto un bene e di descrivere (o, se si preferisce, qualificare in termini giuridici) la relazione tra quel bene e il titolare del diritto medesimo.

Ai diritti reali il nostro codice civile vigente dedica interamente il **Libro terzo**, intitolato (con una sineddoche, e cioè prendendo una parte per il tutto) "***Della proprietà***", in cui sono compresi gli articoli dall'810 al 1172. Per il fatto di essere composto da 363 articoli, dal punto di vista meramente quantitativo, si tratta del libro più snello tra i sei che compongo il codice.

La collocazione sistematica di questo libro, posto sostanzialmente al centro dell'impianto codicistico, è indice della rilevanza degli argomenti in esso trattati. Tale collocazione, infatti, pur potendo, per certi versi, apparire il retaggio di una tradizione originata dal codice civile francese del 1804, in vero rappresenta una precisa scelta del legislatore italiano del 1942, il quale, sulla scia del legislatore tedesco del BGB del 1900, decise di porre al centro del nuovo codice i diritti reali (Libro III) e la disciplina delle obbligazioni (Libro IV), sulla cui scena domina ovviamente la figura del contratto. A proposito di questi temi, su cui si tornerà anche quando parleremo della disciplina delle obbligazioni, si veda quanto già chiarito nel **paragrafo 1.8** allorquando abbiamo esaminato la genesi del *Code civil* del 1804 e del codice civile italiano del 1942, spiegando come quest'ultimo abbia voluto valorizzare il ruolo del contratto proprio accanto a quello del diritto di proprietà, accompagnando e favorendo per questa via in Italia il passaggio da un'economia sostanzialmente statica, basata sullo sfruttamento dei beni da parte dei relativi proprietari, ad una economica dinamica, basata sulla circolazione dei beni e dunque sulla produzione di ricchezza anche attraverso l'efficiente allocazione delle risorse.

Per chiudere il discorso introduttivo sui diritti reali deve osservarsi che secondo l'impostazione classica questi ultimi avrebbero le seguenti caratteristiche: I) l'**assolutezza**, e cioè l'idoneità di tali diritti di essere fatti valere dal titolare nei confronti di tutti i consociati (*erga omnes*); II) l'**immediatezza del potere** sulla cosa, e quindi la possibilità per il titolare del diritto di incidere, nei limiti di quest'ultimo, sulla situazione di fatto e/o di diritto del bene; III) l'**immediatezza della realizzazione dell'interesse**, e quindi la possibilità per il titolare di trarre godimento dal medesimo, senza necessità di altrui cooperazione; IV) la **tipicità**, cioè il fatto che sarebbero diritti reali soltanto quelli espressamente, e dunque tipicamente, stabiliti dalla legge; e V) la **patrimonialità**, perché il contenuto del diritto è prevalentemente, quando non esclusivamente, economico.

In realtà, come abbiamo già visto nel **paragrafo 3.2.1.** – a cui si rimanda per gli opportuni approfondimenti anche sul concetto di immediatezza – l'assolutezza, intesa nel suo senso proprio, a ben vedere, e sebbene la diversa errata opinione sia ancora sostenuta in dottrina, non costituisce una caratteristica distintiva dei diritti assoluti rispetto ai diritti relativi. Ciò in quanto anche il diritto relativo può essere fatto valere nei confronti di qualsiasi consociato; nel senso che la sua lesione per fatto illecito comporta, a favore del titolare danneggiato, la responsabilità risarcitoria di chiunque abbia commesso il fatto o sia comunque per esso responsabile ai sensi di legge. In altre parole, quando l'ordinamento riconosce un diritto soggettivo ad un privato, tanto che questo diritto sia assoluto quanto che sia relativo, in capo agli altri consociati sorge un dovere di astensione, e cioè il dovere di non compiere atti illeciti che possano pregiudicare la relazione tra il titolare del diritto e il bene oggetto del diritto. Sulle caratteristiche della tipicità e della patrimonialità ci soffermeremo nei paragrafi che seguono.

Qui val la pena, invece, precisare che, a dispetto di quanto ritengono alcuni autori, la **materialità** dei beni oggetto del diritto non costituisce una caratteristica dei diritti reali. In altre parole, come dimostra la prassi negoziale emersa negli ultimi lustri attorno ad alcuni beni tipicamente immateriali (*software*, idee, format televisivi e radiofonici, ecc.), i diritti reali possono aver ad oggetto anche cose prive di materialità, almeno intesa in senso tradizionale. Vero è, dunque, che generalmente i beni immateriali – e più precisamente quelli aventi ad oggetto le creazioni della mente umana in campo scientifico, industriale e artistico – costituiscono oggetto di situazioni di tipo dominicale compendiabili in una tipologia di diritto del tutto peculiare che prende il nome di **proprietà**

intellettuale (che può riguardare invenzioni brevettabili, simboli, nomi, algoritmi, lavori letterari o, più in generale, artistici, come opere musicali, film, disegni, quadri e altro ancora). Ed è altresì vero che tale proprietà non è riconducibile integralmente nell'alveo dei diritti reali in quanto per alcuni profili – in particolare quelli relativi al diritto morale d'autore o dell'invenzione – rivela caratteristiche che la avvicinano ai diritti della personalità, tanto che il diritto morale d'autore è, per l'appunto, considerato un diritto della personalità (sul punto si rinvia al **paragrafo 4.3.8.**, lett. i). Tuttavia, per la parte restante, la proprietà intellettuale (che si declina, tradizionalmente, in **diritto d'autore**, o *copyright*, e **diritto industriale**, a sua volta suddiviso in diritto dei marchi e diritto dei brevetti), pur esprimendo sue precise peculiarità disciplinari, per come disciplinata dal codice civile (agli artt. 2575-2594 c.c., e dunque nel Titolo IX del Libro V, intitolato "*Dei diritti sulle opere dell'ingegno e sulle invenzioni industriali*") e dalle leggi speciali va senz'altro considerato un tipo speciale di proprietà, come tale annoverabile tra i diritti reali.

9.1.1. Tipicità e diritti reali minori

Come anticipato, nel nostro sistema giuridico tradizionalmente si ritiene che siano diritti reali solo quelli espressamente presi in considerazione e disciplinati dal legislatore. Si tratta, per la precisione, di sei **diritti reali di godimento** (diritto di proprietà, diritto di superficie, usufrutto, diritto reale d'uso, diritto reale di abitazione, servitù prediali) e due **diritti reali di garanzia** (il pegno e l'ipoteca), tutti disciplinati all'interno del codice civile. Su ognuno dei questi diritti concentreremo l'attenzione più avanti.

Di conseguenza, i consociati, attraverso l'esercizio dell'autonomia privata, non potrebbero creare nuovi diritti reali diversi da quelli tipici (a questo proposito si parla di **principio del *numerus clausus***, e cioè del numero chiuso dei diritti in questione), né potrebbe attribuire ai diritti reali tipici un contenuto o una disciplina diversi da quelli loro assegnati dalla legge (a questo proposito si parla di **principio di tipicità in senso stretto**).

La circostanza è, in vero, tutt'altro che pacifica, tanto che alcuni autori ritengono che quello della tipicità non sia un principio del nostro ordinamento, ma un mero dogma. Non esiste, infatti, alcuna norma che affermi il concetto in parola, che viene ricavato per via interpretativa dall'**art. 832 c.c.**, il quale – come abbiamo già ricordato – nel definire il contenuto del diritto di proprietà stabilisce che "*il proprietario ha il diritto di godere e disporre delle cose in modo pieno ed esclusivo, entro i limiti e con l'osservanza degli obblighi stabiliti dall'ordinamento giuridico*". In vero, e come meglio si vedrà tra breve, anche la **Costituzione**, all'**art. 42**, stabilisce che sia la legge a stabilire "*modi di* *acquisto, di godimento e i limiti*" del diritto di proprietà, con ciò costituendo una riserva di legge in materia.

In buona sostanza – anche alla luce del ruolo fondamentale che la nostra Costituzione assegna al diritto di proprietà (su cui *infra*) e dell'idea, figlia della Rivoluzione francese, per cui la proprietà privata dovrebbe essere "*sacra e inviolabile*" – si ritiene che con l'art. 832 c.c. e con l'art. 42 Cost. il legislatore abbia voluto stabilire che il diritto "*pieno ed esclusivo*" del proprietario possa essere limitato solo da situazioni giuridiche soggettive espressamente considerate e disciplinate dall'ordinamento giuridico per mano del legislatore, per il resto dovendo, invece, il proprietario poter godere di tutte le facoltà e prerogative collegate al suo diritto senza limitazioni.

Per consentire la migliore comprensione di questo concetto dobbiamo sottolineare che il diritto di proprietà è l'unico **diritto reale pieno e su bene proprio** contemplato dal nostro ordinamento. Tutti gli altri **diritti reali**, sia di godimento che di garanzia, sono detti **minori** (o parziali o limitati o *iura in re aliena*) in quanto hanno ad oggetto un bene la cui proprietà è di un altro soggetto (ad esempio, una servitù prediale insiste sempre su un fondo, detto servente, di proprietà di un soggetto diverso da quello titolare della servitù) e hanno un contenuto più modesto rispetto a quello tipico del diritto di proprietà, ma che riduce il potere del proprietario sul bene. Di modo che, quanto più significativo sarà il contenuto del diritto reale minore gravante su un certo bene, tanto più si ridurranno le facoltà e le prerogative del proprietario. Se, infatti, io ho il diritto (per l'appunto, trattasi di servitù prediale) di attraversare il fondo attiguo a quello di cui sono proprietario per accedere a quest'ultimo, è evidente che il proprietario del fondo servente dovrà sopportare il mio passaggio, e ciò limiterà il suo diritto dominicale che, in teoria, dovrebbe esplicarsi anche nella possibilità di escludere qualsiasi terzo dalla relazione con il bene oggetto del suo diritto. Se, però, il mio diritto di passaggio è limitato ad un giorno a settimana, il peso per il proprietario è, tutto sommato, modesto; viceversa, se io ho il diritto di passare sul fondo servente quando voglio senza preclusioni, il sacrificio che il proprietario deve sopportare è maggiore.

In alcuni casi, per definire il diritto del proprietario di un bene su cui insiste un diritto reale minore, si parla di **nuda proprietà**, cioè proprietà svuotata di gran parte del suo contenuto. Il nudo proprietario, infatti, non può esercitare alcuna facoltà e prerogativa sul bene, se non quelle strumentali alla conservazione del medesimo, e può disporre del suo diritto di proprietà ma sempre e solo trasferendo all'avente causa il diritto compresso, che tornerà ad espandersi solo quando il diritto reale minore si estinguerà. Per i più, sarebbe corretto parlare di nuda proprietà solo quando su un certo bene sussista un diritto di usufrutto perché questo costituisce il diritto reale su cosa altrui più penetrante e, quindi, più compressivo delle facoltà proprietarie. A ben vedere, tuttavia, anche in presenza di una enfiteusi o di diritti d'uso o di abitazione, e per certi versi anche in presenza di un diritto di superficie, risulta possibile utilizzare il concetto di nuda proprietà per definire in modo plastico la situazione giuridica soggettiva del proprietario.

In definitiva, dunque, può dirsi che, quando su un certo bene sussiste un diritto reale minore in capo a qualcuno, tale diritto coesiste sempre con il diritto di proprietà che sul medesimo bene spetta a qualcun altro e determina la riduzione del contenuto (e, dunque, delle facoltà e prerogative) del diritto di proprietà. Questa riduzione consente la coesistenza tra diritto di proprietà e diritto minore e dura per tutto il tempo in cui resta in vita il diritto reale minore. Al termine di tale periodo, il diritto di proprietà torna ad espandersi in tutta la sua pienezza e il proprietario torna, dunque, a poter godere di tutte le facoltà e prerogative a lui spettanti sul bene. La capacità del diritto di proprietà di restringere e (ri)espandere il proprio contenuto a seconda della presenza sullo stesso bene di un diritto reale minore, e del contenuto di questo, costituisce una caratteristica fondamentale del diritto medesimo che viene comunemente definita **elasticità**.

È appena il caso di precisare che su una stessa cosa possono coesistere più diritti reali minori in quanto ciascuno di essi ha un proprio contenuto, diverso dal contenuto degli altri. A seconda di quanto prescritto dalla legge, inoltre, i diritti in questione possono essere a tempo o perpetui. Sempre, tuttavia, essi permangono, perché diritti sulla cosa, nonostante il mutamento della persona del proprietario. In ragione di questa caratteristica, si usa dire che i diritti reali minori sono dotati del **diritto di seguito** (o diritto di sequela): in breve, il diritto minore, se debitamente trascritto *ex* artt. 2643 c.c., è opponibile a tutti i successivi proprietari del medesimo bene indipendentemente da ciò che il dante causa ha dichiarato e reso noto all'avente causa, salvo che quest'ultimo non abbia acquistato la cosa a titolo originario in quanto in tal caso (*usucapio libertatis*) l'acquisto del diritto di proprietà è pieno ed al nuovo proprietario non possono essere opposti i diritti minori sino a quel momento gravanti sul bene in questione, e ciò anche a prescindere dalla trascrizione di tali diritti se concernenti un bene immobile.

Giova, a tal proposito, ricordare che quando il diritto ha ad oggetto un bene immobile, la sua opponibilità ai terzi acquirenti è subordinata all'avvenuta trascrizione nei registri immobiliari. Il diritto non trascritto sarà, tuttavia, opponibile al terzo acquirente se menzionato nell'atto di trasferimento del bene. Su questi argomenti giova rinviare ai paragrafi 6.4.1.3. e 6.4.1.4.

Inoltre, per chiudere la panoramica generale sui diritti reali minori, è opportuno aggiungere che questi ultimi godono di una difesa in giudizio assoluta: il titolare li può difendere da sé, cioè senza bisogno della collaborazione del proprietario, anche attraverso l'azione confessoria, contro chiunque ne contesti l'esercizio. Inoltre, tutti i diritti reali, e dunque anche i diritti reali minori, sono suscettibili di **possesso** e godono, per questa ragione, di una protezione che non ha confronto con quella dei diritti personali di godimento, in quanto sono protetti non solo come diritti, ma anche come situazione di fatto sulla cosa riconosciuta e difesa dall'ordinamento. Per tanto, tutti i diritti reali possono essere oggetto di azioni possessorie e l'esercizio del potere di fatto sulla cosa consente l'acquisto del relativo diritto per **usucapione**.

Chiariti questi aspetti concernenti alcune caratteristiche peculiari dei diritti reali minori, è necessario ritornare al concetto di tipicità. Come detto, tradizionalmente nel nostro ordinamento si ritiene che possano operare solo i diritti reali espressamente presi in considerazione e disciplinati dal legislatore. Tuttavia, negli ultimi decenni si è assistito alla emersione, nella prassi dei rapporti negoziali, di alcuni istituti giuridici i cui tratti salienti appaiono idonei ad incidere sulla destinazione dei beni in maniera simile a quanto accade ai diritti reali. I casi più significativi riguardano la **multiproprietà**, le servitù reciproche, il ***trust*** (di cui ci siamo brevemente occupati già al paragrafo 4.5.) e la **cessione di cubatura**. Tale dinamica – che ha avvalorato i dubbi circa la reale vigenza nel nostro sistema giuridico del principio di tipicità dei diritti reali – risulta facilitata dall'opposto principio di atipicità che (come abbiamo già anticipato al **paragrafo 2.1.2.5.**, a cui si rinvia per gli opportuni approfondimenti sul tema) vige in materia contrattuale, nel cui ambito l'art. 1322 c.c. stabilisce espressamente che «*le parti possono anche concludere contratti che non appartengono ai tipi aventi una disciplina particolare, purché siano diretti a realizzare interessi meritevoli di tutela secondo l'ordinamento giuridico*».

Nel diritto romano la proprietà fondiaria costituiva la principale fonte di ricchezza che l'ordinamento intendeva tutelare e sfruttare a pieno, ragion per cui l'autonomia negoziale, volta ad introdurre delle limitazioni al diritto di proprietà, veniva considerata un'eccezione, un'anomalia da non potersi estrinsecare al di fuori dai casi consentiti dallo stesso ordinamento. Dunque, già in **epoca romana** si sviluppò un atteggiamento di sfavore nei confronti degli *iura in re aliena*, che furono visti come un limite alla proprietà e un ostacolo al suo pieno sfruttamento dal punto di vista economico. Pertanto la loro ammissibilità doveva essere limitata ad ipotesi già predeterminate. Questa logica venne abbandonata in **epoca medioevale**, visto che la società feudale si basava su un sistema esattamente opposto, il quale prevedeva l'imposizione a carico di fondi privati di vincoli, solitamente perpetui e trasmissibili *mortis causa*, tramite cui il feudatario perpetuava il proprio controllo sui sottoposti. Infine, tipicità e numero chiuso tornarono in auge dopo la **Rivoluzione francese**, con il *Code civil* del 1804, e da lì sono arrivati ai giorni nostri. In epoca illuministica, infatti, si riteneva che lo smembramento della proprietà avvenuto in epoca feudale, effettuato tramite l'imposizione di numerosi vincoli sul medesimo bene, fosse alla base dell'egemonia aristocratica, anche perché quel sistema consentiva di tramandare negli anni interi patrimoni impedendone la circolazione, sicché si ritenne di tutelare la proprietà privata al massimo livello possibile, garantendo certezza e conoscibilità di tutte le vicende che potessero limitare il diritto del proprietario sul bene. Le stesse esigenze di certezza del diritto e tutela dei terzi interessati ad acquistare diritti, finalizzate a garantire la piena e fluida circolazione dei diritti in questione, giustificano ancora oggi, per la dottrina maggioritaria e la giurisprudenza, la difesa del principio di tipicità, inteso sia come *numerus clausus* che come tipicità in senso stretto.

Tuttavia, negli ultimi anni la **giurisprudenza** italiana ha dimostrato una certa apertura nei confronti del superamento del principio di tipicità inteso in senso stretto, in quanto, pur richiamando il principio di tipicità dei diritti reali, e dunque pur affermando l'attualità di quest'ultimo, i giudici si sono, in molti casi, mostrati propensi a riconoscere efficacia *erga omnes* a clausole negoziali destinate ad incidere sul contenuto di diritti reali. In particolare, in tal senso si è espressa la Cassazione, con riguardo alla servitù di parcheggio, nella **sentenza n. 16698/2017**, a tenore della quale «lo schema legale della servitù lascia ampio margine all'autonomia privata di stabilire, ovviamente nelle servitù volontarie, il contenuto del vantaggio per il fondo dominante [...] la cosiddetta *utilitas* per il fondo dominante può avere contenuto assai vario, come dimostra la previsione del legislatore, che indica la maggiore comodità o amenità del fondo dominante [...] si deve ritenere che la tipicità delle servitù volontarie sia di carattere strutturale, non contenutistico». In argomento, si segnala anche un recente arresto, sempre della Cassazione, ma a Sezioni Unite. Si tratta della **sentenza n. 28972/2020**, nella quale, con riferimento all'uso esclusivo del cortile condominiale, la Suprema Corte ha statuito che «la pattuizione avente ad oggetto l'attribuzione del cd. "diritto reale di uso esclusivo" su una porzione di cortile condominiale, costituente, come tale, parte comune dell'edificio, mirando alla creazione di una figura atipica di diritto reale limitato, idoneo ad incidere, privandolo di concreto contenuto, sul nucleo essenziale del diritto dei condomini di uso paritario della cosa comune, sancito dall'art. 1102 c.c., è preclusa dal principio, insito nel sistema codicistico, del "*numerus clausus*" dei diritti reali e della tipicità di essi. Ne consegue che il titolo negoziale che siffatta attribuzione abbia contemplato implica di verificare, nel rispetto dei criteri di ermeneutica applicabili, se, al momento di costituzione del condominio, le parti non abbiano voluto trasferire la proprietà ovvero, sussistendone i presupposti normativi previsti e, se del caso, attraverso l'applicazione dell'art. 1419 c.c., costituire un diritto reale d'uso *ex* art. 1021 c.c. ovvero, ancora se sussistano i presupposti, *ex* art. 1424 c.c., per la conversione del contratto volto alla creazione del diritto reale di uso esclusivo in contratto avente ad oggetto la concessione di un uso esclusivo e perpetuo (ovviamente "*inter partes*") di natura obbligatoria».

9.2. Il diritto di proprietà. Importanza ed evoluzione dell'istituto

La proprietà è l'istituto con cui, nel mondo del diritto, si descrive e tutela la situazione di appartenenza più ampia e completa di una cosa ad un soggetto. In altre parole, non vi può essere, sul piano giuridico, un rapporto più forte tra un soggetto e un bene che quello cristallizzato nel diritto di proprietà, e ciò in quanto quest'ultimo attribuisce la più ampia sfera di poteri, facoltà e prerogative che un soggetto possa esercitare su un bene. A norma dell'**art. 832** c.c., infatti, come già a più riprese ricordato, la proprietà è "*il diritto di godere e disporre delle cose in modo pieno ed esclusivo, entro i limiti e nei modi che la legge prevede*".

L'importanza dell'istituto, tanto a livello storico quanto culturale e politico-sociale, è tale che nell'universo dei diritti soggettivi la proprietà ha sempre occupato, ed occupa ancora oggi, una posizione talmente rilevante da farla considerare il vero e proprio prototipo del diritto soggettivo, oltre che senz'altro il diritto reale per eccellenza. Non a caso, come abbiamo già sottolineato in apertura di capitolo, il Libro III del nostro codice civile, pur avendo ad oggetto la disciplina dei beni e dei diritti reali in generale, è intitolato "*Della proprietà*".

Nelle società liberali ottocentesche la proprietà rappresentava lo strumento attraverso il quale la borghesia affermava e tutelava il proprio diritto a svolgere attività commerciali lucrative e ad accumulare ricchezza senza subire ingerenze da parte di poteri precostituiti. In estrema sintesi, essa era concepita come **potere pieno ed esclusivo** del proprietario sui suoi beni, che la legge riconosceva e tutelava rispetto al rischio di attacchi esterni, anche pubblici (in passato mossi dalle gerarchie nobiliari, ecclesiastiche o anche soltanto feudali), tuttavia senza limitarlo e senza interferire nel suo esercizio, il quale era lasciato alle libere scelte del privato. La possibilità per quest'ultimo di perseguire i propri interessi attraverso il libero esercizio delle prerogative proprietarie, e dunque attraverso la piena e garantita disponibilità dei propri beni, si riteneva che consentisse a chiunque di massimizzare la propria utilità, di incrementare il proprio benessere e, persino, in molti casi, di migliorare la propria condizione sociale. Inoltre, si reputava che tale dinamica, a livello aggregato, determinasse un generale miglioramento delle condizioni di vita di tutta la comunità perché se alcuni consociati godono di maggiore benessere senza danneggiare gli altri, allora tutta la società esprime livelli di benessere aggregato più elevati, ed inoltre perché il riconoscimento pieno del diritto di proprietà e la creazione di meccanismi circolatori sicuri del medesimo favoriscono lo sviluppo dei mercati.

In definitiva, mercé il riconoscimento del diritto di proprietà nei termini appena cennati e la coeva valorizzazione dell'autonomia negoziale, nel corso del XIX secolo, anche grazie al fondamentale contributo culturale di alcuni pensatori illuminati che in quel periodo concepirono l'economia moderna su **basi utilitaristiche** (cfr. il box che segue), si realizzò un vero e proprio rovesciamento di prospettiva rispetto alle epoche precedenti, durante le quali l'organizzazione feudale e corporativa, imponendo opprimenti vincoli soprattutto ai fondi rustici, aveva impedito la piena utilizzazione delle risorse esistenti in natura e lo sviluppo di una classe sociale dedita allo sfruttamento efficiente di tali risorse. Il tutto, abbinato agli effetti della rivoluzione industriale e ai conseguenti stravolgimenti sociali che si registravano un po' ovunque nel mondo progredito, favorì in modo determinante l'emersione, prima, e l'affermazione, poi, del **capitalismo**.

Le basi utilitaristiche dell'economia moderna

Nel 1776, con l'opera intitolata "*La ricchezza delle nazioni*" (il titolo dell'opera in lingua originale è "*An Inquiry into the Nature and Causes of the Wealth of Nations.*"), ed in particolare nel capitolo secondo del primo libro – laddove compaiono il fornaio, il macellaio ed il birraio – **Adam Smith**, rovesciando la logica agostiniana che aveva largamente influenzato la riflessione dei secoli immediatamente precedenti circa il rapporto tra uomo ed utilità personale, riconosce all'interesse del singolo (in termini teologici, "*l'amor di sé*" contrapposto a "*l'amor divino*") una funzione fondante la moderna economia ed un valore altamente positivo in quanto determinante il bene comune.

In verità, già nel 1754, **Jean-Jacques Rousseau** nel suo "*Discorso sull'origine dell'uguaglianza*", introducendo una distinzione che non trova spazio negli agostiniani (i quali pure non negavano l'importanza della "cura di sé") avverte che «non bisogna confondere l'amor proprio e l'amor di sé; si tratta di due passioni molto diverse per la loro natura e per i loro effetti. L'amor di sé è un sentimento del tutto naturale che porta ogni animale a vegliare sulla propria conservazione e che nell'uomo, governato dalla ragione e temperato dalla pietà, dà luogo all'umanità e alla virtù. L'amor proprio, invece, è solo un sentimento relativo, artificioso, nato nella società, che porta l'individuo a far più caso a sé che a ogni altro, e che ispira agli uomini tutto il male che si fanno a vicenda».

Non va dimenticato che questa rivalutazione, in chiave etica prima ancora che filosofica, dell'interesse individuale come ragione giustificatrice delle azioni umane, segue, a distanza di quasi un secolo, l'affermazione di un altro grande pensatore, **John Locke** (1632-1704), circa la natura essenzialmente economica della proprietà privata, il substrato naturale del diritto soggettivo di proprietà ed il carattere dichiarativo (e non costitutivo) delle regole positive che riconoscono e disciplinano la proprietà. Al di là della fondatezza o meno di queste tesi, quello che qui giova evidenziare è che la peculiarità del pensiero di Locke consiste nell'abbandono dei criteri politici e morali con cui sino ad allora era stato trattato il diritto di proprietà, nell'attribuzione all'istituto esclusivamente di una funzione economica e nell'affermazione che gli uomini si riuniscono in comunità essenzialmente per veder tutelate le proprie ragioni dominicali.

Siamo, ovviamente, ancora lontani dall'emersione del contratto quale si avrà diffusamente circa due secoli dopo, e tuttavia, almeno idealmente, siamo già oltre l'idea esclusivamente statica della ricchezza e dei rapporti privatistici. Ed infatti, caratteristica essenziale dell'Europa preindustriale sono le rigidità, le inerzie e le lentezze di un'economia ancora elementare e con movimenti limitati e minoritari di merci, servizi e persone. Tra il 1400 ed il 1800, come viene notato in letteratura, l'economia dello scambio è imperfetta in quanto, tra l'altro, grandissima parte della produzione è assorbita dall'autoconsumo della famiglia o del villaggio, e dunque non entra nel circuito del mercato.

Ma in pochi lustri, nel corso dell'Ottocento, sia in ragione del processo di industrializzazione in atto – che, da un lato, consente la produzione di beni di consumo, dall'altro distribuisce moneta agli operai, così determinando le condizioni ambientali per la vendita di tali beni – sia in ragione del trasferimento di masse proletarie dalle campagne alle città e del fenomeno di urbanizzazione che esso determina, lo scenario cambia completamente. Ed emerge così in ambito filosofico l'**utilitarismo**. Concezione di cui, secondo alcuni, sono precursori già i filosofi greci Protagora ed Epicuro, ma che trova senza dubbio la sua migliore formulazione per mano di **Jeremy Bentham**, il quale, partendo dall'idea che l'utilità è ciò che produce vantaggio rendendo minimo il dolore e massimo il piacere, arriva a formulare processi di quantificazione del piacere, e ad introdurre il concetto di *algebra morale* che molta fortuna ebbe nei decenni seguenti (si veda, in proposito l'opera "*An Introduction to the Principles of Morals and Legislation*", Oxford, 1789).

Tra i primi e più attenti studiosi del pensiero di Bentham fu **John Stuart Mill**. Questi, che di Bentham era assiduo frequentatore e seguace, nel 1861, nell'opera intitolata *Utilitarianism*, avviò il processo di arricchimento della teoria, tra l'altro evidenziando come occorresse, al fine, perfezionare la misurazione, relativizzare la quantificazione del piacere in ragione della raffinatezza dell'individuo interessato dall'analisi. Fu proprio Mill, fondando nel 1822 una piccola "*società utilitaristica*" (che si sciolse già nel 1826 e non arrivò mai a dieci soci), le cui prime riunioni si tennero nella casa di Bentham, ad utilizzare per primo il termine "utilitarismo".

A partire dalla seconda metà dell'Ottocento la concezione utilitaristica, valorizzata particolarmente nell'ambito delle **dottrine economiche c.d. marginaliste**, comincia una parola ascendente e, secondo molti, egemonica. L'utilitarismo viene, dunque, inteso come «razionalità pratica allargata, cioè tale che il suo postulato del soggetto egoista razionale tenderà progressivamente a conquistare tutti gli ambiti delle scienze umane e sociali e l'intera filosofia morale e politica fino a giungere al predominio pressoché incontrastato della teoria dell'azione razionale. L'utilitarismo diventa, così, non solo il sistema teorico ed ideologico dominante, ma l'immaginario stesso della modernità, lo specchio fedele dell'antropologia dell'uomo moderno nella sua riduzione ad *homo oeconomicus*».

La teoria utilitaristica viene, infatti, prima, applicata al rapporto tra uomo e società – ed in questa prospettiva essa giustifica il sacrificio del singolo a beneficio della utilità collettiva, così manifestando la sua naturale originaria vocazione solidaristica – per poi essere orientata ad indagare in particolare l'efficienza dei comportamenti individuali, e delle regole che li disciplinano e li favoriscono, nell'ambito delle relazioni interpersonali, giacché, secondo gli utilitaristi, il benessere di una comunità di uomini è dato dalla misura del benessere individuale aggregato. Circa le modalità utili a calcolare la misura di benessere aggregato, fondamentale si rivela poi l'opera di altri grandi pensatori, quali **Francis Y. Edgeworth**, **Vilfredo Pareto**, **Alfred Marshall**, **Arthur Cecil Pigou** e altri ancora.

La concezione della proprietà come vero e proprio diritto fondamentale individuale che assegna al consociato un potere illimitato sui suoi beni entra in crisi nella seconda metà del XIX secolo soprattutto perché la nascita degli Stati moderni (in particolare, nel 1861 abbiamo l'unità d'Italia, e dunque la proclamazione del Regno d'Italia, mentre nel 1871 abbiamo l'unificazione e la nascita dell'Impero germanico, anche detto Secondo Reich), con l'emersione in ambito sociale e politico di valori diversi da quelli dell'epoca dei Lumi, favorisce un processo di parziale ripensamento del ruolo sociale della proprietà e dei rapporti tra poteri privati e poteri pubblici, a tutto vantaggio di questi ultimi. Di nuovo, dunque, il diritto di proprietà si trova ad essere al centro di una trasformazione culturale e politica epocale, in quanto i neonati Stati moderni, che per altro guardavano ai poteri privati con un certo sospetto e temevano l'accumularsi eccessivo di ricchezza nelle mani di singoli individui (il ruolo delle società segrete nella nascita degli Stati moderni è noto), non potevano e non volevano tollerare che i consociati fossero liberi di esercitare discrezionalmente le prerogative proprietarie senza risponderne di fronte alla collettività o, meglio, senza rendere tale esercizio concretamente funzionale al rafforzamento degli Stati e all'incremento del benessere della comunità. Tale propensione si rafforzò ulteriormente con l'avvento dei movimenti politici di ispirazione socialista e con le prime rivendicazioni dei movimenti dei lavoratori, che denunciavano le ingiustizie sociali e contestavano in radice la proprietà privata.

A ben vedere, si trattò di una vera e propria crisi del modello liberale individualistico, e non solo di una crisi del relativo concetto di proprietà. La qual cosa investì non solo il pensiero giuridico che a lungo aveva assecondato la lettura della realtà effettuale attraverso le lenti, sempre più deformanti, della codificazione napoleonica e che ora doveva misurarsi con i problemi dell'industrialismo, con l'accentuarsi delle tensioni sociali e con l'emergere dei conflitti di classe. Ma anche l'indagine economica chiamata a affrontare, anche dal punto di vista teorico, il tema dell'intervento pubblico in funzione promozionale dell'economia in termini sia di correzione degli squilibri redistributivi legati al funzionamento del mercato, sia di tutela assistenziale dei lavoratori, nonché, più in generale, di promozione della domanda aggregata per favorire la piena occupazione, configurando lo Stato anche come diretto protagonista dell'attività produttiva. Per queste ragioni, nei primi decenni del 1900, da più parti si invocò una vera e propria trasformazione del diritto civile propugnando l'abbandono della logica liberale-individualistica napoleonica e l'approdo ad una concezione sociale del diritto, che per alcuni doveva addirittura portare ad una configurazione collettivista della proprietà.

In più, tra la fine del XIX e l'inizio del XX secolo si verificarono una serie di fenomeni che incisero in modo molto significativo sull'evoluzione dei rapporti sociali e, in particolare, sullo sviluppo dei mercati e sulla distribuzione della ricchezza. Detti fenomeni minarono ulteriormente le basi della concezione proprietaria sviluppatasi nel corso del 1800. In particolare, in quel periodo, con l'affermarsi delle attività industriali, finanziarie e di servizi, la rilevanza dei beni immobili cominciò a ridursi rispetto all'epoca precedente, in cui il bene per eccellenza era costituito dal fondo rustico giacché l'economia era prettamente basata sulla produzione agricola; e ciò a tutto vantaggio di beni mobili, quali materie prime, macchine industriali, mezzi di trasporto e titoli di credito. Il fenomeno viene comunemente descritto in termini di **mobilizzazione della ricchezza**. Inoltre, nell'ambito dei nuovi processi produttivi cominciò a percepirsi sempre di più l'importanza di beni immateriali. Il riferimento è a idee, invenzioni, formule pubblicitarie, marchi e quant'altro. Questo fenomeno è denominato comunemente **smaterializzazione della ricchezza**. Infine, in ragione della possibilità di costituire grandi società con capitale diffuso tra molteplici soggetti proprietari di titoli rappresentativi del capitale medesimo, si fece largo l'idea della netta **separazione tra proprietà del bene produttivo e controllo o gestione dello stesso** e si fece, così, strada la figura dell'imprenditore, che – ben distinta da quella del proprietario – costituisce nel nostro codice civile del 1942 uno dei perni della disciplina del diritto commerciale, a cui è dedicato il Libro V, intitolato "*Del Lavoro*".

9.2.1. Il diritto di proprietà tra codice civile, Costituzione, CEDU e diritto dell'Unione Europea

Il codice civile italiano del 1942 reca tracce evidenti del cambio di concezione e delle tensioni appena cennate. Ed infatti, dopo aver definito, se pure in modo piuttosto generico, all'art. 832, il contenuto del diritto di proprietà, il legislatore all'**art. 833**, rubricato "***Atti di emulazione***" precisa che "*il proprietario non può fare atti i quali non abbiano altro scopo che quello di nuocere o recare molestia ad altri*", all'**art. 834**, rubricato "***Espropriazione per pubblico interesse***" stabilisce che per causa di pubblico interesse "*legalmente dichiarata e contro il pagamento di giusta indennità*" chiunque può essere "*privato in tutto o in parte dei beni di sua proprietà*", poi negli articoli dall'835 all'838 disciplina "***Requisizioni***", "***Vincoli e obblighi temporanei***", "***Ammassi***", "***Espropriazione di beni che interessano la produzione nazionale o di prevalente interesse pubblico***", ed infine, all'art. 839, rubricato "***Beni di interesse storico e artistico***", prevede che "*Le cose di proprietà privata, mobili o immobili, che presentano interesse artistico, storico, archeologico o etnografico, sono sottoposte alle disposizioni delle leggi speciali*", che, come vedremo più avanti, limitano le comuni prerogative e facoltà proprietarie al fine di tutelare il bene medesimo o per altre finalità di pubblico interesse.

Anche la nostra **Costituzione**, come noto entrata in vigore nel 1948, dimostra in modo eloquente l'evoluzione del concetto di proprietà privata, che si era avuta nel corso della prima metà del XX. Anzi, senz'altro può dirsi che l'approccio della Costituzione italiana al tema è ancora più radicale rispetto a quello del codice civile, anche perché evidentemente condizionato dallo sconvolgimento che aveva travolto il mondo, ed in particolare l'Europa, a causa degli orrori che avevano caratterizzato la Seconda Guerra Mondiale.

La Costituzione contempla la proprietà privata all'**art. 42**, e quindi nella parte relativa ai "*rapporti economici*" e non già nella parte dedicata ai "*principi fondamentali*", ai "*rapporti civili*" e ai "*rapporti etico-sociali*". Questo dato sistematico è molto importante perché evidenzia in modo plastico la scelta del legislatore costituente di non considerare il diritto di proprietà tra i diritti di libertà individuale e gli altri fondamentali diritti umani che l'art. 2 della stessa Costituzione definisce inviolabili.

La circostanza è confermata dal contenuto dell'art. 42, il quale – dopo aver precisato (al comma 1) che nel nostro ordinamento "***la proprietà è pubblica o privata***" (così descrivendo un sistema c.d. ad economia mista) e (al comma 2) che "*la proprietà privata è* ***riconosciuta e garantita dalla legge***" (sicché, a Costituzione invariata, nessuna fonte di rango inferiore può abolire o svuotare di contenuto il diritto di proprietà privata) – afferma in modo solenne (sempre al comma 2) che **è la legge a determinare "*i modi di acquisto, di godimento, e i limiti*" della proprietà "*allo scopo di assicurarne la funzione sociale e di renderla accessibile a tutti*"**, prima di concludere stabilendo (al comma 3) che "*La proprietà privata può essere, nei casi previsti dalla legge, e salvo indennizzo, espropriata per motivi di interesse generale*".

L'art. 42 introduce, dal punto di vista storico per la prima volta nel nostro ordinamento, quella che è comunemente definita la "***funzione sociale***" del diritto di proprietà, e cioè il principio per cui la legge deve disciplinare il diritto in parola di modo che il suo esercizio individuale non risulti in contrasto con l'interesse della collettività o comunque con interessi, anche di singoli consociati, ritenuti in determinati casi meritevoli di tutela più del diritto di proprietà privata. L'espediente tecnico, e cioè la funzionalizzazione sociale dell'istituto, non rappresenta in assoluto una novità perché, a partire dalla Carta di Weimar del 1919 (che costituì la prima costituzione democratica tedesca e che cessò di operare con l'ascesa di Hitler al potere nel 1933, sebbene venisse revocata formalmente solo dopo la Seconda Guerra Mondiale), proprio attraverso la funzionalizzazione sociale del diritto di proprietà anche in altri ordinamenti negli stessi anni si cercò di tracciare un nuovo equilibrio fra interessi del singolo e bisogni della collettività, oltre che fra ragioni dei proprietari ed esigenze dei non proprietari. Più nel dettaglio, anche al fine di sottolineare le analogie con la nostra Costituzione, giova notare che la **Costituzione di Weimar**, all'art. 153, dopo aver chiarito che «*La proprietà è garantita dalla costituzione. Il suo contenuto ed i suoi limiti sono fissati dalla legge*», affermava che «*La proprietà obbliga. Il suo uso, oltre che al privato, deve essere rivolto al bene comune*».

La funzione sociale della proprietà di cui all'art. 42 Cost. – e che è sottesa anche al successivo art. 44 – ha risposto non tanto (o, almeno, non solo) ad esigenze di redistribuzione della ricchezza, ma, soprattutto, alla necessità, avvertita da tutti i partiti che formavano l'Assemblea costituente, di assicurare un raccordo virtuoso tra le legittime aspettative del proprietario e la salvaguardia e promozione di istanze collettive pur sempre riconducibili all'uso e alle diverse destinazioni dei beni alla luce della loro diversa rilevanza sociale in coerenza con le linee di sviluppo di una società industrializzata di mercato. Per altro verso, accanto al mutamento ontologico registrato dall'istituto per via della collocazione della funzione sociale quale elemento strutturale dello stesso, la Carta ha adottato una soluzione fondamentalmente garantista nell'affidare al legislatore il compito di concretizzare siffatta funzionalizzazione mediante la disciplina legale dei modi di godimento e di disposizione della proprietà, e dunque mediante la creazione di una riserva di legge in questa delicata materia. È bene, infatti, sottolineare come l'art. 42 Cost., comma 2, mentre appare puntuale nell'esigere che tutti i consociati possano accedere alla proprietà privata senza limitazioni precostituite, non spiega cosa si debba intendere per "*funzione sociale*", né offre ulteriori spunti idonei a guidare il legislatore ordinario nella disciplina de "***i modi di acquisto, di godimento, e i limiti***" del diritto di proprietà, sicché la declinazione in concreto di tali contenuti è, almeno in parte, lasciata a quest'ultimo.

A tal riguardo, considerato che neanche l'art. 832 c.c. precisa quali siano contenuti e limiti del diritto di proprietà, si parla comunemente di **conformazione del diritto di proprietà**. Con tale espressione, in altre parole, si fa riferimento al fatto che, per l'appunto, è il legislatore a definire, *rectius* conformare, a seconda della tipologia del bene di cui trattasi o della situazione di contesto, il contenuto del potere del proprietario stabilendo cosa egli può fare e cosa non può fare, e ciò non solo nell'ambito del codice civile, ma anche di leggi speciali. È accaduto, per tanto, che il legislatore abbia deciso di disciplinare in modo peculiare, ad esempio, la proprietà che abbia ad oggetto beni di particolare pregio artistico, architettonico, storico, archeologico (anche detti **beni di interesse culturale**, vedi box più avanti) o altro ancora, ovvero la proprietà immobiliare che ricada in contesti paesaggistici particolarmente meritevoli di tutela, comprimendo, a seconda dei casi, ora alcune ora altre facoltà del proprietario generalmente riconosciute dall'ordinamento. Ad esempio, per effettuare lavori di ristrutturazione in un appartamento ubicato in un palazzo vincolato per ragioni legate al suo pregio artistico e storico, il proprietario ha bisogno di porre in essere determinate accortezze, al fine di non modificare lo stato dei luoghi in modo non conforme, e di ottenere delle particolari autorizzazioni preventive dagli enti pubblici competenti. Ciò limita le facoltà generalmente riconosciute dall'ordinamento al proprietario, ma risulta funzionale al perseguimento dell'equilibrio tra gli interessi del proprietario e quelli della collettività. Nell'operare tale attività di conformazione, in alcuni casi, il legislatore ha talmente compresso le prerogative proprietarie da indurre gli interessati a contestare la legittimità dell'intervento legislativo sostenendo che quest'ultimo avesse eroso il diritto di proprietà al punto da non rispettarne neanche il **contenuto minimo**, così violando l'art. 42 Cost. È dovuta, dunque, intervenire a più riprese la Corte Costituzionale per giudicare, di volta in volta, se i limiti imposti alla proprietà privata dal legislatore fossero costituzionalmente legittimi ovvero superassero il limite segnato dall'art. 42 Cost. in quanto, per l'appunto, erodevano il contenuto minimo del diritto di proprietà facendo sostanzialmente venire meno il diritto stesso. Un filone giurisprudenziale particolarmente interessante in questo senso, e tuttora vivo, è quello che riguarda le **norme urbanistiche** destinate a conformare la proprietà delle aree astrattamente edificabili. Tali norme, che hanno lo scopo di garantire lo sviluppo equilibrato e razionale delle città, decidono in estrema sintesi se, cosa e quanto può edificarsi in certe aree piuttosto che altre, e dunque impattano inevitabilmente in modo considerevole sul valore dei beni, potendo determinarne l'incremento qualora la potenzialità edilizia di un bene venga riconosciuta e magari aumentata dal nuovo strumento urbanistico, ovvero il decremento nel caso contrario.

Nei decenni successivi all'entrata in vigore della Costituzione, il legislatore italiano si è attenuto rigorosamente a quanto prescritto dall'art. 42 Cost., perseguendo la funzionalizzazione sociale della proprietà privata attraverso interventi normativi *ad hoc* finalizzati a tutelare i soggetti più deboli o quelli maggiormente in grado di trarre dai beni produttivi maggiore utilità. Più in particolare, sino agli anni Ottanta del Novecento, coerentemente con la politica economica keynesiana imperante in tutto l'Occidente e con l'intervento dello Stato nell'economia perseguito tenacemente non solo in Italia ma anche in Europa e negli Stati Uniti, la legislazione attuativa della funzione sociale si è sviluppata in maniera significativa intorno ad alcune questioni cruciali legate allo sviluppo industriale del paese e alla conseguente crescente urbanizzazione. La prima, più significativamente legata al passaggio ad una società industriale, ha affrontato la **questione agraria** attraverso l'esperienza della riforma fondiaria e quella dei contratti agrari, nel quadro, prima dell'originario conflitto tra proprietari e lavoratori e, successivamente, del conflitto tra proprietari ed imprenditori agricoli. A questa si sono affiancate la problematica della **pianificazione urbanistica**, rimasta peraltro sostanzialmente irrisolta, nonché quella delle **locazioni urbane** che ha portato ad una fioritura di una singolare stagione di riflessione dei civilisti sul diritto all'abitazione. L'altra questione, incidente sul capitale di impresa, ha riguardato il problema della condizione operaia e dei sindacati all'interno delle strutture produttive, culminata con l'adozione dello **Statuto dei lavoratori**. In estrema sintesi può dirsi che su tutti questi temi, ed altri ancora, il legislatore italiano è intervenuto per circa quarant'anni, e cioè dalla metà degli anni Cinquanta alla fine degli anni Ottanta dello scorso secolo, ponendo limiti all'esercizio del diritto di proprietà o correttivi nei rapporti tra proprietari e terzi, finalizzati, di volta in volta, a tutelare, rispetto a determinate questioni il conduttore del fondo e il locatore dell'immobile piuttosto che il proprietario, così come il lavoratore piuttosto che l'imprenditore. E ciò nella convinzione di perseguire per questa via obiettivi di efficientamento produttivo, di redistribuzione della ricchezza e, più in generale, di giustizia sociale.

Quella stagione di espansione della legislazione interventistica orientata costituzionalmente in vista del perseguimento di tali obiettivi, in coerenza con un sistema sociale pluriclasse e un sistema politico basato sulla rappresentanza proporzionale, è oramai alle nostre spalle. Nel giro di pochi decenni – come è stato autorevolmente e correttamente rilevato dalla dottrina più attenta e sensibile su questi temi – in Italia si è registrato: da un lato, il progressivo smantellamento del sistema dei canoni legali nei contratti agrari e locatizi con il ritorno al mercato libero, la riduzione dell'equo indennizzo in materia di espropriazione ai prezzi di mercato, con la definitiva chiusura dell'esperienza dell'edilizia economica e popolare; dall'altro la forte contrazione del sistema delle tutele assicurate ai lavoratori nei rapporti di lavoro nelle aziende in coincidenza con l'avvento della economia post-industriale, nonché la sostanziale privatizzazione delle imprese pubbliche. In estrema sintesi, la crisi finanziaria del Paese dei primi anni Novanta, cui ha fatto seguito la stagione delle privatizzazioni di Stato, il processo di globalizzazione dei mercati che da trent'anni caratterizza le dinamiche economiche mondiali, l'egemonia culturale del neoliberismo e l'avvento di una società postmedocratica a trazione talmente capitalistica che oggi si parla di **turbocapitalismo**, hanno condizionato il legislatore al punto da renderne più timida l'azione attuativa della funzione sociale della proprietà. Il che non significa che il comma 2 dell'art. 42 Cost. sia stato superato. Ma solo che la sua interpretazione e attuazione oggi appare molto diversa da quella che si è avuta sino agli anni Ottanta del secolo scorso.

Emblematica, rispetto all'evoluzione del concetto di proprietà che si è avuta negli ultimi decenni, risulta la vicenda concernente, prima, il riconoscimento della tutela del diritto di proprietà privata effettuato nella **Convenzione Europea dei Diritti dell'Uomo (CEDU)** e, poi, l'interpretazione e l'applicazione di tale tutela.

Nella CEDU il diritto di proprietà – *rectius* il "*diritto al rispetto dei beni*" – è contemplato nel Primo Protocollo Addizionale firmato a Parigi il 20 marzo 1952, e non nel testo dell'accordo internazionale direttamente. Ciò è dipeso dalla difficoltà, avvertita in quel frangente tra i vari Paesi aderenti, a giungere ad un accordo circa la scelta delle concrete modalità con le quali tutelare una situazione giuridica soggettiva attinente alla sfera economica sociale dell'individuo ed incidente sulle scelte strategiche dei Paesi stessi. In effetti, le resistenze e le perplessità fra gli Stati del Vecchio Continente furono parecchie e significative; alla fine, è prevalsa tuttavia la volontà dei Paesi firmatari di riconoscere alla proprietà una protezione primaria, includendola fra le prerogative meritevoli di una tutela sovranazionale e di un controllo rispetto allo stesso operato degli organi nazionali europei.

L'art. 1 del Protocollo in questione, dopo aver stabilito che "*ogni persona fisica o giuridica ha diritto al rispetto dei suoi beni*", precisa che "*nessuno può essere privato della sua proprietà se non per causa di utilità pubblica e nelle condizioni previste dalla legge e dai principi generali del diritto internazionale*" e che "*le disposizioni precedenti non portano pregiudizio al diritto degli Stati di mettere in vigore le leggi da essi ritenute necessarie per disciplinare l'uso dei beni in modo conforme all'interesse generale o per assicurare il pagamento delle imposte o di altri contributi o delle ammende*". La disposizione in esame contiene tre distinte norme: la prima, di natura generale, enuncia il principio del pacifico godimento dei propri beni. La seconda disciplina la privazione dei beni e la sottopone a determinate condizioni. La terza riconosce agli Stati contraenti il diritto a disciplinare la materia in modo conforme all'interesse collettivo. Come la Corte di Strasburgo ha più volte chiarito, vi è una specie di rapporto "simbiotico" tra ognuna di queste norme e non va mai dimenticato che la seconda e la terza, riguardanti casi particolari di ingerenza nel diritto al godimento dei beni, debbono essere interpretate alla luce del principio generale stabilito dalla prima norma.

In una prima fase, la Corte Europea dei Diritti dell'Uomo si dimostrò restia a valutare le scelte ed i bilanciamenti fra interessi contrapposti operati dai Paesi europei nei settori riguardanti direttamente o indirettamente le situazioni di appartenenza, tanto che in dottrina qualche autore finì per considerare l'art. 1 del Protocollo una norma inutile. Verso la fine degli anni Novanta, tuttavia, sia per una mutata visione dell'importanza della proprietà per i cittadini europei (dopo la crisi economica che si registrò in quel periodo), sia per la sempre più avvertita esigenza di porre un freno alla eccessiva discrezionalità degli Stati firmatari della CEDU, la posizione dell'organo giurisdizionale di Strasburgo cominciò a cambiare, sino a pervenire ad una posizione radicalmente diversa, che è quella oggi attuale. In estrema sintesi, oggi la Corte Europea dei Diritti dell'Uomo riconosce la tutela dei propri beni come oggetto di un **diritto fondamentale della persona** e, in caso di violazione accertata, tutela tale diritto direttamente nei confronti degli Stati membri, sanzionando questi ultimi e imponendo l'obbligo di risarcimento del danno nei confronti dei proprietari danneggiati.

Come evidente, siamo ad un nuovo ribaltamento di prospettiva. La nostra Costituzione, come rilevato, colloca il diritto di proprietà nell'ambito della disciplina dei "*rapporti economici*" (Parte I, Titolo III della Costituzione), e non tra i diritti e le libertà fondamentali della persona. Viceversa, in ambito europeo sovranazionale, oggi al diritto di proprietà viene riconosciuto il rango di diritto fondamentale, così come, del resto, cristallizzato in modo inequivoco nella **Carta dei diritti fondamentali dell'Unione Europea** (cfr. in proposito il paragrafo 2.1.1.), firmata a Nizza nel 2000 dai Paesi membri dell'Unione Europea e resa vincolante con l'entrata in vigore del Trattato di Lisbona dal 1° gennaio 2009.

Ed infatti, l'art. 17 di quest'ultima, rubricato "*Proprietà*" – a tenore del quale "*Ogni individuo ha il diritto di godere della proprietà dei beni che ha acquistato legalmente, di usarli, di disporne e di lasciarli in eredità. Nessuno può essere privato della proprietà se non per causa di pubblico interesse, nei casi e nei modi previsti dalla legge e contro il pagamento in tempo utile di una giusta indennità per la perdita della stessa. L'uso dei beni può essere regolato dalla legge nei limiti imposti dall'interesse generale. La proprietà intellettuale è protetta*", è inserito nel capo dedicato alle "*Libertà*", e dunque colloca stabilmente la proprietà tra i diritti fondamentali e inviolabili della persona.

In applicazione dei principi in parola, l'Italia è stata più volte negli ultimi lustri condannata in sede europea, oltre che dalla Corte Europea dei diritti dell'Uomo, per la violazione della proprietà privata. In particolare, un filone giurisprudenziale interessante ha riguardato la c.d. occupazione appropriativa mentre un altro filone ha avuto ad oggetto la misura dell'indennizzo che spetta al privato che subisce un esproprio per pubblica utilità, e che, a seguito di ripetuti interventi della CEDU e delle corti europee, il legislatore italiano ha dovuto trasformare in un serio ristoro, per tale intendendosi un risarcimento che sia in grado di remunerare il proprietario per la perdita del valore venale del bene.

Tutto ciò dimostra come, in Europa, e dunque anche in Italia, secondo la logica dei corsi e ricorsi storici, da alcuni lustri al diritto di proprietà venga attualmente riconosciuto un ruolo che ricorda quello, di carattere individual-liberista, tipico dell'Ottocento.

9.2.2. La disciplina codicistica essenziale del diritto di proprietà

Come già evidenziato, ai sensi dell'art. 832 c.c., "*il proprietario ha il diritto di godere e disporre delle cose* [oggetto del suo diritto, n.d.a.] *in modo pieno ed esclusivo, entro i limiti e con l'osservanza degli obblighi stabiliti dall'ordinamento giuridico*". Tale disposizione descrive in termini molto astratti cosa debba intendersi per diritto di proprietà nel nostro ordinamento, precisando sì che tale diritto attribuisce al suo titolare due fasci di prerogative e facoltà, indicati con il riferimento ai concetti di "**godimento**" e di "**disposizione**" delle cose, e che caratteristiche indefettibili della proprietà sono la "**pienezza**" e la "**esclusività**" del relativo potere in capo al proprietario, ma altresì chiarendo che solo la legge ha il potere di riempire di contenuti i concetti di godimento e disposizione e di imporre a quest'ultimo veri e propri obblighi.

In altre parole, il legislatore, dopo averli indicati del tutto genericamente, si è ben guardato dal definire puntualmente i poteri spettanti al proprietario, così come i limiti a tali poteri e gli obblighi gravanti su quest'ultimo, e ciò in quanto a seconda della tipologia dei beni coinvolti nella relazione tra soggetto e cosa, ovvero a seconda del contesto in cui tale relazione si esplica, poteri, limiti e obblighi assumeranno connotati diversi, a volte anche molto diversi. Sicché, come abbiamo già evidenziato nel precedente paragrafo, quella di edificare sul fondo di cui si è proprietari, ovvero quella di ristrutturare un certo immobile, o quella di vendere ad un soggetto piuttosto che ad un altro un determinato bene, sono tutte facoltà che la legge attribuisce, o meno, e in un tal modo o in uno diverso, al proprietario, in ragione dell'esigenza di contemperare, oltre all'interesse del proprietario, altri vari interessi, quali ad esempio quelli della collettività al razionale sviluppo degli agglomerati urbani, alla tutela dell'ambiente e del paesaggio, nonché alla tutela e alla valorizzazione del patrimonio culturale del Paese e altro ancora.

Tale circostanza assume un rilievo fondamentale nell'analisi dell'istituto perché obbliga l'interprete a prendere atto che, nella prassi dei rapporti sociali, i contenuti concreti del diritto di proprietà, e dunque del conseguente potere in capo al proprietario, sono scrutinabili solo attraverso una seria analisi delle norme di legge applicabili ad un tipo di proprietà piuttosto che ad un altro. A riguardo si riconosce oramai generalmente che, nel nostro ordinamento così come in tanti altri, quanto meno dagli anni Settanta in poi del secolo scorso – allorquando si ebbe il fiorire del fenomeno della decodificazione e l'emersone di normative speciali create dal legislatore con riguardo a diversi tipi di proprietà – non si possa più parlare di una singola disciplina del diritto di proprietà perché, per l'appunto, oggi nel nostro ordinamento giuridico vigono vari **differenti statuti proprietari** disciplinati solo in minima parte nel codice civile e per il resto regolati all'interno di **leggi speciali** (per la **proprietà fondiaria**, per la **proprietà di beni a destinazione abitativa**, per la **proprietà edificabile**, per la proprietà di **beni mobili iscritti in pubblici registri**, per la proprietà di **beni sottoposti a tutela ambientale**, **paesaggistica** o **culturale**, per la proprietà di beni oggetto del **diritto d'autore**, ovvero della disciplina in materia di **marchi e brevetti** ecc.). Sicché, non si dovrebbe più parlare di proprietà al singolare bensì al plurale (**dalla proprietà alle proprietà**, è il motto comune che si usa per far riferimento a questa dinamica).

Inoltre la circostanza rivela come le scelte legislative in tema di proprietà possono modificare anche sensibilmente il contenuto del diritto di proprietà e la funzione sociale dell'istituto. Per questa ragione si suole affermare che attraverso la legislazione in materia di proprietà, in combinato ovviamente con quella in materia di contratti, gli Stati conformano i mercati e le comunità umane, descrivendo come si debbano svolgere negli uni e nelle altre le relazioni intersoggettive e, quindi, determinando certe dinamiche sociali piuttosto che altre, per conseguenza favorendo l'affermazione di alcuni valori e principi in luogo di altri.

I beni culturali

La nozione di "*bene culturale*" è desumibile dall'art. 2, comma 2, e dagli artt. 10 e 11 del **d.lgs. 42/2004**, recante il **Codice dei beni culturali e del paesaggio**.

In base al citato art. 2 sono beni culturali le cose immobili e mobili che, ai sensi degli artt. 10 e 11, presentano interesse artistico, storico, archeologico, etnoantropologico, archivistico e bibliografico e le altre cose individuate dalla legge, o in base alla legge, quali testimonianze aventi valore di civiltà.

In particolare, l'art. 10 – dal 2004 ad oggi più volte modificato – individua le categorie di beni culturali, ossia delle cose assoggettate alle disposizioni di tutela contenute nel Titolo I della Parte seconda dello stesso Codice. Tra queste ultime le più importanti sono **misure di protezione** (artt. 21 e ss., che stabiliscono, tra l'altro, le tipologie di interventi vietati o soggetti ad autorizzazione), **misure di conservazione** (artt. 29 e ss., che includono anche obblighi conservativi), nonché **misure relative alla circolazione** dei beni (artt. 53 e ss.).

Tra le **tre categorie** di cui all'art. 10 rientra, anzitutto, quella dei (1) "***beni culturali ex lege***" che, in quanto tali, non necessitano di alcun tipo di accertamento. Vi sono, poi, la categoria dei (2) "***beni culturali appartenenti a soggetti pubblici o a persone giuridiche private senza fine di lucro***", che divengono tali solo a seguito della verifica dell'interesse culturale di cui all'art. 12, e quella dei (3) **beni culturali appartenenti a "*privati*", o a "*chiunque appartenenti*"**, che diventano tali solo a seguito della dichiarazione di interesse culturale di cui all'art. 13, sulla quale torneremo tra breve. L'art. 11 individua, invece, i beni oggetto solo di specifiche disposizioni di tutela, indicate di volta in volta.

Le ultime modifiche agli artt. 10 e 11 del Codice sono state apportate dall'art. 1, comma 175, della legge 124/2017 (che, tra l'altro, oltre a individuare una nuova categoria di cose suscettibili di essere considerate beni culturali a seguito della dichiarazione di interesse culturale, ha elevato a 70 anni la soglia di età al di sotto della quale determinate categorie di cose non sono soggette alle disposizioni di tutela – o sono soggette solo a specifiche disposizioni di tutela – ovvero per le quali vige la presunzione di interesse culturale) e dall'art. 6 della legge 153/2017 (che ha disposto che la dichiarazione di interesse culturale di un determinato bene può comprendere anche la dichiarazione di "*monumento nazionale*").

Volendo entrare più nello specifico delle tre categorie sopra cennate, in estrema sintesi può osservarsi che l'art. 10, comma 2, considera beni culturali *ex lege* (dunque, siamo nell'ambito della categoria che abbiamo indicato poc'anzi con il numero 1), qualora appartenenti a soggetti pubblici, cioè, allo Stato, alle regioni, agli altri enti pubblici territoriali, nonché ad ogni altro ente ed istituto pubblico: a) le raccolte di musei, pinacoteche, gallerie e altri luoghi espositivi; b) gli archivi e i singoli documenti; c) le raccolte librarie delle biblioteche (con alcune eccezioni). Tali beni rimangono sottoposti a tutela anche qualora i soggetti a cui essi appartengono mutino in qualunque modo la loro natura giuridica (art. 13, comma 2).

Ai sensi dell'art. 10, comma 1, sono inoltre beni culturali (qui siamo, invece, alla categoria indicata con il numero 2) le cose (immobili e mobili) appartenenti ai medesimi soggetti pubblici indicati al comma 2, nonché a persone giuridiche private senza fine di lucro, che presentano interesse artistico, storico, archeologico o etnoantropologico (c.d. **interesse**

semplice); si tratta, cioè, delle cose per le quali sia intervenuta la **verifica dell'interesse culturale**.

Quest'ultima, disciplinata dal citato art. 12, è effettuata, d'ufficio o su richiesta dei soggetti a cui le cose appartengono, dai competenti organi del Ministero della Cultura. In caso di accertamento positivo dell'interesse culturale (c.d. vincolo) i beni sono (definitivamente) soggetti alle disposizioni di tutela di cui al Titolo I della Parte seconda del Codice. Qualora, invece, la verifica si concluda con un esito negativo, i beni sottoposti al procedimento vengono esclusi dall'applicazione della disciplina richiamata.

L'art. 10, comma 3, individua, infine, altri beni (e qui siamo alla categoria indicata con il numero 3) che sono considerati beni culturali a causa dell'interesse particolarmente importante o eccezionale che rivestono (c.d. **interesse qualificato**), a seguito dell'intervento della **dichiarazione di interesse culturale**. Si tratta, in particolare, di: *a*) cose immobili e mobili che presentano interesse artistico, storico, archeologico o etnoantropologico particolarmente importante; *b*) archivi e singoli documenti, appartenenti a privati, che rivestono interesse storico particolarmente importante; *c*) raccolte librarie, appartenenti a privati, di eccezionale interesse culturale; *d*) cose immobili e mobili, a chiunque appartenenti, che rivestono un interesse particolarmente importante a causa del loro riferimento con la storia, comprese dal 2016 le sale cinematografiche e le sale d'essai; *d-bis*) cose, a chiunque appartenenti, che presentano un interesse artistico, storico, archeologico o etnoantropologico eccezionale per l'integrità e la completezza del patrimonio culturale della Nazione; *e*) collezioni o serie di oggetti, a chiunque appartenenti, che, per tradizione, fama e particolari caratteristiche ambientali, ovvero per rilevanza artistica, storica, archeologica, numismatica o etnoantropologica, rivestano come complesso un eccezionale interesse.

Peraltro, in base all'art. 10, comma 5 – come sostituito dall'art. 1, comma 175, lett. a), n. 2), della legge 124/2017 – le cose indicate all'art. 10, comma 3, lettere *a*) ed *e*), che siano opera di autore vivente o la cui esecuzione risalga a meno di 70 anni, nonché le cose indicate all'art. 10, comma 3, lett. *d-bis*), che siano opera di autore vivente o la cui esecuzione risalga a meno di 50 anni, non sono soggette alle disposizioni di tutela e, dunque, non possono essere oggetto di dichiarazione di interesse culturale. Ciò al fine di evitare di imporre vincoli troppo stringenti alla circolazione e, più in generale, alla gestione di beni il cui valore culturale non è ancora comprovato dal passaggio di un congruo lasso di tempo e la cui considerazione può essere condizionata anche da ragioni politiche o di costume.

In base all'art. 13, comma 1, la citata **dichiarazione di interesse culturale** accerta la sussistenza dell'interesse (particolarmente importante o eccezionale) richiesto al fine di sottoporre il bene ai "**vincoli**" di tutela. La dichiarazione è notificata al proprietario, possessore o detentore a qualsiasi titolo della cosa che ne forma oggetto (art. 15), così che questi soggetti siano messi a conoscenza dei limiti posti ai loro diritti sui beni e degli obblighi conseguenti che ricadono su di loro.

Ai sensi dell'art. 21, sono **subordinati ad autorizzazione** del Ministero, o in alternativa del Soprintendente competente:

a) la **rimozione** o la **demolizione**, anche con successiva ricostituzione, dei beni culturali;

b) lo **spostamento**, anche temporaneo, dei beni culturali mobili;

c) lo **smembramento di collezioni**, serie e raccolte;

d) lo **scarto dei documenti** degli archivi pubblici e degli archivi privati;

e) il **trasferimento** ad altre persone giuridiche di complessi organici di documentazione di archivi pubblici, nonché di archivi privati per i quali sia intervenuta la dichiarazione ai sensi dell'articolo 13.

Sempre ai sensi dell'art. 21, "***Lo spostamento di beni culturali**, dipendente dal mutamento di dimora o di sede del detentore, è preventivamente denunciato al soprintendente, che, entro trenta giorni dal ricevimento della denuncia, può prescrivere le misure necessarie perché i beni non subiscano danno dal trasporto*", ed inoltre "*fuori dei casi di cui ai commi precedenti, **l'esecuzione di opere e lavori** di qualunque genere su beni culturali è subordinata ad autorizzazione del soprintendente. Il mutamento di destinazione d'uso dei beni medesimi è comunicato al soprintendente per le finalità di cui all'articolo 20, comma 1*".

La disciplina dettata dal Codice dei beni culturali e del paesaggio è molto complessa e articolata, sicché in questa sede non è possibile approfondirla più di quanto si è appena fatto. Per completare il discorso, tuttavia, giova sottolineare che di particolare interesse ai nostri fini risultano il capo IV del Codice, che dall'artt. 53 all'art. 64 regola i **meccanismi di circolazione dei beni culturali** nell'ambito nazionale, e il successivo capo V, che dall'art. 64-*bis* all'art.87 regola la circolazione fuori dai confini nazionali. In estrema sintesi, a riguardo può dirsi che il legislatore ha creato per legge una serie di istituti il cui fine è quello di evitare che il patrimonio culturale italiano possa essere pregiudicato. In questa prospettiva val la pena di evidenziare che agli articoli dal 60 al 62 il Codice disciplinano il **diritto di prelazione** che lo Stato riserva a sé – ma, in alcuni casi, anche alle regioni o agli altri enti pubblici territoriali interessati – sui beni culturali che il legittimo proprietario decide di vendere. In particolare, l'art. 60, comma 1, in proposito stabilisce che: "*Il Ministero o, nel caso previsto dall'articolo 62, comma 3, la regione o gli altri enti pubblici territoriali interessati, hanno facoltà di acquistare in via di prelazione i beni culturali alienati a titolo oneroso o conferiti in società, rispettivamente, al medesimo prezzo stabilito nell'atto di alienazione o al medesimo valore attribuito nell'atto di conferimento*".

La disciplina dei diversi tipi di proprietà privata spesso è dal legislatore posta in leggi speciali, così come si è appena visto nel box a proposito dei beni culturali, che sono oggetto di un apposito codice, e cioè del **d.lgs. 42/2004**, recante il **Codice dei beni culturali e del paesaggio**. Altro esempio emblematico di tale dinamica è costituito dalla **legge n. 633 del 1941 sul diritto d'autore**, che è stata modificata molte volte nel corso dei decenni passati, e ciò al fine di rendere il suo contenuto sempre aggiornato rispetto alla mutevole realtà sociale e all'emergere di nuovi interessi, di nuove tecnologie e dunque nuovi potenziali conflitti. La legge si è così arricchita, via via nel tempo, di parti nuove, tanto che oggi il suo art. 1, rubricato "*Opere protette*", stabilisce che: "*Sono protette ai sensi di questa legge le opere dell'ingegno di carattere creativo che appartengono alla letteratura, alla musica, alle arti figurative, all'architettura, al teatro ed alla cinematografia, qualunque ne sia il modo o la forma di espressione. Sono altresì protetti i programmi per elaboratore come opere letterarie ai sensi della Convenzione di Berna sulla protezione delle opere letterarie ed artistiche ratificata e resa esecutiva con legge 20 giugno 1978, n. 399, nonché le banche di dati che per la scelta o la disposizione del materiale costituiscono una creazione intellettuale dell'autore*". L'ultimo intervento modificativo della legge in tema di diritto d'autore è, ad oggi, costituito dalla legge n. 37 del 2019 ma, mentre questo libro va in stampa, sono in corso di adozione le discipline di recepimento in Italia delle importanti **Direttive Europee n. 2019/789 e n. 2019/790** sul diritto, alle quali si è già fatto cenno nel paragrafo 4.3.8., lett. i.

Quanto appena evidenziato non toglie che la disciplina posta dal codice civile nel titolo II del libro III, titolo dedicato alla "*Proprietà*", costituisca una base validissima per comprende i caratteri fondamentali dell'istituto. Per tanto giova soffermarci rapidamente su tale disciplina, cominciando con l'osservare che quando l'art. 832 riconosce al proprietario il potere di "***godimento***" intende consentire a quest'ultimo di utilizzare il bene traendo dallo stesso qualsiasi utilità alla quale egli aspira, ovviamente sempre nel rispetto dei limiti che, di volta, in volta la legge può imporre in ragione della particolare tipologia di bene coinvolto o del particolare contesto in cui la vicenda si svolge, senza rinunciare al diritto in questione e senza trasferirlo a terzi. Il proprietario, dunque, potrà trarre dal godimento del bene un'**utilità diretta**, per l'appunto utilizzando (ad esempio, raccogliendo i **frutti naturali** che nascono sul fondo agricolo) o anche (se preferisce) non utilizzando il bene, ovvero un'**utilità mediata** dal fatto di mettere il bene a disposizione materiale di terzi e dunque di goderne attraverso il godimento altrui. In tal ultimo caso accadrà che il proprietario godrà del fatto di aver consentito, a titolo oneroso o meno, a terzi di utilizzare il bene, conseguendone i **frutti civili** (canoni, fitti o pigioni) o la soddisfazione di aver consentito a terzi di godere del bene a titolo gratuito. L'utilità che il proprietario può trarre dal bene esercitando le facoltà e prerogative ricomprese nel concetto di godimento per gli economisti costituisce il **valore d'uso** del bene stesso. Dunque, in buona sostanza, il proprietario di un appartamento può goderne abitandolo, oppure usandolo come ufficio, oppure addirittura non utilizzandolo, ovvero prestandolo ad un amico o locandolo ad altri soggetti. La facoltà di godimento contempla anche la possibilità di trasformare, e, al limite, di distruggere la cosa.

Il riferimento che l'art. 832, invece, fa al potere di "***disposizione***" serve ad assicurare al proprietario la facoltà giuridica, da esercitare per atto *inter vivos o mortis causa*, di trasferire il bene ad un terzo, a titolo oneroso, gratuito o donativo, ovvero di costituire sullo stesso bene diritti reali minori, anche di garanzia. Per gli economisti, l'utilità che il proprietario trae attraverso l'esercizio delle facoltà e prerogative comprese nel concetto in parola costituisce il **valore di scambio** del bene.

Il citato concetto di "**pienezza**" del diritto di proprietà sta ad indicare che, come pure abbiamo già sottolineato, al netto dei limiti imposti dalla legge, le facoltà riconosciute dall'ordinamento al proprietario non sono passibili di ulteriori limitazioni e sono per tanto da considerarsi, in questo senso, piene. In definitiva, pertanto, fermi i detti limiti, il proprietario può godere e disporre del bene senza condizionamenti esattamente nel modo e nei tempi in cui preferisce. Al concetto di pienezza si collega anche normalmente la caratteristica della "**perpetuità**", in ragione della quale non è possibile concepire nel nostro ordinamento proprietà a tempo in quanto la proprietà è sempre a tempo indeterminato, e cioè tendenzialmente per sempre.

Il concetto di "**esclusività**", invece, si estrinseca nel fatto che il proprietario può escludere chiunque altro dal godimento (il diritto di proprietà rende legittima la pretesa del singolo di servirsi delle cose con esclusione degli altri). Non si pone un problema di escludere gli altri dalla disposizione della cosa perché, come abbiamo già evidenziato, nessuno può disporre di un diritto di cui non è titolare. La pretesa del proprietario di escludere gli altri dal godere dei suoi beni o dall'interferire con il suo godimento (in latino, *ius excludendi alios*) è protetta *erga omnes*, vale a dire contro chiunque la violi, con norme del codice penale e con le azioni civili. Applicazioni di questo principio si trovano, ad esempio, nell'art. 841 c.c., ai sensi del quale il proprietario può in qualsiasi momento chiudere il suo fondo, nonché nell'art. 842, per cui non si può entrare nell'altrui fondo per l'esercizio della pesca, senza il consenso del proprietario del fondo. In vero, sussistono delle ipotesi rispetto alle quali l'ordinamento limita il potere del proprietario di escludere i terzi. Ad esempio, quest'ultimo non può impedire l'accesso al fondo a chi vuole entrare per esercitare la caccia a meno che il fondo non sia stato appositamente chiuso o ci sia rischio di danno a culture (art. 842 c.c.).

Generale limite alla facoltà di godimento è quello, risalente al diritto romano e già citato poc'anzi, del **divieto di atti di emulazione** (*ex* **art. 833**): il proprietario non può utilizzare la cosa per compiere atti che non abbiano altro scopo se non quello di nuocere o recare molestia agli altri. La disposizione in parola è considerata, da una parte della dottrina, applicazione concreta del principio generale del divieto di **abuso del diritto**. Altra parte della dottrina, contestando in radice l'esistenza di tal ultimo principio, ritiene, al contrario, che la presenza dell'art. 833 nel codice civile dimostri come nel nostro ordinamento sia vietato l'abuso dei diritti soggettivi solo quando la legge, come in questo caso, esprima chiaramente il limite che i privati nell'esercizio del dato diritto soggettivo non devono superare; in mancanza, potendo il diritto soggettivo essere esercitato senza limiti e dunque senza timore di sconfinare nell'abuso. In vero, negli ultimi lustri, l'affermazione del **principio solidaristico**, di derivazione costituzionale, ha determinato anche la giurisprudenza a utilizzare la categoria dell'abuso del diritto piuttosto diffusamente, sicché è prevalsa l'opinione di quanti vedono nell'art. 833 c.c. la dimostrazione che, in un ordinamento come il nostro, l'esercizio dei diritti soggettivi non sia illimitato in quanto deve comunque rispettare i diritti dei terzi.

9.2.2.1. *Le c.d. regole di vicinato: divieto di immissioni e distanze minime*

Un altro limite è costituito da quella serie di norme, cosiddette **regole di vicinato**, poste nell'interesse privato (e, talvolta, anche pubblico) e caratterizzate dall'automaticità (i limiti nascono dalla situazione prevista dalla legge), dalla reciprocità (quel che vale per l'uno vale anche per l'altro, il sacrificio e il vantaggio sono reciproci) e la gratuità (non esiste uno squilibrio di vantaggi e quindi, di norma, non esiste alcuna forma di compenso).

Un limite generale che opera in tale contesto è quello del **divieto di immissioni**, disciplinato dall'**art. 844 c.c.** e finalizzato a impedire le fastidiose conseguenze dell'attività del vicino. In breve, nessuno può arrecare disturbo ai terzi attraverso esalazioni, fumi, rumori o scuotimenti che si propagano da un fondo all'altro. Se ciò avviene, il proprietario del fondo che subisce l'immissione illecita può agire in giudizio per far cessare l'attività di disturbo e ottenere il risarcimento del danno, anche da realizzarsi, quando possibile, preferibilmente in forma specifica (*ex* art. 2058 c.c.) e cioè, se l'immissione ha modificato lo stato dei luoghi, ripristinando, a spese del danneggiante, la situazione esistente prima che le immissioni iniziassero, fatto salvo ovviamente il risarcimento dell'eventuale maggior danno subito dall'immesso, che potrebbe, a seguito dell'immissione, aver perso un'occasione di guadagno o, più semplicemente, potrebbe aver perso la propria tranquillità per un certo periodo, con conseguente esigenza di trasferirsi a vivere altrove a proprie spese.

La disposizione, come evidente, è figlia di una società in cui alcuni territori (tipicamente quelli dove insistono le grandi città industriali) sono divenuti densamente popolati e in cui lo sfruttamento delle risorse realizzato dalle imprese (siamo nel pieno della c.d. seconda rivoluzione industriale) comincia a produrre significativo inquinamento dell'aria e sonoro, con la conseguente necessità di disciplinare il rapporto tra chi inquina e chi subisce l'inquinamento – o, più in generale, tra soggetto che produce le immissioni e soggetto che le subisce – in modo efficiente, e cioè senza esporre a danni, o al rischio di danni, eccessivi quest'ultimo, perché altrimenti ciò, tra l'altro, determinerebbe una perdita di valore dei fondi e degli immobili, e senza però neanche rischiare di deprimere l'economia inibendo le attività economiche.

Posto che, infatti, in una società industriale (così come nella nostra, post-industriale) le immissioni sono quasi inevitabili in molti contesti e comunque normali in molti altri (si pensi alle città, in cui è difficile immaginare che una abitazione sia totalmente immune da immissione provenienti dall'esterno, almeno in fatto di rumori), il problema è capire quando una immissione diventa illecita e va impedita o limitata. Il criterio scelto dal legislatore per gestire questo problema è quello della "***normale tollerabilità***". In breve, l'immissione che, per tipologia e quantità, risulta normalmente tollerabile rispetto ad una determinata situazione non può essere considerata illecita. Viceversa, se il rumore o l'esalazione o il fumo risultano eccessivi, e cioè non normalmente tollerabili, allora il giudice, sulla scorta dell'azione del proprietario danneggiato, deve intervenire per farli cessare. E così, ad esempio, in città, salvo casi eccezionali, non è possibile ottenere dal giudice un provvedimento che inibisca il passaggio delle automobili in una certa via asserendo che rumori e fumi delle auto in transito creano nocumento al proprietario di un appartamento posto al piano terra del palazzo che si affaccia sulla via, in quanto i rumori e i fumi generati dalle auto, se non eccessivi, in città costituiscono la norma. Anche in città, però, sarà possibile ottenere un provvedimento giudiziario che impedisca ad una discoteca di diffondere di notte la musica a volume talmente elevato da disturbare i proprietari delle abitazioni limitrofe, magari imponendo alla discoteca di adottare soluzioni tecniche insonorizzanti che limitino la diffusione all'esterno dei suoni e dei rumori.

A questo punto giova chiarire che il principio affermato dall'art. 844 risulta totalmente in controtendenza rispetto all'insegnamento tradizionale, risalente al diritto romano, a tenore del quale il proprietario aveva il diritto a non subire alcun tipo di immissione o turbativa. Del resto, né il *Code civil* del 1804, né il codice civile italiano del 1865 contenevano disposizioni in materia di immissioni, tanto che la giurisprudenza sia in Francia che in Italia aveva dovuto, nei decenni a seguire, gestire i problemi emersi nella prassi facendo ricorso alla controversa figura dell'abuso del diritto. Lo spaccato storico in cui matura questa storica inversione di rotta concettuale è deducibile dalla relazione della Commissione per la riforma del codice civile, ove, riguardo all'introduzione del principio in parola, si afferma come la tesi "romanistica" non sarebbe stata più sostenibile, date "le esigenze delle industrie, e il necessario agglomeramento delle costruzioni, per cui anche la dottrina iniziava ad accogliere il concetto della "normalità dell'uso".

Si badi bene: il criterio della normale tollerabilità, scelto dal legislatore del 1942, non era l'unico astrattamente adottabile per gestire il conflitto in parola in quanto, ad esempio, prima che entrasse in vigore il codice del 1942, come appena cennato a proposito della relazione della Commissione per la riforma del codice civile, in dottrina si era proposto anche il criterio dell'**uso normale**. In sostanza, si riteneva giusto assicurare al proprietario di poter realizzare sul bene di sua proprietà, a suo piacimento, qualsiasi uso che risultasse normale rispetto alla natura del bene stesso e al contesto di riferimento, indipendentemente dagli effetti dell'uso stesso. Questa tesi veniva giustificata con l'esigenza di non comprimere eccessivamente le facoltà di godimento del bene spettanti al proprietario, ma scontò critiche puntuali da parte di chi osservava che, ragionando per via legislativa di uso normale, si finiva per offrire al giudice un criterio eccessivamente discrezionale che, al contrario, avrebbe penalizzato oltremodo il proprietario in quanto questi, a priori, non poteva sapere se l'uso a cui intendeva sottoporre il bene sarebbe stato considerato normale in un eventuale giudizio. Il legislatore dell'art. 844, dunque, preferì il criterio della normale tollerabilità proprio al fine di non imporre al proprietario certi usi piuttosto che altri e di non consegnare al giudice un criterio eccessivamente discrezionale per risolvere i conflitti in materia di immissione. Quello di normale tollerabilità, infatti, è un criterio ritenuto generalmente più oggettivo, e cioè rispondente a parametri tecnici e misurabili.

Inoltre, il legislatore, considerando che le immissioni sono spesso prodotte da attività industriali, o comunque da attività economiche, e ritenendo che le ragioni della produzione non possano essere sacrificate eccessivamente, nello stesso art. 844, al comma 2, attribuisce al giudice il "dovere" di "***contemperare** le esigenze della produzione con le ragioni della proprietà*" potendo, nell'occasione, "*tener conto della **priorità di un determinato uso***". Sicché, il giudice, una volta accertato che l'immissione ha superato la soglia di tolleranza, piuttosto che vietarla, può imporre all'esercente l'adozione di **particolari misure tecniche** volte a mitigarne gli effetti e al soggetto danneggiato di sopportare le immissioni residue. Inoltre, se in una data zona l'attività inquinante preesiste, il giudice può tenerne conto, sebbene non sia obbligato a farlo. Da ciò si evince che il legislatore ha considerato il criterio della priorità d'uso solo come residuale o comunque ancillare rispetto al cennato dovere di contemperamento tra le "***esigenze della produzione***" e le "***ragioni della proprietà***".

Espressioni queste ultime che, a ben vedere, sembrano rivelare il travaglio intimo del legislatore del 1942 che, nell'elaborare l'art. 844, appare consapevole di sacrificare le "*ragioni* [le ragioni!, n.d.a.] *della proprietà*", e cioè del diritto soggettivo assoluto per antonomasia, quello che la Rivoluzione francese aveva proclamato sacro e inviolabile, ma di essere costretto a farlo in funzione delle "*esigenze della produzione*", e dunque per non ostacolare il processo di modernizzazione della realtà industriale e sociale del Paese.

Dunque, volendo tradurre tutto in un semplice esempio, può dirsi che se Franco e Dina, giovani sposi, decidono di andare a costruire la loro bella villa in campagna – con tanto di giardino e pergolato per pranzare con i parenti – accanto ad un preesistente stabilimento industriale o accanto ad una stazione ferroviaria, è evidente che non potranno pretendere che lo stabilimento cessi di diffondere i fumi che ha diffuso sino a quel momento o che i treni cessino di utilizzare le rotaie e la stazione coinvolta. Nel caso di specie, infatti, le "*esigenze della produzione*" e la priorità d'uso impongono al giudice di sacrificare il diritto di Franco e Dina a godere del proprio bene senza turbamenti. Al contrario, se lo stabilimento industriale viene realizzato in prossimità della preesistente villa in campagna di questi ultimi, il giudice – per legge tenuto a realizzare il contemperamento in esame nel modo più efficiente – dovrà essere più attento a valutare l'importanza economica e sociale dello stabilimento (anche i posti di lavoro hanno la loro rilevanza in questo tipo di valutazioni), l'esistenza di tecnicalità adottabili (e che dunque egli potrebbe imporre) per ridurre l'inquinamento e, più in generale, tutte le soluzioni alternative possibili.

Ciò sempre che i fumi e i rumori siano a norma di legge, e cioè conformi ai limiti imposti dalle norme in materia di salubrità dell'aria e tutela dell'ambiente. In caso contrario, a prescindere dall'art. 844, Franco e Dina potranno agire in giudizio per tutelare la propria salute, chiedendo la cessazione dell'attività illecita e il risarcimento del danno ai sensi dell'art. 2043 c.c. La protezione assicurata al proprietario dall'art. 844 opera, dunque, su un piano diverso e sulla base di presupposti diversi, rispetto a quella assicurata al medesimo dalle norme in materia di risarcimento per fatto illecito.

Come evidente, nell'esempio appena proposto la soluzione più efficiente del conflitto sorto, o che potrebbe sorgere, tra il proprietario dello stabilimento industriale e la coppia di sposi, risiede nell'accordo che gli interessati potrebbero trovare per gestire la questione. Ovviamente il diritto non può obbligare nessuno a concludere un accordo, né tanto meno può imporre i contenuti dell'accordo. Tuttavia, l'ordinamento giuridico, come oramai sappiamo, può creare incentivi alle parti per favorire il raggiungimento di accordi. L'imprenditore, dunque, per evitare l'incertezza della lite e il rischio di sopportarne i costi, potrebbe offrire una somma di denaro a Franco e Dina per comprare la loro villa o anche solo perché questi accettino di subire l'immissione senza protestare. È possibile che questa soluzione realizzi meglio, oltre che gli interessi di questi ultimi, anche gli interessi dell'industria perché, tra l'altro, potrebbe prevedere la costituzione di una servitù *ad hoc* sul fondo di proprietà degli sposi ed a favore del fondo in cui insiste lo stabilimento, con possibilità dunque per l'industriale di poter opporre il suo diritto di immettere anche nei confronti degli eventuali futuri proprietari del fondo di Franco e Dina. La questione – che ha evidenti connotati giuseconomici e a cui si è fatto cenno anche in precedenza in questo capitolo – è stata ampiamente trattata nel capitolo I, e in particolare nei **paragrafi da 1.12.1. a 1.12.3**, ai quali si rinvia integralmente.

Passando ad occuparci dell'aspetto più strettamente processuale della disciplina dettata dall'art. 844, va osservato che secondo la giurisprudenza l'azione in esame ha **carattere ibrido e cangiante**, a seconda dello scopo perseguito da chi la esercita e dunque del *petitum* della stessa. Essa, infatti, ha **carattere reale** e rientra nell'alveo dell'*actio negatoria servitutis* quando l'attore tende, tramite essa, a far accertare in giudizio che il proprietario del fondo da cui provengono le immissioni non ha il diritto di proseguire l'attività molesta e per tanto ad ottenere nei confronti del convenuto, a valere anche nei confronti dei suoi futuri eventuali aventi causa, il divieto definitivo a continuare in detta attività. Per questa ragione essa deve essere proposta contro il proprietario (o i proprietari) del fondo. Tuttavia, la stessa azione ha **carattere inibitorio** e rientra nello schema dell'azione di cui all'art. 2058 c.c. quando l'attore intende solo ottenere il divieto di proseguire l'attività illecita nei confronti di chiunque la stia svolgendo, a prescindere dal rapporto che questi abbia con il fondo, oltre al risarcimento del danno nei termini anzidetti. In entrambi i casi, ovviamente, il soggetto che subisce le immissioni altrui e quello che le produce possono accordarsi per scongiurare o chiudere transattivamente il contenzioso, il che evidenzia come in concreto una *property rule* (quale senz'altro è l'art. 844) può produrre effetti efficienti sul piano allocativo in presenza di determinate condizioni.

Con le considerazioni di carattere processuale che precedono abbiamo chiuso il discorso sulle immissioni, e dunque sulla prima fonte di limiti di vicinato. La seconda fonte di limiti di vicinato è data dalle norme sulle **distanze minime** nelle costruzioni (tre metri, secondo quanto previsto dall'articolo 873) al fine di evitare intercapedini troppo strette. Chi costruisce per primo può farlo anche sul confine (salvo che i regolamenti comunali non dispongano altrimenti). L'altro proprietario potrà costruire in aderenza, oppure rispettare la distanza costruendo in posizione arretrata all'interno del proprio fondo. Se il primo proprietario costruisce non sul confine, ma ad una distanza dal confine minore della metà di quella prescritta dal codice o dai regolamenti, l'altro ha il diritto potestativo di ottenere la comunione forzosa del muro (di cui dovrà pagare il valore). Il primo potrà impedire l'occupazione del suo suolo portando la sua costruzione al confine, o arretrandola fino alla metà della distanza prevista (*ex* art. 875).

Non resta, per chiudere, che ribadire un concetto al quale troppo velocemente si è fatto cenno in questo paragrafo: il diritto di proprietà è **imprescrittibile**, così come non si prescrivono, né sono soggette a termini di decadenza, le azioni a sua tutela (salvo le azioni di danno temuto e nuova opera, perché finalizzate ad evitare un pregiudizio attuale e imminente). Tale caratteristica del diritto di proprietà costituisce il necessario corollario del principio per cui il proprietario può decidere di godere del bene anche non usandolo. Dunque, l'ordinamento giuridico non sanziona, con l'estinzione del suo diritto, il proprietario che non usa il suo bene, non individuando in questa condotta l'inerzia nell'esercizio del diritto che costituisce presupposto, in linea generale, per l'operatività della prescrizione. Tuttavia, come del resto abbiamo già chiarito, nel caso in cui il titolare non usi il proprio bene o non se ne occupi, *rectius* non eserciti il suo diritto, altri potranno acquistare la proprietà sul bene, ricorrendone le condizioni, attraverso l'istituto dell'usucapione. In questa ipotesi il diritto del proprietario iniziale si estingue automaticamente in ragione dell'acquisto a titolo originario che della proprietà fa il nuovo proprietario.

9.2.3. I modi di acquisto della proprietà

Il **Capo III** del Titolo II (come detto, dedicato alla "*Proprietà*") del Libro III del codice civile disciplina i "*modi di acquisto della proprietà*" negli articoli che vanno **dal 922 al 947**.

Il primo di questi, per l'appunto l'art. 922, elenca i "***modi di acquisto***" stabilendo che "*La proprietà si acquista per* ***occupazione****, per* ***invenzione****, per* ***accessione****, per* ***specificazione****, per* ***unione o commistione****, per* ***usucapione****, per effetto di* ***contratti****, per* ***successione a causa di morte*** e *negli altri modi stabiliti dalla legge*".

Prima di analizzare singolarmente i diversi modi di acquisto previsti dal codice civile, osserviamo che questi ultimi vanno distinti in due categorie: 1) modi di acquisto a titolo originario; e 2) modi di acquisto a titolo derivativo. La distinzione, non riportata nell'art. 922, è particolarmente importante perché nei **modi di acquisto a titolo derivativo** – e cioè in quelli che si realizzano "*per effetto di contratti*" e "*per successione a causa di morte*" – si verifica una successione nel diritto di proprietà tramite trasmissione del diritto da un soggetto ad un altro nell'ambito di una vicenda circolatoria del diritto stesso. Per esempio, con il contratto di compravendita due parti si accordano per trasferire la proprietà di un bene, mobile o immobile, dal vecchio proprietario, detto alienante o dante causa, al nuovo, detto acquirente o avente causa. Allo stesso modo, nelle successioni a causa di morte il trasferimento della proprietà dal vecchio titolare (il defunto) al nuovo (il suo erede) è stabilito dalla legge, a meno che il titolare non abbia disposto diversamente tramite testamento. Nei **modi di acquisto a titolo originario**, invece, un soggetto diviene proprietario del bene senza che il relativo diritto gli sia trasferito dal proprietario precedente, o comunque da un altro soggetto, e dunque come se quel diritto in precedenza non fosse di proprietà di alcuna e, anzi, addirittura come se fosse la prima volta che quel bene diviene oggetto di un diritto di proprietà.

Di conseguenza l'acquisito a titolo originario offre **maggiori certezze** rispetto a quello derivativo, per la semplice ragione che in quest'ultimo caso la situazione giuridica trasmessa potrebbe non essere quella che appare, sicché quando il dante causa, malgrado la diversa apparenza, non sia realmente proprietario del bene, e dunque si abbia un **acquisto *a non domino*** (per l'appunto, da chi non è proprietario) sebbene l'avente causa creda l'inverso, quest'ultimo non acquisirà alcun diritto poiché non si può trasmettere quello che non si ha. Ed infatti l'acquisto *a non domino* di beni mobili non iscritti in pubblici registi e che non sono universalità di mobili (art. 1156 c.c.), che ai sensi dell'art. 1153 c.c. si verifica in forza del possesso e della buona fede dell'avente causa e sempre che sussista "*un titolo idoneo al trasferimento della proprietà*", avviene a titolo originario. Infatti, lo stesso art. 1153 precisa che, in tal caso, "*la* *proprietà si acquista libera da diritti altrui sulla cosa, se questi non risultano dal titolo e vi è la buona fede dell'acquirente*", e cioè se l'acquirente non è a conoscenza dell'esistenza di tali diritti.

Inoltre, la trasmissione della proprietà a titolo derivativo comporta di regola la permanenza dei diritti reali minori che gravano sul medesimo bene (nei precedenti paragrafi abbiamo definito questa peculiarità dei diritti reali minori in termini di diritto di seguito). Dunque, il diritto di proprietà, quando viene trasferito da un soggetto ad un altro, reca con sé i **pesi** da cui è gravato perché il trasferimento del diritto non libera il bene da questi ultimi. Viceversa, in caso di acquisto a titolo originario, il diritto, come abbiamo appena sottolineato, si costituisce per la prima volta in capo al nuovo titolare – cioè come se prima di quel momento il bene non fosse mai stato di proprietà di alcuno – e, di conseguenza, privo di pesi. In questa prospettiva, ben si comprende perché in caso di acquisto a titolo originario i **meccanismi pubblicitari**, a partire dalla trascrizione immobiliare, non operano; sicché all'acquirente del diritto di proprietà a titolo originario non possono opporsi i diritti trascritti sul bene né egli ha necessità di trascrivere il proprio diritto per poterlo opporre ad altri. I meccanismi pubblicitari che facilitano la circolazione dei beni, infatti, sono funzionali ad offrire elementi di certezza nei rapporti tra consociati interessati al trasferimento dei beni medesimi, mentre non hanno alcun rilievo rispetto ai casi in cui i diritti vengono acquisiti fuori da vicende circolatorie e, quindi, a titolo originario.

Prima di passare ad analizzare, se pure sinteticamente la disciplina codicistica dei singoli modi di acquisto della proprietà indicati nell'art. 922, necessita evidenziare che, per espressa previsione di tale disposizione, l'elenco dei modi di acquisto ivi contenuto non è esaustivo in quanto esistono anche "***altri modi stabiliti dalla legge***". Un esempio, in tal senso, è proprio il meccanismo di acquisto poc'anzi citato, disciplinato dall'art. 1153 c.c. e relativo, giova ribadirlo, al trasferimento *a non domino* di beni mobili non iscritti in pubblici registri e non costituenti universalità di mobili. In proposito si rinvia a quanto già evidenziato al paragrafo n. 6.4.1.1. Sempre a titolo di esempio, altri modi di acquisto della proprietà non considerati nell'art. 922 sono l'alluvione (art. 941 c.c.) e l'avulsione (art. 944 c.c.). È appena il caso di ricordare che, ai sensi dell'**art. 42 Cost.**, in materia di modi di acquisto della proprietà esiste una specifica riserva di legge. Ciò significa che è solo il legislatore a poter decidere quali e quanti debbano essere i modi di acquisto della proprietà nel nostro ordinamento e a disciplinarne l'operatività, fermo restando che i privati potranno decidere quali contenuti concordare nell'ambito dei contratti che, come detto, costituiscono un modo di acquisto della proprietà espressamente considerato ed ammesso dalla legge.

Sui modi di acquisto della proprietà a titolo derivativo non è il caso di approfondire la riflessione in questo momento perché i temi legati al diritto delle successioni *mortis causa* sono già stati trattati nel capitolo VIII – al quale, dunque, si rimanda integralmente – mentre per tutto quanto riguarda i contratti giova fin d'ora rinviare a quanto si dirà in proposito più avanti nel capitolo dedicato proprio all'istituto del contratto. È, invece, senz'altro opportuno trattare nel prossimo paragrafo, se pur brevemente, i modi di acquisto a titolo originario.

9.2.3.1. *I modi di acquisto della proprietà a titolo originario*

I principali modi di acquisto della proprietà a titolo originario sono: l'occupazione, l'invenzione, l'accessione, l'usucapione e il principio del possesso vale titolo (per questi ultimi due si veda paragrafo seguente). Meno rilevanti, ma pur sempre di interesse ai nostri fini, sono, l'unione o commistione, la specificazione, l'alluvione e l'avulsione.

L'**occupazione** consiste nell'appropriazione, con l'intenzione di tenerli per sé, di beni mobili che sono privi di un proprietario. Essa può riguardare solo beni abbandonati volontariamente dal proprietario o che non hanno mai avuto un proprietario (cosiddette *res nullius* o "cose di nessuno") e, nel rispetto delle leggi in materia, animali che formano oggetto di caccia e di pesca. L'occupazione non può mai avere come oggetto beni immobili: gli immobili "vacanti" o senza proprietario, infatti, appartengono al patrimonio dello Stato o di alcune Regioni a statuto speciale.

L'**invenzione** consiste nel ritrovamento di beni mobili che sono stati smarriti dal proprietario (oppure che sono stati sottratti al proprietario e poi abbandonati). Quando una persona ritrova delle cose che presumibilmente sono state smarrite, deve effettuarne la restituzione al proprietario; se non conosce l'identità del proprietario, deve procedere senza ritardo alla loro consegna al Sindaco del luogo dove è avvenuto il ritrovamento, indicandone le circostanze. Il ritrovamento di cose smarrite è soggetto a pubblicazione nell'albo comunale, per due domeniche successive e per tre giorni ogni volta, in modo da consentire al proprietario di venirne a conoscenza e di chiedere la restituzione delle cose ritrovate. Se le cose ritrovate non vengono reclamate entro un anno dall'ultima pubblicazione, il ritrovatore ne acquista la proprietà per invenzione; se le cose vengono consegnate o restituite al proprietario, invece, il ritrovatore ha diritto a un premio nella misura stabilita dalla legge (di fatto un ventesimo del loro valore) o, se non hanno un valore commerciale, dal giudice. Cosa capita a chi trova un tesoro? Il codice civile, all'art. 932, definisce il tesoro una «cosa mobile di pregio, nascosta o sotterrata, di cui nessuno può provare di essere proprietario». Quando viene ritrovato un **tesoro**, di regola, questo appartiene al proprietario del terreno o della cosa nei quali viene ritrovato, per esempio in una vecchia casa. Se però la scoperta è stata fatta casualmente, cioè senza che il bene sia stato ricercato in modo intenzionale, il tesoro appartiene per metà al proprietario del terreno o della cosa nei quali è stato ritrovato e per metà a colui o colei che ha materialmente fatto il ritrovamento (cosiddetto ritrovatore). Le cose di interesse storico, artistico o archeologico, invece, spettano al patrimonio dello Stato, ma il proprietario del bene in cui sono ritrovate e il ritrovatore hanno diritto ad un premio.

L'**accessione** si verifica quando il proprietario di un bene, considerato principale dalla legge, acquista per attrazione la proprietà anche di un altro bene, considerato accessorio o secondario. L'acquisto della proprietà del bene accessorio da parte del proprietario del bene principale avviene in modo automatico, senza che sia necessaria una dichiarazione di volontà (*accessorium sequitur* principale: ciò che è accessorio segue la condizione di ciò che è principale). L'art. 934 c.c., infatti, considerando il suolo bene principale rispetto ad ogni altro che su esso può insistere, a riguardo stabilisce che "*qualunque piantagione, costruzione od opera esistente sopra o sotto il suolo appartiene al proprietario di questo*", salvo le eccezioni previste espressamente dalla legge o "*salvo che risulti diversamente dal titolo*".

A seconda della sua causa l'accessione può essere artificiale, quando è l'effetto di un comportamento umano, oppure naturale. L'accessione **artificiale** riguarda le piantagioni, le costruzioni e le altre opere che vengono realizzate al di sopra o al di sotto di un terreno altrui e che di regola, se non ne viene richiesta o se non è possibile la separazione, appartengono al proprietario del suolo. Il proprietario del terreno però è obbligato a pagare una somma di denaro, a seconda dei casi (artt. 935-937 c.c.), per i materiali che sono stati impiegati o per il lavoro che è stato utilizzato.

L'art. 938 c.c. disciplina, poi, un caso particolare di accessione, c.d. **accessione invertita**. Tale denominazione si deve al fatto che in questa ipotesi non è la proprietà del fondo ad attirare a sé la proprietà di quanto sul fondo si costruisce, ma il contrario. La norma, infatti, prevede che "*se nella costruzione di un edificio si occupa in buona fede una porzione del fondo attiguo, e il proprietario di questo non fa opposizione entro tre mesi dal giorno in cui ebbe inizio la costruzione, l'autorità giudiziaria, tenuto conto delle circostanze, può attribuire al costruttore la proprietà dell'edificio e del suolo occupato. Il costruttore è tenuto a pagare al proprietario del suolo il doppio del valore della superficie occupata, oltre il risarcimento dei danni*". Come evidente, la *ratio* della disciplina è quella di salvaguardare la costruzione che, pur realizzata in parte su un fondo non di proprietà, o comunque non nella disponibilità giuridica, del costruttore, non sia stata tempestivamente contestata (entro tre mesi) dal proprietario del fondo occupato illegittimamente. In questo caso, la legge sostanzialmente sana gli effetti di un atto illegittimo al fine di individuare il punto di equilibrio tra gli interessi confliggenti in gioco (quello del proprietario del fondo occupato, quello del proprietario della costruzione occupante e quello generale della comunità) con il proposito di perseguire obiettivi di **efficienza economica**. Il ragionamento del legislatore, infatti, presuppone che la mancata tempestiva reazione da parte del proprietario del fondo occupato, dipenda dal fatto che questi non utilizza il fondo, sicché non si è accorto dell'abuso perpetrato ai suoi danni, o semplicemente non ha ritenuto urgente reagire. In tal caso, dunque, il legislatore, assicurando al proprietario un ristoro adeguato sul piano squisitamente economico (egli ha diritto a ricevere dall'occupatore il pagamento del "*doppio del valore della superficie occupata oltre il risarcimento del danno*"), mette in sicurezza la costruzione in quanto non si limita a stabilire che questa non può essere rimossa, ma, come detto, fa sì che il costruttore, *rectius* il proprietario della costruzione, diventi proprietario anche dell'area occupata.

Come detto in apertura di paragrafo, altri modi di acquisto della proprietà considerati dal codice civile sono l'unione e commistione, la specificazione, l'alluvione e l'avulsione. Se pure dal punto di vista fenomenologico si tratti senz'altro di istituti meno interessanti – e ciò in considerazione dell'evoluzione che l'economia (non solo) italiana ha avuto dal 1942 ad oggi, e dunque del fatto che queste vicende, in quanto prettamente attinenti a fondi rustici, hanno sul piano economico un rilievo molto inferiore rispetto a quanto poteva essere alcuni decenni fa – giova passare rapidamente in rassegna i tratti salienti della relativa disciplina.

Ai sensi dell'art. 939 c.c., rubricato "**unione e commistione**", "*quando più cose appartenenti a diversi proprietari sono state unite o mescolate in guisa da formare un sol tutto, ma sono separabili senza notevole deterioramento, ciascuno conserva la proprietà della cosa sua e ha diritto di ottenerne la separazione. In caso diverso, la proprietà ne diventa comune in proporzione del valore delle cose spettanti a ciascuno. Quando però una delle cose si può riguardare come principale o è di molto superiore per valore, ancorché serva all'altra di ornamento, il proprietario della cosa principale acquista la proprietà del tutto. Egli ha l'obbligo di pagare all'altro il valore della cosa che vi è unita o mescolata; ma se l'unione o la mescolanza è avvenuta senza il suo consenso ad opera del proprietario della cosa accessoria, egli non è obbligato a corrispondere che la somma minore tra l'aumento di valore apportato alla cosa principale e il valore della cosa accessoria. È inoltre dovuto il risarcimento dei danni in caso di colpa grave*".

Ai sensi dell'art. 940 c.c., rubricato "**specificazione**", "*se taluno ha adoperato una materia che non gli apparteneva per formare una nuova cosa, possa o non possa la materia riprendere la sua prima forma, ne acquista la proprietà pagando al proprietario il prezzo della materia, salvo che il valore della materia sorpassi notevolmente quello della mano d'opera. In quest'ultimo caso la cosa spetta al proprietario della materia, il quale deve pagare il prezzo della mano d'opera*".

Ai sensi dell'art. 941 c.c., rubricato, "**alluvione**", "*le unioni di terra e gli* *incrementi che si formano successivamente e impercettibilmente nei fondi posti lungo le rive dei fiumi o torrenti, appartengono al proprietario del fondo, salvo quanto disposto dalle leggi speciali*".

E, infine, ai sensi dell'art. 944 c.c., rubricato "**avulsione**", "*Se un fiume o torrente stacca per forza istantanea una parte considerevole e riconoscibile di un fondo contiguo al suo corso e la trasporta verso un fondo inferiore o verso l'opposta riva, il proprietario del fondo al quale si è unita la parte staccata ne acquista la proprietà. Deve però pagare all'altro proprietario un'indennità nei limiti del maggior valore recato al fondo dall'avulsione.*"

9.2.3.1.1. *I modi di acquisto della proprietà che derivano dal possesso*

Altri modi di acquisto a titolo originario della proprietà derivano dal **possesso**. Il possesso – come già abbiamo chiarito nel **paragrafo 3.3.**, a cui giova rinviare per l'inquadramento generale dell'argomento – è una situazione di fatto che produce effetti giuridici. Più precisamente, il codice civile definisce il possesso come "*il potere sulla cosa che si manifesta in un'attività corrispondente all'esercizio della proprietà o di altro diritto reale*" (**art. 1140**).

È evidente che questa attività può essere (e nella stragrande maggioranza dei casi è) compiuta da un soggetto che ha sul bene in questione il diritto di proprietà o un diritto reale minore non di garanzia, visto che la facoltà di godimento, come abbiamo visto, è un contenuto caratteristico di tali diritti. È appena il caso di ricordare a questo riguardo che, quando esiste un diritto reale minore sul bene (salvo che si tratti di superficie o servitù prediale), il titolare del diritto di proprietà resta nudo proprietario, e dunque perde il rapporto materiale con la cosa e il godimento diretto del bene.

La medesima attività, tuttavia, può essere posta in essere anche da un soggetto, del tutto estraneo al bene, che entra in rapporto di fatto con questo senza il consenso di chi sullo stesso vanti diritti reali e, dunque, sostanzialmente per sua esclusiva volontà.

Nel primo caso, cioè quando l'attività sia posta in essere da chi abbia un diritto reale sul bene, si parla di **possesso titolato**; nel secondo caso di **possesso non titolato**.

Se si verificano determinate condizioni stabilite dal codice civile, e sulle quali ci intratterremo in questo paragrafo, il possessore può diventare proprietario o titolare del diritto reale minore di godimento corrispondente all'attività che egli esercita sul bene. E ciò tanto in presenza di un possesso non titolato, quanto in presenza di un possesso titolato. Ovviamente, chi abbia un possesso titolato, in quanto è titolare di un diritto reale minore sul bene, non ha interesse ad acquisire per usucapione il diritto di cui è già titolare (né potrebbe farlo visto che questo possesso è stato acquisito con la collaborazione del proprietario). Egli, però, può avere interesse ad acquisire un diritto reale diverso sul medesimo diritto. Normalmente, si tratta del diritto di proprietà. Può accadere, ad esempio, (sebbene non sia certo auspicabile!) che chi abbia ricevuto dal proprio genitore un diritto di usufrutto su un certo immobile, voglia acquisire, contro la volontà del genitore, il diritto di proprietà del bene medesimo. Per riuscire nel suo obiettivo – al netto delle ulteriori circostanze che sinteticamente illustreremo nel prosieguo di questo paragrafo – egli, considerato che non gli giova il possesso che sia tollerato dal proprietario (art. 1144), deve porre in essere un atto di contestazione (o, se si preferisce, di **opposizione**) nei confronti di quest'ultimo. Allo stesso modo, quando, invece che il possesso, il soggetto interessato ad acquisire la proprietà del bene abbia la semplice detenzione, egli deve avere cura di mutare quest'ultima in possesso, ponendo in essere un atto di **interversione** ai sensi dell'art. 1141 c.c. Il caso tipico è quello del locatario che, per cominciare a possedere il bene utilmente al fine di acquisire la proprietà dello stesso, deve porre in essere un atto di "*opposizione*" contro il possessore, e cioè contro chi gli aveva concesso la detenzione.

Quindi, i modi di acquisto della proprietà che derivano dal possesso sono: il **principio del "possesso vale titolo"**, regolato dagli **artt. 1153-1157** c.c., e l'**usucapione**, regolato dagli **artt. 1158-1167 c.c.** L'usucapione, oltre che della proprietà, può consentire l'acquisto a titolo originario di tutti diritti reali minori di godimento. Il principio del possesso vale titolo, invece, consente solo l'acquisto di usufrutto, uso e pegno, non potendosi concepire diritti di superficie o enfiteusi su beni mobili (art. 1153, comma 3).

Il principio del "**possesso vale titolo**" stabilisce, in forza di quanto previsto dall'**art. 1153**, comma 1, che chiunque acquista "*beni mobili da chi non ne è proprietario, ne acquista la proprietà mediante il possesso*" se: i) il **titolo** di acquisto risulta valido in tutti gli aspetti formali e sostanziali, al netto del fatto che il venditore in realtà non era proprietario del bene; ii) ci sia la **consegna effettiva** del bene mobile nelle mani dell'acquirente; e iii) l'acquirente sia in **buona fede** al momento dell'acquisto.

Il meccanismo di acquisto in parola svolge un ruolo fondamentale nella circolazione dei beni mobili non registrati (ma, *ex* art. 1157, ciò non riguarda i titoli di credito, la cui circolazione è regolata dal titolo V del Libro IV del codice civile) perché, difettando nel nostro ordinamento (così come in ogni altro) un sistema di pubblicità delle vicende negoziali di questi ultimi (con alcune eccezioni, come ad esempio quella che riguarda i titoli rappresentativi di diritti sul capitale delle società), solo attraverso la tutela dell'acquirente in buona fede, garantita per l'appunto dal principio in parola, si incentivano gli interessati ad acquistare diritti su beni di questo tipo. L'acquirente, infatti, potrà far affidamento sull'apparenza garantita dal rapporto materiale che il suo dante causa ha con il bene e saprà che il suo affidamento è salvaguardato dal diritto nei confronti di ogni altro interessato, sempre che egli abbia acquisito dal dante causa il possesso del bene. Il principio si traduce, nella prassi, nella regola prudenziale che consiglia di non acquistare beni mobili da chi non ne abbia il possesso o comunque non sia in grado di trasferirne immediatamente il possesso all'avente causa. E ciò anche in ragione di quanto prescritto dall'**art. 1155**, a tenore del quale "*se taluno con successivi contratti aliena a più persone un bene mobile, quella tra esse che ne ha acquistato in buona fede il possesso è preferita alle altre, anche se il suo titolo è di data posteriore*". Per altro, la **buona fede** – che consiste nell'ignorare "*di ledere l'altrui diritto*" e che "*è presunta e basta che sussista al tempo dell'acquisto*" – "*non giova se l'ignoranza dipende da colpa grave*" (1147 c.c.) e deve essere effettiva, tanto che l'art. 1154 puntualizza che "*a colui che ha acquistato conoscendo l'illegittima provenienza della cosa non giova l'erronea credenza che il suo autore o un precedente possessore ne sia divenuto proprietario*". Dunque, l'ordinamento si guarda bene dal favorire abusi del principio.

In sostanza, gli artt. 1153-1157 tentano di individuare il punto di equilibrio più efficiente tra i vari interessi in gioco rispetto alla tematica della circolazione dei beni mobili non registrati. Da un lato, infatti, in considerazione della natura, del valore e della frequenza delle operazioni negoziali che, in una economia di mercato e consumeristica, ogni consociato pone in essere tutti i giorni riguardo a tali beni (si pensi alla spesa alimentare quotidiana, all'acquisto di vestiti, libri, strumenti tecnologici e quant'altro), e vista l'esigenza di non ingessare talmente tanto i rapporti economici tra consociati da provocarne la paralisi, risulta evidente come non sia praticabile alcun sistema efficace di pubblicità concernente gli atti negoziali che riguardano i beni in parola. Dall'altro, sempre al fine di non deprimere l'economia che riguarda questi beni, ed anzi con l'obiettivo di favorirla, occorre offrire ai consociati un sistema che consenta a chiunque di acquistare un bene mobile senza dover svolgere complesse operazioni per indagarne la legittimazione del dante causa all'operazione. Questo sistema, come detto, fa perno sulla buona fede dell'acquirente.

Per completezza, va qui osservato che queste considerazioni – tutto sommato, almeno apparentemente, pacifiche e di buon senso – possono essere messe in discussione se esaminate da una prospettiva diversa. Il che conferma che le cose, nel mondo del diritto, non sono mai banali come possono sembrare. Negli **Stati Uniti**, infatti, la circolazione dei diritti sui beni mobili, pur disciplinata in modo per certi versi eterogeneo nell'ambito delle cinquanta giurisdizioni statali che compongono l'Unione, è per lo più dominata da un principio inverso, che impone all'acquirente di verificare, facendo ogni sforzo possibile, che il suo dante causa sia effettivamente il legittimo proprietario del bene, sicché, quando vi sia una rivendicazione di un terzo sulla proprietà del bene e questo terzo dimostri di essere il proprietario, non basta all'attuale possessore dedurre la propria buona fede al momento dell'acquisto e, per l'appunto, il possesso del bene (come, invece, sarebbe *ex* art. 1153). Domanda banale: quale dei due sistemi è migliore, cioè più efficiente sul piano economico? Quello, il nostro, che potremmo definire con la formula ***caveat dominus***, o quello americano sintetizzabile nella formula ***caveat emptor***? Per provare a rispondere, dovremmo tentare di misurare i costi (transattivi) ipotetici che derivano dall'adozione dell'uno o dell'altro modello. Scegliendo il sistema *caveat emptor*, infatti, è evidente che l'acquirente dovrà sostenere costi per verificare la posizione del *dominus* (il che certamente, per lui, costituisce un aggravio piuttosto rilevante rispetto alla situazione vigente in Italia). Tuttavia, nell'ambito del sistema alternativo, e dunque del modello ricavabile dall'art. 1153, sarà il *dominus* a dover sostenere dei costi in quanto, ad esempio, deve stare attento a non prestare il proprio bene mobile a soggetti di cui non abbia l'assoluta fiducia perché, una volta che questo finisca nelle mani di qualcuno capace di propiziare la buona fede dell'eventuale acquirente, il *dominus* correrà il rischio di perderlo irreversibilmente. Non è affatto facile misurare i costi in parola e, per conseguenza, stabilire quale regola sia più efficiente sul piano economico. Soprattutto, non sembra possibile farlo con pretesa che la misurazione sia valida per ogni contesto. Dunque, probabilmente non è dato stabilire una volta per tutte quale dei due sistemi sia generalmente migliore dell'altro. Il che accade non di rado quando compariamo discipline giuridiche tra loro alternative e, dunque, almeno in astratto concorrenti.

Chiuso il discorso sul modo di acquisto della proprietà che fa perno sul principio del "possesso vale titolo", occorre adesso passare in esame l'acquisto della proprietà (o, come detto, di altro diritto reale di godimento) per **usucapione**. **Questo** si verifica quando – anche a prescindere dall'esistenza di una vicenda traslativa che coinvolga un dante causa non proprietario – una persona mantiene il possesso di un bene (mobile, immobile o mobile registrato) per un determinato periodo di tempo senza contestazioni da parte del legittimo titolare del diritto reale che corrisponde all'attività posta in essere dal possessore e senza che quest'ultimo abbia posto in essere atti da cui si deduce la sua tolleranza (art. 1144 c.c.).

Il codice civile disciplina l'usucapione agli **artt. 1158-1167**, e dunque nell'ambito del Titolo VIII del Libro III, titolo dedicato al "*Possesso*". La tutela che il codice assegna al possesso e la possibilità, prevista dalla legge, che attraverso il possesso prolungato nel tempo il singolo consociato acquisti in forza dell'usucapione il diritto di proprietà o altri diritti reali sul bene, si giustificano con la volontà del legislatore di incentivare e premiare l'utilizzazione dei beni e, di converso, disincentivare l'abbandono degli stessi. Gli effetti dell'usucapione, infatti, determinano l'acquisto, a titolo originario, del diritto reale in capo a chi il bene lo ha utilizzato per un certo periodo ininterrottamente in forza di un possesso valido *ad usucapionem* (e cioè senza avere titolo per utilizzare quel bene) e, per conseguenza, l'estinzione del medesimo diritto in capo a colui che, pur essendone titolare, non si è curato di esercitarlo per il medesimo periodo di tempo. In definitiva, l'ordinamento premia chi, laddove vi sia un bene che il proprietario trascura, stabilisce un rapporto di fatto con il bene stesso, che prescinde totalmente dall'autorizzazione o dal consenso del proprietario (in presenza dei quali il possesso non sarebbe idoneo a far maturare l'usucapione), e che è funzionale a ricavare dal bene l'utilità che questo può assicurare al suo possessore. In questo modo, il diritto cerca di **preservare la capacità produttiva dei beni** e di assicurare il massimo godimento degli stessi secondo la logica liberista per cui la ricchezza della collettività è data dalla somma delle ricchezze individuali, sicché l'ordinamento giuridico deve porre le condizioni perché dai beni esistenti e disponibili i consociati ricavino a livello aggregato la massima utilità possibile.

Tornando alla disciplina codicistica dell'istituto va evidenziato che la **lunghezza del periodo di possesso** necessario per consentire l'acquisto per usucapione varia secondo la natura del bene e secondo le circostanze.

In altre parole, il codice disciplina una **usucapione ordinaria** (di 20 anni per mobili e immobili, 15 anni per la piccola proprietà rurale, 20 anni per le universalità di mobili e 10 anni per i mobili iscritti in pubblici registri) che matura a seguito del semplice possesso, e una **usucapione abbreviata** (rispettivamente di 10 anni per mobili e immobili, 5 anni per la piccola proprietà ordinaria, 10 anni per le universalità di mobili e 3 anni per i mobili iscritti in pubblici registri) che matura in presenza di determinate condizioni che variano a seconda della natura del bene. Ad esempio, ai sensi dell'**art. 1159 c.c.**, rubricato "*usucapione decennale*", "*colui che acquista in buona fede, da chi non è proprietario un immobile, in forza di un titolo che sia idoneo a trasferire la proprietà e che sia stato debitamente trascritto, ne compie l'usucapione in suo favore col decorso di dieci anni dalla data della trascrizione*". Dunque, perché possa aversi su beni immobili l'usucapione abbreviata (10 anni) piuttosto che quella ordinaria (20 anni) necessita che: 1) l'acquirente sia stato in buona fede; 2) il titolo di acquisto sia astrattamente idoneo a trasferire la proprietà (concretamente non può esserlo visto che il dante causa "*non è proprietario*"; e del resto, se così non fosse, l'avente causa acquisterebbe il diritto in forza del titolo senza necessità di ricorrere all'usucapione); 3) sia avvenuta la regola trascrizione del titolo; e 4) siano trascorsi 10 anni dalla trascrizione. Affinché possa avvenire l'acquisto per usucapione è sempre necessario che il possesso sia **continuato e non interrotto**. Una volta che il tempo previsto dalla legge è decorso, in presenza delle altre condizioni prescritte l'acquisto per usucapione opererà a prescindere da qualsiasi accertamento negoziale o giudiziale dello stesso. Dunque, quando l'interessato avesse necessità di ottenere un titolo per poter opporre a chiunque il suo diritto ed evitare incertezze e per questo si rivolgesse al giudice – così come accade normalmente quando vi è un acquisto per usucapione – il provvedimento di quest'ultimo avrà solo effetti di **accertamento.**

9.2.4. Le azioni a difesa della proprietà

Il **Capo IV** del Titolo II del Libro III del codice civile, dedicato alle "*azioni a difesa della proprietà*", è composto da quattro articoli che vanno **dal 948 al 951**, ognuno dei quali disciplina una azione tipica a tutela del diritto di proprietà: nell'ordine, si tratta della "**azione di rivendicazione**" (anche detta, rivendica), della "**azione negatoria**", della "**azione di regolamento di confini**" e della "**azione di apposizione di termini**". Queste azioni costituiscono rimedi giudiziari tipici attraverso i quali il proprietario ingiustamente privato, in vario modo, della possibilità di utilizzare il bene oggetto del suo diritto, o comunque disturbato nel godimento dello stesso, può recuperare il pieno e tranquillo godimento della cosa, facendo accertare l'esistenza del suo diritto nei confronti della controparte.

Alle quattro azioni appena cennate (dette anche petitorie o reali, dal latino "*petere*", che significa richiedere) occorre aggiungere due azioni ulteriori a disposizione del proprietario, che il codice civile disciplina agli **artt. 1171 e 1172**. Si tratta della "***denunzia di nuova opera***" e della "***denunzia di danno temuto***", (dette anche azioni di nunciazione), la cui collocazione sistematica codicistica, diversa dalle precedenti, dipende dal fatto che esse possono essere attivate sia dal proprietario che del semplice possessore, sicché il legislatore ha ritenuto più corretto ubicare gli articoli in questione a vallo della disciplina sul possesso.

Inoltre, bisogna considerare che il proprietario, quando risulti anche possessore del bene – e, dunque, quando quest'ultimo non sia gravato da un diritto reale minore in forza del quale il possesso sul bene è esercitato dal titolare di tale diritto – in alternativa può attivare a tutela dei suoi interessi le azioni a difesa del possesso (dette anche azioni possessorie), e quindi l'**azione di reintegrazione** e l'**azione di manutenzione**, disciplinate nel nostro codice civile agli **artt. 1168, 1169 e 1170**. Spesso per il proprietario, quando non sia in discussione la titolarità del diritto di proprietà sul bene, sarà proprio l'esperimento di una di queste due azioni, piuttosto che delle tipiche azioni petitorie, a garantire il risultato più rapido e più efficace. Infatti, le azioni che tutelano la proprietà (come detto, rivendica, negatoria, regolamento di confini e apposizione di termini, denuncia di nuova opera e di danno temuto), anche dette azioni petitorie o reali, mirano a proteggere un assetto distributivo già dato e sono dirette a risolvere conflitti di titolarità o di godimento, mentre le azioni a tutela del possesso sono finalizzate a consentire al possessore di difendersi nei confronti delle molestie provenienti da terzi che gli impediscono il pacifico godimento del bene.

A quanto detto occorre aggiungere che le azioni petitorie svolgono una funzione di accertamento che ha lo scopo di rendere stabilmente irrilevante tra le parti ogni contestazione circa il diritto reale, ed inoltre che tale accertamento, a sua volta, può servire da presupposto per ottenere la condanna del convenuto. L'art. 948 c.c. (azione di rivendicazione), infatti, ammette espressamente la possibilità che l'azione di rivendica, quando il convenuto si sia spogliato del bene e non sia possibile il recupero dello stesso a sue spese, si converta (previa istanza) in un'azione tendente ad ottenere la condanna del convenuto a versare all'attore il valore della cosa oltre al risarcimento del danno. Anche ai sensi dell'art. 949 c.c. (azione negatoria) il proprietario può ottenere nei confronti del convenuto l'ordine giudiziario a cessare immediatamente le "*turbative o molestie*" in corso "*oltre la condanna al risarcimento del danno*". Si può, dunque, affermare che la proprietà risulta tutelata non solo da rimedi specifici reali, ma anche da **rimedi risarcitori**.

Infine, va altresì evidenziato che, rispetto a tematiche peculiari, l'ordinamento mette a disposizione del proprietario anche ulteriori azioni per tutelare i propri interessi. Ad esempio, nell'ambito della disciplina delle successioni *mortis causa* gli art. 561-563 c.c. disciplinano l'**azione di restituzione** attraverso la quale il legittimario (o, *ex* art. 557 c.c., "*i propri eredi o aventi causa*"), a seguito della riduzione (vedi, in proposito, il paragrafo 8.9), può recuperare materialmente, nei confronti di legatari o donatari, il bene oggetto del suo diritto. Allo stesso modo, nell'ambito della disciplina del pagamento dell'indebito (che incontreremo più avanti affrontando lo studio delle obbligazioni) il codice civile, all'art. 2037, a tutela del proprietario introduce la "*azione di restituzione di cosa determinata*", anche detta **azione di ripetizione** proprio perché collegata al concetto di indebito (cioè di trasferimento avvenuto indebitamente, e quindi senza una causa idonea a giustificarlo sul piano giuridico), stabilendo che "*chi ha ricevuto indebitamente una cosa determinata è tenuto a restituirla*".

Tutti i rimedi sin qui indicati sono, ovviamente, di carattere squisitamente civilistico. La proprietà, tuttavia, è tutelata anche da norme di **diritto pubblico**, **amministrativo** e **penale**. Con riferimento a quest'ultimo ambito, va segnalato che molti atti costituenti violazione del diritto di proprietà sono qualificati dall'ordinamento giuridico in termini di vero e proprio reato (e cioè di fatto illecito rilevante per il diritto penale al massimo livello). Ciò accade, ad esempio, con la violazione di domicilio (art. 614 c.p.), con il furto (art. 624 c.p.), con la rapina (art. 628 c.p.), con il danneggiamento (art. 635 c.p.), con l'appropriazione indebita (646 c.p.) e con la ricettazione (art. 648 c.p.).

Passando a trattare sinteticamente i profili disciplinari più rilevanti delle prime sei azioni sopra indicate, – rinviando la trattazione delle due azioni possessorie al paragrafo sul possesso che affronteremo più avanti in questo capitolo – giova sottolineare preliminarmente che esse sono **imprescrittibili** (tranne le azioni di denuncia di nuova opera e di danno temuto, che devono esercitarsi in un anno in quanto si tratta di azioni cautelari, e cioè che si basano sul presupposto dell'attualità e imminenza del pericolo), così come imprescrittibile è il diritto di proprietà (non avrebbe senso stabilire che quest'ultimo è imprescrittibile se le azioni a sua difesa subissero preclusioni temporali), e hanno **carattere nominato**, nel senso che è lo stesso legislatore a indicarne i presupposti e il risultato pratico-giuridico (l'utilità) che attraverso il loro esperimento è possibile perseguire in giudizio. È, dunque, opportuno analizzarle singolarmente nell'ordine in cui sono collocate nel codice.

L'**azione di rivendicazione**, come detto disciplinata dall'art. 948, tende all'accertamento del diritto di proprietà in funzione della consegna o del rilascio del bene rivendicato, mediante spossessamento del convenuto che non abbia titolo per mantenere il bene nelle sue mani a danno del proprietario. L'art. 948, in vero, non fa alcun riferimento al "*titolo*" del convenuto e dunque omette di precisare questo fondamentale dettaglio, che però non va dimenticato perché se quest'ultimo in giudizio dà prova di avere un titolo idoneo, valido ed efficace, a giustificare il suo rapporto con il bene (ad esempio un contratto di locazione o un diritto reale, acquisito a titolo derivativo od anche per usucapione), la pretesa dell'attore, che pure riesca a dimostrare il suo diritto di proprietà, non può essere accolta dal giudice.

Questa azione, che può essere attivata nei confronti di chiunque possiede o detiene la cosa, rappresenta un rimedio generale ed è sottoposta ad un rigido **onere probatorio** nel senso che l'attore in rivendicazione ha l'onere di fornire nel processo la prova del suo diritto di proprietà, mentre il convenuto può anche limitarsi a contestare le deduzioni dell'attore senza necessità che dia prova del titolo in base al quale esercita, e pretende per il futuro di esercitare, il suo rapporto con il bene. A tal fine, per consolidata giurisprudenza, non basta che l'attore produca in giudizio il titolo di provenienza della sua proprietà (cioè che dimostri documentalmente di aver acquistato la proprietà in base ad una valida vicenda successoria *mortis causa* o in base ad un valido contratto), in quanto egli è tenuto a dimostrare nel processo o di aver acquistato a titolo originario o di aver acquistato a titolo derivativo ma in tal caso dando prova che tutti i trasferimenti del medesimo diritto occorsi tra i proprietari precedenti, sino ad arrivare a lui, sono stati regolari e debitamente trascritti, e ciò sino a dimostrare l'esistenza della continuità delle trascrizioni per il periodo utile (vent'anni, *ex* art. 1158 c.c.) per l'acquisto a suo favore a titolo originario. E ciò in quanto, come già evidenziato, solo il titolo originario assicura un acquisto privo di problemi e senza pesi gravanti sul bene. Secondo la giurisprudenza, tale onere è meno gravoso solo in alcuni casi specifici che dipendono dal comportamento processuale del convenuto, il quale, ad esempio, può non contestare la proprietà dell'attore sino ad una certa data, deducendo, piuttosto, di avere egli acquistato per usucapione la proprietà sul bene in data successiva.

L'art. 948 prende in considerazione anche il caso che il convenuto, dopo la domanda attivata in giudizio contro di lui dall'attore, abbia cessato, per fatto proprio, di possedere o detenere la cosa. In tal ipotesi, il convenuto "*è obbligato a ricuperarla per l'attore a proprie spese, o, in mancanza, a corrispondergliene il valore, oltre a risarcirgli il danno. Il proprietario, se consegue direttamente dal nuovo possessore o detentore la restituzione della cosa, è tenuto a restituire al precedente possessore o detentore la somma ricevuta in luogo di essa*".

La seconda azione petitoria contemplata dal codice civile, come detto, è l'**azione negatoria**, a proposito della quale l'art. 949 stabilisce che: "*il proprietario può agire per far dichiarare l'inesistenza di diritti affermati da altri sulla cosa, quando ha motivo di temerne pregiudizio. Se sussistono anche turbative o molestie, il proprietario può chiedere che se ne ordini la cessazione, oltre la condanna al risarcimento del danno*". Tale azione, che il proprietario potrà esercitare quando non ci sono dubbi circa la titolarità del suo diritto dominicale (in caso contrario, gli converrà agire con l'azione di rivendicazione), e piuttosto i dubbi concernono l'esistenza di diritti di terzi sullo stesso bene, rappresenta il cuore della tutela apprestata dall'ordinamento a protezione del godimento e dello sfruttamento del bene, ed infatti la giurisprudenza applica l'art. 949 come rimedio generale a tutela del libero ed esclusivo godimento della cosa. Essa consente all'attore di ottenere sia un accertamento circa l'inesistenza dei diritti affermati da altri sulla cosa oggetto del suo diritto di proprietà, sia in caso di turbative o molestie, la condanna del convenuto a cessare la sua attività di disturbo e a risarcire il danno arrecato. Le molestie possono consistere sia in pretese legali con le quali un terzo afferma di avere diritti sul bene, ad esempio pretendendo di poter esercitare sul bene un diritto reale minore (**moleste di diritto**), sia in comportamenti materiali che il terzo, ritenendo di essere titolare di un diritto sul bene, pone in essere su quest'ultimo a danno del proprietario (**molestie di fatto**). Si ritiene che questa azione sia perfettamente speculare a quella cd. confessoria disciplinata dall'art. 1079 c.c., nella quale, infatti, così come nell'art. 949, è possibile distinguere sia l'azione di accertamento ("*il titolare della servitù può farne riconoscere in giudizio l'esistenza*") sia quella di condanna (cessazione di impedimento e turbative, risarcimento del danno). È appena il caso di aggiungere che le azioni di accertamento previste dagli artt. 949 e 1079 hanno sempre natura di azioni reali, mentre le azioni di condanna hanno natura personale.

La terza azione petitoria contemplata dal codice civile è denominata **azione di regolamento dei confini** (in latino, *actio finium regundorum*) ed è regolata dall'art. 950. Con l'esperimento di tale rimedio processuale si tende a stabilire giudizialmente quali siano gli esatti confini tra fondi contigui che si reputano incerti. Essa appartiene alle azioni di accertamento ed ha la particolarità di dare luogo a un duplice accertamento, e cioè ad un accertamento che concerne i diritti di proprietà di entrambe le parti in causa, in quanto si tratta dei proprietari dei fondi posti su un lato e sull'altro del confine incerto. Per conseguenza, nell'ambito di tale azione l'onere della prova grava sia sull'attore che sul convenuto. Secondo la giurisprudenza, infatti, l'azione non viene esercitata a vantaggio di un fondo ed a danno di un altro, ma nell'interesse comune alla certezza dei confini. Questa azione può presentare il carattere dell'azione di rivendicazione, e può addirittura sfociare processualmente in quest'ultima quando si determina un conflitto di titoli su di una determinata zona di confine (può accadere, infatti, che, ad esempio, una data particella catastale risulti, dai titoli prodotti in giudizio dalle parti in lite, sia rientrante nella proprietà dell'uno che nella proprietà dell'altro litigante; in tal caso il giudice deciderà accertando a chi spetti la proprietà su tale particella), mentre resta esclusivamente di regolamento di confini quando non vi sono conflitti tra i titoli e non c'è controversia sulla proprietà, sicché le parti discutono esclusivamente su dove cada l'esatto confine tra i loro fondi. Ogni mezzo di prova è loro concesso; laddove manchino elementi diversi per decidere, il giudice, per espressa previsione dell'art. 850, si atterrà alle risultanze delle mappe catastali.

Quando tra le parti non ci sono dubbi neanche su dove cada il confine, ma i termini fisici (sassi, barriere in legno o altro) posti sui fondi per segnare il confine "*mancano o siano diventati irriconoscibili*", ognuno dei proprietari dei fondi contigui può attivare in giudizio l'**azione di apposizione di termini**, disciplinata dall'art. 951 c.c., chiedendo che i termini "*siano apposti o ristabiliti a spese comuni*".

Passando a trattare le azioni di **denuncia di nuova opera** e di **danno temuto**, disciplinate dagli **artt. 1171 e 1172 c.c.**, va subito detto che si tratta di azioni attivabili quando si ha ragione di temere che da una nuova opera intrapresa da un terzo sul proprio o sull'altrui fondo stia per derivare danno alla cosa che forma oggetto del diritto reale o del possesso, oppure che da qualsiasi edificio, albero od altra cosa possa derivare il pericolo di un danno grave e prossimo alla cosa che è oggetto del diritto reale o del possesso. Inoltre, occorre ribadire che queste due azioni – che danno luogo ad una tutela cautelare al fine di prevenire o arrestare il danno *in itinere* – possono essere invocate in giudizio non solo dal proprietario o dal titolare di altro diritto reale di godimento, ma anche dal semplice possessore, cioè da colui che abbia un rapporto di fatto con il bene che si estrinseca in attività materiali simili a quelle che potrebbe porre in essere il proprietario o altro titolare di diritti reali (art. 1140 c.c.).

Profili di una teoria economica della proprietà

A partire dagli anni Sessanta del secolo scorso ha visto la luce, negli Stati Uniti, la c.d. **teoria economica dei diritti di proprietà**, il cui primo sviluppo si deve principalmente, ma certo non esclusivamente, agli economisti **Ronald H. Coase**, della *University of Chicago Law School* (premio Nobel per l'economia nel 1991 per la scoperta e la spiegazione dell'importanza che i costi di transazione e i diritti di proprietà hanno nella struttura istituzionale e nel funzionamento dell'economia), da un lato, ed **Armen Alchian** e **Harold Demsetz**, della *University of California – Los Angeles* (all'epoca nota anche come "*la Chicago della costa Ovest*" proprio perché in quella università lavoravano economisti che studiavano i mercati, le istituzioni e il rapporto tra economia e diritto, così come avveniva nell'università di Chicago), dall'altro.

Secondo questa teoria, in estrema sintesi, in un dato ordinamento, e dunque in una data comunità, l'esistenza dei diritti di proprietà e una loro perfetta, cioè chiara e inequivoca, definizione costituiscono fattori determinanti per rendere efficienti le attività economiche. La presenza di tali fattori, infatti, consente di realizzare al meglio le attività in parola attraverso le tipiche istituzioni del mercato (a partire da imprese e contratti), perché una volta definite in modo chiaro le regole in materia di rapporti tra soggetti e beni, e una volta creati meccanismi efficienti di risoluzione delle controversie che dovessero nascere attorno a tali rapporti, il mercato sarà in grado di allocare le risorse esistenti nel modo più efficiente e, dunque, di consentire la massima estrazione di utilità da tali risorse. In questa prospettiva i casi di fallimento del mercato dovuti a economie esterne sono giustificati in termini di una inesistente o cattiva definizione dei diritti di proprietà in quanto, in tesi, se i diritti di proprietà fossero definiti in termini inequivoci non si realizzerebbero fallimenti di mercato, ma al massimo inefficienze relative, passibili di correzione in forza della circolazione dei beni tra i consociati.

Come evidente già da questi cenni basilari, la teoria in parola si dipana su un piano molto diverso da quello indagato nel XVIII e XIX secolo da studiosi del calibro di Smith, Bentham, Mill, Pareto e altri ancora – e prima ancora da Locke – e ciò in quanto tra la fine dell'Ottocento e la prima metà del Novecento la diffusione dell'economia di mercato e l'emersione della società industriale avevano consentito lo sviluppo di una scienza economica via via più matura. La teoria economia dei diritti di proprietà costituisce, pertanto, l'approdo di una riflessione economica che, muovendo dallo studio dei mercati e delle relazioni tra imprese, e tra imprese e lavoratori – questi i temi su cui si era, per lo più, appuntata la riflessione degli economisti nei decenni precedenti – finisce per concentrarsi sulle istituzioni giuridiche, e dunque sull'organizzazione sociale da queste determinato.

Abbiamo già incontrato il tema nel primo capitolo, quando al **paragrafo 1.12.** abbiamo affrontato, se pure ovviamente solo a livello introduttivo, la c.d. ***Law & Economics***. In quella occasione abbiamo concentrato la nostra attenzione, prima, sul c.d. **teorema di Coase**, poi sul contributo che alla riflessione diede **Richard Posner** studiando, in particolare, il concetto di efficienza, e infine sull'elaborazione di questi temi svolta da **Guido Calabresi** e **Douglas Malamed**, i quali arricchirono la analisi di Coase, e più in generale il ricco dibattito sorto attorno al celebre teorema, introducendo il ruolo fondamentale che le regole di responsabilità civile possono avere nel consentire al legislatore di graduare i rimedi posti a tutela degli interessi proprietari, permettendo a quest'ultimo di decidere in quali casi fornire al proprietario una tutela forte, quale quella garantita da una *property rule*, e in quali casi invece sia più efficiente porre a servizio del medesimo esclusivamente una tutela debole, quale quella derivante dal riconoscimento a quest'ultimo di un mero diritto di risarcimento dei danni (*liability rule*), ovvero un mix tra le due tutele. Su questi temi, onde non ripetere cose già dette, giova rinviare per l'appunto al cennato paragrafo 1.12, al cui contenuto è appena il caso di aggiungere quanto segue.

L'approccio all'istituto della proprietà suggerito dalla analisi economica in parola parte dal considerare come il contenuto dei diritti di proprietà, e dunque il portato delle regole giuridiche in materia, incida sull'allocazione e sull'uso delle risorse seguendo moduli specifici e prevedibili, e ciò perché il comportamento umano è in linea generale prevedibile, e cioè risponde a **incentivi** e **sanzioni**. Di conseguenza, un cambiamento nel sistema generale delle relazioni proprietarie – nel quale, per l'appunto, si valorizzino determinati incentivi e/o determinate sanzioni, piuttosto che altri, a seconda della sensibilità politica o delle esigenze sociali del momento – non può che incidere sul modo nel quale i singoli si comportano e, attraverso questi effetti sul comportamento, il detto cambiamento incide sull'allocazione delle risorse, sulla ricchezza della comunità, sulla distribuzione del reddito all'interno di quest'ultima, ecc.

L'altro assunto da cui muove la riflessione in esame concerne il fatto che quando si amministrano risorse, e dunque nel rapporto tra soggetti e beni, si verificano sempre **esternalità** (negative o positive) che condizionano la possibilità per i consociati di ricavare utilità dai beni e che, pertanto, incidono, spesso anche sensibilmente, sull'efficienza del sistema in termini di capacità di quest'ultimo di trarre, a livello aggregato, valore dalle risorse esistenti. Nella terminologia economica quando una proprietà impone costi propri a una o più altre proprietà si parla di esternalità **negative** o diseconomie esterne. L'esempio più chiaro può rinvenirsi nelle immissioni industriali, laddove può accadere che una parte, ad esempio una grande azienda, nell'ambito della sua attività produttiva consumi una risorsa scarsa (quiete, aria pura, acqua corrente, ecc.) senza sopportarne il costo, e cioè senza dover risarcire nessuno per questo e senza essere tenuta a porre in essere misure compensative di carattere sociale (ad esempio, attività di bonifica sui terreni limitrofi). Per converso, le esternalità possono essere **positive** quando, ad esempio, un privato bonifichi (magari anche solo per suo esclusivo interesse) una discarica trasformandola in un giardino, con beneficio non soltanto proprio ma anche di tutti i proprietari confinanti che godranno di un bel paesaggio senza sopportarne il costo. Tanto nel caso di esternalità positive quanto in quello di esternalità negative si verifica uno spostamento di ricchezza fra individui al di fuori dei meccanismi del mercato.

Si dice, per tanto, che rispetto a tali dinamiche il **mercato fallisce** nella propria funzione di efficiente allocazione delle risorse, in quanto il sistema dei prezzi non trasmette informazioni corrette. Entrambi i tipi di esternalità, di conseguenza, preoccupano gli economisti. La ragione per cui le esternalità si verificano risiede nella non completa separabilità delle sfere proprietarie, per cui molto difficilmente un comportamento tenuto da un proprietario lascia del tutto indifferenti gli altri.

Le esternalità positive lasciano relativamente indifferente il giurista, il quale concentra la propria attenzione su quelle negative. Queste ultime assai sovente si sostanziano in danni o in situazioni di pericolo giuridicamente rilevanti alle quali, nel nostro diritto, possono ovviare regolamentazioni amministrative (per es. si pensi alle prescrizioni relative alle attività nucleari), o regole di diritto privato. In materia proprietaria queste ultime regole si rinvengono in larga misura, anche se non esclusivamente, nel Lib. III del codice civile.

Chiarito il concetto di esternalità, è adesso il caso di tornare al discorso sugli **incentivi** e sulle **sanzioni**. Per comprendere il quale, quanto meno a livello basilare, giova introdurre due esempi tratti da Posner (*Economic Analysis of Law*, Boston-Toronto, 1977, pp. 20 ss.; trad. it. di G. Alpa). Si consideri una società nella quale tutti i diritti di proprietà sono stati aboliti. Un **agricoltore semina del grano**, lo cura con concimi, lo protegge con spaventapasseri, ma quando il grano è maturo **il suo vicino lo ruba** e lo vende sul mercato lasciando l'agricoltore privo di qualsiasi utilità. Non esistendo diritti di proprietà, l'agricoltore non ha alcun rimedio giuridico, e dunque alcuna protezione, nei confronti del vicino che si è comportato in quel modo, proprio perché non è né proprietario della terra, né proprietario del grano. È, dunque, facile prevedere che, dopo qualche ulteriore incidente, l'agricoltore finirà per abbandonare la coltivazione della terra, e come lui faranno tutti gli altri coltivatori, perché per chiunque risulta inefficiente investire (cioè impegnarsi) in un'attività lavorativa in presenza di un'alta probabilità che qualcuno si appropri del prodotto del proprio lavoro senza che l'ordinamento riconosca in tal caso alcuna protezione al lavoratore. In alternativa, l'agricoltore potrebbe ridursi a coltivare un appezzamento più piccolo, se ritiene di essere in grado di proteggere quell'appezzamento nei confronti dei tentavi altrui di impossessamento del grano. In entrambe le ipotesi, l'assenza di diritti di proprietà si traduce in assenza di incentivi per i consociati a investire sui fondi agricoli e genera conflitti, la cui risoluzione produce costi transattivi elevati. Dunque, in tal caso, non solo la terra non viene coltivata o viene coltivata molto meno di quanto potrebbe, ma si generano anche meccanismi che determinano l'insorgenza di costi in capo ai consociati. In ragione di ciò, chiaramente la comunità dovrà escogitare metodi di sussistenza (come la caccia) che comportano investimenti futuri meno impegnativi in capo ai singoli consociati. La qual cosa non toglie che la rinuncia all'agricoltura renderà quella comunità più povera.

Come suggerisce questo esempio, la protezione giuridica dei diritti di proprietà ha la importante funzione economica di creare incentivi per usare in modo efficiente le risorse. Senza il riconoscimento di diritti di proprietà non vi è incentivo ad accollarsi i costi di produzione dal momento che non vi sono assicurazioni certe che essi verranno in qualche modo remunerati. L'incentivo più appropriato consiste nel distribuire la terra in lotti tra i consociati in modo da farli partecipi delle risorse, conferendo loro diritti esclusivi su di esse. Se ogni appezzamento è di proprietà di un singolo soggetto, – in altri termini, se vi è sempre un individuo che può escludere tutti gli altri dall'accesso a un'area determinata – allora i singoli individui si sforzeranno di massimizzare il valore della terra di cui sono proprietari con la coltivazione o altri mezzi di sfruttamento.

Dunque, gli incentivi (e le sanzioni) sono molto importanti per determinare comportamenti virtuosi dei consociati nel loro rapporto con i beni, ma non tutti gli incentivi, così come non tutte le attribuzioni dei diritti sulle risorse, sono uguali, e cioè determinano ricadute sociali efficienti in termini di produzione di utilità per la comunità. O meglio, come evidenzia il teorema di Coase, in un contesto artificiale in cui i costi transattivi sono pari a zero, qualunque attribuzione iniziale delle risorse esistenti in natura viene corretta dalle transazioni tra i consociati, sicché si dice che l'attribuzione iniziale delle risorse, in un tale ambiente, è neutra. Attraverso tali transazioni, infatti, le risorse vengono allocate presso coloro che sono in grado di trarre la maggiore utilità da esse. Il problema, però, è che nella realtà esistono sempre (più o meno alti) costi transattivi e l'esistenza di tali costi rende le transazioni, per l'appunto, costose (per i soggetti coinvolti e, dunque, di conseguenza, per la società), sicché la scelta di imporre a una data comunità regole che attribuiscono diritti proprietari sulle risorse in un certo modo piuttosto che in un altro non è affatto neutra perché una allocazione efficiente delle risorse determinata dalla legge rende la transazione non più necessaria o perché una regola chiara che attribuisce i diritti dominicali sui beni e garantisce una rapida risoluzione dell'eventuale lite favorisce la transazione diminuendone i relativi costi.

Si consideri un ulteriore esempio. **Un gruppo di agricoltori possiede dei pascoli in comune**, mentre ognuno è proprietario di greggi di sua esclusiva proprietà. In questa situazione, nessuno ha il diritto di escludere tutti (o alcuni de) gli altri dall'uso del pascolo. Ogni incremento nel numero dei capi di bestiame portati a pascolare su quell'area comporta un costo maggiore per tutti gli agricoltori perché, se le pecore sono di più, aumenta il consumo più erba e ad un certo punto, con l'aumentare progressivo e continuo del numero delle pecore che brucano, si arriverà a punto che, per poter assicurare a tutte le pecore di mangiare, i pastori dovranno razionalizzare il pascolo. Le bestie, pertanto, dovranno pascolare in modo ordinato, per poter mangiare tutte la stessa quantità di erba; e ciò ovviamente ridurrà il loro peso, il che rappresenta un danno per tutti i pastori. Tuttavia, proprio perché nessuno degli agricoltori-pastori paga per l'uso del pascolo, non si terrà in conto l'aumento dei costi nel decidere se conviene o no aumentare il numero dei capi. Ne conseguirà che ogni agricoltore-pastore riterrà opportuno porre in essere un comportamento opportunistico e quindi aumentare il numero dei propri capi da portare al pascolo. Ciò presto determinerà una situazione di conflitto che produrrà costi transattivi elevati e, dunque, determinerà un inefficiente sfruttamento delle risorse presenti in natura. Il problema cambia se la legge attribuisce la proprietà di quel pascolo ad un solo soggetto. In questo caso è ben probabile che questi richiederà di esser pagato per il suo uso. La somma richiesta a ciascun agricoltore-pastore includerà, allora, i costi che gli agricoltori dovranno sopportare perché uno di loro ha aumentato il numero dei suoi capi di bestiame, perché questo costo riduce il valore del pascolo per gli altri e quindi anche il prezzo che essi sono disposti a pagare al proprietario per l'uso del pascolo.

La creazione di **diritti di esclusiva** sui beni (nel primo esempio, il fondo agricolo e nel secondo il pascolo) è una condizione in molti casi necessaria, ma assai spesso non sufficiente, perché l'uso delle risorse presenti in una data comunità risulti efficiente.

Giova precisare che si è appena detto "in molti casi", in quanto non sempre è necessario creare diritti di esclusiva. Ci sono, infatti, situazioni in cui sistemi alternativi di gestione delle risorse possono risultare più efficienti. Ad esempio, al fine di massimizzare l'utilità ricavabile da un certo bene (un parco in città o un bosco fuori città o una spiaggia o il mare, ecc.), e dunque il benessere collettivo, può risultare più efficiente affidare il bene all'**ente pubblico competente** e metterlo **a disposizione di tutta la comunità** perché ogni consociato possa utilizzarlo come preferisce per aumentare il suo benessere, ovviamente nel rispetto degli altri. Il discorso sul punto ci porterebbe lontano, e dunque conviene in questa sede interromperlo qui, ma certo esso è di grande interesse e di attualità, come dimostra il dibattito che anche in Italia si sta conducendo, con rinnovato vigore da alcuni lustri, in tema di c.d. "**beni comuni**".

Fatta questa doverosa precisazione, è il caso di tornare al punto relativo alla creazione dei diritti di esclusiva, che, come cennato, non è mai condizione sufficiente a determinare gestione efficiente delle risorse. E ciò in quanto nella stragrande maggioranza dei casi i diritti di proprietà debbono essere oggetto di traslazione, cioè di trasferimento, perché i beni possano essere allocati in modo tale chela comunità possa trarre dagli stessi la massima utilità. Si supponga che l'agricoltore del primo esempio sia proprietario della terra che coltiva ma un po' pigro; è chiaro che la sua terra potrebbe essere più produttiva nelle mani di qualche altro. La massimizzazione del valore del bene – finalizzata alla massimizzazione della ricchezza della comunità – esige che si ponga in essere un meccanismo che induca l'agricoltore a trasferire i suoi diritti ad altri che ne ricavino un prodotto maggiore o di migliore qualità e, dunque, siano in grado di trarre da quel bene una utilità maggiore. L'operatività di questo meccanismo, che rappresenta il miglior modo di correggere le inefficienze allocative dei beni ad un dato momento, è consentita dalla trasferibilità delle risorse e, dunque, dall'esistenza di condizioni giuridiche e di mercato che favoriscano la **circolazione dei diritti sui beni** riducendo il più possibile i costi transattivi.

Le considerazioni appena svolte suggeriscono **tre criteri** di costruzione di un sistema efficiente dei diritti di proprietà.

Il primo è l'**universalità.** Idealmente, tutte le risorse dovrebbero essere di proprietà di qualcuno, a eccezione delle risorse che sono così abbondanti che ciascuno può consumarne a suo piacimento senza precludere agli altri consociati la possibilità di fare altrettanto. Per gli economisti sono **risorse scarse** tutte quelle che non rientrano in questa categoria. Ovviamente, laddove le risorse non sono scarse, non emerge alcuna necessità di introdurre regole per determinare l'uso efficiente delle risorse nella data comunità.

Il secondo criterio – che tuttavia richiede un'attenta qualificazione – è l'**esclusività**. Negli esempi indicati si è partiti dall'assunto che l'agricoltore può escludere tutti gli altri, oppure che l'agricoltore non può escludere nessuno; ci sono però delle altre possibilità, intermedie: l'agricoltore può escludere gli altri impedendo che essi gli rubino il grano, ma potrebbe non avere titolo giuridico ad impedire che lo Stato gli confischi il grano in tempo di guerra per sfamare la comunità. Ad una analisi superficiale può apparire che più completo ed esclusivo sia il diritto di proprietà riconosciuto da un dato ordinamento, più alto sia l'incentivo per i consociati a investire nello sfruttamento della proprietà. Le cose, tuttavia, non sono così semplici. Ed infatti il beneficio che deriva dal fatto che tutti i membri di una comunità siano soggetti a determinati poteri dello Stato sulla proprietà privata, può risultare (o anche solo essere percepito come) maggiore rispetto al sacrificio che ogni membro è tenuto a sopportare a causa dei relativi limiti imposti ai diritti proprietari a favore dello Stato. Dunque, il punto è trovare l'esatta misura di tali limiti, per evitare che deprimano l'economia.

Il terzo criterio per un sistema efficiente di disciplina della proprietà è quello della **traslazione**. Infatti, se un diritto di proprietà non può esser trasferito, le risorse non saranno gestite nella comunità in modo da essere convogliate agli usi migliori mediante trasferimenti volontari tra i consociati. Allo stesso modo, se la traslazione del diritto di proprietà è consentita, ma il costo del trasferimento è molto alto, la circolazione dei beni sarà modesta e, per tanto inefficiente, il che richiederà la modificazione del criterio della esclusività. Poiché, come abbiamo già detto, i costi transattivi nella realtà esistono sempre e spesso sono elevati, la scelta dell'assetto iniziale del diritto di proprietà è assai delicata, dal momento che alti costi transattivi possono rendere impossibile la rettifica dell'assetto iniziale, che si è rilevato errato, attraverso successive transazioni di mercato.

È ora il momento di indagare più da vicino le cause che determinano alti **costi transattivi**. Il fattore che di solito è considerato dagli economisti è quello che le parti della transazione siano molto numerose, ma altri fattori possono risultare rilevanti in certe situazioni. Per esempio, l'incapacità di intendere e di volere di una delle parti, la difficoltà nel reperire informazioni sulla controparte, sul bene o sulle condizioni di mercato o anche le informazioni errate in possesso delle parti, la necessità di dotarsi di consulenti costosi, l'incertezza sul quadro giuridico in cui la transazione si svolge, l'esigenza di impiegare tempo ed energie nella contrattazione, e altro ancora. Per comprendere perché quando le parti sono numerose la transazione spesso soffre altri costi transattivi, giova svolgere il seguente esempio. Se i proprietari delle abitazioni che circondano la fabbrica inquinante hanno un diritto a non essere inquinati, la fabbrica deve trattare con ciascuno di loro per acquistare il diritto a inquinare. È sufficiente che solo uno dei mille proprietari rifiuti di scendere a patti perché i permessi acquisiti dalla fabbrica trattando con gli altri 999 non abbiano alcun rilievo. E proprio perché l'unico recalcitrante può riuscire a strappare un prezzo molto alto ogni proprietario sarà disposto a tergiversare con la fabbrica; e il processo di transazione può essere protratto per un periodo indefinito di tempo. Allo stesso modo, se la fabbrica ha diritto di inquinare, allora i proprietari delle abitazioni dovranno offrire incentivi economici alla fabbrica per inquinare di meno o smettere di farlo. Ma, in assenza di una organizzazione che tenga insieme tutti i mille proprietari, così abbattendo i costi transattivi gravanti su di questi, ognuno di loro, perché preso da altro o mal informato, potrà pensare che saranno gli altri ad impegnarsi in tale negoziazione e non c'è bisogno della sua collaborazione. Potrà accadere, dunque, che, ragionando così, molti si disimpegneranno così da rendere eccessivamente costosa la transazione per gli altri. Oppure può accadere che qualcuno dei mille non sia disponibile a ragionare alle stesse condizioni transattive che invece vedono favorevoli gli altri, ma a patto che le conseguenze ricadano su tutti e mille. Così che, venendo meno alcuni dei mille, anche gli altri non procederanno con il concludere la transazione a quelle condizioni perché divenute troppo costose per loro.

In chiusura, giova precisare che d'altra parte non è corretto pensare che il basso numero di parti si colleghi al basso costo delle transazioni. Se vi sono le condizioni per un monopolio bilaterale in una transazione a due – per esempio, se nessuna parte ha buone alternative rispetto a quella data transazione – i costi transattivi possono pur sempre risultare alti perché ognuna delle due parti vuole valorizzare al meglio la sua condizione di monopolio, e dunque tenta di imporre le sue condizioni sapendo che la controparte non ha valide alternative, ma allo stesso tempo teme di perdere quella occasione transattiva perché anche per lei non vede alternative.

9.2.5. I diritti reali minori

9.2.5.1. *Usufrutto*

È arrivato il momento di passare rapidamente in rassegna i profili elementari della disciplina dei diritti reali minori, a cominciare dall'**usufrutto**, il quale costituisce un diritto reale di antica tradizione che si sostanzia nel potere di godere di una cosa altrui, traendo da essa ogni utilità, con l'obbligo di rispettarne la destinazione economica e la natura. Già nel diritto romano, infatti, si affermava che "*usufructus est ius alienis rebus utendi fruendi, salva rerum substantia*" (Digesto 7.1.1, *Paulus*, 3 *ad Vitellium*). Qualunque bene sia esso mobile od immobile può essere oggetto di usufrutto, comprese le universalità (gregge o biblioteca). Discusso è l'usufrutto avente ad oggetto un bene immateriale.

Nella moderna prassi dei rapporti economici l'usufrutto costituisce un diritto di larga utilizzazione. Ciò in quanto accade spesso che, per le più varie ragioni, il proprietario di un bene decida di dare ad un terzo, a titolo oneroso od anche gratuito o per *causa donandi*, il diritto di godere e fruire del bene senza privarsi della proprietà dello stesso. In tal caso, il proprietario costituirà a favore del terzo un usufrutto per un certo periodo di tempo con il limite massimo della vita di quest'ultimo (se si tratta di un ente, il limite massimo consentito per legge è trent'anni). All'estinzione dell'usufrutto, così come accade per tutti gli altri diritti reali minori, il proprietario tornerà ad essere pieno proprietario e, dunque, tornerà a godere pienamente del bene.

L'usufrutto è anche utilizzato per compiere **operazioni più complesse**. Ad esempio, può accadere che, in fase di separazione personale, due coniugi decidano che la casa familiare debba restare in godimento alla donna, ma che la proprietà della stessa debba andare all'unica figlia della coppia. In tal caso la costituzione del diritto di usufrutto a favore della signora e il trasferimento della nuda proprietà alla figlia costituiscono gli strumenti giuridici per realizzare il programma condiviso. Ancora, in previsione della propria morte un soggetto può decidere di trasferire, mentre è ancora in vita, tutti i suoi beni ai propri (futuri) eredi, mantenendo il godimento della casa in cui vive. Per realizzare questo obiettivo egli può costruire un'operazione contrattuale all'esito della quale verrà costituito un usufrutto a suo favore con durata stabilita per tutta la sua vita, mentre la (nuda) proprietà dell'immobile in questione sarà intestato ad uno dei (ovvero, in comproprietà, a più o anche a tutti i) suoi eredi. Sempre pensando alla propria morte, un altro soggetto può decidere di fare testamento e in questo di prevedere che, dopo il suo decesso, la (nuda) proprietà della casa a lui intestata si trasferirà a suo figlio (piuttosto che ad un altro soggetto), ma sul medesimo bene nascerà contestualmente un diritto di usufrutto in capo alla moglie rimasta vedova (o alla badante che si è presa cura di lui negli ultimi anni, se preferisce), la quale dunque potrà utilizzare la casa per tutta la sua vita. Infine, può succedere che in un certo momento si abbia bisogno di denaro e si decida di mettere in vendita la nuda proprietà dell'immobile in cui si vive, mantenendo l'usufrutto dello stesso in capo a sé e stabilendo che l'usufrutto cesserà ad una certa data o alla morte del suo titolare. Ovviamente, in tale secondo caso il valore di mercato della nuda proprietà dipenderà dall'aspettativa che gli interessati all'acquisto hanno circa la durata della vita dell'usufruttuario. Dunque, quanto più l'usufruttuario sarà anziano, tanto più tendenzialmente la nuda proprietà dovrebbe essere considerata appetibile, e per tanto dovrebbe avere valore sul mercato. Nel primo caso, invece, il valore di mercato della nuda proprietà dipenderà dalla durata prevista dell'usufrutto.

L'usufrutto è regolato da un intero capo nel codice civile che va dall'**art. 978** fino all'**art. 1020**, oltre che da ulteriori diposizioni sparse nel codice.

I soggetti implicati nel rapporto sono due: l'usufruttuario e il proprietario. Quest'ultimo, dopo aver costituito in capo a terzo l'usufrutto, manterrà solo le facoltà e le prerogative che rientrano nel concetto di disposizione, mentre perderà la possibilità di godere in senso materiale del bene, se pure potrà godere dei vantaggi economici che gli darà l'usufrutto nel caso in cui questo sia disposto a titolo oneroso.

L'usufrutto si può costituire per **contratto**, per **testamento**, per **usucapione** o per **disposizione di legge**.

Un esempio tipico di **usufrutto costituito per legge** è quello che spetta ai **genitori sui beni dei figli minorenni** *ex* art. 324-329 c.c. In tal caso, l'ordinamento, considerando i minorenni non in grado di gestire il proprio patrimonio con piena consapevolezza e saldezza di mezzi intellettivi e culturali –

tanto che sino ai diciotto anni, o alla emancipazione, si è incapaci di agire – nel loro interesse e nell'interesse familiare attribuisce "*in comune*" ai genitori titolari di responsabilità genitoriale (ovvero all'unico coniuge che abbia la responsabilità genitoriale nel caso si verifichi quanto previsto dall'art. 327) il diritto/dovere di occuparsi di tale patrimonio (con alcune eccezioni, che riguardano determinati beni, indicate all'art. 324). Questo usufrutto dura sino alla maggiore età o all'emancipazione dei figli e fa sorgere in capo ai genitori che ne sono titolari l'obbligo di destinare i frutti percepiti "*al mantenimento della famiglia e all'istruzione ed educazione dei figli*". Inoltre, i genitori non hanno alcun potere di disposizione sui beni in questione (*ex* art. 326) e non possono neanche trasferire l'usufrutto a terzi. Quest'ultima circostanza consente di evidenziare come la disciplina dell'usufrutto legale in parola si differenzi in modo sostanziale dalla disciplina comune dell'usufrutto. Al tema si è già fatto cenno nel paragrafo 7.13 in materia di rapporti tra genitori e figli.

L'usufruttuario, ossia il titolare del diritto di usufrutto, ha una serie di **diritti** ed obblighi. Tra i primi, ricordiamo il diritto di godimento pieno del bene, il diritto di fare propri i frutti che il bene produce, il diritto di chiedere il rimborso delle spese sostenute per il miglioramento della cosa oggetto del suo diritto, nonché il diritto di cedere il suo diritto oppure ipotecarlo, salvo diversa disposizione nel titolo costitutivo o nella legge.

Tra i principali **obblighi** si annoverano il rispetto della destinazione economica del bene, l'obbligo di fare l'inventario iniziale dei beni su cui è costituito il diritto, l'obbligo di prestare idonea garanzia alla restituzione, quello di custodire le cose con diligenza ed in particolare usare la diligenza del buon padre di famiglia, quello di sostenere le spese di custodia, manutenzione e di ordinaria amministrazione, quello di pagare le imposte sul reddito delle cose, quello di non compiere atti di disposizione della cosa incompatibili con il diritto del proprietario, e quello di restituzione del bene al proprietario al momento della cessazione dell'usufrutto.

L'usufrutto **si estingue**: I) per scadenza del termine, se stabilito, o per morte dell'usufruttario; II) per decorso dei trent'anni, se titolare dell'usufrutto è un ente; III) per prescrizione, vale a dire per non utilizzo ventennale del bene; IV) per consolidazione, se l'usufrutto e la proprietà si uniscono nella stessa persona; V) per perimento del bene su cui esiste il diritto d'usufrutto; VI) per abuso da parte dell'usufruttuario, che si può avere, ad esempio, se questi non rispetta la destinazione economica del bene; VII) per rinunzia dell'usufruttuario; o anche VIII) per il verificarsi della condizione risolutiva, se prevista.

L'usufrutto, come si evince, ha per oggetto cose inconsumabili cioè suscettibili di usi ripetuti. È possibile determinare una situazione simile all'usufrutto anche con dei beni consumabili vale a dire che si esauriscono con una sola utilizzazione e si parla in questo caso di **quasi usufrutto** ovvero di **usufrutto**

improprio. Si pensi ad una somma di denaro o al vino. Nel caso di specie, alla scadenza dell'usufrutto, si dovrà restituire al proprietario del bene una somma di denaro corrispondente al valore di ciò che è stato oggetto di usufrutto ovvero cose della stessa specie. Se poi dovesse trattarsi di cose deteriorabili, queste dovranno essere restituite nello stato in cui si trovano al termine dell'usufrutto, fermo restano la manutenzione ordinaria.

9.2.5.2. *Uso e abitazione*

Il diritto di uso è una specie limitata di usufrutto, mentre invece il diritto di abitazione è a sua volta una specie particolare di uso. Il codice dedica anche a queste due figure un apposito capo che va dall'**art. 1021** all'**art. 1025**.

In base alle disposizioni contenute nell'articolo 1021 del codice civile, l'uso è il diritto di usare una cosa e farne propri i frutti, limitatamente ai bisogni propri e della famiglia. Dunque, la fondamentale differenza con l'usufrutto sta nel fatto che il titolare del diritto d'uso può godere del bene ma solo per trarne i frutti utili ai propri bisogni e della famiglia, e non oltre.

L'abitazione, secondo l'articolo 1022 del codice civile è il diritto di abitare una casa altrui, limitatamente ai bisogni propri e della propria famiglia. Il concetto di famiglia utilizzato dal legislatore è ampio e pertanto vanno incluse tutte le persone conviventi in quel nucleo familiare, quale può essere ad esempio un collaboratore domestico. Spesso i coniugi, in caso di separazione personale, attribuiscono ad uno dei due il diritto di abitazione sulla (già) casa coniugale. Si preferisce utilizzare il diritto di abitazione in questo caso, piuttosto che l'usufrutto, in quanto a differenza di tal ultimo istituto, l'uso e l'abitazione non si possono cedere ad altri perché strettamente personali. Tuttavia il titolo costitutivo, e cioè il contratto che costituisce l'uno o l'altro diritto, può derogare tale regola.

La disciplina di uso e di abitazione, per il resto, ricalca in pieno quella dell'usufrutto.

9.2.5.3. *Superficie*

L'art. 952 c.c. riconosce un diritto che va contro il principio di accessione, di cui abbiamo parlato a proposito dei modi di acquisto della proprietà a titolo originale. In quel frangente abbiamo detto che per legge il proprietario di un fondo diventa proprietario di tutto ciò che sorge sopra o sotto di esso in quanto la proprietà del bene principale attrae a sé per accessione anche la proprietà del bene secondario. Quando si costituisce un diritto di superficie (tramite contratto o testamento, che sia), invece, e benché tradizionalmente il diritto di proprietà immobiliare sul fondo sia considerato espandersi dal sottosuolo al cielo (*usque ad sidera, usque ad inferos*, dicevano i latini per definire il *dominium ex iure Quiritium*), la legge ammette la dissociazione tra la proprietà del suolo e ciò che vi è edificato sopra (si pensi ad un edificio o ad un'edicola) o sotto di esso (si pensi a un garage o una cantina). Non è ammessa la proprietà separata delle piantagioni, infatti l'art. 956 c.c. la esclude nettamente.

La superficie è disciplinata dall'art. 952 all'art. 956 c.c. e si sostanzia nel diritto di proprietà superficiaria su una costruzione esistente su suolo altrui ovvero, in alternativa, nel diritto di costruire e mantenere in proprietà una costruzione su suolo altrui. Si tratta di **due diverse configurazioni del diritto**. In entrambi i casi il diritto di superficie può essere a tempo determinato ovvero indeterminato, ma tra le due situazioni vi sono delle differenze. Ad esempio, il diritto di costruire si prescrive in venti anni, mentre la proprietà superficiaria non si prescrive per non uso. Inoltre, nel caso di proprietà superficiaria, quando la costruzione dovesse perire, ad esempio per un terremoto, il titolare del diritto di superficie perde il suo diritto; viceversa, quando il diritto ha come contenuto la costruzione e la conseguente proprietà della costruzione su (o sotto) suolo altrui, allora il titolare di tale diritto può ricostruire il bene distrutto.

9.2.5.4. *Enfiteusi*

L'enfiteusi è un istituto ormai nella prassi in disuso, derivante dal diritto romano e oggi disciplinato dagli artt. 957-977 c.c. in ossequio alla tradizione ed in ragione del fatto che ancora sino a qualche decennio fa l'enfiteusi era utilizzata nei rapporti rurali.

Esso consiste nel diritto di uso di un immobile concesso dal proprietario ad altri, tramite contratto o testamento, con l'obbligo in capo a quest'ultimo di pagare un canone al (nudo) proprietario e di migliorare il fondo. La costituzione dell'enfiteusi può essere sottoposta ad una durata temporale, che non può essere mai inferiore a venti anni, ma può essere anche perpetua.

I soggetti implicati nel rapporto sono due: il concedente (o direttario), ossia colui che cede ad altri l'uso del fondo e ne resta (nudo) proprietario, e l'enfiteuta (o utilista), ossia colui a cui è trasferito l'uso del fondo. In dottrina si è a lungo dibattuto su quale dei due soggetti debba essere considerato proprietario sostanziale del bene, anche e soprattutto per il caso che l'enfiteusi sia costituita come perpetua. Una circostanza che alimenta i dubbi in proposito si rinviene nella disciplina del rinvenimento del tesoro, che spetta al (nudo) proprietario in caso di usufrutto mentre spetta all'enfiteuta nel caso di enfiteusi.

L'enfiteuta ha una serie di obblighi: migliorare il fondo (tale elemento non può essere eliminato altrimenti verrebbe meno l'istituto in esame), pagare al concedente il canone in denaro o con una determinata quantità di prodotti a prescindere dal raccolto e quindi anche in caso di perdita dei frutti, pagare le imposte ed i pesi che gravano sul fondo e fare ricognizione del diritto del concedente quando ne viene fatta richiesta un anno prima del compimento del ventennio. Tra i diritti dell'enfiteuta invece, giova ricordare quello di fare propri i frutti, oltre che quello all'affrancazione sul quale torneremo tra un attimo.

Sono cause di estinzione dell'enfiteusi, e dunque comportano la ri-espansione del diritto di proprietà, la scadenza del termine fissato per l'uso, la prescrizione derivante dal non esercizio ventennale del diritto, la risoluzione (detta, **devoluzione**) dell'enfiteusi per inadempimento dell'enfiteuta ai suoi obblighi (ad esempio, egli non migliora il fondo, lo deteriora, non paga il canone per due volte consecutive) e l'affrancazione esercitata validamente dal medesimo. Il **diritto di affrancazione** o riscatto, che costituisce caratteristica essenziale dell'istituto, permette all'enfiteuta di diventare proprietario del fondo, pagando una determinata somma. Si tratta di un diritto che può essere sempre esercitato anche nel caso in cui l'enfiteuta non abbia pagato due annualità e sia intervenuta la devoluzione, purché paghi i debiti e non sia intervenuta una sentenza positiva sulla devoluzione.

9.2.5.5. *Servitù prediali, usi civici e beni collettivi*

Anche le servitù prediali (dal latino *praedium*, che significa fondo) sono diritti reali molto antichi, già disciplinati nel diritto romano. Esse consistono nel peso imposto sopra un certo fondo (detto servente) a vantaggio di un fondo appartenente ad un proprietario diverso (detto dominante). Presupposti di questo diritto sono l'esistenza di due fondi appartenenti a proprietari diversi, non necessariamente vicini, ma tali da risultare legati da un rapporto di utilità. L'utilità può essere anche futura.

Principio cardine dell'istituto è che il bisogno del fondo dominante deve essere soddisfatto con il minor aggravio per il fondo servente. D'altra parte, il proprietario del fondo servente non può compiere attività con lo scopo di aggravare la posizione del titolare del fondo dominate. Altra regola importante è che l'esercizio della servitù non ammette modifiche unilaterali.

Il peso imposto sul fondo servente può consistere nell'obbligo di tollerare una data attività (**servitù positive** o **affermative**) ovvero nell'obbligo di non fare una certa attività **(servitù negativa**). Più precisamente, sono positive le servitù in cui il proprietario del fondo dominante, per esercitare il suo diritto, deve porre in essere un comportamento attivo, che il proprietario del fondo servente, od il titolare di diritti reali minori sul bene stesso, deve subire. Tipico esempio di questo tipo di servitù è dato dalla servitù di passaggio. Sono negative, invece, le servitù che implicano esclusivamente che il proprietario del fondo servente non faccia qualcosa, come nel caso in cui gli sia imposta una servitù di non elevare la sua abitazione, ad esempio, per consentire al fondo dominante di poter vedere il mare.

In dottrina si è proposto di distinguere le servitù nelle seguenti ulteriori categorie emerse nella prassi: **continue**, vale a dire che una volta costituite non richiedono ulteriori attività, come accade per la servitù di elettrodotto che consiste nel fatto che un fondo è tenuto a sopportare l'esistenza nel suo perimetro di pali dell'elettrodotto; **discontinue** comportano sempre un'attività come nel caso del passaggio nel terreno altrui; **apparenti** vale a dire che le servitù devono essere riconoscibili attraverso una data opera o un segno tangibile, si pensi a un acquedotto; servitù **non apparenti** nelle altre ipotesi, ad esempio quando la servitù è di non fare difficilmente può apparire all'esterno; **volontarie** quando vengono costituite sulla base di un atto di parte che può essere un testamento o un contratto; **coattive** quando vengono costituite per intervento della legge o del giudice (in quest'ultima ipotesi il pagamento di un'indennità a favore del titolare del fondo servente), come accade nel caso di passaggio coattivo, somministrazione coattiva d'acqua a un edificio o fondo, acquedotto coattivo, scarico coattivo delle acque, appoggio e infissione di chiusa, passaggio coattivo di linee telefoniche, elettrodotto coattivo.

La soggezione in cui si trova il fondo servente nei confronti del fondo dominante non può assolutamente consistere in un obbligo di fare, altrimenti non avremo più un diritto reale, ma un'obbligazione perché riguarderebbe la persona e non più la cosa. Su questo, tuttavia, non si registra unanimità di opinioni in dottrina. Inoltre, è opportuno ricordare che anche per la servitù prediale opera il diritto di seguito, vale a dire che se il bene viene ceduto, la servitù e quindi il diritto seguirà il bene.

Le norme codicistiche in tema di servitù, che vanno dall'**art. 1027** all'**art. 1099**, si applicano solo se non è diversamente previsto nel titolo costitutivo e quindi si dice che hanno valore dispositivo.

La servitù può costituirsi tramite contratto, testamento, usucapione e c.d. **destinazione del padre di famiglia**. Ricorre quest'ultima ipotesi quando due fondi in precedenza uniti e usati come fondo servente e dominante, da un dato momento appartengono a proprietari diversi.

Le servitù si estinguono: per prescrizione, e quindi per non esercizio ventennale del diritto; per consolidazione o confusione nel caso in cui uno dei due proprietari acquisti l'altro fondo; per perimento del fondo dominante o di quello servente; per mancanza di utilità, impossibilità di uso, mutamento dello stato di fatto; per sentenza del giudice; per scadenza del termine, se prevista dal titolo; per verificazione della circostanza dedotta in condizione risolutiva, se prevista dal titolo; ovvero, in ultimo, per abbandono del fondo servente in base a quanto previsto nell'art. 1070 c.c.

Infine, giova sottolineare che l'art. 1079 disciplina una **azione tipica a difesa della servitù**. Si tratta della c.d. **azione confessoria**, con la quale l'interessato punta a ottenere il riconoscimento in giudizio del proprio diritto sulla cosa altrui contro chiunque, proprietario o no, ne contesti l'esercizio, in uno con la cessazione delle eventuali turbative o molestie (i comportamenti del proprietario o di terzi che impediscono l'esercizio del diritto) e, se necessario, la riduzione in pristino delle cose e il risarcimento del danno.

Un istituto senz'altro non annoverabile tra i diritti reali e non rientrante nella vasta gamma delle servitù prediali, ma che condivide con queste ultime alcune modalità di estrinsecazione del potere che esso conferisce ai beneficiari, e che per tale ragione trattiamo in questo paragrafo, è costituito dai c.d. **usi civici**.

Si tratta di diritti di godimento collettivo – ad esempio, aventi ad oggetto la caccia, il pascolo, la semina, il legnatico, il fungatico o altro ancora – gravanti su terreni di proprietà pubblica o privata e spettanti, per consuetudine o per antica previsione edittale, non a singoli consociati ma ai componenti di una certa comunità locale. Tali diritti, la cui sussistenza non sempre è in concreto facile da accertare, si tramandano da secoli (per successione o sulla base del fatto che i beneficiari abitano in un determinato posto) in quanto la maggior parte di essi fu costituita in epoca medioevale, per lo più su fondi di proprietà nobiliare, per volere del feudatario locale, al fine di consentire alla comunità di utilizzare i beni di proprietà del feudatario medesimo, o di altri nobili del posto, per trarne qualche beneficio e così garantirsi la sussistenza. Il fenomeno, tuttavia, in epoca più recente, e dunque dopo la fine del feudalesimo, ha riguardato anche forme spontanee di occupazione e uso collettivo di beni di proprietà pubblica o privata. Oggi, in larga parte, gli usi civici sono in disuso perché è scemato l'interesse della comunità beneficiaria ad esercitare il relativo potere. Tuttavia, non è così per tutti gli usi civici, che infatti in Italia sono riconosciuti per legge e tutelati.

In particolare, con **la legge n. 1766** del **16 giugno 1927**, di conversione del r.d. n. 751/1924 sul riordinamento degli usi civici nel Regno, fu assegnato un termine di sei mesi entro il quale gli interessati avrebbero dovuto dichiarare al Commissario costituito *ad hoc* l'esistenza dell'uso di loro interesse. In mancanza, salvo che si trattasse di usi in esercizio, la legge dichiarava estinta ogni azione finalizzata ad ottenere il riconoscimento degli stessi. Inoltre fu disciplinata la liquidazione degli usi civici e l'affrancamento dei fondi dai medesimi, a determinate condizioni, attraverso il pagamento, da parte del proprietario del fondo, di una somma di denaro a beneficio della comunità o attraverso la cessione del diritto di proprietà su terreni al Comune competente. In definitiva, dunque, la legge del 1927 aveva come obiettivo la cancellazione degli usi civici non più di interesse della collettività o gravanti su fondi che il proprietario intendeva liberare.

Al contrario, con la **legge n. 168** del **20 novembre 2017**, recante "*Norme in materia di diritti collettivi*", il legislatore – muovendosi sulla scia di diverse sentenze della Corte Costituzionale, ed al fine di tutelare l'ambiente, il paesaggio e il patrimonio storico e culturale delle comunità locali – ha di recente riconosciuto l'attualità degli usi civici, tanto che all'art. 3, comma 1, lett. d), di tale legge ha previsto che sono beni collettivi, tra l'altro, "*le terre di proprietà di soggetti pubblici o privati, sulle quali i residenti del comune o della frazione esercitano usi civici non ancora liquidati*" e "*i corpi idrici sui quali i residenti del comune o della frazione esercitano usi civici*". Inoltre, la legge in parola: all'art. 1 afferma che "*in attuazione degli articoli 2, 9, 42, comma 2, e 43 della Costituzione, la Repubblica riconosce i domini collettivi, comunque denominati, come ordinamento giuridico primario delle comunità originarie*"; all'art. 2, comma 2, stabilisce che "*la Repubblica riconosce e tutela i diritti dei cittadini di uso e di gestione dei beni di collettivo godimento preesistenti allo Stato italiano*"; mentre all'art. 3, comma 3, precisa che "*il regime giuridico*" dei beni collettivi "*resta quello dell'inalienabilità, dell'indivisibilità, dell'inusucapibilità e della perpetua destinazione agro-silvo-pastorale*".

Il discorso sui **beni collettivi** non può esaurirsi nel cenno appena svolto agli usi civici. Ai sensi dell'art. 3 della legge n. 168/2017, infatti, sono beni collettivi, oltre a quelli incisi dalle vicende riguardanti dagli usi civici secondo quanto già evidenziato poc'anzi: i) le terre di originaria proprietà collettiva della generalità degli abitanti del territorio di un comune o di una frazione, imputate o possedute da comuni, frazioni od associazioni agrarie comunque denominate; ii) le terre, con le costruzioni di pertinenza, assegnate in proprietà collettiva agli abitanti di un Comune o di una frazione, a seguito della liquidazione dei diritti di uso civico e di qualsiasi altro diritto di promiscuo godimento esercitato su terre di soggetti pubblici e privati; iii) le terre derivanti da scioglimento delle promiscuità di cui all'art. 8 della legge 16 giugno 1927, n. 1766 e da varie altre situazioni; e infine iv) le terre collettive comunque denominate, appartenenti a famiglie discendenti dagli antichi originari del luogo, nonché le terre collettive disciplinate dagli artt. 34 della legge n. 991 del 25 luglio 1952, 10 e 11 della legge n. 1102 del 3 dicembre 1971, e 3 della legge n. 97 del 31 gennaio 1994. La disciplina riservata dalla legge in parola ai beni collettivi non può, tuttavia, essere scrutinata in questa sede.

9.2.5.6. *Ipoteca*

L'ipoteca e il pegno, come abbiamo anticipato sin dall'inizio di questo capitolo, costituiscono i due unici diritti reali di garanzia disciplinati nel nostro codice civile. Nella prassi dei rapporti economici la funzione svolta da questi istituti è molto importante tanto che la loro utilizzazione è frequentissima. Essi hanno le caratteristiche tipiche dei diritti reali minori, ma non sono finalizzati a far acquisire ai propri titolari il godimento del bene, bensì a far sì che quest'ultimo costituisca garanzia di un credito, e cioè che, in caso di inadempimento del debitore, il titolare del diritto reale in parola, ipoteca o pegno che sia, possa soddisfare la sua pretesa creditizia escutendo il diritto di garanzia, e dunque facendo vendere all'asta (c.d. vendita forzata) il bene e rivalendosi sul ricavato. I due istituti non sono regolati dal libro III del codice, bensì dal **Libro VI**, in quanto quest'ultimo, come noto, è dedicato alla "*Tutela dei diritti*" e, nel **Titolo III**, contiene la disciplina "*Della responsabilità patrimoniale, delle cause di prelazione e della conservazione della garanzia patrimoniale*".

L'ipoteca si distingue dal pegno anzitutto per l'**oggetto** (art. 2810 c.c.), che per il pegno è costituito da beni mobili e crediti, mentre per l'ipoteca può essere costituito da **beni immobili**, **diritti reali minori sugli immobili**, **beni mobili iscritti in pubblici registri** (autoveicoli, navi, aerei, rendite dello Stato).

Altra distinzione tra i due istituti si coglie nel fatto che la costituzione dell'ipoteca richiede l'**iscrizione nei pubblici registri**, e cioè coinvolge un meccanismo pubblicitario assai simile a quello che abbiamo studiato in tema di trascrizione immobiliare e che si serve dei medesimi registri (paragrafo 6.4.1.3.), mentre per costituire un bene in pegno occorre trasferirlo materialmente nelle mani del creditore pignoratizio. Sul tema torneremo più avanti.

Sia nell'ipoteca che nel pegno la proprietà del bene dato in garanzia può essere del debitore ovvero, in alternativa, di un terzo. Ad esempio, i genitori possono dare un proprio bene in garanzia ipotecaria o pignoratizia ad una banca al fine di aiutare il proprio figlio ad ottenere un mutuo da quest'ultima. In tal caso, la banca concederà il mutuo proprio in quanto la garanzia reale, cioè gravante sulla cosa, assicura alla stessa che, in caso di inadempimento del debitore all'obbligo di pagare le rate del mutuo per restituire la somma ricevuta in prestito, essa potrà rivalersi sul bene concesso in garanzia dai genitori, c.d. **terzi datori di ipoteca**. In molti casi, però, è lo stesso debitore a costituire in garanzia a favore del creditore un proprio bene, e dunque senza coinvolgere terzi nell'operazione. Ciò accade, ad esempio, quando si chiede un **mutuo ipotecario** ad una banca. In tal caso, infatti, la banca concedente il mutuo ottiene in garanzia ipotecaria dal cliente finanziato il bene al cui acquisto il finanziamento è destinato. L'operazione, in quest'ultimo caso, si svolge normalmente tutta in un unico momento, davanti al notaio, e coinvolge la banca, il cliente finanziato che acquisterà il bene e il venditore di quest'ultimo: la banca concede il mutuo, con la somma ricevuta il cliente finanziato paga il prezzo di acquisto dell'immobile e contemporaneamente costituisce l'ipoteca sul medesimo bene a favore della banca a garanzia del suo debito restitutorio della somma ricevuta.

A seconda della fonte da cui trae origine, l'ipoteca può essere volontaria, giudiziale o legale.

L'**ipoteca volontaria** si costituisce in forza di contratto fra il debitore, o il terzo datore di ipoteca, da una parte, e il creditore dall'altra; ovvero in forza di un atto unilaterale fra vivi posto in essere dal debitore, o dal terzo datore di ipoteca, a favore del creditore. Il contratto o l'atto unilaterale devono avere la forma scritta a pena di nullità ed è inoltre necessario che la sottoscrizione di chi ha concesso l'ipoteca sia autenticata o accertata giudizialmente (art. 2835 c.c.). Non è ammessa la concessione dell'ipoteca per testamento (art. 2821 c.c.).

L'**ipoteca giudiziale** si costituisce, su richiesta dell'interessato che si attiva per ottenerne l'iscrizione presso la competente conservatoria dei registri immobiliari, sulla base di una sentenza (o di un lodo arbitrale) che rechi condanna al pagamento di una somma di denaro o all'adempimento di un'altra obbligazione o al risarcimento del danno da liquidarsi successivamente, ovvero di un decreto ingiuntivo reso esecutivo, ovvero ancora di altri provvedimenti giudiziali cui la legge abbia attribuito tale effetto (sentenza di separazione personale fra coniugi, decreto di omologazione della separazione consensuale).

L'**ipoteca legale** si costituisce in forza di precise disposizioni di legge che prevedono, in determinate ipotesi, la nascita dell'ipoteca a favore di un credito. In questo caso, dunque, non c'è bisogno di alcun atto di autonomia privata né di alcun provvedimento giudiziario per far nascere la garanzia reale. I casi più rilevanti sono quello dell'alienante di un bene immobile (o di un bene mobile registrato) che non sia stato pagato dall'acquirente e per questa ragione ha diritto all'ipoteca sul bene; ovvero quello dei coeredi sugli immobili dell'eredità a garanzia del pagamento del conguaglio in denaro che dovesse spettare loro nei confronti degli altri coeredi; ovvero ancora l'ipoteca dello Stato sui beni dell'imputato o della persona civilmente responsabile del reato, che sorge a garanzia del pagamento delle pene pecuniarie, del rimborso delle spese processuali e delle spese di mantenimento del condannato in carcere.

Tanto l'ipoteca giudiziale quanto quella legale dello Stato si costituiscono per iniziativa, meramente facoltativa, del creditore. L'ipoteca legale a favore dell'alienante e del coerede, invece, è iscritta d'ufficio dal conservatore della conservatoria dei registri immobiliari, a meno che non risulti dal titolo o da separato atto pubblico che vi è stata rinuncia all'ipoteca.

Il contratto o l'atto unilaterale per l'ipoteca volontaria, la sentenza o altro provvedimento per l'ipoteca giudiziale, l'atto di alienazione del bene per l'ipoteca legale sono semplicemente titolo per ottenere la costituzione dell'ipoteca: questa si costituisce solo con la già citata **iscrizione nei registri immobiliari** (art. 2808, comma 2 c.c.). Si tratta di una forma di pubblicità giuridica analoga, per le formalità di esecuzione, alla trascrizione. Da questa differisce, tuttavia, perché si tratta di **pubblicità costitutiva**. Il che non significa, però, che l'esistenza della formalità pubblicitaria sia condizione sufficiente per l'esistenza dell'ipoteca; questa, infatti, si estingue se si estingue l'obbligazione garantita o se viene dichiarato nullo o annullato o reso inefficace il titolo da cui traeva origine. L'iscrizione conserva il suo effetto per venti anni, trascorsi i quali l'ipoteca si estingue, salvo che con istanza del creditore l'iscrizione non venga rinnovata prima della scadenza (art. 2847 c.c.).

Su un medesimo bene si possono **iscrivere più ipoteche**, a garanzia di crediti diversi. Ogni successiva ipoteca è, in ordine di tempo, contrassegnata da un numero, che prende il nome di **grado** (ipoteca di primo grado, di secondo grado e così via). Se il bene ipotecato viene sottoposto a vendita forzata, con il ricavato della vendita si soddisferà anzitutto il creditore con ipoteca di primo grado e, se c'è un residuo, quello di secondo grado e così via (artt. 2852 e ss. c.c.). Dunque, i vari creditori ipotecari sono titolari ognuno di un **diritto di prelazione**, ma di grado diverso e, dunque, opponibile agli altri in modo diverso. Il creditore che ha un'ipoteca di grado inferiore può estinguere, con il pagamento, il credito di chi ha un'ipoteca di grado superiore, con l'effetto di surrogarsi nei suoi diritti (surrogazione ipotecaria di pagamento, art. 1203, n. 1 c.c.).

L'ipoteca prende grado dal momento dell'iscrizione: il grado determina un ordine progressivo tra le varie ipoteche che possono gravare sul medesimo bene. Pertanto, il creditore la cui ipoteca ha grado anteriore, si soddisferà per primo sul bene e il criterio del soddisfacimento proporzionale opera solo tra creditori di pari grado (artt. 2852-2854 c.c.). È anche possibile lo scambio per grado dei creditori ipotecari, nel senso che il grado dell'ipoteca può essere oggetto di veri e propri atti di disposizione, con efficacia reale e non meramente obbligatoria (si parla di "**postergazione**" o "**permuta**" a seconda della contiguità o meno del grado che viene scambiato). Può anche verificarsi l'ipotesi di una surrogazione legale nel grado ipotecario (cosiddetta **surrogazione del creditore perdente**, art. 2856 c.c.). Postergazione e surrogazione costituiscono alcune delle vicende successive all'iscrizione che devono essere annotate in margine all'iscrizione: l'annotazione, come l'iscrizione, ha efficacia costitutiva, nel senso che la trasmissione del credito garantito o il vincolo dell'ipoteca non produce effetti finché la stessa non sia eseguita.

L'ipoteca può essere ridotta se si verifica una sproporzione tra il valore dei beni vincolati e il valore del credito garantito (perché per esempio sono stati eseguiti pagamenti parziali). La **riduzione** si opera limitando l'iscrizione a una parte soltanto dei beni o riducendo la somma per la quale è stata presa l'iscrizione (art. 2872 c.c.), quando vi consente il creditore, che in tal caso rinuncia parzialmente al diritto (riduzione convenzionale) oppure quando interviene una sentenza passata in giudicato pronunciata a seguito di azione di riduzione promossa dagli interessati (debitore, terzo acquirente, terzo datore, creditore successivamente iscritto: cosiddetta *riduzione giudiziale*). La riduzione deve essere annotata in margine all'iscrizione per avere effetto rispetto ai terzi.

L'ipoteca si estingue con la sua cancellazione dal registro, che può ottenersi nei seguenti casi: estinzione dell'obbligazione garantita, rinuncia espressa e redatta per iscritto del creditore all'ipoteca, vendita forzata della cosa ipotecata, perimento della cosa, spirare del termine ventennale dall'iscrizione senza rinnovazione. Il conservatore dei registri non può procedere d'ufficio alla cancellazione se viene a conoscenza del verificarsi di una delle circostanze appena elencate.

Il bene può essere venduto dal suo proprietario sebbene su di esso sussista l'ipoteca. Tuttavia, – in applicazione di quello che abbiamo già indicato come **diritto di seguito** – chi lo compera, acquista un bene gravato da ipoteca, esposto all'azione esecutiva del creditore ipotecario. Quando un bene ipotecato si trasmette agli eredi, ciascuno di essi è tenuto "*ipotecariamente per l'intero*" (art. 754 c.c.), stante l'indivisibilità dell'ipoteca (e in deroga al principio della parziarietà della responsabilità dei coeredi per i debiti ereditati). Ciò significa che l'erede (o gli eredi) a cui è stato assegnato l'immobile ipotecato è tenuto (o sono tenuti) a pagare al creditore l'intero debito per liberarsi dall'ipoteca e non subire la vendita forzata. Una volta che avrà pagato, potrà agire in regresso verso ognuno degli altri coeredi, detratta la sua quota.

Alla scadenza del suo credito, nel caso in cui questo sia rimasto inadempiuto, il creditore ha diritto di promuovere la vendita forzata del bene anche nei confronti del terzo acquirente, così come abbiamo appena detto con riguardo all'erede assegnatario dell'immobile ipotecato. In ogni caso, il creditore ipotecario, come pure abbiamo già osservato poc'anzi in tema di grado dell'ipoteca, ha "*diritto di essere soddisfatto con preferenza sul prezzo ricavato dall'espropriazione*" (art. 2808), e ciò in quanto è titolare di un apposito **diritto di prelazione** rispetto ad ogni altro creditore.

Il terzo acquirente, per evitare la vendita, ha tre possibilità (art. 2858 c.c.): a) egli stesso **paga i creditori ipotecari**, liberando il bene dall'ipoteca; oppure b) **effettua il rilascio** del bene ipotecato, ossia rinuncia alla proprietà con un'apposita dichiarazione resa presso la cancelleria del tribunale, in modo che l'esecuzione non avvenga contro di lui ma contro l'amministratore nominato dal tribunale; ovvero ancora c) libera il bene dall'ipoteca effettuando la c.d. **purgazione dell'ipoteca**, e cioè offrendo ai creditori una somma pari al prezzo di acquisto del bene (pari al valore del bene se l'acquisto è avvenuta a titolo gratuito); se nessun creditore si offre di acquistare per un prezzo superiore di almeno un decimo, il bene è liberato dall'ipoteca contro il pagamento della somma così offerta.

Il terzo acquirente, che subisca l'esecuzione forzata o che liberi il bene o che rilasci il bene, ha **azione di regresso** verso il debitore principale per recuperare, anche eventualmente solo in parte, il danno patrimoniale subito. Il terzo datore di ipoteca si trova in posizione analoga: egli non può invocare, nei confronti del creditore precedente, il beneficio della preventiva escussione del debitore, se il beneficio non è stato convenuto (art. 2868 c.c.). È direttamente esposto all'azione esecutiva. Per evitarla, deve pagare i creditori ipotecari. Anch'egli ha azione di regresso verso il debitore e diritto di surrogazione nell'ipoteca del creditore.

L'ipoteca è, in linea di principio, **speciale** e **indivisibile**. Ciò significa che essa grava solo sui beni specificamente indicati nel titolo, e solo per una somma determinata di denaro, e che essa grava per intero su tutti i beni ipotecati e su ogni loro parte (art. 2809 c.c.). L'ipoteca si estende, inoltre, alle pertinenze dell'immobile, ai miglioramenti e alle accessioni. L'estensione dell'ipoteca alle accessioni dell'immobile ipotecato (come l'edificio costruito sul terreno oggetto di ipoteca) finisce con il tradursi in garanzia ipotecaria, su cose future, non menzionate nell'iscrizione ipotecaria.

L'indivisibilità dell'ipoteca comporta un ulteriore effetto. Essa continua a gravare su tutti i beni ipotecati, e su ogni loro parte, anche se il credito si sia in parte estinto o se il valore dei beni ipotecati sia successivamente aumentato. Tuttavia, con il consenso del creditore o con sentenza, si può ottenere la **riduzione dell'ipoteca**. Questa può consistere nella riduzione della somma per la quale l'ipoteca fu iscritta o nella riduzione dell'iscrizione a una parte soltanto dei beni originariamente ipotecati.

9.2.5.7. *Pegno*

Il diritto di pegno è regolato negli artt. 2784 e seguenti del codice civile. A riguardo giova, per prima, cosa richiamare i contenuti del paragrafo precedente, in cui abbiamo anticipato alcuni aspetti validi sia per l'ipoteca sia per il pegno e che, dunque, qui non ripeteremo.

Il pegno si costituisce per contratto e, come già detto, può avere ad oggetto **beni mobili** (e dunque anche titoli azionari, titoli rappresentativi di quote del capitale di società a responsabilità limitata, merci, beni strumentali ecc.) o **crediti**. Diverso dalla costituzione è il profilo della **prelazione**, e cioè della possibilità – per il creditore che abbia ricevuto e mantenuto la cosa in pegno – di farsi pagare con preferenza rispetto agli altri creditori del debitore, a valere sul bene pignorato. Ai sensi dell'art. 2796, infatti, "*il creditore per il conseguimento di quanto gli è dovuto può far vendere la cosa ricevuta in pegno secondo le forme stabilite*" dall'art. 2797. Quando il credito garantito ecceda la somma di euro 2,58, affinché operi la prelazione, è necessario che il pegno risulti da atto scritto avente data certa, contenente una sufficiente descrizione della cosa data in pegno (art. 2787, comma 3).

Quando si tratta di pegno di cose mobili il negozio di costituzione del pegno è un **contratto reale**, e cioè che si perfeziona con la consegna della cosa (in latino, detta *traditio*). Alla consegna della cosa è equiparata la consegna del documento che ne conferisce l'esclusiva disponibilità. La consegna comporta per il proprietario la rinuncia temporanea, cioè per tutta la durata del pegno, al possesso del bene. Attraverso lo spossessamento da parte del proprietario che concede in pegno un bene di sua proprietà l'ordinamento tenta di ostacolare la circolazione del bene in quanto, non avendo il bene nelle sue mani, per il proprietario sarà più difficile venderlo, e ciò evita conflitti tra gli interessi del creditore pignoratizio ed eventuali terzi aventi causa dal proprietario. L'*escamotage* si rivela particolarmente utile in quanto, al contrario di quanto si è visto per l'ipoteca, i beni oggetto di pegno non sono sottoposti ad un regime pubblicitario.

In rapporto alla **custodia** della cosa il creditore occupa una posizione corrispondente a quella del depositario (art. 2790 c.c.), e dunque non può usarla né disporne, "*salvo che l'uso sia necessario per la conservazione di essa*" (art. 2792).

Nella prassi dei rapporti commerciali è molto comune la **nota di pegno** (o ***warrant***). Si tratta di un documento che serve a costituire in pegno le merci in esso descritte, onde ottenere dalle banche accrediti o anticipazioni sul valore delle merci depositate presso enti specializzati.

Quando si tratta di **pegno su crediti**, il negozio di costituzione del pegno è un contratto che si perfeziona solo con la notificazione del pegno al debitore del credito dato in pegno oppure con l'accettazione da parte di questo con scrittura avente data certa. Un particolare tipo di pegno di crediti è quello su **titoli di credito**, che si costituisce con la consegna del titolo. Nel caso di pegno su quote di società a responsabilità limitata – così come in casi analoghi – il pegno si costituisce nelle forme richieste per il trasferimento delle quote, e dunque con l'annotazione nel libro dei soci.

Il contratto di pegno ha **natura accessoria** al credito garantito. Se questo è invalido, il contratto di pegno risulta privo di causa. Il debitore del credito dato in pegno può opporre al creditore pignoratizio tutte le eccezioni che potrebbe opporre al suo creditore, salvo che non abbia accettato senza riserve la costituzione del pegno (art. 2805 del codice civile).

Il pegno può essere costituito anche per garantire un credito futuro, purché sia presente il rapporto giuridico dal quale potrà nascere il credito.

Se il debitore adempie l'obbligazione oggetto del credito garantito, il creditore dovrà restituire la cosa data in pegno a lui o al terzo che abbia dato un proprio bene a garanzia pignoratizia del debito altrui (art. 2794). Se, invece, il debitore non adempie, il creditore, dopo avergli intimato di pagare, come già sopra cennato, *ex* art. 2796 può far vendere la cosa da un mediatore a ciò autorizzato o chiedere al giudice che essa gli venga assegnata in proprietà. Nel primo caso, l'eventuale eccedenza del prezzo ricavato rispetto all'importo del credito andrà al debitore (o al terzo datore di pegno) oppure agli altri suoi creditori, se ve ne sono. Nel secondo caso, occorrerà una stima del valore del bene, la quale accerti che esso non ha valore superiore all'importo del credito.

Nel pegno su crediti, il creditore pignoratizio è tenuto, alla scadenza, a riscuotere il credito. In tal caso egli tratterà quanto a lui dovuto e verserà l'eventuale eccedenza al debitore (art. 2803). Il pegno di crediti implica, perciò, l'attribuzione al creditore pignoratizio di una potere/dovere corrispondente ad un mandato a riscuotere il credito del proprio debitore.

In linea di principio, il pegno – come l'ipoteca – è **indivisibile**: garantisce il credito finché questo non è pagato integralmente, anche se il credito o la cosa data in pegno è divisibile (art. 2799). Per l'anticipazione bancaria il principio è derogato dall'art. 1849, e si ritiene che anche fuori da questa ipotesi si possa pattuire la divisibilità del pegno.

Si parla di "**pegno irregolare**" (cauzione) quando la cosa data in pegno è una somma di denaro o altre quantità di cose fungibili non individuate o delle quali è stata conferita al creditore la facoltà di disporre. La figura è regolata dall'art. 1851 c.c. per l'anticipazione bancaria, ma è incontroversa la sua generale utilizzabilità. Le cose date in pegno passano in proprietà al creditore, che dovrà restituirle al momento dell'adempimento. In caso di inadempimento dovrà restituire la parte di esse che ecceda l'ammontare dei crediti garantiti.

Nella prassi bancaria degli ultimi lustri è emersa la figura del **pegno rotativo** (anche detto "anomalo"). Con tale locuzione si fa riferimento al contratto costitutivo di garanzia reale con cui un soggetto, al fine di ottenere un'anticipazione bancaria o di costituirsi una garanzia per i propri debiti presenti o anche futuri, offre come oggetto di pegno una somma di denaro, non di rado depositata su un libretto di risparmio oppure merci o titoli individuati o in ogni caso individuabili anche *per relationem*, affinché, una volta scaduto il titolo, la banca con il ricavato dello strumento finanziario possa acquistare altri e nuovi titoli o strumenti finanziari da sottoporre all'originario vincolo di garanzia reale.

Il concetto di garanzia rotativa (e di "*rotatività della garanzia*") vuol indicare quella forma di garanzia reale che consente la sostituibilità o mutabilità nel tempo del suo oggetto senza comportare, ad ogni mutamento, la rinnovazione del compimento delle modalità richieste per la costituzione del vincolo o per il sorgere del diritto di prelazione, ovvero senza che tale mutamento dia luogo alle condizioni di revocabilità, ordinaria o fallimentare, dell'operazione economica in tal modo posta in essere. L'esempio, tratto dalla prassi, che più spesso si usa per spiegare il fenomeno è quello delle cosce di prosciutto, che l'imprenditore consegna in pegno al creditore per un certo periodo, normalmente mentre il prosciutto riposa in magazzino per la stagionatura, ma che poi sostituisce con altre, e nuove, cosce quando è arrivato il momento di mettere le prime sul mercato e venderle.

Malgrado la diffidenza mostrata da parte della dottrina, la giurisprudenza è oramai consolidata nel riconoscere validità ed efficacia al pegno rotativo. La tesi positiva risale alla sentenza della Corte di Cassazione n. 5264 del 28 maggio1998, che muove dalla considerazione che la cosa data in pegno ha un suo valore, sicché è valido il patto di rotatività a condizione che il negozio costitutivo di garanzia abbia data certa e contenga l'indicazione della cosa data in pegno, ed il valore del bene sostituito nel pegno abbia identico valore di quello originario. Il pegno rotativo o fluttuante trova oggi espresso riconoscimento legislativo nell'art. 34, comma 2, del **d.lgs. n. 213/1998**, laddove è consentita l'accensione di specifici conti destinati alla costituzione di vincoli sugli strumenti finanziari (tali sono, a norma dell'art. 1 del Decreto appena citato, anche i titoli pubblici), disposizione che supera tutte le perplessità dottrinali sulla possibilità di costituire pegni irregolari, anche con patto di rotatività, sui titoli *dematerializzati*. In materia di contratti di garanzia finanziaria (art. 1 lett. d) un'ulteriore conferma viene dal d.lgs. n. 170/2004, il quale ha recepito la Direttiva Comunitaria 2002/47.

Più di recente, con l'art. 1 del d.l. n. 59 del 3 maggio 2016, allo scopo di agevolare il credito alle imprese riducendo tempi e formalità relative all'erogazione e al recupero del credito, è stato introdotto il "**pegno mobiliare non possessorio**", ovvero il pegno che non necessita della *traditio* per il suo perfezionamento e, dunque, non contempla il possesso del bene da parte dell'erogante il credito, che è anche il creditore garantito. In estrema sintesi, gli imprenditori iscritti nel Registro delle imprese possono, sulla base del semplice accordo consensuale raggiunto con i propri creditori, costituire a favore di questi un pegno mobiliare non possessorio a garanzia dei crediti loro concessi. Salvo diverso accordo tra le parti, colui che costituisce il pegno non viene spossessato del bene e può continuare a disporne per l'attività d'impresa. Il bene viene dato in pegno in base ad un atto costitutivo (contratto firmato digitalmente dalle parti o redatto in forma di atto pubblico o scrittura privata autenticata, ovvero provvedimento giudiziario) e iscritto al Registro dei Pegni mobiliari non possessori ("**Registro Pegni**") per garantire l'opponibilità verso i terzi. La nuova normativa, pertanto, introduce in tema di pegno un meccanismo pubblicitario di natura dichiarativa. Tuttavia, tra i creditori pignoratizi debitamente iscritti al Registro Pegni può prevalere anche quello che abbia iscritto successivamente agli altri il suo diritto quando il credito garantito abbia finanziato l'acquisto del bene gravato dalla garanzia e tale bene sia strumentale all'esercizio dell'impresa (comma 5 del citato art. 1). Questa peculiarità conferma come la normativa in parola abbia come suo scopo peculiare l'agevolazione dell'attività di impresa.

Il pegno non possessorio può avere ad oggetto qualsiasi bene mobile destinato all'esercizio dell'attività dell'impresa. Sono, invece, esclusi i beni mobili registrati che rimangono soggetti al regime dell'ipoteca. Con il decreto n. 114 del 25 maggio 2021 del Ministero dell'Economia e delle Finanze, di concerto con il Ministero della giustizia, finalmente è stato approvato, e pubblicato in G.U. il 10 agosto successivo, il **regolamento attuativo** del d.l. n. 59/2016, il quale, per altro, consente la costituzione del pegno e l'iscrizione nel Registro Pegni integralmente in modalità telematica. Il sistema, tuttavia, non è ancora definitivamente pronto per operare in quanto lo stesso regolamento attuativo fissa in ulteriori otto mesi il tempo necessario per completare il sistema informatico che gestirà il Registro Pegni.

L'introduzione, per via legislativa, del pegno mobiliare non possessorio nel nostro ordinamento, come detto avvenuta con il d.l. n. 59/2016, ha indotto parte della dottrina a domandarsi se il trasferimento del possesso (*id est* la *traditio* del bene) debba, o meno, essere considerato ancora un elemento costitutivo del pegno. In vero, il dubbio, almeno sintetizzato in questi termini, non sembra cogliere nel segno in quanto la recente vicenda del pegno mobiliare non possessorio non modifica la disciplina tradizionale codicistica dell'istituto, ma crea un pegno (che potremmo definire speciale) disciplinato in modo diverso (da quello), probabilmente più in linea con le esigenze del mercato, ma destinato ad operare solo negli ambiti peculiari voluti ed indicati dal legislatore. Quest'ultimo, infatti, negli ultimi anni ha dimostrato di voler proseguire sulla strada tracciata nel 2016, ed infatti, ad esempio, con la legge n. 27 del 24 aprile 2020 ha convertito l'art 78 del d.l. 17 marzo 2020, n. 18 (c.d. **Cura Italia**), dedicato alle **misure in favore del settore agricolo e della pesca**. All'interno di tale articolo compare il comma 2-*duodecies* che introduce una nuova forma di pegno (definito "*rotativo*") avente ad oggetto "*i prodotti agricoli e alimentari a denominazione d'origine protetta o a indicazione geografica protetta, inclusi i prodotti vitivinicoli e le bevande spiritose*". A tale forma di pegno, per espressa previsione legislativa, si applicano gli artt. 2786 ss. c.c. sul pegno mobiliare in quanto compatibili. Tuttavia, caratteristica del nuovo istituto è che esso può essere costituito "*attraverso l'individuazione, anche per mezzo di documenti, dei beni oggetto di pegno e di quelli sui quali il pegno si trasferisce nonché mediante l'annotazione in appositi registri*". Come evidente, si tratta di un meccanismo molto simile a quello introdotto con il d.l. n. 59/2016, ma l'esigenza avvertita da legislatore di intervenire nel 2020 nel campo agricolo e alimentare con una norma *ad hoc* sta a sottolineare come la disciplina del 2016 non possa essere considerata applicabile a tutti i rapporti di impresa.

9.6. Comunione e condominio

Quando un diritto reale sullo stesso bene spetta in comune a più persone, si parla di **comproprietà** o **comunione**. Al tema è dedicato il penultimo Titolo del Libro III del c.c., e cioè il **Titolo VII** (il Titolo IX, come visto, è dedicato al possesso), che va dall'art. 1100 all'art. 1139. Quando la comproprietà si realizza negli edifici divisi in appartamenti o in altre unità immobiliari (ad esempio, locali commerciali, garage, box ecc.) che appartengono a proprietari diversi, si parla di **condominio**. A tal ultimo argomento è dedicato il Capo II del Titolo VII, che si estende dall'art. 1117 c.c. all'art. 1139.

I soggetti che partecipano alla comunione vengono comunemente chiamati comunisti o comproprietari. Se sono titolari del diritto di comproprietà su un bene immobile, si chiamano condomini in ossequio al fatto che, come visto, in tal caso la comproprietà assume la denominazione peculiare di condominio e viene regolata da norme speciali rispetto a quelle generali sulla comunione.

Nella comunione ognuno dei partecipanti è titolare di un diritto reale su di una **quota ideale** dell'intero bene e non di una parte concreta e determinata dello stesso. Ad esempio, se Luna e Rodrigo hanno acquistato insieme la bella casa in cui vivono, essi non sono proprietari ciascuno di un pezzo della casa, ma di una quota ideale della stessa. La quota non è, dunque, una parte materiale, ma una porzione ideale e astratta dell'intero diritto sul bene, e si esprime con una frazione dell'intero (1/2, 4/5, 3/15 ecc.). In mancanza di un diverso accordo tra i partecipanti, le quote si presumono uguali (art. 1101 c.c.).

La quota esprime non soltanto la misura della partecipazione al diritto intero, ma anche la proporzione in base alla quale vanno ripartiti il godimento del bene, gli eventuali frutti, le spese di amministrazione, il bene stesso (o il suo valore in denaro) al momento dello scioglimento. Inoltre, va sottolineato che il diritto di ciascun comproprietario sulla sua quota è liberamente **disponibile**. Egli potrà quindi venderla, donarla, ipotecarla ecc.

In base all'art. 1100 c.c. la cosa comune deve essere **amministrata** secondo le norme che le parti stesse hanno previsto. In mancanza, la legge impone i seguenti criteri: i) ciascun partecipante può servirsi della cosa comune, purché non ne alteri la destinazione e non impedisca agli altri partecipanti di usarla secondo il loro diritto (art. 1102 c.c.), e ii) tutti i partecipanti hanno il diritto di concorrere all'amministrazione della cosa comune (art. 1105 c.c.).

La comunione **si scioglie** in caso di acquisto di tutte le quote da parte di un solo soggetto ovvero in caso di divisione della cosa tra tutti i partecipanti. La divisione consiste nell'attribuire sul bene a ciascun partecipante, in sostituzione della quota ideale e astratta, un diritto individuale di proprietà o del diverso diritto reale di cui sono contitolari gli interessati. Il codice a riguardo tra l'altro prevede, all'art. 1114, che "*la divisione ha luogo in natura, se la cosa può essere comodamente divisa in parti corrispondenti alle quote dei partecipanti*", e all'art. 1112 che "*lo scioglimento della comunione non può essere chiesto quando si stratta di cose che, se divise, cesserebbero di servire all'uso a cui sono destinate*". Dunque, ad esempio, nessun condomino può chiedere la divisione della proprietà delle parti comuni dell'edificio condominiale (giardino, ingresso, scale, ecc.), in quanto, altrimenti queste finirebbero di servire all'uso a cui sono destinate.

Nell'impossibilità di approfondire oltre in questa sede il discorso sulla disciplina generale della comunione, resta solo da precisare che divisione può essere di due tipi: **divisione amichevole**, quando tutti i compartecipi sono d'accordo e procedono stipulando tra loro un contratto a tal fine; o **divisione giudiziale**, che può essere richiesta al giudice in ogni momento da uno qualsiasi dei comunisti (art. 1111 c.c.).

Infine, è il caso di aggiungere che una particolare forma di comproprietà sui beni immobili è costituita dalla **multiproprietà** (o diritto di godimento turnario), alla quale abbiamo già fatto cenno in tema di tipicità dei diritti reali, quando abbiamo osservato che la diffusione nella prassi dei rapporti sociali di tale istituto, a partire dagli anni Sessanta dello scorso secolo – così come l'emersione più recente di altri istituti, quali il trust – ha indotto molti autori a dubitare che effettivamente i diritti reali riconosciuti nel nostro ordinamento siano solo quelli espressamente previsti e disciplinati dal legislatore. In effetti, nel nostro ordinamento la multiproprietà non è disciplinata da norme di legge e si è diffusa in quanto gli operatori economici hanno cominciato ad utilizzarla, e quindi a costituirla mediante contratto, in quanto risulta utile, soprattutto in ambito turistico, consentire ad un soggetto di acquistare un diritto che gli assicuri di poter ogni anno usare il bene in un dato periodo e magari, volendo, di poter scambiare (*rectius*, permutare) di anno in anno, o una volta tanto, il periodo di propria spettanza con altri periodi e dunque con altri multiproprietari. Una simile vicenda consente all'interessato di assicurarsi l'uso del bene nel periodo che preferisce, senza dover acquistare la ben più onerosa (ordinaria) proprietà dello stesso e condividendo (cioè, ripartendo) con gli altri multiproprietari le spese di gestione del bene e l'organizzazione di quest'ultima.

Volendo essere più precisi, dobbiamo puntualizzare che con il termine multiproprietà sia fa comunemente riferimento al diritto di godimento a tempo parziale di un bene immobile che concede al titolare la facoltà di utilizzare periodicamente l'immobile per un tempo determinato. Ed inoltre, per chiudere in argomento, dobbiamo chiarire che oggi, se pure solo con riguardo ad alcuni profili concernenti il contratto di multiproprietà e la tutela dell'acquirente-consumatore del relativo diritto, l'istituto trova una sua disciplina positiva negli artt. 69 e seguenti del **Codice del Consumo** (d.lgs. n. 206/**2005**), come modificato anche dal d.lgs. n. 79/2011, c.d. Codice del Turismo. In vero, il legislatore italiano già con il d.lgs. n. 427/1998, nel recepire la Direttiva Europea 94/47/CE del Parlamento europeo e del Consiglio, del 26 ottobre 1994, riconobbe per la prima volta l'operatività nel nostro ordinamento della multiproprietà, così fugando ogni residuale dubbio a riguardo. Tale disciplina, tuttavia, e come detto, oggi è confluita nel Codice del Consumo.

Finito di stampare nel mese di settembre 2021
nella Rotolito S.p.A. – Via Sondrio, 3 – Pioltello (MI)